藏联云巴库
中国有玉门
凡有石油处
就引玉门人

李季

中国石油玉门油田公司年鉴

2023

中国石油玉门油田公司 编

石油工业出版社

图书在版编目（CIP）数据

中国石油玉门油田公司年鉴．2023/ 中国石油玉门油田公司编．－－北京：石油工业出版社，2024.7.
ISBN 978－7－5183－6725－2

Ⅰ.F426.22－54

中国国家版本馆 CIP 数据核字第 20241C2M10 号

中国石油玉门油田公司年鉴 2023
ZHONGGUO SHIYOU YUMEN YOUTIAN GONGSI NIANJIAN 2023

出版发行：石油工业出版社
　　　　　（北京安定门外安华里 2 区 1 号　100011）
　　　　网　　址：www.petropub.com
　　　　图书营销中心：（010）64523731
　　　　编　辑　部：（010）64523586
经　　销：全国新华书店
印　　刷：北京中石油彩色印刷有限责任公司

2024 年 7 月第 1 版　2024 年 7 月第 1 次印刷
787×1092 毫米　开本：1/16　印张 25.75　插页：12
字数：700 千字

定价：230.00 元
（如出现印装质量问题，请与图书营销中心联系）

版权所有　翻印必究

《中国石油玉门油田公司年鉴》编委会

主　　任：刘战君
副主任：茹士涛
委　　员：吴著峰　孙　峻　闫正云　王　睿　段天平
　　　　　熊中辉　赵文义　王　宏　赵遂亭　徐　涛
　　　　　朱侠萍　李　涛　陈宇家　张雅玮　肖生科
　　　　　吴国罡　朱克忠

《中国石油玉门油田公司年鉴》办公室

主　　任：闫正云
副主任：万瑞玲

《中国石油玉门油田公司年鉴》编辑部

主　　编：万瑞玲
副主编：王振军
编　　辑：徐玉洁

编 辑 说 明

一、《中国石油玉门油田公司年鉴》（简称《年鉴》）是中国石油天然气股份有限公司玉门油田分公司主编的专业性企业年鉴，是全面记录玉门油田公司主要发展情况的编年书，书中全面、系统、真实地记述玉门油田公司的发展状况，向广大读者展示玉门油田公司全面履行经济、政治和社会责任，持续推进玉门油田发展作出的努力和取得的成就。《年鉴》编纂工作始终坚持以马克思列宁主义、毛泽东思想、邓小平理论、"三个代表"重要思想、科学发展观、习近平新时代中国特色社会主义思想为指导，遵循实事求是的原则，力求全面、系统、客观地记述中国石油玉门油田公司的发展和成就，并力求做到思想性、资料性、准确性和科学性的统一。

二、本卷《年鉴》分类编纂，点面结合，把综合记述和条目记述相结合，力求全面反映所记事项。全书分为篇目、栏目和条目三个层次，以文字叙述为主，辅以必要的图表和照片。内容包括总述、油气勘探开发与新能源、炼油化工与储运销售、科技信息与对外合作、企业管理与监督监察、综合办公与人力资源、党的建设与群众工作、组织机构与领导名录、公司所属单位概览、大事纪要、附录。为便于读者阅读查阅，文后附索引。

三、本卷《年鉴》所引用的各种数字和资料上限起自2022年1月1日，下限截至2022年12月31日，个别内容略有延伸。书中除特别指明外，一般指玉门油田公司统计数字。

四、本卷《年鉴》中对机构名称一般首次出现时用全称，以后出现用简称。例如，中国石油天然气集团有限公司简称集团公司，中国石油天然气股份有限公司简称股份公司，中国石油天然气股份有限公司玉门油田分公司简称玉门油田公司或玉门油田。

五、遵照年鉴编纂有关规范，玉门油田公司史志编纂办公室对撰稿人员提供的稿件进行必要的编辑加工，主要依据编写大纲与撰稿要求统一全书体例，规范专业名词、术语，删除明显重复，补充部分资料，理顺语言文字，力求做到资料翔实、叙述简洁、数据准确、文字顺畅。尽管如此，由于编辑水平有限，疏漏和欠妥在所难免，恳请读者批评指正。

六、本卷《年鉴》严格遵循中国石油天然气集团有限公司和甘肃省地方志编纂委员会有关规定，在《中国石油玉门油田公司年鉴》编委会的领导下，由玉门油田公司史志编纂办公室具体牵头，以机关各处室和所属单位提供资料为基础，开展编辑出版工作。各条目与统计数字均由撰稿人所在部门、单位审核，统计资料由统计部门提供，全书编纂完成后经各部门、各单位主管领导和编委会审定。

七、在本卷《年鉴》编纂和出版过程中，得到玉门油田公司各部门、各单位领导和相关人员的大力支持与帮助。在此，谨向为本卷《年鉴》提供稿件和资料、审查稿件及提供各种帮助的人士，致以诚挚的谢意。

《中国石油玉门油田公司年鉴》编辑部

2023年9月

序

玉门油田开发于 1939 年，是新中国第一个天然石油基地，是铁人精神的发祥地，也是石油精神的重要源头。玉门油田的发展历程是中国石油工业发展的缩影，不论过去、现在和将来，认真系统地编纂《中国石油玉门油田公司年鉴》是功在当代、利在千秋的文化传播事业。

2022 年，玉门油田坚持以习近平新时代中国特色社会主义思想为指导，深入学习贯彻党的二十大精神和习近平总书记重要批示指示要求，聚焦扭亏脱困，大胆解放思想、踔厉奋发作为，圆满完成年度目标任务，实现八年来首次扭亏为盈的历史跨越，在玉门油田发展史上书写了浓墨重彩的一页。过去的一年，我们以政治建设为统领，高标准高质量做好迎接和学习宣贯党的二十大重大政治任务，胜利召开第三次党代会，扎实开展"转观念、勇担当、强管理、创一流"主题教育活动，坚定捍卫"两个确立"，增强"四个意识"、坚定"四个自信"、做到"两个维护"，石油摇篮"听党话、跟党走"的底色更加鲜明。我们聚焦基业长青百年油田建设愿景和全年任务目标，坚持高效勘探效益开发，规模效益储量保持千万吨增长势头，玉门老区油气产量保持 40 万吨效益稳产、环庆新区原油生产能力攻上 40 万吨、天然气日产攻上 24 万立方米，全油田油气当量连续 7 年箭头向上，时隔 13 年再上 70 万吨台阶，形成新老区"两翼齐飞"的新局面。我们锚定"特种油品炼厂"建设，仅用 41 天完成大检修，在检修年原油加工量首次达到 200.5 万吨，多项经济技术指标达到历史最好，创自有经营记录以来最好盈利成绩。我们加速布局新能源，200 兆瓦光伏发电高效运行、创利 2850 万元，300 兆瓦光伏发电、80 兆瓦时储能项目高效建设，输氢管道、计量中心、氢能产业发展联盟、碳汇林、绿电交易等开创先河，能源结构转型开新局立新功。我们持续加强公司治理，坚持依法合规治企和强化管理，为企业运营明"底线"划"红线"，向管理提升要质量、要效益、要竞争力，公司治理体系和治理能力现代化成效显著；聚焦关键核心技术攻关，强化项目制管理，在地震储层预测和低阻油层识别、微生物尿素脱蜡等关键核心技术上取得新进步；大力推进安全环保绿色发展，着力加强绿色矿山和平安油田建设，干部员工身心健康、发展大局和谐稳定。我们面对矿区新冠肺炎疫情暴发的严峻考验，大家齐心协力、共克时艰。领导干部深入一线靠前指挥，一线员工克服困难坚守岗位，党员干部勇于担当冲锋在前，攻上产、战检修、抗疫情、保安全，拿出"越是艰险越向前"的闯劲，踔厉奋发、克难前行，付出异常艰辛的汗水，赢得有目共睹的战果。

存史资政、以飨后人。《中国石油玉门油田公司年鉴 2023》作为玉门油田综合性年鉴，系统记述玉门油田自然、政治、经济、文化等方面的情况，是年度资料性工具书，是记载玉门油田发展历程的编年史，是玉门油田持续和谐发展的客观反映。《中国石油玉门油田公司年鉴 2023》如期出版，必将为玉门油田的发展提供参考和较高价值的历史资料。希望各部门、各单位以此为镜，了解过去，检阅得失，吸取经验，指导现在，革故鼎新，开创未来，全面推动玉门油田持续、健康、科学、和谐、稳定发展。

中国石油玉门油田公司执行董事、党委书记　刘战君

2023 年 9 月

2022年3月4日，甘肃省委常委、省政府党组副书记、常务副省长程晓波一行到玉门油田玉门东200兆瓦光伏发电示范项目现场调研

2022年5月30日，集团公司党组成员、总会计师蔡安辉通过视频会议研讨玉门油田工作

2022年6月8日，中国共产党玉门油田分公司第三次代表大会隆重开幕

2022年6月9日，中国共产党玉门油田分公司第三届委员会举行第一次全体会议

2022年4月22日，玉门油田输氢管道工程开工仪式在炼化总厂加氢站举行，标志着甘肃省第一条中长距离纯氢管道正式开工。酒泉市委书记王立奇出席开工仪式

2022年3月3日，玉门油田公司执行董事、党委书记刘战君与中国石油勘探开发研究院副院长雷群共同为玉门油田裂缝性低／特低渗透油藏纳米技术应用研究室揭牌

2022年3月3日，玉门油田公司执行董事、党委书记刘战君与中国寰球工程有限公司总经理、党委副书记宋少光就炼化转型方案、新能源建设、零碳甲醇合成以及电烯烃等前沿技术进行座谈交流并签署合作框架协议

2022年1月11日，玉门油田公司副总经理苗国政和甘肃建设投资集团副总经理陈志亮代表双方签署合作框架协议。玉门油田公司党委书记、执行董事刘战君，油田公司党委副书记、总经理来进和，甘肃建设投资集团党委书记、董事长苏跃华，酒泉市委书记王立奇，酒泉市委副书记、市长唐培宏出席签约仪式

2022年3月25日，玉门油田公司党委召开"转观念、勇担当、强管理、创一流"主题教育活动启动部署暨首场宣讲会，玉门油田公司党委书记、执行董事刘战君进行首场主题教育宣讲

2022年6月29日，玉门油田公司新一届党委领导班子成员、公司副总师、机关部门负责人、基层单位党委书记、优秀党员代表在市政广场开展"弘扬铁人精神，喜迎党的二十大，贯彻落实党代会精神"专题学习活动

2022年7月26日，宁夏回族自治区党委常委、秘书长雷东生，党委常委、政府常务副主席陈春平带领自治区发改委等多个部门，以及吴忠市、盐池县相关负责人，到玉门油田宁庆区块调研

2022年1月21日，玉门油田公司与玉门市委市政府就持续深化企地合作、合力破解发展难题，推动高质量发展进行深入交流，共谋推动企地高质量发展大计

2022年7月19日，玉门油田公司与长城工业公司签订合作框架协议。玉门油田公司执行董事、党委书记刘战君，总经理、党委副书记来进和，中国长城工业上海有限公司总经理、党委书记曾巍出席签约仪式

2022年2月11日，玉门油田公司以现场和视频相结合的方式召开2022年党风廉政建设和反腐败工作会议

2022年1月27日，玉门油田公司执行董事、党委书记刘战君一行到老君庙采油厂鸭儿峡作业区慰问一线党员

2022年7月26日，国家工业和信息化部工业文化发展中心与玉门油田公司联合举行工业文化研学实践教育试点示范基地授牌暨共建启动仪式，国内首家工业文化研学实践教育试点示范基地在国内挂牌

2022年1月27日至28日，玉门油田公司总经理、党委副书记来进和一行到炼化总厂现场慰问一线党员

2022年7月20日，玉门油田公司执行董事、党委书记刘战君，总经理、党委副书记来进和与玉门市委书记王超，市委副书记、市长李应伟，市委常委、常务副市长杨界德，市委常委、副市长马伟到炼化装置大检修现场慰问员工

2022年7月21日，玉门油田公司执行董事、党委书记刘战君，总经理、党委副书记来进和与中油国际（乍得）炼油公司总经理石振民、副总经理梁剑就下一步合作等议题进行交流

2022年8月16日，由集团公司人力资源部主办，玉门油田公司承办的第四届全国石油石化专业职业技能竞赛暨集团公司首届技术技能大赛新能源变配电运行值班员（新能源方向）竞赛拉开帷幕

2022年9月17日，宁夏回族自治区党委书记梁言顺与党委常委陈雍、雷东生、马汉成、陈春平一行到玉门油田宁庆区块李庄201钻井平台调研

2022年7月31日，环庆采油厂宁庆区块天然气年累计产量突破1000万立方米

2022年11月22日，玉门油田公司向酒泉市肃州区捐赠抗疫资金30万元及各类生活防疫物资，为坚决打赢新冠肺炎疫情防控阻击战贡献石油摇篮力量

2022年12月17日，玉门油田公司召开2022年勘探专题研讨会

2022年10月16日，玉门油田公司干部员工收听收看党的二十大开幕会

2022年9月6日，中国石油玉门油田玉门东200兆瓦光伏发电示范项目配套储能系统项目开工仪式在玉门东镇举行

2022年8月17日，玉门油田公司执行董事、党委书记刘战君与中油国际勘探开发有限公司董事长、党委书记贾勇在北京交流工作

2022年1月19日，股份公司勘探与生产分公司采用网络视频会议形式在北京组织有关专家召开玉门油田多能互补一体化示范项目预可行性研究报告审查会，报告通过专家组评审

2022年2月2日，北京2022年冬奥会火炬接力启动仪式在北京奥林匹克森林公园举行，玉门油田炼化总厂联合运行一部焦化装置长、全国劳动模范文盛作为第147棒火炬手传递圣火

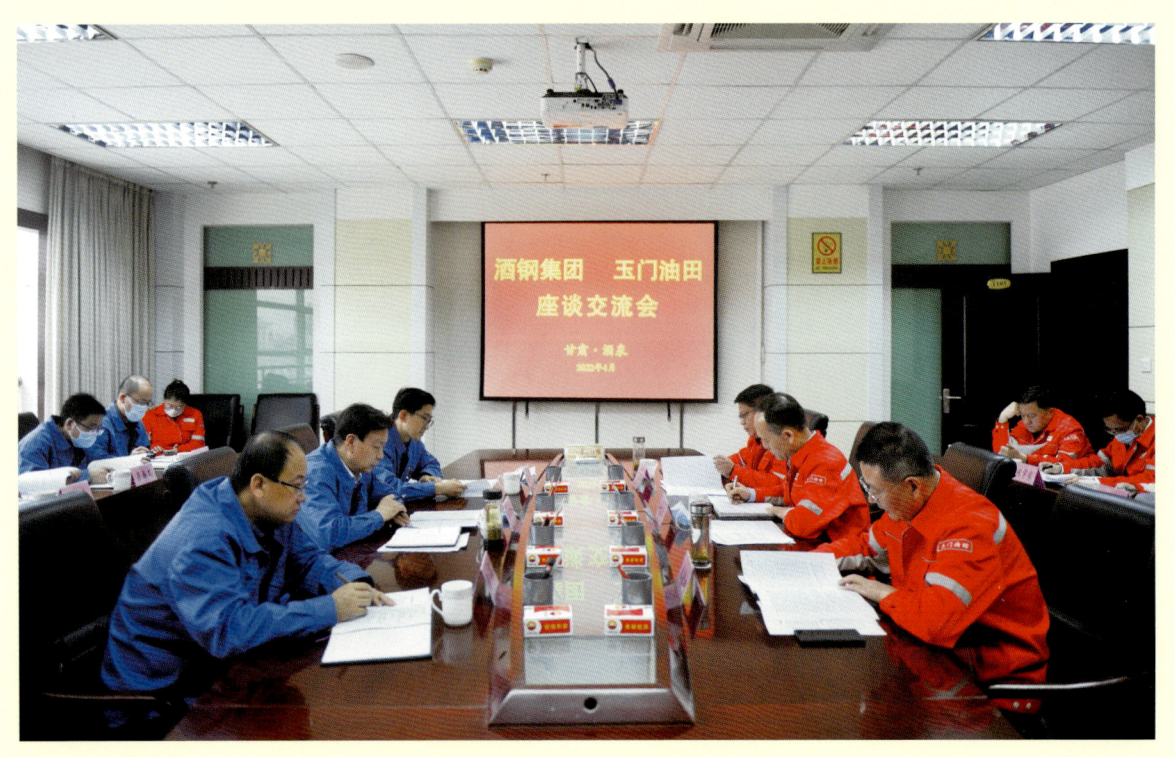

2022年4月13日，玉门油田公司与酒泉钢铁集团公司举行座谈交流会

2022年4月15日,玉门油田公司领导刘战君、胡灵芝、唐海忠到玉门油田酒泉生活基地兆祺园小区绿化点参加义务植树活动

2022年3月5日,玉门油田公司执行董事、党委书记刘战君向公司团委授予中国石油"宝石花"青年志愿服务队队旗

2022年5月5日，中国石油首届技术技能大赛新能源变配电值班员竞赛集训班在玉门油田开班，来自青海、吐哈及玉门油田的36名学员参加集训

2022年7月14日，玉门油田公司执行董事、党委书记刘战君到炼化总厂联合运行一部慰问一线员工并听取检修情况汇报

2022年12月26日,玉门油田公司执行董事、党委书记刘战君,副总经理、安全总监胡灵芝一行到试运行的酒泉基地职工餐厅调研

2022年12月,国家可再生能源发电工程质量监督站专家组对玉门油田200兆瓦光伏配套储能工程进行项目投运前质量监督

要 目

第一篇　总　述

第二篇　油气勘探开发与新能源

第三篇　炼油化工与储运销售

第四篇　科技信息与对外合作

第五篇　企业管理与监督监察

第六篇　综合办公与人力资源

第七篇　党的建设与群众工作

第八篇　组织机构与领导名录

第九篇　公司所属单位概览

第十篇　大事纪要

第十一篇　附　录

目　录

第一篇　总　述

综述

中国石油天然气股份有限公司玉门油田分公司
　2022年工作情况概述……………………（2）

特载

决胜整体扭亏脱困　开创高质量发展新局面
　锚定建成基业长青百年油田的美好愿景勇毅前行
　……………………………………………（10）
中国共产党玉门油田分公司第三次代表大会闭幕词
　……………………………………………（21）
聚焦扭亏脱困　踔厉奋发作为　以推进高质量
　发展优异成绩迎接党的二十大胜利召开……（23）
油气并举　多能驱动　将扭亏脱困进行到底…（35）
在玉门油田公司2022年工作会议暨八届二次职工
　代表大会上的讲话…………………………（43）

专文

玉门油田公司亏损企业治理工作汇报会总结讲话
　……………………………………………（47）

第二篇　油气勘探开发与新能源

油气勘探

概述……………………………………………（54）
油气勘探工作…………………………………（54）
物探工程………………………………………（54）
测井工程………………………………………（55）
录井工程………………………………………（55）
试油工程………………………………………（55）
技术应用情况…………………………………（56）

勘探成果………………………………………（56）

油田开发

概述……………………………………………（59）
开发部署………………………………………（60）
油气产量………………………………………（60）
油藏工程………………………………………（60）
钻采工艺………………………………………（62）
采矿权管理……………………………………（63）
重要成果………………………………………（63）

新能源业务

概述……………………………………………（63）
绿电业务………………………………………（64）
氢能业务………………………………………（65）
重要成果………………………………………（65）
荣誉奖励………………………………………（65）

第三篇　炼油化工与储运销售

炼油化工

概述……………………………………………（68）
生产经营………………………………………（68）
主要装置………………………………………（70）
技术改造………………………………………（74）
工程建设………………………………………（74）

储运销售

概述……………………………………………（76）
原油外进………………………………………（76）
储运设施………………………………………（76）
计量管理………………………………………（76）
质量管理………………………………………（77）
油品销售………………………………………（77）

重要成果 …………………………………（78）

第四篇　科技信息与对外合作

科技信息

概况 ………………………………………（80）
科技管理 …………………………………（80）
科技项目 …………………………………（81）
知识产权 …………………………………（83）
科技成果 …………………………………（83）
石油学会 …………………………………（85）
标准化工作 ………………………………（85）
信息管理 …………………………………（87）
信息系统 …………………………………（87）
网络安全 …………………………………（88）

对外合作

概述 ………………………………………（89）
外事工作 …………………………………（89）
国际业务社会安全管理 …………………（89）
对外市场开拓 ……………………………（89）

第五篇　企业管理与监督监察

生产运行

概述 ………………………………………（92）
运行协调 …………………………………（92）
工程技术 …………………………………（94）
井控与应急 ………………………………（94）
炼化管理 …………………………………（95）

安全环保

概述 ………………………………………（95）
质量监察 …………………………………（95）
安全监察 …………………………………（96）
环保监察 …………………………………（97）
特种设备监察 ……………………………（98）
HSE体系 …………………………………（98）

重要成果 …………………………………（98）

基建设备

概述 ………………………………………（99）
工程管理 …………………………………（101）
设备管理 …………………………………（102）
完整性管理 ………………………………（104）
重要成果 …………………………………（105）
荣誉奖励 …………………………………（105）

企管法规

概况 ………………………………………（105）
改革与企业管理 …………………………（106）
规章制度与合规管理 ……………………（106）
内控与风险管理 …………………………（107）
法律事务与合同管理 ……………………（108）
招标与物资管理 …………………………（109）

规划计划

概述 ………………………………………（109）
规划计划管理 ……………………………（110）
项目管理 …………………………………（110）
工程造价 …………………………………（111）
计划统计 …………………………………（111）
炼化管理 …………………………………（112）
新能源业务 ………………………………（112）
荣誉奖励 …………………………………（113）

财务资产

概况 ………………………………………（113）
预算管理 …………………………………（113）
价税管理 …………………………………（114）
会计核算 …………………………………（114）
资产管理 …………………………………（115）
资金管理与稽核 …………………………（115）
资本运营与信息管理 ……………………（116）

审计监督

概述 ………………………………………（117）
经济责任审计 ……………………………（117）
建设工程审计 ……………………………（117）

专项审计……………………………（117）
管理效益审计………………………（117）
重要成果……………………………（118）

第六篇　综合办公与人力资源

综合办公

概况……………………………………（120）
综合管理………………………………（120）
政研工作………………………………（120）
文书运行………………………………（121）
保密管理………………………………（121）
维稳信访………………………………（121）
荣誉奖励………………………………（122）

人力资源

概述……………………………………（122）
领导班子建设…………………………（122）
组织结构优化…………………………（123）
劳动用工管理…………………………（123）
人才选拔培养…………………………（124）
薪酬成本管控…………………………（124）
员工素质提升…………………………（124）
业绩考核管理…………………………（125）
人事基础工作…………………………（125）
重要成果与荣誉………………………（125）

第七篇　党的建设与群众工作

党委领导机构

概述……………………………………（128）
中国共产党玉门油田分公司委员会…（128）
玉门油田分公司党委工作机构………（128）

党组织建设

概述……………………………………（128）
党建制度………………………………（128）
党员教育………………………………（129）

发展党员………………………………（130）
党组织建设工作………………………（130）
重要成果………………………………（130）

纪检监察

概述……………………………………（131）
党风廉政建设…………………………（131）
反腐倡廉教育…………………………（131）
执纪审查………………………………（132）
监督检查………………………………（132）
政治巡察………………………………（132）
队伍建设………………………………（133）

企业文化

概述……………………………………（133）
政治理论学习…………………………（133）
意识形态工作…………………………（134）
主题教育活动…………………………（134）
思想政治工作…………………………（134）
新闻宣传（中国石油报玉门记者站）……（135）
企业文化建设…………………………（135）
重要成果………………………………（136）

工会工作

概况……………………………………（136）
组织建设………………………………（136）
劳模管理………………………………（137）
劳动竞赛………………………………（137）
民主管理………………………………（138）
扶贫助困………………………………（138）
文体活动………………………………（138）
女工工作………………………………（138）
工会奖励………………………………（138）

共青团工作

概述……………………………………（144）
组织建设………………………………（144）
思想教育………………………………（144）
特色活动………………………………（144）
荣誉……………………………………（144）

第八篇　组织机构与领导名录

组织机构

概况 （146）
公司组织机构 （146）
职能部门组织机构图 （146）
直属机构组织机构图 （150）
二级单位组织机构图 （151）

领导简介及分工

概述 （157）
公司领导简介 （157）
公司领导分工 （161）
领导分工调整 （162）
公司领导分工再调整 （163）

领导名单

玉门油田公司领导 （164）
玉门石油管理局有限公司领导 （164）
玉门油田公司副总师、安全副总监、
　总法律顾问 （164）
玉门油田公司机关部门领导 （164）
玉门油田公司所属单位领导 （165）

第九篇　公司所属单位概览

老君庙采油厂

概述 （168）
油田开发 （168）
生产运行 （169）
经营管理 （169）
安全管控 （169）
科技创新 （170）
合规管理 （171）
队伍建设 （171）
党群工作 （171）
荣誉奖励 （172）

环庆采油厂（环庆分公司）

概述 （173）
油气勘探 （174）
油田开发 （174）
合规管理 （174）
安全工作 （175）
工程建设 （175）
经营管理 （176）
党建工作 （176）
荣誉奖励 （177）

玉门油田乍得有限责任公司

概述 （179）
合规管理 （179）
经营工作 （180）
安全工作 （181）
党群工作 （182）
荣誉奖励 （182）

勘探开发研究院

概述 （182）
科研工作 （183）
科技成果 （184）
新区石油 （184）
新区天然气 （185）
玉门本部 （186）
海外项目研究 （186）
信息化建设 （186）
信息档案建设 （187）
科技创新 （187）
提质增效 （187）
基础管理 （187）
党建工作 （187）
群团工作 （189）
主要成果 （190）

工程技术研究院

概述 （190）
科技创新 （191）
安全工作 （191）

钻井工程…………………………（192）
采油气工程………………………（192）
地面工程…………………………（193）
数字化建设………………………（193）
新能源建设………………………（194）
特种油品研究……………………（194）
基础管理…………………………（194）
党群工作…………………………（194）
荣誉奖励…………………………（195）

炼油化工总厂

概述………………………………（195）
经营工作…………………………（196）
合规管理…………………………（196）
安全工作…………………………（197）
科技创新…………………………（197）
工程建设…………………………（198）
设备管理…………………………（199）
党群工作…………………………（199）
重要成果…………………………（200）
荣誉奖励…………………………（201）

油田作业公司

概述………………………………（201）
经营工作…………………………（202）
外拓市场…………………………（203）
安全工作…………………………（203）
科技创新…………………………（204）
设备管理…………………………（205）
合规管理…………………………（205）
培训工作…………………………（206）
党群工作…………………………（206）
荣誉奖励…………………………（207）

水电厂

概况………………………………（207）
设备状况…………………………（208）
生产经营…………………………（210）
安全工作…………………………（210）
工程建设…………………………（211）
设备管理…………………………（212）

新能源业务………………………（212）
合规管理…………………………（213）
党群工作…………………………（214）
荣誉奖励…………………………（215）

生产服务保障中心（玉门油田工程建设有限责任公司）

概述………………………………（217）
经营工作…………………………（218）
市场开发…………………………（218）
合规管理…………………………（219）
安全工作…………………………（219）
科技创新…………………………（220）
工程建设…………………………（220）
设备管理…………………………（221）
党群工作…………………………（222）
重要成果…………………………（222）
荣誉奖励…………………………（223）

机械厂

概述………………………………（223）
经营工作…………………………（223）
合规管理…………………………（224）
安全环保…………………………（224）
科技创新…………………………（225）
设备管理…………………………（226）
党群工作…………………………（226）
成果荣誉…………………………（227）

综合服务处

概述………………………………（229）
主要业务…………………………（230）
经营工作…………………………（230）
服务配合…………………………（230）
安全工作…………………………（231）
提质增效…………………………（231）
设备管理…………………………（231）
党群工作…………………………（231）
重要成果与奖励…………………（233）

监督中心

概述	（234）
合规管理	（234）
安全工作	（234）
监督业务	（235）
党群工作	（236）
重要成果	（237）

应急与综治中心（消防支队、武装部）

概述	（238）
保卫工作	（238）
武装工作	（239）
消防工作	（239）
设备管理	（239）
防火安全监督	（240）
合规管理	（240）
费用控制与创收	（240）
党群工作	（241）
荣誉成果	（241）

物资采购管理中心（物资供应处）

概述	（242）
经营工作	（242）
合规管理	（243）
安全工作	（244）
对外创收	（245）
设备管理	（245）
党群工作	（246）

共享中心

概述	（247）
经营工作	（247）
队伍建设	（249）
合规管理	（249）
安全工作	（249）
意识形态	（250）
群团工作	（250）
党建工作	（250）
荣誉奖励	（251）

离退休人员管理中心

概述	（252）
为老服务	（252）
老年大学	（252）
基础管理	（253）
党群工作	（253）
廉政建设	（254）
疫情防控	（254）
荣誉奖励	（254）

第十篇　大事纪要

2022年大事纪要	（256）

第十一篇　附　录

荣誉奖励

专利奖项	（280）
甘肃省奖项	（280）
部级奖励	（281）

规章制度

玉门油田分公司党风廉政建设指标考核细则	（284）
玉门油田分公司党委关于加强对"一把手"和领导班子监督的实施细则	（287）
玉门油田分公司"三重一大"决策制度实施细则（2022年修订）	（292）
玉门油田分公司固定资产管理办法	（296）
玉门油田分公司员工管理办法	（302）
玉门油田分公司环境保护管理规定	（309）
玉门油田分公司规章制度管理实施细则	（319）
玉门油田分公司设备管理办法	（324）
玉门油田分公司强化管理实施方案	（342）
玉门油田分公司深化依法合规治企创建"法治建设示范企业"实施方案	（346）
玉门油田分公司标准化管理实施细则	（352）
玉门油田分公司内部控制与风险管理运行评价实施细则	（360）

报刊文摘

玉门油田"十四五"高质量开局激扬"四气"走好
　　赶考路 石油摇篮书写新篇章 ……………（362）
多能驱动 稳油添气 炼化转型 发展新能源 玉门
　　油田连续6年原油产量箭头朝上 …………（365）
让奥运精神在炼塔闪耀……………………（366）
优化操作 深挖潜力 玉门炼化总厂全年生产经营
　　"开好局" ……………………………………（366）
玉门油田技术专家 一线"问诊"解难题……（367）
玉门油田贯通创新链条 核心技术增"锐气"
　　………………………………………………（368）
集团公司纳米化学重点实验室在玉门揭牌…（368）
春风送暖入人心 玉门油田青年志愿服务活动侧记
　　………………………………………………（369）
孕育建设百年油田新希望……………………（369）
承包协议撬动单井效益………………………（370）
玉门油田全面发力业绩整体增长创近10年最好生产
　　经营成绩……………………………………（372）
玉门油田低成本新工艺收获"满仓油" ……（373）
书写新时代的"玉门故事" …………………（373）
玉门油田工程技术研究院党员冲在一线 科技支撑
　　上产…………………………………………（374）
多方联姻找"婆家" 校企携手寻出路 玉门油田
　　探索绿色航煤技术新路径…………………（375）
甘肃省首条输氢管道 在玉门油田全线贯通
　　………………………………………………（376）
玉门油田老君庙采油厂"出效益"展现党建成果
　　………………………………………………（376）
玉门油田探索新能源业务发展纪实 多能驱动
　　老油田焕发新活力…………………………（377）
玉门油田 "四轮驱动"助推计划部署走深走实
　　………………………………………………（378）
玉门油田成为国内首家工业文化研学实践教育试点
　　示范基地……………………………………（379）
中国石油集团公司首届新能源技能竞赛速写
　　聚焦"生聚理用" 推进人才强企 …………（379）
从二百兆瓦光伏示范项目看"新中国石油工业摇篮"
　　新风光………………………………………（381）
玉门油田新能源装备制造又添"利器" ……（381）
玉门油田一体化作战生产大会战全线告捷…（382）
玉门油田：深学笃行推进转型发展 ………（383）
实践中锻炼 项目中磨砺 玉门油田琢玉成器
　　支撑油田清洁转型…………………………（383）
玉门油田首个碳汇林即将落户老君庙………（384）
玉门油田科学统筹决战全年目标……………（384）
玉门油田酒东5兆瓦分布式光伏发电项目开工
　　………………………………………………（385）

重要会议

玉门油田公司2021年度主营业务工作会……（386）
玉门油田公司召开2021年度派驻纪委书记履职述职
　　评议会暨党史学习教育专题民主生活会征求意见
　　座谈会………………………………………（386）
玉门油田公司召开2022年工作会议暨八届二次职工
　　代表大会……………………………………（387）
玉门油田公司工会召开十四届五次全委（扩大）
　　会议…………………………………………（387）
玉门油田召开2022年炼化装置、水电设备大检修
　　启动会………………………………………（387）
玉门油田公司召开2022年一季度生产经营分析会
　　暨提质增效价值创造部署会………………（387）
中国共产党玉门油田分公司召开第三次代表大会
　　………………………………………………（388）
玉门油田公司召开上半年生产经营分析会…（388）
玉门油田公司召开党委（扩大）会…………（389）
玉门油田公司召开三季度生产经营分析会…（389）
公司召开党委（扩大）会……………………（389）
玉门油田公司召开2022年度勘探专题研讨会
　　………………………………………………（389）
玉门油田公司召开炼化业务2022年度技术研讨会
　　………………………………………………（390）
玉门油田公司党委召开2022年度党委书记
　　抓基层党建工作现场述职评议会…………（390）
玉门油田公司召开油田海外业务开发二十周年
　　表彰大会暨2022年度市场开发工作会……（390）

重大活动

玉门油田公司领导看望慰问值班值守一线干部员工
　　………………………………………………（390）
甘肃省领导现场调研油田新能源项目………（391）
甘肃省首条中长距离纯氢管道玉门油田输氢管道
　　工程开工……………………………………（391）

玉门油田公司召开庆祝建团100周年"五四"表彰
　　大会暨"青马工程"启动会……………（391）
国家能源计量中心（电力）授权玉门油田成立
　　酒泉新能源分中心 ……………………（392）
玉门油田公司党委召开庆"七一"座谈会……（392）
环庆采油厂虎洞接转注站投运成功…………（392）
玉门油田公司领导中秋视频连线 慰问乍得员工
　　及家属 …………………………………（393）
玉门油田完成首笔绿电交易…………………（393）
环庆采油厂原油日产突破1000吨……………（393）

索引 …………………………………………（394）
编后记………………………………………（400）

第一篇 总 述

- ◆ 综 述
- ◆ 特 载
- ◆ 专 文

综　　述

中国石油天然气股份有限公司玉门油田分公司 2022 年工作情况概述

中国石油天然气股份有限公司玉门油田分公司（简称玉门油田）位于甘肃省玉门市境内，是铁人精神的发祥地，也是石油精神的重要源头。玉门油田开发于 1939 年，是新中国第一个天然石油基地，为抗战胜利、解放初期的国民经济建设和石油石化工业的奠基和发展都作出巨大的历史贡献，肩负着"三大四出"的历史重任，被誉为"中国石油工业的摇篮"。在 83 年的发展历程中，先后获得全国思想政治工作优秀企业、"中华老字号"、全国"五一劳动奖章"、全国首批"重合同、守信用"单位、全国企业文化建设优秀单位以及国家级文明单位、甘肃省先进企业突出贡献奖等荣誉。业务范围主要包括勘探开发、炼油化工、井下作业、水电供应、机械加工、生产保障、综合服务、物资供应、消防应急、清洁能源、海外生产等。

玉门油田公司设 11 个机关职能部门、4 个直属机构、16 个二级单位。在册员工 9282 人，在岗员工 6894 人，其中：经营管理人员 1501 人，占在岗员工总数的 21.8%；专业技术人员 1439 人，占在岗员工总数的 20.9%；技能操作人员 3954 人，占员工总数的 57.3%。资产总额 93.7 亿元，固定资产及油气资产净值 113.81 亿元，净额 59.43 亿元。2022 年实现收入 172 亿元，经营利润 6.41 亿元，账面利润总额为 0.05 亿元，实现 2014 年以来首次整体扭亏为盈，实现税费 45.04 亿元。截至 2022 年底，有在册设备 11383 台套，设备原值 60.4 亿元，净值 21.41 亿元，新度系数 0.35。

2022 年，玉门油田生产原油 69.02 万吨（含液化气 0.35 万吨），新增原油生产能力 20.88 万吨，天然气产量 4057 万立方米，原油加工量 200.5 万吨。新增探明储量 735.61 万吨、预测储量 1014 万吨、SEC 储量 82.2 万吨。

油气勘探谋突破、立新功，储量规模保持高位。2022 年，玉门油田优化勘探部署，主要工作量集中在环庆、宁庆区块。全年取得 4 个方面主要成效和进展：在环庆、宁庆区块和酒泉盆地部署风险探井 2 口；集中勘探环庆西部长 8，实现规模增储；宁庆天然气立体勘探落实中东部富集区；酒泉盆地强化基础研究取得新进展。新增探明储量完成计划的 168%，新增控制储量完成计划的 102%，新增预测储量完成计划的 101%。石油 SEC 储量正修正 82.23 万吨，完成计划 117%。油气勘探时隔 8 年成功获批风险探井 2 口，立体勘探多层系，完钻探评井 10 口，完试 11 口（5 口跨年井），7 口获工业气流，在太原组和盒 8 段落实可动用储量 330 亿立方米，取得 3 项成果。

鄂尔多斯盆地环庆地区完成三维地震采集 157.6 平方千米。完成三维地震资料处理 1558 平方千米。完成三维地震解释 2959 平方千米，二维地震 715 千米，落实圈闭 93 个，面积 860.8 平方千米，建议井位 56 口，采纳井位 38 口。其中酒泉盆地解释三维地震 749 平方千米，落实圈闭 5 个，面积 22.7 平方千米；环庆区块解释三维地震 1280 平方千米，落实圈闭 42 个，面积 507.5 平方千米，建议井位 35 口，采纳 25 口；宁庆区块解释三维地震 930 平方千米，二维地震 715 千米，落实圈闭 46 个，面积 330.6 平方千米，建议井位 21 口，采纳 13 口。2022 年玉门油田完成测井 271 口 /826 井次测井施工作业，共计 156.10 万测量米，其中裸眼测井 318 井次、工程测井 370 井次、生产测井 138 口，曲线合格率 100%，优等率 98%，作业一次成功率提升至 98.8%。完成录井作业 263 口，全年录井进尺 30.8 万米，全年录井工作日 3476 天。石油预探获工业油流井 8 口，天然气预探获工业气流井 7 口，油气勘探综合探井成功率 48%。

油田开发破困局、稳上产，油气产量箭头向上。2022 年，玉门油田开发持续推进老区稳产工程，探索低成本开发技术，加快三次采油工业化应用进程，实现 40 万吨稳产；全年生产原油 69.02 万吨（含液化气 0.35 万吨），超产 1 万吨，同比增加 10 万吨，"十三五"以来连续 7 年原油产量持续增长。新老区年产气量共 4057 万立方米，日产气量从年初 3 万立方米上升到目前 30 万立方米，2022 年底已具备年产亿立方米的生产能力。全年投产油井 179 口，新建产能 20.88 万吨，新井产油 8.0 万吨，超计划 1.1 万吨。探明含油面积 272.65 平方千米，探明石油地质储量 23075 万吨，技术可采储量 5703 万吨，动用面积 163.92 平方千米，动用石油地质储量 20026 万吨。

环庆区块西部长 8 通过攻关形成低渗构造岩性油藏高效建产关键技术系列，实现虎洞长 8 油藏高效建产，生产能力 14 万吨，环庆区块快速建成 40 万吨油田。其中环庆 96 区块建设成高效建产示范区，通过加强构造精细解释和砂体展布研究，开发井成功率 100%，投产油井 95 口，日产量快速攻上 392 吨，单井平均日产 4.1 吨，超过方案设计（3.0 吨 / 日）；环庆 75 井区实现效益开发，采用"混合井网 + 超前注水"开发模式，开井 17 口，单井稳定日产油 5.7 吨，自然递减控制在 6.5%；加速建成环庆地面集输骨架管网，原油外输能力 60 万吨 / 年。

2022 年，玉门油田注水专项治理工程实施主干工作量 335 井次，同比提升 177%，注水井开井数上升 68 口，日注水量上升 1388 立方米，自然递减率降至 11.96%；环庆开水井由 147 口升至 224 口，日注水由 1650 立方米升至 3240 立方米，自然递减率由 15.95% 降至 12%，水驱控制程度由 68.1% 升至 77%，油田分注合格率 80% 以上，自然递减率得到有效控制。

炼化增盈创佳绩、开新局，利润再创历史新高。炼油销售推进转型融合发展，打造精品特色炼厂管理体制，坚持"军品立厂、特色发展、清洁低碳、效益优先"的发展理念，全力推进炼化转型升级，不断增强持续增盈能力。突出安稳长优运行、减油增特提效、清洁低碳攻坚。推行炼化能量优化和能源梯级利用，推动电气代替改造、"绿氢"综合利用及"零碳"能源项目建设，逐步用"绿电"替代蒸汽和燃料，提高综合效益，实现"燃料型"向"综合型"转变。2022 年，加工原油 200.5 万吨，完成利润 5.03 亿元，销售各类产品 177.66 万吨，实现销售收入 130.88 亿元。其中，配置产品销售 163.14 万吨，销售收入 122.72 亿元；非配置产品 14.52 万吨，销售收入 8.15 亿元。综合商品收率 91.21%，原油综合损失率 0.36%，炼油综合能耗 66.97 千克标准油 / 吨。主要产品产量：汽油 58.54 万吨，航空煤油 7.59 万吨，柴油 88.35 万吨，液化气 7.68 万吨，聚丙烯 3.24 万吨，石油焦 8.13 万吨。炼化总厂全年开炼生产装置 23 套，其中燃料油装置及公用工程 18 套、化工装置 1 套、特油装置 2 套、环保装置 2 套。全年完成 9 项工程项目的施工建设和投运，包括循环水系统流程优化节能改造项目、加热炉燃气连锁隐患治理项目、往复式压缩机在线监测与故障诊断系统项目、腐蚀在线监测系统完善技术改造项目、富氢瓦斯氢气膜回收系统节能改造项目、聚丙烯车间气柜改造项目、新型节能涂料在加热炉上的应用项目、航空煤油及军用柴油储运系统完善改造项目及氢气充装系统改造项目。全年落实提质增效措施111条，实现提质增效3578.06万元。炼化总厂建立16项企业最高计量标准，12项计量标准2022年12月通过计量行政部门考核复证。全年检定总厂计量器具9732具，折合费用224.94万元。检定油田单位内部计量器具1852具，对外创收86.78万元。开展"无异味装置"建设、环保管理流程规范化活动、水处理装置专项审核、危险废物资源化利用等管理措施，全年完成检测密封点14.68万个，泄漏率0.19%，减排5.72吨。建立生态环境隐患排查常态化机制，实施环保隐患治理项目2项；年度二氧化硫排放54.64吨，同比减排13%；氮氧化物排放159吨，同比减排20%。炼化总厂历时41天完成检修项目2157项，投资及小型技改64项，实现焊接一次合格率99%，静设备、大机组检修一次合格率100%，装置开工气密合格率100%，联锁投用率100%，23套装置一次开车成功，炼化大检修成功迈入"四年一修"新时代。

能源转型展布局、开先河，重点项目高效推进。深入贯彻落实集团公司绿色低碳发展战略，推动"清洁替代、战略接替、绿色转型"目标逐步实现。2022年，玉门油田绿电业务建成清洁电力装机50.59万千瓦。石油沟887千瓦光伏电站，电量147.05万千瓦时，实现清洁能源替代1012吨标准煤；200兆瓦光伏并网发电站，结算上网电量35622万千瓦时，实现收入7285万元、利润3015万元；6月29日，国家能源局可再生能源发电项目信息管理平台向玉门油田核发"玉门油田玉门东镇200兆瓦光伏并网发电项目"1月、2月绿证37940个，是油田历史上第一次获得国家绿色电力证书。全年获取绿证35万余张；300兆瓦光伏发电项目2022年底主体工程完工，标志着中国石油规模最大的光伏发电项目，也是玉门油田有史以来一次性投资最多（不含税13.54亿元）的项目实现当年开工、当年建成；玉门东200兆瓦光伏并网发电站配套储能系统项目2022年9月6日开工建设，12月9日合闸、并网，标志着玉门油田在新能源储能项目建设上实现"零"的突破。2022年，玉门油田获批国家电网系统外第一家新能源计量分中心；新能源实践培训中心初步建成投用；4月22日，由玉门油田公司承建的甘肃省首条中长距离输氢管道开工建设，6月28日主线路全线贯通，7月25日完成管道试压试验，历时94天完成，具备投运条件，成为甘肃省氢气输送管道建设的范例。玉门油田牵头组建酒泉市氢能产业发展联盟，酒泉市人民政府办公室批复同意成立，玉门油田公司为理事长单位。联合航天科技长城上海公司和酒钢集团申报甘肃省"氢能源装备制造及储氢技术创新联合体"和"绿氢/二氧化碳"绿色应用创新联合体，设立"氢气掺入天然气输送和应用的研究"揭榜挂帅研究课题，获酒泉市财政支持100万元。同年8月30日新能源装备制造中心开始建设，引进600兆瓦/年光伏支架智能生产线快速建成投入运行，为300兆瓦项目提供84兆瓦光伏支架。制定低碳油田建设思路及措施，完成《低碳生产建设方案》，通过机采、注水系统节能提效，集输流程密闭改造、分布式光伏（风电）、低温水热技术、空气源热泵、电磁加热等综合能源利用措施，提高天然气商品率和终端电气化率。确定玉门油田碳达峰碳中和目标路径，完成《碳达峰实施方案》，确定"27·45"总体目标，即2027年通过落实节能提效、清洁替代、负碳技术等减排措施，玉门油田二氧化碳排放总量达到峰值，2045年实现碳中和。论证争取600万千瓦"沙戈荒"大基地项目纳入甘肃省实施方案，由玉门油田公司分别建设巴丹吉林沙漠310万千瓦和腾格里沙漠290万千瓦"风光气储"一体化项目，所发电力用于提升兰州石化绿电消纳配比、支撑新建项目绿色发展，该方案得到甘肃省政府支持。

工程服务强支撑、闯市场，保内拓外取得实绩。2022年，玉门油田积极开拓海外市场，海外业务总收入2.07亿元，海外员工435人。以乍得为主的非洲市场得到巩固，乍得上游人员技术服务项目、乍得炼厂对口支持项目、乍得清蜡测试项目、土库曼斯坦和尼日尔炼厂对口支持项目成功续签协议。乍得勘探开发两个勘探开发研究项目通过甲方最终验收。中亚市场取得突破，2022年为土库曼斯坦阿姆河天然气项目输送技术骨干16名。玉门油田井下作业完成钻修工作量2296井次，其中浅层钻井26口，总进尺20882米，井身质量合格率100%，固井作业53井次，固井合格率100%；井下作业2270次。压裂车组作业119井次，射孔作业141井次，特车服务3923台班，收入46606万元，同比增加2980万元，增幅6.8%；玉门本部完成大修作业22井次，成功17井次，成功率94.44%；外部市场大修作业21井次（陇东9井次、新疆2井次、青海10井次）。完成特种作业766井次（带压作业29井次，连续油管作业166井次，电缆作业465井次）。水电供应完成发电量8.39亿千瓦时，其中火力发电4.2亿千瓦时、水力发电6224万千瓦时、光伏发电3.57亿千瓦时。供汽101万吨，供水801万吨。完成虎洞井区1条12千米10千伏供电专线、热泵站2条10千米10千伏供电专线、井区内45千米10千伏供电线路和12台套变压器的架设安装。甘肃省氢气输送管道7月25日完成管道试压试验，历时94天完成，具备投运条件。实施引进炼厂氢气替代尿素作为锅炉脱硝还原剂改造项目，9月22日投运，投产后年可节约费用212万元左右。玉门东镇200兆瓦光伏并网发电示范项目配套40兆瓦/80兆瓦时储能系统项目历时93天完成建设，为项目并网投运奠定基础。玉门油田300兆瓦光伏并网发电项目12月29日主体工程施工完成。玉门东镇200兆瓦光伏并网发电示范项目获评集团公司优秀模块化建设项目。生产服务保障工作全年处理原油34.07万立方米，外输伴生气至青西联合站61.13万牛/米^3。采出水处理综合水质达标率98.52%。完成钻前井11口、大修井扩垫施工25口、土方施工8口、新投井24口；完成各类管线安装5000余米，40立方米储罐制作9具；完成鸭儿峡接转站伴生气回收项目的施工任务，日均输气9000牛/米^{3}左右；鸭儿峡新总站油水分离项目油水泥分离处理23366.9立方米，上交原油2185立方米；鸭儿峡33口井9650米集输管网的建成及8-1、8-2两条集输干线的沟通提高所属区块的运行能力。配合老君庙采油厂完成维护项目302项，数字化维保处理数采故障1665次，视频故障1148次，上线率95%以上；特车服务570余台次，完成外部车辆及通井机等各类设备维修186台次。累计安装注气管线7800米，新建注气站1座；安装注水管线1950米。完成炼厂19具罐的隐患治理及切断阀的安装调试、10具罐配套设施改造；安装、试压、防腐保温管线1380米，拆除旧泵及旧基础6台套。完成各类抢险46次，高效完成青西至炼油厂输油管线泄露抢险工作。机械制造建成600兆瓦/年光伏支架生产线，提前完成6000组光伏支架生产、22个区光伏支架安装任务，实现当年立项、当年投产、当年见效。生产抽油杆136.73万米，抽油泵1836台，抽油机330台，生产铺设柔性复合管71.1千米，井下工具及配件10767件；完成炼油化工总厂大检修任务，校验修复2057只安全阀。物资采购全年发生费用4251.8万元，相比考核指标4319万元节约67.2万元；外部创收2164万元，完成考核指标（800万元）的270%，完成提质增效奋斗目标（1600万元）的135%；签订合同1371份，金额16.70亿元，招议标率94.96%，物资采购资金节约率10%，节约采购资金1.26亿元。

科技创新点燃发展新引擎。2022年，玉门油田承担三级科技项目56项。负责或参与集团公司总部科技项目"氢气掺入天然气输送和应用研究""百万级规模碱性电解水制绿氢工艺技术中试放大实验研究"等科技项目9项；专业公司课题5项；玉门油田公司科技项目32项。其中，勘探开发、工程技术类项目21项，炼油化工类项目4项，新能源及绿色低碳发展类项目4项，数智油田建设类项目2项，其他综合类项目1项。2022年申请专利15件，全部为发明专利。获专利授权2件，其中发明专利1件。对2021年玉门油田公司评选出的30项科学技术进步奖成果，进行成果归档；甘肃省推荐的《三次采油技术研究与应用》项目获2021年度甘肃省科技进步二等奖；依据《玉门油田分公司科技奖励办法》，推荐30项成果上报公司科委会审定，评选出27项科学技术进步奖成果，其中一等奖4项、二等奖10项、三等奖13项。

信息化水平逐步提升。玉门油田坚持"价值导向、战略引领、创新驱动、平台支撑"指导方针，按照"一个整体、两个层次"工作要求，下发《关于印发玉门油田分公司信息系统管理实施细则的通知》，按照横向业务全覆盖，纵向管控全过程，内容设计全要素的总体思路，分别从信息系统建设、信息系统应用、信息系统运维、数据管理、网络基础设施管理、检查与考核方面，对公司所属各单位和各部门的统建和自建信息系统管理作出规范。2022年以来，油气生产物联网（A11）项目建设力度持续加大、玉门油田门户网站2.0正式单轨运行，安眼工程井下作业视频推广顺利实施、油田数智指挥中心投用，数字化进程不断加快。加强各类网络安全检查，提高网络安全管理能力；加强重大活动期间网络保障，提高网络安全风险处置能力。按照集团公司网络安全保障工作的统一部署和要求，先后组织油田各单位开展北京冬奥会、北京冬残奥会、中共二十大、第五届进博会等重大活动期间的网络安全保障工作，圆满完成网络安全保障工作任务，实现了网络安全运行平稳有序。

安全环保夯基础、守底线，平安油田持续创建。2022年，玉门油田深入贯彻习近平生态文明思想和习近平总书记关于安全生产重要论述，严格落实集团公司安全环保工作部署和安全生产十五条硬措施，较好地完成QHSE各项目标指标，未发生较大及以上质量事故和重大顾客投诉事件。井身质量合格率98.8%、固井质量合格率99.22%，优于集团考核指标（97.7%、93.7%）。自产产品出厂合格率、产品质量抽检合格率、计量器具定检率3项指标均为100%。开展入井材料及化学助剂质量提升专项行动，治理套损井19口，开展钻井液材料检查270井次，查改问题74项。开展群众性QC活动，优选QC成果获集团公司三等奖3项，获质量信得过班组1个；获甘肃省特等奖1项、一等奖1项、二等奖6项、三等奖2项，创造经济效益2483万元。职业健康体检率和职业危害场所检测率100%。建立员工健康体检档案、推广个人体检信息实时查询，优化增加体检项目，配发个人应急药品，实施员工健康科学干预。加强海外员工健康管理，严把外派员工健康筛查关，出国健康体检率和评估合格率100%。组织开展特殊作业岗位健康负面清单排查，消除健康隐患。落实常态化新冠肺炎疫情防控措施。抓实抓细人员流动、场所管控、活动组织、疫苗接种、核酸检测、物资储备发放管理，专人专班有序组织核酸检测，开展核酸采样41轮32万余人次，阻断新冠肺炎疫情传播渠道。落实国际业务新冠肺炎疫情常态化防控工作指导意见，加强海外旅途防护管理；严密监控回国员工健康状况，保障海外项目的稳定运行。结合玉门油田改革、岗位调整的实际情况，组织修订完善并发布玉门油田公司2022版安全生产责任清单，包含领导和14个职能部门、16个二级单位领导岗位安全生产责任清单110个，管理岗位安全生产责任清单1350个。整改问题隐患13000余个，发布实施制度措施137项。累计组织各级检查1191次，查改问题2686项，查改各类隐患问题261项。全年累计查处车辆问题和驾驶员违章行为168起，收取QHSE教育费4.23万元，安全记分42分。开展消防安全督查，全年检查重点要害部位117处，下发消防安全检查告知书24份，发现各类隐患85处，全部完成整改。完成9个单位336学时2500人次培训，组织各层级开展多种形式、内容丰富的系列活动720多场，宣传受众两万人以上。全年未发生环境污染（生态破坏）事件，废气、废水排放达标率100%；固废处置利用率100%。二氧化硫同比减排21.3%，氮氧化物减排18.57%。组织对各二级单位在用的锅炉29台、压力容器1241具、电梯91部、起重机械94台、厂（场）内专用机动车辆38辆、压力管道3854条、安全阀1855个、汽车式起重机40台进行定期检验，办理青西联合站61条压力管道、油田作业公司11台高温熔蜡车、蒸汽清蜡车台装锅炉、酒东联合站29条工业管道的登记手续，开展违法行为专项督查，消除违法风险。

经营管理提质量、增效益，亏损治理成果丰硕。亏损治理实现18年来首次经营利润为正的历史跨越。大力提升油气勘探开发力度，油气储量连续4年保持千万吨增长势头，油气产量当量连续两年实现10万吨级跨越式增长，天然气日产突破30万立方米，玉门油田进入"油气并举"新时代。油气产量当量从45万吨跃升到71.77万吨。加强设备管理，从基础工作、制度规程、人员素质、设备状况4个方面，对11个基层单位设备管理部门、61个车间队站、156个作业现场、330台主要生产设备进行现场检查，对49名设备管理人员的技术能力和业务素质进行考核，发现426个问题，整改完成418个问题，整改率98.12%。2022年调剂利用设备46台套，节约资金2367.8万元，设备修旧利废节约资金753.8万元，改造节省资金8万元，租赁节约资金493.5万元，处置节约资金384.4万元，管理创效184.1万元，节约4191.6万元。加大外部市场开拓，全年实现外部收入5.18亿元。其中，油田作业公司全年外部市场创收7771万元，同比增加2088万元，增幅36.9%；水电厂全年外部市场创收1.21亿元、同比增加987.69万元，增长8.87%；生产服务保障中心全年外部市场创收4422万元，同比增加2257万元，增长104%；综合服务处全年外部市场创收7050万元，同比增加978万元，增长13.87%。机械厂全年外部市场创收7661.96万元，初步形成"产品+服务"一体化机械加工模式。

企业管理抓改革、强创新，依法合规再上台阶。制定发布实施《玉门油田分公司2022—2023年年度授权管理清单》和《玉门油田分公司强化管理实施方案》。按月填报集团公司改革在线督办管理系统，截至2022年3月，公司改革三年行动83项改革任务全面完成。开展以"看台账资料，看改革成效"为主要内容的改革工作"回头看"，完成改革三年行动工作台账和资料清单的编制。持续强化油田对标管理。加快玉门油田公司对标管理体系搭建，初步形成由11个部门参与、17个对标指标类别组成的公司对标管理指标架构。规范内部市场管理，推进内部市场管理信息化建设，2022年4月投入使用市场管理信息系统。截至2022年底，各业主单位在系统累计提报535家承包商（服务商）开展的651条合同项目信息。

编制2022年度规章制度制修订申报计划和拟废止规章制度计划，新制定规章制度计划15项，修订制度计划55项。已发布制度35项，年度制修订计划完成率超过90%。修订完善《玉门油田分公司规章制度管理实施细则》，推进"合规管理强化年"，成立"合规管理强化年"领导小组。组织开展专题合规培训11次，累计参培员工约1.2万人次。组织合规文化宣贯活动17次，参与人数累计1300人次。修订完善《内部控制与风险管理业绩考核实施细则（试行）》，下发《关于加强公司重大经营风险事件管理工作的通知》，计划组织开展内控测试，编制完成《玉门油田分公司内部控制有效性自我评价报告》。制定《玉门油田公司深化依法合规治企，创建"法治建设示范企业"实施方案》，开展普法宣传，组建成立律师事务部，2022年办理玉门油田公司（局）授权委托书及负责人证明文件35份、诉讼案件16件，出具法律意见书10份，法律风险提示函1份。提供商事法律服务，明晰油田所属法人企业管控职责，强化合同管理。修订完善玉门油田公司物资供应管理考核指标，新增物资年度需求计划上报项数准确率等7个指标，加强物资供应管理考核。将8家在招标投标中存在失信行为的投标人列入公司不诚信企业名单，并在中国石油电子招标投标网对其失信行为公示。组织完成玉门油田公司各单位2022年物资供应商考评，对发生交易的一级物资供应商156家、二级物资供应商348家，涉及3247个物资品种的到货业务供应商的产品质量、技术水平、服务能力、合同履约等内容量化打分，将打分不合格的16家供应商分别作出暂停品类交易权限和暂停交易权限处理。

队伍建设进一步规范。2022年，玉门油田公司调整交流和选拔任用二级正、副职领导人员41人，其中调整交流10人，新提拔二级副职20人、二级正职5人、公司副总师2人，进一步使用4人，选人用人工作有效发挥"用好一个人、激励一大片"的作用。推荐1名二级副职干部到大庆油田挂职锻炼；2名二级副职干部到酒泉市发改委和能源局挂职锻炼；1名三级正职和1名三级副职干部到金塔工业集中区管理委员会、甘肃酒泉核产业园管理委员会挂职锻炼。选派优秀年轻干部到环县等对口扶贫点进行蹲村挂职锻炼，在扶贫攻坚实践中锻造优秀年轻干部。按照集团公司统一要求，首次承办玉门油田56名招聘大学生的A类入职培训任务，指导并审定见习计划56份。编制完成《玉门油田自主认定题库》，投入使用28个职业（工种）、38个专业（方向）理论知识试题24000道，组织完成53个职业67个工种1120人次的职业技能等级认定工作。采用"积分制"，完成3名集团公司技能专家、15名公司技能专家、15名特级技师、27名高级技师以及229名技师选聘工作。

以党的二十大精神领航新征程，党建工作水平再上新台阶。截至2022年底，中国共产党玉门油田分公司委员会有基层党组织200个（含玉门油田公司党委本级），其中党委19个（含玉门油田公司党委本级）、党总支7个、党支部174个，党员4630名；女党员1014名，占党员总数的21.9%；少数民族党员83名，占党员总数的1.79%；35岁及以下的党员570名，占党员总数的12.31%；大专以上学历的党员3662名，占党员总数的79.09%。全年发展党员60名。2022年，玉门油田公司召开第三次党代会，严格执行《中国共产党基层组织选举工作条例》，选举产生中共玉门油田分公司第三届委员会和纪律检查委员会。严格按照选举程序，9个基层党委召开党员代表大会，9个基层党委召开全体党员大会，全部完成换届选举；2个基层党支部按期完成换届工作，基层党组织建立健全率保持100%。制定印发《玉门油田分公司基层单位党委书记抓基层党建工作述职评议考核实施细则》《玉门油田分公司党委关于推进基层党建"三基本"建设与"三基"工作有机融合的实施意见》《玉门油田分公司基层党支部工作考核评价实施细则（试行）》《玉门油田分公司党建信息化平台考核评价实施细则（试行）》，推动全面从严治党向基层延伸。公司党委所属174个党支部全部认真组织召开组织生活会并开展民主评议党员工作。6个单位的党委书记进行现场述职，接受测评，开启第三轮党委书记抓基层党建工作现场述职评议考核。将党的二十大精神学习作为基层党委、党支部当前首要政治任务和学习培训"第一课"，为玉门油田公司18个基层党委、7个党总支、174个党支部统一配发党的二十大精神学习用书，迅速掀起党的二十大精神学习热潮。严格落实《玉门油田公司2019—2023年党员教育培训规划》，优选3

人参加集团公司党支部书记示范培训班；依托"四个课堂"培训模式，完成党组织书记及党务干部年度集中轮训全覆盖。在玉门油田公司范围内优选40名年轻党务工作者举办党务骨干人才及青年马克思主义者培训班。党员线下集中学习与"铁人先锋"等在线学习同步开展，保证党员每年参加集中培训学习时间不少于32学时。常态化做好党建信息化平台2.0推广应用工作，党建信息化水平持续提升，综合排名始终保持在集团公司前列。开展"立足岗位建新功，喜迎党的二十大"系列活动，评选9篇党组织书记优秀党课、5个党支部优秀案例。坚持开展春节、"七一"、国庆期间慰问党员工作，"进家门到班组"慰问老党员、优秀共产党员231人。在纪念建党101周年会议上，2个党委、3个党支部作专题交流。推进党建协作区、党建互联共建，4个党委签订党建协作区协议，4个党委签订党建共建协议。常态化制度化推进党支部达标晋级动态管理，严格考核标准，创建示范党支部16个，优秀党支部15个。

反腐倡廉纵深推进，作风形象持续向好。玉门油田公司党委全年落实"第一议题"制度37次，学习习近平总书记重要讲话、发表的重要文章等112个专题，形成第一议题落实措施130余项。制修订8项制度规定；向党委专题汇报纪检、巡察工作17次，重要议题全部提请党委审议；组织党员干部和关键岗位人员逐级签订党风廉政建设责任书1661份。严把廉政意见回复关，对拟提拔使用的38名处级干部回复党风廉政意见。聚焦"关键少数"，动态更新二级干部廉政档案127份，指导派驻纪检组建立完善三级干部廉政档案750份。构建具有"石油摇篮"特色廉洁文化体系，设立"摇篮清风"专栏，精选73件廉洁文化作品在专栏展示。开展"党风廉政建设大家讲"活动，分4批次对基层单位班子成员、职能部门负责人、派驻纪检组组长38人进行访谈，增强领导干部"明责、知责、履责"担当意识。创建"摇篮清风"微信公众号，3个模块6个栏目全方位互动延伸，推送信息269条，其中27条在纪检监察组、党组巡视办网页刊登。跟进链接"纪法小课""曝光台"等，发布工作简报12期、廉洁提示7次。运用"铁人先锋"平台开展"学法知法懂法守法"教育，3843名党员参与竞赛答题。开展"六个一"教育，组织38名新提任及进一步使用的二级干部参观警示教育基地。全年受理信访举报35件，处置问题线索24件，立结案9件，处分18人。运用"四种形态"处理79人次，其中第一种形态56人次，占比71%；第二种形态18人次，占比23%；第三、四种形态5人次，占比6%。成立7个工作组对29名受处分人员开展回访谈心。紧扣集团公司2022年巡视巡察工作要点，梳理监督重点21项，组建"回头看"和专项2个巡察组，完成对8个基层单位的政治巡察，发现问题90个，挽回经济损失24.3万元。

2022年，玉门油田公司获甘肃省先进企业突出贡献奖；玉门油田公司党委书记、执行董事刘战君获甘肃省优秀企业家称号；玉门油田分公司工业文化研学实践教育试点示范基地2022年7月被工业和信息化部工业文化发展中心确立为全国首家合作共建的试点示范基地；玉门油田红色旅游景区入选文化和旅游部发布的2022年国家工业旅游示范基地；"变配电运行值班员（新能源方向）团队项目"获中国石油天然气集团有限公司第四届全国油气开发专业职业技能竞赛暨中国石油首届技术技能大赛金奖；"变配电运行值班员（新能源方向）"获中国石油天然气集团有限公司第四届全国油气开发专业职业技能竞赛暨中国石油首届技术技能大赛优秀组织奖；"油藏动态分析团队项目"获中国石油天然气集团有限公司第四届全国油气开发专业职业技能竞赛暨中国石油首届技术技能大赛铜奖；炼油化工总厂联合运行一部获"中国石油天然气集团有限公司2022年度质量先进基层单位"称号；环庆采油厂环庆作业区获"中国石油天然气集团有限公司 2022 年度绿色先进基层单位"称号；老君庙采油厂老君庙作业区、监督中心 HSE 监督站获"中国石油天然气集团有限公司 2022 年度 HSE 标准化先进基层单位"称号；水电厂锅炉车间获"中国石油天然气集团有限公司 2022 年度节能计量先进基层单位"称号。2022 年，玉门油田"三次采油技术研究与应用"项目获甘肃省科技进步奖二等奖；"油管举升装置"获国家专利局授权的实用新型专利；"一种井下往复式注水装置"获国家专利局授权的发明专利。

（王振军　徐玉洁）

特　载

决胜整体扭亏脱困　开创高质量发展新局面 锚定建成基业长青百年油田的美好愿景勇毅前行

——在中国共产党玉门油田分公司第三次代表大会上的报告

刘战君

（2022 年 6 月 8 日）

各位代表、同志们：

现在，我代表中共玉门油田分公司第二届委员会向大会作报告。报告题目是《决胜整体扭亏脱困，开创高质量发展新局面，锚定建成基业长青百年油田的美好愿景勇毅前行》。

中国共产党玉门油田分公司第三次代表大会，是在公司上下深入学习贯彻党的十九届六中全会精神、喜迎党的二十大胜利召开的政治大年，召开的一次十分重要的会议。

大会主题是：锚定目标，牢记使命，坚持以习近平新时代中国特色社会主义思想为指导，决胜整体扭亏脱困，开创高质量发展新局面，为建成基业长青百年油田不懈奋斗！

锚定目标，方能成功。一代人有一代人追求的目标，一代人有一代人肩负的使命。我们这代玉门石油人的目标和使命，就是打赢扭亏脱困之战，构筑基业长青百年油田的"四梁八柱"。这个目标和使命，是甘肃省委、集团公司党组的殷切嘱托，是全体玉门石油人的共同企盼，更是落实习近平总书记对甘肃省及中国石油和中国石油相关工作重要指示批示精神、党和国家战略部署，向第二个百年奋斗目标进军的实际行动。公司各级党组织和党员干部一定要坚定不移团结带领员工群众，朝着确定的美好愿景奋勇前进。

此时此刻，回顾新时代的奋斗历程，我们感慨万千，为党和国家事业取得的历史性成就、发生的历史性变革而无比骄傲，为中国石油呈现的前所未有的战绩而无比自豪。历史总是在接续中延展，时代总是在奋斗中书写。展望新征程的壮丽图景，我们豪情满怀，夺取扭亏脱困新胜利的信心更加坚定，开创高质量发展新局面的斗志更加昂扬。我们一定要牢记总书记对甘肃省、中国石油和中国石油相关工作的重要指示批示精神，保持战略定力，接好接力棒，不忘来时路、奋进新时代，不断把建设基业长青百年油田宏伟事业推向前进！

一、在习近平新时代中国特色社会主义思想指引下，石油摇篮改革发展稳定取得历史性成就

公司第二次党代会以来，公司党委全面贯彻习近平新时代中国特色社会主义思想，在甘肃省委和集团公司党组坚强领导下，在困局中育新机、在逆境中求奋进，以实干实绩完成公司第二次党代会确定的任务目标，实现"十三五"圆满收官和"十四五"稳准开局，石油摇篮红色底蕴愈发深厚、发展态势蓬勃向上。

五年来，我们着力筑牢油田发展的"根"和"魂"，学习贯彻习近平新时代中国特色社会主义思想达到新境界。公司党委坚持用习近平新时代中国特色社会主义思想强"根"铸"魂"，党委"把方向、管大局、促落实"作用有效发挥。"两个维护"更加坚决。始终以政治建设为统领，全面构建学习贯彻习近平总书记重要指示批示精神落实机制，捍卫"两个确立"更加坚定、做到"两个维护"更加坚决。认真贯彻落实习近平总书记对中国石油和中国石油相关工作的重要指示批示精神，深入开展"两学一做"学习教育、"不忘初心、牢记使命"主题教育、党史学习教育，玉门石油人听党话跟党走的政治底色更加鲜亮。引领发展全面有力。建立健全党委工作规则，完成党建入章程，公司党委全面领导擘画发展新蓝图，制定"十四五"及中长期发展规划，油田发展战略更加清晰。人才队伍得到加强。实施人才强企工程，实行领导人员契约化管理，大力选用优秀年轻干部、二级正副职干部平均年龄降低3岁，选聘以15名两级技术专家为骨干的一批技术人才，建成省级高技能人才培训基地和2个国家级、1个集团公司级技能专家工作室，人才队伍支撑能力持续提升。基层党建质量提升。建立完善40项党建制度，推进基层党建"三基本"建设与"三基"工作有机融合，创建示范党支部16个，12项党建成果获集团公司表彰，油田党建连续3年被集团公司党组评定为"A档"。群团作用全面发挥。加强党对群团工作的领导，广泛开展劳动竞赛、"青"字号工程、巾帼建功等活动，落实职工代表提案和意见建议170余件，获省部级及以上荣誉82项，有效汇聚发展合力。

五年来，我们始终牢记"发展是解决一切问题的基础和关键"的重要论述，全力以赴推动经营水平迈上新台阶。公司党委完整准确全面贯彻新发展理念，全面唱响"我为祖国献石油"的主旋律。勘探开发进入第五个增储上产高峰期。五年新增石油探明储量3895.36万吨、同比增加80%，SEC储量234.10万吨，天然气预测储量280亿立方米，三获集团公司油气勘探重大发现奖；玉门老区保持年40万吨硬稳产，环庆新区原油日产从接管时不足5吨提升到680吨，全油田油气当量产量从不足40万吨快速增长到60万吨以上，2022年计划完成72万吨以上（其中天然气产量5000万立方米以上）。炼化销售勇当经济支柱主力军。积极推动特种油品炼厂建设，9项经济技术指标创近10年最好水平，航空煤油、军柴重返军品市场，特色高效产品销量增加34%，五年累计实现经营利润10.08亿元、同比增利27亿元。新能源业务抢抓机遇布局走前列。油田相继被确立为中国石油"玉门清洁转型示范基地"和甘肃省"氢能源产业链链主企业"，200兆瓦光伏发电示范项目建成投运、被集团公司党组誉为"玉门模式"，甘肃省首座氢气充装站建成、首条中长距离纯氢管道开工建设，新能源业务正在快速推进。工程技术形成服务市场新格局。国内项目着力打造特色压裂等一批高附加值"拳头"

产品、特色技术，市场化转型成效初显；海外项目克服模式转变、疫情蔓延等不利影响，保持平稳健康运行。共实现外部收入19.73亿元。经营业绩大幅提升迈上新水平。亏损企业治理成效显著，经营亏损额由2016年的17.66亿元降低到2021年的3.65亿元，创油田整合以来最好水平。

五年来，我们全面落实"两个一以贯之"的重大原则，坚定不移推进治理体系和治理能力现代化激发新活力。公司党委坚持把党的领导贯穿到改革发展全过程、融入工作运行各环节，公司治理效能显著提升。现代企业管理制度加快构建。建立完善各类制度247项，推进管理体系融合，制度体系日趋完善。国企改革三年行动全面完成。深化"油公司"模式和"三项制度"改革，加快剥离企业办社会职能，关停退出低效无效业务，推行市场放开搞活，"砸锅造碗比贡献"的动能有效激发，压减二、三级机构71个，压幅18.8%，用工总量减少544人、减幅5.4%。科技创新支撑能力持续提升。构建"1+2+N"科技创效体系，推行"揭榜挂帅""赛马制"等项目运行模式，实施数字化项目83项，开展股份公司课题攻关15项，定向攻关49项关键技术，研发新产品15项，获国家专利63项、省部级及以上科技成果10项。企业治理管控效能逐步彰显。深入推进精细管理、精益管理，深化法治企业建设，强化合规、对标、内控等管理，管理基础持续加强；生态文明建设和安全管控发生显著变化，狠抓安全隐患和环保治理，整改板块体系审核问题3043项，老区3个油田全部进入国家绿色矿山名录，安全环保基础夯实；强化维稳信访安保防恐和保密工作，发展环境和谐稳定。

五年来，我们大力弘扬以"苦干实干""三老四严"为核心的石油精神，守正创新厚植摇篮文化内涵取得新成绩。公司党委大力弘扬伟大建党精神，传承弘扬石油精神、大庆精神铁人精神和玉门精神，凝心聚力促发展。意识形态阵地守好站稳。坚持马克思主义在意识形态领域的指导地位，积极培育践行社会主义核心价值观，推进意识形态专项检查和网站媒体管理自查整改，加强舆情监测和联合研判，始终掌牢意识形态主导权。宣传思想工作守正创新。深学细悟《摆脱贫困》专著，大力涤荡"等靠要"思想，扭亏脱困信心决心更加坚定。扎实开展三次主题教育和"四个诠释"岗位实践活动，携手主流媒体讲好摇篮故事，加强统战工作赢得广泛支持，推动油田发展的力量有效凝聚。企业良好形象充分展示。开展"重塑形象"活动，举办油田开发建设80周年系列活动，深化"源泉"宣讲，"石油摇篮"美誉度和影响力持续提升。助力脱贫攻坚和乡村振兴，先后投入1249万元，武威市古浪县西靖镇阳光新村、庆阳市环县木钵镇罗家沟村等帮扶点如期脱贫摘帽。摇篮文化内涵不断丰富。玉门石油元素在中国共产党历史展览馆展出，老君庙油矿旧址入选全国爱国主义教育示范基地，建成了以老一井为代表的一批石油精神教育基地，油田的红色底蕴愈加深厚。

五年来，我们切实坚持"以人民为中心"的发展思想，深入践行全心全意为人民服务的根本宗旨展现新作为。公司党委始终秉承发展依靠员工、发展为了员工、发展成果由员工共享，员工群众的获得感、幸福感、安全感持续增强。为民实事扎实有效。智慧和谐居住小区建设全面完成，矿区活动场馆不断完善，员工实现持卡就医购药，职工食堂赢得大家点赞，物业真情服务温暖人心，慰问帮扶员工群众3.57万人次，解决急难愁盼问题2276件，员工收入较五年前增长45%。健康管理再上台阶。坚决贯彻"外防输入、内防反弹"总要求和常态化防疫措施，全员行动抗击疫情，始终保持"双零"战绩；全面开展职业病危害因素监测和套餐式职业健康体检，健康企业建设迈出坚实步伐。地企携手共赢发展。落实地企互保共建和定期沟通交流机制，积极融入酒嘉双城经济圈建设，发展环境持续向好。累计上缴税费176.53亿元，纳税贡献稳居酒泉市、玉门市首位，保持甘肃省前列。

五年来，我们时刻铭记"打铁必须自身硬"的深刻道理，毫不动摇推进自我革命纵深发展获得新成效。公司党委坚决肃清流毒影响，坚持不懈推进全面从严治党，油田发展环境风清气正。"两个责任"贯通联动。制定实施《党委落实全面从严治党主体责任清单》等制度规定31项，严格落实党委书记"第一责任"和班子成员"一岗双责"，实行派驻纪检组，"三不"建设一体推进。整治整改同向发力。强化监督执纪问责，对照中央巡视集团公司反馈的10个方面检查出的5项问题和集团公司巡视反馈的44项问题全面整改，在全覆盖开展常规巡察的基础上，组织开展巡察"回头看"和专项巡察，发现的819项问题有效整改。作风形象持续向好。以钉钉子精神持之以恒落实中央八项规定精神，大力纠治"四风"顽疾，深入开展"作风建设年"活动，新风正气更加充盈。

五年的奋斗历程已然成为过去。这五年，公司党委和大家一起走过，以不屈的斗争精神和强烈的责任担当，解决许多长期想解决而没有解决的难题、办成许多过去想办而没有办成的大事，涌现出许多可歌可泣的人和事，其中10件具有鲜明时代特征的大事要事影响深远，犹如涓涓细流汇入油田83年奔腾不息的历史长河。一是全面建立实施第一议题制度，用党的创新理论指导油田发展更加自觉具体。二是党委书记负总责的领导体制调整到位，党总揽全局、协调各方的领导作用全面加强。三是喜获优化配置矿权3460平方千米，宁庆环庆成为承载油田梦想的希望田野。四是宁庆李庄8等井试获高产气流，玉门油田迈入"油气并举"新时代。五是中国石油首个规模最大的集中式光伏电站快速建成投运，油田开启"多能驱动"新纪元。六是完成新老区采油厂整合优化和炼化联合车间改革，新型采油管理模式和精品特色炼厂管理体制基本构建。七是2022年一季度实现11年来首次季度经营利润为正，玉门油田整体扭亏曙光已现。八是玉门油矿解放日被确定为中国石油纪念日，百万石油人标定了党全面领导新中国石油工业发展的原点。九是央企楷模陈建军先进事迹驰誉社会各界，铁人血脉和玉门精神绽放时代光芒。十是油田员工首次普获酒泉基地房产证。

同志们！五年砥砺奋进，成绩来之不易。这些成绩的取得，使我们更深刻体会到：必须把坚定捍卫"两个确立"、坚决做到"两个维护"作为干部员工最高的政治原则，由衷拥戴核心、维护核心、跟随核心，确保油田发展始终沿着正确方向前进。必须把习近平新时代中国特色社会主义思想作为油田各项工作的指导思想，正确运用党的创新理论武装头脑、指导实践、推动工作。必须把坚持党的领导、加强党的建设作为油田行稳致远的根本保证，深度融合党建与生产经营，以高质量党建引领高质量发展。必须把遵循历史规律、坚定历史自信作为油田不断取得成功的根本方法，在总结历史成功经验中把握历史主动，续写摇篮辉煌。必须把抓住主要矛盾、加快要素变革作为油田推进高质量发展的根本之策，深化改革加快创新推动变革，不断开创油田发展新局面。必须把弘扬石油精神、赓续红色血脉作为油田接续奋斗开拓奋进的动力源泉，激励干部员工苦干实干、攻坚克难，汇聚推进发展的磅礴力量。必须把以人民为中心、靠员工办企业作为油田践行党的宗旨的根本途径，集众智汇众力，共谋发展、共享成果。特别是在安全环保、疫情防控上要始终坚持人民至上、生命至上，发展决不能以牺牲人的生命为代价。

成绩和经验的取得，是习近平新时代中国特色社会主义思想领航指引的结果，是党中央和甘肃省委、集团公司党组正确领导的结果，是酒泉市、庆阳市、玉门市、肃州区、环县、盐池县各级组织、总部各部门和兄弟单位鼎力支持的结果,是全体干部员工担当奉献的结果,是广大离退休人员、员工家属、再就业人员关心理解的结果,是历届党委长期接续奋斗打下坚实基础的结果。在此,我代表中共玉门油田分公司第二届委员会,向各级组织和各界人士表示衷心感谢,致以崇高敬意!

二、全面准确把握油田发展的阶段性特征,奋力开创打赢扭亏脱困攻坚仗,推进高质量发展的新局面

2020年,集团公司党组为玉门油田确定了建设基业长青百年油田的发展愿景。两年来,公司党委团结带领油田上下拼搏进取,油田党的建设、发展态势、员工观念、队伍面貌焕然一新。随着党和国家开启向第二个百年奋斗目标进军的新征程,油田发展事业也进入战略步骤交汇、经营成效转折、公司治理转型、发展质量跃升的叠加时期,处于蓄势待发、爬坡过坎、整体扭亏的关键阶段。从油田所处的环境看,虽然世界百年未有之大变局正在加速演进,国际政治经济形势更趋严峻复杂,但中华民族伟大复兴进程不可逆转,我国经济长期向好的基本面不会改变,是疫情下仍保持正增长的世界主要经济体,能源需求旺盛。从党和国家的要求看,习近平总书记对中国石油和中国石油相关工作做出的重要指示批示,要求"能源的饭碗必须端在自己手里";中央大力推进"四个革命、一个合作"的能源安全新战略,要求建设能源强国、建立统一大市场,国家新一轮找矿战略行动全面展开,每生产一吨油、一方气、一度电,都是经济社会发展所需要的。小油田也要胸怀"国之大者",恪尽兴能报国之责,为端牢能源饭碗、建设能源强国贡献石油摇篮力量。从行业发展的趋势看,一方面能源转型不可能一蹴而就,近中期化石能源仍将发挥基础支撑和兜底保障作用;另一方面能源行业的"四大革命"方兴未艾,集团公司明确提出碳达峰、碳中和的目标和路线图,河西走廊新能源发展将进入新的黄金期,油田做强油气产业、发展新能源面临十分难得的历史机遇。从自身具备的条件看,油田发展的方位和特征、基础和条件、氛围和态势已经发生明显变化,随着新时代国家推进西部大开发形成新格局、甘肃省全面打造"一核三带"区域发展格局和开展"四强"行动、集团公司建设基业长青世界一流企业等重大战略和部署的深入实施,玉门油田作为老油田转型发展示范企业、清洁转型示范基地和甘肃省氢能产业链链主企业的功能定位越来越凸显,拥有的资源禀赋、内生势能、文化积淀越来越扎实,红色根脉、地理区位、精神传承优势越来越明显,发展空间更加广阔、发展前景更加美好,石油摇篮振兴机遇期已然到来。但辩证地看,玉门油田仍是老小边穷的油田,面临着发展不充分和发展不平衡的双重压力,面对着扩大经济规模和促进转型升级的双重难题,需要应对内生动力不足和外部竞争加剧带来的双重挑战,通过推进高质量发展提升综合实力、实现扭亏脱困、缩小发展差距仍是最重要的任务。总体看来,摆脱思想贫困的桎梏更加急迫,解除传统发展模式的束缚更加急迫,破解资源欠缺的约束更加急迫,突破短板弱项的制约更加急迫,推进亏损治理的任务更加急迫。必须做到穷当益坚、老当益壮,坚定从思想、转型、改革、管理、经营、资本和协同上扭亏,更好地把国家所需、油田所能、群众所盼、未来所向统筹起来,正确把握方位、充分认清形势、明确基本方略,引导和团结油田上下坚定信心向前走。立足新的时代条件和实践要求,公司党委在建设基业长青百年油田既定愿景架构、战略路径、战略步骤和发展战略的基础上,以全新的视野深化对油田发展历史规律的认识,形成今后5年左右推进基业长青百年油田建设的基本方略。

明确坚持一个判断的发展定位。必须时刻牢记,油田发展态势趋好,但未从根本上改变我们对油田所处发展阶段的判断,油田目前处于并且今后5年左右仍将处于为建设基业长青百年油田打基础的阶段，发展基础依然脆弱，经济总量小、人均劳动生产率低、抗风险能力弱、创新能力不强等问题仍然存在，容不得半点松劲、更不能出现颠覆性失误。对此，各级组织要辩证看待，在谋发展、做决策、抓落实中，牢牢把握这个基本企情、立足这个最大实际、坚定这个基本定位，坚持清醒冷静不能飘、苦干实干不折腾、拼搏进取不停歇，尤其要强化经济利润理念，把严谨投资、精准投资、效益投资和提质增效作为一切工作的立足点、作为生死存亡的生命线，贯穿于改革发展全过程。

坚定加快两个转型的发展导向。必须时刻牢记，推进转型攸关老油田前途命运，自觉把加快转型作为油田生存发展的必由之路，坚定不移在推进转型上勇于作为，在集团公司转型发展中发挥示范先导作用。要切实加快能源结构转型，积极推进"清洁替代、战略接替、绿色转型"进程，科学统筹传统化石能源和新能源发展，加快油气电氢一体化融合发展，努力构建绿色低碳的现代能源体系。要切实加快市场化转型，开放搞活内部市场，巩固拓展外部市场，畅通内外循环，在搏击市场中增收创效，努力构建开放共享的新发展格局。

着力厚植三驾马车的发展支撑。必须时刻牢记，实体业务是油田发展的支撑，自觉把提高业务发展能力和质量作为主攻方向，坚定不移推进主营业务更好更快发展，显著提高油田经济规模和盈利能力。要着力厚植勘探开发支撑，立足做大做强油气上游业务，围绕实现油气当量产量跨越式增长的目标，加快推进高效勘探和效益开发，坚决打赢油气增储上产的硬仗，在油田发展格局中发挥"压舱石"的作用。要着力厚植炼化销售支撑，立足做精做强油气下游业务，围绕建成特种油品炼厂的目标，加快推进转型升级，坚决打赢炼化保效增效的硬仗，在油田发展格局中发挥"效益源"的作用。要着力厚植新能源业务支撑，立足做盈做强新能源业务，围绕为社会提供更多清洁能源的目标，扎实推进绿色转型，加快项目落地实施，坚决打赢建好中国石油玉门清洁转型示范基地、当好甘肃省氢能源产业链链主企业的硬仗，在油田发展格局中发挥"增长极"的作用。

落实集团公司的四大战略安排。必须时刻牢记，油田党委是集团公司党组的基层组织，自觉把油田的总体发展摆在集团公司的战略体系中谋划推进，坚定不移当好集团公司战略安排的落实者，在集团公司改革发展中展现玉门油田作为。要坚决落实"创新、资源、市场、国际化和绿色低碳"的战略部署，全面实施"油气并举、多能驱动"的发展战略；要坚决落实"坚持高质量发展、坚持深化改革开放、坚持依法合规治企、坚持全面从严治党"的兴企方略，奋力谱写"发展、改革、创新、党建"四个新篇；要坚决落实"专业化发展、市场化运作、精益化管理、一体化统筹"的治企准则，扎实推进治理体系和治理能力现代化；要坚决落实"人才强企、提质增效、低成本发展和文化引领"的战略举措，切实筑牢人才、经营、成本、文化等发展保障。

遵循党和国家的五大发展指引。必须时刻牢记，中国石油是党的中国石油、国家的中国石油、人民的中国石油，自觉把油田的一切工作放在党和国家的发展大局中去考量，坚定不移当好党和国家发展指引的贯彻者，在党和国家发展建设中做出玉门油田贡献。要坚决遵循习近平新时代中国特色社会主义思想，切实做到总书记有号令、党组有部署、玉门油田见行动，打造坚定捍卫"两个确立"、坚决做到"两个维护"的玉门油田；要坚决遵循党的路线方针政策，打造绝对忠诚可靠、听党话跟党走的玉门油田；要坚决遵循党和国家的战略部署、习近平总书记对甘肃重要指示和省委省政府的工作要求，打造服务保障国家大战略、全力推动区域新发展的玉门油田；要坚决遵循习近平总书记对中国石油及中国石油相关工作的重要指示批示精神，打造"端牢能源饭碗"、赓续红色血脉的玉门油田；要坚决遵循中国共产党解放思想、实事求是的思想路线，打造勇于创新创造、敢于追求卓越的玉门油田。

实现六个阶段性的战略目标。具体是"勇创三个历史新高，实现三个全面提升"，即：油气当量产量创历史新高。年产量由60万吨达到160万吨以上。炼化稳定盈利创历史新高。在200万吨/年加工规模下，年均盈利未来五年稳定在2.5亿元以上，比过去五年（炼化有经营记录以来最好）增加5000万元。清洁能源占比创历史新高。清洁电力总装机容量增加至1000万千瓦以上，年发电量达到200亿千瓦时、制氢5万吨，清洁能源占比由2.3%提高到59%。党建水平全面提升。基层党组织建设不断强化，公司党委在集团公司考核评价中确保A档、力争A+。经营水平全面提升。在45美元/桶油价下，2025年实现本质扭亏并盈利2亿元以上，之后保持持续盈利。治理水平全面提升。公司治理体系和治理能力现代化在2025年取得显著成效，此后2年巩固提升，为2035年基本实现现代化创造条件。

实践没有止境，思路创新也没有止境。我们必须善于聆听时代声音，不断深化规律认识，才能跟上时代潮流，推进工作创新。以上6条，构成今后5年坚持和推进基业长青百年油田建设的基本方略。油田上下必须全面完整准确理解，认真精准积极落实，坚决打赢整体扭亏脱困攻坚仗，建设绿色低碳幸福美好新油田。

三、坚定不移以习近平新时代中国特色社会主义思想为指引，夺取基业长青百年油田建设新胜利

道虽远，行则将至；事虽难，做则必成。基业长青百年油田建设是一场历史接力赛，新时代的玉门石油人生逢其时、重任在肩，必须上下一心、迎难而上，以系统观念谋篇布局、以奋斗姿态推动发展，在追逐发展愿景的赛道上奋勇争先，用智慧和汗水打拼出油田更加美好的未来。

今后五年工作的指导思想是：以习近平新时代中国特色社会主义思想为指导，深入贯彻党的十九大和十九届历次全会精神，全面贯彻即将召开的党的二十大精神，认真落实习近平总书记对甘肃省、中国石油和中国石油相关工作的重要指示批示精神，坚持稳中求进工作总基调，立足新发展阶段，完整、准确、全面贯彻新发展理念，加快构建新发展格局，牢牢把握高质量发展主题，大力弘扬伟大建党精神，扎实落实甘肃省第十四次党代会精神和集团公司党组决策部署，全面加强党的领导党的建设，动员全体干部员工踔厉奋发、笃行不怠，打造"双碳"战略实施的引领企业，为建设基业长青百年油田奠定坚实基础。

发展是解决一切问题的基础和关键。新时代推动玉门油田发展，必须把新发展理念作为基本原则和行动先导，让创新成为第一动力、协调成为内生特点、绿色成为普遍形态、开放成为必由之路、共享成为根本目的，努力实现更高水平、更有效率、更可持续的发展。为此，今后五年工作的总体部署是：坚定"一个坚持"，"铸强四梁"，"稳固八柱"。具体分三个方面。

（一）"一个坚持"，就是坚持党的全面领导不动摇，以高质量的领航定向为基业长青百年油田建设把准正确前进方向

要始终坚持党对国有企业的领导这个重大政治原则，切实把党的领导优势转化为油田发展的竞争优势，为实现油田高质量发展提供坚强的引领保障。

强化政治统领。政治建设是确保公司改革发展航向不偏的根本所在。要深入学习贯彻习近平总书记最新重要讲话和重要指示批示精神，定期开展"回头看"，不断增强"四个意识"，坚定"四个自信"，忠诚捍卫"两个确立"，坚决做到"两个维护"。严格执行重大事项请示报告制度，严肃党内政治生活，锻造忠诚干净担当的政治品格。彻底肃清流毒影响，不断巩固海晏河清的良好政治生态。

强化理论指引。习近平新时代中国特色社会主义思想是公司推进高质量发展的指导思想。要全面落实"第一议题"制度，坚持常学常新、常悟常进，不断提高政治判断力、政治领悟力、政治执行力；坚持用党的创新理论谋划发展、推动工作，切实把学习效果转化为解决问题的思路、推动事业发展的成果，坚定不移沿着习近平总书记指引的方向不断前进。

强化领导作用。党的领导作用是党实现全面领导的集中体现。要推动党的全面领导融入公司治理各环节，实现党对公司全面工作的领导有机统一。健全落实"三重一大"决策制度，加强集体领导、推进科学决策，推动党中央精神、甘肃省委和集团公司党组部署在油田落地生根。集中抓好重大事项决策、重大关系协调、重大改革推进、重大问题解决，全面谋划和引领油田实现高质量发展。

强化制度建设。制度建设是加强和改进党的建设的前提保障。要以改革创新精神推进党的制度建设，健全推动基层党建融入基层管理、推进全面从严治党、加强党员教育管理、压紧压实党建责任等制度规定，构建"领导、融合、服务、奖惩、宣传、责任""六位一体"的党建制度体系。大力强化党建制度落实执行，推动党的制度优势更好转化为发展优势。

抓住"关键少数"。党员领导干部是推动公司健康发展的中坚力量。要坚持"党管干部"原则，突出政治标准，多维化识别干部，大力选拔忠诚干净担当的领导人员。多元化培养干部，强化思想淬炼、政治历练、实践锻炼、专业训练，使领导干部在生产一线经受锻炼，增长才干。精准化激励干部，坚持严管厚爱结合，约束激励并重，全面培育新时代治企兴企的行家里手。

（二）"铸强四梁"，就是坚持抓好四大业务不放松，以高质量的业务发展为基业长青百年油田建设开拓价值创造源头

勘探开发、炼化销售、新能源和工程技术服务是油田生存之本、发展之基、效益之源。要按照发展定位，抓好强链延链补链，大力构建完善产业体系，努力稳定存量、扩大增量、提高质量、增强能量、做大总量。

勘探开发要推进快速有效发展，铸强增储上产强龙头的大梁。落实"七年行动计划"，大力实施资源战略，推动油气储量产量和效益双提升。要打好高效勘探攻坚战。举全油田之力集中勘探环庆区块、立体勘探宁庆区块，年均新增石油探明储量千万吨、天然气探明储量百亿立方米以上，以可靠的高效储量保障快上产。突出效益优先原则精细勘探酒泉盆地，为老区稳产奠定资源基础。强化风险勘探，甩开预探新领域新类型新层系，寻求战略发现。要打好效益开发攻坚战。大力实施玉门老区稳产提效工程，紧密围绕"扩边增储""控递减"和"提高采收率"三条主线，积极探索低成本开发技术，确保40万吨高质量硬稳产。全面加快新区一体化建设进程，围绕演武、虎洞等区域实现效益建产，推动产量快速有效增长，早日高效建成40万吨新油田。环庆宁庆区块天然气开发要做精做细评价和产储运销工作，未来5年年产气量攻上10亿立方米以上。要打好高效组织攻坚战。充分认识增储上产的极端重要性和挑战性，干字当头、实字为要，全力打大仗、打硬仗、打恶仗；强化组织运行，集中优势力量，一体联动作战，以重大工程、重大项目的"战场主动"赢得增储上产的"全局主动"。

炼化销售要推进转型融合发展，铸强贡献利润保效益的大梁。坚持"军品立厂、特色发展、清洁低碳、效益优先"的发展理念，全力推进炼化转型升级，不断增强持续增盈能力。要突出安稳长优运行。强化组织运行和风险防控，杜绝非计划停工，确保完成200万吨/年加工量。强化对标达标管理，推动经济技术指标持续改善，达到中国石油炼化板块中游水平。动态调整优化产品结构，强化市场营销，年均

盈利2.5亿元以上。要突出减油增特提效。以10万吨/年特种油品深度加氢和精馏装置、微生物尿素脱蜡项目为重点加快转型升级，牵头构建区域化工产业链群。特色产品年生产能力逐渐达到56万吨以上、增效8800万元。要突出清洁低碳攻坚。推行炼化能量优化和能源梯级利用，推动电气代替改造、"绿氢"综合利用及"零碳"能源项目建设，逐步用"绿电"替代蒸汽和燃料，提高综合效益，实现"燃料型"向"综合型"转变。

新能源业务要推进抢点加快发展，铸强清洁转型做示范的大梁。深入贯彻落实集团公司绿色低碳发展战略，推动"清洁替代、战略接替、绿色转型"的目标逐步实现。要持续完善规划布局。跟进国家、地方政府新能源支持政策、产业需求和集团公司最新要求，动态调整完善玉门清洁转型示范基地建设规划，聚焦清洁电力、绿色氢能两大重点，加快建设"一基地三中心"。要抓好重点项目落地。扎实推进"玉门百万千瓦级风光发电项目建设"，积极开展终端电气化、CCS/CCUS、新型储能、氢化工、管道掺氢等关键技术示范应用，高质量建成清洁能源发电供热、可再生能源制氢、气光融合清洁替代等风光火储和源网荷储项目。强化与地方政府和相关单位沟通对接，全力以赴获取风光土地资源和新能源并网指标，积极推动1000万千瓦"沙戈荒"大型风电光伏基地项目纳入国家项目建设清单。要优化已建项目运行。最大限度争取新能源发电上网电量及价格，努力实现项目预期收益。成立专业运维机构，保障已建项目安全高效运行，形成可复制、可推广的经验和规范，为后续项目实施提供参考和借鉴。

工程服务要突出协同配套发展，铸强内保外拓增实力的大梁。围绕提质提效提素，更好发挥对产业链价值链的支撑作用。要全力保障主业发展。树牢"一盘棋"思想，依托"专业化队伍+社会化服务"模式实施业务总包，与主业协同发展。加强内部市场管理，内部市场占比达到80%以上，实现整体利益最大化。要大力提升服务能力。坚持高端化发展，打造优势产品和特色技术，逐步实现由低端向高端转型。坚持专业化方向，推进设计标准化、产品定制化、作业工厂化、施工机械化，提升服务保障数字化智能化程度。坚持一体化运作，集约服务资源，整合服务机构，提升服务资质，形成集群优势。要奋力开拓外部市场。巩固西部管道场站电气运维、劳务服务，扩大塔里木、长庆等油田井下作业、"三抽"产品、特种油品市场。拓展乍得项目技术研究、装置运维、业务培训等市场，紧跟阿姆河、刚果（布）、尼日尔等支持服务项目，形成海外全产业链发展新格局。

（三）"稳固八柱"，就是坚持夯实八大基础不懈怠，以高质量的管控效能为基业长青百年油田建设提供坚强支撑保障

思想、组织、作风、廉洁、效益、治理、人才和平安建设，是油田发展的重要基础，必须不断改进加强，切实固本强基。

着力稳固思想支柱，凝聚干事创业的强大力量。思想是行动的先导。要认真落实《公司加强和改进思想政治工作责任清单》，加强干部员工思想理论武装，构筑步调一致向前进的共同思想基础。要熔铸理想信念"主心骨"。广泛开展中国特色社会主义和中华民族伟大复兴"中国梦"学习教育，从党章党规、党史国史、精神谱系中荡涤心灵、淬炼党性，投身伟大梦想、伟大工程、伟大事业、伟大斗争。要站稳意识形态"主战场"。严格落实意识形态工作责任制，巩固传统阵地，扩展网络阵地，确保意识形态领域绝对安全。发扬"两抓"经验，积极践行社会主义核心价值观，凝聚建功新时代的强大合力。要激扬团结奋进"主旋律"。加快融媒体建设，在集团公司和省市地方主流媒体刊发一批有质量、有影响的深度报道，讲好玉门故事、传播玉门声音。认真贯彻落实《中国

共产党统一战线工作条例》，紧密团结各界人士为油田发展贡献智慧力量。要打造摇篮文化"主阵地"。建好管好用好"教育基地""工业遗产""展览馆""宣传片"等资源，做强工业文化研学线路和"云上"文化阵地，创作一批具有重要影响的文化成果，赋予摇篮文化新时代新内涵，加强对外文化交流，促进摇篮文化焕发新的时代光彩。

着力稳固组织支柱，锻造功能强大的过硬基层。坚强的基层组织是形成强大战斗力的基础。要牢固树立大抓基层的鲜明导向，推动基层组织全面进步全面过硬。要健全组织体系。创新基层党组织设置，深化"一支部一特色"创建，创新党建协作区、党建联盟，推进示范党支部全周期培育，抓好党支部达标晋级，打造叫得响的特色党建品牌。要建强基本队伍。着眼党支部书记、党务干部和党员三支队伍建设，实施党支部书记赋能、党务干部素养提升和党员先锋示范三个行动，打造"三懂三会三过硬"的党支部书记、政治强业务精作风好的党务干部、作用充分发挥的先锋模范。要推进深度融合。深化基层党建"三基本"建设与"三基"工作有机融合，积极建联系点、划责任区、组突击队、立先锋岗，打造攻坚克难的战斗堡垒。要抓好群团建设。深入学习贯彻习近平总书记庆祝中国共产主义青年团成立100周年大会重要讲话精神，落实落细集团公司党建带工建、党建带团建工作实施意见，持续开展民主管理、主题劳动竞赛、"青字号"工程、创新创效活动，充分发挥员工群众主力军和团员青年突击队作用。

着力稳固作风支柱，赓续石油摇篮的精神血脉。作风是决定油田事业发展成败的关键。要在传承红色基因中筑牢信仰，在赓续精神血脉中挺起脊梁，鼓起走好新时代新长征的精气神。坚持传承精神强作风。深化红色传统教育不断线，持续开展伟大建党精神、石油精神和以"艰苦奋斗、无私奉献、自强不息"为基本内涵、以"一厘钱、穷捣鼓、找米下锅、小厂办大事、再生厂"为主要内容的玉门精神的再学习再教育活动，深入开展"源泉""奋进""腾飞"等系列主题宣讲，激发党员干部报国兴油之志。坚持苦干实干树新风。领导干部要争一流、站排头，做到谋事讲政治、干事有激情、遇事敢担当；要团结带领员工群众，苦练内功、狠抓落实，做到重实干、讲奉献、敢担当、有作为。坚持整治顽疾正作风。重拳整治躺平、内卷、巨婴等做派，持续纠治低老坏、软懒散等顽疾，让不想干事不敢担责的人没市场。切实加强督查检查，对抓部署落实迟缓、敷衍塞责的单位和个人通报曝光、追责问责，让遵规守纪成为常态。

着力稳固廉洁支柱，涵养风清气正的政治生态。从严治党是我们党永葆生机活力的根本保证。要纵深推进党风廉政建设和反腐败工作，不断巩固崇廉尚廉、干事创业的良好环境。全方位抓好政治监督。要聚焦中心任务精准有力开展政治监督，紧盯政治要件、党中央和集团公司重大决策部署、专项任务落实强化监督，坚定捍卫"两个确立"、坚决扛牢"两个维护"的政治使命。一体推进"三不"建设，积极推进"三不"贯通融合。着力健全"大监督"体系，抓好对"关键少数"特别是"一把手"和领导班子的政治监督，使权力在监督和制约下规范运行；管住"绝大多数"，抓早抓小抓苗头，培养一身正气的新时代员工队伍。高质量完成巡视巡察。全面配合集团公司党组巡视，抓好公司党委新一轮政治巡察，实现有形有效覆盖。统筹做好巡视巡察问题整改"后半篇文章"，以整改成效推动油田健康发展。不停歇大力纠治"四风"。筑牢中央八项规定精神堤坝，坚决整治损害党和油田形象、侵害群众利益、基层反映强烈的作风问题，杜绝"四风"问题反弹回潮。零容忍从严惩治腐败。从严从快从重查处工程建设、物资采购、招标选商、科技研发等重点领域违纪违规行为，以及"靠企吃企"和员工身边"微腐败"问题,形成有效震慑。

着力稳固效益支柱,彰显价值创造的企业属性。创造价值是企业作为社会经济组织的根本使命。要常态化落实提质增效价值创造行动,不断改善生产经营状况,解决油田生存发展根本性问题。大力抓好亏损治理。认真落实亏损治理方案,推进"一企一策"挂牌督办,创新经营模式、盘活存量资源、拓展创收空间,确保如期扭亏。更加突出价值创造。构建以EVA改善为目标的资产价值管理体系,加强油价、储量、产量、投资、成本、效益的动态优化,实现效益最大化;建立油气产销联动机制,实施灵活的销售策略,实现以销增效。深化低成本战略。树牢"一切成本皆可降"理念,落实完全成本压降方案,深入挖掘产业链、供应链、作业链降本增效潜力,以更严措施管控管理性费用和非生产性支出,实现主要成本指标硬下降。

着力稳固治理支柱,争创高效一流的管理水平。现代治理是公司高质量发展的重要抓手。要着力构建与高质量发展相匹配的治理体系,充分释放发展的潜力动能。推进依法治企提效能。落实"八五"普法规划,实现重大涉法事项法律审查全覆盖,不断提高依法合规治企水平。健全规章制度体系,强化合规风险管控与合规责任落实,持续提升油田管控效能。深化内部改革挖潜能。优化调整新型采油气作业区建设和炼化业务结构,剥离退出低效无效业务,完善"油公司"模式。坚持市场化改革,完善市场化运营机制,整合服务保障业务,提高外拓市场的能力和积极性。深化三项制度改革,完善市场化用工模式,健全以突出岗位价值、业绩贡献要素为导向的薪酬分配机制,充分激发干事创业的动力活力。强化科技创新增动能。健全完善科技创新体系,突破复杂油气藏高效勘探开发、特种油品深度精制、先进储能与风光气电氢多能融合等关键技术瓶颈,全力贯通科技成果转化链条,构建形成开放创新生态。推进油气物联网、安眼工程建设,探索大数据、人工智能与生产经营有机融合,全面建设"数字玉门油田"。

着力稳固人才支柱,培育素质优良的员工队伍。人才是第一资源。要认真落实人才强企工程,持续健全完善"生聚理用"机制,保障公司事业发展薪火相传。大力锻造优秀管理干部。坚持"双向进入、交叉任职"的领导体制,选优配强两级班子特别是"一把手",形成"老中青"的梯次结构,实现集团公司1/5和1/8的目标要求。加强领导班子专业化建设,推进干部任期制和契约化管理,全力打造"三强"管理干部队伍。大力培养技术技能人才。围绕"两院""四所"建设,深入推进"双序列"改革、人才引进和技术交流,着力造就高素质专业化科技领军人才。加强一线员工培训,深化"石油金蓝领育才"行动,落实"石油名匠"计划,壮大首席技师、技能专家和青年技能人才队伍。大力激励人才担当作为。制定人才发展激励政策,抓好日常管理和考核评价,营造更具吸引力的政策环境。完善人才职业生涯规划,畅通成长成才通道,加强培养教育,使人尽其才、才尽其用。

着力稳固平安支柱,巩固稳定和谐的发展环境。管控风险是油田行稳致远的重要保障。要坚持底线思维,坚决防范化解重大风险,全力建设更高水平的"平安油田"。全力防范安全环保风险。高质量完成安全生产专项整治三年行动,深入抓好体系审核及问题整改、HSE标准化队站建设,全面提升本质安全水平,实现由严格管理中后期向自主管理阶段迈进。加强员工职业健康管理,抓好常态化疫情防控,建设健康企业。严守生态红线,推行绿色清洁生产,全面完成绿色矿山创建。全力确保大局平安稳定。推行分级管控和包案负责制,防范化解各类群体稳定风险。织密织牢属地自防、区域协防、警企联防的立体防护网,严厉打击涉油违法犯罪行为,完成治安防恐达标建设。全力建设和谐幸福油田。常态化开展"我为员工群众办实事"活动,用心用情用力解决员工急难愁盼问题,持续改善员工生产生活条件,以良好业绩保障员工收入稳定增长,让干部员工获得感更强、幸福感更浓。全力扛起央企使命担当。坚持共赢发展理念,构建理念契合、党建联合、工作结合、文化融合的新型企地关系。认真落实社会责任,持续做好能源保供,推进乡村振兴、推动共同富裕,继续支持物业服务和离退休业务发展,为地方经济社会发展贡献石油摇篮力量。

各位代表、同志们,击鼓催征开新局,奋楫扬帆正当时。让我们更加紧密地团结在以习近平同志为核心的党中央周围,在甘肃省委和集团公司党组的坚强领导下,勿忘昨日辉煌,无愧今日担当,不负明日梦想,负重自强,苦干实干,坚定扭亏,奋力开创高质量发展新局面,建功基业长青百年油田建设新征程,为全面建设社会主义现代化幸福美好新甘肃和集团公司建设基业长青的世界一流企业做出应有贡献,以实际行动迎接党的二十大胜利召开!

中国共产党玉门油田分公司第三次代表大会闭幕词

刘战君

(2022 年 6 月 9 日)

各位代表、同志们:

中国共产党玉门油田分公司第三次代表大会,在甘肃省委和集团公司党组的亲切关怀和悉心指导下,经过全体与会代表的共同努力,圆满完成了各项任务,即将胜利闭幕。会上,听取和审议中国共产党玉门油田分公司第二届委员会报告、纪律检查委员会报告、关于党费收缴和使用情况报告,选举产生中国共产党玉门油田分公司第三届委员会和纪律检查委员会。会议期间,各位代表共商良策、共谋发展、共话未来。在此,我代表大会主席团,向上级组织的关怀,向油田各级组织的支持,向与会代表和工作人员的辛劳,致以诚挚的谢意!

此次大会,总结了成绩、谋划了未来,统一了思想、凝聚了力量,主要有 4 个方面的收获:一是强化政治意识,激发内生动力。大会报告始终把习近平新时代中国特色社会主义思想贯穿始终,体现公司党委坚定捍卫"两个确立"、坚决做到"两个维护"的政治自觉,激发会场内外、油田上下奋勇向前的磅礴力量。二是总结历史性成就,坚定信心决心。大会总结五年来的历史性成就,回顾具有时代特征的大事要事,得出宝贵经验和深刻启示。与会代表一致表示,要从党的百年奋斗经验中汲取智慧力量,从油田发展史中重拾信心,牢牢掌握发展主动权。三是明确阶段性目标,凝聚了思想共识。大会聚焦两个阶段任务,精确标定"四期叠加"的历史方位,厘清思路、明确目标,部署了工作。与会代表一致认为,大会报告站位高远、目标具体、措施得力,是油田未来一个时期发展的指导性文件。四是选举新一届"两委",确定领导集体。大会严格落实换届要求，选举产生中国共产党玉门油田分公司第三届委员会和中国共产党玉门油田分公司纪律检查委员会，为油田今后一个时期的发展提供坚强的政治和组织保证。

各位代表、同志们，发展目标远大、发展蓝图壮美，决胜扭亏脱困挑战空前、奋进高质量发展前途光明。实现党代会既定目标，既是全体代表的共同责任，更是新一届领导集体义不容辞的神圣使命。为此，我们要深刻把握和清醒地认识到以下7点：一是党的建设是我们的根和魂，千万弱不得。坚持党的领导、加强党的建设是国有企业的光荣传统和独特优势，是油田发展的根本保障，只能加强、决不能减弱。始终把党的政治建设摆在首位，胸怀"国之大者"，以兴能报国的实际行动，坚定捍卫"两个确立"、坚决做到"两个维护"。始终把党的全面领导作为出发点和落脚点，充分发挥党委"把方向、管大局、促落实"作用，大力推动党建与生产经营深度融合、党建"三基本"建设与"三基"工作有机融合，以高质量党建引领高质量发展。二是扭亏脱困是我们的紧迫事，千万慢不得。扭亏脱困是当前最紧迫的任务，是生存的"边界线"和高质量发展的"起跑线"，只能提前、决不能推后。坚定不移落实党代会部署要求，紧抓十分难得的发展机遇，盯死看牢亏损单位、亏损业务、亏损环节，倒排工期、挂图作战，确保如期本质扭亏。三是百年油田是我们的同心愿，千万等不得。建成基业长青百年油田，是党组的要求、是油田的追求，等了就会落空、慢了就会打折，必须不懈努力、容不得丝毫懈怠。要充分认识到，不是等到2039年我们就自然而然是百年油田，必须完整准确全面贯彻新发展理念，在如期实现扭亏脱困的基础上，继续不懈奋斗，最终建成幸福美好的新油田。四是发展信心是我们的动力源，千万减不得。信心比黄金更可贵。油田发展正处在滚石上山、爬坡过坎最为吃劲的关键时期，只有坚定信心、迎难而上，才能转压力为动力、化危机为良机、破困局开新局。回望历史，我们创造了辉煌的历史业绩；审视当下，我们创造了新的时代壮举；面向未来，我们必须增强历史自信，坚定不移做好自己的事，美好愿景就一定能够实现。五是固本强基是我们的定海针，千万松不得。基础不牢，地动山摇。"四梁"是油田发展的四大主营业务，"八柱"是支撑保障主营业务健康发展的"牢固地基"，只能加强、决不能松动。要把打牢基础、强化支撑作为长远之计和长久之策，固牢发展底板、补齐发展短板、锻造发展长板，让每一个"神经末梢"都充满生机与活力。六是奋斗精神是我们的传家宝，千万丢不得。幸福源自奋斗。要大力发扬石油精神和大庆精神铁人精神玉门精神，团结一切可以团结的力量、调动一切可以调动的因素，以风雨无阻的心态和风雨兼程的状态，去面对有风有雨的常态，拼出无愧于历史、无愧于时代、无愧于自己的优异业绩。七是人民立场是我们的生命线，千万偏不得。员工群众是油田的主人，是推动油田发展的动力源泉。必须树牢紧紧依靠员工群众办企业的思想，时刻把员工群众装在心里，在问计问策于员工群众的同时，集中力量解决好员工群众急难愁盼问题，把油田发展成果惠及广大员工群众，努力让员工群众的获得感成色更足、幸福感更可持续、安全感更有保障。

各位代表、同志们，一分部署，九分落实。未来五年的目标已明、措施已定，各级组织和全体党员干部一定要把贯彻落实党代会精神作为当前和今后一个时期工作的重中之重，全力推动、狠抓落实。一要提高站位抓落实。落实好此次党代会精神，事关油田扭亏脱困、高质量发展全局，要站在"两个维护"的政治高度，坚持问题导向、系统思维，立足当前、着眼长远，确保党代会各项决策部署不折不扣得到落实。二要学深悟透抓落实。把学习领会党代会精神作为当前理论武装工作的重点，通过党委理论学习中心组集中学习、"三会一课"等多种形式，准确把握党代会精神实质和丰富内涵，切实把全体党员干部的思想和行动统一到会议精神上。三要宣传贯彻抓落实。充分运用各类宣传载体，采取形式多样、行之有效的方法，全方位多层次宣贯党代会精神，让会议精神进基层、进队站、进岗位，全面掀起热潮。四要压实责任抓落实。聚焦党代会明确的各项工作任务，层层分解、逐项压实各项任务目标，进一步厘清思路、细化措施，真正把党代会的部署要求转化为油田上下的生动实践，确保贯彻落实会议精神见行动见成效。五要改进作风抓落实。各级领导干部要切实担负起抓落实的责任，既要挂帅、也要出征，切实把心思放在干事业上、把精力集中到办实事上、把功夫下到抓落实上、把本领用在促发展上，真抓实干、履职尽责，务求把每一项要求执行到位、把每一个项目推进到位、把每一项工作落实到位。六要立足当前抓落实。当前，油田正处在油气生产的黄金季节，我们要切实抓好"疫情要防住、经济要稳住、发展要安全"三件大事，做好各项工作的统筹谋划、有机融合、有效衔接，为党的二十大召开营造平稳健康的经济环境、国泰民安的社会环境、风清气正的政治环境。

各位代表、同志们，壮美征程风正劲，乘风破浪再启航。我们都是时代的赶考者、事业的追梦人。让我们更加紧密地团结在以习近平同志为核心的党中央周围，在甘肃省委和集团公司党组的坚强领导下，踔厉奋发、笃行不怠，埋头苦干、勇毅前行，全面奏响振兴发展的时代旋律，早日实现整体扭亏脱困、率先建成基业长青百年油田，让石油摇篮越来越美好，让玉门石油人的日子越过越红火！

聚焦扭亏脱困　踔厉奋发作为
以推进高质量发展优异成绩迎接党的二十大胜利召开

——公司2022年工作会议暨八届二次职工代表大会主题报告

刘战君

（2022年1月17日）

各位代表、同志们：

这次会议的主要任务是：以习近平新时代中国特色社会主义思想为指导，深入贯彻党的十九大、十九届历次全会和中央经济工作会议精神，认真落实集团公司2022年工作会议和甘肃省委十三届十五次全会精神，总结2021年工作，分析研判面临的形势，部署2022年重点任务，动员全体干部员工弘扬伟大建党精神，坚持稳中求进工作总基调，完整、准确、全面贯彻新发展理念，聚焦扭亏脱困，踔厉奋发作为，以推进高质量发展优异成绩迎接党的二十大胜利召开。

下面，根据公司党委讨论的意见，我作会议主题报告。

第一部分：苦干实干赢得"十四五"稳准开局

2021年，玉门油田喜事连连、生机勃勃，揭开开发建设史上崭新的一页。这一年，公司上下深入学习贯彻习近平新时代中国特色社会主义思想，认真落实集团公司"四个坚持"兴企方略和"四化"治企准则，转变观念、锐意进取，取得具有开创性、标志性和里程碑意义的工作成绩，为党的百年华诞奉献石油摇篮之礼：一是油田发展擘画了新蓝图。突出"油气并举、多能驱动"的发展战略，制定"十四五"及中长期发展规划，明确"1234"的战略部署、"三步走"的战略步骤，形成扭亏脱困、建设基业长青百年油田的愿景架构。二是油田扭亏脱困跨上新征程。全年实现经营利润-3.65亿元、较去年减亏7.92亿元，探索形成行之有效的减亏措施办法，推进扭亏脱困进入轨道。三是油田进入"油气并举"新时代。原油产量增长10万吨、天然气勘探取得重要发现并生产509万立方米，结束玉门油田82年没有天然气的历史。四是油田开启"多能驱动"新纪元。200兆瓦光伏项目并网发电，新能源业务平稳起步，在集团公司率先实现对外供应清洁电力。五是摇篮文化谱写新篇章。老君庙油矿旧址入选第七批全国爱国主义教育示范基地、玉门油矿解放日被确定为中国石油纪念日、中国共产党历史展览馆展示玉门石油元素，丰富"摇篮文化"的内涵。这五件事是油田上下真抓实干开新局的最集中体现，是奋进扭亏脱困、建设基业长青百年油田最强有力的注脚，必将载入油田发展史册。与此同时，7个方面的工作成效显著。

纵深推进全面从严治党，党建工作再上水平。认真贯彻新时代党的建设总要求和新时代党的组织路线，全面加强党的建设，引领保障公司各项事业高质量发展。油田在集团公司党建工作责任制考核中连续2年获A档。一是高站位抓好党的政治建设。深入学习贯彻习近平新时代中国特色社会主义思想，建立并严格落实"第一议题"制度，强化"七一"重要讲话、党的十九届六中全会精神及总书记对中国石油和中国石油相关工作的重要指示批示精神等系统学习，两级党委集中学习276次、专题研讨89次，党员干部理解"两个确立"更加深刻、做到"两个维护"更加坚决。二是高质量推进党史学习教育。精心谋划、统筹推进党史学习教育和"转观念、勇担当、高质量、创一流"主题教育活动，开展专题党课、"红色基因·动力之源"座谈会、特色读书班、重走革命路、主题党日等活动1869场次，聚焦"四事"落实为员工群众办实事575项，油田党史学习教育入编党组党史学习教育《简报》2期，被《中国石油报》头版报道，《玉门油田这样学党史》等8篇理论文章在集团公司核心期刊刊发，达到学史明理、学史增信、学史崇德、学史力行效果。三是高水平开展庆祝建党100周年系列活动。精心组织召开庆祝中国共产党成立100周年座谈会、表彰会、专题党课、知识竞赛、大合唱、书法美术摄影作品展、岗位讲述等系列活动，深刻感悟党的百年奋斗史蕴含的真理力量，展示干部员工为祖国增油添气、为党旗增辉添彩的良好形象。四是高标准推进党建基础工作。制修订并落实加强党的政治建设、从严治党责任清单等基础性制度5项，调整建立基层单位"党委书记负总责、厂长（经理）负责日常生产经营工作"的领导体制，大力实施党建定量考核评价，完成第二轮党组织书记述职全覆盖和44个基层党支部换届选举工作，常态化推进党支部达标晋级动态管理、新创建示范党支部6个，党建基础进一步夯实。五是高层次弘扬主流意识形态。牢牢掌握意识形态主动权，开展网站及新媒体管理自查和整改，主流意识形态不断巩固发展。举办中国石油开放日—走进玉门油田活动，充分挖掘中国石油第一个党支部等红色资源，丰富"石油摇篮"红色内涵。深刻汲取《摆脱贫困》思想理论智慧，专题研讨5场次，坚定油田上下"弱鸟先飞""滴水穿石"实现扭亏脱困的信心决心。大力弘扬伟大建党精神、石油精神、大庆精神铁人精神和玉门精神，唱响主旋律、汇聚正能量，为油田改革发展稳定提供强大精神力量。

抢抓机遇提高发展质量，扭亏基础巩固夯实。按照确立的战略规划，通过油田上下推进执行，生产经营再创佳绩。一是油田经营着力打造提质增效"升级版"。认真制定亏损治理和提质增效工作方案，深入推进全员、全过程、全要素的精益管理、对标管理和价值管理，坚持周检查、月总结、季分析，有力推动58项具体措施落实落地、88项重点任务顺利完成，整体创效2.98亿元，完成下达提质增效指标2.18亿元的137%，促进生产经营业绩持续好转。二是勘探开发跨入新的增储上产高峰期。油气勘探集中力量一体化勘探环庆、宁庆新区，精细勘探老区，发现3个整装高效规模储量区，新增石油探明储量1055.6万吨、连续3年超过1000万吨，新增天然气预测储量280亿立方米；油田开发加强老区生产优化运行和新区规模建产力度，开展百日上产会战，完成油气产量当量59.42万吨，上产幅度近3年最大。三是炼化销售勇当扭亏脱困效益源。积极推动特色炼厂建设，抢抓市场机遇，改革创新同步，安全平稳运行，9项经济技术指标创近10年最好水平，全年实现经营利润2.91亿元，近6年累计盈利13.05亿元。四是新能源业务抢抓机遇走前列。中国石油首个规模最大的集中式光伏并网发电示范工程玉门东200兆瓦光伏发电项目以"玉门效率"如期投运发电，1800万千瓦多能互补一体化项目完成前期论证，油田200万千瓦"沙戈荒"风电光伏大型基地项目已上报国家能源局，油田新能源业务整体走在集团公司前列。

动真碰硬攻坚重点改革，发展活力更加充沛。以"砸锅造碗比贡献"的决心推进改革三年行动，方案确定的83项改革任务已完成82项、完成率98.7%，超额完成集团公司70%的年度目标要求，对标管理提升任务完成100%。一是大刀阔斧"理机构"。勘探开发业务按照"油公司"模式，完成老区"三厂合一"、新区"两区合一"，重组生产服务保障中心；炼化业务实施联合车间改革；公司机关整合党委宣传部（工会、团委），两级机关完成"大部制"改革；物业管理由托管改直管，医疗保险、公积金管理等社会化职能顺利移交，快速实现集团公司确定的"113"目标，共压减二三级机构53个、压幅14%，用工总量控减至9697人，"油公司"模式改革在开发年会上受到勘探与生产分公司的充分肯定。二是推广下海"强水性"。实施老君庙采油厂市场全放开、内部市场化价格体系调整、工程技术服务单位亏损显性化等措施，内部市场体制机制更趋完善；积极开拓国内市场，大修作业、机械产品、专业化培训、工程建设等逐步打开长庆油田、青海油田及周边市场；巩固扩大国际市场，乍得项目保持稳定，阿姆河对口支援项目已派出人员现场作业。全年与5家单位、3个县市签订合作框架协议，开展82个外部项目，1045人吃市场饭，外部创收6.45亿元。三是搞活分配"强激励"。突出效益导向，主要生产单位效益类指标权重由45%提高到60%左右；推进基层搞活二次分配，员工绩效差距拉大到2.5倍以上；外闯市场奖励标准提高50%，劳务输出人员奖励标准翻一番，鼓励全方位、多渠道、深层次开展外部合作。四是任期考核"促治理"。基层单位二级领导人员全部签订契约化任期合同。五是止血保链"求生存"。进一步加强内部市场管理，严格外委外包外修审批，建立"外转内"业务清单并落实219个项目，减少了效益流失。

突出重点加强科技创新，支撑作用持续增强。落实集团公司科技与信息化创新大会精神，大力推进科改治理提速、关键技术攻关和数字油田建设，有力推动勘探突破、炼化增效和新能源起步。一是科技创新体系逐步完善。优化顶层设计，编制完善"十四五"及中长期科技发展规划，形成"1+2+N"的科技体制机制改革方案及配套制度体系，建立专家委员会在内的四级决策架构，推动科技工作与业务和管理的深度融合，提高科技创新运行和决策质量。二是核心竞争力稳步增强。强化项目制管理，推行"揭榜挂帅"和"赛马制"，围绕主营业务需求开展36项关键技术定向攻关，打磨形成三维精细刻画、超低渗油气藏压裂、高密度合成烃燃料研发、风光气电储融合等技术系列。三是信息化水平不断提升。累计建成应用信息系统80余个，玉门本部实现物联网全覆盖，勘探开发梦想云平台实现线上综合一体化协同共享，自主开发"电子商务采购交易"等系统软件15个，获国家版权局软件著作权登记证书4项，对标差距逐步缩小。

加大力度实施人才强企，兴业力量正在壮大。认真落实集团公司人才强企工作部署，谋划实施人才强企专项规划及十大工程，完善人才强企政策7项，人才队伍素质和能力稳步提升。一是加强培训"生才"。创建公司省级高技能人才培训机构。依托集团公司内部培训资源，分级分类开展中青年人才、技能人才、海外项目储备人才、心理健康及养生等精准培训71项、培训万余人次。二是广开源路"聚才"。全年招聘高校毕业生36人，重点院校占比44%，研究生9人、同比增加8人。制定引进人才激励意见，面向社会公开引进急需紧缺的技术专家。三是强化选用"理才"。畅通人才成长通道，选拔任用二级领导干部42人，选聘首席技术专家5人、技术专家10人、一级工程师14人，干部年轻化达到集团公司提出的"三个1/3左右"的工作要求。四是注重实践"用才"。加强干部轮岗交流力度，将能力强干劲足的干部安排到转型困难多、经营压力大、改革任务重的吃劲岗位，内部交流31人、交流挂职1人。

持之以恒建设平安油田，风险防控水平提升。紧盯重要领域和关键环节，加大风险源头防范和治理力度，平安油田建设有序推进。一是安全环保总体受控。深化QHSE体系建设，推进安全生产规范化、标准化，开展反违章、交通、危险化学品等专项整治，事故事件起数和损失大幅下降，重点风险全面受控；开展含油污泥专项整治、VOCs治理提升改造等项目，"三废"达标排放，实现清洁生产；开展职业病危害因素监测和职业健康体检，配备医疗器械626台，健康企业建设迈出新步伐。二是疫情防控有力有效。面对毗邻市区疫情突发，迅速启动防控指挥体系，扎实开展全覆盖联防联控，有力组织核酸检测和疫苗接种，守住油田区域"双零"战绩和境外项目"两稳""两不"底线。三是依法合规能力提升。制定公司法制教育第八个五年规划，持续开展普法宣传，依法妥处诉讼案件20起，尊法守法用法能力持续提升；整合修订《内部控制与风险管理实施细则》，加大集中采购力度，加强合同规范审查和变更管理，经营管理风险降低；加强审计监督力度，发现并整改问题81个；持续强化科学决策，公司层面依规决策"三重一大"事项209项；着重组织开展第75次岗位责任制大检查，加强管道和场站完整性管理，开展季节性设备整修活动，公司基础管理、工程管理和设备管理水平进一步提升。四是维稳安保扎实高效。运用法治思维和法治方式做好维护稳定工作，抓好"七一"、深化改革等特殊时段和重点人群的维稳工作，大局保持稳定；全面加强油区治安巡逻，有力维护生产秩序和财产安全；强化保密工作，修订《公司涉商业秘密人员保密管理办法》，开展手机APP信息安全专项整治，未发生失泄密事件。

防治结合狠抓正风肃纪，作风形象持续向好。认真贯彻全面从严治党要求，严格落实"两个责任"，驰而不息正风肃纪反腐，政治生态风清气正。一是巡视巡察利剑作用充分发挥。深入抓好中央巡视问题对照检查整改和集团公司巡视反馈问题整改，7个方面49个问题已全部整改完成；扎实开展常规巡察、车辆使用管理与维修专项巡察，共发现问题110个并组织全面整改，震慑遏制治本功能充分彰显。二是"三不"建设综合效应充分显现。坚持有腐必反、有案必查，全年受理信访举报12件、同比下降66.7%，立结案9件、给予党政纪处分13人；精准贯通运用"四种形态"处理80人，警示震慑作用效果显著。三是队伍作风建设持续加强。严格执行中央八项规定及其实施细则，采取"四不两直"方式深入一线解决问题、推进工作，党员干部作风持续改进。严肃整治形式主义、官僚主义，落实为基层减负松绑要求，让一线干部腾出更多的时间和精力抓落实。从严查处隐形变异"四风"和员工群众身边"微腐败"问题，弘扬社会主义核心价值观，担当作为、向上向善的正能量更加充盈。

所有的工作说到底都得有人来落实，所有的成绩说到底都得靠人来创造。这一年大家付出了、辛苦了、收获了，很多的人和事让我们记忆深刻。在鄂尔多斯盆地天环坳陷西缘冲断带，勘探将士们勇探禁区发现"虎洞"油藏，打开该区带的勘探局面，为盆地勘探提供"玉门经验"；在横跨千里的新老油区，开发战线的将士们以舍我其谁的气概夺油上产增效，会战期间新区日均投产1口井、老区日均增产57吨，跑出增油添气"加速度"，续写着摇篮正青春的"玉门传奇"；在天寒地冻的新能源建设现场，参战将士们鏖战严冬、披星戴月、追逐"光"明，以"玉门效率"建成投运中国石油第一个最大的集中式光伏发电项目，实现集团公司对外供应清洁电力"零"的突破，被集团公司党组誉为"玉门模式"；在奋进扭亏脱困的新征程中，全体员工知难而进，创造油田整合以来经营业绩最优、近七年来账面利润最优的战绩，炼化战线贡献卓著，挺起自强不息的"玉门脊梁"；在沟壑纵横的黄土高原、广袤无垠的塔克拉玛干沙漠、满目荒凉的河西走廊、万里之遥的非洲大地、特色技术和产品的营销领域，千余将士毅然决然走出家门，向"市"而行，以走南闯北的豪情和无怨无悔的付出诠释着"玉门精神"；在奋进"十四五"的开局之年，涌现出全国工人先锋号油田作业公司修井二队D08864队、全国青年文明号鸭儿峡作业区鸭东采油中心、集团公司百面红旗油田作业公司压裂队、甘肃省脱贫攻坚先进集体、陇原青年英才、集团公司优秀共产党员等一系列先进典型和英模人物，焕发出璀璨夺目的"玉门荣光"。一年来，广大干部员工赓续红色血脉、传承玉门精神，用朴实的行动、默默的付出创造非凡历史的同时，也刷新集团公司、社会各界对玉门油田的认知，将"石油摇篮"的形象推向一个崭新高度，以无可辩驳的事实赢得尊重和尊严，使大家真切地感受到，玉门石油人"能"、玉门石油人"行"、玉门石油人"了不起"！

同志们，伟业聚合人心，团结凝聚力量。一年的奋斗历程深刻地启示我们：必须把"两个维护"作为最高政治原则，必须把涵养政治生态作为基础保障，必须把持续解放思想作为行动先导，必须把改革创新作为根本之策，必须把安全环保稳定作为底线任务，必须把员工幸福生活作为工作目标，必须把弘扬玉门精神作为动力之源。

奋斗历经艰辛，成绩来之不易。这是习近平新时代中国特色社会主义思想领航指引的结果，是集团公司党组、甘肃省委正确领导、大力支持的结果，是油田各级组织团结带领广大党员干部、员工群众辛勤努力、顽强拼搏的结果。在此，我代表公司党委向全体干部员工表示衷心感谢、致以崇高敬意！

第二部分：充分认清油田面临的形势任务

当前，在世纪疫情冲击下，百年变局加速演进，油田面临的形势出现许多新的变化。在推进扭亏脱困、建设基业长青百年油田的征程中面临不少新机遇，也面临诸多风险挑战，总体呈现出"稳"的支撑更牢固、"变"的应对更从容、"进"的动力更充沛的态势。我们必须清醒、冷静、不能"飘",达到应对"变"、夯实"稳"、实现"进"的目的。

一要深刻理解"稳"的重大要求,切实增强扭亏脱困使命感。习近平总书记强调:"中国的事首先是要把自己的事办好"。中央经济工作会议明确指出,今年经济工作要稳字当头、稳中求进,着力稳定宏观经济大盘,为党的二十大召开打造和谐的环境。去年,习近平总书记视察胜利油田时强调,石油战线始终是共和国改革发展的一面旗帜,解决油气核心需求是我们面临的重要任务,能源的饭碗必须端在自己手里。集团公司2022年工作会议要求完整准确理解"端牢能源饭碗"的深刻内涵,全力以赴增加"能源总当量"、保障能源资源供应,为国家做好"六稳""六保"工作、保持经济运行在合理区间、保持社会大局稳定作出应有贡献。玉门油田是"中国石油工业的摇篮",是祁连山下飘扬的一面红旗,为国分忧、兴油报国是我们与生俱来的优良传统。我们虽然是小油田,也要坚定不移讲政治、扛责任、做贡献。

二要有效应对"变"的风险考验,对照扭亏脱困目标补短板。油田总体发展形势呈现稳中向好、进中提质的态势。但稳中仍有变、变中尚有忧。从外部环境看,面临5大变量:一是油价之变。据判断,今年国际油价总体将呈现先高后低走势,下行风险依然存在,将影响上游业务经营业绩、增加减亏难度。二是市场之变。今年,又有一批大型炼化项目投产,国内炼能将达到8.7亿吨/年,炼能进一步过剩,将导致成品油市场竞争更加激烈;工程技术服务单位将面对市场整体量价齐跌的势头。这对油田成本控制、市场开拓等带来极大挑战。三是新能源发展态势之变。新能源业务大量企业纷纷涌入,土地、风光等资源争夺十分激烈,尤其是上网指标争夺白热化,给油田大踏步发展新能源业务带来严峻挑战。四是大宗物资价格之变。去年以来,钢材、煤炭等商品大幅涨价,石油专用管、电厂燃煤等成本增长30%以上,公司成本支出同比增加12.54%。大宗商品价格仍处高位,建设及运行成本管控压力大。五是安全环保健康质量低碳要求之变。国家和地方政府对安全环保的政策更趋严格,出台的"双碳"工作意见倒逼企业加快碳减排,强管理、严追责的高压态势已经形成,对油田安全绿色低碳发展提出更高要求。从油田自身看,需要应对5大问题:一是持续减亏挑战大。根据财务测算,今年可预见新增收入4.42亿元,环庆和宁庆资产转资、炼化大检修、原材料涨价等因素将增加成本5.95亿元,如何消化成本增长、实现持续减亏是今年最大的挑战。二是业务发展不平衡。油气生产方面,新区快速增储上产的难度进一步增大,老区进一步稳产难上加难;经营方面,已逐渐形成两极分化态势。特别是工程服务单位亏损加剧,是下步亏损治理的重点。三是整体结构不合理。成本结构中,纵向比进步明显、横向比差距较大。勘探发现成本是长庆油田同区域的4.67倍,油气操作成本是板块均值的278%,桶油完全成本是板块均值的159%,吨油完全加工费是板块均值的143%,全员劳动生产率仍低于板块均值;组织结构方面,"油公司"模式尚未完全建立。四是体制机制不灵活。薪酬分配改革推进的不均衡,有的单位二次分配仍没搞活,"大锅饭"现象依然存在;市场化机制不健全,内部全市场化还没有全面放开,外闯市场的激励和指引政策还不完善,闯市场的积极性还未充分调动起来;科技创新机制还不够有效,关键核心技术掣肘较多,对油田战略转型的支撑不足。五是文化引领不充分。部分干部员工繁荣发展"摇篮文化"的担当作为有欠缺,"躺平""内卷""巨婴"等做派依然存在。针对以上问题和挑战,我们必须更加突出问题导向,建立问题清单,逐一研究解决,全面提升公司治理体系和治理能力。

三要牢牢把握"进"中蕴含机遇,全力奋进扭亏脱困增信心。在看到困难挑战的同时,我们也要看到有利因素和具备的优势，善于创造和牢牢把握战机。一是国内宏观政策大幅调整，经济环境总体向好。中央经济工作会议明确了一系列重大经济政策。财政方面国家将投放各类资金 3.65 万亿元，推动国民经济新一轮大发展，利于油田把握潜在的市场机遇；能源政策方面将能耗"双控"调整为减碳"双控"，利于油田扩大新能源规模，大力发展气电和绿氢。二是国家能源安全形势严峻，油气等传统能源行业仍大有可为。近年来，我国油气对外依存度持续攀升。在低碳绿色能源尚未可靠替代的情况下，油气传统能源仍将占主导地位，发展空间依然很大，这是我们坚定实施"油气并举"的最大底气。三是能源革命全面到来，新能源业务发展进入黄金期。国家已将河西走廊确立为九大国家级清洁能源基地之一，正在大力推动第二批"沙戈荒"项目，甘肃省正在规划"陇电入沪"等电力输送新通道，酒泉市规划"十四五"末新能源装机达 2000 万千瓦、力争 4000 万千瓦，新一轮的新能源发展大潮已至，油田先发优势将进一步发挥。四是上级对油田发展寄予厚望，帮扶支持力度前所未有。集团公司党组、甘肃省委省政府历来高度重视油田的发展。近两年，集团公司党组和省委省政府先后有 7 位领导到油田指导，并在矿权优化配置、发展新能源等方面给予极大支持，使全体干部员工倍受鼓舞、倍感振奋、倍增干劲。五是油田大力推进转型发展，自身固有优势更加凸显。通过前期的奋斗，当前油田已进入发展能量不断积累、潜力正在释放、后劲日益增强的新阶段，五大优势更加凸显。其中：环庆、宁庆新区勘探开发实现快速增储上产，进一步凸显矿权优化配置的油气资源优势；200 兆瓦光伏发电项目快速建成投运，进一步凸显风光电资源丰富的区位优势；炼化业务大幅盈利，进一步凸显上下游一体化的业务互补优势；海外项目开辟阿姆河项目新战场，进一步凸显闯国际市场的经验优势；全体干部员工在开局之年传承发扬玉门精神，创出近年最好生产经营业绩，进一步凸显优良传统的优势。

凡是过往，皆为序章；所有将来，皆为可盼。今天的玉门油田，正迎来由"量"到"质"、由"形"到"势"的重大转变，战略机遇叠加赋能，综合实力提升跨越，多重利好集中释放，最强发展"风口"已至。一个创新活力迸发、整体协调竞进、绿色底蕴丰厚、开放步伐加快、发展成果共享、员工幸福安康的崭新玉门油田，即将呈现在我们眼前。我们坚信，只要拿出敢为人先的闯劲，力拔头筹的干劲，久久为功的韧劲，扭亏脱困、建设基业长青百年油田的目标就一定能够实现。

第三部分：同心协力深化扭亏脱困

2022 年，是党的二十大召开之年，是集团公司高质量发展的关键一年，也是油田实施"十四五"规划、推进扭亏脱困的关键一年。开局就要奋发，全年都得苦战。今年工作的总体思路是：以习近平新时代中国特色社会主义思想为指导，深入贯彻党的十九大、十九届历次全会和中央经济工作会议精神，认真落实集团公司 2022 年工作会议和甘肃省委十三届十五次全会精神，完整、准确、全面贯彻新发展理念，服务和融入新发展格局，牢牢把握稳中求进工作总基调，遵循"四个坚持"兴企方略和"四化"治企准则，坚定不移推进建设基业长青百年油田的战略部署、战略步骤和发展战略，全面加强党的领导党的建设，着力发展主营业务，强化企业管理、改革创新、提质增效、绿色转型、数字化转型和风险防范，持续深化扭亏脱困，推进高质量发展，确保油田大局稳定，以优异成绩迎接党的二十大胜利召开。

总体部署：实施"锚定三大目标，打好三个硬仗，做强三个战略保障"的"三三三"工程。

锚定三大目标：

（1）经营效益目标。按结算油价 62 美元/桶预算，油田整体控亏 4.38 亿元。

（2）运行管控目标。完成油气产量当量72万吨，加工原油200万吨，新增新能源装机50万千瓦，安全环保实现"四零"目标。

（3）党的建设目标。党建工作责任制考核评价在集团公司保持A档，党风廉政建设、保密、维稳信访等工作达到目标要求。

打好三个硬仗：

（1）打好勇毅前行主动仗。

为党的二十大召开打造平稳健康的经济环境、国泰民安的社会环境、风清气正的政治环境是国有企业今年的重大政治任务，我们要对"国之大者"心中有数，为"国之大者"担当尽责。

一是加强学习，提高站位。要不断增强捍卫"两个确立"、做到"两个维护"的坚定性、自觉性。深入学习贯彻党的十九届六中全会精神，把迎接党的二十大召开和学习宣传贯彻党的二十大精神作为重大政治任务，精心组织、抓好落实。巩固拓展党史学习教育成果，常态化开展党史学习教育，不断用党的创新理论武装头脑、指导实践、推动工作，提高党员干部政治判断力、政治领悟力、政治执行力。坚持第一议题制度，及时跟进学习习近平总书记最新讲话要求，重温学习习近平总书记关于中国石油和中国石油相关工作的重要指示批示精神，完整准确领会习近平新时代中国特色社会主义思想的精髓，强化学用结合、学以致用，贯彻落实到扭亏脱困、建设基业长青百年油田的战略部署、战略步骤和发展战略中。深入学习贯彻集团公司党组重大决策部署和对油田提出的新任务新要求，把党员干部的思想统一到扭亏脱困这个中心任务上来，众志成城推进油田高质量发展。

二是明确责任，扛起使命。落实中央关于"稳字当头、稳中求进"和集团公司稳增长、防风险及重点实施"人才强企、提质增效、低成本发展、文化引领"四大战略举措的要求，就是要统筹好改革、发展和稳定，做到以稳求进、以进固稳。具体是：要稳战略。开局之年的实践表明，油田制定的战略目标、战略路径和战略部署符合发展实际、契合员工期待，必须咬定目标不放松、一张蓝图绘到底，稳扎稳打、一步一个脚印地实现。要稳基本。扭亏脱困是当前及今后一段时间油田的中心任务，也是基本盘。2021年的大幅减亏，增强油田上下扭亏脱困的信心。但在全年的艰苦实践过程中，大家也看到扭亏脱困的复杂性、艰巨性及今年存在下行的可能性。尽管挑战很大，但无论从政治影响和保持信心的角度讲，都必须保持经营业绩向好的态势，坚决避免大起大落。要稳增长。发展是第一要务，是解决一切问题的根本。我们必须要加大各业务板块的工作管控。总体上要实现勘探开发增量、炼化业务稳效、工程服务减亏、新能源业务快上，推动油田发展实现质的稳步提升和量的合理增长。要稳大局。大局稳定是推进发展的前提。我们必须确保生产经营稳健有力、安全环保平稳受控、员工队伍稳定和谐、政治生态风清气正，为大局稳定添斤两、加砖瓦、做贡献。

三是担当作为，笃行不怠。勘探开发、炼化销售、新能源和工程技术服务是油田的主营业务，也是油田推进高质量发展的核心支撑。要坚持"油气并举、多能驱动"的发展战略，坚定不移推动加快发展，义不容辞为保障国家能源安全做贡献。一是勘探开发要突出"两破一提"，推动跨越式增长。油气勘探要落实国家新一轮找矿行动部署，立足两大盆地实现"两破"，其中环庆要在获得2000万吨大规模储量上求突破；酒泉盆地在风险勘探上求突破，力争落实1000万吨储量规模。油田开发要继续加大效益开发力度，集中力量开展"能量提升年"活动，有效提高地层能量，为达标建产、提高单井产量、控制递减、降低油气生产成本夯实基础，完成72万吨油气产量当量，新增SEC储量70万吨以上。二是炼化销售要突出"一增三保"，增强盈利能力。大力推进减油增特，加快实施微生物脱硫脱蜡等项目，推进炼化业务结构调整和转型升级。优化生产运行，高质量高效率完成大检修任务，坚决确保检修年完成200万吨原油加工任务；要坚决确保安稳长满优运行，以大平稳大安全确保大效益；要加大技术攻关力度，持续做好柴汽比动态调整，多产多销特色厚利产品，坚决确保全年盈利目标。三是新能源业务要突出"一大三小"，推动规模发展。认真落实集团公司"百万千瓦级风光发电项目建设"部署，积极促进"一大三小"项目落地。"一大"即积极推动1800万千瓦多能互补一体化项目纳入甘肃省电力发展规划；"三小"即大力推动油田200万千瓦"沙戈荒"风电光伏大型基地项目纳入国家第二批大型风电光伏基地项目清单，160兆瓦新项目开工建设，新增300兆瓦光伏发电项目建设。四是工程技术服务要突出"一保两升"，实现增收创效。深化内部市场化改革，建立完善单位之间业务承揽、质量管理、考核评价和沟通协调机制，以内部市场化价格传导压力，用市场化手段调动激发各单位的经营活力动力，全力保障油田主营业务发展。加强内部市场管控，坚持能干的自己干，严控外委外包外修，坚决提升内部市场占有率10个百分点，实现公司整体利益最大化。要大力拓展外部市场。其中，国内市场开发要巩固西部管道场站电气运维、劳务服务，以及大庆、长庆等"三抽产品"供给，拓展特种油品市场，扩大塔里木、长庆等油田井下作业、技术服务、人力资源、材料等服务市场；国际市场开发要积极拓展乍得项目技术研究、地面工程、装置运维、设备仪器修理、员工培训等市场，加快推进阿姆河对口支持项目。今年吃市场饭的人员要达到1200人，对外创收提升到7亿元以上。

（2）打好扭亏脱困攻坚仗。

扭亏脱困是实现高质量发展的必然要求，是当前油田的头等大事，必须按照既定战略和亏损治理方案，咬定目标、坚定实施。

一是持续深化提质增效。坚持"四精"要求，强化"两利四率"等关键指标的牵引和约束，继续坚持近年提质增效形成的成功经验和典型做法的同时，大力提升投入产出质量、资产质量和盈利质量，确保高质量发展指标持续改善和经营目标全面完成。要强化投资管控。坚持严谨投资、精准投资原则，严格执行投资项目终身负责制，强化后评价应用，开展投资管理专项提升活动，提高投资回报。落实效益投资要求，完善项目储备库运行机制，实行效益大排队，严禁超计划、计划外项目，坚决杜绝非生产性投资。要落实经营管理部门的监管责任。强化基层单位经营分析工作，对标对表提质增效任务目标，做好全过程帮扶和督查督导，确保各单位经营运行平稳、提质增效措施落地见效。要强化低成本发展。树牢过"紧日子"思想，推进成本精益管理，全面实施零基预算管理，加强成本费用环比、同比、预算比三个维度精准管控，深挖降本增效潜力，切实降低生产消耗。

二是坚定促进价值创造。要落实各单位的经营主体责任，增强领导人员任期制和契约化管理、单位年度业绩合同和预算的刚性约束，引导各单位在事前算盈、事中控盈、事后保盈上下功夫，以本单位业绩指标的实现保公司经营目标的实现。老君庙采油厂、环庆采油厂要发挥价值创造中心作用，全年盈利3.69亿元；炼化总厂要发挥效益支柱的作用，全年盈利2.4亿元以上；新能源业务要发挥新的经济增长点作用，玉门东200兆瓦光伏发电项目全年盈利3000万元；工程技术服务要发挥保障和创效作用，全年力争盈利500万元以上；费用单位要持续压缩非经营性支出，费用要坚决控制在预算之内。要强化全员创效，树牢价值创造理念，层层分解任务目标，确保人人肩上扛指标；推动全员量化考核，落实责任、传递压力，一体推进协同增效、全员创效。

三是强化科技创效。始终坚持把创新放

在突出位置，加快突破关键核心技术，着力提升科技创新创效能力，打造中国石油西部多能驱动创新高地。要完善创新体制机制。健全符合科研和创新规律的科技管理制度体系，强化"2+4+N"攻关体系建设，进一步提高科技管理和组织协调效率；落实技术专家、项目经理责权利，进一步健全考核激励措施。要加强核心技术攻关。按照"完全项目制"模式实施"新区油气当量160万吨高效勘探开发"等六大科技工程，重点开展高应力储层改造、水平井和大斜度井应用等关键核心技术攻关，打好关键技术和"卡脖子"技术攻坚战。要提升科技创效能力。加强创新成果推广应用，加强评价考核，实现科技创效；贯通创新链条，加大高质量、可转化成果布局和培育力度，加大新技术、新产品研发引推力度，加快科技成果转移转化。要加快"数智化"油田建设。大力推进油气生产物联网建设，加快玉门老区、环庆新区井站场和炼化联合车间数字化建设，打造"智慧油田"和"智慧炼厂"；持续深化勘探开发梦想云平台建设和信息系统集成共享，加快油田数字化转型、智能化发展，为提质增效提供信息支撑。

（3）打好管控效能提升仗。

认真落实集团公司党组关于推进治理体系和治理能力现代化的指导意见，坚持问题导向、目标导向、结果导向，建立管理提升长效机制，不断提高管理的科学化、规范化、法治化水平。

一是深化企业改革，构建开放竞争有序的体制机制。贯彻落实集团公司改革部署，全面完成改革三年行动和对标管理提升工作任务，提高改革成效，形成与高质量发展相适应的治理体系和治理能力。要深化组织机构改革。优化完善新型采油作业区改革和炼化联合车间改革，谋划探索新能源业务发展模式改革，完成水电厂联合车间改革及工程服务单位"项目制"改革，大力关停退出非主营、低端低效和扭亏无望的业务，基本建成"油公司"模式。要深化组织体系改革。按照生产经营型、研发支持型、保障服务型的职能定位，进一步调整优化二级单位设置；推广炼化大工种大岗位操作运行、科研单位项目制、工程技术"联合施工队"等组织模式，推动用工方式转型，压缩管理层级、精简人员机构、提升效率效能。要深化市场化改革。完善市场化交易规则、价格体系和运营机制，形成有序开放、公平竞争的市场化格局；采用灵活有效的合作方式和经营模式，打造一批面向市场、自负盈亏的创效主体。

二是突出强化管理，提高依法合规高效的治理能力。管理是企业永恒的主题。从严管理出效益，精细管理出大效益，精益管理出更大效益。要根据自身所处的方位和阶段，坚持问题导向，采取相适应的管理模式，结合对标管理提升行动、创建示范行动，查找差距和不足，持续提升完善。要抓好问题整改。全面整改巡视巡察、审计、财务检查、内控测试发现的问题，举一反三查改本单位在决策、经营、采购等方面存在的差距和问题。要深刻汲取违规事件教训，从思想观念、制度流程、工作作风等方面加大整改力度，构建长效机制，坚决堵塞管理漏洞。要强化合规管理。落实"合规管理强化年"专项工作要求和集团公司法治工作安排，优化完善法律合规风险管控机制，加强重大事项法律合规论证，开展合同管理三年专项治理。要加强部门监管。强化离任审计和专项审计，开展常态化财务稽查检查，严肃财经纪律，严把会计信息质量关；加强保密管理，杜绝失泄密事件发生；开展"三重一大"决策制度执行情况检查，进一步提高决策规范性、科学性。要抓好专项管理。精细组织"虎洞"区块地面流程建设、炼化装置大检修、地面系统密闭率提升工程，扎实开展对标管理、岗位责任制大检查、应急管理和保密管理，进一步提高各项管理和运行水平。要抓好执行力建设。干部员工要坚决做到闻令即动、有禁必止，面对困难敢于攻坚，落实工作雷厉风行，以踏石留印、抓铁有痕的劲头，提高工作运行质量和效率。

三是加强风险防控，建设安全绿色健康的平安油田。要提高风险防控能力，坚决杜绝较大及以上事故事件，确保油田大局稳定，为党的二十大召开营造平安和谐氛围。要坚决防控安全环保重大风险。压实党管安全环保责任，深化QHSE体系管理，高质量完成安全生产专项整治三年行动，确保安全生产零事故。做好炼厂大检修全过程安全管理，重点加强生产转检修和检修转生产两个界面风险管控，实现绿色安全检修。继续抓好井控风险专项整治，着重做好"天然气勘探开发、青西滚动扩边、大型施工作业"等井控工作，确保万无一失。加强井筒质量管理，专题开展宁庆新区井筒质量攻关工作，抓好套损套变井治理工作，消除井控风险。全面推进清洁低碳工作，持续开展油田能效对标，全面提升全油田能耗和碳排放管理水平，切实保障节能减碳目标的实现。大力发展清洁生产技术，加快实施老君庙采油厂VOCs治理等环保项目，坚决打好打赢污染防治攻坚战。加快推进健康企业建设，抓实抓好员工工作环境改善、心理健康疏导、职业健康体检等，提高员工健康管理水平。常态化开展疫情防控，保持"双零"战绩。要精准防范安保防恐稳定风险。认真做好全国"两会"、党的二十大等重点时期、敏感时段维稳信访安保防恐工作，持续推进"治重化积"专项工作，警企联动加大油区治安建设，确保大局安全稳定。

做强三个战略保障：

（1）加强党的建设，做强党建保障。

深入贯彻新时代党的建设总要求，将党的全面领导融入公司治理体系和治理能力现代化全过程各环节，为推进扭亏脱困提供引领保障。

一是大抓党内生活。对照党中央精神和集团公司党组部署要求，对党内制度体系进行全面梳理分析和修订补充，健全完善组织生活制度体系。认真落实民主集中制，在把准决策原则、提高领导修养、践行群众路线上狠下功夫，提升科学决策、精准施策、有效落实的能力，引领保障各项事业发展。认真落实"三会一课"、民主生活会和组织生活会、谈心谈话、民主评议党员等制度，用好批评与自我批评的武器，加强党建监督检查和考核评价，进一步严肃组织生活。

二是大抓基层建设。认真落实主体责任，强化政治监督，确保中央精神、上级决策和油田部署贯彻落实。各级组织要善于把党的政策变成群众的行动，善于使我们的每一个行动、每一个斗争，不但领导干部懂得，而且广大群众都能懂得、都能掌握。常态化推进党史学习教育，总结前期成果，固化经验做法，形成长效机制。切实做好党组织换届工作，精心筹备、高质量高标准召开公司第三次党代会。坚持基层党建"三基本"与"三基"工作有机融合，开展"立足岗位建新功，喜迎党的二十大"岗位实践活动，推行"党建协作区"等创新做法，打造党支部达标晋级"升级版"、巩固提升公司级示范党支部创建水平，实施"带头人素质提升工程"，持续激发基层党建活力。

三是大抓正风肃纪。配合好集团公司党组开展的巡视工作，组织公司新一轮常规巡察、专项巡察，抓好巡视巡察发现问题整改，充分发挥巡视巡察利剑作用。一体推进"三不"建设，突出抓好对"一把手"的监督，严肃查处"七个有之"等违反政治纪律政治规矩问题。驰而不息深入贯彻落实中央八项规定精神，驰而不息纠治"四风"，重点整治"躺平""内卷""巨婴"等消极做派，进一步涵养风清气朗的政治生态。

四是加强对群团组织的领导。以"喜迎二十大、建功'十四五'"为主题，扎实开展劳动竞赛、职工技术创新、"青"字号工程、巾帼建功等活动，深入推进厂务公开、民主管理工作，切实维护员工群众合法权益，不断夯实推动油田发展的群众基础。

（2）实施人才强企，做强人才保障。

深入开展"人才强企工程推进年"活动，打造高素质专业化人才队伍，支撑公司高质量发展。

一是建强"三强"经营管理人才队伍。落实经营管理骨干人才培育计划，分层级选送优秀领导干部参加集团公司领导本领提升和高质量高层次市场营销培训，提升领导干部经营管理能力。实施经营管理与党务岗位双向交流任职，选拔具有较强管党治党意识和治企兴企本领的复合型领导人员到关键岗位任职。

二是建强"领军型"科研人才队伍。充分发挥两级专家引领作用，设置公司专业技术专家委员会，发挥专家在科研领衔、方案实施、工程把关、决策咨询、学术带头、人才培养和评价等方面的作用。继续深入推进专业技术岗位序列制度改革，优化专业技术岗位设置，壮大并用好科技领军人才队伍。加大科技创新、科研攻关领域奖励在公司奖励基金中的比例，激发科研人员工作积极性和创造性。

三是建强"工匠式"技能人才队伍。深入实施"名匠"培育计划，以"摇篮工匠"为基础，以专题理论研修、前沿技术培训、创新成果分享、专家异地交流为主要培养方式，实行工程师、技师"双师制"培养和"石油金蓝领育才"行动，壮大首席技师、技能专家队伍规模。

（3）坚持守正创新，做强文化保障。

文化自信是更基本、更深沉、更持久的力量，在扭亏脱困的关键时期，更需要厚植文化底蕴，有效激发队伍越是艰难越向前的豪情壮志。

一是弘扬传统文化强自信。充分发挥全国爱国主义教育基地、全国工业遗产和石油精神教育基地的辐射带动作用，开展石油精神、玉门精神和油田发展史的再学习再教育，增强玉门精神是石油精神重要源头的自豪感、玉门油田是中国石油工业发祥地的荣耀感，教育干部员工筑牢历史记忆、增强历史自信、勇担历史使命。

二是宣扬正向文化增信心。做好意识形态工作，强化舆情管控和正向引导，站稳主阵地。做好形势任务教育，采用多种方式开展集团公司工作会、公司"两会"精神的宣传宣讲，开展"转观念、勇担当、强管理、创一流"主题教育活动，统一思想，凝聚共识。加大内外宣传力度，聚焦窿119探井突破等油田发展的成功实践、典型事件和生产一线的火热场面，发出玉门声音、记录玉门瞬间、讲好玉门故事，激励干部员工满怀信心向前进。

三是倡导为民文化润人心。增强"民之所忧，我必念之；民之所盼，我必行之"的为民情怀，以推进发展的优异业绩保障员工待遇同步提升，深入开展"我为员工办实事"、困难群体帮扶及"夏送清凉、金秋助学、冬送温暖"活动，让干部员工获得感更足、幸福感更浓、归属感更强。

四是涵养和谐文化聚合力。加强与地方党委政府的沟通交流，推进互保共建。持续做好乡村振兴、产业帮扶和消费扶贫，为地方经济社会发展贡献石油摇篮力量。

各位代表、同志们：百年油田展考卷，风雨磨砺赶考人。站在第二个百年奋斗目标的新起点，唯有踔厉奋发、笃行不息，方能不负历史、不负时代、不负员工。让我们更加紧密地团结在以习近平同志为核心的党中央周围，在集团公司党组、甘肃省委省政府的坚强领导下，埋头苦干、勇毅前行，以更开放的胸怀、更坚定的意志、更强大的合力，共襄百年油田建设事业、共享石油摇篮振兴荣光，为集团公司建设基业长青世界一流企业做出玉门油田贡献，以优异成绩迎接党的二十大胜利召开！

油气并举　多能驱动
将扭亏脱困进行到底

——玉门油田公司2022年工作会议暨八届二次职工代表大会生产经营报告

来进和

（2022年1月17日）

各位代表、同志们：

战君书记所作的主题报告，以习近平新时代中国特色社会主义思想为指导，全面贯彻党的十九大、十九届历次全会和中央经济工作会议精神，认真落实集团公司2022年工作会议和甘肃省委十三届十五次全会精神，全面总结了"十四五"开局之年油田重点工作成果，深刻分析面临的形势任务，明确2022年总体工作思路和目标，部署重点工作，为油田生产经营工作指明方向。油田上下必须认真学习领会、全面贯彻落实。下面，根据公司党委安排，我作生产经营报告。

第一部分：2021年生产经营创佳绩

2021年，油田生产经营取得具有开创性、标志性和里程碑意义的业绩。一年来，油田上下坚决贯彻习近平总书记重要指示批示精神和集团公司党组、公司党委部署要求，聚焦扭亏脱困和高质量发展，大力实施"油气并举、多能驱动"，以非常之举应对非常之势、以非常之力勇担非常之责，走过一段极不平凡的历程，圆满完成各项生产任务目标，实现经营利润-3.65亿元、创油田整合以来最好水平，实现账面利润-10.56亿元、创2014年以来最好水平，交出"十四五"良好开局的优异答卷。重点在7个方面成效突出：

（1）聚焦高效勘探，油气增储势头强劲。始终把资源作为解决一切问题的基础和关键，按照"油气并举，效益优先"的思路，集中资源寻找富油气区带，全年新增油气储量当量6725万吨。一是环庆区块规模勘探成果丰硕。转变思路，突出构造目标，甩开勘探西部长8，发现规模整装"虎洞"油藏，68口井均见8~20米油层，多口井获工业油流，其中环庆96井试获日产30吨高产；浅层侏罗系发现古支沟及高地两个油藏群，累计落实千万吨级储量规模。全年提交石油探明、预测、SEC储量分别为1055.6万吨、3273万吨、67万吨，分别完成年计划的106%、218%、168%，获集团公司2021年度油气勘探重大发现三等奖。二是宁庆区块天然气勘探取得重要发现。按照"集中勘探中东部，尽快落实富集区"的思路，应用相控砂体构型等技术细分层刻画有利砂体展布，部署的9口预探井在盒8均见厚气层，李庄9井试获日产10万立方米高产气流，落实有利面积450平方千米、储量规模360亿立方米；东砂带李庄10井在太原组试获日产4.6万立方米工业气流，提交预测储量280亿立方米，完成年计划的140%。三是酒泉盆地精细勘探再获突破。以断裂控藏理论为指导，针对性开展构造、砂体、裂缝等控藏关键因素精细研究，青西凹陷窟窿山构造带部署的窿119井压裂获日产73立方米方高产油流，窿22井酸化后获日产43.7立方米高产油流，展现出规模勘探潜力；鸭儿峡白垩系鸭西204井钻遇两套储层，证实向西仍有进一步扩展潜力。

（2）聚焦效益开发，油气产量再上台阶。深入实施低成本效益开发战略，加强老区优化调整和新区高效建产，精心组织开展"百日上产会战"，用57万吨成本完成59万吨原油产量、超计划2万吨，同比增产10万吨、为近3年最大增幅；生产天然气509万立方米。油气产量当量连续6年保持箭头朝上。一是老区产量稳中有升。坚定不移实施控递减和提高采收率工程，在投资压减1.5亿元的情况下，大力实施低成本储层改造、精细注采调整、三次采油、套损治理等措施，老君庙走滑断块实现效益建产，鸭四井区剩余油挖潜取得新成效，平均单井产量提高12%、措施成本下降30%，油田综合递减率、自然递减率分别降至6.5%、10.8%，综合含水连续40年保持在80%以下。全年完成原油产量40.3万吨，实现稳产目标。二是新区产量大幅攀升。加快新井投产，形成环庆63、环庆75等多个优质规模建产区，原油日产从年初的515吨提升到755吨，油气生产能力由年初的16万吨提高到近30万吨，原油产量实现每年10万吨级快速增长。环庆采油厂全年完成产量18.6万吨、超产0.6万吨，提前15天跨年。三是产建质量全面提升。围绕效益建产优化产建部署，全年完成产能建设22.4万吨，圆满完成股份公司第二个产建周期考核任务。环庆区块强化精准调整，实现长8油藏集中优质建产、侏罗系高效建产，新建产能14.5万吨，高效产能占比由2020年的79%提升至82%；演武北8万吨产能建设地面工程建成投运，进站原油全部实现管道外输。宁庆区块超前部署，调减老区产能4.4万吨、投资1.5亿元优先开展产能建设，实现迅速起步。玉门老区持续滚动扩边，实现达标建产，在投资压减44%的情况下新建产能5.5万吨。

（3）聚焦减油增特，炼化销售贡献突出。紧跟市场形势变化优化生产运行和产品结构，有效应对汽柴油额外量增加和化工原材料价格走高的双重挤压，全年加工原油200万吨，实现经营利润2.91亿元，提前2个月完成炼化板块2.06亿元考核目标、提前1个月完成2.5亿元提质增效奋斗目标，油田扭亏脱困的经济支柱作用有效发挥。一是"稳"字当头保运行。针对检修后期装置运行风险隐患加剧的不利影响，强化生产运行管理与产销衔接，狠抓设备维保与大机组运行，实施重点设备隐患治理和消缺整改，推行"5级干部走动式巡检"活动，催化烟机连续平稳运行27个月以上、创历史最好水平，机泵、高危泵维修间隔同比分别延长8.2%、3.3%，位居炼化板块前列。装置总体操作平稳率99.96%、同比上升0.12个百分点。炼化业务连续6年实现"零事故"目标。二是"升"字为要提水平。扎实开展"两降一提"优化攻关，关键经济技术指标持续改善，以富有成效的对标管理增强炼化盈利基础。高效产品收率等5项指标排名进入炼化板块"前1/3"，完全单位加工费比"十三五"平均水平降低46.4元/吨，可比综合商品收率等6项指标创与庆阳石化对标3年来最好水平，综合自用率等5项指标差距逐渐缩小；参加炼化板块对标的3套装置指标持续向好，常减压装置实现全面达标，加工损失率等9项指标创10年来最好水平。三是"特"字为势增效益。突出"特色+效益"发展路径，守牢军用油品"阵地"，精耕高端低凝特种油品市场，5号航空液压油首次实现备案销售，民用液压油销量突破2000吨大关；石油焦产品推价到位，高密度合成烃装置产出合格产品、炼化新的"拳头"产品闪亮登场，累计实现销售收入3.3亿元以上、增效1亿元，创历史最好水平；在稳定销售氢气、氨水、液氮的基础上，先后实现丙烷、丙烯产品单储单销，累计销售超过7600吨、实现销售收入2000万元以上，炼厂周边产业链增盈效果初步显现。

（4）聚焦清洁转型，新能源发展开启元年。深入贯彻集团公司新能源发展战略部署，在集团公司党组和地方党委政府的大力支持下，抢抓机遇布局，快马加鞭推进，新能源业务整体走在集团公司前列，被集团公司党组誉为"玉门模式"。一是示范项目圆满投运。中国石油首个投资最大、规模最大的集中式光伏并网发电示范项目——玉门东200兆瓦光伏发电项目于2021年12月27日成功并网投运，创造了43天完成前期工作、60天完成主体工程建设的"玉门效率"，开创了玉门油田重大工程建设史和中国石油新能源重大项目建设史的新速度、新纪录、新奇迹。二是工作运行赢得支持。集团公司将油田确立为"玉门清洁转型示范基地"并列入中国石油"十四五"新能源新材料业务六大基地之一，党组领导戴厚良、刘跃珍、焦方正等先后到油田调研指导并对新能源业务发展寄予厚望、作出指示。甘肃省将油田确立为全省氢能源产业链链主企业，支持油田打造新能源建设示范企业，任振鹤省长、李沛兴副省长多次听取油田新能源工作汇报并到油田现场指导；酒泉市在2021年支持油田20万千瓦新能源并网指标的基础上，今年再支持30万千瓦并网指标。同时，与肃州区等3个县（市区）和中油工程建设等5家企业签订合作框架协议，合作共赢的局面初步形成。三是规划项目积极推进。编制玉门油田清洁转型示范基地建设规划，明确"两阶段、三步走"实施路径。论证完成玉门油田1800万千瓦多能互补一体化项目并得到股份公司勘探与生产分公司高度评价，积极争取国家第二批"沙戈荒"大型风电光伏200万千瓦基地项目。160兆瓦光伏制氢和气光融合清洁替代示范项目已通过集团公司专家评估，2000米^3/时氢气压缩充装站、老市区创业孵化园区存量增量配网供电线路等配套工程已建成投运，联合成立国家能源计量中心（电力）酒泉新能源分中心按计划积极推进。

（5）聚焦市场转型，工程服务能力提升。实施老君庙采油厂市场全放开、内部业务市场化价格体系等措施，倒逼工程技术服务单位全方位提升市场竞争力，在为主业发展提供优质高效服务的同时，实现外部收入6.45亿元。乍得有限责任公司经受住疫情围困、政局动荡等严峻考验，实现上下游支持服务安全平稳运行。全年收入2亿元、实现净利171.2万元。油田作业公司大力打造连续管作业、清洁作业、精细压裂、工艺大修等全业务链多元化发展格局，全力保障油田勘探开发，巩固扩大塔里木、陇东、新疆等外部市场增收创效。全年收入4.36亿元、控亏7500万元，其中外部市场创收5432万元、同比增加298万元、增幅5.8%。水电厂突出平稳保供工作重心，为油田提供优质高效的水电汽暖服务，全力争取拓展玉门老市区工业园区服务市场，积极承揽西部管道等单位电力检修运维服务，成功签约目标客户7家。全年收入3.83亿元、控亏4500万元，其中外部市场创收1.1亿元、同比增加1122万元、增幅11.2%。生产服务保障中心强化改革后的业务衔接和队伍融合，统筹做好采油管理、装置运维、新井投产、地面工程、炼化运行、新能源工程建设等服务保障工作，积极抢占市政工程建设、道路改造及配套系统等市场份额。全年收入2.51亿元、控亏8500万元，其中外部市场创收4367万元。机械厂以智能制造为方向、市场需求为导向，强化老产品改造和新产品研发，抗腐蚀柔性复合管、第三代智能超长冲程抽油机、软柱塞产品等受到市场青睐。全年收入2.38亿元、控亏4400万元，其中外部市场创收1.16亿元、同比增加2513万元、增幅27.6%。其他服务保障单位持续提升生产运输、消防应急、物资供应、餐饮生活、后勤保障等工作质量效率，有力保障主营业务快速发展。

（6）聚焦提质增效，亏损治理战绩喜人。突出效益导向，全力打造提质增效"升级版"，落实落细58项措施和88项重点任务，全年控亏3.65亿元、同比减亏7.92亿元，还原到45美元/桶油价实现控亏8.75亿元。一是注重控投增效。以经济效益为导向，深化财务预算、投资规划与生产经营的有效衔接，以完全成本管控目标倒排成本费用，投资完成率68.47%、较上年同期提高10个百分点。二是注重降本增效。强化储量、产量、投资、成本、效益"五位一体"管理，勘探发现成本3.64美元/桶、创"十三五"以来新低，油气单位操作成本34.62美元/桶、实现硬下降，油气完全成本88.12美元/桶、在国内上游16家油气田中同汇率同比降幅最大，炼油完全加工费375.63元/吨、降幅2.23%、连续5年硬下降。强化精细成本管控，五大重点成本单耗同比下降6.85%，节约费用6048万元。持续推进资产轻量化，全年处置收入8500万元、计提减值4.95亿元，创近年来最好水平。三是注重管理增效。深化法治企业建设，持续规范合同管理和招投标管理，积极推进集中招标270项，节约采购资金1.44亿元；深入开展对标提升活动，全面完成8个方面22项对标管理提升任务；落实国家援企稳岗补贴优惠政策，节支增收339万元；积极推进自用成品油消费税返还、资源税优惠减征、研发费加计扣除等工作，全年减少税费3630万元；全员劳动生产率从45.49万元上升至49.84万元。四是注重改革增效。以"油公司"模式改革为抓手，推进组织机构优化和业务归核化，二、三级机构减少14%，用工总量控减至9697人，整体管控能力和基层单位增收创效的积极性持续提升。五是注重科技增效。落实集团公司科技与信息化创新大会精神，大力推进科技创新和数字化建设，科技创新体系逐步完善、科技竞争力稳步增强、信息化水平稳步提高、科技人才队伍逐渐壮大，组织开展36项关键技术定向攻关，累计建成应用信息系统80余个，获得国家版权局软件著作权登记证书4项，为增储增产增效提供了有力支撑。六是注重运行增效。进一步提高资金使用效率，全年节约财务费用2000万元，是国内上游16家油气田中唯一没有借款的企业。

（7）聚焦"四零"目标，安全环保基础夯实。高严细实抓安全，强化"四全"管理，落实"四查"要求，本质安全基础进一步夯实。一是安全生产总体受控。建立风险分级管控和隐患排查治理双重预防机制，创新"驻厂监督"，井控、消防应急处置、现场安全管控水平不断提升；深化QHSE体系建设，编制修订制度42项，集团公司审核评估得分持续上升、排名逐步向前；加强应急演练和协同培训，应急处置能力稳步提升；持续开展交通安全、反违章、危化品等专项整治，累计查改问题4385项。全年事故、事件同比分别下降57.14%、72.73%。二是环保管理持续加强。挂牌督办集团公司环保专项整治行动，历史遗留含油污泥全部清零；绿色矿山提升建设工程全面完成，创建成果进一步巩固；炼化总厂VOCs治理提升改造项目竣工验收，厂区异味明显改善；严格落实减排措施，"三废"排放稳定达标；扎实推进节能节水工作，全年实现节能4254万吨标准煤、节水10.19万立方米。三是质量管理稳步提升。井身质量合格率99%、固井质量合格率94.8%，自产产品出厂合格率、产品质量抽检合格率、计量器具受检率全部实现100%。四是健康管理全面开展。扎实推进健康企业建设，发布《员工健康手册》，全面梳理岗位职业病危害监测点309个、接害人员2247人，完成全员职业健康体检；建立"爱心驿站"，开展健康讲座6期，配备急救箱、除颤仪、血压计等医疗器械626台。严格落实集团公司和地方政府常态化疫情防控措施，海外员工疫苗接种率100%、国内员工接种率95.47%；尤其是毗邻市区突发疫情后，严控人员流动聚集，高效组织40人集中隔离、920人居家监测、3万余人次核酸检测，牢牢守住"双零"战果。

回首刚刚过去的2021年，我们强优化、保运行、提质量、增效益，在诸多挑战压力下生产经营再创佳绩，殊为不易、成之维艰。同时，公司生产经营还暴露一些突出的问题和不足。一是健康安全环保形势严峻。部分单位对安全环保工作认识不深刻、责任不明确、培训不深入、能岗不匹配，安全环保管理"严格不起来、落实不下去"的现象时有发生；全年发生交通亡人事故1起死亡1人，非生产亡人事件15起，健康管理亟待加强。二是主营业务发展挑战多。地层能量不足，老区日产0.1吨以下和新区日产0.5吨以下油井分别占总井数的30%和14%，开发效益极低；炼油综合能耗等指标横向对标依然落后，转型升级进度缓慢，柴汽油额外量持续加大，稳定目前盈利水平难度较大；新能源优质资源和并网发电指标竞争十分激烈。三是市场开拓难度大。加快推动新能源布局困难重重；工程技术服务单位外闯市场的意愿不强、能力不足，市场化转型步伐缓慢。四是新区折旧折耗压力大。环庆宁庆区块计划投资尚未完全转资，转资后的折旧折耗负担沉重，会对新区完成经营目标产生巨大影响。我们必须高度重视这些问题，采取针对性措施予以解决。

第二部分：以更大力度加快推进扭亏脱困

2022年是党的二十大召开的政治大年，也是持续推进扭亏脱困、建设基业长青百年油田的关键之年。总的来看，今年公司生产经营面临的形势错综复杂，既有难得机遇，也有不少风险挑战。一是玉门老区勘探近年来未有大的突破，环庆区块资源品位相对不高，宁庆区块地质情况尚不明确，实现规模增储难度大。二是玉门老区储采比、采收率对标股份公司平均水平差距大，环庆新区油气产量上升与经济效益改善不匹配，加快效益开发难度大。三是国内成品油市场整体呈现"汽稳柴降煤增"的趋势，汽柴油额外量和价差越来越大，特色产品比例低，炼化持续增盈难度大。四是新能源资源竞争和指标争夺激烈，油田缺乏核心技术和专业技术人员，推进清洁转型难度大。五是国家经济面临需求收缩、供给冲击、预期转弱三重压力，进一步增加油田经济平稳运行的难度和风险、深化扭亏减亏成果难度大。面对新形势新变化新要求，我们必须保持战略定力、树牢底线思维、客观分析研判，抢抓发展机遇、有效应对挑战，顺势而为、乘势而上，笃定目标，接续奋斗，扎实做好全年工作，确保生产经营稳中向好、质量效益持续提升。

今年生产经营工作总体思路：以习近平新时代中国特色社会主义思想为指导，全面贯彻落实党的十九大、十九届历次全会和中央经济工作会议精神，完整、准确、全面贯彻新发展理念，服务和融入新发展格局，牢牢把握稳中求进工作总基调，按照集团公司党组和公司党委部署要求，坚持"油气并举、多能驱动"发展战略，聚焦扭亏脱困中心任务，做精做优勘探开发、炼化销售、新能源、工程技术服务，统筹推进企业管理、改革创新、提质增效、市场转型、安全环保等重点工作，以推进高质量发展的新成绩迎接党的二十大胜利召开。

2022年生产经营工作主要目标：

（1）经营业绩目标。按结算油价62美元/桶预算，实现营业收入144亿元，整体控亏4.38亿元。其中，勘探开发控亏5.88亿元，操作成本控制在31.31美元/桶以下；炼油化工实现利润2亿元，炼油完全加工费控制在389.8元/吨以内；工程技术服务全年盈利500万元以上；费用单位的费用控制在预算之内。

（2）主要生产目标。新增石油探明储量2000万吨，预测储量1000万吨、SEC储量70万吨以上，新增天然气探明储量100亿立方米。全年计划生产原油68万吨（老区39.3万吨、环庆27.7万吨、宁庆1万吨），天然气5000万立方米（宁庆），力争1亿立方米。新建油气产能产量符合率90%。加工原油200万吨。新增新能源装机500兆瓦以上。

（3）安全环保目标。杜绝工业生产重伤及以上责任事故、交通安全同等责任重伤及以上责任事故、火灾爆炸事故、井喷失控事故、海外员工亡人事故、一般B级及以上环境事件、较大及以上质量事故，"三废"达标排放，节能200万吨标准煤、节水3万立方米。争创集团公司健康安全环保先进单位。

重点抓好9个方面工作：

（1）大力推进高效勘探，确保油气储量再增长。抢抓国家实施新一轮找矿突破战略行动机遇，坚持"油气并举、效益优先"的原则，全面开展"勘探开发成效对标年"活动，落实优质储量，保持油气储量持续增长。环庆勘探要形成"大场面"。集中勘探环庆"虎洞"构造长8，实现整体探明；甩开勘探"虎洞"构造南北，力争再获1~2个具有领域拓展意义的目标，全面打开西部整体勘探新局面；精细勘探侏罗系古支沟及高地，进一步扩大环庆63古支沟、环庆44构造带油藏群范围，落实增储建产目标。宁庆勘探要打开"新局面"。立体勘探古生界中东砂带富集区块，明确有利建产区；甩开勘探古生界西部，开展水平井提产试验，进一步扩大西砂带含气面积；扩展中生界长7兼探侏罗系，力争规模发现。提交天然气探明储量100亿立方米。老区勘探要力争"再突破"。深化酒泉盆地油气富集规律认识，在窟窿山、鸭儿峡等准备效益建产目标。加大风险勘探力度，优选风险勘探目标1~2个，力争实现具有战略意义的重要发现。

（2）大力推进效益开发，确保油气产量再提高。扎实开展"能量提升年"活动，统筹新区快上产和老区硬稳产，以规模求效益，确保完成油气产量当量72万吨，力争多增产。环庆产量要创新高。围绕长8环庆96井区和侏罗系环庆80、环庆82井区高效建产，新建产能12万吨；坚持超前注水，加强油藏精细注采调控、控制递减等措施，实现注水受效井70%以上、日产1吨以下低产井数下降30%以上、自然递减率控制在12%以内。7月底前建成投运"虎洞"20万吨接转注站，实现原油内部管网互联互通和伴生气回收利用。年底建成40万吨/年生产能力的油田。宁庆产量要增的快。坚持整体部署、分步滚动实施，突出上古盒8、太原组两个有利建产层系，开展天然气开发先导试验，新建产能0.5亿立方米；大力实施老井优化调整精细管理和新井加快投产，力争达到一季度天然气日产8万立方米、上半年日产10万立方米、下半年日产15万立方米、年底攻上日产30万立方米能力。老区产量要稳得住。大力推进精细注水注气注聚工程，补充地层能量，控制递减率，提高采收率；狠抓高应力储层改造和水平井缝网压裂技术攻关试验，力争将难动用储量转化为产量；以"少井高产"为原则优化调整产建部署，精选鸭四井区等7个有利区块建产，加快庙北构造带整体扩边，新建产能6.7万吨、新井产量2万吨以上。

（3）大力推进炼化转型，确保盈利水平再提升。聚焦"特种油品炼厂"建设，坚持减油增特、减低增高、减碳增绿，谋划炼化转型与新能源融合发展，确保检修年加工原油200万吨，实现利润2.4亿元以上。一要优化生产销售。严格生产受控管理，抓实设备维护保养，开展风险隐患排查，确保安稳长满优效益运行。强化产销衔接，畅通油气生产后路，实现统销产品尽产尽销；强化市场研判，深挖市场潜力，增产增销航空液压油、专用液压油等特种油品，打开高密度合成烃销售市场，力争全年航压油系列产品销量达3000吨以上；多产多销航空煤油、95号汽油、低凝柴油、聚丙烯、石油苯等高效油品，提高经济效益。二要谋划融合发展。推进减压分馏、微生物脱蜡生产工艺研发，建立微生物脱蜡工业试验装置，达到建设生产线的条件。快速完成深度加氢精馏项目技术储备，优化压减项目投资，为项目尽早立项启动做好准备。制定新能源与炼化转型融合发展方案，深入开展富碳能源合成、生物燃料/材料柔性生产、电解水制氢等技术研究，谋划新能源与炼化融合发展，推动炼化绿色转型。三要抓好装置检修。立足"四年一修"标准，从检修的深度、广度上超前谋划，做好"两个界面、三个环节"无缝对接，高效有序抓好26套装置11000多项常规项目的检修，确保"应修必修，修必修好"。检修工期连停带开刚性控制在40天以内,为检修年完成200万吨加工量争取时间、创造条件。

(4) 大力推进清洁转型,确保新能源规模再扩大。认真落实集团公司工作会议关于"启动百万千瓦级风光发电项目建设"部署,抢抓机遇加快清洁转型规划,新增装机规模500兆瓦,力争光伏制氢、光热及储能、风电和天然气发电全面突破。一要力争基地规划"快入围"。跟踪配合集团公司总部相关部门,力争玉门清洁转型示范基地建设规划获批,1800万千瓦多能互补一体化项目纳入甘肃省电力发展规划,为项目后续实施和新能源指标获取以及相应的建设用地申请等提供保障。二要力推重点项目"早落地"。推动300兆瓦光伏发电项目早日开工建设;多方协调、积极争取,力争油田200万千瓦"沙戈荒"风电光伏大型基地项目纳入国家第二批大型风电光伏基地项目清单并落地实施;加快160兆瓦光伏制氢示范项目场地三通一平等前期工作,确保上半年开工建设;加快推进气光融合项目建设,为建设大规模天然气调峰电站积累经验。三要力抓已投项目"拿效益"。全力做好玉门东200兆瓦光伏并网发电项目和石油沟分布式光伏电站运行,确保全年并网发电3.6亿千瓦时、创效3000万元以上,形成可复制、可推广的规范经验和模式,为后续项目建设提供参考和借鉴。四要力促项目合作"保共赢"。深化与各协作方共赢合作,探索成立混合所有制新能源开发公司,加快储备新能源建设、运行、检测、计量和评价技术,不拘一格引进、培养新能源专业人才,支撑新能源业务做大做强。

(5) 大力推进专业化发展,确保工程服务能力再增强。突出效益导向,坚持以市场化为主导的内部甲乙方服务模式,将外部市场竞争压力传递到油田内部,实现公司整体利益最大化。依托外部市场份额拓展实现增收创效,2022年油田吃市场饭的人员1200人,外部市场收入7亿元以上。乍得有限责任公司要巩固拓展技术研究、地面工程、设备仪器修理等业务,开拓乍得当地员工培训项目,加快推进阿姆河对口支持,海外收入2亿元以上。油田作业公司要大力推进塔里木、新疆、长庆等油田井下作业、压裂试井等特色服务,逐步形成品牌优势,全年实现收入5.24亿元、外部收入力争8000万元以上。水电厂要为油田生产提供可靠的供水供电保障,进一步巩固拓展西部管道场站电气运维等服务,全年实现收入5.54亿元、外部收入2.2亿元以上。生产服务保障中心要强化工程项目管理,服务配合勘探开发、炼化运行和新能源建设等重点任务,积极抢占国家管网巡护维修、酒泉市政和道路工程建设等市场份额,全年实现收入4.35亿元、外部收入4000万元以上。机械厂要立足"产品+服务",巩固拓展特色高附加值"三抽"产品固有市场、主动开拓潜在市场,积极开发周边检验检测市场。全年实现收入2.1亿元、外部收入1.1亿元以上。其他服务保障单位要练内功、提质量、上水平,坚持能干的自己干,严控外委、外包、外修,最大限度减少支出、增加效益。

(6) 大力推进提质增效,确保经营状况再改善。坚持把提质增效作为长期战略举措,大力开展"转观念、勇担当、强管理、创一流"主题教育活动,推动公司由"生产型"向"经营型"转变,巩固持续向好的经营局面。一要深化改革创新增效。优化组织体系,完成水电厂联合车间改革,大力关停退出非主营、低端低效和扭亏无望的业务,基本建成"油公司"模式。全面开展管理人员任期制和契约化改革,确保如期完成"两个100%"任务目标。全面建立市场化价格体系和运营机制,探索实施灵活有效的合作方式与经营模式,不断提升经营主体的创效能力。贯彻落实公司科技与信息化创新大会精神,积极构建高效的创新体系,加大关键核心技术攻关,加快数字化智能化建设,持续提升科技创新创效能力。二要深化控投降本提效。加强投资计划"一本账"管理，全力保障效益增储建产、安全隐患治理等重点项目投入，坚决杜绝计划外和超计划投入，确保投资规模不超和效益最大化；深入实施完全成本压降行动计划，大力推行以油藏为中心的成本管理模式，严控高成本措施作业和非生产性支出，狠抓材料费、维修费等费用管控，坚定不移走低成本运营之路。三要深化精益管理促效。推进资产分类管理，制定不同类型资产差异化管控策略，优化增量、盘活存量，加大"两非"剥离、"两资"处置力度，盘活低效无效资产，提升资产运营水平和创效能力。深化资金管理，减少采购资金占用，优化结算流程，加快结算进度，提高资金使用效率。开展债务融资政策研究，争取用最低成本筹措资金，解决投资资金紧缺问题。四要深化亏损治理创效。认真落实公司亏损治理专项规划和实施方案，坚持问题导向、目标导向和市场导向，"一企一策"加大亏损单位精准帮扶力度，着力在创新经营模式、优化用工结构、盘活存量资源、拓展创收空间上做文章，真正止住"出血点"、培植"造血点"，坚决完成减亏扭亏任务。

（7）大力推进责任落实，确保安全环保健康再进步。坚持把安全作为"天字号"工程，聚焦"四零"目标，树立"大安全"理念，落实"大监督"要求，防治结合，精准施策，确保安全环保和疫情防控形势稳定向好。一要严字当头抓安全。健全三级监督体系建设，稳步推进"安眼工程"，确保重点生产场所安全受控、运行平稳；深化QHSE体系建设，从严抓好体系内外部审核，深化HSE标准化示范化队站建设，不断提升本质安全水平。从严追究事故责任，强化内部承包商事故"一事双查"，保持安全管控高压态势。细化完善应急预案，强化应急预案演练和应急能力建设，不断提升应急处置能力。加强炼厂检修全过程风险管控，高标准抓好"六个过程""两个界面"管理，逐级落实责任，做到保安全、保环保、保质量。

二要标本兼治抓环保。深入学习贯彻习近平生态文明思想，积极践行绿色发展理念，继续推动绿色矿山建设和提升，大力推行废液回收、钻井废弃物减量化和资源化利用，坚决做到钻井泥浆不落地、井下作业无污染，完成油气田业务甲烷和VOCs治理控排、放空天然气回收利用整治，加大生态环境隐患排查管控力度，对环境污染问题从严从快从重处理，大力推动节能降碳行动，持续提升绿色发展水平。三要以人为本抓健康。持续加强员工健康管理，扎实推进健康企业创建。建立员工健康档案系统，制定健康管理计划，持续开展职业病危害辨识和心脑血管疾病筛查及高危人员监管，全面实施健康干预，大力倡导健康生活方式，引导员工快乐工作、健康生活。坚持"外防输入、内防反弹"总策略，健全完善疫情防控机制和措施，严格落实"四早"要求和"四方"责任，坚决守住"双零"防控成果。四要增强意识抓质量。坚持"诚实守信、精益求精"的质量方针，增强质量意识，强化自产产品全生命周期质量管理，深化产品、工程和服务质量提档升级，确保生产优质产品、建设精品工程、提供优质服务。

（8）大力推进依法合规治企，确保企业管理再升级。瞄准治理体系和治理能力现代化目标，大力强化企业管理，进一步筑牢高质量发展根基。一要深入推进管理提升活动。按照集团公司对标世界一流管理提升的要求，以查找薄弱环节为重点开展对标分析，抓管理、补短板、强弱项，构建从严治企、合规经营的长效机制，以高质量管理助推高质量发展。二要不断加强法治企业建设。深入开展"八五"普法等活动，强化重点领域重大事项法律防范和权益维护，为正常生产经营提供有力保障。深入开展合同管理三年专项治理，修订合同管理实施细则，推进业务流程化、制度化、标准化、信息化，提升签约质量和履约能力。加强对招标和非招标选商业务的培训指导、组织实施和检查考核，有效提升业务的价值创造水平。三要持续强化合规管理工作。认真落实中央企业"合规管理强化年"部署，完善风险分级分类管控机制，增强风险识别能力，提升风险防范和处置水平。加强内控测试，针对屡查屡犯问题开展专项测试，有效提升内控执行力。严格重大经营风险事项报告制度，完善重大经营风险早发现、早预警、早处理的长效机制。

（9）大力推进党的建设，确保引领保障再强化。坚持和加强党的全面领导，统筹推进党建与生产经营改革发展深度融合，以高质量党建引领高质量发展。一要全面加强党的政治建设。认真落实第一议题制度，常态化、长效化推进党史学习教育，深入学习贯彻党的十九届六中全会精神，坚决落实习近平总书记重要讲话及对中国石油和中国石油相关工作的重要指示批示精神，坚定捍卫"两个确立"、坚决做到"两个维护"。二要大力夯实基层党建工作。深入开展"立足岗位建新功，喜迎党的二十大"岗位实践活动，依托党员责任区、示范岗、突击队、主题党日等载体，积极引导党员干部建功立业。大力推动基层党建"三基本"建设与"三基"工作有机融合，抓好党支部达标晋级，深化"一支部一品牌"创建，推广"党建协作区"等创新模式，努力推动基层党建和基层管理全面进步全面过硬。三要不断丰厚石油摇篮文化。充分发挥全国爱国主义教育基地、全国工业遗产和石油精神教育基地的辐射带动作用，引导干部员工爱党爱国爱企、知责实干前行；认真开展"中国石油开放日"活动，探索推进沉浸式、体验式工业文化研学路线，零距离展示油田悠久辉煌历史和良好时代风貌。集中创作一批党味足、油味浓、员工喜闻乐见的精品力作，让摇篮文化更具生命力和感染力。

各位代表、同志们：风正潮涌，自当扬帆破浪；任重道远，更需快马加鞭。让我们在集团公司党组和油田公司党委的坚强领导下，咬定油气并举不放松、狠抓多能驱动不懈怠，聚焦扭亏脱困、踔厉奋发作为，全面高质量完成年度各项生产经营任务，以优异工作成绩迎接党的二十大胜利召开！

在玉门油田公司 2022 年工作会议暨八届二次职工代表大会上的讲话

刘战君

（2022 年 1 月 18 日）

各位代表，同志们：

这次会议是在公司"十四五"规划全面落实的关键时期召开的一次极为重要的会议，经过与会代表的共同努力，就要胜利闭幕了。会上，我们学习传达集团公司 2022 年工作会议精神；听取并审议公司 2022 年工作会议暨八届二次职代会上的主题报告、生产经营报告；听取公司 2021 年度领导人员选拔任用工作情况报告；听取并审议公司 2022 年业绩考核调整优化说明、公司 2021 年度安全环保隐患治理工作情况报告、公司 2021 年财务预算执行情况及 2022 年财务预算安排工作报告；听取并审议通过公司八届一次职代会提案办理情况报告；审议并通过《员工管理办法》；签订 2022 年度业绩合同。会议还听取公司领导班子工作报告、领导班子成员述职述廉，并对公司领导班子及成员、公司党建工作、领导人员选拔任用工作情况进行评议。会议内容丰富，开的务实高效，开得非常成功。

会议期间，与会代表充分发扬"主人翁"精神，围绕会议议题进行热烈讨论，碰撞思想火花，提出很多很好的建议。大家一致认为，过去的一年，面对疫情防控的严峻形势、多线作战的困难挑战和亏损治理的巨大压力，公司党委坚持以习近平新时代中国特色社会主义思想为指导，大力弘扬伟大建党精神，以非常之举应对非常之势、以非常之力勇担非常之责，锚定"油气并举、多能驱动"发展战略，统筹推进党史学习教育和"转观念、勇担当、高质量、创一流"主题教育活动，团结带领公司上下勠力攻坚、砥砺前行，圆满完成全年任务目标，多项指标创出了近年来最好水平，油田扭亏脱困、高质量发展迈上了新台阶、展现出新局面。大家普遍感到，公司党委对今年工作的部署安排，思路清晰、重点突出、务实进取、令人振奋，体现对立足新发展阶段、贯彻新发展理念、构建新发展格局、推动高质量发展的深刻理解，体现对公司现状的精准把握和对长远发展的深入思考。大家纷纷表示，事业是"干"出来的，成绩是"拼"出来的，要进一步增强历史自信，发扬玉门油田优良传统，勇担责任使命，知重负重、攻坚克难，在扭亏脱困、建设基业长青百年油田的新征程中再创佳绩。讨论中，大家还结合实际，就本部门、本单位贯彻落实会议精神谈了思路想法，对做好公司各项工作提出意见建议。这些意见建议很有价值，公司相关部门正在进行梳理汇总，公司党委下一步将认真分析、研究吸纳。

下面，就完成好全年的目标任务，我再讲几点意见。

一、着力抓好会议精神的宣贯落实

当前，油田正处于扭亏脱困的攻坚阶段、转型发展的关键时期，今年公司改革发展任务艰巨，困难挑战很大，公司上下要切实提高政治站位，强化使命担当，接续奋斗、勇毅前行，以钉钉子精神抓好会议精神的贯彻落实。要扎实做好宣传宣讲。认真组织开展形势任务教育，把刚刚召开的集团公司工作会议精神宣贯与此次会议精神宣贯结合起来，统筹推进，充分利用宣讲会、专题学习、新闻宣传等多种方式和途径，深入解读集团公司工作会议和公司"两会"会议精神，层层传递信心、层层压实责任，切实把思想和行动统一到集团公司党组的工作要求和公司党委的工作部署上来。要全面抓好贯彻落实。"一分部署，九分落实"，如果不抓好落实，再好的蓝图也是一纸空文，再大的目标也只是镜花水月。各单位、各部门要加强组织领导，统筹谋划推动发展，凝心聚力抓好落实，要对标对表制定措施、细化分解工作任务，构建横向联动、纵向一体的责任链条，形成部门单位协作、齐抓共管的工作格局，锲而不舍、坚韧不拔，推动集团公司和油田公司各项工作部署落到实处、取得实效。

二、着力强化党史学习教育的成果运用

党史学习教育是党中央立足百年党史新起点、着眼开创事业发展新局面作出的一项重大战略决策。我们要建立常态化、长效化制度机制，继续把党史总结、学习、教育、宣传引向深入，进一步巩固拓展党史学习教育成果，切实从党的百年伟大征程中汲取智慧和力量，推动公司扭亏脱困、高质量发展。要把学习成果转化为做到"两个维护"的行动自觉。深刻理解"两个确立"的决定性意义，坚决做到"两个维护"，不断提高政治判断力、政治领悟力、政治执行力，始终胸怀"两个大局"、牢记"国之大者"，把习近平总书记重要指示批示和党中央决策部署不折不扣落到实处。要把学习成果转化为理论武装的行动自觉。习近平新时代中国特色社会主义思想是观察时代、把握时代、引领时代的重要法宝，我们要学深悟透这

一强大思想武器,自觉用习近平新时代中国特色社会主义思想武装头脑、指导实践、推动工作。要把学习成果转化为全面从严治党的行动自觉。增强全面从严治党永远在路上的坚定,认真贯彻落实党中央和集团公司党组全面从严治党的部署要求,坚持"严字当头、全面从严、一严到底",把全面从严治党向纵深推进,不断进行自我净化、自我完善、自我革新、自我提高,更好肩负起时代和历史赋予我们的责任使命。要把学习成果转化为传承精神的行动自觉。弘扬伟大建党精神,增强历史自信,以红色基因铸心立魂,传承和发扬石油精神、大庆精神铁人精神和玉门精神,鼓起奋进新征程、建功新时代的精气神。要把学习成果转化为服务于民的行动自觉。牢记"江山就是人民、人民就是江山",厚植人民情怀,用好"我为员工办实事"活动形成的良好机制,用心用情用力为员工群众办实事、做好事、解难事,不断提升广大员工群众的获得感幸福感安全感,凝聚起奋进新征程的磅礴伟力。

三、着力做好风险隐患的防范化解

防范化解风险隐患是稳中求进的必然要求,坚持稳字当头、稳中求进,首先要抓好风险隐患的防范管控,在当下油田扭亏脱困的关键时期,这方面容不得我们有半点闪失。今年,随着大规模的天然气勘探开发、新能源项目的推进、工程技术服务国内外市场的开拓、炼厂的检修保量,我们业务领域不断扩展,业务区域不断增多,工作点多面广,承包商队伍众多,发展的内外部环境更趋复杂,由此带来的安全环保、合规经营、廉洁从业等风险需要我们高度警惕;随着党的二十大召开和公司改革的纵深推进,维护稳定工作面临挑战;当前新冠疫情持续多点散发,防控形势依然严峻,疫情对生产经营可能带来的影响不容小觑,加之可预见的经营成本增加造成公司完成全年亏损治理目标的难度加大。我们必须始终把风险防控摆在更加突出的位置,正确认识和把握防范化解风险的重要意义,切实提高风险化解能力。要坚持底线思维、增强忧患意识,常观大势,常思大局,科学预见形势发展走势和隐藏其中的风险挑战,建立健全风险防控机制,加强各领域可能存在的风险研判,做实做细方案预案,统筹防范、有效管理各类风险,切实做到未雨绸缪,下好先手棋、打好主动仗,牢牢守住油田改革发展的稳定大局,以稳促进,保障公司行稳致远。

四、着力释放改革创新的动力活力

实现扭亏脱困,建设基业长青百年油田,改革创新是动力源泉。改革三年行动计划实施以来,公司深化改革力度空前,创新体制机制不断健全,改革创新对公司发展的促进和支撑作用愈发明显。为了进一步释放改革创新的"乘法"效能,我们要加强党对改革创新的领导,推动改革创新继续走向深入,用好改革关键一招,在推动公司治理体系和治理能力现代化中不断提高公司治理效能,用好创新第一动力,在着力高水平科技自立自强中持续激发活力和动力。要按照集团公司系统推进公司治理的结构、组织、运行、制度、监督和党建"六大体系建设",以及改革三年行动计划的部署安排,深化"油公司"模式建设,完善市场化经营机制,深化三项制度改革,推动各方面制度更加成熟定型,进一步厚植油田发展优势。推动油田高质量发展,构建油田发展新格局,实现公司战略目标,需要强大的科技实力做支撑。要深入推进人才强企战略,破除一切制约科技创新的制度藩篱,进一步激活创新要素,释放创新潜能,提升创新效能。要健全人才培养、引进、选拔、评价、使用和激励机制,充分激发科研人员的积极性和主动性;要围绕主营业务科技攻关方向和多能驱动发展重点,加快推进核心技术攻关,着力提升自主创新能力,以科技创新的不断突破赢得发展的战略主动;要提高科技成果转化效率,坚持把论文写在生产一线,更好地发挥创新驱动引领作用。

五、着力加强领导干部的示范引领

"风成于上，俗化于下"，党员领导干部的思想观念、作风行为，对员工群众起着榜样引领作用。公司各级领导干部必须要以身作则，以上率下，当好奋进油田扭亏脱困、推动油田高质量发展的"火车头""领头雁"。要坚持绝对忠诚，带头做政治坚强的表率。旗帜鲜明讲政治，认真学习领悟习近平总书记系列重要讲话精神，全面贯彻习近平新时代中国特色社会主义思想，自觉在思想上政治上行动上同以习近平同志为核心的党中央保持高度一致，让绝对忠诚成为最鲜亮的政治底色。要坚持勤学善思，带头做精通业务的表率。树立终身学习的理念，向书本学、向实践学、向群众学，学理论、学业务、学法规、学制度，不断掌握新知识、熟悉新领域、开拓新视野，把新发展理念内化于心、外化于行，努力做精业务、做好工作，肩负起时代赋予的重任。要坚持求真务实，带头做勇于担当的表率。强化责任意识、增强斗争精神，在大是大非面前敢于亮剑、危机挑战面前挺身而出、矛盾困难面前迎难而上、工作失误面前敢于担责，以敢打硬仗、能打胜仗的作风攻坚克难，把功夫下到察实情、出实招、求实效上，以自身的担当作为汇聚本单位、本部门干事创业的强大合力。要坚持怀德自重，带头做清正廉洁的表率。要以德修身，用伟大建党精神滋养党性，不断锤炼对党忠诚的大德、造福人民的公德、严于律己的品德，始终保持一颗敬畏之心，坚决守住思想道德防线、党性原则底线、法规纪律红线。要以德养廉，时刻自重自省自警自励，带头依法用权、谨慎用权、秉公用权，永葆清正廉洁的政治本色。

最后，再强调一下近期工作。春节快要到了，各单位各部门要妥善安排好各项工作，强化值班值守，加强生产运行组织协调，确保工作平稳有序。严格按照地方政府和集团公司节假日期间疫情防控要求，落实好常态化疫情防控各项措施，坚决保住"双零"战果；严格落实安全升级管理要求，确保生产平稳受控；严格落实中央八项规定和集团公司党组、油田公司党委有关要求，勤俭过节，廉洁过节。各单位要热情关心员工群众生活，组织好走访慰问一线员工、离退休老同志和困难群体帮扶等工作，让广大员工群众过一个欢乐祥和的新春佳节。

各位代表、同志们，2022年是党的二十大召开之年，也是油田扭亏脱困的关键之年。让我们紧密团结在以习近平同志为核心的党中央周围，在集团公司党组、甘肃省委的坚强领导下，以："而今迈步从头越"的豪情壮志和"不待扬鞭自奋蹄"的精神状态，奋力扭亏脱困，推动高质量发展，以优异成绩迎接党的二十大胜利召开。

春节即将来临，我代表公司党委、油田公司，向在座的同志们，并通过你们向油田全体干部员工、家属和离退休老同志，致以新春的祝福。祝大家身体健康、工作顺利、阖家欢乐！

谢谢大家。

专文

玉门油田公司亏损企业治理工作汇报会总结讲话

蔡安辉

（2022 年 5 月 30 日）

同志们：

刚才，听了玉门油田分公司的工作汇报，重温玉门油田和我国石油石化工业历史。玉门油田是我国第一个天然石油基地和炼油工业的发祥地，是"中国石油工业摇篮"，为我国石油石化工业发展作出历史性贡献。以"艰苦奋斗、三老四严、无私奉献"为核心的玉门精神，是石油精神的重要组成部分。

新的历史起点上，玉门油田贯彻"四个坚持"兴企方略和"四化"治企准则，深化"四精"管理，落实"四大战略举措"，提出"一个愿景、两个转型、三驾马车、四篇文章"发展路径，制定了 2021—2050 年"三步走"发展战略，规划到"十四五"末整体实现扭亏脱困，"十五五"期间经济效益进一步提升，到 2050 年全面高质量建成百年油田。同时，按照集团公司党组的工作要求，制定并上报 2022 年《提质增效价值创造行动方案》和《亏损企业治理专项工作方案》。总的来看，战略方向已经明确，发展路径比较清晰，规划目标积极主动，具体措施任务分解也都比较到位。以上规划和方案我都原则同意。

今天会上，专业公司、总部相关部门的同志对玉门油田深化扭亏解困提了意见建议。希望玉门油田把这些建议、意见和要求，融入今后的提质增效、亏损企业治理工作当中，贯彻党组决策部署，按照既定规划和方案，认真抓好落实。

结合今天会议汇报和讨论的情况，我讲四方面意见。

一、玉门油田提质增效和亏损企业治理工作成效明显

近年来，玉门油田按照"有质量、有效益、可持续"的发展方针，实施"油气并举、创新驱动、开拓市场、人才强企"四大战略，落实"三步走"工作部署，在奋进"油气产量重上 100 万吨/年、率先建成百年油田"双百目标征程上，埋头苦干，勇毅前行，取得多项突出业绩。

一是油气产量企稳回升。老区实现连续 8 年 40 万吨硬稳产，环庆新区高效勘探、快速建产成效显著，2021 年生产原油 59 万吨，同比增长 10 万吨；宁庆新区天然气勘探取得重要发现，目前日产气 5.5 万立方米，累计产气 2650

万立方米，结束玉门油田没有天然气的历史。今年 1—4 月，原油产量同比增加 3.48 万吨，增幅 18.64%。

二是经营业绩减亏增盈。提质增效专项行动和亏损企业治理专项工作持续加压发力，原油单位完全成本由 2015 年最高的 150 美元 / 桶下降至 2021 年 88.12 美元 / 桶，下降 41%；2021 年整体实现控亏 10.56 亿元。今年前 4 个月，玉门油田抓住油价上行有利条件，加快增储上产，账面实现净利润 2.41 亿元，同比增利 3.98 亿元。

三是转型发展格局初现。油气勘探上，环庆勘探形成"大场面"、宁庆勘探打开"新局面"；油气开发上，老区持续稳产、新区快速上产。炼化业务加快结构调整和转型升级。新能源新业务开局起步，200 兆瓦光伏项目并网发电，在集团公司率先实现对外供应清洁电力，1—4 月累计实现利润 1087 万元。玉门油田油、气、电协同发展的新格局初步显现，并呈现良好前景。

二、正视当前面临的形势与挑战

集团公司党组将亏损企业治理作为深化提质增效战略举措的重中之重，"减存量、遏增量"，持续高压推进，层层压实责任，近年来亏损企业治理取得显著成效。但亏损基数较大、扭亏基础较薄弱、结构性不平衡等问题仍较为突出，距离本质扭亏还有较大差距。亏损子企业对整体效益的抵减，仍是集团公司推进高质量发展、建设基业长青世界一流企业进程中亟须移除的"绊脚石"，必须常抓不懈、久久为功。

集团公司 2022 年工作会议要求，突出亏损企业治理这个重中之重，按照"四个一批"原则"一企一策"治理亏损，确保在 2020 年亏损基数基础上减亏 60% 以上。2 月 17 日，启军总经理主持召开提质增效专项行动领导小组会议，研究讨论 2022 年《提质增效价值创造行动方案》和《亏损企业治理专项工作方案》；2 月 24 日，厚良董事长主持召开党组会议，审议通过两个方案，并在会后以中油发〔2022〕1 号文件印发实施；3 月 23 日，厚良董事长主持召开集团公司 2022 年提质增效及亏损企业治理工作推进视频会议，对两个方案作全面动员部署，强调要精准施策、标本兼治，持续抓好亏损企业治理。

集团公司 2022 年亏损企业治理，以"123456"为工作要点，即：通过落实"六个精准"要求、突出五类典型企业、覆盖四个治理范围、打好治亏"三大战役"、盯紧两项核心指标，确保实现集团公司 2022 年亏损户亏损额显著下降、国资委央企全级次子企业净亏损额排名显著改善的总体目标。

为深入推进亏损企业治理，今年集团公司继续实行领导同志对口帮扶机制，并将重点亏损子企业对口帮扶范围扩大到总经理助理、管理层成员以及专业公司领导班子成员。近段时间，厚良董事长、启军总经理以及党组的其他领导同志多次主持专题会议，听取有关专业公司和企业的亏损治理工作汇报，对亏损企业治理进行再部署、再推进、再落实，工作规格之高、力度之大，体现集团公司党组坚决治理企业亏损的决心。

我们发扬玉门油田历史，肯定近年来玉门油田在推进提质增效、亏损治理和高质量发展上取得的成效，但也要清醒认识到，玉门油田 20 多年来只有 4 年盈利。尽管今年 1—4 月，在油价上行的情况下实现了盈利，但扭亏解困的基础还不扎实，距离 45 美元 / 桶结算油价下实现本质扭亏还有不小差距。客观上，油田老区资源劣质化程度加剧、开发难度加大，原油产量下行与成本上行的"剪刀差"面临扩大压力；炼化装置长期产能过剩局面没有得到根本解决；2021 年单位人工成本 53.8 美元 / 桶，单位折旧折耗摊销费用 24 美元 / 桶，用工总量、资产规模与油气产量不匹配、不协调的矛盾还非常突出。主观上，产品市场竞争力不强，人力资源有效盘活还需加大力度，精细化精准化管理还有提升的空间。这些问题和困难,是解决玉门油田长期亏损必须正视和重视的问题,也是下一步重点攻克方向。

亏损企业治理要"施救"和"自救"共同发力,集团公司亏损企业治理重视对口帮扶、重视政策配套,是对亏损企业的"施救",各亏损企业更需要强化精益管理、主动担当作为,大力开展"自救"。

三、踔厉奋发打好扭亏脱困翻身仗

玉门油田提出到2025年,确保45美元/桶油价下实现扭亏脱困,其中2022年在70美元/桶油价下比2020年减亏67%。这个工作目标是积极主动的,尽管挑战艰巨,但也是经过努力可以实现的目标。特别是,今天听了玉门油田的工作汇报,我对实现这个目标比较有信心。希望玉门油田锚定目标部署,群策群力抓好战略战术和措施任务落地实施,确保扭亏脱困如期实现。

(一)立志为"盈",抓好思想扭亏这个根本

"抓工作从思想入手",抓亏损企业治理,首先要从思想认识上抓起。厚良董事长反复强调"企业不消灭亏损、亏损终将消灭企业""养人不养亏损企业"。玉门油田是个老油田,企业生存发展面临资源基础弱、历史包袱重等客观现实的挑战,但是我们坚信"办法总比困难多"。玉门油田领导班子和干部员工,要坚决贯彻落实集团公司党组决策部署,继承发扬优良传统,预防和杜绝"亏损有理、亏损有利"等错误认识和"躺平""等靠要"等消极懈怠思想。解放思想、开阔思路、创新方法,充分利用好各方面有利条件和积极因素,开拓油田发展新局面。要将提质增效价值创造行动、亏损企业治理专项工作与"转观念、勇担当、强管理、创一流"主题教育活动有机融合推进,把广大干部员工的干劲鼓起来,苦干实干、勇毅前行,越是困难越向前,使老油田在我们这一代人手上焕发新生机、增添新动力。

(二)立足于"转",坚定转型扭亏的发展方向

玉门油田人多油少的矛盾突出,传统区域、传统产业可持续发展的制约比较明显。推动企业扭亏解困,必须下决心转变发展路径和方式,坚持走转型发展道路。

一是要从以油为主向油气并举、多元互补转型。要加快转变以油为主、靠高油价吃饭的路径依赖,分业施策、一业一策,把传统业务创效潜力挖掘到极致,快速提升新业务效益贡献。要高效发展油气业务,夯实原油资源基础,加快天然气业务发展,增强抗油价风险能力。要特色发展炼化业务,立足区域市场和自身特点,做专做精做特,确保持续盈利。要大力提升服务业务自我发展能力,开拓内外部和海外市场,尽快实现扭亏为盈。要有效发展新业务,为油田转型发展打造新的增长点。

二是从老区为主向新老结合转型。要学习借鉴兄弟单位成功、成熟经验,集中优势力量,加快推进环庆、宁庆等流转区块的勘探开发和投资建设,探索流转区块快速高效建产、投产、达产和高效运营的先进模式,最大化发挥流转区块在稳油增气、增储上产、扭亏增效等方面的重要支撑作用。同时,要不放松老区提质增效,大力实施老区稳产专项行动,固本强基夯实老油田发展基础。

三是要从传统产业为主向加快绿色低碳发展转型。玉门油田地处河西走廊,位于国家级清洁能源基地方位之内,具有发展光伏、风电、氢能等新能源产业的有利条件。集团公司"十四五"新能源新业务发展规划把玉门油田清洁转型示范基地作为集团公司新能源新业务六大基地之一,加以部署推进。玉门油田要树牢战略眼光,紧紧抓住历史性机遇,积极争取并利用好国家和地方支持政策,加快推进重点项目可研论证和落地实施。要以对党组负责、对万名干部员工负责、为油田百年历史负责的担当,着力在新能源新业务发展上开辟新局面,

为老油田注入新生机，为集团公司绿色低碳转型发展探索新路径。

（三）立身于"改"，加大改革扭亏的措施力度

从玉门油田发展历程和经营状况来看，长期积累的经营矛盾比较突出。工程服务业务、科研业务持续亏损。企业9697名员工中管理人员2111人、占比22%，采油工仅529名，占比5.5%，主营核心业务从业人员结构不合理。截至2021年，法人企业还有20户。玉门油田要把深化改革作为扭亏脱困的动力，在改革措施上动真碰硬，以"伤筋动骨"的改革，实现"脱胎换骨"的变化。

要大力推进"油公司"模式改革和三项制度改革，压减管理层级和机构总量，完善用工管理机制，加大人员分流安置和富余人员输出力度。要加快数字化智能化转型，大力推进技术、人力资源、设备设施等的共享，提高生产要素效率效益。要健全内部市场化经营机制，传导市场竞争压力，加大差异化分配力度，激发工程服务业务活力，有效调动科研技术人员积极性主动性创造性。

（四）立行于"精"，突出管理扭亏这个关键

"精益化管理"是集团公司"四化"治企准则之一，从严管理出效益、精细管理出大效益、精益管理出更大效益。分析集团公司全级次企业亏损成因，有不少企业亏损的重要原因是管理粗放、管理缺失，"低老坏"未及时整治、跑冒滴漏屡见不鲜，最终造成企业长期亏损、积重难返。玉门油田在提质增效价值创造行动上，要深入贯彻落实"四精"管理要求，坚持经营上精打细算、生产上精耕细作、管理上精雕细刻、技术上精益求精，不断提升管理的科学化、规范化、法治化水平，为企业加快扭亏增添动力。

一是要把严谨投资、精准投资、效益投资的要求落到实处。玉门油田2011年来的11年间，年均投资近17亿元，年均亏损近13亿元，年均自由现金流为-10亿元，企业长期依靠"输血式"投资驱动，经营运转压力持续增大。在当前油田转型发展的新阶段，要更加重视投资项目源头和全过程管理，大力提升投资质量，努力实现企业经营的良性循环。

二是要精益落实低成本发展战略举措。提质增效、低成本发展是集团公司"四大战略"举措的两项内容。从成本管控情况看，玉门油田2021年油气完全成本88.12美元/桶，比国内上游业务平均55.52美元/桶高出58.7%，抗油价风险能力依然薄弱。特别是天然气完全成本偏高，2022年预算为每千立方米1249元，比2021年国内上游业务平均的每千立方米833.53元高出49.8%，天然气业务整体亏损。炼油完全加工成本375.63元/吨，比炼油与化工分公司平均的268.99元/吨高出39.6%。玉门油田要长期坚持低成本发展战略举措，健全业财一体化成本管控机制，抓好成本关键环节和重点要素管控，通过科技创新、工艺优化、生产运行组织优化等方式，实现全生命周期成本最优。

三是精益亏损治理方案。玉门油田要按照集团公司"六个"精准的治亏要求，在油田整体亏损企业治理方案的基础上，进一步细化分业务、分全级次子企业的亏损治理方案。要对原油、天然气、工程服务、新能源、科研等分业治理，对亏损业务要"一业一策"细化扭亏措施。要对20家法人企业逐家打开分析，对亏损法人企业要"一企一策"制定治亏方案，实现亏损治理全口径、全级次、全覆盖。

（五）立业于"创"，在发展扭亏上下功夫

玉门油田开发历史迄今已83年，制约企业发展的问题要通过发展来解决。要继续埋头苦干、艰苦创业，用创业精神推动建设百年油田。

一是要在科技创新上下功夫。坚持科技引领、创新驱动，加快关键核心技术攻关，健全科技攻关体系，提高科技管理和组织协调效率，推进人才强企工程，落实技术专家和项目经理责权利，健全考核激励措施，激发科技创新活

力。特别是在流转区块上产和新能源新业务发展中，要注重发挥科技创新的支撑作用。

二是在外闯市场上下功夫。要想尽一切办法，采取人员分流、劳务输出等多种方式，千方百计盘活富余人力资源。要大力推动工程技术服务队伍走出去，拓展外部市场份额实现增收创效，力争2022年吃市场饭人员达到1200人，实现国内外对外创收7亿元。

三是要在实干创业上下功夫。推进提质增效、亏损治理，加快企业转型发展，要坚持实事求是、稳扎稳打、步步为"盈"，切不可贪大求快，盲目铺摊子上项目。要慎终如始、善作善成，干一事、成一事、干必干成，务一业、专一业，做必做精。

四、强化群策群力对口帮扶

作为对口帮扶玉门油田亏损治理的党组成员，将同万名玉门石油人一道，沉下身子、攻坚啃硬，落实落细各项工作措施。同时，也希望集团公司总部相关部门、各专业公司，要切实发挥协调帮促作用，谋对策、出思路、想办法，帮助企业早日摆脱经营困难。关于玉门油田反映的几个具体问题：

一是关于流转区块产能建设问题。请勘探与生产分公司、发展计划部具体研究协调，支持玉门油田产能建设，加大环庆区块产建力度，加快宁庆区块天然气开发先导试验，为玉门油田油气并举和优化效益结构提供保障。

二是关于绿色转型方面的问题。请发展计划部、勘探与生产分公司协调研究光伏制氢和气光融合项目建设事宜，按照集团公司新能源发展总体规划布局，做好项目可研论证的相关工作。

三是关于资金支持方面。请集团公司财务部、股份公司财务部牵头，在集团公司整体资金配置政策的框架内，研究有关注资和减免减缓上交资金的可行性。

四是关于税收政策协调。玉门油田在《亏损企业治理专项工作方案》中反映甘肃省出台扩大征收城镇土地使用税和新增耕地占补平衡费政策问题，请集团公司财务部、股份公司财务部积极帮助协调国家有关部委和地方政府，切实减轻企业税收负担。

2022年是党的二十大召开和实施"十四五"规划、决战决胜改革三年行动的重要之年。当前，国际国内形势严峻复杂，俄乌冲突深度冲击全球能源格局，美联储加息对全球资本流动和金融市场产生深远影响。国内疫情多点散发，对产业链供应链稳定运行产生影响，国内油气市场走势不确定性增加，油气保供压力加大。

面对复杂局面，玉门油田班子成员和干部员工，要认真贯彻党中央、国务院和国资委重大决策部署，落实党组工作要求，积极支持配合地方政府"六稳""六保"和疫情防控工作。要突出稳增长、防风险、促改革、强党建，确保油气生产安全平稳，确保矿区和干部员工队伍稳定和谐。加快工作节奏，强化产业链供应链精准平稳高效运行，确保上半年生产经营各项指标"硬过半"，以良好的精神状态和扎实的工作成效，迎接党的二十大胜利召开。

第二篇 油气勘探开发与新能源

- 油气勘探
- 油田开发
- 新能源业务

油气勘探

【概述】 玉门油田在甘肃省酒泉盆地和宁蒙陕鄂尔多斯盆地拥有4个勘查区块，面积1.01万平方千米。酒泉盆地勘探层系以白垩系为主，鄂尔多斯盆地以石炭系—二叠纪、三叠系和侏罗系为主。油气勘探工作主要在鄂尔多斯盆地环庆、宁庆两个矿权流转区和油田本部酒泉盆地开展。勘探部负责玉门油田油气勘探工作整体运行和管理，设勘探管理科、物探管理科、工程管理科、项目管理科。2022年有员工16人，其中高级工程师10人、工程师4人、会计师2人。

【油气勘探工作】 2022年，玉门油田公司勘探重点主要为环庆、宁庆区块，环庆石油勘探落实规模整装虎洞油藏。预探井计划17口，完钻15口，完成率88.2%；计划进尺5.34万米，完成4.81万米，完成率90.1%。评价井计划20口，完钻18口，完成率90%；计划进尺5.93万米，完成5.73万米，完成率96.6%。探井、评价井完成试油31口，15口获工业油流，探评井成功率48.4%。

【物探工程】 2022年，玉门油田公司在鄂尔多斯盆地环庆地区完成三维地震采集157.6平方千米。完成三维地震资料处理1558平方千米。完成三维地震解释2959平方千米，二维地震715千米，共落实圈闭93个，面积860.8平方千米，建议井位56口，采纳井位38口。其中酒泉盆地解释三维地震749平方千米，落实圈闭5个，面积22.7平方千米；环庆区块解释三维地震1280平方千米，落实圈闭42个，面积507.5平方千米，建议井位35口，采纳25口；宁庆区块解释三维地震930平方千米，二维地震715千米，落实圈闭46个，面积330.6平方千米，建议井位21口，采纳13口。

攻关领域：在鄂尔多斯盆地流转区块和酒泉盆地窟隆山地区开展地震处理技术攻关。在鄂尔多斯盆地开展Q补偿、多次波压制、OVT域处理等保真保幅处理技术研究。在窟隆山开展真地表叠前深度偏移成像技术攻关。

主要进展：鄂尔多斯盆地地区形成"高保真、高分辨率"的处理的4项技术流程。酒泉盆地窟隆山地区形成叠前深度成像技术体系和标准流程。

技术应用：鄂尔多斯盆地三维地震勘探技术形成了以"两宽一高"采集，"双高"处理，精细构造解释为代表的技术系列，并在流转区块推广应用。鄂尔多斯盆地"高保真、高分辨率"的4项技术流程（微测井约束层析反演静校正技术流程、叠前多域保真去噪技术流程、宽频一致性处理技术流程、OVT域处理技术流程）。鄂尔多斯盆地精细构造解释技术包括基于相干、属性融合等信息的微小断层刻画技术、古地貌刻画技术、约束稀疏脉冲反演储层预测技术。酒泉盆地窟隆山"双复杂"区叠前深度偏移成像技术：叠前噪音压制、近地表反演、全深度速度建模和真地表TTI偏移。

资料处理：2021年度鄂尔多斯盆地环庆Ⅱ期三维地震地震资料处理558平方千米，由中国石油集团东方地球物理勘探有限责任公司（简称东方公司）处理中心承担，处理周期2021年5月至2022年12月。鄂尔多斯盆地宁庆高精度三维地震连片处理930平方千米，由东方公司处理中心承担，处理周期2021年8月至2022年12月。酒泉盆地窟隆山逆冲构造三维地震叠前深度成像技术攻关处理70平方千米，由中国石油勘探开发研究院地球物理所承担，处理周期2021年4月至2023年3月。鄂尔多斯盆地宁庆区块二维地震资料重复处理39条测线1600千米，由东方公司处理中心承担，处理周期2022年11月至2023年6月。

科研情况：玉门油田公司勘探开发研究院和东方公司研究院玉门研究中心联合开展二、三维地震资料解释和综合研究工作。

【测井工程】 2022年，玉门油田测井工程施工主要由中国石油集团测井有限公司吐哈测井分公司承担，启用8支作业队伍服务于油田，其中裸眼测井队伍6支、生产+射孔综合队伍2支。

工作量完成情况：2022年玉门油田完成测井271口/826井次测井施工作业，共计156.1万测量米，其中裸眼测井318井次、工程测井370井次、生产测井138口，曲线合格率100%，优等率98%，作业一次成功率提升至98.8%。

测井生产组织情况：实施全过程管理，"一井一策"组织生产。李庄72井、李庄32井、李庄204井、环庆942井等重点井落实领导包井制度。环庆942井多次遇阻，首次引进FITS过钻具存储式测井设备，完成资料采集任务。落实油气和新能源分公司20%比例原始资料质量抽查工作及固井质量解释工作，所测曲线合格率100%，优等率97.5%。

解释评价情况：探评井完成测井解释34口，通过统计试油（气）20口井情况，解释符合率86.2%；开发井完成测井解释284口，通过统计投产投注258口井情况，解释符合率90.1%。环庆区块深化区域规律认识，完善低阻油层解释评价技术，在环庆826井首选解释的延9（2361.2～2372.8米）进行压裂试油，获日产31.8立方米高产油流，助力演武侏罗系获得新发现。玉门本部重新认识，在鸭4-4井未见油气显示情况下，解释人员精准解释油层，试油获30米³/日高产油流。

【录井工程】 2022年两家单位在玉门油田从事录井服务，分别是西部钻探吐哈录井工程公司和渤海钻探第二录井公司。

2022年，渤海钻探第二录井公司完成井位测量5口，井位复测5口，录井作业56口（宁庆20口、环庆35口、玉门本部1口），全年录井进尺86123米，录井工作日1172天。西部钻探吐哈录井工程公司完成井位测量173口，井位复测173口，录井作业207口（宁庆24口、环庆154口、玉门29口），录井进尺221899米，录井工作日2304天。

按照勘探需求和设计要求，2022年取心7井次，累计进尺106.41米，累计心长104.62米，收获率98.31%。西部钻探吐哈录井工程公司取心23次，累计进尺408.12米，累计心长395.98米，收获率97.03%。

2022年玉门油田录井渤海钻探第二录井公司异常预报206次，预报及时率100%，准确率98%以上。西部钻探吐哈录井工程公司异常预报209次，预报及时率100%，准确率100%。

2022年玉门油田验收上交预探井、评价井录井资料43口井，其中渤海钻探第二录井公司10口（预探井7口、评价井3口），西部钻探吐哈录井工程公司共33口（探井14口、评价井19口）。油气显示发现率、资料齐全率、执行设计符合率、取心卡准率、异常预报符合率均为100%，渤海钻探第二录井公司剖面符合率大于91%，西部钻探吐哈录井工程公司剖面符合率大于88%。

【试油工程】 2022年，玉门油田公司勘探试油工作量集中在环庆、宁庆区块，玉门本部无工作量。试油工程服务单位主要有3家，分别是玉门油田公司井下作业公司、渤海钻探井下作业公司、西部钻探井下作业公司。

工作量完成情况：2022年石油探评井试油完试25层/20井，措施改造24层/19井，措施改造率（层）95%，其中获工业油流井8口（环庆823井、环庆825井、环庆808井、环庆901井、环庆904井、环庆906井、环庆907井、

HQ103H-C6井），石油预探井成功率40%。天然气探评井试气完井18层/11井，措施改造18层/11井，措施改造率（层）达100%，其中获工业气流井7口（李庄301井、李庄1井、李庄201井、李庄2井、李庄23井、李庄204井、李庄205井），天然气预探井成功率63.6%。

队伍设备状况：2022年环庆石油预探试油共动用机组11部；宁庆石油预探试油共动用机组2部，天然气预探试气共动用机组6部，带压作业2部。

工程质量：2022年试油工程合格率（层）100%，射孔合格率100%，储层改造一次成功率（层）95%。

试油成果：2022年石油预探获工业油流井8口，天然气预探获工业气流井7口，油气勘探综合探井成功率48%。

【技术应用情况】 2022年，玉门油田公司石油预探井主要应用以下工艺技术：

（1）定直井缝网压裂技术：东部主力储层三叠系长8为特低孔、超低渗储层，存在岩性致密、孔隙结构差、油层厚度薄、应力遮挡弱等特点，对于区块定直井形成单层复合压裂、多层限流压裂、两层机械分层压裂为主的缝网压裂技术组合。主要以压裂层数、层间应力差进行选择压裂方式，后期压裂施工中通过优化射孔孔数、排量、加砂方式、支撑剂类型、压裂液类型来实现储层的有效改造。

（2）大斜度/水平井体积压裂技术：以致密油缝控体积改造为思路，针对东部长8的大斜度/水平井形成细分切割（每段射孔4~6簇、簇间距8~12米）、立体布缝（布缝6条以上/100米）、高强度加砂（单段加砂45~60立方米）、桥塞分段为核心的体积改造技术。环庆103H-C6井试油获得工业油流。

（3）油藏精细控水压裂技术：针对西部侏罗系油藏砂体不连续、油层厚度差异性大、油水界面模糊、没有有效应力遮挡的特性，通过对储层的精细划分（是否含底水、是否层内含水、油层厚度差异、是否存在应力遮挡），制定差异化的储层改造策略（优化施工液量、排量、加砂强度、压裂液体系）。

天然气预探井主要应用以下工艺技术：

（1）机械分层一体化压裂技术：通过机械分层的方式可对多个薄层进行有效改造，提高纵向的动用程度；通过优化压裂参数对气层底部含水储层进行控水改造；通过一体化组合管柱的下入，满足后期排液、测试、生产的需要，大幅缩短试气周期，节约作业成本。

（2）可溶桥塞连续分压技术：针对小层发育、有效层厚度大的储层，主要采用套管压裂、电缆可溶桥塞射孔联作的方式，实现对储层的分段规模改造，增大压后泄流面积。后续压裂放喷结束后可带压下入小油管进行排液测试生产，可延长气井自然携液期，减少后期措施费用。

（3）液氮助排+气举强排技术：宁庆区块地层压力低，主体采用液氮助排+气举强排技术。储层物性越差一次喷通率越低，所需液氮伴注比例越高，为提高放喷返排率，以总返排率75%以上为目标，优化不同类型储层液氮伴注比例。

（4）一点法测试：单点产能试井作为一种简化的气井产能试井方法，操作简单方便，大幅缩短了测试时间，降低了成本，减少了资源的浪费。

【勘探成果】 2022年，玉门油田公司油气勘探按照"油气并举、效益优先"原则，优化勘探部署，主要工作量集中在环庆、宁庆区块。全年取得4个方面主要成效和进展，新增探明储量完成计划的168%，新增控制储量完成计划的102%，新增预测储量完成计划的101%。石油SEC储量正修正82.23万吨，完成计划117%。

（1）突破新领域新类型，部署风险探井2口。

油气勘探贯彻集团公司加大风险勘探的总体部署，落实玉门油田公司党委"风险勘探求突破"的任务安排，在新、老区积极准备风险勘探领域，玉门油田时隔8年成功获批风险探井2口。

构建环庆古生界"双源供烃、侧向致密灰岩遮挡"的三角带成藏新模式，部署风险探井环古1井。该井2022年3月获批，9月14日开钻，设计井深5590米，2022年底井深5093米，层位石盒子组。该井一旦突破有望开辟庆阳古隆起西翼古生界天然气勘探新局面。

开展青西凹陷页岩油"七性"25项要素研究，攻关形成青西页岩油地质评价技术，部署风险探井柳页1H井。青西凹陷页岩油地质条件优越，估算资源量2.5亿吨，有规模增储潜力。该井11月获批后优化地质、工程设计，预计2023年初开钻。

深化基础研究，准备出营尔凹陷下一步风险勘探目标。酒东营尔凹陷东部陡坡带与青西鸭儿峡具有相似的地质条件，发育多期扇体，盖层发育，利于形成构造岩性油藏，面积263平方千米，为下一步有利的风险勘探目标。

落实盐池侏罗系为有利勘探新区、新层系。研究认为盐池侏罗系面积318平方千米，整体地层保存完整，邻区合黎山ZK1201井侏罗系见油气显示，有勘探潜力，为下一步风险勘探目标。

(2) 集中勘探环庆西部长8，实现规模增储。

环庆区块按照集中虎洞、甩开南北，突出规模增储和新发现的思路优化部署，提交三级储量2224万吨，取得两项进展。

虎洞油藏长8新增探明、控制储量1863万吨。2022年环庆901井、环庆904井、环庆906井获工业油流，环庆924井、环庆925井见油层待试，油藏主体已实现高效建产，新增探明储量841万吨、控制储量1022万吨、SEC储量80.93万吨，虎洞油藏是环庆发现单体规模最大整装油藏，仍有扩展潜力。

完钻开发井169口，投产83口，日产油343吨，单井稳定日产油4.1吨，建成12万吨/年生产能力，累计产油量3.6万吨。

甩开勘探西部，天环坳陷长8获得新发现。2022年构建"纵向油层有序展布、河道主体富集"的斜坡成藏模式。在新模式指导下，甩开勘探虎洞南实施的3口油井获工业油流，新发现2个油藏，新增预测储量361万吨。准备出坳陷西翼有利勘探目标区108平方千米。同时坳陷东翼与西翼类似，也具备成藏潜力。

精细勘探浅层侏罗系，演武高地持续获发现。延9段发育两期砂体，其中下砂体已发现5个古支沟油藏并建产。上砂体沿斜坡带向高地方向尖灭，形成构造岩性油藏。2022年下砂体环庆825井获7.7米^3/日工业油流，上砂体环庆826井获31.8米^3/日高产油流。表明斜坡有形成浅层高效油藏带的潜力，是落实目标的现实地区。

地质工程一体化，针对长6钻探的水平井获得新进展。环庆103H-C6采用变黏滑溜水全程携砂，配套暂堵转向技术和驱油压裂液体系进行压裂，闷井52天，放喷产液42.5米^3/日，初产油31吨/日。装抽排液，产液24米^3/日，含水96%，继续排液求稳产能。

(3) 宁庆天然气立体勘探取得新进展，落实了中东部富集区。

2022年按照"集中勘探中东部，尽快落实富集区"的思路，立体勘探多层系，完钻探评井10口，完试11口（5口跨年井），7口获工业气流，在太原组和盒8段落实可动用储量330亿立方米，取得3项成果。

东部太原组李庄201井、李庄205井分别获8.05万米^3/日、7.71万米^3/日高产气流，李庄204井见6.6米气层（待试），新落实可动用储量120亿立方米，含气面积152平方千米。太原组试采稳产效果好，为下一步高效建产目标。

集中勘探盒8段中砂带，4口井获高产气流，落实可动用储量210亿立方米，含气面积260平方千米。攻关"多层优化设计、低伤害压裂液、增能快排一体化"的压裂工艺，新井试采日产气1.5万～3万立方米，压力稳定，获稳产高产。多口探井在山西组、本溪组见气层。

中东部落实盒8、山西及太原组叠合富集区面积380平方千米，可动用储量330亿立方米。

2022年实施开发试验井24口，依据新井钻探与试气试采，优选出建产"甜点"，准备出开发井位50口以上，可优选建产。

兼探下古生界，克里摩里组等层系取得重要进展。井震结合预测中东部克里摩里组风化壳储层有利面积138平方千米。优选李庄204井兼探，优化采用"射孔+酸压+气举一体化"改造工艺，试气日产1.47万立方米。试采稳定日产气1.1万立方米，不含水，为青石峁地区克里摩里组试采效果最好的一口井。

（4）酒泉盆地强化基础研究，目标准备取得新进展。

2022年强化精细地质研究，准备出窟窿山东块和鸭儿峡中深层有利勘探目标。其中窟窿山东块落实有利面积15.6平方千米，K_1g_2段新增预测储量653万吨，面积8.1平方千米，向南还有扩展潜力；鸭儿峡$K_1g_1^1$有利面积10.6平方千米，K_1g_0有利面积9.2平方千米，叠置发育区面积6.3平方千米，是有利的扩展目标。

（5）提质增效主要做法。

开展了5个方面的重点工作，取得了显著成效。

优化勘探部署总体设计，推进勘探发现。在年初做好总体设计的基础上，依据实施效果优化调整部署。将宁庆中生界5口探评井及时调整到环庆西部实施。集中勘探环庆西部长8，虎洞油藏发现后开发井及时跟进，落实规模高效储量；甩开勘探新发现2个油藏。推进天然气勘探评价，加快落实富集区与建产甜点。及早实施宁庆三维连片处理，支撑了天然气落实多层系叠合富集区和建产"甜点"。

重视经济可采储量，新增SEC储量创近十几年来新高。

强化技术攻关，实现油气勘探取得新进展。加强地质综合研究，充分发挥技术引领作用。

专家领衔股份、油田两级科研项目，分区分领域建立成藏新模式，支撑本部及新区油气勘探开发部署。强化三维应用与技术攻关，提高勘探开发成效，环庆应用高密度采集、"双高"处理、精细构造解释等技术，支撑地质研究取得新认识，发现并落实一批有利圈闭；宁庆应用连片三维精细刻画有效储层展布，储层预测符合率83.2%，支撑流转以来探评井成功率67%；窟窿山逆冲构造带应用以iPreSeis全深度整体速度建模为核心的多项技术，深度域成像取得较大进展。持续推进钻井工程技术进步，实现降本增效，宁庆天然气完钻探评井12口，平均井深4161米，平均钻井周期35.48天，与去年基本持平，井身质量合格率100%，固井质量合格率94.11%，同比提高27.4%。

持续深化测井技术攻关，提高油层识别能力，环庆西部长8基于成藏模式和油藏类型建立低阻油藏测井评价方法，解释符合率91%；宁庆致密砂岩天然气形成常规、特殊测井与图版结合的测井评价方法，解释符合率达到85%。

精细过程管控，保障项目顺畅运行。超前谋划、超前部署，尽早组织实施见到成效，宁庆天然气自2021年8月起分两批完成2022年部署，2022年10月完成当年探评井任务，部署2023年探评井9口，超前实施4口。强化投资管理，持续推进降本增效。严格制定招标控制价，2022合同节约投资200.59万元；工程合同价节约投资190万元；中深井钻井工程成本较去年再下浮5%，两口跨年井预计节约387.87万元。

加强学习交流，在认识和做法上得到借鉴。与长庆、北京等单位就鄂尔多斯油气勘探进展、油气田开发等开展多次交流，学习吸纳有效做法，推进资料成果共享，深化地质认识，优化提质增效措施。

（杨　倩）

油田开发

【概述】 开发部作为油气田开发技术管理部门，承担玉门油气田开发管理业务，负责组织编制和执行公司油气田开发中长期规划、年度生产计划、开发部署及调整部署；负责油田开采矿权及可采储量管理；负责综合调整治理、产能建设、注水专项治理方案及开发项目方案的编制、审查和组织实施；负责油田油藏工程、注采工程的管理；负责对油田开发系统各单位经济技术指标的分解下达、督促落实和检查考核；负责油气田开发重点项目技术路线和方案的审查；负责油田开发重大施工措施项目的审批、组织和费用控制核销；负责油气田开发与开采动态分析与监测，组织油气田精细地质研究及成果推广应用工作；负责开发部日常管理费用的财务核算和管理，各类投资项目的结算、决算和转资工作，负责各类成本专项费用的财务管理等工作。

开发部有员工18人，其中男员工13人、女员工5人，14人具有高级职称（高级工程师12人、高级经济师2人），有3人中级职称（工程师2人、会计师1人）、有1人初级职称（助理经济师1人）；管理人员14人、技术干部4人。下设开发规划科、油藏工程科、注水管理科、采油管理科、综合科5个科室。

2022年，玉门油田投入开发的有老君庙、石油沟、鸭儿峡、白杨河、单北、青西、酒东、合道、郭庄子等9个油田，探明含油面积272.65平方千米，探明石油地质储量23075万吨，技术可采储量5703万吨，动用面积163.92平方千米，动用石油地质储量20026万吨。

2022年玉门油田在册采油井1504口，正常开井1335口，在册注水井469口，开井347口。完钻投产新井179口，新建产能20.88万吨，表2-1为2022年玉门油田原油开发情况。

表2-1 2022年玉门油田原油开发情况一览表

油田	产量构成（万吨/年，不含液化气）				产液量（万吨/年）	注水量（万吨/年）	综合含水率（%）	递减率（%）		
	新井	措施	老井	合计				总递减率	综合	自然
玉门	7.9868	4.4820	55.9525	68.6689	175.9769	230.1524	60.98	-7.51	5.00	11.96
老君庙	1.0038	1.0596	10.4491	12.5125	35.7812	75.1333	65.03	0.66	8.63	17.04
石油沟	0.0000	0.0000	2.0980	2.0980	14.1025	13.3119	85.12	-25.29	-25.29	-25.29
鸭儿峡	0.5357	1.0832	12.6612	14.2801	33.7095	29.4505	57.64	7.28	10.75	17.79
白杨河	0.0000	0.0010	0.1976	0.1986	0.9337	0.0000	78.73	-22.22	-22.22	-21.60
单北	0.0000	0.0098	0.1136	0.1234	0.5473	3.0123	77.45	2.06	2.06	9.84
青西	1.1550	1.0222	3.9426	6.1198	17.2138	25.7114	64.45	-29.11	-4.74	16.82
酒东	0.0000	0.8065	3.3279	4.1344	11.3018	5.4198	63.42	-7.95	-7.95	13.11
合道	5.1646	0.4997	23.1625	28.8268	59.0433	78.1132	51.18	-13.73	6.64	8.61
郭庄子	0.1277	0.0000	0.2476	0.3753	3.3438	0.0000				

2022年开始宁庆区块天然气开发试验，气井开井22口，日产气量30万立方米。

【开发部署】 2022年，玉门油田公司按照"油气并举，多能驱动"的工作思路，老区持续推进油田稳产工程，积极探索低成本开发技术，加快三次采油工业化应用进程，实现40万吨稳产；环庆区块继续优化油气勘探开发部署，加快配套地面工程建设，确保完成28.7万吨原油产量和3000万立方米天然气生产任务；完成多能互补一体化项目立项，并开展建设，为实现"十四五"目标打下坚实基础。

产能建设：计划部署油井开发井192口，新建产能24.5万吨，新井产量6.9万吨。其中本部计划部署新井37口，新建产能6.7万吨，新井产量2万吨；环庆计划部署新井155口，新建产能17.8万吨，新井产量4.9万吨。计划开展天然气开发先导试验，部署开发试验井24口，新建1.5亿立方米产能，落实各储层的真实产能，同时探索效益提产方式。

注水专项治理：计划部署主干工作量267井次，加快推进环庆长8油藏精细注水，以"超前注水、精细注水"为原则，加快西部超前注水、推进东部精细注水、实现东部未开发区超前注水；老区按照精细注水原则持续开展内部精细注水调整，深化老君庙冲断带、鸭儿峡白垩系能量补充研究，大力推广三次采油开发试验。

增产挖潜：开展措施效益排队，继续优化措施规模，稳步推广浅井地层水解堵、中深井重复压裂，在保持措施有效率的基础上，实现单井成本再下降10%以上，措施总增产量上升10%以上。计划部署进攻性措施工作量176井次，措施增产量3.0万吨以上。

【油气产量】 2022年，开展"夺油上产"会战，环庆区块继续规模上产，玉门老区持续稳产，全年完成原油产量69万吨，超产1万吨，同比上产10万吨，"十三五"以来连续7年原油产量持续增长。针对宁庆区块复杂地质条件，强化地质工程一体化攻关，加快地面系统建设，实现天然气快速上产。新老区年产气量共4057万立方米，日产气量从年初3万立方米上升到30万立方米，已具备年产亿立方米的生产能力。

【油藏工程】 精细油藏描述：2021—2022年主要在环庆新区东部三叠系超低渗长8开展精细油藏描述。覆盖面积205平方千米，已完成各类图件、模型328个（完成计划的118%）。针对长8单期砂体薄变化快、储层非均质性强、注水受效不均等问题，重点开展单砂体精细研究、储层综合评价、成藏规律、建模数模等方面的研究工作，为建产区滚动扩展和油藏精细注采调整提供依据。把长8分为14个小层，各小层河道窄，砂体变化快，局部连片发育，平均厚度2.8~6.4米，其中长8 12-1、长8 13-1和长8 21-1小层砂体平面分布范围较大；环庆103井区长8 11-3砂体厚度大；木222井区长8 11-1、长8 12-1和长8 13-1砂体厚度大、连续性好。应用9口井、100余块样次的实验分析资料，开展岩性、物性、孔隙类型及孔喉组合特征等研究。综合评价，东部长8主要发育Ⅲ类储层，面积135平方千米，其次为Ⅱ类储层，面积32平方千米（叠合）。该研究有效指导滚动扩边，落实有效储层叠合面积85平方千米，优选出建产"甜点"面积52平方千米。应用精描成果，以小层精细划分为基础，分区分层明确三类流动单元空间分布，落实研究区298口油水井的注采对应关系，指导精细注采调整方案；指导老井措施挖潜，全年措施增油7810吨，措施有效率95%。

产能建设：2022年完钻191口，投产油井185口，新建产能20.88万吨，当年产油8.0万吨，超计划1.1万吨。按照股份公司达标建产三年考核要求，2020—2022年新井计划完成量33.62万吨。通过超前部署、加快投产、补孔压裂、井筒挖潜、管理提升等措施，全年完成

36.7万吨，剖面符合率109.17%，超额完成计划产量，取得近5年最好效果。

环庆区块西部长8实现高效建产。通过攻关形成低渗构造岩性油藏高效建产关键技术系列，实现虎洞长8油藏高效建产，生产能力达到14万吨，环庆区块快速建成40万吨油田。其中环庆96区块建成高效建产示范区，通过加强构造精细解释和砂体展布研究，开发井成功率100%，完钻开发井181口（油井131口、水井50口），投产油井95口，日产量快速攻上392吨，单井平均日产达到4.1吨，超过方案设计（3.0吨/日），实现规模效益建产。环庆75井区实现效益开发，采用"混合井网+超前注水"开发模式，通过持续完善井网、优化稳产技术对策，不同井型提产试验成果显著，开井17口，单井稳定日产油5.7吨，自然递减控制在6.5%。加速建成环庆地面集输骨架管网，原油外输能力60万吨/年，满足今后一段时期原油上产的需求。

老区产能建设精细部署"多点开花"见成效。在隆119探井$K_1g_2^1$取得成功的基础上，深化地质认识，落实有利面积3.2平方千米，储量300万吨，按照"稀井高产、滚动部署"原则，整体设计开发井7口，完钻2口，均见良好显示。鸭儿峡白垩系加强储层精细预测，明确控藏因素，发现$K_1g_0^4$新的高产层系，有利面积4.6平方千米，多层系兼顾整体部署开发井6口，2022年实施3口，鸭西1-35井获日产30吨高产。重新认识濒临报废的鸭四井区构造、优势渗流通道、剩余油富集区，部署开发井4口均获成功，其中鸭4-1井、鸭4-4井获日产20吨以上高产，更加坚定"老区不老"理念，为下一步老油藏挖潜提振信心。老君庙走滑断块弓形山通过加强精细构造解释和储层展布研究，部署开发井16口，平台式集中建产，钻井周期由7天缩短至5天，投产周期由10天缩短至1.6天，单井费用下降11%，成功率100%。井均日产油3.5吨，达到老井产量4倍以上，百万吨产建投资26.3亿元，效益建产突出。

天然气开发先导试验获得较好效果。为进一步深化天然气富集规律认识，明确适宜的开发技术政策，在盒8、太原组叠合建产区优选4个平台开展先导试验，2022年7月获股份公司批复。部署试验井24口，新建产能1.32亿立方米。采用大平台、双钻机、工厂化作业，优快组织实施，完钻21口，投产10口。李庄10平台6口井全部完钻，其中5口已投产集输生产，单井日产气稳定在0.9万~2.4万立方米，平均日产气1.6万立方米，油套压20~22兆帕。通过老井恢复、加快新井试采节奏，天然气日产量由3万立方米快速上升至30万立方米，上古致密气单井日产由平均0.78万立方米提升至1.3万立方米，开发效果逐步提升。玉门油田第一个天然气脱水集气站（宁庆集气站）2022年10月13日建成，一次投运成功，处理规模50万米^3/日，后期预留扩容至100万米^3/日，实现宁庆天然气生产计量、集中处理和增压外销。

油田注水专项治理工程：按照"能量补充提升治理三年行动方案"工作要求，以强化新区能量补充、老区精细注采调整为重点，实施主干工作量335井次，同比提升177%，注水井开井数上升68口，日注水量上升1388立方米，自然递减率降至11.96%，油田稳产基础进一步夯实。环庆优化注水技术政策，以"注够水、有效注水"为原则，加快西部长8超前注水，推进东部长8精细注水，严控侏罗系油藏生产压差，开水井由147口升至224口，日注水由1650立方米升至3240立方米，自然递减率15.95%降至12%，水驱控制程度由68.1%升至77%，开发效果不断改善；但侏罗系油藏递减有所加大（11%）。老区持续开展精细注水，水驱开发效果进一步提升。深化油藏精细描述，突出重点油藏治理，推广智能分注工艺，油田分注合格率80%以上，自然递减率得到有效全面启动老油田"压舱石工程"：按照集团公司老油田"压舱石工程"启动会议精神和要求，迅速成立工作专班，全方位贯彻新的开发体系。以老区 40 万吨稳产为目标，优选 3 个油藏（老君庙 M、鸭儿峡 L、白垩系）作为示范区，重点围绕精细油藏描述、扩边增储上产、精细水驱调整、三采提质增效 4 条开发技术路线，逐步开展方案研究与实施，扎实推进老区开发水平再上新台阶。

【钻采工艺】 增产挖潜：2022 年，玉门油田公司针对不同区域储层特征，持续开展低成本适应技术攻关，全油田完成各类措施 164 井次，有效率 86.4%，同比日增产 57.8 吨，年增油 4.5 万吨，同比上升 2.1 万吨。老区规模应用解堵压裂、滑溜水活性水压裂液体系、石英砂替代陶粒、推广低成本高温压裂液体系等低成本措施，技术适用性和效果大幅提升，实现单井费用整体下降 20% 以上，措施有效率提升 1.7 个百分点，平均单井增产量由 60.3 吨上升至 170.8 吨。完善环庆低渗透油藏压裂工艺技术，主要优化完善控水压裂、重复压裂两项提产技术，有效助力新区单井提产效果显著提升。持续开展高应力储层压裂技术攻关，以"甜点"精准改造、提高措施效益为思路，通过综合"甜点"评价、地质力学模型升级及压裂工艺优化，高应力储层改造技术不断完善，2022 年现场应用 8 井 17 层，累计增油 1164 吨。

天然气钻采工程技术攻关初步形成天然气低成本钻完井技术，主体技术方案为双钻机快速作业、$4\frac{1}{2}$ 英寸套管完井、"低密高强＋胶乳防窜"水泥浆体系和低压易漏井固井工艺，保障致密气藏高效建产，应用 4 个平台 22 口井，节约钻井成本 770 万元，固井质量合格率 95.8%，钻井周期同比缩短 10.18%。针对宁庆深层致密气藏特点，开展工程技术攻关，初步形成以"纵向多层优化设计、高温低伤害压裂液、增能快排一体化"为主的致密气藏压裂工艺技术，投产 13 口井，井均日产气 1.48 万立方米，李庄 205 等 8 口井获高产。针对致密气藏生产井普遍"低压、低产、小水量"特点，将气井生产划为 5 个阶段，形成四类排水采气工艺技术。累计实施措施 695 井次以上，有效率 85%，累计增气量 452 万立方米，有力支撑宁庆区块天然气的开发。

套损井治理：2022 年，按照集团公司"套损套变井三年集中整治专项行动"工作部署，优化防治工艺技术，采用"工作量总包＋单井核算"模式，成功治理套损井 21 口，报废 73 口，新增套损井控制在 5 口，套损套变井存量降至 319 口，2021—2022 年修复井累计增产 11032 吨。

三次采油：玉门油田公司 2022 年实施提高采收率项目 5 个，其中减氧空气驱项目 4 个、化学驱项目 1 个，共覆盖 1015 万吨的地质储量，累计增油 3.3 万吨。开展低渗透油藏减氧空气驱工业化推广。老君庙 M 油藏低产区建成油田第一个无人值守注气站，气驱井网由"4 注 25 采"扩大到"14 注 63 采"，实现东低区气驱全覆盖，注气压力 17 兆帕，日注气 3.5 万立方米。鸭儿峡白垩系 K_1g_2 油藏实现气驱全覆盖：按照"整体规划、分批实施"的原则，井网由"4 注 11 采"推广至"11 注 39 采"，预计 2023 年初建成投注。

标准化注气站：环庆侏罗系 63 井区 45 天新建一座标准化注气站。快速实现 6 口注气井正常注入，压缩建站周期 4 个月，日注气量 1.6 万立方米。开展老君庙 L 油藏中高渗油藏聚表复合驱扩大试验。老君庙 L1L2 复合驱在先导试验取得较好效果基础上（增油 2730 吨，含水下降 7 个百分点），试验井网由"5 注 9 采"扩大至"12 注 20 采"，同时筛选出适宜老君庙 L 油藏的聚合物和表活剂配方体系，注聚站 2023 年初建成投注，预计提高采收率 19.5 个百分点。

精细管理提质增效：提高系统密闭率和实施接转站流程改造，回收利用老区伴生气。老君庙增收伴生气4000米^3/日、鸭儿峡增收8500米^3/日，全年回收原料气1540万立方米，实现销售收入2259万元，其中天然气销售收入较上年增长6.7倍，液化气销售收入增长1.2倍，轻烃销售收入增长1.4倍。

持续实施机采提效工程。2022年重点开展低产井间抽工作，新增的155口间抽井机采系统效率提升2.51个百分点，泵效提升4.2个百分点，平均单井节电率达到28.9%。全油田有间抽井519口，当年累计节电898万千瓦时，节约电费458万元。

完善气井精细管理模式，实现连续平稳生产。宁庆天然气接管以来，玉门油田公司探索天然气井的精细管理模式，以精细控压和提单井产量为目标，加强现场管理，实现"分类管理、差异化管理"，延长气井稳产期，提高单井EUR。

深化"揭榜挂帅"，拓展科技攻关模式。探索开展的开发系统"揭榜挂帅"科技攻关已有7个项目取得实质性成果，累计完成22项技术攻关目标，2022年已形成新制度并拓展至全公司推广，成为助推公司科技创新的新利器。

【采矿权管理】 完成2022年玉门油田采矿权年检工作，顺利通过自然资源部检查，保证油气开采合理合法。组织协调老君庙采油厂按照开发利用方案及土地复垦方案，及时完成白杨河矿区的整改治理工作，顺利完成白杨河区块采矿权督查工作，保证油田不进入异常名录。完成单北油田采矿权延续工作。取得酒东长305区块和鸭西区块采矿许可证。完成环庆新区采矿权申报工作，编制环庆201区块、环庆65区块开发利用方案，已通过中国石油内部审查，上报自然资源部。

【重要成果】 以开发部为主要研究单位的"三次采油技术研究与应用"项目获2021年度甘肃省科学技术奖二等奖；"玉门油田老区滚动扩边增储研究与开发建产"项目获2022年度玉门油田公司科学技术进步一等奖；"玉门油田井筒治理工程技术研究与应用"项目获2022年度玉门油田公司科学技术进步二等奖。

（杨会平）

新能源业务

【概述】 根据新能源业务推进工作需要，2020年12月22日，玉门油田公司成立新能源项目部（临时机构）；2022年5月7日，公司党委决定完善新能源业务组织体系，设立新能源事业部，列公司直属机构序列，按照二级一类管理。2022年10月，为推进新能源与传统能源融合管理，将节能低碳管理业务划入新能源事业部。新能源事业部主要职责包括负责贯彻执行国家、甘肃省和集团公司新能源和节能低碳管理制度、办法和工作规范，组织制定公司新能源和节能低碳管理制度、办法和工作规范；负责编制新能源新产业中长期发展规划，提出年度框架投资建议计划；负责组织新能源新产业市场开拓工作，开展项目考察调研，与集团公司内外部单位建立合作关系；负责研究新能源新产业商务运行模式，统筹项目管理，推动重点项目落地实施；负责协调新能源新产业生产经营工作，提出年度、季度和月度生产运行计划；负责进行国内外新能源新产业技术、信息的收集和整理，以及公司新能源新产业信息、项目运行数据的统计分析和上报；负责组织新能源新产业关键核心技术研究、科技攻关以及产业化推广应用。新能源事业部人员编制20人，其中设经理1人（由公司分管副总经理兼任），常务副经理（二级正）1人，副经理2人；下设新能源项目开发科、新能源项目管理科。新能源项目开发科定员7人，新能源项目管理科定员10人。2022年，在册员工10人，全部为大学本科以上学历，其中有高级职称5人。

【绿电业务】 200兆瓦光伏发电平稳运行，效益初显。200兆瓦光伏2022年初正式并网发电，4月17日，最高上网电量171.07万千瓦时，全年结算上网电量35622万千瓦时，实现收入7285万元、利润3015万元，为玉门油田18年来首次盈利作出贡献；6月29日，国家能源局可再生能源发电项目信息管理平台向玉门油田核发"玉门油田玉门东镇200兆瓦光伏并网发电项目"1月、2月绿证，共计37940张，这是玉门油田历史上第一次获得国家绿色电力证书。全年获取绿证35万余张。

887千瓦光伏电站助力油田绿色生产，减碳效果明显。石油沟887千瓦光伏电站，2022年发电量147.05万千瓦时，自投运以来累计发电量331.28万千瓦时，实现清洁能源替代1012吨标准煤。绿色清洁电力全部用于油田采油生产作业，帮助生产过程清洁低碳，助力油田实现"双碳目标"。

300兆瓦光伏发电项目快速建成，再现"石油摇篮光速度"。2022年6月15日，300兆瓦光伏发电项目获酒泉市指标文件；8月31日获股份公司可行性研究批复；12月29日，主体工程完工，标志着中国石油规模最大的光伏发电项目，也是油田有史以来一次性投资最多（不含税13.54亿元）的项目实现当年开工、当年建成，再现"石油摇篮光速度"。项目建设装机容量300兆瓦（交流侧），总占地面积9594.25亩（1亩=666.67平方米）。光伏组件为540瓦双面双玻组件，采用固定式安装，倾角为35度，年均发电量59852万千瓦时。

建成玉门东200兆瓦光伏并网发电站配套储能系统项目，实现储能业务零的突破。玉门东200兆瓦光伏并网发电站配套储能系统项目2022年9月6日开工建设，12月9日合闸、并网，标志着玉门油田在新能源储能项目建设上实现"零"的突破。项目是一座电化学储能站，占地面积4835.8平方米，采用磷酸铁锂电池，预制舱户外布置，由16个2.5兆瓦/5兆瓦时集装箱储能系统组成，并以两回35千伏集电线路接入110千伏玉门油田升压站35千伏侧，实现储能系统的集成与并网。

落地建设肃州区分布式光伏整县推进试点项目。在老君庙采油厂酒东作业区建设两个共计25兆瓦分布式光伏项目，其中5兆瓦项目概算投资2422.98万元（不含税），2022年12月13日开工建设；20兆瓦项目已完成可行性研究报告编制，计划2023年年内建成。

石油摇篮碳汇林项目获准实施。组织编制《中国石油"我为碳中和种棵树"石油摇篮林项目实施方案》，计划用三年时间打造500亩公益"碳汇林"，项目2022年6月获集团公司批准。

全面开启"三中心"建设，大力拓展新能源延伸业务。获批国家电网系统外第一家新能源计量分中心，2022年6月20日，国家能源计量中心（电力）批复玉门油田成立"酒泉新能源分中心"，为打造新能源综合研发实证中心搭建了平台。新能源实践培训中心初步建成投用，8月16日在培训中心成功举办集团公司首届技术技能大赛新能源变配电运行值班员竞赛，率先在中国石油培养实用性新能源人才。迈出新能源装备制造中心建设第一步，8月30日玉门油田引进600兆瓦/年光伏支架智能生产线快速建成投入运行，为300兆瓦项目提供84兆瓦光伏支架。

研究低碳油田建设方案，确定碳达峰时间表路线图。制定低碳油田建设思路及措施。完成《低碳生产建设方案》，通过机采、注水系统节能提效，集输流程密闭改造、分布式光伏（风电）、低温光热技术、空气源热泵、电磁加热等综合能源利用措施，提高天然气商品率和终端电气化率。确定油田碳达峰碳中和目标路径。完成《碳达峰实施方案》，确定"27·45"总体目标，即2027年通过落实节能提效、清洁替代、负碳技术等减排措施，油田二氧化碳排放总量达到峰值；2045年实现碳中和。

论证争取600万千瓦"沙戈荒"大基地项目纳入甘肃省实施方案。按照集团公司绿色油气田和绿色炼化协同建设部署，借鉴"吉林模式""广西模式"与兰州石化合作，由玉门油田分别建设巴丹吉林沙漠310万千瓦和腾格里沙漠290万千瓦"风光气储"一体化项目，所发电力用于提升兰州石化绿电消纳配比、支撑新建项目绿色发展，得到了甘肃省政府的大力支持。

【氢能业务】 2022年4月22日，开工建设甘肃省首条中长距离输氢管道，管道直径为200毫米、长度5.77千米，输氢能力1万米^3/时、压力2.5兆帕；6月28日，随着施工现场末站管线最后一道焊口完工，标志着甘肃省首条中长距离输氢管道主线路全线贯通，可进一步满足玉门炼厂和玉门老市区周边化工企业用氢需求。

可再生能源制氢示范项目落地实施。12月1日，股份公司印发《关于玉门油田可再生能源制氢示范项目一期工程可研报告的批复》，同意玉门油田实施可再生能源制氢示范项目一期工程，估算总投资21076万元，主要包括新建1座光伏场区（30兆瓦光伏发电）、138座制氢站（制氢规模2100吨/年）及配套一条输氢管道（干线设计长度约6.51千米）。

牵头组建酒泉市氢能产业发展联盟。2022年12月12日，酒泉市人民政府办公室《关于组建酒泉市氢能产业发展联盟的复函》，原则同意成立酒泉市氢能产业发展联盟，玉门油田公司为理事长单位。

加强氢产业链技术研究。2022年分别联合航天科技长城上海公司和酒钢集团申报甘肃省"氢能源装备制造及储氢技术创新联合体"和"绿氢/二氧化碳"绿色应用创新联合体，设立"氢气掺入天然气输送和应用的研究"揭榜挂帅研究课题，获酒泉市财政支持100万元。

【重要成果】 2022年11月8日，《国际石油经济》2022年第10期发表由玉门油田公司刘战君、梁宁、陈勇，中国石油经济技术研究院吴谋远、范旭强、刘月洋合著的《传统油田企业能源转型路径探索——中国石油集团玉门油田能源转型实践》。

2022年12月16日，中国石油企业协会发布2022年度石油石化企业管理现代化创新优秀成果、优秀论文、优秀著作。由中国石油经济技术研究院范旭强、陈建荣、吴谋远，集团公司政策研究室张安、靳烨，玉门油田公司陈勇合著的《油气田企业新能源产业发展现状及合作融资模式探析》被评为2022年度石油石化企业管理现代化创新优秀论文一等奖。

【荣誉奖励】 2022年3月11日，玉门油田公司党委、油田公司、公司工会《关于表彰2020—2021年度"双文明"建设先进单位、先进集体、劳动模范和先进个人的通报》，陈勇荣获公司劳动模范。

2022年12月26日，股份公司油气和新能源分公司印发《关于表彰2022年度新能源业务先进单位及优秀项目的决定》，玉门油田公司新能源事业部获"新能源生产经营先进单位"，玉门东镇200兆瓦光伏并网发电示范项目获"新能源优秀项目"。

2023年1月4日，玉门油田公司党委、油田公司印发《关于表彰奖励2022年优质项目的通报》，由新能源事业部牵头，水电厂、财务处参与申报的"新能源项目建设全力推进,已建项目投产即见效"获优质项目三等奖。

2023年1月11日,集团公司发文《关于表彰2022年度中国石油天然气集团有限公司先进集体和先进工作者的决定》,胡龙获2022年度中国石油天然气集团有限公司先进工作者。

(唐诚杰)

第三篇 炼油化工与储运销售

- ◆ 炼油化工
- ◆ 储运销售

炼 油 化 工

【概述】 玉门油田公司炼油化工总厂（简称炼化总厂）始建于1939年，是中国第一个天然石油加工基地，被誉为"中国炼油工业的摇篮"和"中国炼油第一厂"。主要加工玉门油田自产原油和管输混合原油（塔里木原油和吐哈原油），原油一次加工能力250万吨/年。产品主要有汽油、航空煤油、柴油、聚丙烯、石油焦、石油苯和航空液压油等，其中航空液压油是军方指定的独家产品。

【生产经营】 2022年，加工原油200.5万吨，完成利润5.03亿元，销售各类产品177.66万吨，实现销售收入130.88亿元。其中，配置产品销售163.14万吨，销售收入122.72亿元；非配置产品14.52万吨，销售收入8.15亿元。综合商品收率91.21%，原油综合损失率0.36%，炼油综合能耗66.97千克标准油/吨。主要产品产量：汽油58.54万吨、航空煤油7.59万吨、柴油88.35万吨、液化气7.68万吨、聚丙烯3.24万吨、石油焦8.13万吨。2022年炼化总厂主要技术经济指标汇总见表3-1。2022年炼化总厂主要产品产量汇总见表3-2。

表3-1 2022年炼化总厂主要技术经济指标汇总表

项 目	2021年	2022年	同 比
原油加工量（万吨）	200.21	200.5	0.29
综合商品收率（%）	94.18	91.21	-2.97
可比综合商品收率（%）	92.11	92.44	0.33
轻油收率（%）	82.34	80.87	-1.47
原油加工损失率（%）	0.32	0.28	-0.04
原油综合损失率（%）	0.38	0.36	-0.02
炼油综合能耗（千克标准油/吨）	68.1	66.97	-1.13
低凝点柴油比例（%）	9.08	6.64	-2.44
高效产品比例（%）	80.86	79.01	-1.85

表3-2 2022年炼化总厂主要产品产量汇总表

项 目	2020年完成量 产量（万吨）	2020年完成量 比例（%）	2021年完成量 产量（万吨）	2021年完成量 比例（%）	同 比 产量（万吨）	同 比 比例（%）
一、原油及外购原料油	202.34		202.25			
1.原油加工量	200.21		200.5		0.29	
吐哈稠油	10.91	5.45	11.43	5.65	0.52	0.20
塔指原油	125.67	62.77	126.64	62.62	0.97	-0.15

续表

项 目	2020年完成量 产量（万吨）	2020年完成量 比例（%）	2021年完成量 产量（万吨）	2021年完成量 比例（%）	同比 产量（万吨）	同比 比例（%）
塔里木凝析油	24.31	12.14	23.44	11.59	−0.87	−0.55
中国石化凝析油	3.59	1.79	3.74	1.85	0.15	0.06
玉门原油	35.72	17.84	35.25	17.43	−0.47	−0.41
2.外购原料油	2.14		1.75			
二、主要产品	产量（万吨）	收率（%）	产量（万吨）	收率（%）	产量（万吨）	收率（%）
汽油	67.16	33.54	58.54	28.94	−8.62	−4.60
92号汽油（国ⅥA）	59.3	29.62	42.29	20.91	−17.01	−8.71
92号汽油（国ⅥB）	1.78	0.89	12.93	6.39	11.15	5.50
95号汽油（国Ⅵ）	6.08	3.04	2.59	1.28	−3.49	−1.76
95号汽油（国ⅥB）			0.74	0.37		
航空煤油	13.35	6.67	7.59	3.75	−5.76	−2.92
柴油	77.41	38.66	88.35	43.68	10.94	5.02
0号车用柴油（国Ⅵ）	70.38	35.15	82.48	40.78	12.10	5.63
−10号车用柴油（国Ⅵ）	4.49	2.24	2.13	1.05	−2.36	−1.19
−20号车用柴油（国Ⅵ）	2.25	1.12	3.49	1.73	1.24	0.61
−35号军用柴油	0.05	0.02			−0.05	−0.02
−50号军用柴油	0.24	0.12	0.25	0.12	0.01	0.00
石脑油	6.25	3.12	6.72	3.32	0.47	0.20
拔头油	1.02	0.51	0.82	0.41	−0.20	−0.10
液化气	8.63	4.31	7.68	3.80	−0.95	−0.51
聚丙烯	3.83	1.91	3.24	1.60	−0.59	−0.31
石油焦	8.75	4.37	8.13	4.02	−0.62	−0.35
苯	1.44	0.72	1.54	0.76	0.10	0.04
航空液压油	0.23	0.11	0.3	0.15	0.07	0.04
外输瓦斯	8.47	4.23	0.84	0.42	−7.63	−3.81
硫磺	0.46	0.23	0.38	0.19	−0.08	−0.04
氨水	0.25	0.12	0.1897	0.0938	−0.0603	−0.0262
液氮	0.026	0.013	0.0074	0.0037	−0.0186	−0.0093
丙烷	0.41	0.2			−0.4100	−0.2000
丙烯	0.017	0.008	0.1331	0.0658	0.1161	0.0578

【主要装置】 2022年，炼化总厂开炼生产装置23套，其中燃料油装置及公用工程18套、化工装置1套、特油装置2套、环保装置2套。2022年炼化总厂生产装置见表3–3。

表3–3　2022年炼化总厂生产装置一览表

序号	部门名称	装置名称	装置使用情况
1	联合运行一部	250万吨/年常减压蒸馏装置	在用
2		50万吨/年延迟焦化装置	在用
3	联合运行二部	80万吨/年重油催化裂化装置	在用
4		15万吨/年气体分馏装置	在用
5		15万吨/年气体脱硫装置	在用
6		10万吨/年C3、H_2回收装置	在用
7		2.5万吨/年MTBE装置	在用
8	联合运行三部	45万吨/年催化重整装置	在用
9		8万吨/年苯分离装置	在用
10		8万吨/年C5、C6异构化装置	在用
11	联合运行四部	50万吨/柴油加氢改质异构降凝装置	在用
12		25万吨/年航空煤油临氢脱硫醇装置	在用
13		40万吨/年催化汽油加氢脱硫装置	在用
14		70万吨/年柴油加氢精制装置	在用
15		2万米³/时制氢装置	在用
16		15万吨/年轻汽油醚化装置	在用
17	联合运行五部	4万吨/年聚丙烯装置	在用
18		2000吨/年液压油装置	在用
19		1.5万吨/年分子筛脱蜡装置	在用
20	环保动力部	60万吨/年酸性水汽提装置及2×5000吨/年硫磺回收装置	在用
21		100吨/时溶剂再生装置	在用
22		300万吨/年水处理装置	在用
23		空分装置	在用

250万吨/年常减压蒸馏装置：中国石化北京院设计，1997年8月建成投产。装置主要由脱盐、初馏、常压蒸馏、减压蒸馏、产品精制五部分组成，加工玉门自产原油和管输混合原油（非玉门自产原油），半成品有汽油、煤油、柴油、裂化原料和减压渣油等馏分，为下游装置提供原料。2022年加工原油200.5万吨、装置能耗9.60千克标准油/吨、加工损失0.02%、轻质油收率54.69%、总拔出率81.57%。

50万吨/年延迟焦化装置：中国石化洛阳设计院设计，2014年12月建成投产。装置主要由焦化系统、分馏系统、吸收稳定系统、吹汽放空系统等部分组成，采用一炉两塔工艺，以减压渣油为主要原料，主要产品有焦化汽油、焦化柴油、焦化蜡油、干气、液态烃和石油焦等。2022年延迟焦化装置总加工量28.29万吨，其中减压渣油28.11万吨、油浆0.18万吨。汽油产量4.54万吨，柴油产量6.50万吨，蜡油产量 7.03 万吨，干气产量 1.04 万吨，液态烃产量 1.29 万吨，石油焦产量 8.13 万吨。

80 万吨/年重油催化裂化装置：中国石化工程建设公司设计，1994 年建成投产。2004 年 9 月扩容改造，2005 年 1 月建成投产。装置主要由反应—再生、分馏、吸收稳定、三机组、余热锅炉、烟气除尘脱硫六部分组成，以减压馏分油、减压渣油、常压渣油、焦化蜡油为原料，主要半成品有汽油、柴油、液态烃、干气、油浆等，为下游装置提供原料。2022 年加工原料 74.04 万吨，汽油收率 40.21%、柴油收率 31.97%、液态烃收率 15.12%、轻质油收率 72.18%、液体产品收率 87.30%。

15 万吨/年气体脱硫装置：中国石化工程建设公司设计，2006 年 7 月建成投产。装置主要由瓦斯脱硫系统和液态烃脱硫系统两部分组成，液态烃脱硫采用液膜脱硫技术。2022 年加工液态烃 12.23 万吨，生产脱硫后液态烃 11.71 万吨。加工低压瓦斯 1.46 万吨、高压瓦斯 2.72 万吨，生产脱硫后瓦斯 3.93 万吨。

15 万吨/年气体分馏装置：中国石化工程建设公司设计，2006 年 7 月建成投产。装置主要采用三塔流程，生产的丙烯作为聚丙烯装置原料，碳四组分作为甲基叔丁基醚（MTBE）原料，分离出来的丙烷产品可以单独对外销售。2022 年加工液态烃 11.71 万吨，生产丙烯 3.48 万吨、丙烷 1.44 万吨、不凝气 0.29 万吨、碳四碳五组分 6.49 万吨。

10 万吨/年 C_3、H_2 回收装置：玉门油田规划设计院设计，2007 年 12 月建成投产。瓦斯脱硫脱氢单元于 2019 年 7 月建成投产，由中国石油东北工程沈阳公司设计，中油一建承建，采用湿式（N-甲基二乙醇胺溶剂）脱硫技术和膜法分离技术回收瓦斯氢气技术，装置主要回收瓦斯气体中液化石油气和氢气。2022 年加工脱后瓦斯 3.93 万吨，产出凝液 0.12 万吨、干气 3.81 万吨。

2.5 万吨/年 MTBE 装置：齐鲁石化设计院设计，2006 年 7 月建成投产。装置主要由醚化反应、精馏和甲醇回收三个单元组成，2014 年 12 月投产 MTBE 脱硫系统，采用 MTBE 萃取蒸馏降总硫技术。以气体分馏装置的碳四组分和甲醇为原料，生产 MTBE，生产的 MTBE 产品作为汽油调和组分，提高汽油的辛烷值。2022 年 MTBE 装置加工量 7.21 万吨。其中，碳四碳五 6.47 万吨、甲醇 0.74 万吨，产出 MTBE 产品 1.78 万吨。

45 万吨/年催化重整装置：中国石化北京院设计，1997 年 7 月建成投产，2016 年扩能改造，由原来的 30 万吨/年催化重整扩能成 45 万吨/年催化重整。装置主要由预处理和催化重整两部分组成，采用四炉四反、两段式半再生重整工艺，以直馏汽油为原料，生产稳定汽油，副产液态烃及氢气。2022 年重整装置加工石脑油 46.98 万吨，重整稳定汽油产量 32.21 万吨，拔头油产量 9.32 万吨，氢气产量 1.4 万吨，液态烃产量 0.86 万吨，干气产量 3.17 万吨。

8 万吨/年苯分离装置：大连石化设计院设计，2007 年 7 月建成投产。装置主要由预分馏、抽提、溶剂再生和辅助系统 4 个部分组成，以重整稳定汽油为原料，生产脱苯汽油、石油苯及抽余油。2022 年苯分离装置加工稳定汽油 32.21 万吨，生产脱苯汽油 24.0 万吨、抽余油 6.64 万吨、苯产品 1.54 万吨。

8 万吨/年 C_5、C_6 异构化装置：东北炼化工程有限公司设计，2019 年对异构化装置进行升级改造。装置主要由脱异戊烷塔部分、异构化反应部分、产物分离部分及干燥再生部分组成，以重整拔头油为原料，生产异构化油，副产液态烃。2022 年异构化装置加工拔头油 8.67 万吨，生产异构化油 5.97 万吨。

50 万吨/年柴油加氢改质异构降凝装置：柴油加氢改质装置于 2002 年底建成，采用 MCI 技术，由反应和分馏两部分组成，以催化柴油和常减压重质柴油馏分为原料，生产精制柴油、低凝柴油、粗汽油和燃料气。2011 年 9 月，装置完成生产低凝柴油方案的技术改造，采用两剂串联一次通过的工艺流程，改造后装置不但可以实施加氢精制生产方案，还可以采用低凝柴油生产方案生产 –10 号和 –35 号低凝柴油。2016 年 8 月完成国 Ⅴ 标准适应性升级改造。2019 年 8 月完成柴油改质异构降凝装置安全仪表系统完善改造，建成投用安全仪表系统（SIS）。2022 年加工汽柴油 44.83 万吨，生产精制柴油 34.98 万吨、石脑油 9.9 万吨。

25 万吨 / 年航空煤油临氢脱硫醇装置：中国石油华东设计院设计，2003 年 9 月建成投产。装置主要由临氢脱硫醇反应和产品分馏两部分组成，采用喷气燃料临氢脱硫醇技术，以直馏航空煤油组分为原料，生产合格的 3 号喷气燃料，满足军用或民用航空煤油的指标要求。2019 年 8 月装置大检修期间完成航空煤油临氢脱硫醇装置 SIS 系统的建成投用。2022 年装置加工航空煤油 12.2 万吨，生产精制航空煤油 12.19 万吨。

40 万吨 / 年催化汽油加氢脱硫装置：中国石油天然气华东勘察设计研究院设计，2013 年 11 月建成投产。装置主要以催化汽油为原料，运用低压固定床工艺，对催化汽油进行预加氢、加氢精制和加氢改质，以改善汽油产品质量。2016 年 8 月完成国 Ⅴ 标准适应性升级改造。2019 年 8 月对汽油加氢脱硫装置进行了国 Ⅵ 标准催化剂换代升级，生产符合国 Ⅵ 标准的汽油。2022 年加工催化汽油 30.12 万吨，生产重汽油 17.51 万吨、轻汽油 12.36 万吨。

70 万吨 / 年柴油加氢精制装置：中国寰球工程公司辽宁分公司设计，2014 年 10 月建成投产。装置主要由反应部分、分馏部分以及公用工程三部分组成，采用柴油深度加氢脱硫技术，将直馏柴油和焦化柴油转化为低硫柴油。2019 年在不对装置设备进行改造的前提下，通过更换高活性柴油加氢催化剂实现国 Ⅵ 标准柴油生产。2022 年 7 月装置大检修期间对柴油加氢精制装置汽提塔进行改造，增加精馏段，新增集油槽、侧线采出口和汽提塔侧线产品泵，实现柴油、航空煤油加氢联产。2022 年加工原料 49.46 万吨，生产精制柴油 49.44 万吨。

2 万米^3 / 时制氢装置：中国寰球工程公司辽宁分公司和延长石油北京石油化工工程有限公司联合设计，2014 年 9 月建成投产。装置主要采用传统蒸汽转化法制氢工艺和变压吸附（PSA）净化工艺提纯氢气，以混合干气为原料，液化气、液态烃、液态丙烷作为补充原料，生产纯度 99.9% 的工业氢气。2022 年装置生产高纯度氢气 5025 吨。

15 万吨 / 年轻汽油醚化装置：中国石油工程建设公司华东设计分公司设计，2016 年 12 月建成投产。装置主要由轻汽油脱硫、甲醇净化、醚化反应分离和甲醇回收 4 个部分组成，以 40 万吨 / 年汽油加氢装置分馏塔顶轻汽油为原料，与甲醇进行反应生产高辛烷值、低蒸汽压醚化汽油产品。2022 加工轻汽油 12.26 万吨，生产醚化轻汽油 12.27 万吨。

4 万吨 / 年聚丙烯装置：玉门油田规划设计院设计，1992 年建成投产，先后经过两次扩容改造。目前装置内有 12 立方米聚合釜 8 套，闪蒸置换系统 7 套，一套尾气回收系统和一套自动包装系统。主要工序分为原料精制、聚合反应、闪蒸置换、粉料输送、自动包装、叉车入库、尾气回收、成品销售八道工序。2022 年，生产聚丙烯 3.22 万吨。

2000 吨 / 年液压油装置：玉门油田规划设计院设计，2000 年建成投产。装置主要由酸碱精制、白土处理、15 号航空液压油生产系统以及 10 号航空液压油生产系统四部分组成。2008 年，对 15 号航空液压油生产系统进行异地改造，调合用添加剂母液配制及油品调合过程实现分布式控制系统（DCS）自动控制。10 号航空液压油生产系统在原 15 号航空液压油生产系统基础上改建，对灌装流程进行改造，添置自动灌装机，装置自动化水平、工艺控制水平和灌装精度均得到有效提高。液压油装置主要产品为15号航空液压油、10号航空液压油、10号航空液压油（地面专用）以及新开发的超低温井控专用液压油、铁路转辙机专用液压油和5号航空液压油（A1）。2022年生产液压油产品3000吨。其中15号航空液压油1708吨、10号航空液压油874吨、10号航空液压油（地面专用）189吨、超低温井控专用液压油229吨、5号航空液压油（A1）0.34吨。

1.5万吨/年分子筛脱蜡装置：武汉金中石化工程有限公司设计，中国石油天然气第六建设公司承建，2015年12月建成投产。装置由罐区系统、原料预处理及分子筛脱蜡等组成，产品主要为脱蜡油和低凝柴油。原料预处理系统以常二线直馏柴油为原料，切割出230～300℃馏分作为脱蜡系统原料。脱蜡系统采用传统水蒸气脱附工艺，吸附剂为5A分子筛，脱附剂为过热水蒸气。装置设置低压蒸汽发生系统、加热总厂采暖水回收低温热，降低装置能耗。2022年生产脱蜡液压油4352吨、低凝柴油2968吨。

60万吨/年酸性水汽提装置及2×5000吨/年硫磺回收装置：60万吨/年酸性水汽提装置由中国石油工程建设公司华东设计分公司设计，2016年10月扩建投产。装置主要由酸性水汽提和溶剂再生两个系统组成。酸性水汽提装置工业氨水生产技术改造项目于2020年7月成功投产，生产20%合格工业氨水并外售。2022年9月精制氨气外输至水电厂项目投入运行。酸性水汽提装置原料由延迟焦化装置、催化裂化装置、柴油加氢改质等装置的酸性水组成，2022年处理酸性水48.33万吨。溶剂再生系统主要用于硫磺尾气的处理。2×5000吨/年硫磺回收装置由中国石油工程建设公司华东设计分公司设计，2016年12月建成投产。装置主要采用两头一尾设置，由制硫、尾气处理、液流脱气成型及公用工程4个部分组成。该装置的原料来自酸性水汽提装置的酸性气和溶剂再生装置的再生酸性气。2022年硫磺产量3837吨。100吨/时溶剂再生装置，由中国石油工程建设公司华东设计分公司设计，2016年12月建成投产。主要由溶剂配制、换热、再生和公共工程4个部分组成。2022年加工富液61.07万吨。

300万吨/年水处理装置：1981年6月建成投产，采用隔油、浮选和生化处理工艺，经1999年改造、扩建后，污水处理能力300万吨/年。2008年4月再次改造，2010年6月建成投运。装置主要采用合建式隔油池、高压溶气气浮、涡凹气浮、厌氧反应池、蠕动床、BAF曝气式生物滤池等处理工艺，实现三级隔油、三级浮选、三级生化的处理流程。2013年12月建成投用200米^3/时污水深度处理回用装置，装置主要由MBBR（生物流化床）、DAFF（气浮滤池）预处理单元、双膜过滤单元和浓水处理单元等部分组成，采用气浮滤池和双膜工艺，再配合浓水处理装置，处理后的污水可作为全厂循环水补水、采暖水补水和绿化水，降低污染物排放总量。排放污水中的石油类、COD（化学耗氧量）、硫化物等污染物去除率96%以上。2014年9月建成投运污油超声波破乳装置。2015年8月建成投运酸渣无害化处理装置，11月建成投运污泥预处理和废气生物除臭装置。2018年1月建成投运VOCs（挥发性有机气体）废气处理装置。2021年对VOCs废气治理装置进行提升改造，9月正式投产使用，处理后废气排放各项指标稳定达到《石油炼制工业污染物排放标准》（GB 31570—2016）要求。2022年，装置处理污水117.52万吨，回用净化污水108.24万吨，外排污水9.28万吨。

空分装置：中国石油东北工程沈阳公司设计，2019年12月建成投运，2020年1月老装置停运。新建KDN-2000/150Y型空分设备是根据空气中各组分沸点不同，采用有预冷的分子筛净化、双级精馏反、流污氮膨胀，深度冷冻法生产工艺在空气中分离出氮气和液氮，从而获得所需的产品。2022年供氮量1091.25万立方米。

【技术改造】 2022年，炼化总厂实施技改和小型技措项目58项。其中，提质增效项目11项，其余主要为隐患治理项目。2022年炼化总厂提质增效技改技措项目汇总表见表3-4。

表3-4 2022年炼化总厂提质增效技改技措项目汇总表

序号	项目名称	实施内容	节约实物量	增加效益（万元/年）
1	富氢瓦斯氢气膜回收系统节能改造项目	在碳三装置增加一组三台并联的膜分离器，对原有框架进行加固处理，重点提高氢气回收率	回收604吨氢气，每年节约瓦斯约1409吨	年增效94.12万元
2	循环水系统流程优化节能改造项目	完成循环水分区流程改造。改造后东供水系统只供应催化、焦化、常减压、C3、气分MTBE装置，其余装置由西供水系统供给	年节电约262.50万千瓦时	减少电力运行成本127.31万元
3	新型节能涂料在加热炉上的应用	对250万吨/年常减压装置、45万吨/年催化重整装置加热炉，喷涂耐高温辐射涂料及炉管强化吸收涂料	每年节约燃料气3529吨	年节约成本约235.74万元
4	全厂蒸汽系统伴热改造项目	改造焦化装置原伴热系统，部分改为凝结水伴热。停用汽油加氢装置蒸汽伴热系统，伴热热源采用醚化装置和柴油加氢精制装置的凝结水	节约蒸汽约9400吨/年	年节约成本90.23万元
5	瓦斯系统隐患治理项目	优化瓦斯管网流程	每年多回收液态烃约5364吨	年增效约1936.94万元
6	汽油加氢装置新增一台分馏塔顶后冷器技术改造	在现有空冷的后冷器E-105处再串联一台水冷器，降低冷后温度至40℃以下，减少气相组分的挥发，提高装置液收	不凝气外排量减少约50米³/时	年经济效益约20.66万元
7	中心变电所绝缘母线安装	拆除中心变电所两组电抗器，并更换为管型绝缘母线	停用两组限流电抗器	每年可节约电费28.51万元
8	MTBE甲醇原料泵更换	MTBE装置甲醇泵更换为PCP250-1225旋喷泵	机泵振动由4.1毫米/秒降至1.2毫米/秒	年减少电力运行成本1.34万元，节约设备维修费约2万元
9	聚丙烯装置尾气回收循环水流程调整	连接两台丙烯压缩机循环水明放空点，并接入循环水总线；新增尾气回收系统闸阀；新增尾气循环水线循环线	年节电14.4万千瓦时；冬季生产减少回收泵体伴热蒸汽0.1吨/时	节约费用10.94万元
10	聚丙烯闪蒸釜泄压及抽真空改造	对闪蒸釜以及放空线和抽真空线进行改造，去除闪蒸釜整套搅拌系统，增加布袋除尘器，将闪蒸釜放空线和抽真空线连接到布袋除尘器出口端	每年可减少落地料19.55吨	年增效6.84万元
11	凝结水闭式回收项目隐患治理	优化凝结水回收系统，合理利用凝结水热能	年回收酸性水装置凝结水约2.1万吨	年减少除盐水和蒸汽外购动力费用65.27万元

【工程建设】 2022年，炼化总厂完成9项工程项目的施工建设和投运，具体情况如下。

循环水系统流程优化节能改造项目。批复投资372.12万元，由中国石油集团东北炼化工程有限公司沈阳分公司设计，中国石油天然气第七建设有限公司PC总承包。工程主要内容包括：在东区循环水场增加2台1500米³/时冷却塔（包括钢结构、高效填料、内置水轮机），1

台 200 米³/时旁滤罐，更换 1 台 2500 米³/时的电动风机为无电耗水轮机，新增 2 台 1500 米³/时无电耗水轮机，更换原冷却塔 2 层填料，及配套土建、自控、电气等专业。工程 2022 年 5 月 18 日开工，2022 年 9 月 14 日交工。

加热炉燃气连锁隐患治理项目。批复投资 649.33 万元，由中国石油华东设计院有限公司设计，中国石油天然气第七建设有限公司 PC 总承包。工程主要内容包括：对炼化总厂各装置内加热炉存在的问题进行治理改造，安装一体式紫外火焰检测器 40 台，内窥火焰监视系统 18 套（含 4 套后端控制系统、服务器、软件），炉管测温系统 13 套。工程 2022 年 7 月 18 日开工，2022 年 8 月 15 日交工。

往复式压缩机在线监测与故障诊断系统项目。批复投资 421.46 万元，由中国石油集团东北炼化工程有限公司沈阳分公司设计，北京博华信智科技股份有限公司 PC 总承包。工程主要内容包括：对炼化总厂重整车间（2 台）、加氢车间（4 台）、气分 MTBE 车间（4 台）总计 10 台往复式压缩机加装键相传感器 10 个、活塞杆位移传感器 22 个、十字头振动传感器 26 个、气缸振动传感器 26 个、曲轴箱振动传感器 20 个，完善往复式压缩机在线监测系统。工程 2022 年 4 月 1 日开工，2022 年 5 月 27 日交工。

腐蚀在线监测系统完善技术改造项目。批复投资 556.34 万元，由中国石油集团东北炼化工程有限公司沈阳分公司设计，新疆瑞昱阳光工程建设有限公司 PC 总承包。工程主要内容包括：为满足炼化板块在线腐蚀监测、在线测厚点覆盖主要生产装置高风险易腐蚀部位的要求，结合各装置设备及管道高风险重点腐蚀部位分析，新增无线在线测厚系统及配套的无线网卡、通信转换器、分析诊断软件，增加腐蚀探针及配套附件，扩容原有的腐蚀检测平台系统。工程于 2022 年 6 月 1 日开工，2022 年 8 月 30 日交工。

富氢瓦斯氢气膜回收系统节能改造项目。批复投资 111.74 万元，由中国石油东北炼化工程有限公司沈阳分公司设计，中国石油第一建设有限公司施工，设备、材料为建设方提供。工程主要内容包括：新安装 3 台氢气膜分离器，以及配套工艺、防腐保温施工、压力表安装。工程 2022 年 7 月 8 日开工，2022 年 8 月 6 日交工。

聚丙烯车间气柜改造项目。批复投资 844.08 万元，由中国石油天然气第七建设有限公司 EPC 总承包。工程主要内容包括：新建 1 台 3000 立方米干式气柜，及配套土建、自控、电气等专业。工程于 2021 年 7 月 21 日开工，2022 年 6 月 1 日交工。

新型节能涂料在加热炉上的应用项目。批复投资 971.05 万元，由中国石油集团东北炼化工程有限公司沈阳分公司设计，上海乐恒石油化工集团有限公司 PC 总承包。工程主要内容包括：在 250 万吨/年常减压装置、催化重整装置加热炉炉管喷涂耐高温强化吸收涂料和衬里内壁喷涂耐高温反辐射涂料的方式来实现提高辐射传热效果，减少散热损失，提高加热炉综合热效率。工程 2022 年 7 月 20 日开工，2022 年 8 月 20 日交工。

航空煤油及军用柴油储运系统完善改造项目。批复投资 488.33 万元，由玉门油田百思特工程咨询有限责任公司设计，玉门油田工程建设有限责任公司 PC 总承包。工程主要内容包括：拆除 70 号、69 号、95 号、19 号罐及基础；拆除旧罐区防火堤、砖地坪；新建 66 号罐区地坪、排水沟及防火堤。对 66 号罐、−35 号、−50 号柴油发车线改造、新建装车栈桥挡雨棚（60 米 ×13 米 ×8 米）、航空煤油管线酸洗钝化、配套电气、自控、给排水专业。工程 2022 年 8 月 22 日开工，2022 年 11 月 16 日交工。

氢气充装系统改造项目。批复投资 569.69 万元，由山东富海石化工程有限公司青岛分公司设计，中国石油天然气第七建设有限公司 PC 总承包。工程主要内容包括：新建压缩机棚（240平方米）、装车棚（108平方米），安装1台2000米^3/时压缩机、2套充装排、1台气相色谱分析仪以及配套土建、自控、电气、给排水等专业。工程于2020年12月1日开工，2022年6月1日交工。

（周新红）

储运销售

【概述】 油品储运与销售是炼化总厂生产运行的管理业务。储运业务主要由储运装置、油品装置、液态烃装置负责，承担全厂原油的外进、储存及输转，成品油（汽油、柴油、航空煤油、石脑油、苯、拔头油）的储存、调和、输转、发运以及甲醇、液态烃、丙烷等的储存与发运工作。产品销售业务由炼化总厂销售公司负责。承担汽油、柴油、航空煤油等配置产品和聚丙烯、石油焦、石油苯等非配置产品的销售及原油外进工作。

【原油外进】 原油主要通过管输方式进厂，吐哈原油和塔里木原油由西部管道销售分公司管输至储运装置原油罐区，玉门原油由玉门油田各采油厂管输至青西脱盐站原油罐区。2022年外进原油183.5万吨，其中吐哈原油11.3万吨、塔里木原油153.3万吨、鸭儿峡原油18.9万吨。

【储运设施】 炼化总厂储运设施的管理工作主要由储运运行部的储运装置、油品装置、液态烃装置负责。

储运装置由罐区（原油罐区、成品油罐区）、铁路装卸车（甲醇卸车、成品油装车）、公路发油站、污泥稳定/固化装置组成。在用原油、成品油储罐43具，其中汽油储罐10具（9万立方米）、柴油储罐10具（8.5万立方米）、石脑油储罐2具（1万立方米）、航空煤油储罐8具（2.4万立方米）、原油储罐10具（12.5万立方米）、石油苯储罐2具（0.4万立方米）、甲醇储罐1具（500立方米）。有铁路装卸栈桥3座，装卸线6条。

油品装置由罐区、航空煤油洗槽站、磅房等主要构筑件组成。在用储罐39具，总库容10.50万立方米。其中汽油罐区18具，库容5.05万立方米；柴油罐区21具，库容5.45万立方米。

液态烃装置由罐区、铁路栈桥、公路发油系统组成。有5具400立方米球罐，用作储存液态烃和丙烷，3具400立方米拔头油球罐。装车系统由铁路栈桥11个货位和公路发油2套鹤管组成，铁路栈桥负责液态烃、丙烷、拔头油的发运，公路负责丙烷、拔头油的发运。

【计量管理】 炼化总厂计量管理部门承担计量技术管理、计量经济管理、计量行政管理及计量法制管理工作，管理计量标准、计量检测设备和测量条件，保证产品的量值及技术指标依法溯源和传递。对外接受法定计量技术机构的量值传递、校准、比对等工作；对内开展测量器具的检定，不间断对产品进行抽查。完善测试手段、测试流程、检测设备，保证计量能源和物料的消耗与传输及汽车衡、轨道衡等计量设施设备准确。产品出厂计量规范有序，定期对聚丙烯、硫磺等产品包装质量、重量和强制检定计量器具进行核查。

2022年，炼化总厂建立16项企业最高计量标准，12项计量标准2022年12月通过计量行政部门考核复证。全年检定炼化总厂计量器具9732具，折合费用224.94万元。检定油田单位内部计量器具1852具,对外创收86.78万元。

【质量管理】 2022年,炼化总厂的质量管理工作紧密围绕"诚实守信、精益求精"的质量方针,将全过程质量控制和风险管理理念融入日常工作的各个环节,通过开展全流程的质量监管,覆盖全要素的质量管理体系审核,有针对性的质量管理专项提升,不断提高质量管理水平。持续强化质量靠前管理理念,加强全员培训教育,提高员工队伍整体质量意识,形成以质取胜、建设质量强企的发展思路,实现装置质量管理体系运行、产品质量持续受控的较好局面,全年出厂产品合格率100%。

炼化生产保障部通过中国航油2021年度实验室能力验证,评价报告显示所有试验项目结果均为满意,实验室能力验证结果为优秀,所有数据固定偏差计算结果均未超过0.8,远优于"满意结果≤2"的标准。炼化总厂自2017年开始连续五年组织化验分析部门参加"中国航油实验室能力验证活动"中3号喷气燃料分析项目的能力比对工作,得到中国航油的认可。

完成《产品质量管理实施细则》《质量管理手册》《产品内控指标》等13项质量管理制度的修订工作。完成3号喷气燃料《技术标准规定项目批准书》CTSOA0231两年一次的复证换证工作,保证炼化总厂3号喷气燃料证书的有效性以及产品的正常销售。

2022年6月6—10日接受三星认证中心为期5天的质量管理体系的监督审核工作,炼化总厂质量管理体系连续23年通过第三方监督审核。

【油品销售】 配置产品销售。2022年,汽油销售56.41万吨,同比减少9.2万吨。柴油销售85.77万吨,同比增加8.3万吨。其中,低凝点柴油销量占柴油总销量6.8%,同比减少1.2万吨。全年销售柴汽比1.52,同比增加0.339。销售航空煤油5.94万吨,同比减少7.14万吨。拔头油销售0.82万吨,石脑油销售6.53万吨,合计同比增加0.23万吨。2022年配置产品销售同期对比情况见表3-5。

表3-5 2022年配置产品销售同期对比表

产品名称	2021年 销量(吨)	销售收入(万元)	吨油收入(元)	2022年 销量(吨)	销售收入(万元)	吨油收入(元)
1.汽油	656122	461602.92	7035	564101	493943.81	8756
92号汽油	595347	418649.56	7032	530832	463581.59	8733
95号汽油	60775	42953.36	7068	33269	30362.22	9126
2.煤油	130841	48889.24	3737	59407	38724.25	6518
3.柴油	774655	420915.27	5434	857714	628788.03	7331
0号柴油	704022	380729.17	5408	799018	588328.00	7363
-10号柴油	44861	24906.61	5552	21261	13948.03	6560
-20号柴油	22480	12942.78	5757	34895	24186.08	6931
-35号柴油	780	541.93	6948			
-50号柴油	2512	1794.78	7145	2540	2325.92	9157
汽煤柴小计	1561618	931407.43	5964	1481222	1161456.09	7841
4.液化气	86375	27749.96	3213	76702	32233.11	4202
5.石脑油	60886	21333.09	3504	65255	29897.70	4582
6.拔头油	10210	3445.09	3374	8203	3657.37	4459
合计	1719089	983935.57	5724	1631382	1227244.27	7523

自销产品销售情况。2022年，销售各类自销产品14.52万吨，同比减少2.42万吨，销售收入8.15亿元，销售均价5616元/吨，同比增加1238元/吨。2022年主要自销产品销售同期对比情况见表3–6。

表3–6 2022年主要自销产品销售同期对比表

产品名称	2021年 销量（吨）	2021年 销售收入（万元）	2021年 吨油收入（元/吨）	2022年 销量（吨）	2022年 销售收入（万元）	2022年 吨油收入（元/吨）
干气	13405	895.45	668	8438	563.66	668
石油焦	89186	20963.05	2350	80323	36269.98	4516
聚丙烯	38108	25668.56	6736	31891	20614.42	6464
石油苯	14448	8121.22	5621	15160	9900.93	6531
液压油	2692	16456.28	61130	2131	12390.10	58142
5号航压油	2	3.21	16050			
10号航压油	1202	7706.99	64118	796	5116.49	64278
10号航地面	203	470.54	23179	185	344.41	18617
15号航压油	1270	8244.39	64916	1033	6720.80	65061
井控液压油	15	31.15	20767	117	208.40	17812
硫磺	4560	499.69	1096	3845	723.62	1882
工业氨水	2490	46.84	188	1895	39.99	211
液氮	265	11.58	437	74	3.27	442
丙烯	166	111.62	6724	1331	868.82	6528
丙烷	4051	1368.21	3377			
氢气				86	153.04	17795
非配产品合计	169371	74142.50	4378	145174	81527.83	5616

【重要成果】 2022年炼化总厂6个QC成果获玉门油田公司奖项，其中"降低改质柴油原料切水口污水含油量""降低常减压装置热油泵的电耗"获一等奖；"降低10号航空液压油增黏剂加剂成本""降低气分MTBE装置蒸汽用量"获二等奖；"降低常减压装置加热炉燃料气单耗""降低重整装置能耗技术攻关"获三等奖。5项科技研究成果获玉门油田公司科技进步奖。联合运行一部"常减压装置一组"班组获集团公司质量信得过班组的荣誉。

（周新红）

第四篇 科技信息与对外合作

- ◆ 科技信息
- ◆ 对外合作

科 技 信 息

【概况】 科技信息与对外合作处设科技管理科、信息管理科和对外合作科3个职能科室，定员12人，2022年有员工11人，其中高级工程师9人，工程师2人。科技管理科负责玉门油田公司科技发展规划编制、科技体制机制改革及科技管理制度制修订、科技项目管理、知识产权管理、科技成果管理、标准化管理、技术专家管理服务、科技条件平台布局建设、新技术新产品引进推广、科学技术委员会和石油学会日常等工作；信息管理科负责玉门油田公司信息技术总体规划编制、信息化管理制度和信息技术标准规范制定、公司信息技术总体规划项目实施、油田信息管理及信息化建设、应用系统管理、网络安全管理等工作；对外合作科负责玉门油田公司对外合作业务开发和对外合作项目、重大外事活动的协调管理、国际业务社会安全管理、公司因公出国团组立项审批及人员护照签证办理、外事教育和因公护照集中统一管理、对外学术技术交流、技术引进及推广工作。

【科技管理】 2022年，玉门油田公司加快科技改革步伐，铸强创新发展动力引擎。贯彻落实集团公司三级科技管理等改革措施，细化推进玉门油田公司各项科改措施落地实施，构建完善科技创新治理体系；建立考核指标体系，推动二级单位创新主体作用发挥；优化科技项目组织管理和运行方式，进一步释放创新潜能，提升创新体系整体效能。加强创新顶层设计，增强攻关组织保障能力。凝练油田技术积淀和需求，梳理出27个技术系列、66项特色成熟技术以及31项技术需求，构建玉门油田公司核心技术体系和攻关成果，为下一步迭代升级和攻关引进打下基础。围绕六大创新领域，从集团公司总部、专业公司、油田公司3个层面统筹部署49个科技项目；聚焦科技资源，组建跨单位、跨专业研究团队，积极筹措科研经费，首次实施科研经费分类拨付，保障重点项目攻关需求；聚焦重点领域，加强和院所院校、兄弟油田、优势企业、地方政府的开放合作攻关力度，加快创新追赶速度。加快关键瓶颈突破，重点领域攻关取得良好成效。高质量完成项目开题论证，高效率推进项目实施，四大重点领域关键核心技术攻关取得显著成效，强力支撑玉门油田公司主营业务高质量发展。油气勘探开发技术攻关强力支撑玉门油田公司"增油添气，油气并举"战果扩大；6项"减油增特"和"减碳增绿"工艺技术攻关巩固提升炼化市场拓展和创效能力；风光气电多能融合及储能技术、可再生能源制氢等关键技术的集成应用提升玉门油田公司清洁能源转型的战略储备能力；工程技术攻关提升服务创效能力，支撑主营业务价值链提升。强化专家作用发挥，建立专家管理体系文件，组建13个专家领衔的技术创新团队进行集智攻关，形成团队建设方案，促进专家引领作用有效发挥和核心价值真正体现。提升研发投入管理，初步形成稳步增长的机制。积极拓宽渠道，精细科技统计，科技项目全成本预核算机制进一步完善，研发投入连续两年实现大幅增长，超额完成集团公司研发投入强度考核指标；初步形成稳步增长的机制，印发《玉门油田分公司加大科技研发投入实施方案》。

【科技项目】 2022年，玉门油田公司承担科技项目（课题、专题）49项，包括系统外3项和系统内46项（表4-1）。承担和参与系统外研究课题3项，其中：甘肃省科技重大专项1项、中国工程院院地合作重大项目1项、酒泉市"揭榜挂帅"项目1项。承担和参与系统内研究课题46项，其中：负责或参与的集团总部B级科技项目（课题、专题）8项，以《关于下达中国石油天然气集团有限公司2022年科技项目计划的通知》正式下达；专业公司C级课题4项，以《关于下达勘探与生产分公司2022年第一批重点科技项目计划的通知》正式下达；玉门油田公司科技项目34项（其中动态立项3项），以《关于下达2022年科研项目计划的通知》正式下达。34项D级科技项目按类别划分为：勘探开发类15项、工程技术服务类8项、炼油化工类4项、新能源及绿色低碳发展类4项、数智油田建设类2项、综合支撑类1项。

表4-1 2022年玉门油田公司承担和开展的科技项目情况表

序号	项目（课题、专题）名称	级别	承担单位
1	氢能制、储、加关键技术攻关及产业化	甘肃省科技重大专项	兰石能源装备工程研究院有限公司、玉门油田公司等
2	"甘肃省石油化工产业转型升级战略研究"项目课题2"绿色炼化产业链补链强链战略研究"	与中国工程院合作重大项目	中国工程院、玉门油田公司
3	天然气掺氢输送技术和应用研究（氢气掺入天然输送和应用的研究）	酒泉市"揭榜挂帅"项目	玉门油田公司张榜项目、中国石油集团工程材料研究院有限公司揭榜承担、玉门油田新能源事业部、玉门油田炼化总厂
4	油田用复合管新材料的开发及应用	B级课题	玉门油田公司
5	百方级规模碱性电解水制绿氢工艺技术中试放大试验研究	B级课题	玉门油田公司
6	鄂尔多斯盆地环庆地区油气富集规律与勘探评价技术研究	B级课题	玉门油田公司
7	环庆区块低渗/超低渗油藏有效开发技术研究	B级课题	玉门油田公司
8	中长距离管道纯氢/掺氢输送关键技术研究	B级专题	玉门油田公司
9	电化学高效储能与规模应用个示范研究	B级专题	玉门油田公司
10	集中式天然气发电与风光储融合发展关键技术研究及示范应用	B级专题	玉门油田公司
11	基于近红外快速评价技术的中国石油智能化验室成田技术研究与示范应用	B级课题	玉门油田公司
12	玉门探区重点勘探领域综合研究与预探目标评价	C级课题	玉门油田公司
13	鄂尔多斯盆地致密气新区效益开发技术研究与试	C级课题	玉门油田公司
14	玉门探区GeoEast解释软件推广应用	C级课题	玉门油田公司
15	玉门炼化柴油馏分生产低黏冷冻机油等特种润滑油技术研究	C级课题	玉门油田公司
16	鄂尔多斯盆地玉门区块古生界天然气富集规律研究及有利目标评价	D级项目	玉门油田勘探开发研究院、玉门油田环庆采油厂
17	环庆宁庆区块上产40万吨勘探开发关键技术研究	D级项目	玉门油田勘探开发研究院、玉门油田环庆采油厂

续表

序号	项目（课题、专题）名称	级别	承担单位
18	酒泉盆地富油区带精细地质研究与风险勘探目标准备	D级项目	玉门油田勘探开发研究院
19	玉门老区复杂油藏稳产关键技术研究及产能建设部署	D级项目	玉门油田勘探开发研究院
20	鄂尔多斯盆地玉门探区测井储层评价与储量估算	D级项目	玉门油田勘探开发研究院
21	乍得重点区块井位部署研究及调整方案实施跟踪	D级项目	玉门油田勘探开发研究院
22	环庆区块低渗透油藏钻采提效工艺技术研究	D级项目	玉门油田工程技术研究院、玉门油田开发部、玉门油田老君庙采油厂
23	宁庆区块天然气开发钻采工艺技术研究与实践	D级项目	玉门油田工程技术研究院、玉门油田环庆采油厂
24	玉门油田三次采油技术研究与试验	D级项目	玉门油田工程技术研究院、玉门油田开发部、玉门油田老君庙采油厂、玉门油田环庆采油厂
25	玉门油田地面流程防腐技术研究与试验	D级项目	玉门油田工程技术研究院、玉门油田老君庙采油厂、玉门油田环庆采油厂
26	乍得薄互层砂岩油藏增油挖潜配套工艺技术研究	D级项目	玉门油田工程技术研究院、乍得有限责任公司
27	油气生产物联网数字化、智能化应用研究	D级项目	玉门油田工程技术研究院、玉门油田老君庙采油厂、玉门油田环庆采油厂
28	鸭儿峡低碳工艺优化和绿电替代研究	D级项目	玉门油田工程技术研究院、玉门油田老君庙采油厂、玉门油田水电厂
29	虎洞区块集输系统评价及优化	D级项目	玉门油田工程技术研究院、玉门油田基建设备处、玉门油田环庆采油厂
30	玉门油田举升工艺技术研究与应用	D级项目	玉门油田工程技术研究院、玉门油田开发部、玉门油田机械厂、玉门油田老君庙采油厂、玉门油田环庆采油厂
31	高应力储层改造瓶颈技术攻关	D级项目	玉门油田工程技术研究院、玉门油田老君庙采油厂
32	玉门油区中深井调堵水工艺技术研究	D级项目	玉门油田工程技术研究院、玉门油田开发部、玉门油田老君庙采油厂
33	玉门油田伴生气综合治理技术研究与应用	D级项目	玉门油田工程技术研究院、玉门油田环庆采油厂、玉门油田老君庙采油厂、玉门油田质量安全环保处、玉门油田基建设备处
34	玉门油田能量补充技术配套完善及效果提升技术研究	D级项目	玉门油田开发部、玉门油田勘探开发研究院、玉门油田老君庙采油厂、玉门油田环庆采油厂、玉门油田工程技术研究院

续表

序号	项目（课题、专题）名称	级别	承担单位
35	套损机理研究及疑难井治理	D级项目	玉门油田开发部、玉门油田作业公司、玉门油田环庆采油厂、玉门油田老君庙采油厂、玉门油田监督中心
36	玉门老油田油藏地质研究及滚动开发部署	D级项目	玉门油田老君庙采油厂、玉门油田勘探开发研究院、玉门油田工程技术研究院
37	酒东油田油井智能控制及管理优化研究	D级项目	玉门油田老君庙采油厂、玉门油田工程技术研究院
38	环庆96井区长8油藏高效开发关键配套技术研究与应用	D级项目	玉门油田环庆采油厂、玉门油田工程技术研究院
39	环庆区块注采配套系列设备开发	D级项目	玉门油田机械厂
40	聚酯纤维增强柔性复合管制造与应用	D级项目	玉门油田机械厂
41	风光气电多能融合及储能技术应用研究	D级项目	玉门油田新能源事业部、玉门油田工程技术研究院、玉门油田水电厂
42	可再生能源制氢综合利用研究	D级项目	玉门油田新能源事业部、玉门油田炼化总厂、玉门油田水电厂
43	绿氢、绿电、绿热与炼化业务融合发展技术研究	D级项目	玉门油田炼化总厂、玉门油田新能源事业部
44	炼厂污水油优化处置工艺研究及应用	D级项目	玉门油田炼化总厂
45	专用液压油产品研发及普通液压油配方优化研究	D级项目	玉门油田炼化总厂
46	脱蜡菌发酵培养基配方优化的研究	D级项目	玉门油田炼化总厂
47	戈壁农业日光温室光热高效利用及有机蔬菜种植技术开发研究	D级项目	玉门油田综合服务处
48	环庆区块长8、侏罗系及宁庆中生界油藏压裂技术攻关	D级项目	玉门油田工程技术研究院、玉门油田环庆采油厂
49	玉门油田老君庙采油厂无泄漏示范区建设技术研究与实施	D级项目	玉门油田老君庙采油厂、玉门油田基建设备处、玉门油田工程技术研究院

【知识产权】 2022年，玉门油田公司贯彻落实《央企知识产权高质量发展指导意见》及《集团公司知识产权工作高质量发展实施方案》，控制专利申请总量，提升发明专利占比，全年申请专利15件，全部为发明专利。2022年获专利授权2件，其中发明专利1件。

【科技成果】 2022年，对2021年玉门油田公司评选出的30项科技进步奖成果进行成果归档。向甘肃省推荐的1个项目"三次采油技术研究与应用"获2021年度甘肃省科技进步奖二等奖。依据《玉门油田分公司科技奖励办法》，推荐30项成果上报公司科委会审定，评选出科技进步奖成果27项，其中一等奖4项、二等奖10项、三等奖13项（表4-2）。

表 4−2 2022 年度玉门油田公司科技成果奖励一览表

序号	成果名称	奖励级别
1	三次采油技术研究与应用	2021 年度甘肃省科技进步奖二等奖
2	宁庆区块中东部上古生界天然气富集规律研究及目标优选	玉门油田公司科技进步奖一等奖
3	环庆区块低渗油藏效益建产及稳油控水关键技术研究	玉门油田公司科技进步奖一等奖
4	玉门油田老区滚动扩边增储研究与开发建产	玉门油田公司科技进步奖一等奖
5	"柴油吸收＋干法脱硫＋RTO"组合工艺在污水处理场 VOCs 治理中的应用	玉门油田公司科技进步奖一等奖
6	环庆西部中生界油气富集规律研究及高效勘探实践	玉门油田公司科技进步奖二等奖
7	环庆油田演武北区块 8 万吨／年产能建设地面工程	玉门油田公司科技进步奖二等奖
8	低成本油气生产物联网推广应用及配套技术研究	玉门油田公司科技进步奖二等奖
9	环庆致密低渗透油藏储层改造关键技术研究及规模应用	玉门油田公司科技进步奖二等奖
10	乍得薄互层砂岩油藏控水稳油技术研究与实施	玉门油田公司科技进步奖二等奖
11	玉门油田井筒治理工程技术研究与应用	玉门油田公司科技进步奖二等奖
12	高含水老油田稳产技术研究与实践	玉门油田公司科技进步奖二等奖
13	低负荷下焦化加热炉长周期运行攻关	玉门油田公司科技进步奖二等奖
14	智能配电系统在玉门油田供配电系统安全隐患治理暨炼厂双电源建设项目的应用	玉门油田公司科技进步奖二等奖
15	CYJ8−3−26HY 抽油机的开发与应用	玉门油田公司科技进步奖二等奖
16	环庆区块低对比度油层测井评价技术研究及应用	玉门油田公司科技进步奖三等奖
17	乍得复杂断块油气富集规律与稳产技术研究	玉门油田公司科技进步奖三等奖
18	环庆区块 35 千伏变电站及线路优化设计	玉门油田公司科技进步奖三等奖
19	丛式井大平台低分离系数条件下防碰绕障设计技术研究及规模化应用	玉门油田公司科技进步奖三等奖
20	老君庙油田低成本不加砂压裂改造技术研究与实践	玉门油田公司科技进步奖三等奖
21	超低渗油藏精细注采调整及现场管理技术研究与实践	玉门油田公司科技进步奖三等奖
22	乍得上游项目自适应调流控水及智能分层注水技术的研究与应用	玉门油田公司科技进步奖三等奖
23	制氢装置全流程优化和氢气产销降本提效攻关	玉门油田公司科技进步奖三等奖
24	效益导向产品结构模型的建立及应用	玉门油田公司科技进步奖三等奖
25	抗晃电技术在总厂配电系统中的应用	玉门油田公司科技进步奖三等奖
26	玉门油田工艺装置基于风险理论评价（RBI）技术研究与应用	玉门油田公司科技进步奖三等奖
27	连续油管提速增效工艺技术研究与应用	玉门油田公司科技进步奖三等奖
28	扶正刮蜡抽油杆推广应用	玉门油田公司科技进步奖三等奖

【石油学会】 2022年，经过积极协调和筹划准备，《玉门石油科技动态》完成大幅改版，刊物质量得到明显提升。通过增设专家栏目、加强专家把关、提升编校水平等三项措施，全面提升论文质量。经编委会专家审查，2022年《玉门石油科技动态》第一期（总第81期）当年6月出版，发表论文34篇；第二期（总第82期）当年12月出版，发表论文29篇；2022年两期刊物共计发表论文63篇。首次采用A4大版面铜版纸彩印，严格图件质量和排版要求，提升刊物的易读性和美观度，契合新时代科技期刊办刊要求。加大赠阅交流和宣传力度，通过植入广告彩页，宣传玉门油田公司及其相关业务发展，盘活科技资源；与全国65家相关单位建立交换联系，每期出版后进行赠阅交流，扩大玉门油田公司的学术影响力。

【标准化工作】 2022年，玉门油田公司按照集团公司标准化工作要求，牢牢把握"标准先行"工作原则，进一步夯实标准化工作。为规范各级标准化管理工作，发布关于印发《玉门油田分公司标准化管理实施细则》的通知并下达正式文件。组织开展标准宣贯实施工作，根据集团公司《关于做好2022年重点标准实施通知》要求，结合玉门油田公司实际情况，研究、确定重点标准宣贯实施项目，编制印发《关于做好2022年重点标准实施工作的通知》并下达正式文件。充分发挥标准实施主体作用，促进各项标准全面、准确、有效实施，玉门油田公司结合生产经营实际做好标准转化应用并落实到具体工作岗位，提高标准实施的可操作性，组织做好重点标准实施监督检查工作。组织开展标准文本配备工作，对公司发布的企业标准进行编号，编制发放记录，实行签字发放，配发到相关单位和部门；落实统计各单位所需的2022年集团公司下达实施的重点标准需求数量，与石油工业出版社标准发行站联系订购相关标准文本2159本，配备到相关单位、部门，为重点标准的宣贯实施工作奠定基础。组织开展标准制修订与复审工作。完成1项行业标准的修订并发布，按照《玉门油田分公司标准化管理实施细则》，玉门油田公司组织开展企业标准制修订与复审工作，组织召开公司企业标准审查会，发布2022年制修订的43项企业标准（表4-3），同时完成43项企业标准的备案工作；对105项企业标准复审意见进行审查，其中继续有效45项，修订25项，废止35项；对拟定的2023年企业标准制修订项目计划和复审项目计划进行审定，下发2023年公司企业标准制修订及复审计划，计划修订企业标准12项，复审企业标准57项。

表4-3 2022年玉门油田公司行业标准、企业标准发布目录一览表

序号	标准编号	标准名称	起草单位
1	SY/T 5059—2022	钻井和采油设备组合泵筒管式抽油泵	机械厂
2	Q/SY YM 0024—2022	10号航空液压油（地面用）	炼油化工总厂
3	Q/SY YM 0063—2022	抽油井产液剖面测试技术要求	老君庙采油厂
4	Q/SY YM 0065—2022	电子流量计检定质量要求	油田作业公司
5	Q/SY YM 0070—2022	采油生产指标计算方法	开发部
6	Q/SY YM 0077—2022	检泵质量要求	油田作业公司
7	Q/SY YM 0080—2022	玻璃钢抽油杆使用要求	老君庙采油厂
8	Q/SY YM 0085—2022	油气集输用破乳剂 聚醚 YCZPR	油田作业公司

续表

序号	标准编号	标准名称	起草单位
9	Q/SY YM 0087—2022	注水井完井作业	开发部
10	Q/SY YM 0090—2022	游梁式抽油机操作维护保养规范	老君庙采油厂
11	Q/SY YM 0092—2022	压裂作业规程	油田作业公司
12	Q/SY YM 0112—2022	人工井壁防砂工艺技术规范	油田作业公司
13	Q/SY YM 0114—2022	裂缝型串通水淹井封堵工艺技术规范	油田作业公司
14	Q/SY YM 0115—2022	内衬修复套管工艺技术规范	油田作业公司
15	Q/SY YM 0117—2022	暂堵剂选择性压裂工艺技术要求	油田作业公司
16	Q/SY YM 0121—2022	离心泵操作规范	老君庙采油厂
17	Q/SY YM 0122—2022	往复泵操作规范	老君庙采油厂
18	Q/SY YM 0123—2022	清蜡车操作保养规程	生产服务保障中心
19	Q/SY YM 0126—2022	电子流量计使用维护技术规范	老君庙采油厂
20	Q/SY YM 0129—2022	火烧罐安全管理规范	老君庙采油厂
21	Q/SY YM 0137—2022	化学剂防砂技术要求	工程技术研究院
22	Q/SY YM 0166—2022	压裂酸化及注水用黏土稳定剂阳离子聚合物 NW-1	油田作业公司
23	Q/SY YM 0167—2022	酸化用铁离子稳定剂有机酸 TW-1	油田作业公司
24	Q/SY YM 0168—2022	酸化用高温缓蚀剂曼尼希碱 HS-1	油田作业公司
25	Q/SY YM 0223—2022	前置型游梁式（下偏平衡）抽油机	机械厂
26	Q/SY YM 0224—2022	清蜡绞车	机械厂
27	Q/SY YM 0225—2022	抽油杆表面防腐技术规范	机械厂
28	Q/SY YM 0244—2022	油浆中固体含量测定法（离心煅烧法）	炼油化工总厂
29	Q/SY YM 0256—2022	KH 级抽油杆	机械厂
30	Q/SY YM 0269—2022	玻璃纤维带增强柔性复合管	机械厂
31	Q/SY YM 0278—2022	超低温井控专用液压油	炼油化工总厂
32	Q/SY YM 0279—2022	铁路转辙机专用液压油	炼油化工总厂
33	Q/SY YM 0510—2022	修井生产技术管理指标计算方法	油田作业公司
34	Q/SY YM 0512—2022	汽轮机完好规定	水电厂
35	Q/SY YM 0514—2022	交流异步电动机完好规定	水电厂
36	Q/SY YM 0301—2022	清洁作业设备使用规范	油田作业公司
37	Q/SY YM 0302—2022	压裂酸化用交联辅助剂液碱 JF-1	油田作业公司
38	Q/SY YM 0303—2022	压裂酸化用中和缓速剂有机酸 ZH-1	油田作业公司

续表

序号	标准编号	标准名称	起草单位
39	Q/SY YM 0304—2022	专用液压油颗粒污染度测定法	炼油化工总厂
40	Q/SY YM 0305—2022	玻璃纤维增强柔性复合管设计使用规范	机械厂
41	Q/SY YM 0306—2022	井下油管内壁及抽油杆防腐/防蜡/防垢涂层技术规范	机械厂
42	Q/SY YM 0307—2022	柔性复合管施工及验收规范	机械厂
43	Q/SY YM 0308—2022	减氧空气驱现场运行规范	工程技术研究院
44	Q/SY YM 0309—2022	有杆泵检泵工艺技术规范	油田作业公司

【信息管理】 2022年，玉门油田公司信息化工作深入贯彻落实集团公司网络安全与信息化工作视频会议、玉门油田公司2022年工作会议暨八届二次职工代表大会会议精神，紧密围绕"数字中国石油"建设目标，实施"锚定三大目标，打好三个硬仗，做强三个战略保障"工程。按照玉门油田公司总体工作部署，持续坚持"六统一"原则，深入落实"业务主导、统筹推进"的信息化工作机制，大力推动数字化油田建设，加快追赶步伐，不断改进和创新信息化工作思路、工作方法和理念，努力提升油田信息化工作水平，为油田提质增效目标任务的实现，切实履行好技术支撑和服务职能。

坚持"价值导向、战略引领、创新驱动、平台支撑"指导方针，按照"一个整体、两个层次"工作要求，信息化工作要点随《关于印发玉门油田分公司2022年科技信息与对外合作工作要点》的通知下发，指导玉门油田全年的网络安全与信息化工作。重点对持续推进集团公司统建项目、公司重大信息化项目建设，加快推进已建应用系统深化应用，大力推进信息基础设施建设、网络安全体系建设、信息化保障能力建设等方面工作作出具体安排。

为适应国家和集团公司网络安全工作新要求，保障玉门油田网络与信息系统的正常运行与科学发展，加强网络安全管理，规范网络使用行为，修订完善网络和信息化管理制度。下发《关于印发玉门油田分公司信息系统管理实施细则的通知》，按照横向业务全覆盖，纵向管控全过程，内容设计全要素的总体思路，分别从信息系统建设、信息系统应用、信息系统运维、数据管理、网络基础设施管理、检查与考核方面，对公司所属各单位和各部门的统建和自建信息系统管理作出规范。

【信息系统】 2022年，按照集团公司统一部署要求，玉门油田公司继续做好集团公司统推信息化建设项目的建设。加强顶层设计配套方案与实施，加强组织管理，各业务部门积极配合，夯实系统建设和应用基础；围绕重点，加强项目可行性论证、方案设计、实施、验收的全过程管理；坚持质量、速度和效益相统一的原则，合理安排工期，确保项目建设进度和质量。2022年以来，油气生产物联网（A11）项目建设力度持续加大、玉门油田门户网站2.0正式单轨运行，"安眼"工程井下作业视频推广顺利实施、油田数智指挥中心投用，数字化进程不断加快。

油气生产物联网（A11）项目建设：持续加大油田物联网基础设施建设力度，不断夯实油田数字化基础。截至2022年底，玉门油田数字化覆盖井数1982口（油井1582、水井400）口，单井数字化率100%；实现数字化场站38座，覆盖率100%，其中中小型站场34座、大型站场4座，中小型站场无人值守率76.7%；建成 1 套公司级生产管理子系统、4 套数据采集与监控系统平台；本部实现无线传输全覆盖、光缆到场站、酒东实现无线网桥宽带传输全覆盖、新区实现光缆到已建数字化井场、场站全覆盖；通过试点形成"智能一键巡井、报警优化、功图诊断、采撬分析"等特色功能，并在全油田范围推广应用。

玉门油田公司门户网站 2.0 正式单轨运行：集团公司企业信息门户系统（内部门户 2.0）项目在内部门户 1.0 基础上对门户产品进行升级，构建运营管理、融媒体、移动门户三大平台。以信息资源整合共享为基础，构建协同高效的一体化门户运营平台及运营体系，改善网站用户体验、促进媒体资讯融合、提升站群管控水平、加强门户业务分析能力。玉门油田公司作为集团公司首批试点单位，经过 7 个月的努力，先后搜集整理门户系统 2.0 各单位铺底数据 187 条，完成门户 1.0 主站新闻频道、文档库等相关数据梳理，清理敏感信息。完成身份认证系统和门户 2.0 系统铺底数据导入及平台用户权限开通和用户信息审核。完成玉门油田公司门户 2.0 主站、党建门户 2.0 和 33 个基层单位门户 2.0 网站建设，完成所有网站的用户授权和数据迁移工作，2022 年 5 月 31 日正式上线并单轨运行。门户 2.0 项目的建成上线，将全面提升企业宣传能力、平台支撑能力、平台管控能力，更好地服务于集团公司"共享中国石油"总体发展战略，更好的发挥新闻宣传和舆论引导主阵地作用，为媒体深度融合提供技术支撑。

"安眼"工程井下作业视频推广顺利实施："安眼工程"是股份公司油气和新能源分公司"十四五"重点工作任务，涵盖建设新型智能物联网基础性配套设施，研发智能分析工具，构建统一的数据共享平台，为油气田企业提供最优解决方案。重点开展针对人员违章行为的智能识别与主动预警，以期达到强化监管、风险受控、降低成本、提质增效的目的。按照集团公司"安眼"工程井下作业视频推广项目工作部署，如期建成上线，与集团公司总部平台实现视频级联对接，完成补充方案建设内容。通过发挥井下作业视频监控系统"人防+技防"优势，进一步优化安全监督能效，确保各类风险全面受控。

油田数智指挥中心投用：2022 年 12 月 13 日，玉门油田举行数智化指挥中心投用剪彩仪式，玉门油田公司党委委员、副总经理、安全总监胡灵芝参加剪彩仪式。在油田数智化指挥中心，监控大屏显示视频主要分为重大危险源、井下作业和智慧工地等 91 路视频监控，其中重大危险源 44 路（包括环庆 32 路、玉门 10 路、酒东联合站 2 路）、井下作业视频监控在线 20 路、智慧工地视频监控 27 路。数智化指挥中心投用为玉门油田高风险现场作业监督提供直接、直观、有效的视频影像，对减少人员现场奔波，解决监督短板和提质增效提供坚强保障。数智化指挥中心的投用标志着玉门油田安全环保、数字化建设、自动化监控、智能化预警等方面取得突破性进展。推动玉门油田安全监管业务的"数字化转型、智能化发展"。

系统运维：2022 年新做数字证书 134 个，办理邮件及 AD 开户 184 个，进行邮箱密码复位、信息变更共计 110 余次，邮件用户总数 3651 个，AD 账号 2158 个。VPN 账号延期申请 46 个，新增账号 52 个，系统内在用账号 98 个。每月开展离职人员账号清理工作，完成清理 ERP 账号 32 个、邮箱及 AD 账号 65 个，采用门户网站、帮助热线、网络定期文档资料、集中培训、QQ 在线答疑及现场辅导答疑的方式，帮助业务人员解决系统应用中的各种问题，最大限度地保障系统安全稳定运行，以满足业务需要，促进系统深入应用，为生产、经营、科研、管理人员提供有效支持，为玉门油田的各项工作提供技术保障。

【网络安全】 2022 年，玉门油田公司加强各类网络安全检查，提高网络安全管理能力。2022 年 4—5 月组织各单位结合网络安全常态化检查内容和专项检查内容进行自查自改。5—6月组织开展数字信息化管理专项审核，到玉门、酒泉、环庆三地对13个二级单位和4个机关及直属部门进行实地走访和现场调研，提出整改建议30余条，对审核过程中发现的工作亮点及普遍存在的问题短板进行通报。7—8月组织开展"HW2022"网络攻防演习。9月迎接集团公司网络安全现场检查，同时开展"网络安全为人民，网络安全靠人民"为主题的网络安全宣传周活动。加强重大活动期间网络保障，提高网络安全风险处置能力。按照"事前有部署、方案，事中有监督、反馈，事后有总结、通报"的全流程管理机制，对保障工作提出要求、做出安排。2022年，按照集团公司网络安全保障工作的统一部署和要求，先后组织玉门油田公司各单位开展北京冬奥会、北京冬残奥会、党的二十大、第五届进博会等重大活动期间的网络安全保障工作，圆满完成网络安全保障工作任务，实现网络安全运行平稳有序。

（马若楠）

对外合作

【概述】 2022年，玉门油田公司对外合作工作贯彻落实公司两会确定的全年总体工作部署和公司第三次党代会战略部署，聚焦增强外事服务保障能力，持续提升国内外市场开拓能力，全力提升市场服务能力和创效水平，圆满完成各项工作目标和业绩指标。

2022年海外业务总收入2.07亿元，海外员工435人。以乍得为主的非洲市场得到巩固，乍得上游人员技术服务项目、乍得炼厂对口支持项目、乍得清蜡测试项目、土库曼斯坦和尼日尔炼厂对口支持项目成功续签协议。乍得勘探开发两个勘探开发研究项目通过甲方最终验收。中亚市场取得突破，2022年为土库曼斯坦阿姆河天然气项目输送技术骨干16名。

【外事工作】 2022年，玉门油田公司实集团公司各项部署，积极开展外事管理工作，获2021年度集团公司出国（境）管理先进集体荣誉。2022年完成乍得H区块油田生产和管理、乍得炼厂对口支持项目、土库曼斯坦阿姆河天然气对口支持项目的备案核准工作；完成43个团组361人次的出国立项报批和办理工作；办理新护照94本，办理签证36批99人次；办理出境证明36批326人次；办理回国申请47批391人次。

【国际业务社会安全管理】 2022年，玉门油田公司持续做好社会安全管理，推进体系有效运行。做好集团公司、油田公司、乍得分公司社会安全管理体系文件的宣贯工作，提升员工社会安全管理理念，修订完善公司社会安全管理体系文件。编制公司2022年社会安全管理计划、境外项目管理体系审核计划、社会安全培训计划，并制订工作计划具体实施推进表，持续做好跟踪监测记录。做好海外社会安全管理、新冠肺炎疫情防控、健康管理等突发情况的及时上报。编制完成公司年度体系审核计划，10月对海外项目进行体系审核和现场社会安全检查，公司领导参与社会安全管理。督促和跟踪海外项目做好审核问题的整改落实。完善公司社会安全管理资料，与兄弟单位完成体系交叉审核，完成集团公司"五维"绩效考核审核。

【对外市场开拓】 2022年，玉门油田公司工程技术服务内保外拓能力显著增强，在全力支撑服务主业发展的同时，积极外拓市场，实现外部市场收入 5.25 亿元，同比增加 1 亿元，从事对外市场开拓员工达 1278 人。持续深化与外部单位的交流合作，强化与兰石集团、酒钢集团、航天科技、华为公司等龙头企业开展技术交流，在各自优势领域开展战略合作，统筹优势资源构建共赢的合作伙伴关系。作业公司成功挺进塔里木轮南、哈德市场，首次进入青海油田水井服务、塔里木劳务监督等市场。水电厂全力保障光伏发电项目建设，争取地方"水电热"服务市场和国家管网检修运维服务业务。生产服务保障中心高效做好采油管理、炼厂运维等保内业务，拓展长庆、青海油田地面工程建设业务，争取到酒泉周边道路工程项目。机械厂机械加工效率和服务市场能力不断提升，"产品＋服务"一体化模式初步形成。

（马若楠）

第五篇　企业管理与监督监察

- ◆ 生产运行
- ◆ 安全环保
- ◆ 基建设备
- ◆ 企管法规
- ◆ 规划计划
- ◆ 财务资产
- ◆ 审计监督

生 产 运 行

【概述】 玉门油田公司生产与工程管理处下设运行协调科、井控与应急管理科、工程技术管理科、炼化管理科。2022年在册员工18人，其中教授级高级工程师1人、高级工程师9人、工程师7人、助理工程师1人。负责公司生产运行管理和组织协调；负责公司应急与井控管理工作；负责油田大型生产活动、应急抢险工作的组织指挥；负责钻井、井下作业工程的工艺技术管理；负责公司水、电、路、讯、暖及燃料储运等公用系统运行保障；负责土地管理；负责油田生产车辆的调派与管理；负责油田自然灾害的预防处置和冬防保温工作；参与油田生产事故调查处理；负责生产信息的收集、分析和处理。

2022年生产与工程管理处以全面贯彻落实集团公司工作会议和玉门油田公司两会精神为指导，紧密围绕公司整体工作部署，坚持"油气并举、多能驱动"，扎实开展"油气生产大会战""炼化水电大检修"。以"开局就要奋发，全年都得苦战"的精神状态，聚焦扭亏脱困，突出高效勘探、效益开发等重点工作，踔厉奋发，圆满完成各项工作。

【运行协调】 生产组织：2022年发布《油气田技术服务队伍考核管理实施细则》《玉门油田工程监督管理实施细则》《玉门油田分公司应急物资储备管理办法》3项规章制度。3月与兰州铁路局嘉峪关工务段、电务段等部门签订《玉门油田铁路专用线代运营代维修合同》，与甘肃省水利厅签订水资源缴费等相关协议。

围绕2022年油气勘探开发总体部署，从井位踏勘、钻前征地、钻前排障、钻机搬安及组织开钻等工序、环节全程参与，及时协调解决存在问题。玉门本部全年计划部署新井37口，实际完钻36口，投产32口（含跨年井）。日产油123.9吨，新建产能6.7万吨，累计产油2.7万吨。环庆采油厂全年探评井计划部署38口，实际部署55口。全年累计完井155口，新井投产149口，日产油水平超过1000吨，达到40万吨年生产能力。全年玉门本部累计完成钻前施工34井次，大钻搬迁9井次。

全力组织开展油气生产大会战。2022年4月1日正式拉开"油气生产大会战"序幕。玉门油田公司精心制定方案，超前谋划组织，坚持每周二、四组织各单位汇报生产动态，在盐池每日组织碰头会，及时掌握工作进度，集中人力、物力和技术优势，全力聚焦上产中心工作。通过强化组织协调，狠抓工作落实，确保大会战各项工作按计划有效实施。截至11月4日会战结束，老君庙采油厂达40万吨/年原油生产水平；环庆采油厂达35万吨/年以上原油生产水平、天然气日产20万立方米以上，圆满完成会战任务。

2022年环庆采油厂互连互通骨架管网建成投运，实现虎1转、演1转、环1联三站互连互通；虎洞接转注站历时80天建成并一次投油成功，标志着油田工程建设管理水平的再次提升；宁1集气站是玉门油田开发史上的第一个天然气集气站，是从"0"到"1"的突破，其投运为玉门油田全面实现"油气并举"，宁庆区块安全平稳连续生产及天然气井的精细管理提供坚强保障。宁庆区块每日天然气产量保持在30万立方米左右。为全年油气生产任务的全面完成以及2023年油气生产的顺利起步奠定了基础。

加强保障服务，助力炼化、水电大检修安全平稳。按照"质量、安全、绿色、工期、费用、廉洁、规范"七位一体的总体要求，全力保障炼化总厂41天完成23套参检装置，2157项检修作业，64项检修技改项目，安全、优质、高效地完成。开厂期间处室安排专人扎根现场、组织协调、细致梳理分析生产运行中出现的各种问题，切实以解决生产瓶颈，为炼化装置"安稳长满优"长周期运行以及"四年一修"打下了坚实基础，取得近10年以来首次在检修年完成200万吨加工任务的良好成绩。水电厂也利用炼化检修期间，高效组织完成1号、2号机炉的检修工作，确保炼化检修后开厂时水电汽的平稳供给。

继续强化土地管理。完成玉门油田公司2021年土地清查工作，协调解决老君庙采油厂酒东作业区临时用地超期问题，确保企业用地合法合规；完成2022年油田土地使用管理、拆迁、新增土地管理三项内控管理手册修订，进一步完善土地管理控制体系；2022年向玉门市政府移交闲置土地3288.4平方米，用于改善玉门矿区医疗设施短板，提升油田职工及老市区市民的医疗服务水平；2022年9月启动老君庙采油厂土地证换证工作，进一步推动土地精细化管理。

运行协调：不断强化生产组织协调与值班工作。坚持24小时值班，365天管生产，及时收集汇总生产信息，做到事事有记录，处理有结果；充分利用A8系统、油田生产调度指挥系统、中油即时通等新媒体手段，实现各单位生产信息及时共享；协调解决制约生产问题，做到重点工作有安排、有检查、有落实，全年处理解决并快速反馈群众反映各类问题200余件；全年组织召开公司周生产调度会48次、月度生产会9次，季度生产经营分析会3次，编写生产会议纪要48期并上传油田网页。

加强处室与相关单位季度指标考核分析，制定考核目标值，每季度对共享中心、应急与综治中心、综合服务处等工程技术服务单位的指标完成情况进行动态跟踪考核，有效保障玉门矿区、酒泉基地的通信畅通，油田消防、治安形势稳定，车辆运输、物资配送正点到位。

2022年面对新冠肺炎疫情，结合油田生产实际，狠抓防控措施执行，全力组织原油生产、炼化加工、油气储输通过优化措施方案，强化生产组织，合理人员调配，加强值班值守，及时组织钻修动力、地面维护、服务配合等工作，确保实现油田新冠肺炎疫情防控、生产经营"平稳受控"；通过与地方政府积极协调沟通，保障油田生产急需物资的外进和油田通勤车辆的正常运行，做到生产与疫情防控"两手抓、两手硬、两手稳"，确保油田各项生产经营工作平稳有序开展。

新冠肺炎疫情期间成品油的生产销售渠道严重受到影响，导致原油产销不平衡，生产与工程管理处协同炼化总厂积极和规划总院对接讨论，顺利完成成品油151.35万吨生产计划、151.85万吨交货计划；面对储罐检修、原油库容降低的不利局面，多次与西部原油销售中心、西部管道积极协调，按节点顺利完成162.02万吨原油管输计划，为玉门油田生产组织高效运行保驾护航；组织召开炼化保供协调会4次、对会上提出的25个问题及时进行协调解决同时。

提质增效：编制2022年生产系统提质增效工作方案，其中原油产量计划、钻井时率、直购电、用水量、车辆运输、土地等6项指标均全面完成既定目标。

玉门本部强化勘探开发、地质工程和技术管理"三个一体化"。老君庙采油厂通过运用平台化布井、钻井总包、综合利旧、集中压裂、集中投产等模式，高效部署开发井16口，增产原油38.8吨/日，全年累计增产原油6062吨，首次将百万吨产能建设投资控制在30亿元以内。

环庆新区高效建产。按照"优先实施侏

罗系、集中实施西部长 8"的思路加快推进环庆原油产能建设，优质高效储量动用占比达到 100%，大幅提高产建效益；虎洞区块 6 个平台实施油水井 106 口，单井日产量 4 吨，是区块整体平均日产的 2.5 倍，仅用 4.5 亿元产建投资建成 10 万吨产能，用 1/8 的井数贡献了 1/3 的产量，形成高效产能示范区。

环庆新区钻井时率大大提升。主要完善包括"密集井眼提前占位""虚拟轨道主动防碰""老井数据精细处理"等平台加密调整设计技术；应用老平台加密布井，在 14 个平台整体优化加密部署 68 口井，节约永久性征地 80 亩（1 亩 =666.67 平方米），折合费用 560 万元；在环庆 706、环庆 707 等 7 个平台推广双钻机钻井模式，相比单钻机平台缩短交付周期 29.1%。

优化环庆新区、玉门本部钻井工程设计、合理地面布局，大力实施平台井布局；新能源光伏项目充分利用既有土地资源，精细工程设计、优化设计方案，设计、工程从源头抓起，2022 年减少临时用地 144 亩，节约临时用地费用 200 万元；生产与工程管理处与地方政府对接，配合政府需要，移交无效土地 10 亩。

加快数字化建设力度。玉门油田 2022 年建成数采井 2095 口、数控站场 35 座，实现井站数字化覆盖率 100%。在关键集输管道阀门池实施视频监控覆盖，检测参数远传，实现管道实时监控。通过一系列措施，减少用工数量 39 人，降低运行成本 380 万元 / 年。在大力发展井站数字化建设同时推进无人化值守改造。

【工程技术】 围绕井筒质量考核目标，强化源头治理与过程管控，聚焦井筒质量提升。玉门本部及环庆、宁庆新区 3 个主战场完成井筒质量评价 219 口，井身质量合格率 100%（集团公司考核值 97.7%），固井质量合格率 99.09%（集团公司考核值 93.7%）；2022 年玉门油田公司共动用队伍 167 支，其中内部队伍 108 支、外部队伍 59 支。队伍资质共押证 107 本，押证率 64%。

组织开展资质管理培训工作。参加集团公司组织的资质管理培训班 2 期，组织 4 家单位 6 人参加培训；举办公司资质管理培训班，组织 14 家单位 35 人参加培训。开展资质初审申报工作。通过申报获批 6 家企业资质，28 支队伍资质。开展资质管理检查工作 3 次。开具问题整改通知书 21 份，发现问题 54 个，并督促相关单位进行隐患问题整改。

2022 年严把固井质量源头管控，组织天然气井、重点复杂井固井方案会审。玉门油田整体固井质量合格率 99.09%，同比提升 4.39 个百分点。

组织开展 2022 年高风险井口装置检测评价工作。8 月 9—23 日对老君庙采油厂 20 套（16 套注水 +4 套注气）高风险井口装置进行检测评价，对 2021 年检测评价过的 16 套井口装置存在问题整改结果进行验证并加以整改。

【井控与应急】 井控管理：2022 年落实集团公司井控工作要点和相关会议精神。修订发布《玉门油田井下作业井控实施细则》；全年召开两次井控管理领导小组会议和两次井控例会，认真总结分析井控工作，针对问题制定井控措施，并确保措施落地落实。

认真组织开展"三评估三分级"工作。认真组织开展员工岗前培训，严格考核标准，对培训不合格的员工坚决杜绝上岗作业，特别是加强承包商队伍管理，加强准入把关，严格持证上岗，对承包商取证实行统一管理。

进一步加强对油田新区、新领域天然气井设计的针对性，加强高风险井、特殊工段井的日常监管，对施工中存在的井控风险，制订有效防范措施，做到源头管控；定期检查和"四不两直"检查方式相结合，2022 年共组织开展各类检查 12 次，检查问题 312 项，监督整改落实 312 项，整改完成率 100%。

应急管理：始终本着有效应对可能发生的各类突发事件，迅速有效地组织开展抢险、救援工作，最大限度减少人员伤亡和财产损失，保护员工身体健康和生命财产安全的原则，持续完善应急管理制度，结合集团公司《中国石油天然气集团有限公司应急通信系统管理办法》，修订发布了《玉门油田分公司应急通信系统实施细则》《玉门油田公司应急管理办法》《玉门油田公司应急预案管理办法》；2022年组织应急检查7次，检查问题124项，全部落实整改，问题整改完成率100%，不断夯实应急管理基础。

加强基层队伍应急培训和演练，加强企地联合应急演练。2022年7月在环县组织开展井喷及次生灾害突发事件企地联合应急演练，162人参演、观摩，多措并举提升全体员工井控安全管理能力和应急处置水平。

加强与酒泉市生态环境局应急合作，2022年向甘肃省生态环境厅争取应急费用25万元，为公司应物资维护补充提供支撑；全年补充购置应急物资16项，确保应急物资储备充实。

【炼化管理】 2022年9月，炼化管理科正式成立，主要负责炼化业务与集团（股份）公司、炼化销售和新材料公司及地方对口部门的业务联系，负责投资计划、生产计划、中长期规划、达标对标、项目前期管理等工作，负责协调解决生产经营过程中的各类问题及突发情况。

完成2023年炼油业务投资建议计划上报。其中技术改造类项目2个、节能减排类项目4个、安全隐患治理类项目4个、环保隐患治理项目1个，11个项目共计20790万元。

2022年提前预判，多方联系，协调解决炼化生产计划执行中的突发问题，助力炼厂完成200万吨年加工任务。协助项目审查，转型升级工作稳步推进。完成《玉门油田公司炼油化工总厂航空液压油调和及灌装系统改造项目可行性研究报告》及报告的评估工作。

（秦　芳）

安 全 环 保

【概述】 质量安全环保处负责玉门油田公司安全生产、消防、交通安全的监察和管理；负责QHSE体系建设；负责劳动保护和员工职业健康管理；负责环境保护和污染防治工作；负责质量、计量管理；负责监督事故隐患治理。处室定员编制18人，部门领导职数3人，下设安全管理科、环境保护与节能节水管理科、质量计量管理科、特种设备监察科、HSE体系建设科。熊中辉任公司安全副总监兼处长。2022年有员工16人，其中公司安全副总监兼处长1人、副处长2人，高级职称5人、中级职称9人。

2022年，玉门油田公司深入贯彻习近平生态文明思想和习近平总书记关于安全生产重要论述，严格落实集团公司安全环保工作部署，按照"四坚持四提升"工作思路，坚持"严监管、零容忍、全覆盖"总基调，以强化体系管理为抓手，以风险分级防控为主线，突出"四精"管理，强化"四全"原则，落实"四查"要求，严格落实安全生产十五条硬措施，较好地完成QHSE各项目标指标，安全环保形势持续稳定受控。

【质量监察】 2022年，玉门油田公司未发生较大及以上质量事故和重大顾客投诉事件。井身质量合格率98.8%、固井质量合格率99.22%，优于集团考核指标（97.7%、93.7%）。自产产品出厂合格率、产品质量抽检合格率、计量器具定检率三项指标全部实现100%。开展入井材料及化学助剂质量提升专项行动，治理套损井19

口，开展钻井液材料检查270井次，查改问题74项，井筒质量巡查监督履职进一步增强。建立公司重点自产产品、重要采购物资等质量月报制度，定期开展产品质量监督抽查，产品质量管控措施有效落实。广泛开展群众性QC活动，优选QC成果获集团公司三等奖3项、质量信得过班组1个；获甘肃省特等奖1项、一等奖1项、二等奖6项、三等奖2项，创造经济效益2483万元。

【安全监察】 2022年，玉门油田公司未发生较大及以上生产安全事故，完成集团公司下达的事故考核指标。

职业健康：职业健康体检率和职业危害场所检测率100%。制定下发《玉门油田健康企业创建实施方案》，指导3家试点单位积极探索、逐步推进，达到集团公司验收条件。建立员工健康体检档案、推广个人体检信息实时查询，优化增加体检项目，配发个人应急药品，实施员工健康科学干预。组织开展工间操活动，与玉门市第二人民医院签订救助协议，员工健康大讲堂进现场，医疗救助保障能力得到明显提升。加强海外员工健康管理，严把外派员工健康筛查关，出国健康体检率和评估合格率100%。开展健康宣传，引导海外员工加强自身防护、增强健康体质。组织开展职业病危害现状评价，完成现场资料收集和检测。组织开展特殊作业岗位健康负面清单排查，消除健康隐患。

新冠肺炎疫情防控：未发生聚集性疫情。严格落实常态化疫情防控措施。定期召开公司疫情防控工作视频会，发布疫情简报277期，及时传达要求、通报情况、研判形势、部署安排相关工作。精准施策抓实抓细人员流动、场所管控、活动组织、疫苗接种、核酸检测、物资储备发放管理，筑牢疫情防控防线。疫情发生后，迅速激活疫情应急防控指挥体系，成立现场防控指挥部和工作专班；主动排查，分级分类落实应管尽管、应隔尽隔、应检尽检管控措施；超前研判、及时预警，落实重点场所全封闭运行，网格化管理。专人专班有序组织核酸检测，开展核酸采样41轮32万余人次，坚决阻断疫情传播。强化与地方政府协作沟通，注重舆情引导和员工家属的关心关爱，启动志愿者服务，确保玉门油田生产组织平稳、生活和谐稳定，实现生产不停、产量不降、疫情可控的良好局面。准确把握国内外疫情防控阶段性变化，严格落实国际业务新冠肺炎疫情常态化防控工作指导意见，积极推动轮换倒休，加强海外旅途防护管理；严密监控回国员工健康状况，保障了海外项目的稳定运行。

安全职责落实：制定发布《玉门油田公司安全生产与环境保护管理职责规定》，对全员安全生产责任制进行全面修订。公司主要负责人签发安全倡议书，两级领导班子成员带头开展"安全生产大讲堂"活动。组织对公司113位副处级以上领导干部进行HSE履职能力提升培训。落实新《中华人民共和国安全生产法》"三管三必须"和健全完善全员安全生产责任体系的要求，结合玉门油田改革、岗位调整的实际情况，组织修订完善并发布公司2022版安全生产责任清单，共包含领导和14个职能部门、16个二级单位领导岗位安全生产责任清单110个，管理岗位安全生产责任清单1350个。

安全专项整治：安全生产专项整治三年行动取得积极成效，事故频率大幅度下降。2个专题、6个专项、199项工作任务按计划全部完成。整改问题隐患13000余个，发布实施制度措施137项。分阶段开展安全大检查暨隐患大排查大整治活动，累计组织各级检查1191次，查改问题2686项。深入开展陆上高风险油气井安全风险专项治理、老旧装置安全风险专项治理、城镇燃气安全生产"百日行动"、房屋建筑物安全专项整治、长停井安全风险隐患排查治理、道路交通安全专项整治。查改各类隐患问题261项。

交通管理：持续开展道路交通安全专项整

治。道路交通安全事故事件起数同比持续下降，道路交通安全形势总体平稳。2022年累计查处车辆问题和驾驶员违章行为168起，收取QHSE教育费4.23万元，安全记分42分。组织全员签订遵守矿区禁酒规定承诺书和遵守矿区私家车管理规定承诺书，严格落实矿区禁酒和私家车管理规定，深入开展事故警示教育、自我反思、经验分享和专题讨论等活动。

消防管理：常态化开展消防检查，督促第三方定期开展消防检测，出具检测报告，对检测出的问题进行维保、整改。开展消防安全督查，2022年检查重点要害部位117处，下发消防安全检查告知书24份，发现各类隐患85处，全部完成整改。不断加强专职消防队伍建设，加大消防设备设施投入，强化消防队员技能、体能培训，构建应急指挥通信系统并实现集团公司通信联络。应急与综治中心被甘肃省命名为省级危险化学品应急救援基地、地震救援前哨队，并与酒泉市生态环境局签订环境救援队合作协议并建立物资库。

安全培训：玉门油田安全培训体验中心建成投入运行。对油田颁布的作业许可办法等开展培训宣贯。创新开展"点餐式"培训，送教下基层，完成9个单位336学时2500人次培训，有效提升玉门油田安全监管队伍的整体素质。广大干部员工积极参与"新安法知多少"答题活动，在勘探板块中，人均积分排名第二。全面组织各层级开展多种形式、内容丰富的系列活动720多场，宣传受众两万人以上。

风险管控：全面推动HSE风险动态管控系统运用，油田数智指挥中心建成并投入使用，重大危险源监控数据接入甘肃省系统管理平台。修订下发《玉门油田分公司双重预防机制建设管理实施办法》。组织开展新一轮"三危"辨识工作，完成35个重大危险源的风险分析对象管理、岗位管理、四色图管理及风险辨识与评价管理系统录入，实现排查任务精准推送、隐患数据实时上传、异常情况及时预警等功能。严格执行作业许可授权审批程序、规范办理作业许可、认真开展工作安全分析（JSA）辨识分析、切实保障了特殊敏感时段升级管理要求落实。重点工程项目和高危作业信息实时公示，各级监督机构根据风险等级确定监督重点任务、合理配置监督力量，实现由"随机监督"向"精准监督"的转变；定期发布HSE风险动态管理月报，统计分析系统数据，及时研判主要风险，提出风险管控措施，明确风险防控要求，实现重点工程项目及高风险作业项目风险的动态管理。

现场监督：针对重点单位，制定提升措施，推动成功经验，"打造样板"树立榜样，"靶向治疗"精准施策，助力各单位安全管理提升。炼化水电大检修任务安全高效完成。严把停工交检修、检修交开工"两个界面"和停工、检修、开工"三个过程"安全监管工作措施，实施大检修"网格化"安全监管，严格落实"区域负责、三方七级、交叉监督、旁站监护、协作互保、考核兑现"的检修安全监督工作模式，实现"油不落地、气不上天、声不扰民、尘不飞扬、渣不乱弃、修不失控、人不脱管"的检修安全环保工作目标，大检修任务圆满完成。环庆新区天然气开发、玉门矿区新能源项目等重点工程安全保障有力。2022年，开展现场监督8354次，监督检查生产作业现场15279个，监督检查作业许可项目18673项，查出问题15327项，查纠违章747项，停工整改54项。在《石油工人报》上开辟曝光栏，通报典型违章违纪行为，强化责任落实，保持安全监管高压态势。

【环保监察】 2022年，玉门油田公司未发生环境污染（生态破坏）事件。废气、废水排放达标率100%；固废处置利用率100%。二氧化硫同比减排21.3%，氮氧化物减排18.57%。制定并实施《玉门油田分公司污染防治攻坚战实施意见》，完成污染源在线监测、土壤隐患排查、固体废物管控、固定污染源对标统计、废水排放口及排污许可管理情况调查等工作。开展环境隐患排查并形成隐患清单、治理方案和排查报告；完成2018年以来开工建设的所有投资项目自查、大气治理项目情况自查，开展企业废水排污口规范化建设和管理排查；开展玉门油田2022年环境风险评估，实现所属二级单位全覆盖。开展公司2021年度温室气体排放现场核查、油气田业务能效领跑者相关工作。实施VOCs排放达标提升治理，玉门油田挥发性有机物达标治理总体方案按计划推进。编制发布玉门油田绿色企业创建工作方案。参加集团公司"我为碳中和种棵树"活动，石油摇篮公益林项目方案率先通过中国绿化基金会审核，前期准备工作受到集团公司表扬。

【特种设备监察】 2022年，玉门油田公司组织对各二级单位在用的锅炉29台、压力容器1241具、电梯91部、起重机械94台、厂（场）内专用机动车辆38辆、压力管道3854条、安全阀1855个、汽车式起重机40台进行定期检验，办理青西联合站61条压力管道、油田作业公司完成11台高温熔蜡车、蒸汽清蜡车台装锅炉、酒东联合站29条工业管道的登记手续，开展特种设备专项检查，落实特种设备使用单位安全生产主体责任，推动依法合规使用。开展玉门油田各单位特种设备安全违法违规，特别是"三非"（非法制造、非法安装改造修理、非法使用）、"两超"（超期未检验、隐患超期未整改）、"一无一违"（无证上岗、违章作业）等违法行为的专项督查，消除违法风险。

【HSE体系】 2022年，继续完成HSE管理体系审核管理实施办法、职业健康管理实施办法等32项HSE管理制度的制修订。历时3年，完成公司94项QHSE制度的制修订，建立系统、规范、完善、先进的QHSE规章制度体系。按照风险分类实施精准审核，继续推行"专业化"审核。首次实现审核工作"三同步"，即公司审核与各单位审核同步实施、专项审核和全要素审核同步实施、内审指导与内部审核同步实施，切实减轻基层的迎审工作负担，提高审核工作效率，审核问题数量、质量大幅度提升。

【重要成果】 2022年，玉门油田公司炼油化工总厂联合运行一部获集团公司2022年度质量先进基层单位称号；环庆采油厂环庆作业区获集团公司2022年度绿色先进基层单位称号；老君庙采油厂老君庙作业区、监督中心HSE监督站获集团公司2022年度HSE标准化先进基层单位称号；水电厂锅炉车间获集团公司2022年度节能计量先进基层单位称号；石全、王绪明、张超群、翟荣元、邢毅、郑选基、斯热皮力、冯明忠、张娜、陈晓光、蒋湘君获集团公司2022年度QHSE先进个人称号；高元玺、李德贤、许涛、亢晓峥、赵祥生获股份公司油气和新能源分公司2022年度安全生产先进工作者称号；陈育坤、李明、王小艾、王锋获股份公司油气和新能源分公司2022年度环境保护先进工作者称号；张兆伟、郭怀清获股份公司油气和新能源分公司2022年度优秀审核员称号；许玉平、张振祖获股份公司油气和新能源分公司2022年度质量计量先进工作者称号；付海彦、牛焕文、杨恩忠、王婷、刘慧杰获股份公司油气和新能源分公司2022年度健康管理先进工作者称号。

（卢　静）

基 建 设 备

【概述】 玉门油田公司基建设备处主要负责制定油田地面工程建设、设备管理、地面生产系统管理的规章制度和标准，并监督和检查；负责基建项目的前期论证和技术管理；负责油田地面工程项目和技术改造项目的管理；负责油田地面工程标准化设计、标准化施工管理；负责基建工程完工交工及项目竣工验收、施工安全管理；负责编制设备引进、设备购置、更新改造和技术开发计划并组织实施；负责设备的安装、使用、管理、维修和监督检查；负责设备的调剂、租赁和闲置设备的处置；负责设备资源市场管理和基建施工队伍的资质审查；负责油田管道和站场完整性管理、地面生产、油田水处理和注水系统管理等。设建设工程管理科、设备管理科、设备及管道完整性管理科三个职能科室。2022年在岗员工12人，其中处长1人，副处长1人，科长3人，副科长2人，高级业务主管2人，业务主管1人，业务主办2人；高级专业技术任职资格8人，中级专业技术任职资格4人；中共党员12人。

2022年，玉门油田公司在建工程项目39项（表5-1），按计划完工交工35项，跨年4项，工程项目按期完工率89.7%，其中股份公司油田和新能源板块重点工程项目4项，全部实现当年开工、当年完工的建设目标。地面工程建设屡创佳绩，演武、木钵以及虎洞区块产能建设地面工程项目顺利完工投运，油田开发史上第一个天然气集气站宁1集气站投运成功，标志着玉门油田天然气生产从"0"到"1"的突破。炼化装置水电设备大检修高效完成，装置一次开厂成功，解决各项安全环保隐患，消除生产瓶颈，提升设备技术状况。油田地面生产和完整性管理水平持续提升，原油集输密闭率、原稳率、装置负荷率、伴生气处理率等均有所提高。管道失效治理效果显著，失效次数较往年相比减少33次，失效率下降43%。

表5-1 玉门油田2022年建设工程项目统计表

序号	建设单位	建设工程项目名称	开工日期	完工日期
1	老君庙采油厂（15项）	老君庙M油藏东低区减氧空气驱扩大试验项目	2021.9.9	2022.11.30
2		鸭儿峡采油作业区鸭西接转站配电系统改造工程	2021.8.2	2022.5.30
3		2020年鸭儿峡白垩系K_1g_1油藏注水项目	2021.3.22	2022.6.10
4		鸭儿峡窿6区块青2-48井投改注项目	2022.4.15	2022.5.10
5		酒东长9井投改注项目	2022.4.15	2022.5.10
6		老君庙油田2021年投改注项目	2022.4.15	2022.6.10
7		石油沟冲断带同步注水项目	2022.4.15	2022.6.10
8		鸭儿峡白垩系K_1g_1油藏注水项目（二期）	2022.4.15	2022.6.30
9		白垩系油藏减氧空气驱先导试验鸭K1-20井改注气项目	2021.8.25	2022.8.30
10		玉门油田2021年油气生产物联网无人值守站建设工程（老君庙采油厂实施项目）	2022.6.15	2022.9.30

续表

序号	建设单位	建设工程项目名称	开工日期	完工日期
11	老君庙采油厂（15项）	玉门油田2021年油气生产物联网无人值守站建设工程（鸭儿峡作业区实施项目）	2022.6.1	2022.9.30
12		老君庙采油厂2022年产能建设新井投产项目	2022.5.30	2022.12.15
13		老君庙采油厂2022年防洪项目	2022.6.1	2022.9.30
14		老君庙采油厂VOCs治理项目	2022.9.9	截至2022年底，未完成
15		酒东作业区5兆瓦分布式光伏项目	2022.12.15	截至2022年底，未完成
16	环庆采油厂（3项）	宁庆分公司2022年天然气产能建设地面工程	2022.6.30	2022.10.15
17		环庆集输系统骨架及虎洞区块产能建设地面工程	2022.3.5	2022.7.30
18		环庆区块2021年产能建设地面工程	2021.9.25	2022.5.22
19	炼化总厂（6项）	氢气充装系统改造项目	2020.11.12	2022.3.15
20		聚丙烯车间气柜改造项目	2021.6.16	2022.9.15
21		油品车间储罐无氮封隐患治理项目	2022.5.19	2022.11.30
22		航空煤油及军用柴油储运系统完善改造项目	2022.8.22	2022.11.16
23		循环水系统流程优化节能改造项目	2022.3.30	2022.9.14
24		零星罐区隐患治理项目	2021.6.3	截至2022年底，未完成
25	水电厂（9项）	玉门市老市区创业孵化园区存量增量配网供电线路建设项目	2021.9.15	2022.9.1
26		玉门老市区存量配电网双电源建设项目——建设路区域	2022.3.13	2022.9.1
27		水电厂氢气输送管道建设项目	2022.5.16	2022.8.30
28		水电厂锅炉脱硝还原剂更换改造	2022.6.10	2022.7.30
29		玉门东镇300兆瓦光伏并网发电项目智慧工地系统建设	2022.9.29	2022.12.9
30		玉门油田玉门东镇200兆瓦光伏发电项目配套40兆瓦/80兆瓦时储能系统项目	2022.11.10	2022.12.31
31		玉门油田300兆瓦光伏并网发电项目	2022.10.14	2022.12.31
32		水电厂2022年防洪项目	2022.9.15	2022.11.16
33		水电厂六期给水泵改造项目	2022.11.16	截至2022年底，未完成
34	物资采购管理中心（1项）	危化品库房改造项目	2022.7.4	2022.9.14
35	综合服务处（2项）	农灌机井项目	2022.5.6	2022.8.7
36		职工餐厅冷库改造项目	2022.9.5	2022.11.28
37	井下作业公司（1项）	井下作业视频监控系统推广项目补充部分	2022.7.10	2022.11.18
38	共享中心（2项）	玉门油田实训基地设备设施补充完善项目	2022.4.15	2022.11.30
39		实训基地新能源计量培训项目	2022.11.11	2022.12.10

【工程管理】 2022年，虎洞地面系统建设高效完成。环庆集输系统骨架及虎洞区块产能建设地面工程项目是实现环庆区块地面系统互联互通的关键一环，是实现环庆采油厂高质量发展的重要保证。工程项目建设前期，突出重点，加快设计进度，为工程施工争取时间；盯紧设计质量，分析木钵和演武项目设计问题原因，总结经验，吸取教训，尽量减少设计变更，为工程施工质量打好基础。加大物资采购协调力度，30天内完成1868项物料订货，开工前结束所有长周期设备的采购，为后续施工争取宝贵时间。项目开工后，管理人员长期驻守环县，现场督促施工进度。及时统筹协调解决项目推进过程中的突出问题，保障各项工程按时间节点顺利开展。每日工程例会落实前一天工作进展，安排部署当天重点工作，到投产前累计参加碰头会88次。每周参加两次项目协调会，协调设计、采购、质量、进度、安全以及征地、协议等外协问题。项目完工后，继续参与单机试运、仪表调试及系统联调工作，确保装置一次开车成功。在建设过程中重视环境保护，同步开展厂区绿化和管网植被恢复，做到地面工程建设与绿化同步开展，将虎一转建设成为绿色、环保的油气处理站场。历时77天，建成20万吨/年的虎洞接转注站和86千米集输骨架管网，实现了环庆区块木钵、演武、虎洞三大产区原油的互联互通。

环庆宁1集气站一次投运成功。发挥处室职能，对宁庆天然气地面工程项目建设提早谋划、强化协调、优质服务，与各参建单位团结协作，克服外协难度大、新冠肺炎疫情冲击等影响，推动项目快速建设。与当地政府沟通协调，用时2个月，完成各项专项评价和征地相关手续办理，为后期施工奠定依法合规基础。与中国石油工程建设有限公司（CPECC）北京设计分公司加强交流合作，及时解决技术难题。安排专人到北京开展技术对接，加快施工图设计和主要物资采购进度，在项目开工前完成所有核心设备采购。加强施工质量管控，把关质量策划、项目划分、材料设备验收、施工作业要求落实、施工作业环境确认等环节，通过每周质量监督检查、每周生产例会，及时通报质量问题，预警下一步质量风险。结合投运方案，组织投产人员培训操作规程、安全风险辨识、应急预案演练、自控运行等流程，做好开厂准备。宁庆集气站的成功投运，标志着玉门油田开发史上第一个天然气集气站快速建成，为玉门油田全面实现"油气并举"、宁庆区块安全平稳连续生产及精细管理提供保障。

加快新能源项目建设。新能源建设项目的特点是施工领域新、建设周期短。发挥工程建设主管部门作用，协助建设单位，对"玉门油田300兆瓦光伏发电项目"开展工程施工招投标及合同签订，指导选定项目建设管理模式及施工承包模式。加强与股份公司沟通，加快项目审批手续办理。项目开工后，深入施工现场，做好服务、协调等工作。克服新冠肺炎疫情、冬季施工困难加大等不利因素影响，严密部署，保障项目质量、工期、投资、安全环保等各要素得到有效控制。另外，"玉门油田玉门东镇200兆瓦光伏发电项目配套40兆瓦/80兆瓦时储能系统项目"也按期完工投运。

工程运行表单式管理。首次推行"三色表"预警机制，覆盖建设、设计、施工、物采等各环节。将项目建设任务按周分段，明确项目每个节点完成时间及相关责任单位，根据提前完成标识、超出节点工期、严重影响工期或未按期完工来标明绿、黄、红三种颜色及时进行预警，并对推进缓慢的项目跟进任务落实，倒逼相关责任单位优化服务、专项督办、加大协调、提高工程效率。通过建立三色预警机制，及时掌握项目进展情况，督促项目加快建设，责任单位对项目进行点对点、面对面的管理与服务，及时梳理解决项目建设中存在的困难问题。实行重点项目提级管理机制，及时研判未按计划开工建设和进展缓慢的项目存在的问题,对催办后仍进展不力的项目进行提级管理,上报公司相关部门,督导项目加快建设。倒逼相关部门做好项目推进服务,解决项目推进过程中的问题,加快项目建设,实现项目提质增速。

开展数字化交付、智慧工地试点工程建设。选定"环庆集输系统骨架及虎洞区块产能建设地面工程"项目中的热泵站和86千米骨架集输管线为试点项目,开展油田地面工程数字化交付应用,以点带面,逐步推行工程项目整体数字化交付。采集工程建设过程中设计、采购、施工等各阶段各专业的工程数据、文档、三维模型等建立起关联关系,形成一个有机的整体后统一交付,为今后运维管理提供数据基础。编制热泵站项目数字化统一技术规定相关文件12份,实施培训26人次,创建外输管线模型及重要节点焊缝679条,各类文件上传498份。选取"玉门油田300兆瓦光伏发电项目"作为油田第一个"安眼工程"智慧工地建设试点项目,搭建玉门油田智慧工地平台,实现对智慧工地项目中建设内容的集中展示。

竣工验收完成计划目标。梳理公司近5年来已投产未竣工验收的项目,汇总下发《2022年工程竣工验收计划》,清理出2022年需要完成竣工验收的项目42个,明确竣工验收关键节点计划。制定月报上报制度,每月落实工作进展,每季度定期召开推进会,针对工程完工交工后部分单位遗留问题销项落实不到位、专项验收组织不及时或组织验收后发现问题销项迟缓,导致竣工验收长期延长等问题,制定整改措施予以解决,特别是对已投产三年以上仍未完成竣工验收的工程项目,安排专人督导,提高工作效率。加大考核力度,对不能按照2022年计划期限完成竣工验收的单位,严格考核兑现。2022年,全面完成集团公司要求的工作目标。

发挥工程技术服务保障作用。配合完成"玉门油田宁庆分公司2022年天然气产能建设地面工程""环庆集输系统骨架及虎洞区块产能建设地面工程""老君庙采油厂VOCs治理项目""玉门油田300兆瓦光伏并网发电项目"等29个项目前期设计审查。组织完成"鸭儿峡隆6区块青2–48井投改注项目""水电厂锅炉脱硝还原剂更换改造""玉门油田实训基地设备设施补充完善项目"等17个工程的施工图审查,提出审查意见100余条,最大化消除设计错、漏、碰、缺问题。做好开工报告手续审批,落实施工队伍招标、设备物资采购、合同签订、质量监督注册、第一次工地例会等开工准备工作。对建设项目准备不充分,不能及时办理相关基建手续的工程不允许开工建设,保障项目建设依法合规。2022年办理20个项目开工报告。强化基础管理,完善制度体系建设,制定下发《玉门油田分公司油气生产和新能源工程建设项目管理办法》,规范工程建设项目全周期管理程序。

【设备管理】 2022年,炼化装置和水电设备大检修圆满收官。炼化装置和水电设备大检修是公司2022年重点工作,是筑牢炼化根基、夯实水电业务基础的关键任务,是实现"四年一修"的第一战。检修工期要求40天,要完成2660项检修任务与技改项目,时间紧、任务重、标准高、难度大、意义深。为保证大检修工作的顺利实施,超前谋划工作部署,从2021年起玉门油田公司就开始着手启动相关准备工作,到检修前,审核签署相关设备购置、维修技术文件58份,审查通过13家检维修承包商市场准入。召开大检修启动会,成立以公司总经理为组长的大检修领导小组。定期组织4个专业小组和参检单位召开检修前协调会,连续发布12期《大检修准备工作周报(三色表)》,对检修方案审批滞后、长周期物资到货缓慢等问题,督促协调相关单位加快工作进度。检修开始后,驻守检修现场,白天盯紧检修进展,晚上参加工作协调会,对施工质量、施工机具以及21项重点检修项目加大监督力度。针对检修过程中出现的安全阀检验慢、报废率高、换热器封头修复困难、水电厂汽轮机缸盖酒嘉地区无法修复等问题，安排专人督导、协调，解决难题。连续每日发布《炼化装置、水电设备大检修工作日报》37期，每周组织大检修领导小组、各专业组以及参检单位，召开推进会，统一指挥、协调工作。经过全体参战将士的拼搏，检修工作比原计划提前6天完成，装置开工一次成功，实现了"安全、环保、文明、绿色检修"的总体目标，做到了零事故、零排放、零污染、零疫情。

开展设备专项检查。组成设备检查验收组，用时53天，通过资料查阅、数据核实、现场抽查、能力考评和沟通交流等方式，按照集团公司装备检查程序和内容，从基础工作、制度规程、人员素质、设备状况4个方面，对11个基层单位设备管理部门、61个车间队站、156个作业现场、330台主要生产设备进行现场检查，对49名设备管理人员的技术能力和业务素质进行考核，对照检查标准对各单位设备管理状态进行评分总结。针对检查发现的问题整改，做好闭环管理。此次设备检查发现问题426个，问题整改完成418个，整改率98.12%，剩余问题陆续在2023年整改完成。组织实施设备设施专项审核，覆盖全部生产单位。对所有审核发现问题，均录入线上系统，分析问题原因，提出整改建议，并跟踪落实整改完成。

强化重点设备管控。掌握重点设备运行状态和维护情况，落实重点关键设备各项管控措施，编制发布重点关键设备月度报表。现场协调老君庙青西联合站大罐抽气压缩机修理，持续关注M油藏东低区减氧空气驱扩大项目采购的减氧压缩一体化设备安装试验动态，配合、协调鸭儿峡接转站天然气压缩机开机前设备检查、润滑检测等工作。加强机动车辆管理，对车辆回场检查站建设、完善和执行情况进行检查，对不具备检查条件的检查站、不按规定程序进行检查的回场检查员和不按期参加检查的车辆驾驶员进行通报和处罚，典型问题在《石油工人报》上曝光。抓好车辆驾驶员"三检制"（出车前、行车中、收车）和车辆回场检查制度落实，开展机动车辆专项巡查，对各单位车辆回场检查落实情况临时现场路查，落实车辆回场检查"五不准"，杜绝带"病"车辆上路行驶。

加强设备维修管理。编制下发设备修理工时定额，涵盖主要生产设备12大类60种类型，指导设备修理工作。协调综合服务处汽修中心车辆修理费用，明确收费标准，合规车辆维修业务收费。规范设备维修框架合同履约管理，明确管理要求和结算流程，管控机泵维修、机电维修等设备维修费用。落实公司党委车辆维修巡查提出的问题，多次核查综合服务处和生产服务保障中心3个汽车修理厂修理情况，促进问题整改。对4个基层单位、3个修理厂点开展设备检维修合规管理工作检查，对设备承修商进行评价打分，公示评分结果，督促各单位加强承包商检维修质量管控。

提升内部机械制造产品质量。针对机械厂抽油机、抽油泵、柔性复合管产品质量不稳定，开展机械制造产品质量指导督查，多次到生产现场检查调研，提出整改意见建议，在生产调度会上通报产品质量问题。

加强承包商管理。线上开展承包商资格审核，审核各类设备检维修承包商资料百余份，整改不合格项30余项，源头把控不合格承包商准入。开展设备检维修承包商年度专项审核，综合评价承包商管理水平，对问题进行原因分析与追溯，并给出整改建议，进一步采取措施，加大管控力度，提高承包商在作业过程中的质量、安全与合规意识。开展承包商年度考核评价工作，净化市场环境，建立黑名单制度，实行末位淘汰3%和黄牌警告3%，凡资质不符、违规转包、设备修理质量不达标的承包商清除油田市场。

提质增效专项行动效益凸显。加强设备日

常使用维护管理，提高设备运行维护水平，降低故障率，保证生产平稳，减少非计划停车，降低设备运行、维修成本费用。优化设备运行方式，降低设备能耗，探索设备经济、高效、长周期运行方式。加大设备共享和设备修旧利废，降低闲置设备数量，降低投资成本，提升设备利用率。在宁庆集气站建设中，无偿调剂利用吉林油田两台闲置天然气压缩机，缩短设备采购周期，节省投资。2022年共计调剂利用设备46台套，节约资金2367.8万元，设备修旧利废节约资金753.8万元，改造节省资金8万元，租赁节约资金493.5万元，处置节约资金384.4万元，管理创效184.1万元，共计节约4191.6万元，超计划完成122%。

抓紧抓实安全管理。细化工作方案和检查表，开展安全生产大检查暨隐患大排查大整治，完成老区与环庆新区设备管理过程中的安全环保隐患排查与整治。开展常压储罐安全附件检测，将储罐附件产品纳入玉门油田采购目录，择优选取供应厂商，确保合格产品进入采购系统。强化设备检维修承包商安全监管，及时发现管理薄弱环节与存在的突出问题。2022年无发生重特大设备事故。

持续夯实制度体系建设。先后制修订《玉门油田分公司设备管理办法》《玉门油田分公司防爆电气管理办法》《玉门油田分公司机动车辆管理办法》《玉门油田分公司设备检维修承包商管理实施细则》《玉门油田分公司设备维修工时定额（试行）》5项制度。

【完整性管理】 2022年管道和站场完整性管理向深向实发展。对油田1233.87千米管道开展"双高"管道年度筛查，筛查完成率100%。对筛查出来的"双高"管道，建立"双高"管道档案，编写"双高"管道治理方案，形成18个"一区一案"和12个"一线一案"治理方案，明确具体管理措施。重点抓好管道失效管理，加强日常腐蚀监测力度，定期组织管道失效研讨分析，开展腐蚀机理及防护技术研究，不断降低管道失效率和安全环保风险。2022年管道失效率降至0.063次/（千米·年），较2021年降低43%，油田管道本质安全保障能力得到提升。抓好老君庙与环庆采油厂"无泄漏示范区"建设，构建适应无泄漏管理的文件体系、标准体系、技术体系，做好示范工程成果总结，丰富可推广的模式和做法，推动完整性管理常态化。组织完整性管理及生产运行工作自检评估，对三大类、19小类、50项完整性管理工作内容开展现场检查，对三大类、25项生产运行管理工作进行复检，检查资料千余份，抽查现场4处，发现亮点4个，查出问题24个，提出建议17条。进一步提升采油厂完整性管理水平，集中力量在2022年6月、8月开展现场帮扶和回头看，指导、帮助采油厂完整性管理工作上水平。

地面生产系统效率提升明显。开展水系统地面生产大调查，从建设规模、运行现状、运行成本、存在问题等多方面、系统性地摸排油田采出水处理、注水以及污泥处理三大主体系统运行情况，完成水系统51个站场的普查。组织采油厂开展水系统自检自查，查出问题24项，全部整改完成。开展地面生产对标管理，形成油田公司地面生产管理指标18项、2类油田典型区块分类指标。加强与股份公司、长庆油田的外部对标对表，从宏观目标、过程控制和微观细节提出解决方案，并督促落实。2022年，油田原油集输密闭率82.9%，较2021年提高3%；原油稳定率68.5%，较2021年提高13%；原油脱水负荷率58.3%，伴生气处理负荷率39.1%，较2021年分别提高8%和26%。

促进油田地面生产绿色发展。依托现有地面配套设施，优化工艺流程，调整工艺参数，开展站场系统改造，回收井场零散气。将鸭儿峡接转站放空气成功并入青西联合站天然气处理装置，2022年累计回收零散及放空气79万立方米。对青西联合站开展生产节点运行分析，结合破乳剂浓度实验，调整原油处理系统三相分离器导水管高度，确保原油出口含水率稳定在标准值，在提升原油产品质量的同时，降低原油处理成本。通过化验分析伴生气组分和流量等参数，进一步降低制冷温度，提高C3+回收率，增加轻烃回收量，增收生产效益。

【重要成果】 环庆集输系统骨架及虎洞区块产能建设地面工程不仅是投资最多、最为复杂的工程，也是环庆区块最具战略意义的工程，是构建环庆区块地面系统三足鼎立之势的关键一环，是实现玉门油田公司"十四五"末原油产量目标的重要保证。在项目建设中，全力拓展、系统推进"六化"建设，即标准化设计、规模化采购、工厂化预制、模块化建设、信息化管理、数字化交付，打破传统项目建设模式中的设计、采购、施工各自为战的局限，虎洞接转注站从开工到完工，历时77天，再次刷新"玉门速度"，玉门油田公司工程建设管理水平全面提升。

宁庆天然气地面工程项目历时106天，建成玉门油田开发史上第一个天然气集气站，对玉门油田扭亏脱困意义重大，为公司全面实现"油气并举"提供坚强保障。为保证项目按期完工投运，千方百计加快项目建设进度，利用股份公司闲置停用设备共享平台信息，调拨吉林油田2套闲置未使用的天然气压缩机，组织现场鉴定、改造实施，多次与吉林油田协调沟通，最终实现无偿调拨，缩短设备采购周期4个多月，节约设备购置资金1203.5万元。项目的快速投产，有效降低宁庆单井生产的运行成本与投运时间，天然气由零散销售整合为集中处理销售，降低安全风险。

2022年炼化装置水电设备大检修在40天内完成炼化总厂23套生产装置、2115项检修任务，19项投资及技改项目，以及汽油质量由国VI A标准向国VI B标准升级，水电厂6台套主要生产设备、515项的检修任务、11项技改项目，实现"三年一修"迈向"四年一修"的要求。所有检修任务全部完成并一次开厂成功，实现"质量、安全、绿色、工期、费用、廉洁、规范"全面受控，有利保证炼油化工总厂200万吨原油加工任务。

针对酒东油田不同油藏水型配伍性较差、易结垢、易导致地层堵塞、注水困难、地层亏空严重等问题，开展预脱盐改造实验项目，达到有效减少系统结垢、延长采出水处理装置检修周期、减少应垢离子导致的地层堵塞的目的。项目改造完成后，注水井井口水质悬浮物含量平均值由112.5毫克/升下降至16.3毫克/升，日均注水量由146立方米上升至181立方米，预计年增注12775立方米，按水驱采收率23%计算，预计增产原油约2938吨，创效1469万元。注水井平均措施有效期由98天上升至261天，预计每年可减少注水井措施费用191万元。

【荣誉奖励】 2023年1月，冯明忠被评为集团公司2022年度QHSE先进个人。

（邵明芳）

企 管 法 规

【概况】 企管法规处负责玉门油田公司改革与企业管理、合同与法律事务、招标物资管理、合规管理、内控风险管理。2022年，企管法规处设改革与企业管理科、法律事务与合同管理科、合规与内控管理科、招标与物资管理科4个职能科室，定员编制16人，实际在岗员工13人，其中处长1人、副处长1人、科长4人、副科长4人、业务主管2人、业务主办1人；

高级职称 3 人，中级职称 7 人；5 人具有律师资格。

【改革与企业管理】 持续推动改革走深走实。2022 年组织各职能部门参加集团公司、专业公司改革相关会议 11 次，传达改革三年行动例会相关文件资料。搭建剥离企业办社会职能后续工作机制，完成剥离企业办社会职能后评价报告。制定发布实施《玉门油田分公司 2022—2023 年年度授权管理清单》和《玉门油田分公司强化管理实施方案》。按月填报集团公司改革在线督办管理系统，截至 2022 年 3 月，公司改革三年行动 83 项改革任务全面完成。

做好改革经验总结。收集总结各单位、各部门改革典型经验材料，上报集团公司改革督办系统 8 篇。总结上报玉门油田公司改革经验交流材料 3 篇，其中《加快"油公司"模式改革 推进老油田转型发展》在集团公司国内勘探与生产业务"油公司"模式改革推进会上作经验交流发言。开展以"看台账资料，看改革成效"为主要内容的改革工作"回头看"，完成改革三年行动工作台账和资料清单的编制。

持续强化油田对标管理。完成 2021 年度对标管理工作总结，编制 2021 年对标管理提升行动工作成果清单，梳理以系统性方案、制度性文件等为主要形式的对标成果 60 余项。按季度做好对标管理系统平台信息维护和更新，持续推动对标指标有效落实。开展 2021 年度对标指标数据收集，完成公司 2021 年度对标分析报告，撰写《夯实对标管理基础 助力油田扭亏脱困》交流材料参加专业公司书面交流。对公司所属 16 家二级单位主管领导和主要业务人员进行对标管理基础内容培训。加快公司对标管理体系搭建，初步形成由 11 部门参与、17 个对标指标类别组成的公司对标管理指标架构。

规范内部市场管理。推进玉门油田业务归核化、同质化，会同人事处整合压力表检定、安全阀校验、高温蒸汽热洗清蜡等同质化业务。优化完善内部市场运行机制，修订发布《玉门油田分公司内部市场管理办法》，梳理形成立项—选商—合同—内部市场综合管理流程，进一步强化业主单位与公司职能部门的市场管理主体职责，持续规范内部服务业务和承包商运行管理。推进内部市场管理信息化建设，2022 年 4 月，投入使用市场管理信息系统，截至 2022 年底，各业主单位在系统累计提报 535 家承包商（服务商）开展的 651 条合同项目信息。

【规章制度与合规管理】 做好规章制度立改废。编制 2022 年度规章制度制修订申报计划和拟废止规章制度计划，新制定规章制度计划 15 项，修订制度计划 55 项。截至 2022 年底发布制度 35 项，修订制度 36 项，年度制修订计划完成率超过 90%。修订完善规章制度细则。推动"三个层次五个类别"制度结构，修订完善《玉门油田分公司规章制度管理实施细则》，试点推进制度流程化工作，2022 年新发布的规章制度中有 5 项制度明确管理操作流程。做好规章制度基础工作，组织公司 14 个业务管理部门及 16 家二级单位建立规章制度清单。更新公司现行规章制度清单，指导开展日常管理工作，发现并纠正制度管理不合规问题。对 36 项规章制度开展合法合规审查，提出审查意见 90 余条。

推进"合规管理强化年"。玉门油田成立"合规管理强化年"领导小组，全面压实合规管理责任，制定合规管理责任清单、工作运行表和月度工作报表，明确各级领导干部合规管理职责，压实各单位、各部门的主体责任和监管责任，构建起公司重点合规管理、各部门专业领域合规管理、各单位生产经营合规管理的协同机制，保证工作有序推进。按期完成集团公司各项重点工作任务，报送工作报告 13 篇。高效完成公司业务管理部门合规责任清单、合规义务清单、合规风险清单和合规风险管控流程清单的编制，涉及 218 个管理岗位、433 项合规职责、707 项合规义务、675 项合规风险、110 项业务流程。

开展经营业务专项治理。推进"经营业务

合规管理问题"专项治理和"回头看"工作，组织开展全级次、全领域、全方位合规风险和违法违规问题排查治理，通过完善管理标准、优化管控流程、修订规章制度等措施落实问题销项。

宣贯依法合规理念。组织开展专题合规培训 11 次，累计参培员工约 1.2 万人次。组织合规文化宣贯活动 17 次，参与人数累计 1300 人次。组织落实集团公司全员合规培训以及公司 2022 年合规培训，持续引导公司全体员工不合规的事不做、不合规的效益不要，使公司合规理念深入人心。

【内控与风险管理】 2022 年，玉门油田公司修订完善《内部控制与风险管理业绩考核实施细则（试行）》，下发《关于加强公司重大经营风险事件管理工作的通知》，健全完善公司重大经营风险事件管理工作机制，规范重大经营风险事件报告程序，有效防范化解重大经营风险。按计划组织开展内控测试，测试单位覆盖率由以往年度的 50% 提高到 100%，测试频率由一年一次调整为一年二次，开展一次针对新能源业务的内控有效性测试。2022 年内控测试重点测试投资管理、工程管理、销售管理、人力资源管理、财务管理、资产管理、物资管理、招投标与合同管理、三重一大等领域的重要业务流程 208 个，关键控制点 504 个；信息层面测试信息系统总体控制（GCC）、应用系统控制（AC），财务资产和 ERP 系统权限。测试单位覆盖率、重要流程和关键控制点覆盖率均达 100%。进行内部控制有效性自我评价，编制完成《玉门油田分公司内部控制有效性自我评价报告》。

组织各业务管理部门根据年度制度修订和业务调整的实际情况，对公司重要业务流程进行梳理，分析业务流程与职责的一致性、业务流程与制度的匹配性、业务流程与实际业务的符合性，按照集团最新要求和标准模板对公司内控手册进行全面修订，将《内部控制管理手册（2021 版）》中原则性、规范性的内容固化在新版内部控制管理手册中，将原手册中流程图、风险控制文档和权限管理等实时变化的内容从手册中分离出来，单独编制《流程文档》和《权限手册》，每年进行修订完善，逐年优化流程、完善控制、规范权限，确保内控体系的完整性、适应性和有效性。

开展专项流程梳理，明确海外项目业务流程，开展海外业务专项业务流程梳理建设，建立涵盖人力资源管理、财务管理、合同管理、法律事务、物资管理、综合管理等重要业务的海外业务流程管理体系。

加强海外业务风险防控，编制《防范化解境外项目风险专项工作方案》，组织乍得公司针对境外新冠肺炎疫情风险、安全风险、法律合规风险等 9 个领域进行专项风险排查。通过排查发现风险因素 12 个，制订管控措施 29 项。建立海外项目投资决策机制、项目风险动态评估及报告机制、项目风险排查机制、监督评价机制，适时监控海外项目风险防控情况，并按季度对海外风险防控措施的落实情况进行总结，形成《境外项目风险排查及整改情况报告》。

下发《关于加强公司重大经营风险事件管理工作的通知》，健全完善公司重大经营风险事件管理工作机制，通过集团公司风险管理系统按季度开展风险事件收集、分析上报，2022 年公司发生风险事件 1 起。全面落实公司 2022 年度重大风险管控措施，对公司排名前 5 位的重大风险管控措施落实情况进行跟踪监测，每季度编制重大风险季度跟踪监测表和重大经营风险事件跟踪监测表。

在风险系统中完成公司业务风险数据库、风险管理基础架构、风险分类架构维护，通过建立各项基础架构数据间关联关系，实现以能力框架为桥梁，形成风险管理系统各类数据信息流转途径，使风险管理系统各模块可调用其他模块数据，为公司 2023 年度重大风险评估顺利实施提供保障。

开展2023年度重大风险评估,将风险值在12分以上的3个风险:原油价格波动风险、大宗商品价格波动风险和国家产业政策导向风险作为公司2023年度的重大风险进行重点管控,将风险值在12分以下的地缘政治和安全风险、油气资源风险、健康安全环保风险、突发性自然灾害风险、市场需求风险、内部改革风险和物资采购风险7个风险作为公司重要风险,明确重大、重要风险主管部门或单位,制定风险管控方案,编制完成《玉门油田分公司2023年度重大风险评估报告》。

【法律事务与合同管理】 2022年,玉门油田公司推进法治示范企业创建。制定《玉门油田分公司深化依法合规治企,创建"法治建设示范企业"实施方案》,成立法治建设示范企业领导小组,制定工作运行表,明确22项工作任务和51项工作措施,逐项分解细化落实,确保各项工作的有序推进。

完善合法合规审查机制。制定下发《重大涉法事项法律论证管理细则》和《关于加强合法合规审查工作通知》,理顺审查程序,落实审查职责和审查要素,确保审查工作不缺位、审查事项不遗漏,推动审查机制的有效运行。

开展普法宣传。结合《玉门油田分公司法治宣传教育第八个五年规划(2021—2025年)》、普法责任清单和普法学法任务表,制定2022年度普法工作运行表并认真落实执行。组建成立公司律师事务部,全面保障公司重大涉法事项法律论证、对外合同法律审查和纠纷案件处理,积极开展新能源知识产权保护管理、普法宣传教育、维稳法律支持等法律业务。

2022年办理公司(局)授权委托书及负责人证明文件共计35份,办理诉讼案件16件,出具法律意见书10份,法律风险提示函1份。跟进处理纠纷案件,由涉案单位、公司专职律师组成法律论证小组,制订切实可行的诉讼策略。深入分析案件成因,堵塞管理漏洞,及时向业务管理部门提出法律建议,避免类似案件再次发生。

提供商事法律服务。按期完成公司及所属经营单位41个营业执照的年报公示,完成3家企业的变更登记。充分行使公司对参股企业的经营决策权,审查甘肃省科技风险投资有限公司董事会、股东会决议的议案并行权建议。做好商标管理。完成2022—2026年集团公司"昆仑"商标使用许可和2个类别"祁连"商标的续展。定期监控盗用公司商标的情况,避免公司利益受损。

明晰油田所属法人企业管控职责。按照集团公司加强法人企业管理工作要求,制定下发《关于进一步明确公司所属法人企业管理职责分工和工作程序的通知》,完善法人企业管理职责、明确管理程序、建立协同工作机制、加强分公司(分支机构)管理力度,不断强化企业控制管理。

加强法律培训。组织公司业务管理部门、法律合规管理人员参加集团公司举办的三期法律业务专题研讨交流会,系统学习融资性贸易、建设工程合同、股权管理常见法律问题及风险应对措施,提高业务管理能力。每季度开展不同专题的法律知识培训,组织公司295名经营管理人员参加甘肃省学法考试。向领导干部、经营管理人员发放《通用法律禁止性、强制性规范指引》《领导干部法治知识简明读本》1900余册,组织开展"法治在我心中"演讲比赛。充分利用网络平台、《石油工人报》、石油摇篮公众号等媒介,广泛开展"醉驾""信访条例""妇女保护""疫情防控""职业病防治""网络安全"为内容的普法宣传14次。

强化合同管理。修订印发《合同管理实施办法》,将重点业务管控程序绘制成9个流程图,直观呈现程序管理要求。规范明确合同管理标准,编制下发《合同业务操作手册》,制定《疫情期间大检修项目应急选商、合同管理工作指引》,确保项目顺利推进。成立合同管理系统与档案管理系统集成应用工作小组，实现电子合同档案从形成、办理、归档到档案的全过程管理。加强事后合同监管。2022年事后合同占比0.26%，低于集团公司1%的事后合同产生率。规范合同变更管理，2022年合同变更总量从2021年的126份减少到49份，合同金额变更数量占比从2021年的1.6%下降至0.69%，实现合同变更数量、金额变更数量占比的双下降。持续开展合同专项治理。在2021年治理成效的基础上，组织开展选商、合同专项检查和境外业务合同风险排查，深入分析问题成因，以查促改，规范合同管理工作，建立起长效的监督检查机制。

【招标与物资管理】 2022年，组织起草完善玉门油田公司物资供应管理及配套办法，明确物资管理、供应实施部门职责，规范管理界面和权限，理顺业务管理程序和流程，保障外拓市场单位物资供应高效可控，充分发挥物资管理监管作用。修订完善公司物资供应管理考核指标，新增物资年度需求计划上报项数准确率等7个指标，加强公司物资供应管理考核。

2022年7月21日，玉门油田公司与中国石油物资采购中心西北分中心签订《招标项目专业化实施合作协议》，不断加强对接与合作，理顺西北分中心的业务管理程序和流程，共同推进招标业务发展。

编制下发《玉门油田分公司招标业务突出问题专项整治工作方案》，成立招标业务突出问题专项整治工作领导小组，自方案下发之日起到2023年6月底，分阶段在全公司范围内开展招标业务突出问题专项整治。针对应招未招方面、规避招标方面、虚假招标方面、不执行招标结果方面等内容，在玉门油田范围内开展突出问题大排查，坚持"三必查、三必究"，运用巡视、巡察、审计、纪检监察等各类监督检查反馈问题整改成果，推进招标业务突出问题有效整改。开展非招标选商工作调研、检查，及时发现、整改问题。

加大三商失信行为处罚力度，对三商失信行为"零容忍"。2022年公司对8家在招标投标中存在失信行为的投标人列入公司不诚信企业名单，并在中国石油电子招标投标网对进行失信行为公示。组织完成公司各单位2022年物资供应商考评，对发生交易的一级物资供应商156家、二级物资供应商348家，涉及3247个物资品种的到货业务供应商的产品质量、技术水平、服务能力、合同履约等内容量化打分，将打分不合格16家供应商分别作出暂停品类交易权限和暂停交易权限处理。

及时更新公司招标评审专家库，做好信息梳理、变更及增补，对因单位和工作岗位变动的专家进行信息变更，对离职、退养等原因退出工作岗位的专家进行"退出"，对因工作原因无法参加评审工作的专家进行"暂停"。

（高　旭）

规 划 计 划

【概述】 规划计划处主要负责玉门油田公司规划计划、投资项目与定额计价管理、综合统计、炼化管理等业务。根据《关于设立新能源事业部和调整部分机构编制的通知》，在生产与工程管理处增设炼化管理科，业务由规划计划处管理，主要负责炼化业务与集团（股份）公司、炼化新材料公司和地方部门业务联系、炼化业务规划计划、达标对标、炼化项目前期管理等。

截至 2022 年底有在岗员工 11 人，其中男员工 6 人、女员工 5 人，处长 1 人、副处长 2 人、科长 2 人、副科长 2 人、业务主管 3 人、业务主办 1 人；高级职称 7 人（高级工程师 5 人，高级经济师 1 人，高级统计师 1 人），中级职称 3 人（工程师 2 人，经济师 1 人）。设规划科、投资项目与定额计价管理科、计划统计科 3 个科室。

【规划计划管理】 2022 年，玉门油田公司紧密围绕公司总体工作部署，聚焦"油气并举、多能驱动"发展战略，锚定年度生产经营目标，深入开展"转观念、勇担当、强管理、创一流"主题教育活动，着力抓好战略规划、投资管理、生产经营计划及统计分析等各项重点任务。组织完成油气中长期目标研究及天然气上游业务规划编制，组织编制油田碳达峰实施方案，加快炼化转型路线及重点项目论证研究，印发公司"十四五"发展规划纲要，有效引领公司各项业务向规划目标迈进。规划先后得到股份公司油气与新能源分公司和炼油化工与新材料分公司规划审查批复，玉门油田公司新能源业务发展规划主要内容被列入集团公司新能源新业务专项规划，公司整体规划获集团公司"十四五"规划优秀成果三等奖。

积极争取投资资金。在年度框架投资 12.72 亿元基础上，加快新能源项目落实进度，积极争取新能源、安全环保等项目投资，2022 年落实投资 27.91 亿元，有力保障公司项目建设资金需求。

着力抓好投资控制。按照量入为出、效益优先原则，在股份公司下达的额度以内安排计划投资。优化提升自主资金利用效率，在股份公司下达的额度内，最大程度提高资金利用效率。及时做好投资计划优化调整，提高当年投资完成率。2022 年实际完成投资 31.19 亿元，当年投资完成率 92.03%。

优化投资结构。按照严谨投资、精准投资、效益投资原则，持续优化投资结构。坚持投资向公司主营业务集中，严格执行股份公司负面清单制度和亏损企业治理"八个严禁"要求，严控非生产投资，2022 年油气勘探开发、炼油化工、新能源三大主营业务投资占比 97.84%。优化投资结构，公司勘探开发整体投资持续向流转区块、高效区块集中，2022 年下达勘探开发总投资 14.45 亿元，其中流转新区 12.16 亿元，占比高达 84%，且连续两年超过 80%。持续精细优化新老区投资部署，调整酒东 1 口中深井投资至老君庙油田实施 6 口浅井，将宁庆区块 2021 年未实施开发投资及 2022 年开发投资调整至环庆高效区块，有效提升产能建设投资效益。强化投资回报，实行投资回报承诺制，与项目单位签订目标承诺书，层层压实责任，全面提升投资回报水平。

强化投资合规管理。深入开展专项治理，按照集团公司"严肃财经纪律、依法合规经营"综合治理专项行动和关于进一步严肃投资计划纪律的要求，成立投资问题专项治理工作组，在全公司范围内深入开展投资问题专项清查治理，重点对投资管理制度体系建设情况、项目前期工作管理情况、投资项目"三不达"（不达产、不达销、不达效）情况等三大类 14 项投资专项治理内容进行梳理自查，对清查出的制度修订滞后、投资完成率低等问题进行限期整改。

提升合规管理能力。组织公司主要领导、计划主管领导、业务主管领导及相关单位及部门领导参加集团公司、油气和新能源分公司投资管理制度宣贯培训会，对集团公司、油气和新能源分公司新修订的投资管理制度进行系统学习，为推进公司投资管理合规运行奠定基础。加强投资一本账管理，严格区分费用化和资本化构成，将培训经费、党组织经费、安全生产费、工会经费、政府补助等资金资本化部分全部纳入公司投资计划统一进行管理。

【项目管理】 2022 年，玉门油田公司完善项目前期工作管理。加快项目前期工作节奏，将审查批复时间控制在 5 个工作日内；把好项目前期审查关，充分发挥公司各级专家作用，邀请各专业专家参与项目审查,确保项目质量效益,有效防范投资风险。全年开展宁庆天然气2022年产能建设地面工程、环庆集输系统骨架及虎洞区块产能建设地面工程、酒东5兆瓦分布式光伏发电等59个项目前期工作,完成批复42个(可行性研究6个、初步设计36个)。认真做好一、二、三类项目预审及报审工作,预审项目2个,备案项目4个,及时跟踪报审项目审批进度。

加快推进项目结算。成立结算专班,不定期组织召开结算推进会,组织结算滞后的单位通报结算进度、分析滞后原因、制定结算任务进度表,专项推动项目结算,2022年完成项目结算54项,其中地面工程项目结算33项、钻井项目工程结算9项、地面工程备案项目12项,上报结算金额共计13.91亿元,审定结算投资13.90亿元,审减金额139.40万元。

组织做好后评价工作。组织开展18项项目后评价工作,其中简化后评价项目8项,归类后评价项目10项;按照集团公司《关于做好2022年集团公司投资项目后评价工作的通知》要求,组织开展《玉门油田环庆—宁庆勘探开发项目》自评价工作,自评价报告评审结论为"良",顺利通过验收;做好后评价成果应用,将后评价意见作为改扩建项目审批重要依据,真正发挥投资闭环管理作用,有效提升项目管理整体水平。按照公司深化依法合规治企、创建"法治建设示范企业"等要求,完成《玉门油田分公司投资及计划管理实施细则》《玉门油田分公司工程造价管理实施细则》两项制度修订和发布,进一步规范前期论证、投资计划、后评价、管理考核等完整的制度体系,确保投资计划、工程造价管理流程和管理制度更加健全、高效。

【工程造价】 2022年,玉门油田公司健全造价指标体系。认真梳理油田公司现行造价计价依据,结合长庆油田市场化定额,编制发布环庆区块钻井系统工程造价指标。根据国家、地方政府、集团公司现行工程造价管理规定及计价依据,补充2022版石油建设安装工程预算定额、概算指标等计价依据。组织对公司工程技术服务市场化定额进行修编,同时为更好推行和应用市场化定额,根据市场化定额编制老君庙区块、鸭儿峡区块成熟井别及井型指导价。

做好投资估算、概算、预算审查。2022年复核估、概算42项,上报估、概算投资金额43.24亿元,审定估、概算投资金额41.14亿元,审减2.1亿元,审减率4.85%;复核钻井预算2项,上报预算投资金额6822.62万元,审定预算投资金额6775.58万元,审减47.04万元,审减率0.69%。

总结造价管理优秀经验,组织申报集团公司石油工程造价优秀成果和优秀论文工作,推荐石油工程造价优秀成果1篇,优秀论文2篇,其中一篇获得二等奖。

强化造价人员管理。根据集团公司下发的《石油地面工程造价人员管理细则(试行)》及集团公司发展计划部要求,统一对各单位石油地面工程造价人员进行岗位认证,并为通过认证的石油地面工程造价人员刻制印章67枚,印制证书67份;组织各单位部门工程造价、管理操作相关人员开展造价应用系统(同望软件)培训工作,有效提升人员业务技能水平。

【计划统计】 2022年,玉门油田公司统筹组织油气产、运、销计划工作。根据生产实际,科学制定并下达月度生产计划,沟通协调季度、月度产销计划衔接,做好旬度原油生产盘库,跟踪监督计划执行情况,协调解决产运销过程中出现的问题,超前安排炼厂检修期间原油的储输计划和应急准备,确保完成全年油气当量目标。

认真做好炼厂检修年原油加工计划安排。围绕效益最大化原则,积极落实资源配置和油品外销,根据炼厂生产实际与股份公司生产经营管理部、原油销售分公司、西北销售分公司协调申请原油加工量及配置计划、成品油交货计划，保证检修年原油加工量实现200.50万吨，同比增加2891吨。

推动流转区块油气销售。与西部原油销售中心、长庆油田等单位沟通，签订宁庆原油销售协议，2022年6月实现宁庆区块第一笔原油销售；按照股份公司关于加强天然气销售管理的要求，制定《玉门油田分公司零散天然气产销管理实施细则》，进一步规范公司零散天然气产销行为，坚持多产多回收多创效，实现零散气资源管理与油气勘探开发相互促进，确保产销安全及公司整体利益。

规范统计业务。根据公司生产经营实际情况，优化统计流程，优选统计指标，完善形成《2022年玉门油田公司综合统计报表制度》；重视源头数据，强化业务指导，将统计方法制度、统计口径、指标解释的培训落实到日常报表报送过程中，灵活有效搞好业务培训，确保统计数据质量；按时完成月度生产指标对标分析、季度生产经营分析等工作，真实反映生产动态及公司生产经营信息，为生产计划安排及领导及时掌握生产情况发挥作用；严格落实国家统计局统计入库要求，做到"应统尽统"，与庆阳市统计局、宁夏盐池县统计局沟通，按要求上报投资、产量产值数据。

强化统计法制意识。顺利通过国家统计局甘肃调查总队工业品出厂价格统计执法检查组对玉门油田的首次统计执法检查。在检查过程中，加大对《中华人民共和国统计法》《统计法实施条例》的宣传力度，实现法制宣传与抽查和执法检查相结合，进一步提升油田依法统计意识。

【炼化管理】 2022年，加快推进炼化转型项目。完成"玉门油田公司炼化总厂液压油调和及灌装系统改造""10万吨/年特种油品深度加氢及精馏改造""玉门油田公司炼化总厂航空煤油洗槽站升级改造"等炼化项目可行性研究报告及基础设计的修编及评估工作，审核上报《玉门炼化碳达峰实施方案》《玉门油田国ⅥB车用汽油生产调整专项工作方案》等材料。

做好生产计划协调。配合炼油化工总厂完成成品油生产154.48万吨，计划完成率101.87%；交货148.12万吨，计划完成率97.34%；协调西部原油销售中心、国家管网西部管道与炼油化工总厂共同执行管输原油计划，完成原油管输164.58万吨，计划执行率99.73%。

加大市场推广力度。协同炼油化工总厂相关部门与酒泉地区军方用户对接，经多次交流洽谈及计量质检，炼油化工总厂生产的航空煤油作为第三代航天发动机燃料供应给酒泉军区某部。与炼油化工总厂协同完成15号航空液压油包装物质量升级技术攻关工作，解决包装桶渗漏问题，提升玉门油田产品品牌形象。

【新能源业务】 2022年，玉门油田公司聚焦"玉门清洁转型示范基地"建设，持续细化完善玉门油田《碳达峰实施方案》《低碳油田建设方案》；锚定"油气并举、多能驱动"发展战略，协助加速推进"甘肃酒泉310万千瓦风光气储一体化项目""甘肃武威290万千瓦风光气储一体化项目""宁庆区块致密气田240万千瓦风光气储氢一体化项目"等"沙戈荒"基地规划方案完善，科学开展规划评估和优化调整；协助新能源事业部争取将巴丹吉林、腾格里沙漠两个一体化项目列入国家第三批"沙戈荒"大型风电光伏基地建设项目清单，组织编制油田碳达峰实施方案，明确油田碳达峰时间表、路线图，制定碳达峰碳减排重点措施举措，完成《玉门油田分公司碳达峰实施方案》。

承担"甘肃省石油化工产业转型升级战略研究"重大项目的课题二"绿色炼化产业链补链强链战略研究"研究工作，推进炼化转型与新能源融合发展。协商与中国寰球工程有限公司、国网武汉南瑞有限责任公司等11家单位签订合作协议，推动新能源产业链发展，助力

"玉门清洁转型示范基地"建设。

【荣誉奖励】 2022年12月27日,在《关于表彰中国石油天然气集团有限公司生产经营先进单位和个人的通报》中,侯孝政被评为中国石油天然气集团有限公司生产经营先进个人。

（郭雪丽）

财务资产

【概况】 财务处全面负责玉门油田公司财务管理工作,贯彻执行国家、集团公司和股份公司各项财务管理制度、办法和工作规范,履行各项财务管理职责和服务职能,组织开展财务分析活动,指导及协调各二级单位财务部门核算业务,参与公司（局）经营决策和业绩考核工作。截至2022年底,有员工27人,其中处级干部3人、科级干部11人、中级及以上职称21人。财务处下设预算成本管理科、会计管理科、价税管理科、资产管理科、资金管理与稽核科、资本运营与信息管理科等6个科室。

截至2022年底,玉门油田公司资产总额93.7亿元,固定资产及油气资产净值113.81亿元,净额59.43亿元,全年实现收入172亿元,经营利润6.41亿元,账面利润总额0.05亿元,同比减亏10.6亿元,实现2014年以来首次整体扭亏为盈。

【预算管理】 2022年,玉门油田公司强化全面预算管理,不断提高预算分析和评价水平。夯实可持续发展基础,对不同发展阶段不同形势下的长期发展效益分别进行测算,不让油价上涨掩盖成本依然较高的问题,不让整体盈利掩盖亏损企业的问题;进一步加强勘探及炼油板块生产经营情况分析工作,根据勘探和炼化板块的要求,针对国际油价起伏变化,确定分析重点,重点细化分析内容,突出针对性要素、关键性库存、完全成本、加工费等问题分析,督促各部门、各单位查问题、找原因,全力以赴完成好各项指标;加强成本核算和控制,超前测算当月及次月收入、成本、利润指标,重点关注操作成本和完全成本,充分挖掘产业链、供应链、作业链各环节成本管控潜力;加强区块评价与SEC储量评估管理工作,把增储作为第一目标,按照"合规增储"和"四应四尽"的要求,精准深入挖掘证实已开发储量潜力,保障SEC储量接替率大于1。加强投资、储量、成本三位一体管理,做好区块资产和储量评估的有效结合,实现投资、成本、效益相匹配,优化投资结构,提高勘探成效,降低勘探成本,突出整体效益最大化。

全面贯彻集团公司工作会议和玉门油田公司"两会"精神,全力推进提质增效价值创造行动,充分总结近年提质增效经验基础上,紧抓油价上行有利时机,围绕"五提质、五增效",强化高效勘探、老区稳产、新区效益建产、炼化效益提升、新能源业务、下达分解提质增效指标。加大对各单位、各部门的考核力度,确定主管领导、专职人员负责提质增效工作,有计划、有重点、有针对性地开展督导检查,确保提质增效专项行动走深走实。

按照集团公司亏损企业治理工作部署,以"十四五"发展规划为引领,将亏损治理与提质增效有机结合,持续深入推进亏损治理专项行动,充分发挥财务在亏损治理专项行动的中坚作用,扎扎实实把各项措施铆实钉紧,在投资管控、开源创收、费用压减、成本压降、税费减免等各方面持续发力,直面高质量发展的要求和较高成本现状之间的矛盾,加强全员、全要素、全过程成本管控力度，不断提高核心竞争力，实现质的稳步提升和量的有效增长，公司各项经营指标持续向好。

【价税管理】 2022年，玉门油田公司根据"依法纳税，合理筹划，规避纳税风险"的税收管理理念，运用国家和地方现行税收政策法律、法规，积极开展税收管理工作。完成2021年度玉门油田公司和玉门石油管理局有限公司国别报告、关联交易往来报告、企业所得税汇算清缴、个人所得税年度汇算清缴工作。完成每月各项税费的计提、汇总、申报、缴纳等工作，玉门油田公司全年上缴各类税费45.04亿元。

认真研究税收政策，用好用足税收减免优惠，2022年完成定点直供石脑油免征消费税1.45亿元，申请自用成品油消费税返还492万元，享受低丰度和衰竭期矿山减征资源税4944万元，享受研发费用加计扣除1.02亿元，节税2600万元，享受残疾职工工资收入加计扣除648万元，节税162万元，享受企业办社会支出税前扣除、成品油配置计划免缴印花税等合计节税3916万元。享受减税降费组合式支持政策，全年增值税增量留抵退税9020万元，小微企业增量留抵退税60万元，小微企业存量留抵退税197万元，进项税加计递减3.9万元，小微企业企业所得税减免26万元。充分利用个人所得税优惠政策，纳税筹划年终一次性奖金，减免个人所得税1717万元，2022年节税3.76亿元。配合国家成品油消费税专项整治工作，按时上报相关资料，认真做好解释工作；为提升税收管理水平，规范税收核算，夯实税收基础工作，整理编写《全税种税收政策汇编》；根据玉门油田公司内部价格市场化改革的需要，健全和完善公司内部价格市场化体系建设，组织井下作业服务价格定价研讨会，修订井下作业服务价格，下发《玉门油田井下作业及特车服务价格（2022年版）》；针对煤价对蒸汽价格的影响，下发《玉门油田分公司煤热价格联动管理办法》；对二级单位上报的价格调整和价格制定申请，积极组织核价，及时了解价格执行中存在的问题。转发上级部门价格调整文件187份，收到二级单位价格调整备案资料25份。

【会计核算】 2022年，玉门油田公司加强会计核算管理，切实提高会计核算质量，按照依法合规管理要求，规范财务会计行为，做好各项会计业务的确认、计量工作，真实反映公司财务状况、经营成果。编制财务会计信息质量巩固提升专项行动实施方案，下发《关于明确成本类工程建设项目结算的通知》《关于规范公司因公出差财务报销流程的通知》等，保障财务工作规范化、制度化。

开展公司会计信息质量巩固提升专项行动，强化财务分析，充分发挥管理会计职能，充分利用全面完整的数据优势、信息优势等，立足于业财融合，深入开展各项指标分析，不断细化、完善2022年度各相关经济活动分析，整理公司历年数据、深度开展分析，为公司扭亏脱困、提质增效工作做好有利的数据信息支撑工作。

完成2022年玉门油田公司、玉门石油管理局有限公司决算报表编制、附注说明、财务分析及决算汇报；配合普华永道会计师事务、天健会计师事务所完成年终财务报告审阅工作；编制《企业年度报告》，客观、真实、完整反映公司财务状况、经营业绩；及时与集团公司财务部核对，完成公司往来资金的清算与费用核销工作；定期出具内部清欠考核指标，协助相关部门完成考核工作。

不断强化民企逾期账款清理及农民工工资支付保障工作，下发《关于开展农民工工资支付保障自查工作的通知》《关于进一步巩固民企逾期账款及农民工工资清欠工作的通知》，坚持以维护劳动者合法权益为宗旨，以确保公司承接建设单位及外包业务涉及的农民工能足额、及时领到工资为目标，以查处民营企业及农民工工资拖欠为工作重点，以清理拖欠民营企业及农民工欠薪专项检查为依托，开展专项问题排查整改行动，扎实推进专项清理工作长效机制建设。

开展减免服务业小微企业、个体工商户、养老托育服务业房租及减免自查工作，下发《关于开展服务业小微企业和个体工商户房租摸底工作的通知》《关于落实养老托育服务业减租政策和开展房租减免政策落实情况检查工作的通知》等文件，上报玉门油田2022年关于落实养老托育服务业减租政策和开展房租减免政策落实情况检查工作报告。

继续加强与西安共享中心业务承接工作，推进财务共享实施，按照共享服务西安中心2022年推广实施计划及整体部署要求，上报《统一报表平台功能测试表》《统一报表平台并行验证情况报告》，组织相关财务人员参加股份公司统一报表平台正式切换及业务培训。

组织财务人员配合共享业务全承接工作，制定全业务上线实施方案，全面梳理纳入合并报表范围的全部核算主体，与会计核算、资金结算、报表编制直接相关的全部财务性操作业务，有序推进上线准备工作，完成玉门油田财务共享业务全承接上线切换工作。

贯彻落实集团公司石油商旅全员全级次上线使用工作要求，举办财务业务及石油商旅上线推广及宣讲培训，完成环庆分公司、炼化总厂、机关各部门商旅上线推广和宣讲。

【资产管理】 2022年，集团公司总部审批报废油水井90口，油水井及设施原值62392万元，净值28372万元，净额21159万元；公司自行审批正常报废固定资产原值3149万元，净值471万元，净额112万元；非正常报废固定资产原值586万元，净值179万元，净额179万元；报废无形资产原值1947万元；中石油煤层气有限责任公司划转油田作业公司资产6项，原值48万元，净值13万元；中国石油油气生产物联网建设项目无形资产3套划转老君庙，原值66万元、吉林油田划转宁庆区块资产2项，原值1204万元；长庆油田划转宁庆区块资产12项，原值5792万元，净值5399万元；共计原值7110万元，净值6682万元；加强各单位车辆清查，清理出74辆进行实物管理的车辆并纳入账内管理；组织上报报废再利用井382口，经批复零价值入账管理。

加大对低效无效、闲置资产清理，通过各种渠道盘活资产，清理低效无效及闲置资产1665项，原值9073.43万元，净值1264.70万元，净额1264.70万元，超额完成集团公司2022年度低效无效及闲置资产盘活清理处置任务，取得处置收益2156万元。

严格执行股份公司评估相关管理办法，做到应评尽评，共计2项评估项目经股份公司审核，并完成国务院国资委备案。

【资金管理与稽核】 2022年，玉门油田公司持续提高资金计划执行率，细化资金紧平衡管理。强化资金收支闭环管控，通过资金计划"以收定支"加大收款单位回款力度，对外支出从严从紧安排，内部存款红字单位延缓付款，从而缓解公司资金压力。持续推行票据支付业务，通过下达二级单位票据结算任务，鼓励二级单位加大票据支付力度，以弥补公司资金流缺口，减少财务费用。截至2022年底，办理票据结算3.28亿元，节约财务费用96.92万元。筹措低息资金16.3亿元，节约财务费用1955万元。为基层办实事，为3家基层单位办理收款二维码，开立外闯市场银行账户8个。加强特殊资金监督管理，提高特殊资金监管力度，开展特殊资金业务自查，做好特殊资金系统备案工作。

加强公司合规管理，加大公司经营过程风险监督。2022年开展全面清理债权、债务及存货专项检查，进一步强化往来款项、存货管理，提高财务管理水平。强化资金风险管控。采取抽查的形式，对水电、井下、炼油、监督中心进行资金专项检查；对公司所属14个驻外单位资金管理情况开展全面排查工作；开展民企挂靠国资问题综合整治"回头看"工作并上报报告；开展虚假贸易专项治理工作并上报报告。依据集团公司《中国石油天然气集团有限公司"严肃财经纪律、依法合规经营"综合治理专项行动实施方案》要求，牵头开展专项行动，各专项小组依据方案要求开展自查工作，通过自查排查、监督检查发现问题，边查边改、立行立改。紧跟集团公司大数据监督平台建设步伐，推动大数据财会监督平台应用，在平台投入初期主动向大数据财会监督应用项目组提出改进建议并得到采纳，及时对各二级单位财务负责人及相关业务人员进行操作培训，为大数据财会监督平台应用奠定基础。通过大数据财会监督应用平台，向公司所属单位分派核实任务17项，在规定时间完成核查上报工作。依据《中国石油天然气股份有限公司财务稽查管理办法》《中国石油天然气股份有限公司财务稽查实施规范》的要求，先后对开发部、勘探部、监督中心等3家单位进行财务内部稽查工作、发现涉及会计基础工作、收入成本费用核算、固定资产、无形资产、存货管理、财务会计内控制度执行等方面的问题30个，督促其整改完毕。进一步规范会计核算及财务业务流程，对玉门油田公司2023版内部控制体系文件进行修订换版工作。对94个财务重要业务流程，48个财务一般业务流程进行梳理优化。稽核本部、管理局及工会会计凭证7476笔，对发现的问题查明差错原因，提出整改建议和方法并做好记录，跟踪落实直至整改完成。加强与纪检、巡视、审计、人力资源等监督部门协同配合，提出相关监督整改建议，对不符合要求的整改情况进一步跟踪指导，做到全部整改，无一遗漏。

【资本运营与信息管理】 2022年，玉门油田公司强化法人压减，着力解决历史遗留问题。严格落实国务院国资委和集团公司有关要求，将法人压减、参股公司自查整改与"两非"剥离、"两资"处置、亏损企业治理等专项工作有机结合，加快清理处置低效无效股权企业，通过向集团公司财务部和国务院国资委沟通汇报，从根本上解决玉门油田人和汽车维修服务有限责任公司、兰州金华林有限责任公司、陕西玉门石油化工有限责任公司、玉门油田方圆物业管理有限责任公司、兰州西部科技开发公司等5家法人企业工商已注销，但无法从国资产权管理信息系统和中国石油股权管理系统完成注销流程的历史遗留问题，确保公司利益不受损失。加强国有产权管理问题专项治理，加强法人企业管理。

按照集团公司关于《加强国有产权管理问题专项治理的通知》，编制玉门油田"国有产权管理"专项行动实施方案，从排查解决法人总量控制及管理层级问题、整治违规挂靠国资、假冒国企等问题、解决混合所有制改革问题、加强产权登记及股权管理4个方面对公司所属法人企业进行排查整改，着力解决查摆出的问题，按期填报报表，准时上报进展报告和总结报告，确保专项工作按时按质完成。做好法人企业信息核对，及时完成出产权信息变更登记工作。下发《关于做好上海瀚海明玉大酒店有限公司等16家法人企业工商登记变更工作的通知》，督促管理单位及时完成法定代表人、董监事及其他相关信息进行变更，及时更换营业执照，按时完成工商登记变更登记工作，努力提高法人企业管理水平。合理编报法人企业2023年度收益分红预算，全口径核对公司所属19家法人企业股权占比和利润预计，对法人企业2023年度的收入成本和利润情况做出合理预算，编制上报2023年度股权投资收益预算和分红预算报表，做好2022年度股利分配工作，2022年公司分红收益2692.62万元，确保公司利益最大化。

强化财务信息系统维护工作，做好各类财务信息系统的推广及应用，确保系统运行稳定、安全与畅通。扩充往来供应商/客户2152条；新增往来供应商/客户1022条；分发客户数据

920 条；同步订单 9200 条；完成工程质量检测公司、通信工程有限责任公司、综合服务处驻外机构 4 家宾馆账套相关配置、流程调整、权限分配等工作；参加统一核算组织架构确认工作，核对供应商、ERP 代码 262 条；完善共享服务平台配置流程调整、初始化人员信息、流程节点 4000 条信息。

（赵生平）

审 计 监 督

【概述】 玉门油田公司审计部负责对公司及所属单位财务、工程建设项目的审计；负责对领导干部的经济责任审计；负责公司所属单位委托项目的审计；负责围绕公司生产经营运行状况，组织开展专项审计调查；负责对内部控制运行情况进行测试和评价；负责开展违规经营投资责任追究工作。2022 年有审计人员 10 人，其中高级职称 4 人、中级职称 6 人。下设经济审计科和工程审计科。全年完成审计项目 14 项，审减工程建设项目预、结、决算金额 187.03 万元。

【经济责任审计】 2022 年，玉门油田公司坚持客观公正、离任必审原则，深化经济责任审计，监督权力规范运行。实施完成勘探开发研究院、工程技术研究院、生产服务保障中心、兰州离退休基地和成都离退休基地 5 家单位原负责人的离任经济责任审计。通过审计，加强对企业领导人员权力运行的监督和制约，客观评价、界定企业领导人员任期经济责任，推进党风廉政建设，将"有权必有责、用权必担责、滥权必追责"的管理要求落实落细，贯彻到位。

【建设工程审计】 2022 年，玉门油田公司依照工程建设项目竣工验收管理规定，开展三、四类建设项目的竣工决算审计 21 项，审计资金 18702.57 万元，及时发现和处理建设项目实施过程中出现的各类问题，推进工程建设项目提升依法合规管理能力。发挥内部审计把关堵漏、降本控费作用，聚焦公司深化提质增效工作部署，及时对相关单位工程建设项目预结算的准确性、合规性和合理性进行审计，实施投资类结算审计 3 项，审计资金 1102.82 万元，审减金额 12.03 万元；实施成本类结算审计 35 项，审计资金 2467.62 万元，审减金额 175 万元，推进成本精益管理，加强关键环节管理和成本费用控制。

【专项审计】 2022 年，玉门油田公司根据集团公司审计部授权委托，实施完成安全生产费用、轻烃液化气乙烷销售管理、原油销售管理、能耗管理 4 项重大专项审计。通过审计，监督检查政策措施和决策部署贯彻执行力度，揭示不足，上下协同解决公司在政策执行中存在的共性问题和个性问题，促进相关工作规范运行，依法合规管理。接受主责部门委托，有针对性地对公司综合服务处、生产服务保障中心党组织工作经费管理使用情况进行了专项审计调查，加强党的建设、做强党建保障方面发挥审计的监督与服务作用。运用审计整改联动机制，会同纪委办公室组织实施审计、巡察发现问题整改"回头看"工作，针对近三年审计发现的 156 个问题和 65 条建议，实行对账销号，形成对审计整改监督的再监督。

【管理效益审计】 2022 年，玉门油田公司围绕提高企业经济效益和工作效益，发掘被审计单位提高经济效益的潜力和途径，实施机械厂吐哈"三抽"设备服务中心管理效益审计、上海大联石油化工有限公司经营管理审计。以企业财务、经营和管理为审计切入点，深入剖析内部管理、职责履行、风险控制、制度落实、经营质量和管理质效等方面存在的薄弱环节和提升途径，促进被审计单位提质增效措施落地见效。

【重要成果】 2022 年，玉门油田公司 2022 年，张彬、关文志撰写的《油井经济效益审计研究》获集团公司审计理论研讨优秀论文二等奖；蔡若男、白瑞撰写的《企业内部审计开展研究型审计的思考》获集团公司审计理论研讨优秀论文三等奖。

（蔡若男）

第六篇　综合办公与人力资源

- 综合办公
- 人力资源

综合办公

【概况】 玉门油田公司党委办公室（综合办公室）负责公司党政重要工作的沟通协调，以及重大决策和重点工作的督查督办；负责开展政策研究、调查研究及公司各类信息的收集整理和上传下达；做好各类综合性文稿的起草；负责公司重要会议、重大活动的筹备组织，整理编发会议纪要；负责公司公文核稿、分发、印制和归档，做好上级文件的收文、流转和督办；负责公司各类公务接待工作；负责公司保密工作和OA系统运行维护；负责公司信访维稳和网络舆情监测。截至2022年底，党委办公室（综合办公室）有在岗员工15人，其中高级政工师4人，高级经济师1人，政工师5人，工程师2人，经济师2人，助理政工师1人，下设综合科、政研科、保密与文书科、维稳信访科。

【综合管理】 2022年，起草玉门油田公司第三次党代会、"两会"报告，向集团公司董事长、党组书记戴厚良，甘肃省委副书记、省长任振鹤，集团公司党组成员、总会计师蔡安辉等领导汇报材料，生产经营会、主营业务工作会领导讲话等文字材料80余万字。严格执行会议审批、各项改进文风会风制度及疫情期间常态化防控措施，高效完成公司第三次党代会、2022年工作会议暨八届三次职工代表大会、学习传达集团公司2022年工作会议、公司主营业务工作会、季度生产经营会等综合性会议20场次；筹备党委会、执行董事办公会、总经理办公会80余场次，研究议题330余项，按要求在"三重一大"国资监管系统上报数据249条，下发党委会、执行董事办公会、总经理办公会议纪要59期。向集团公司专网报送信息288条、采用47条，《玉门油田学习传达贯彻集团公司2022年领导干部会议精神》等重要信息被集团公司《值班信息》刊发，多次获集团公司通报表扬；编发《油田动态》22期，及时推送公司发展重要信息；向集团公司《企业动态》栏目组报送信息628条，采用391条，信息采用2022年在集团公司排名11位，创历史最好水平。组织与国家电网、西北销售、兰州石化、吐哈油田、西部管道、杭州地质研究院、中油测井、西部钻探、宝石花家园等兄弟单位交流座谈等20余场次，组织与酒泉市、庆阳市、玉门市、肃州区、盐池县、环县等地方政府交流企地协调发展大计，协调解决发展中的问题，与10个地方政府及相关单位签订战略合作协议。

【政研工作】 2022年，玉门油田公司严格落实公司党委第一议题制度及决策督办事项，组织召开公司党委"第一议题"会议37次，学习贯彻习近平总书记重要讲话和文章112个专题，形成贯彻落实措施130余条，督办落实各单位、公司各部门制定的"第一议题"具体措施280余条，将公司党委会、总经理办公会各项决策事项纳入督办落实流程，督办落实公司党委、油田公司决策事项290余项；制修订公司喜迎党的二十大行动方案、深入学习贯彻习近平总书记重要指示批示精神落实机制、议事规则、"三重一大"决策制度实施细则、前置研究讨论重大经营管理事项清单等制度，起草党的二十大宣讲报告、党风廉政建设主体责任报告，筹备召开玉门油田公司学习贯彻集团公司领导干部工作会议精神大会、党委书记例会等重要会议，撰写领导讲话等会议材料。筹备公司第三次党代会、油田纳米实验室和工业文化研学实践教育试点示范基地授牌、喜迎党的二十大和宣传贯彻党的二十大系列活动、公司首条中长距输氢管道建设开工仪式等重大活动。组织公司领导班子相关单位（部门）深入16个基层单位开展集中调研，各单位累计提出的52个问题和建议、公司领导强调的12个问题，现场解决13个，对其余51个提供政策支持、明确解决方案。撰写党建、学术文章6篇，闫正云、张磊、詹文亮、李超、郝林、姜菲撰写的"伟大思想指引石油摇篮破浪前行——玉门油田党委推动第一议题制度常态化、规范化、实效化的探索与实践"被《国企党建》杂志评选为2022年度"国企党建创新优秀案例"；李超撰写的《铁人先锋赞 五色熠心间》和詹文亮撰写的《"铁人先锋"的"秘密"》获公司党委纪念建党101周年系列征文"我和平台的故事"优秀作品；李超制作的微视频《打死我也不说》获公司"护航新征程、喜迎二十大——保密演讲赛"二等奖；李超撰写的诗歌《算好"四本账"杜绝被围猎》获公司优秀廉洁文化作品二等奖；李超创作的《五彩的青春 无处不青春》被公司推荐至集团公司团委。组织领导班子述职述廉、民主生活会、主题党日活动等20场次，参与机关党委组织的"转观念、勇担当、强管理、创一流"活动和"建功新时代、喜迎二十大"习近平总书记重要指示批示精神再学习再落实再提升主题活动。

【文书运行】 2022年，接收并办理集团公司文件2788份、地方政府文件1113份、基层单位文件862份。归档公司文件705件、上级文件2700余件；下发公司党政各类公文602份；印制各类会议材料16万多页，用印11万余份。做好电子公文系统调整运行及管理维护，配置文件流程、制作印章及签名。保持新冠肺炎疫情文电快速收发，保证疫情防控指令上传下达畅通高效、公文系统的正常运行。

【保密管理】 2022年，印发《公司保密委员会工作规则》《公司密码工作领导小组工作规则》《微信泄密行为处分建议标准（试行）》《工作秘密管理暂行办法》等4项制度；组织涉密人员、副处级以上领导干部及专兼职保密干部370多人参加"中国保密在线"举办的线上保密知识培训；开展微信专项整顿行动，自查小程序（自行开发或购买）6个，微信公众号21个，视频公众号5个，自查微信群466个，共计排查人员总数7472人；完成"净网-2022"专项行动及公司网络安全自查评估，开展信息设备清查工作，形成账物相符、要素齐全、责任清晰的4000多台信息设备台账，建立追溯机制；组织开展"护航新征程、喜迎二十大——保密演讲赛""团结奋斗新征，保守秘密靠大家"等活动，为党的二十大胜利召开营造良好安全保密环境。

【维稳信访】 2022年，做好全国"两会"、党的二十大等特别重点阶段维稳信访工作，制定下发《2022年玉门油田公司维稳信访安保防恐工作要点》《玉门油田公司关于喜迎党的二十大行动方案》41份，《国庆节及党的二十大等特殊敏感时段工作要求》《玉门油田公司关于落实省市党的二十大维稳信访安保防恐工作任务的责任清单》四大类18项、《玉门油田公司党的二十大维稳安保工作战时机制措施主要内容及责任清单》11项等各类工作措施，向17个相关部门、基层单位下达《维稳信访安保特别重点阶段责任令》及《舆情监测指令》，细化6名重点人员、3项重点预防问题、21个重点安防部位，受理、办理各类信访事项90起114人次，其中个访25起46人次、处理集体访1起6人次、集团公司网上信访3起2人次、甘肃省信访信息平台6起5人次，处理答复集团公司"党组信箱"及酒泉市委办公室交督办的网民在《人民网》"地方领导留言板"上的信访诉求共55份。

【荣誉奖励】 2022年，闫正云获评玉门油田公司2021年度优秀中层领导干部，王得虎获评2021年度集团公司信息工作先进个人，罗娟获评玉门油田公司2020—2021年度"双文明"建设先进个人，姜菲获评玉门油田公司2021年市场开发先进个人，詹文亮获评玉门油田公司2021年度安全环保先进个人。

（詹文亮）

人力资源

【概述】 玉门油田人力资源工作由党委组织部（人事处）负责，下设干部管理科、组织科、组织机构与员工管理科、薪酬与考核科、培训科5个职能科室。2022年底有员工20人，其中处级干部3人、科级干部9人、高级职称8人，中级职称8人，中级及以上职称员工占总人数的80.0%；本科及以上学历20人，本科及以上学历占总人数的100%。

主要业务是负责公司组织机构编制、用工总量计划控制、薪酬分配及管理、劳动定员定额管理；经营管理人员、专业技术人员和操作服务人员三支队伍建设；负责厂、处领导班子及后备干部队伍建设；负责员工业绩考核工作；组织毕业生引进及员工招聘；负责公司高级技术专家管理，专业技术职务、工人技师评聘及职业技能鉴定工作；负责员工劳动合同管理，办理员工退休等工作。

截至2022年底，玉门油田公司在册员工9282人，在岗员工6894人。其中经营管理人员1501人，占在岗员工总数的21.8%；专业技术人员1439人，占在岗员工总数的20.9%；技能操作人员3954人，占在岗员工总数的57.3%。

【领导班子建设】 2022年，玉门油田公司进一步规范选人用人工作。针对近年来集团公司通报、巡视巡察、日常工作中反映出的选人用人问题，整改存量、杜绝增量，深挖根源、举一反三、完善制度、优化流程。加强对基层单位选人用人工作指导，严格落实报批报备制度，认真审核各单位选拔任用工作方案，加强过程跟踪指导和结果审核把关，进一步提升选人用人质量。本年度共调整交流和选拔任用二级正、副职领导人员41人，其中调整交流10人，新提拔二级副职20人、二级正职5人，公司副总师2人，进一步使用4人，选人用人工作有效发挥"用好一个人、激励一大片"的作用。

推行领导人员任期制和契约化管理。全面推进任期制和契约化改革，编制并印发《玉门油田分公司推行中层领导人员任期制和契约化管理实施办法》，明确任期责任、任期期限、契约管理、任期考核内容、任期考核方式以及任期结果兑现，分批次在公司所属单位全面推行任期制，形成符合公司实际的领导人员任期管理制度体系。完成7名公司一级正副职领导和16个二级单位、11个职能部门、4个直属机构，共118名二级正副职干部《任期岗位聘任协议和经营业绩责任书》签订，初步建立干部职务能上能下、收入能增能减的管理机制。强化考核结果刚性应用，年度综合考核排名靠后的领导干部，严格按管理办法进行组织处理。年度优秀干部评选，把基层单位和机关部门、二级正职和二级副职分开，分别按照20%的比例确定。

加快优秀年轻干部培养选拔。编制并印发《玉门油田分公司党委大力发现培养选拔优秀年轻干部实施方案》，通过岗位间交流和多岗位实践锻炼，推荐1名二级副职干部到大庆油田挂职锻炼；2名二级副职干部到酒泉市发改委和能源局挂职锻炼；1名三级正职和1名三级副职干部到金塔工业集中区管理委员会、甘肃酒泉核产业园管理委员会挂职锻炼。选派优秀年轻干部到环县等对口扶贫点进行蹲村挂职磨炼，在扶贫攻坚实践中锻造优秀年轻干部。

提升人才队伍建设水平。针对玉门油田人才队伍青黄不接、断层严重、结构性缺员等矛盾，落实"党管人才"主体责任，分油田和单位两个层面，启动重点领域人才储备库建设，从勘探开发、炼油化工、工程技术、党群管理4个方面，制定实施一人一策的年轻干部交流培养提升中长期规划。

【组织结构优化】 2022年，玉门油田公司按照集团公司《推进企业组织体系优化提升工程的意见》要求，全面实施公司组织体系优化调整，系统推进各级机构职能精简优化，确保结构合理、效率运转。建立健全新能源新材料业务组织机构设置，将公司法人单位纳入机构管理范围。实现新型采油气作业区建设和炼化联合车间改革到位率100%；推进工程服务单位专业化重组，完成油田作业公司、机械厂、工程技术研究院、物资采购管理中心、应急与综治中心等单位"三定"改革；深化纪检体制改革，公司纪委统一设立6个派驻纪检组；优化职能部门"大部制"改革，设立新能源事业部，撤销炼油化工部和方圆物业有限责任公司，在生产与工程管理处设置炼化科；加快"专业化+项目制"组织模式推广和优化，强化各单位同质化业务整合，不断完善共享服务体系建设。完成金玉阳光大酒店和兰州白马浪酒店租赁项目机构设置和人员安置，以及宝石花物业托管改直管人员安置。通过系列改革举措，公司组织机构设置更加适应"油公司"管理体制要求。2022年，公司二级机构压减1个，三级机构压减17个，二、三级机构总体压减5.6%。

【劳动用工管理】 2022年，玉门油田公司按照"严把入口、畅通出口"的员工总量控制政策，多渠道压减员工规模，2022年末员工总量控制在9282人以内。充分把握企业办社会职能剥离改革机遇，稳妥分流安置人员并签订中止劳动合同。不断优化人员新增计划投向，重点满足主营业务关键岗位、新能源新材料业务发展骨干接替，全年招聘高校毕业生60人，招聘计划完成率100%。落实"我为员工办实事"活动，与吐哈油田协议对调员工8人。通过修订完善《员工管理办法》，全面宣贯集团公司《员工违规行为处理规定》，调整公司内部违规处理工作领导小组，加强员工内部违规处理工作。完善公开招聘、全员竞争上岗、末位淘汰等制度，全面推进员工市场化退出率达到集团公司要求。全年依法依规解除劳动合同20人，员工市场化退出率基本达到集团公司要求。率先在环庆采油厂实现"管理+技术"用工模式，新能源和采气业务直接采用"管理+技术"用工模式，并逐步在其他主要生产单位推行。非主营业务领域全面推行第三方用工或业务外包，努力减少直接用工。已逐步建立起用工主体多元，用工方式灵活，用工结构合理的市场化用工管理模式。通过场站总包、劳务用工及井下作业大包等市场化方式，推进内部承包工作量价格市场化，初形成内部专业化队伍和外部社会化队伍相结合的服务保障体系，服务质量和效率不断提升。

2022年公司所属各单位间内部劳务合作420人，参与海外劳务人员435人，参与国家管网公司劳务输出53人，公司各类外创市场劳务输出人员达1050人。

【人才选拔培养】 2022年，玉门油田公司深入贯彻实施集团公司人才强企工程新入职员工三年基础培养计划要求，优化设计"轮岗实习锻炼"阶段，创新组织新入职员工培训项目，针对性改革调整实习期考核方式，以实习单位从人才缺口精准制定培养方案、入职员工着眼职业规划提出个人目标两个维度，优化完善双向的职业规划，从源头抓好人才培养和队伍建设。按照集团公司统一要求，首次承办玉门油田56名招聘大学生的A类入职培训任务，指导并审定见习计划56份。

经营管理人才队伍综合素质明显提升。公司党委持续加大优秀年轻干部培养选拔力度，公司二级领导人员平均年龄由2019年的51岁下降为2022年的47.4岁。2022年选拔任用的20名二级副职领导人员中，40岁及以下6人，35岁及以下1人，达到集团公司规定的"三个1/3左右"要求，部分单位主要领导接替问题得到初步解决。

专业技术人才队伍建设成效显著。全面梳理科研单位人才队伍整体情况，强化专家作用发挥，建立专家管理体系文件，组建13个专家领衔的技术创新团队进行集智攻关，促进专家引领作用有效发挥和核心价值真正体现。落实技术专家责权体系，建立"专家领衔创新团队集智攻关""一线巡诊技术支撑"工作机制，实现培养、选拔、储备"三个一批"的工作目标。

技能操作人才队伍整体素质不断增强。编制完成《玉门油田自主认定题库》，投入使用28个职业（工种）、38专业（方向）的理论知识试题24000道，组织完成53个职业67个工种1120人次的职业技能等级认定工作。高水平承办第四届全国油气开发专业技能竞赛暨中国石油首届技术技能大赛变配电运行值班员（新能源方向）竞赛。组织采油工、井下作业工、聚丙烯装置操作工和油藏动态分析等8个职业（工种）的技术技能竞赛。承办酒泉市5个工种职工职业技能大赛。采用"积分制"，选聘3名集团公司技能专家、15名公司技能专家、15名特级技师、27名高级技师以及229名技师。

【薪酬成本管控】 2022年，玉门油田公司按照集团公司优化调整薪酬结构的有关精神及要求，实施公司薪酬结构优化调整工作，差异化调整岗位（技）工资标准，合理控制级差，提高专业技术岗位的工资标准，增大关键艰苦岗位增资幅度。修订完善《公司奖金发放管理办法》《公司专项奖励管理办法》，持续加大对公司重点工作、重大项目作出突出贡献或获得重大社会经济效益的个人奖励力度，充分发挥专项奖精准激励作用，同时结合集团公司规范专项奖励管理的相关要求，进一步规范奖金发放管理职责及流程。认真落实集团公司人工成本峰值管理，规范人工成本列支范围，严格按照国家和集团公司规定的计提标准合规列支。严格审查供养直系亲属范围、支付标准及证明材料核验以及非因工死亡员工及其供养直系亲属死亡待遇审核办理。

【员工素质提升】 2022年，玉门油田公司优质高效完成各项培训工作。完成年度各类培训97个项目，组织开班152个，培训油田员工19417人次（线上13684人、线下5733人），外部市场培训3910人次。组织集团级竞赛5项，3项竞赛获得奖项。组织"玉门油田公司首届实训师大赛"初赛。完成67个工种1120人次职业技能等级认定工作，认定合格率48.13%。

持续推进玉门油田实训基地建设。持续完善实训基地二期建设，建成全体系数字化安全培训基地1个、融媒体平台1个、300机位无纸化考试中心1处，各类专业实训场24个（含中国石油首个新能源综合实训场），可开展36个工种的技能提升专项职业培训，可对27项特种作业、14类特种设备从业人员进行取（复）证考试培训。

全力打造技能人才培养示范基地。依托实训基地的优质平台基础，获评酒泉市产教融合示范企业，与酒泉职业技术学院签订校企合作协议，双向设立"酒泉职业技术学院产教融合实训基地"和"玉门油田分公司继续教育基地"。围绕玉门油田产业优势，针对新能源、安全等11个专业方向，成功申报国家技能根基工程培训基地。申报获批4个职业（工种）的社会培训评价资质。承揽国家管网西部管道酒泉公司特种作业和特种设备培训、西北销售玉门公司定制培训、酒泉市肃州区人社局计算机应用招标型培训，以及吐哈油田和青海油田的新能源变配电运行值班员专项培训等项目。

【业绩考核管理】 2022年，玉门油田公司聚焦"油气并举、多能驱动"发展战略，持续优化指标体系，改进考核方式方法，加大激励约束力度，以公司年度中心任务和重点工作为导向，逐级分解公司主要领导年度业绩指标，将扭亏脱困和提质增效目标落实到各受约单位，继续保持利润、费用指标在合同中的主导地位，在部分单位营运类指标中适当增加个性化经济技术指标，引领高质量发展。强化年度与任期制联动考核，在抓好年度考核的基础上，做好受约人员任期考核，实现年度目标和任期目标有效衔接、有机融合。进一步鼓励考核体系完善、成效显著的单位，继续扩大考核级差，同时加大考核挂钩力度，考核结果进一步向核心业务单位及创效好、利润贡献大、改革成效显著的单位倾斜。根据2021年度总考核结果，结合预兑现情况，对各单位（部门）业绩奖金进行清算，突出严考核、硬兑现。同时对顾全大局、保公司整体，为公司拓展外部市场、对外创收作出积极贡献的单位及个人进行特别奖励。编制下发《业绩考核案例手册2022版》，完善各单位及基层单位考核办法及细则共计备案210份。

【人事基础工作】 2022年，玉门油田公司推进落实公司改革三年行动计划、合规管理、安全生产责任清单编制、内控体系维护提质增效扭亏脱困措施等工作。落实重点工作督办和信息报送制度，继续抓好人力资源管理信息系统应用和人力资源共享推进，强化统计数据管理和信息服务功能。按时办理员工离岗退养、提前退出领导岗位和员工退休手续，劳动合同的签订、变更、终止、解除进一步规范有序。扎实做好人事档案日常管理，巩固和拓展档案专项审核成果，确保集团公司验收合格。加强领导干部因私出国（境）证件管理和登记备案专项整改工作。做好对外劳务输出劳务费结算和第三方用工劳动风险管控。海外人员推荐、选拔、储备、轮换工作平稳有序。加强意识形态阵地建设，确保意识形态工作责任制落实。统筹做好组织人事系统业务培训、组织史资料编纂、人事业务网站信息维护等工作。

【重要成果与荣誉】 2022年7月，被工业和信息化部工业文化发展中心确立为工业文化研学实践教育试点示范基地，是全国首家合作共建的试点示范基地，为弘扬石油精神、开展相关培训奠定坚实基础。通过工信部和教育部审核，唯一一家以油田名义获批工业文化专题"大思政课"实践教学基地，为弘扬石油工业文化，积极贯彻落实党的二十大精神，践行推进文化自信自强、铸就社会主义文化新辉煌，提供了有力支撑。

通过紧密围绕"油气并举、多能驱动"的发展战略，建成以新能源人才培养为示范、以系统安全培训为特色，综合无人机工业应用、融媒体创客工作室等依托产业优势、引领业务创新的专业技术技能实训基地，是国家技能根基工程培训基地。

玉门油田公司获第四届全国油气开发专业职业技能竞赛暨中国石油首届技术技能大赛变配电运行值班员（新能源方向）团队项目金奖、油藏动态分析团队项目铜奖、变配电运行值班员（新能源方向）优秀组织奖；获集团公司2021年度组织人事信息报送工作先进单位荣誉。

（张智勇）

第七篇　党的建设与群众工作

- 党委领导机构
- 党组织建设
- 纪检监察
- 企业文化
- 工会工作
- 共青团工作

党委领导机构

【概述】 中国共产党玉门油田分公司委员会由7名成员组成,其中党委书记1名、纪委书记1名。

【中国共产党玉门油田分公司委员会】 中国共产党玉门油田分公司委员会成员由刘战君、来进和、苗国政、胡灵芝、王盛鹏、唐海忠、茹士涛组成,刘战君任党委书记,来进和任党委副书记,王盛鹏任纪委书记。

【玉门油田分公司党委工作机构】 玉门油田分公司党委工作机构有党委办公室(与综合办公室合署办公)、党委组织部(与人事处合署办公)、党委宣传部(工会、团委)、纪委办公室(巡察办公室)。

(张智勇)

党组织建设

【概述】 根据2022年度党内统计报表数据,截至2022年底,中国共产党玉门油田分公司委员会有基层党组织200个(含玉门油田公司党委本部),其中党委19个、党总支7个、党支部174个。党员4630人,其中女党员1014人,占党员总数的21.9%;少数民族党员83人,占党员总数的1.79%;35岁及以下的党员570人,占党员总数的12.31%;大专以上学历的党员3662人,占党员总数的79.09%。

【党建制度】 2022年,玉门油田公司突出民主集中制,严格按照党中央统一部署和甘肃省委安排,采取自上而下、上下结合的方式,从党支部开始酝酿,严格程序、发扬民主,全力做好出席党的二十大代表推选和甘肃省第十四党代会代表选举工作,公司党委书记、执行董事刘战君当选甘肃省第十四次党代会代表。

扎实开展制度建设。深入学习习近平新时代中国特色社会主义思想、习近平总书记重要讲话和重要指示批示精神,认真落实《中国共产党国有企业基层组织工作条例》《中国共产党组织工作条例》等党内基础性法规,推动全面从严治党向基层延伸。制订印发《玉门油田分公司基层单位党委书记抓基层党建工作述职评议考核实施细则》,强化党组织书记述职评议考核制度化规范化,以制度形式固化基层党组织书记述职要点和要求。印发《玉门油田分公司党委关于推进基层党建"三基本"建设与"三基"工作有机融合的实施意见》《玉门油田分公司基层党支部工作考核评价实施细则(试行)》,明确有机融合8项机制27项举措,指导基层找准党建工作与生产经营在企业基层的有效结合点。印发《玉门油田分公司党建信息化平台考核评价实施细则(试行)》,进一步规范党建信息化平台考核管理,融入工会、团青业务考核,持续完善"大党建"工作格局信息化。

落实民主生活会制度。以"全面贯彻

习近平新时代中国特色社会主义思想，深刻领悟'两个确立'的决定性意义，增强'四个意识'、坚定'四个自信'、做到'两个维护'，团结带领党员干部群众以奋发有为的精神贯彻落实党的二十大作出的重大决策部署"为主题，玉门油田公司党委领导班子2023年1月11日召开2022年度民主生活会，集团公司民主生活会第三督导组视频指导会议，集团公司纪检监察组三中心有关人员现场列席会议。玉门油田公司党委2022年12月27日印发《关于认真开好2022年度党员干部民主生活会的通知》，党委委员统筹安排到会指导基层单位领导班子民主生活会，公司党委成立3个督导组全程指导实现全覆盖。各单位、各部门认真准备、严格程序、会议质量高、整改措施实，坚持时间服从质量，提高民主生活会质量。

落实组织生活会和民主评议党员制度。认真开好2022年度基层党组织组织生活会和开展民主评议党员，是学习贯彻党的二十大精神的重要举措。2023年1月17日印发《关于召开2022年度基层党组织组织生活会和开展民主评议党员的通知》，全面贯彻习近平新时代中国特色社会主义思想，紧紧围绕深入学习贯彻党的二十大精神，深刻领悟"两个确立"的决定性意义，增强"四个意识"、坚定"四个自信"、做到"两个维护"，弘扬伟大建党精神，坚持自我革命，增强党组织政治功能和组织功能来进行，把思想统一到党的二十大精神上来，把力量凝聚到党的二十大确定的各项任务上来，把思想和行动统一到公司党委重大决策部署上来，以自我革命精神赢得油田本质扭亏脱困、提质增效的历史主动，以奋发有为的精神状态推动高质量基业长青百年油田建设，在第二个百年奋斗目标的新征程上谱写"石油摇篮"新篇章。公司党委所属174个党支部组织召开组织生活会并开展民主评议党员工作。

落实党组织书记述职工作。2022年6个单位的党委书记进行现场述职，接受测评，开启第三轮党委书记抓基层党建工作现场述职评议考核评议。持续指导开展基层党支部（总支）书记工作述职评议，落实"双向述职"要求，述职评议更加全面客观。

结合2022年度玉门油田公司困难户分布现状，对公司党员干部帮扶困难户进行调整，66名二级副职及以上领导干部联系22户困难户。

【党员教育】 2022年，玉门油田公司深入学习习近平新时代中国特色社会主义思想、习近平总书记重要讲话和重要指示批示精神，灵活采取集中培训、专题研讨、辅导讲座、在线学习等多种形式深入开展党的十九届六中全会精神学习，做到在岗党员全覆盖。将党的二十大精神学习作为基层党委、党支部当前首要政治任务和学习培训"第一课"，坚持读原文、悟原理，坚持集体学习和个人自学相结合，为公司18个基层党委、7个党总支、174个党支部统一配发党的二十大精神学习用书，迅速掀起党的二十大精神学习热潮。

严格落实《玉门油田公司2019—2023年党员教育培训规划》，坚持党组织书记、党员教育培养与员工基本功训练有机共融。详细分析党组织书记队伍现状，优选3人参加集团公司党支部书记示范培训班；持续加强党支部书记履职能力培养，推动培训工作标准化规范化系统化，依据集团公司基层党支部书记培训要求，按照优秀党支部书记学示范、达标党支部书记提素能、新任职党支部书记打基础，实施精准分级培训，依托"四个课堂"培训模式，完成了党组织书记及党务干部年度集中轮训全覆盖。公司党委集中培训与基层党委特色培训相结合，着力解决基层单位党支部书记培训内容不够精准实用、党支部书记能力水平与创新实践要求不相适应等问题，探索灵活采取讲授式、研讨式、模拟式、互动式、观摩式、体验式等授课方式，增强培训吸引力和实效性。

做好党务工作人员储备培养，在公司范围内优选40名年轻党务工作者，举办党务骨干人才及青年马克思主义者培训班。党员线下集中学习与"铁人先锋"等在线学习同步开展，保证党员每年参加集中培训学习时间不少于32学时。

常态化做好党建信息化平台2.0推广应用工作，党建信息化水平持续提升，综合排名始终保持集团公司前列。

搭建融合载体，开展"立足岗位建新功，喜迎党的二十大"系列活动，总结提炼推广好经验好案例，促进基层党建价值显性化，评选9篇党组织书记优秀党课、5个党支部优秀案例。

坚持开展春节、"七一"、国庆期间慰问党员工作，"进家门到班组"慰问老党员、优秀共产党员231人。严肃党员教育监督，10人受到党纪处分，其中警告8人，开除党籍2人；1人受到组织处置，取消预备党员资格。

【发展党员】 2022年，玉门油田公司严格落实《中国共产党发展党员工作细则》，举办入党积极分子集中培训班，坚持政治标准，严把党员"入口关"，全年发展党员60人。

【党组织建设工作】 2022年，玉门油田公司高标准高质量召开玉门油田公司第三次党代会。严格执行《中国共产党基层组织选举工作条例》，坚持严细部署、筹备到位，严明纪律、程序到位，严格把关、监督到位"三严三到位"标准，统筹组织协调组、秘书组、会务组、宣传组、监督组和保障组工作，列表挂图推进工作，充分发扬党内民主、突出政治标准，选举产生180名公司党代会代表，酝酿产生第三届党委委员、纪委委员候选人预备人选。严格组织程序，圆满完成会议各项议程，公司党委书记、执行董事刘战君同志代表中共玉门油田分公司第二届委员会作大会报告。大会选举产生中共玉门油田分公司第三届委员会和纪律检查委员会。

结合基层单位改革实际，及时调整优化基层党组织，指导炼油化工总厂等4个单位规范设置党组织。

严格按程序，9个基层党委召开党员代表大会、9个基层党委召开党员大会，全部完成换届选举；2个基层党支部按期完成换届工作，基层党组织建立健全率保持100%。

组织2轮次基层党建调研，覆盖15个基层党委，坚持下沉党支部指导，全面梳理掌握基层党建现状及存在问题，印发问题通报7份，反馈基层党委查出问题155个。开展发展党员、党费和党组织工作经费全面自查，对2个基层党委开展党组织工作经费专项调查，督促基层党组织扎实推进查出问题整改"治已病"，举一反三"防未病"。

深入推进基层党建"三基本"建设与"三基"工作有机融合，指导基层找准党建工作与生产经营在企业基层的有效结合点，在纪念建党101周年会议上，2个党委、3个党支部作专题交流。推进党建协作区、党建互联共建，4个党委签订党建协作区协议，4个党委签订党建共建协议。

常态化制度化推进党支部达标晋级动态管理，严格考核标准，创建示范党支部16个，优秀党支部15个。

【重要成果】 2022年，玉门油田公司开展党建成果和实践探索研究，2项成果获集团公司表彰。扎实推进"一支部一品牌"建设，"党务助理模式"案例编入中国石油基层党支部书记简明培训教程。完成2021年度集团公司党建工作责任制考核，公司党委连续三年获评A档。

（张智勇）

纪 检 监 察

【概述】 纪委办公室（巡察办公室）负责玉门油田公司党的纪律检查和巡察工作，设综合科、审查科、审理科和巡察科。有专职纪检干部11人，其中处级干部3人、科级干部7人、一般管理人员1人。2022年，公司纪委办公室（巡察办公室）坚持以习近平新时代中国特色社会主义思想为指导，全面贯彻落实党的二十大精神，围绕中心、服务大局，以党的政治建设为统领，忠实履行党章赋予的职责，协助党委深化全面从严治党，突出政治监督，做实日常监督，扎实推进政治巡察，持之以恒正风肃纪，依规依纪依法开展监督执纪问责，一体推进不敢腐、不能腐、不想腐，为公司党风廉政建设和反腐败工作取得新进展新成效提供坚强纪律保障。

【党风廉政建设】 2022年，玉门油田公司强化政治引领，深学细悟习近平新时代中国特色社会主义思想。坚持把深学细悟、学懂弄通做实习近平新时代中国特色社会主义思想作为首要政治责任，把"第一议题"制度落实作为公司党委增强"四个意识"、坚定"四个自信"、做到"两个维护"，提高政治判断力、政治领悟力、政治执行力的重要举措。公司党委全年落实"第一议题"制度37次，学习习近平总书记重要讲话、发表的重要文章等112个专题，形成第一议题落实措施130余项。强化政治担当，全面从严治党责任有效落实。协助党委推进全面从严治党。认真履行协助职责，制修订8项规定；向党委专题汇报纪检、巡察工作17次，重要议题全部提请党委审议；组织党员干部和关键岗位人员逐级签订党风廉政建设责任书1661份。严把廉政意见回复关，对拟提拔使用的38名处级干部回复党风廉政意见。聚焦"关键少数"，动态更新二级干部廉政档案127份，指导派驻纪检组建立完善三级干部廉政档案750份。精准开展两级领导班子评价，为党委掌握情况提供依据。

【反腐倡廉教育】 2022年，玉门油田公司认真落实集团公司党组关于加强新时代廉洁文化建设的实施意见，着力构建具有"石油摇篮"特色的廉洁文化体系，依托《石油工人报》、玉门油田电视新闻设立"摇篮清风"专栏，发布条例解读、漫画说纪、案例警示等，精选73件廉洁文化作品在专栏展示。创新开展"党风廉政建设大家讲"活动，运用专栏、电视新闻"同期播报"方式，围绕党风廉政建设"四方责任"，分4批次对基层单位班子成员、职能部门负责人、派驻纪检组组长38人进行访谈，增强领导干部"明责、知责、履责"担当意识。积极构建廉洁文化矩阵，创建"摇篮清风"微信公众号，3个模块6个栏目全方位互动延伸，推送信息269条，其中27条在纪检监察组、党组巡视办网页刊登。跟进链接"纪法小课""曝光台"等，发布工作简报12期、廉洁提示7次。运用"铁人先锋"平台开展"学法知法懂法守法"教育，3843名党员参与竞赛答题。油田"三位一体"廉洁文化建设在纪检监察组工作例会上作经验交流，实践总结廉洁文化长廊、检修现场廉洁课、廉洁教育"口袋书"、清韵廉洁课堂等一批基层案例在油田宣传推广。开展"六个一"教育，组织38名新提任及进一步使用的二级干部参观警示教育基地。

【执纪审查】 2022年，受理信访举报35件，处置问题线索24件，立结案9件，处分18人，释放越往后执纪越严的强烈信号。坚持纪法情理贯通，运用"四种形态"处理79人次，其中第一种形态56人次，占比71%；第二种形态18人次，占比23%；第三、第四种形态5人次，占比6%。成立7个工作组对29名受处分人员开展回访谈心。严格落实"三个区分开来"工作要求，制定《受到失实检举控告影响的党员干部澄清实施办法》，为敢于担当的干部担当，为敢于负责的干部负责，为敢抓敢管的干部撑腰鼓劲。

【监督检查】 2022年，玉门油田公司坚持政治引领，监督保障推动新发展。坚决贯彻落实党的路线方针政策和党中央决策部署，坚决捍卫"两个确立"，增强"四个意识"、坚定"四个自信"、做到"两个维护"。聚焦习近平总书记关于全面从严治党重要论述和对新时代纪检监察机关的新要求，深入学习宣传贯彻党的二十大精神，制定落实7方面25项措施，围绕党的二十大全面从严治党战略部署开展学习研讨，不断增强政治"三力"，促进全面系统把握、不折不扣落实。聚焦重大决策部署强化政治监督，结合实际分8方面制定2022年监督计划，紧扣集团公司"四大战略举措"和玉门油田公司第三次党代会"铸强四梁、稳固八柱"总体部署开展政治监督98次。围绕常态化新冠肺炎疫情防控、天然气保供、依法合规经营综合治理、提质增效及亏损企业治理等开展课题式专项监督。紧扣玉门油田"多能驱动"发展战略，协同7个职能部门对绿色低碳转型开展调研监督，推动清洁转型示范基地全面建成，以有力有效监督回应集团党组关切。开展违规吃喝问题专项整治，制定工作方案，明确责任分工，细化5方面19项具体任务，结合生产经营特点和业务领域薄弱环节对症纠治，排查违规吃喝风险70个，制定治理措施74条。全面剖析近年来集团公司、玉门油田公司通报的典型问题，编制印发学习手册，指导派驻纪检组运用有关机制开展监督检查29次。通过基层党委自查、派驻纪检组督查、公司纪委抽查，形成上下联动抓整治的良好氛围。聚焦元旦春节、中秋国庆等违反中央八项规定精神和"四风"问题易发高发时段，成立专项检查组，采取"四不两直"方式对领导干部带班值班、车辆"三交一封"、疫情防控等开展监督检查，发现问题20项，督促主责部门追责问责33人。对近3年党员干部操办婚丧喜庆事宜开展专项检查，责令6个单位对相关责任人进行处理。持续深化作风建设，把监督执行中央八项规定精神作为改进党风政风的有力抓手，修订《关于贯彻落实中央八项规定精神的实施细则》。对标公司90条纪律红线，开展公务接待、公务用车等专项检查，推动完善津补贴发放、开会发文等制度，查处1起因违规领取出差住勤补助违反廉洁纪律案件，警示督促党员干部养成遵纪守规的思想自觉和行动自觉。

【政治巡察】 2022年，玉门油田公司全面贯彻巡视巡察工作方针，紧扣集团公司2022年巡视巡察工作要点，梳理监督重点21项，充实更新巡察人员库，制定巡察工作方案，组织召开公司巡察动员部署会，组建"回头看"和专项2个巡察组，完成对8个基层单位的政治巡察，发现问题90个，挽回经济损失24.3万元。加强巡视巡察整改和成果运用。严格落实"一责任三把关"工作机制，制定《关于加强巡察整改和成果运用的实施意见》，采取"双向评估法"验收6家单位巡视巡察反馈问题整改，向党委专题汇报2018年集团公司党组巡视反馈问题整改落实情况。成立联合监督检查组对4家单位3年来巡察和审计反馈问题整改情况开展监督检查，对发现的7个典型问题和2022年巡察发现的共性问题集中通报曝光。建立巡察工作协调配合机制。制定被巡察单位党委落实巡察整改主体责任实施细则和巡察工作协调配合机制，指导督导巡察组在巡前、巡中、巡后3个环节与党委组织部、审计部等部门及时对接，为精准发现问题和提升巡察质效夯实基础。

【队伍建设】 2022年，玉门油田公司统筹设立6个派驻纪检组，首次将职能部门和直属机构纳入监督范围，实现派驻监督全覆盖。考察任用6名派驻纪检组组长，新增、提拔、交流41名纪检干部。制定下发《关于明确派驻纪检组工作职责及与驻在单位建立有关工作机制的意见》，解决纪检机构履职越位错位、主责主业不突出等问题。聚焦习近平总书记对纪检监察干部新要求，自主举办2期纪检巡察业务培训班，邀请集团公司领导专家视频授课辅导，进一步提升纪检巡察干部履职能力。拓宽业务视野，派员4人次参加集团公司党组巡视、党员领导干部民主生活会督导和纪检监察组三中心实践调训，3名纪检干部在省部级刊物上发表党风廉政建设论文，1名纪检干部创作的保密公益文案获公司二等奖。加强规范化法治化建设，严格落实《企业纪委监督执纪工作规程》，完善办案程序衔接机制，落实纪检监察组执纪审查安全要求，对照案件质量评查标准和案件评查反馈问题，新建标准化谈话室1间，组织签订办案安全责任书9份。采取"研讨学习促提升、自查自纠找差距、知识测试强本领"3项举措守牢办案安全底线。严格自我监督，严格落实请示报告制度和纪检干部"十不准"行为规范，完善党风廉政建设和纪检干部考核指标评价体系，制定《纪检机构工作人员外出授课、接受采访、参加有关会议活动和发表文章、出版书籍等行为管理办法》，实施纪检干部全覆盖谈心谈话，不定期组织廉洁家访，加大严管严治、自我净化力度，坚决防止"灯下黑"。

（李婷婷）

企业文化

【概述】 玉门油田宣传思想文化工作主要包括公司理论武装、意识形态、主题教育、思想政治、新闻宣传、企业文化建设、精神文明建设及统战等工作职能。2022年，玉门油田宣传思想文化工作以党的十九大、党的十九届历次全会、党的二十大和习近平总书记系列重要讲话精神为指导，忠诚拥护"两个确立"，坚决做到"两个维护"，自觉承担举旗帜、聚民心、育新人、兴文化、展形象的使命任务，玉门油田思想政治、新闻宣传、舆论引导、企业文化和精神文明成效显著提升，为建设基业长青百年油田提供强有力的思想保证、精神动力、文化支持和舆论环境。

【政治理论学习】 2022年，玉门油田公司坚持把学习宣传贯彻习近平新时代中国特色社会主义思想和习近平系列重要讲话精神作为首要政治任务，深入学习宣传贯彻党的二十大精神，制定下发《玉门油田公司党委学习宣传贯彻党的二十大精神方案》，邀请党的二十大代表、中央党校教授作党的二十大精神专题辅导宣讲。组织党员领导干部学习贯彻党的二十大精神专题学习班，基层党委、党支部、工会、青团组织以视频会、专题宣讲、交流讨论、在线答题等多种方式，掀起贯彻党的二十大精神、同心跟党走的热烈学习氛围。制定印发《玉门油田公司党委理论学习中心组2022年度学习计划》，公司两级理论学习中心组全年开展理论学习192次、专题研讨64次。公司党委理论学习中心组先后以人才强企、文化引领、低成本发展、学习贯彻党的二十大精神等为主题进行专题研讨。

公司两级理论学习中心组紧扣党的二十大主题，紧盯重要思想、重要观点、重大战略、重大举措，结合深化推进公司扭亏脱困、加大油气勘探开发力度、炼化转型升级、新能源发展、传承石油摇篮文化等十多个方面，撰写心得体会、谈认识、话憧憬、定措施，形成"头雁先飞，群雁齐追"的理论学习氛围。为公司二级副以上干部配发《习近平谈治国理政（第四卷）》《习近平经济思想学习纲要》《论把握新发展阶段、贯彻新发展理念、构建新发展格局》等6类图书，利用"读、看、听、讲、答"等方式有机结合，理论学习质效全面提升。

【意识形态工作】 2022年，玉门油田公司修订印发《玉门油田公司党委意识形态工作实施办法（2022年修订）》，组织各单位党委签订公司2022年意识形态责任书，对18个所属党委开展意识形态工作责任制落实情况专项检查，全面落实三年全覆盖目标，切实将党委主体责任、党委书记第一责任、班子成员"一岗双责"落到实处。公司党委召开党委会专题研究意识形态工作情况，提出具体工作要求和工作措施。针对党的二十大召开、第五届进博会、公司第三次党代会重点时段和玉门油田改革发展、疫情防控重点工作，全面排查各类舆情风险隐患，制定网络舆情管理及风险防控专项方案，开展全媒体信息备案、敏感信息清查、有害账号清除，执行关键岗位、关键时间节点7×24小时在岗值班，针对负面信息第一时间落实主体单位、主体责任人，了解事件原委，责成相关单位处置源头事件并报送情况说明，研判舆情等级并进行应对处置。成立调研组，集中利用半个月时间，采取问卷调查、走访调查、召开座谈会、个别了解、网络征集等方式，全方位、多层次、立体化了解玉门油田员工思想动态。推进网络舆论引导能力建设，持续壮大网络舆论声量，不断增强网络舆论引导主动权主导权。加强新时代统一战线工作，认真落实《党员领导干部与党外人士联谊交友制度》，组织玉门油田统战对象参加甘肃省党的民族宗教理论政策下基层宣讲会、公司第三次党代会工作报告征求意见座谈会，油田统一战线团结奋斗的共同思想政治基础更加牢固。

【主题教育活动】 2022年，玉门油田公司党委将"转观念、勇担当、强管理、创一流"主题教育活动作为推动全年工作重要抓手，同学习贯彻党的二十大精神、集团公司工作会议精神、玉门油田第三次党代会精神、完成全年生产经营目标任务、全面从严管理、突出精益管理相统一，公司党委第一时间下发《玉门油田公司党委"转观念、勇担当、强管理、创一流"主题教育活动实施方案》，印发主题教育活动简报30期，每月统计形成汇总大表，公司党委第一时间召开主题教育启动部署暨首场宣讲会，公司党委书记带头作首场宣讲，各单位领导班子、党支部书记、劳动模范先进、技能专家等走队站、入现场、进岗位，现场解疑释惑、解析任务，各级党组织聚焦"观念怎么转、担当怎么办、强管理怎么干、一流怎么创"，在推动生产管理方式变革、优化劳动组织模式、优化资源配置、提升组织运行效率等方面开展多层次交流讨论，广大干部员工对照国内外同行业先进水平和集团公司内部优秀企业，对照精益管理要求和"四精"管理理念，对照石油工业优良传统，对照法规、制度、标准、流程和岗位职责，对照先进典型，对照反面案例及教训，先后深入查找管理上存在的问题和不足482项，全员查短板、理思路、定任务，细化扭亏脱困推进高质量发展具体举措，形成"提质增效上出实策、合规管理上求实效、安全管控上下实功、人才强企上亮实招"的良好氛围。

【思想政治工作】 2022年，玉门油田公司制定印发《玉门油田公司2022年"两会"精神学习宣贯方案》，公司领导带头作专题宣讲，各级组织深入一线、深入现场、深入岗位，引导干部员工深刻理解油田发展现状和目标任务、具体举措，认清形与势、聚焦质与效、立足学与做。制定印发《"建功新时代，喜迎二十大"习近平总书记重要指示批示精神再学习再落实再提升主题活动方案》，统筹安排学习研讨、查摆问题、深化提升等15项具体推进举措，教育引导广大干部员工牢记总书记的指示批示精神，深刻认识"两个确立"的决定性意义，增强"四个意识"、坚定"四个自信"、做到"两个维护"。制定印发《玉门油田公司党委关于推动党史学习教育常态化长效化的实施方案》，明确5个方面的举措，巩固拓展党史学习教育成果，增加历史自信、增进团结统一、增强斗争精神。为公司党员领导干部配发《百年初心成大道——党史学习教育案例选编》，推进学史明理再深化、学史增信再锤炼、学史崇德再提升、学史力行再出发，以强烈的历史主动精神奋进新征程、建功新时代。制定《玉门油田公司党委加强和改进思想政治工作责任清单》，为玉门油田高质量发展提供有力的政治保障和思想基础。公司党委书记、执行董事刘战君署名理论文章《为老油田蹚出一条新路》在《中国石油石化》刊登，《老油田焕发新活力——玉门油田全力打造"双碳"战略实施的引领企业》在北京石油干部管理学院《学报》刊登。

【**新闻宣传（中国石油报玉门记者站）**】 2022年，玉门油田公司制定下发《2022年玉门油田新闻宣传要点》，提出玉门油田新闻宣传的工作思路，有效指导玉门油田新闻宣传工作。坚持贴近实际、贴近生活、贴近员工，新闻宣传工作更加规范，新闻采编工作各项规范要求得到有效落实。《石油工人报》、油田电视、油田网页、石油摇篮公众号等油田内部媒体，充分发挥各自优势，通过开设专版、专栏、专题，采取言论、访谈、深度报道等形式，不断提升新闻宣传工作水平。对外宣传力度持续扩大，《甘肃省首条输氢管道开工建设》《戈壁滩上生长的"蓝色海洋"》等相关新闻，视频点赞超过十万，并登上中央电视台进行滚动播放。《工人日报》《甘肃日报》刊发《玉门油田成为国内首家工业文化研学实践教育试点示范基地》，《酒泉日报》刊发《奋进扬帆向百年——玉门油田公司开创高质量发展新局面纪实》，集中宣传油田艰苦奋斗、无私奉献的精神风貌。坚持把《中国石油报》、中国石油网络电视作为重要外宣平台，刊发《锚定三大目标 打好三场硬仗》《筑就文化高地 凝聚发展力量》《激发青年活力 凝聚建设百年油田的磅礴力量》《立下弱鸟先飞志 下足水滴石穿功》等5篇署名文章，报道《多能驱动，老油田焕发》《玉门油田启动300兆瓦光伏并网发电项目》《从"油三代"到"光一代"》等一批有影响的稿件，对外发稿量达200余篇，一版稿件15篇。精心组织习近平新时代中国特色社会主义思想系列宣传报道。拍摄并制作玉门油田专题形象片《石油摇篮》，集中而深入的展示玉门油田发展脉络和成果，达到树立品牌、提升形象、彰显文化的目的。高效开展党的二十大主题宣传，截至11月底，内媒共刊发学习贯彻党的二十大精神稿件40篇、外部媒体平台发布图文稿件15篇，充分展现玉门油田干部员工积极向上深入学习党的二十大的精神面貌。

【**企业文化建设**】 编制印发《玉门油田公司党委文化引领专项工作方案》，细化增强企业价值认同、守法合规、精益管理、人才强企、绿色低碳、安全文化、廉洁文化建设等具体举措，为干部员工进一步坚定文化自信、增强文化自觉、提高文化修养、规范文化行为打下基础。玉门油田红色旅游景区进入文化和旅游部发布的2022年国家工业旅游示范基地名单中；成功入选工信部和教育部"工业文化高校思想政治课实践教学基地"称号，工业和信息化部工业文化发展中心与玉门油田联合举行工业文化研学实践教育试点示范基地授牌和共建启动仪式，国内首家工业文化研学实践教育试点示范基地在玉门油田挂牌，标志着玉门油田工业文化研学实践迈入全面建设的新阶段。开展"弘扬铁人精神，喜迎二十大，贯彻落实公司第三次党代会精神"专题学习，重温誓词、缅怀铁人、庄严承诺，公司党委带领干部员工进一步发扬担当实干作风，激发干事创业热情。开展"石油摇篮优秀故事和典型案例"征集活动，征集优秀案例、短视频、图文、微电影作品86部，其中4部优秀作品报送集团公司。组织参加"赋能冬奥 加油未来"石油员工风采摄影大赛，《浴"雪"修炼》《屹立风雪》等4部作品分获集团公司一、二、三等奖与最佳网络人气作品奖。配发新版《企业文化手册》1000本，严格落实集团公司《企业文化手册》三年宣贯计划，将企业文化理念体系融入玉门油田中心工作。持续推进精神文明单位创建工作，玉门油田公司、水电厂通过甘肃省文明单位复评，炼化总厂、机械厂、物资采购管理中心申报第十六批省级文明单位。

【重要成果】 2022年，谈俊宏获公司2020—2021年度"双文明"建设先进个人；

由王玉华、邱建民、谈俊宏、王若琨撰写的论文《发扬传统 面向未来——玉门精神的历史地位和时代意义》获中国石油第十一届党建思想政治工作优秀研究成果一等奖；

由邱建民、谈智、周蕊、谈俊宏撰写的论文《贯彻"人与自然和谐共生"思想，积极推进绿色低碳发展实践研究》获集团公司学习贯彻习近平总书记"七一"重要讲话精神研学课题优秀成果一等奖；

由邱建民、谈俊宏、胡学荣撰写的论文《弘扬伟大建党精神，赓续红色基因血脉，为实现第二个百年奋斗目标贡献石油力量研究》获集团公司学习贯彻习近平总书记"七一"重要讲话精神研学课题优秀成果三等奖；

由王玉华、谈俊宏、邱建民、王若琨撰写的论文《从党的一百年历史性成就中，感悟党领导新中国石油工业发展辉煌历程和经验启示的研究》获集团公司学习贯彻习近平总书记"七一"重要讲话精神研学课题优秀成果三等奖；

由党委宣传部申报的"玉门油田红色工业文化旅游服务体验项目"获国家工业和信息化部工业文化发展中心颁发的第二届"工业游礼"文创设计产品征选创新奖。

（谈　智）

工会工作

【概况】 2022年，玉门油田公司工会设"一部一室"，即民主权益部（主要负责民主管理、群众经济、权益保障、劳动保护、职工疗休养、残联等业务）和工会办公室（主要负责组织、人事、宣传教育、文化体育女职工工作等业务），有员工6人，在岗员工6人，干部6人，高级职称2人，中级职称2人。公司工会系统现有18个厂（处）工会委员会，车间（队、站）工会168个，工会小组231个基层工会组建率和职工入会率始终保持在100%和99%以上。

【组织建设】 2022年，玉门油田公司坚持党对工会工作的全面领导。全面贯彻落实公司党委的工作部署，自觉向公司党委汇报年度工作安排部署、重大活动、重点工作，确保工会工作按照公司党委的整体工作同部署、同推进、同考核，不断保持和增强政治性、先进性、群众性。全面加强工会组织建设。组织召开工会十四届五次全委（扩大）会议，传达甘肃省总工会十二届九次全委（扩大）会议精神，总结公司工会2021年的各项工作，对2022年的重点任务进行全面部署，表彰工会工作先进单位、先进工会工作者、工会工作最佳支持者、劳动竞赛优秀项目、职工优秀技术创新成果、优秀合理化建议等，全面推动各项重点工作落细落实。按照法定程序，选举产生3名甘肃省总工会第十三次代表大会代表。加强工会财务和经审工作，印发《玉门油田分公司工会经费收支管理实施细则（试行）》，进一步规范工会经费的预算、管理和使用。强化工会干部队伍建设。组织学习新修订的《工会法》《甘肃省职工代表大会条例》，进一步引导工会干部增强学法、遵法、守法、用法意识，不断提高做好群众工作的本领。组织工会干部参加全省工会女职工工作培训班、集团公司工会主席培训班，不断夯实工会干部业务理论基础。2个集体分别获甘肃省模范职工之家、模范职工小家，公司工会连续6年在甘肃省总工会考核中被评为优秀等次。

【劳模管理】 2022年，玉门油田公司典型选树彰显时代新风。组织召开公司劳动模范和先进集体表彰大会，全面展示玉门油田各条战线上的发展成果，宣扬新时代推进玉门油田高质量发展的经验成效，激励广大干部职工积极投身建设基业长青百年油田生动实践。10名公司劳动模范、4个"双文明"建设先进单位、16个"双文明"建设先进集体、16个公司优质项目等受到隆重表彰。2名职工获"甘肃省五一劳动奖章"。先后在《甘肃工人报》《石油工人报》上刊出专版9次，并在"石油摇篮"文化广场设置劳动模范先进展板，宣传甘肃省工人先锋号、甘肃省五一劳动奖章获得者和玉门油田劳动模范先进事迹，提升劳动模范等先进群体的引领力、影响力、感召力。劳动模范创新工作室创建深入推进。坚持开展劳动模范创新行动，油田所属9个劳动模范创新工作室开展各种形式技术攻关、技术革新66项，取得发明创造1项、国家专利6项，解决生产难题115个，培养各类人才64人，工作室示范带动功能充分发挥。1个劳动模范创新工作室被评为甘肃省示范性劳动模范创新工作室，2个劳动模范创新工作室被评为集团公司劳动模范和工匠人才创新工作室。

【劳动竞赛】 2022年，玉门油田公司主题劳动竞赛成效显著。聚焦勘探开发、炼油化工、新能源和工程技术服务等重点业务，组织开展"喜迎二十大、建功'十四五'"油气生产大会战及地面工程建设、炼化装置水电设备大检修、新能源项目建设等劳动竞赛，充分调动广大干部职工的积极性、主动性、创造性，促进玉门油田重点生产经营、重点任务、重点工程项目顺利推进，为完成全年各项业绩目标，实现18年来首次扭亏为盈的历史跨越增活力添动力。在《甘肃工人报》《石油工人报》宣传报道劳动竞赛的经验做法，16个价值创造典型案例得到广泛学习推广，鼓舞士气、激发干劲，掀起加油干的竞赛热潮。组织开展炼化装置水电设备大检修和新能源项目现场慰问活动，对环庆新区"7·15"抗洪抢险作出突出贡献的职工进行慰问嘉奖，有效激发广大职工攻坚克难、勇挑重担的信心决心。坚持开展"安康杯"竞赛活动，群众性安全生产和职业健康活动不断加强。1个班组获全国"安康杯"竞赛先进班组。职工技术创新再创佳绩。紧紧围绕玉门油田扭亏脱困、提质增效、改进工艺、提升管理等方面，开展职工优秀技术创新成果和先进技术操作法、合理化建议征集评选活动，引导广大职工群策群力、建言献策，为油田高质量发展汇聚智慧和力量。征集职工技术创新成果60项，先进技术操作法8项，其中2项创新成果分获甘肃省职工优秀技术创新成果二等奖、三等奖，30项创新成果分获公司一线创新成果一、二、三等奖及优秀奖。1项先进操作法获甘肃省职工先进技术操作法。1人获甘肃省"互助保障杯"第二届"职工发明之星"称号。基层班组建设不断加强。扎实推进"创新型"班组建设，广泛开展技术攻关、合理化建议和小改进、小发明、小设计、小建议、小革新"五小"活动，引导职工积极参与创新创效，在解决生产难点和"卡脖子"技术问题等方面发挥作用。2个集体获"甘肃省工人先锋号",1个班组获甘肃省创新型班组。

【民主管理】 2022年,玉门油田公司企业民主管理持续深化。组织召开公司八届二次职代会,审议公司主题工作报告、生产经营报告、财务预决算工作报告、提案办理情况报告,以及事关职工切身利益的《业绩考核办法》《职工管理办法》等重要事项,评议公司党建工作、领导班子及成员、领导人员选拔任用工作情况,广大职工的知情权、参与权、表达权和监督权全面落实。征集职代会提案8条、职工代表意见建议30条,全部得到答复或办理。组织召开职代会团组长会议,审议通过《玉门油田公司新增民生工程项目工作方案》,为进一步办好民生实事,提升职工福祉提供决策支持。厂务公开更加规范有序。坚持落实《玉门油田公司厂务公开实施办法》,对选人用人、评先选优、奖金发放、休息休假等进行公示,广泛接受职工监督,厂务公开不断向车间、班组末梢延伸,覆盖面100%。分别对4个全国、甘肃省厂务公开民主管理先进单位进行复查,推动工作落实机制再完善、再优化、再提升,2个单位分获甘肃省厂务公开民主管理示范单位和先进单位。

【扶贫助困】 2022年,玉门油田公司坚持开展扶贫帮困送温暖活动。全年先后帮扶慰问各类困难户1457人次、职工遗孀4375人次、困难军属50人次、在岗残疾职工188人次、大病救助258人次,切实解决好困难群体最关心、最直接、最现实的利益问题。坚持开展"春送祝福、夏送清凉、金秋助学、冬送温暖"等活动,专门对6个艰苦边远岗位进行现场慰问,职工群众的获得感、安全感、幸福感有效提升。

【文体活动】 2022年,玉门油田公司扎实开展"喜迎二十大"系列活动。组织开展"喜迎二十大、奋进新征程"红歌"云"接力、职工摄影展、徒步健身等活动,充分展示玉门油田职工立足岗位、拼搏进取的精神风貌,营造爱党、爱国、爱油田的浓厚氛围。参加中国石油体协"喜迎二十大"全国石油职工第二届广播操网络公开赛,分获混合团体组、混合创编组三等奖、最佳人气奖,2人获评优秀组织者奖。参加"喜迎二十大、建功新时代、强国复兴有我"甘肃省职工曲艺小品征集展演活动,《坚决打好扭亏脱困攻坚战》快板表演获得优秀作品奖。开展职工乒乓球赛,推广普及健身气功和太极拳健身活动,促进全民健身运动的深入开展。开展"送万福、进万家"迎新春送春联活动,向玉门油田广大职工传达新春美好祝福。组织"文艺小分队"到环庆新区慰问演出,丰富职工业余文化生活。组队参加第一届"鲁玉杯"玉门油田市政围棋团体友谊赛,获团体二等奖、个人一等奖的好成绩。

【女工工作】 2022年,玉门油田公司坚持开展巾帼建功活动。组织开展"巾帼建功新时代,企业发展显担当"等"三八"国际妇女节系列活动,通过巾帼故事线上分享、巾帼寄语分享、岗位风采展示等,引导广大女职工聚焦扭亏脱困,踔厉奋发作为,为推进公司高质量发展贡献巾帼力量。1个集体获"甘肃省五一巾帼奖",1名女职工获集团公司"巾帼建功先进个人"。坚持开展"培育好家风—女职工在行动"实践活动。深入挖掘培育选树好家风先进典型,参与"最美家庭清廉家风"视频大赛宣传展示活动,引领更多家庭培育和践行社会主义核心价值观。1个家庭获2022年度"酒泉最美家庭"。坚持开展女职工素质提升。组织参加甘肃省总工会主办的"喜迎二十大,女职工颂中华"诵读活动,弘扬爱国主义精神,讴歌实现中华民族伟大复兴中国梦的奋斗历程,进一步鼓舞广大女职工立足岗位、拼搏奉献,充分发挥"半边天"作用。组队参加酒泉市妇联"强国复兴有我,激扬巾帼之志"经典诵读活动,获得团体三等奖。

【工会奖励】 2022年,玉门油田公司工会系统获表彰情况见表7-1、表7-2、表7-3。

第七篇 党的建设与群众工作

表7-1 2022年玉门油田工会系统省部级表彰奖励一览表（集体）

序号	单位或姓名	荣誉	授予单位
1	炼油化工总厂联合运行一部运行三班	2020—2021年度全国"安康杯"竞赛优胜班组	中华全国总工会、应急管理部、国家卫生健康委员会
2	环庆采油厂环庆作业区	甘肃省工人先锋号	甘肃省总工会
3	生产服务保障中心机械工程部钻前班	甘肃省工人先锋号	甘肃省总工会
4	生产服务保障中心工程项目部安装一班	甘肃省创新型班组	甘肃省总工会
5	老君庙采油厂	甘肃省厂务公开民主管理示范单位	甘肃省厂务公开领导小组办公室
6	工程技术研究院	甘肃省厂务公开民主管理先进单位	甘肃省厂务公开领导小组办公室
7	环庆采油厂工会委员会	模范职工之家	甘肃省人力资源和社会保障厅、甘肃省总工会
8	炼油化工总厂储运行部工会委员会	模范职工小家	甘肃省人力资源和社会保障厅、甘肃省总工会
9	何天全劳模创新工作室（水电厂）	甘肃省示范性劳模创新工作室	甘肃省总工会
10	史玉平劳模创新工作室（油田作业公司）	集团公司劳模和工匠人才创新工作室	集团公司党群工作部
11	炼油化工总厂联合运行四部15万/年轻汽油醚化装置主操岗位	甘肃省五一巾帼奖	甘肃省总工会
12	综合服务处	全国石油职工第二届广播操网络公开赛混合团体组三等奖	中国石油体协
13	共享中心	全国石油职工第二届广播操网络公开赛混合创编组最佳人气奖	中国石油体协

表7-2 2022年玉门油田工会系统省部级表彰奖励一览表（个人）

序号	单位或姓名	荣誉	授予单位
1	工程技术研究院张正平、郑雷、党晓丽、张启龙、陈学辉	全国能源化学地质系统优秀职工技术创新成果三等奖	中国能源化学地质工会全国委员会
2	老君庙采油厂老君庙作业区王瑞	甘肃省五一劳动奖章	甘肃省总工会
3	炼油化工总厂联合运行二部高燕军	甘肃省五一劳动奖章	甘肃省总工会
4	共享中心朱克忠	2022年甘肃省百万职工职业技能素质提升活动优秀组织者	甘肃省总工会、甘肃省人力资源和社会保障厅、甘肃省工业和信息化厅、甘肃省科学技术厅、甘肃省人民政府国有资产监督管理委员会
5	油田作业公司曹卫东	甘肃省"互助保障杯"第二届"职工发明之星"	甘肃省职工技术协会

续表

序号	单位或姓名	荣誉内容	授予单位
6	玉门油田工会肖生科	甘肃省优秀工会工作者	甘肃省人力资源和社会保障厅、甘肃省总工会
7	公司工会肖生科《坚决打好扭亏脱困攻坚战》	全省职工曲艺小品征集展演优秀作品奖	甘肃省总工会
8	乍得分公司陈彦冰	2021年度集团公司巾帼建功先进个人	集团公司党群工作部
9	李光明、王亚梅	全国石油职工第二届广播操网络公开赛 优秀组织者	中国石油体协

表7-3 2022年玉门油田工会系统公司级表彰奖励一览表

获奖名称	获奖单位或个人
先进工会工作者（100名）	老君庙采油厂（6人）：张永霞、张俊琳、于婧、石敏丽、李静、程媛 环庆采油厂（2人）：雷凡丁、殷丽 乍得有限责任公司（2人）：于壮哉、瞿海 勘探开发研究院（2人）：刘志刚、杨天瑜 工程技术研究院（3人）：陈学辉、向薪冀、李永 炼油化工总厂（9人）：何涛、李晓晖、周喜坤、许海滨、丁勇、陈海栋、陈建军、梁浩、李小东 油田作业公司（7人）：张奇贞、刘明、刘华安、李明、李海振、刘坚、马骁 水电厂（7人）：张灵运、李伟、徐小茵、周娟、张静、李强、李丽华 生产服务保障中心（6人）：刘君、崔雯、毛红霞、张甜甜、张鹏、钱永鹏 机械厂（3人）：何霞霞、翟春燕、张百鹤 综合服务处（7人）：王惠霞、王繁蓉、段春霞、刘惠琼、马红霞、张立志、杨生科 监督中心（1人）：郭宁 应急与综治中心（5人）：薛奎毓、李建文、朱秉琛、许明军、陈魏生 物资采购管理中心（3人）：熊转丽、景玮、张曦丹 共享中心（8人）：严玉红、宋宏浪、李蒙、刘子瑜、莫萱、潘洁、张慧敏、朱俊霖 离退休人员管理中心（5人）：刘进、张艳、袁彩群、王晓鹦、陈雷 宝石花物业玉门油田地区公司（4人）：田彩媛、王晶、毛静、程玉平 公司机关（20人）：王志军、秦玉珍、赵生平、王博、王延操、邵明芳、陈晓乐、李晓锋、潘春华、李巧玲、肖生科、马玉梅、周蕊、王健、李婧、秦大亮、黄琰、何昱璇、赵苓宇、关文志
工会工作最佳支持者（41名）	马维荣、谭修中、段天平、曹卫东、唐飞、唐海忠、彭翔、罗小强、张毅、张科、汪建勇、罗庆东、张汉旺、朱红楠、朱哲英、李建立、张华桂、杨万仁、吴国罡、秦玉国、周伯武、王璟、常江、赵华、李剑、王小华、焦多军、熊中辉、王睿、朱侠萍、赵义文、赵遂亭、沈全意、陈宇家、张雅玮、侯孝政、李东升、邱建民、杨文吉、刘胜强、牛芳年
劳动竞赛优胜集体（20个）	老君庙采油厂地质研究所、老君庙采油厂生产设备中心、环庆采油厂采油研究所、环庆采油厂外协与监督中心、勘探开发研究院环江勘探开发研究室、工程技术研究院储层改造室、炼油化工总厂催化化工车间、炼油化工总厂化验分析监测中心、油田作业公司塔里木项目部、油田作业公司修井一队、水电厂新能源建设项目部、水电厂电力水利工程公司、生产服务保障中心数字化工程部、机械厂工程服务车间、综合服务处运输队、应急与综治中心消防二大队、物资采购管理中心物资计划站、新能源事业部、开发部、生产与工程管理处

续表

获奖名称	获奖单位或个人
劳动竞赛优胜班组 （15个）	老君庙采油厂鸭儿峡作业区鸭西岗位、环庆采油厂环庆作业区演武巡检班、乍得有限责任公司乍得采油厂维护部、乍得有限责任公司乍得炼厂催化裂化装置运行二班、炼油化工总厂聚丙烯车间聚合四班、炼油化工总厂水处理车间操作三班、油田作业公司塔里木项目部作业二队、油田作业公司修井一队四工区作业队、水电厂检维修车间炉燃班、生产服务保障中心工程项目部安装一班、生产服务保障中心机械工程部应急班、监督中心环境监测站监测分析组、共享中心网络通信事业部信息网络运行班、离退休人员管理中心第二管理站、宝石花物业玉门油田地区公司物业一站绿化保洁班
劳动竞赛优秀组织者 （50名）	老君庙采油厂（5人）：李鸿彪、吕剑锋、杨世豪、朱海鹏、沈世波 环庆采油厂（4人）：冯雪龙、曾明武、蒋映辉、张印 乍得有限责任公司（2人）：杨源峰、张路春 勘探开发研究院（2人）：李昱东、杨军 工程技术研究院（2人）：寇靖、曹东林 炼油化工总厂（6人）：王志超、翟营、张俊杰、夏岸英、周彤、李金宝 油田作业公司（5人）：宋培强、韩继锋、张倍强、刘学虎、孙志文 水电厂（5人）：夏博、常宇、张建文、王献斌、王锋 生产服务保障中心（5人）：胡建成、何文杰、郑兴海、陈柏林、苗福全 机械厂（3人）：顾浩、刘云鹏、马光合 综合服务处（3人）：李瑛、许琰、徐恒林 监督中心（1人）：雷宁红 应急与综治中心（2人）：剡晓伟、张英平 物资采购管理中心（1人）：杨永俊 共享中心（1人）：李光明 离退休人员管理中心（1人）：郭瑞 新能源事业部（1人）：胡龙 宝石花物业玉门油田地区公司（1人）：周海利
劳动竞赛先进个人 （60名）	老君庙采油厂（4人）：谭伟、陈文坤、李慧承、司文斌 环庆采油厂（3人）：李强、杨永鹏、张振杰 乍得有限责任公司（2人）：刘超、赵煦 勘探开发研究院（2人）：韩进强、赵隽 工程技术研究院（2人）：段一、周鑫 炼油化工总厂（7人）：王小龙、王皓琨、彭爱萍、陈玉乾、潘登、敖玲、牛万通 油田作业公司（7人）：朱亚东、乔永生、李超、华嘉泉、王小军、闻捷、董晖山 水电厂（7人）：宋大龙、张雅絮、胡开斌、徐佳佳、陈鹏、李建强、任佩宏 生产服务保障中心（5人）：王昆、房凯、侯学林、薛玉军、季爱民 机械厂（3人）：王睿、康炳焘、梁树文 综合服务处（5人）：李生军、张文涛、严萍、李鑫、张艺旋 监督中心（2人）：窦捷、李霞 应急与综治中心（3人）：宋杨、杨兴华、马继栋 物资采购管理中心（3人）：濮军、张娜、李永民 共享中心（3人）：石军、刘建纲、闫钧 离退休人员管理中心（1人）：李斌 宝石花物业玉门油田地区公司（1人）：王亚梅
原油产量提前跨年 立功受奖 （1个）	环庆采油厂

续表

获奖名称	获奖单位或个人
"提质增效"优秀项目 (10个)	老君庙采油厂：老君庙油田创新低成本储层改造技术，低产低效井实现效益挖潜 环庆采油厂：加快宁庆区块天然气勘探，3口天然气井获高产工业气流 勘探开发研究院：推进SEC增储专项行动，降低折旧折耗 工程技术研究院：加强化学研究岗位精细管理，着力控减试验成本 炼油化工总厂：紧盯需求拓市场，自销产品增效益 炼油化工总厂：流量偏离机泵治理 油田作业公司：塔里木轮南油气开发修井业务总包，助力市场化转型升级 机械厂：设计制作集输管网物理清管器的刮削簧片 监督中心：油田生产系统能效对标助力提质增效 共享中心：完善实训基地建设，拓展外部培训市场
"夺油上产"优秀项目 (8个)	老君庙采油厂：持续深化地质认识，老油田扩边增储获突破 环庆采油厂：实施双钻机作业，助力环庆快速勘探开发 乍得有限责任公司：强化施工组织管理，Baobab-FPF改扩建工程顺利投运 勘探开发研究院：环庆精细地质研究，支撑高效建产及稳油控水 工程技术研究院：精细优化储层改造技术，推动环庆区块快速建产 油田作业公司：工厂化平台化压裂新模式，助推油田增油上产 生产服务保障中心：优质高效完成井场钻前勘测和井场施工 综合服务处：精心组织实施井队搬迁和原油拉运
"建功新能源"优秀项目 (4个)	新能源事业部：玉门东200兆瓦光伏并网发电示范项目立项研究、专项评价与初步设计 水电厂：全力推进玉门东200兆瓦光伏并网发电示范项目按期投产 生产服务保障中心：玉门东200兆瓦光伏并网发电土建施工 物资采购管理中心：高效采购物资保供新能源项目建设
公司"创新型"班组 (10个)	老君庙采油厂鸭儿峡作业区注水注气岗、工程技术研究院钻井工程技术组、炼油化工总厂联合运行二部催化装置运行一班、油田作业公司带压作业队DY12900队、水电厂电气车间检修班、生产服务保障中心机械工程部机修班、机械厂工具加工车间精加工班、综合服务处包装制品厂制桶班、物资采购管理中心物资总库保管二班、共享中心网络事业部系统运行组
职工优秀技术 创新成果 (30项)	一等奖（5项）： 深化地质研究，精准选井选层，白垩系补孔措施成效显著（老君庙采油厂完成人张葳、谭伟、沈世波、郑超、张振祖、李希娟、茹琦、刘乘宙） 重油催化装置提升管蒸汽流化环改造探索与实践（乍得有限责任公司完成人张欣、李雪峰、胡乐、冯启、马继明） 低渗透砂砾岩精细油藏描述技术在鸭儿峡油田稳产上产中的应用（勘探开发研究院完成人赵隽、李景、魏涛、李晓军、张华琴、罗晓芳、谢全民、苏格绪） 石油沟冲断带工厂化钻井配套技术（油田作业公司完成人董文强、高源、陈小刚、张倍强、卢斌林、伏志斌、高文军、刘彪年） 智能化中压开关技术在我厂6千伏配电系统中的应用（水电厂完成人常宇、程全兵、梁荣学、周娟、裴希勤、田创新、张军、李尚基） 二等奖（10项）： 提篮式单流阀芯及检修工具的研制（老君庙采油厂完成人刘春杰、许辉、李晓红、刘毅） 酒东油田数字化系统建设与应用（老君庙采油厂完成人张静、王宏峰、张旭、马莉娜、吴晓旭、李相君） 集输流程带定时、定量加药装置（环庆采油厂完成人侯学林、孙奇、李明） Pickett交会图技术在环庆油田侏罗系地层油水层识别应用（勘探开发研究院完成人孙万高、张蕊胜、白建峰、杨智明、马晓玲）

续表

获奖名称	获奖单位或个人
职工优秀技术创新成果（30项）	高密度阳离子钻井液体系配方优化研究与现场试验（工程技术研究院完成人蔡东胜、孙梦慈、李振兴、马洪亮、秦宏宇、周鑫、白璐） 炼化总厂机泵群无线监测系统建设（炼油化工总厂完成人宋家峰、梁浩、王伟、胡维杰、彭敔义、童元梁、宋丽丽、刘婕） 井筒内大容量水泥浆倒灰装置的设计制作与应用（油田作业公司完成人陈全柱、杨杰、毕恩梓、贾亚军、郝剑、王智、任健、董朝辉） CYJ8-3-26HY型抽油机设计与制造（机械厂完成人李永新、吴永正、赵文义、黄志钢、韩灵、孙现法、李健） 抽油机皮带松紧度量化调整仪研制与应用（监督中心完成人孙守渊、蒋玉文、郭霄、曹伟、李亚军、仲银忠、周玉成、窦捷） 搭建专属网络实现机房远程智能监控（共享中心完成人王富升、康超、蔡小燕、吴宝琦、刘亚丽） 三等奖（15项）： 一种单流阀内腔清理工具的研制（老君庙采油厂完成人张莉、侯维喜、曹文玉、孔燕青、张霞、张永霞） "十点"测温法巧解油井定压阀"回油"故障（乍得有限责任公司完成人安俊桥、蒋兵、李闯、贾森、赵钰峰、郝红勋、巩永良、刘超） 断层封堵性研究在Doseo盆地Kedeni三维区的应用（勘探开发研究院完成人张雪锐、张蕊胜、刘峰） 应用"4C"压裂设计模式推进老君庙提质增效（工程技术研究院完成人李婷、杨洪锐、李新发、杨震、兰丽娟、吕龙、王浩帆） 多措并举提高装置加热炉热效率（炼油化工总厂完成人田思宏、王亦成、周喜坤、徐晓山、黄明辉、崔浩、薛洁文、代玉戈） 定方位旋转管柱装置的研发与应用（油田作业公司完成人任健、曹卫东、陈全柱、孙志文、杨杰、贾亚军、郝剑、王博） 化学水处理节能措施研究应用（水电厂完成人马连凤、李玉霞、李伟、李龙、李建强、关祁） 3号炉空压机冷却水系统优化改造（水电厂完成人任宗健、高群芳、吴松山、贾晓华、徐继忠、姜坤、侯建龙、刘小军） 分层分台施工降低安全风险（生产服务保障中心完成人杨万选、钱永鹏、范延辉、郭涛、王利刚、曹建军、李晓锋、夏银周） 防腐抽油杆开发与应用（机械厂完成人马光合、赵爱民、何飞、何霞霞） 数控等离子切割机优化改造（机械厂完成人傅秉虎、吴永正、杨虎生、张玉生、李宏伟、王小锋、郑娜） 车辆维修简易手动式压力机的研制（综合服务处完成人田昊） 电控直驱立式抽油机平衡度评价标准的研究与应用（监督中心完成人曹伟、蒋玉文、郭霄、孙守渊、李亚军、仲银忠、周玉成、窦捷） 水泥干混破袋引风除尘改造（物资采购管理中心完成人杨东、张志强、吴拥军） 拓展IP前端增值业务，引进高清数字电视（共享中心完成人郑雅琳、卢雪梅、吴宝琦、康超、蔡小燕）
职工优秀合理化建议（10项）	应用低成本无砂压裂增产、增注技术（老君庙采油厂建议人邢杨梅、吕剑锋、吴娜、雷丽、张永寿） 高黏油井应用井口自动加药设备降本增效（老君庙采油厂建议人米华存） 综合分析薄砂体延伸与泥质条带，优化注水孔段（红庆采油厂建议人王天赐、孙奇、白延锋、张振杰） BC-2井与OGM11外输管线快速连头施工（乍得有限责任公司建议人富玉新、盛天生） 压裂液配制中采用自吸泵添加辅剂（工程技术研究院建议人张庆九、曹东林） 焦化装置热蜡油回炼技术的应用（炼油化工总厂建议人许海滨、牟德海、赵玉林、吴林、张培杰） 配液站升级改造，实现压井液和压裂液集中回收再利用（油田作业公司建议人熊佳） 多管冲激水浴式除尘器改布袋式除尘器的研究及实施（水电厂建议人王永） 简易井口完井法兰的设计与应用（机械厂建议人张中勤） 加大市场开发力度增收创效（物资采购管理中心建议人景玮、赵伟峰）

（黄 琰）

共青团工作

【概述】 玉门油田公司团委与党委宣传部（公司工会、机关党委）合署办公。截至2022年底，共有基层团青组织16个，其中团委13个、青年工作委员会3个。团（总）支部73个。公司团委设副书记1人，委员17人（含常委7人）；35岁以下青年1036人，团员268人。

【组织建设】 2022年，玉门油田公司落实党建带团建工作方案，完成各单位党建带团建联系点建立。健全油田各级团组织按期换届的常态化机制，全年推优入党22人。开展线上线下双联动机制，成立驻环庆临时团支部。举行"离团不离心，永远跟党走"超龄团员、转岗团干部离团仪式。推行"举团旗、唱团歌、戴团徽"制度。开展基层团组织书记述职评议。

【思想教育】 2022年，玉门油田公司开展"喜迎二十大、永远跟党走、奋进新征程"主题系列活动，征集各类交流体会460余篇、短视频38个。开展"礼赞建团百年 筑梦青春韶华"庆祝建团一百周年青年文化作品创作大赛；开展"青春向党，奋斗强国"主题团日活动；组建玉门油田石油摇篮青年讲师团；深入推进"青年大学习"行动；开展以"参观一次教育基地、组织一次宣誓签名、开展一次座谈交流、征集一次体会文章、举行一次主题团日"为内容的"高举红旗跟党走"五个一教育实践活动。

【特色活动】 2022年，玉门油田公司开展青年突击队竞赛活动，聚焦油气上产大会战和炼化、水电大检修组建青年突击队44支。围绕业绩目标挖潜、经营重点创效、临时任务突击，组建133支青年突击队开展突击竞赛。优选9个项目参加集团公司青年科技创新大赛，2个项目均获工程技术赛道三等奖。开展"学雷锋树新风 学铁人立新功"青年志愿服务系列活动。常态化开展"岗位创一流，青年比奉献"活动。开展"石油青年献爱心"青年志愿服务活动，向酒泉市特殊教育学校120名在校学生捐赠校服。实施青年精神素养提升工程；实施玉门油田第一期"青马工程"培养计划，分层推进"青年马克思主义者培养工程"。启动实施"青年成长导航"计划，开展"知、懂、爱——党委书记谈培养青年"活动；开展青年员工全脱产培训课程，打造"一专多能"的复合型人才。全面落实完善"1+100"团干部联系青年制度，在青年婚恋、心理疏导、技术咨询等方面为广大青年提供帮助。常态化推进"我为青年做件事"实践活动，全年共解决青年急难愁盼想的实事140余件。

【荣誉】 2022年，炼油化工总厂联合运行一部、油田作业公司试油修井经理部X15866队获"甘肃省青年安全生产示范岗"；生产服务保障中心工程项目部团支部获"甘肃省五四红旗团支部"；炼油化工总厂团委获"集团公司五四红旗团委"；老君庙采油厂罗毅获"甘肃省向上向善好青年"；炼油化工总厂邢乐获"甘肃省优秀共青团干部"；老君庙作业区团支部、生产服务保障中心数字化工程部团支部获"集团公司五四红旗团支部"；工程技术研究院王琪获"集团公司优秀共青团员"；油田作业公司张涛获"集团公司优秀共青团干部"。勘探开发研究院2个项目均获"集团公司第二届创新大赛青年科技创意工程技术专业三等奖"；共享中心朱俊霖、老君庙采油厂程杰获"集团公司青年文化作品创作大赛三等奖"；监督中心杜威、炼油化工总厂任栋、油田作业公司程立恒获"集团公司青年文化作品创作大赛优秀奖"。

（陈佳伟）

第八篇 组织机构与领导名录

- ◆ 组织机构
- ◆ 领导简介及分工
- ◆ 领导名单

组织机构

【概况】 2022年底，玉门油田公司机构数量614个，其中一级二类1个、二级一类13个、二级二类14个、二级三类4个、三级一类172个、三级二类77个、三级三类26个、其他类别307个。

【公司组织机构】 中国石油天然气股份有限公司玉门油田分公司组织机构图见图8-1。

```
玉门油田公司职能部门、直属机构组织机构图
├── 职能部门
│   ├── 党委办公室（综合办公室）
│   ├── 规划计划处
│   ├── 财务处
│   ├── 党委组织部（人事处）
│   ├── 生产与工程管理处
│   ├── 基建设备处
│   ├── 质量安全环保处
│   ├── 党委宣传部（工会、团委）
│   ├── 纪委办公室（巡察办公室）
│   ├── 企管法规处
│   └── 科技信息与对外合作处
├── 二级单位
│   ├── 老君庙采油厂
│   ├── 环庆采油厂（环庆分公司）
│   ├── 玉门油田酒得有限责任公司
│   ├── 勘探开发研究院
│   ├── 工程技术研究院
│   ├── 炼油化工总厂
│   ├── 油田作业公司
│   ├── 水电厂
│   ├── 生产服务保障中心（玉门油田工程建设有限责任公司）
│   ├── 机械厂
│   └── 综合服务处
└── 直属机构
    ├── 勘探部
    ├── 开发部
    ├── 新能源事业部
    ├── 审计部
    ├── 监督中心
    ├── 应急与综治中心（消防支队、武装部）
    ├── 物资采购管理中心（物资供应处）
    ├── 共享中心
    └── 离退休人员管理中心
```

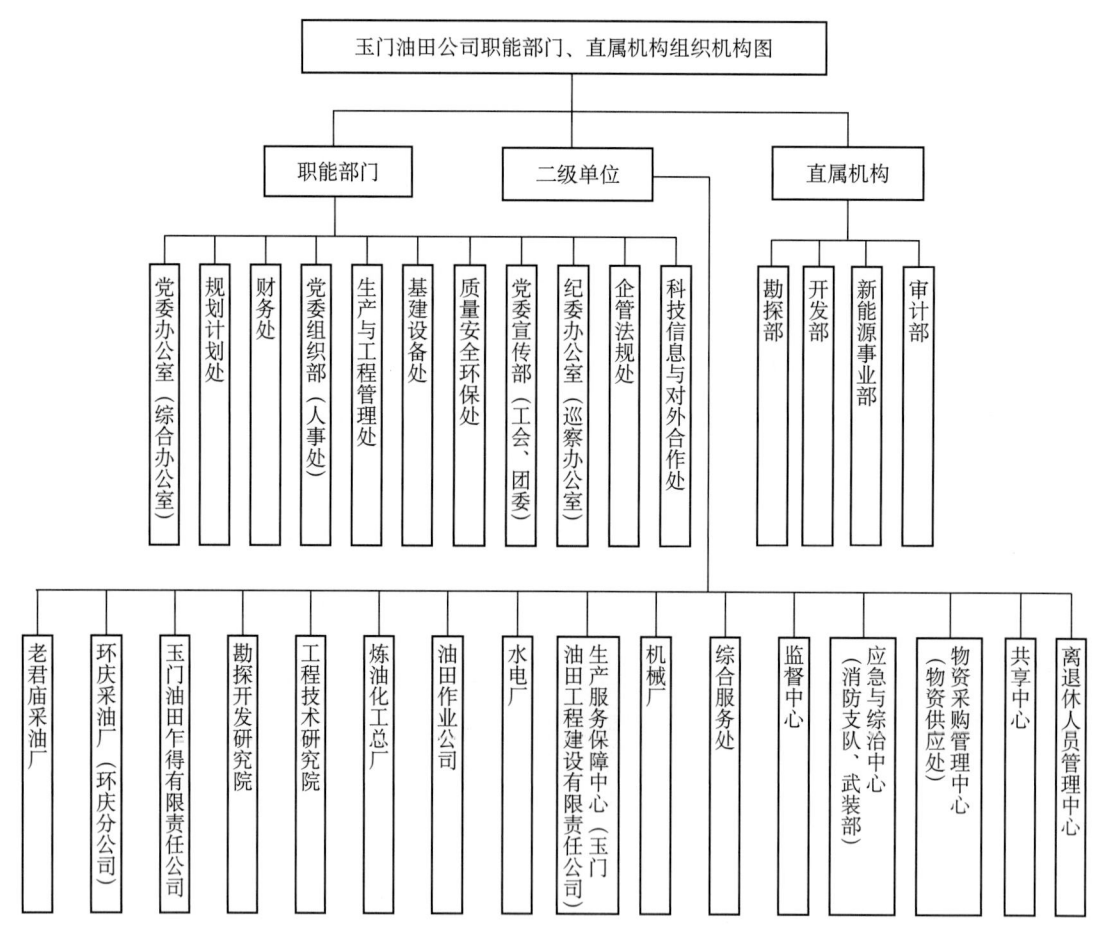

图8-1 玉门油田公司职能部门、直属机构组织机构图

【职能部门组织机构图】 图8-2至图8-12为玉门油田公司机关处室组织机构图。

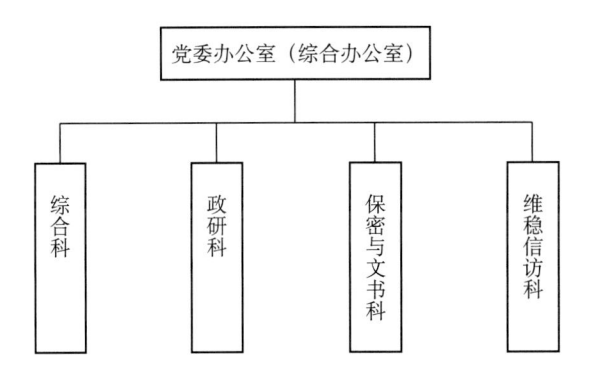

图 8-2　党委办公室（综合办公室）组织机构图

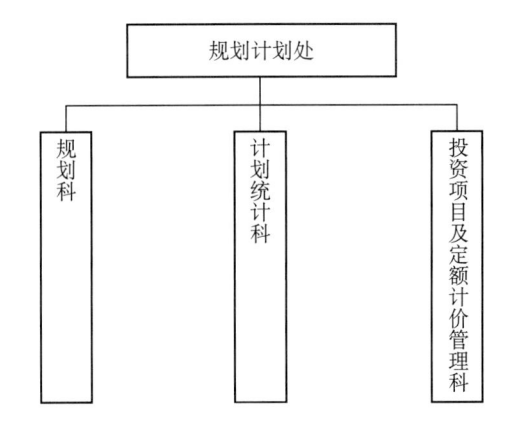

图 8-3　规划计划处组织机构图

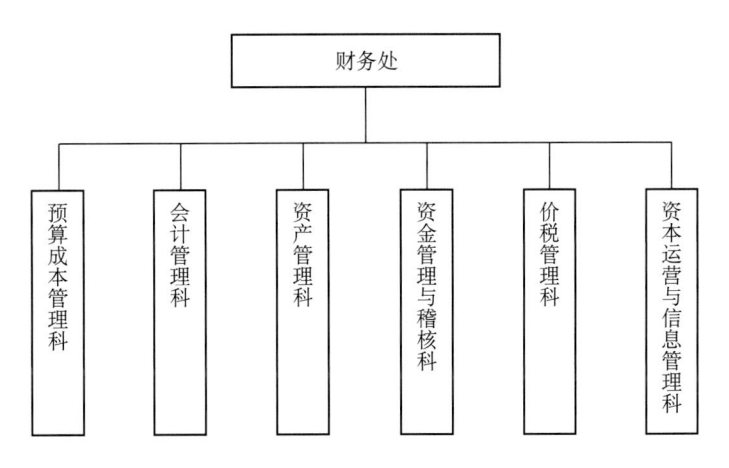

图 8-4　财务处组织机构图

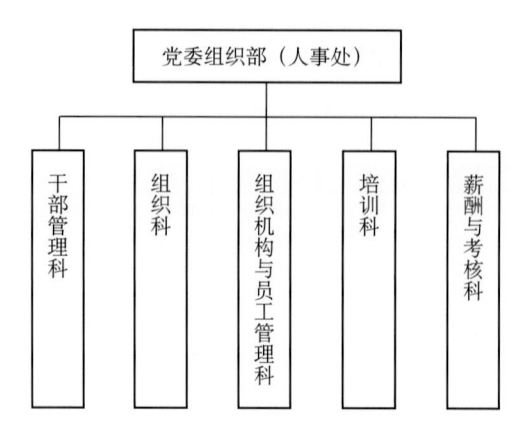

图 8-5　党委组织部（人事处）组织机构图

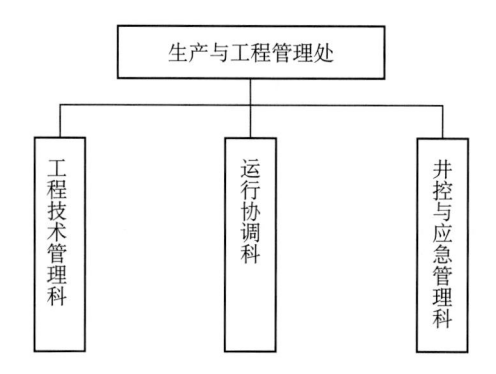

图 8-6　生产与工程管理处组织机构图

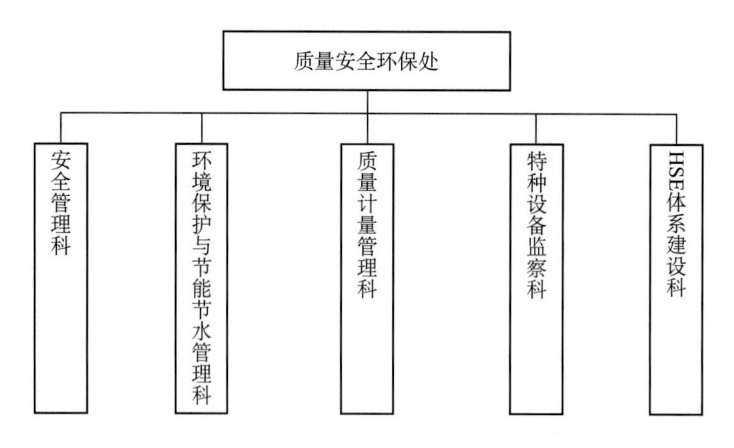

图 8-7　质量安全环保处组织机构图

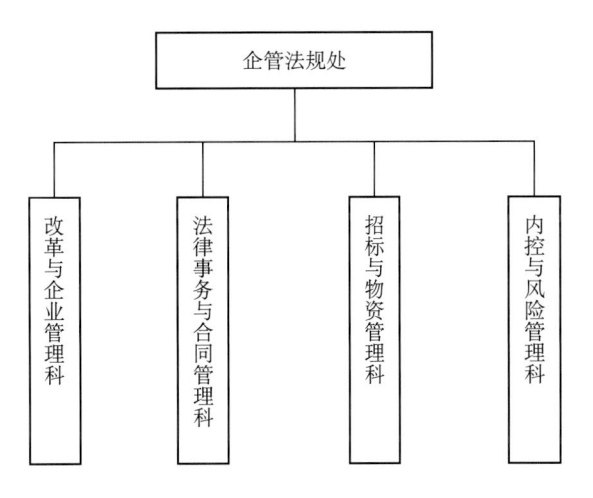

图 8-8　企管法规处组织机构图

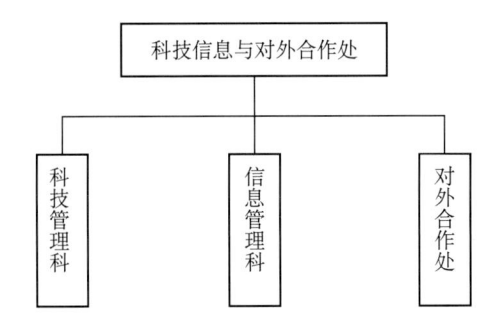

图 8-9　科技信息与对外合作处组织机构图

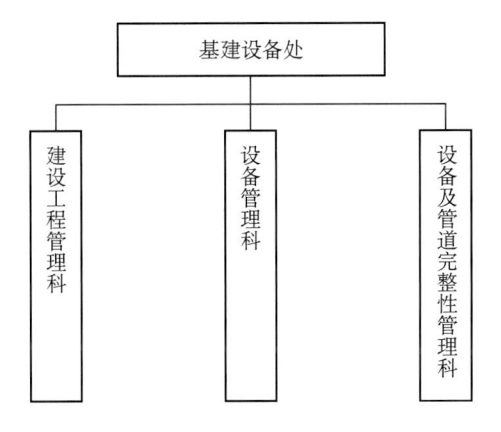

图 8-10　基建设备处组织机构图

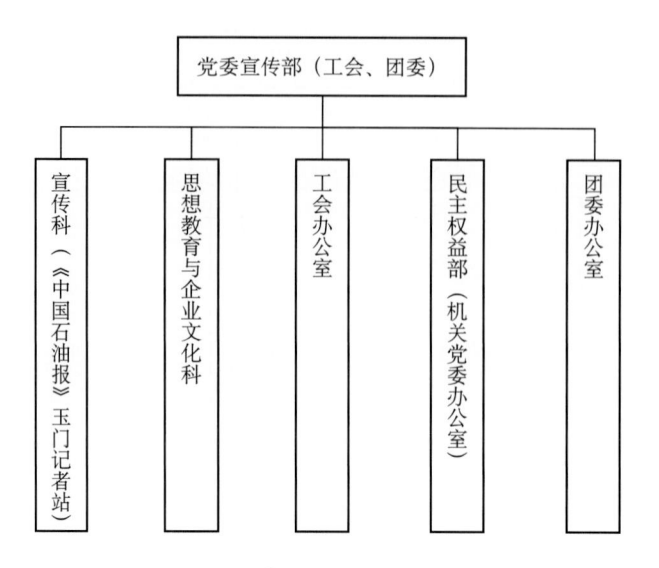

图 8-11　党委宣传部（工会、团委）组织机构图

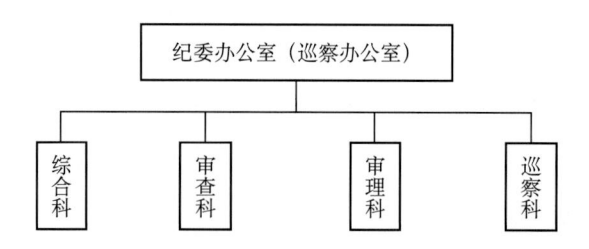

图 8-12　纪委办公室（巡察办公室）组织机构图

【直属机构组织机构图】　图 8-13 至图 8-16 为玉门油田公司直属机构组织机构图。

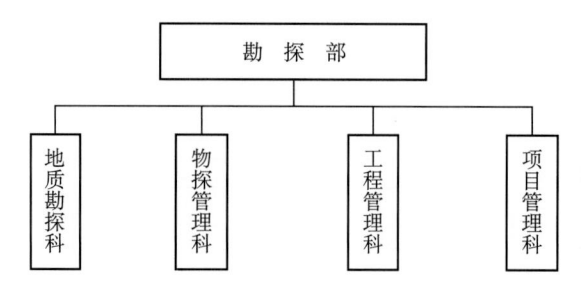

图 8-13　勘探部组织机构图

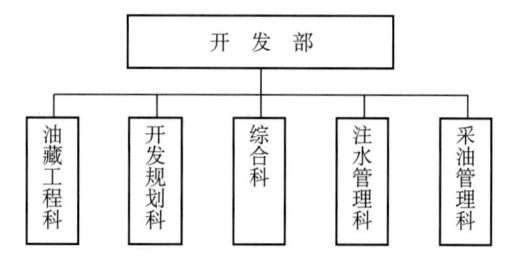

图 8-14　开发部组织机构图

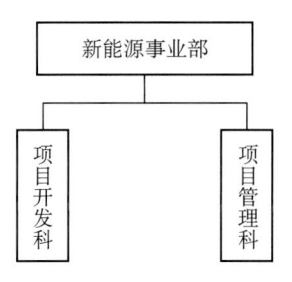

图 8-15 新能源事业部组织机构图

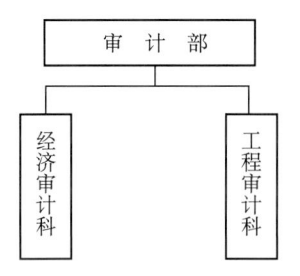

图 8-16 审计部组织机构图

【二级单位组织机构图】 图 8-17 至图 8-32 为玉门油田公司所属单位组织机构图。

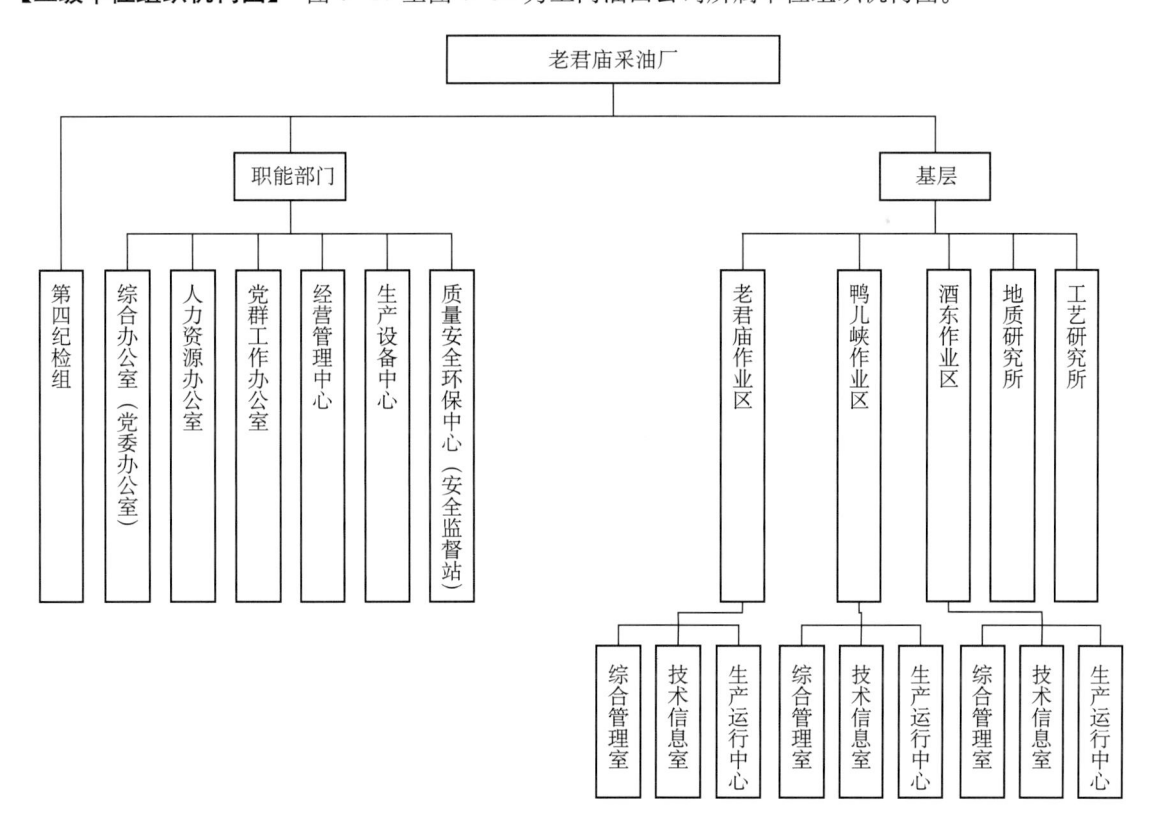

图 8-17 老君庙采油厂组织机构图

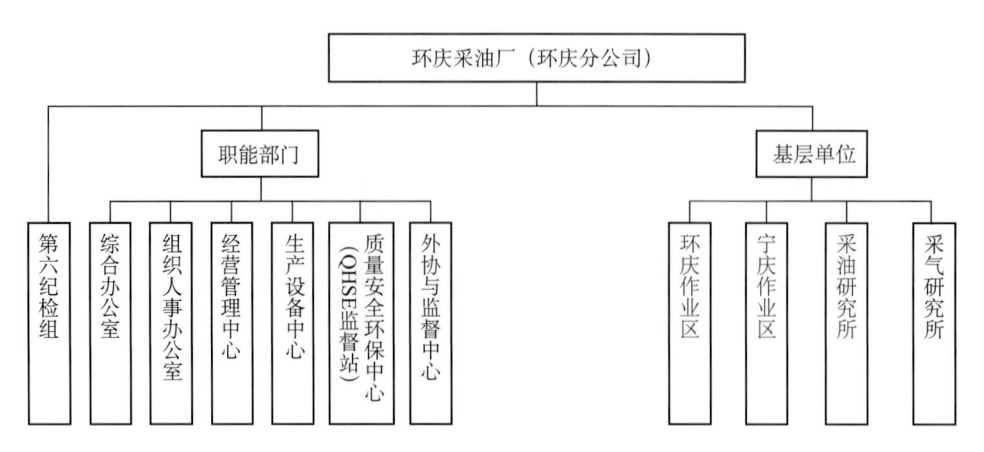

图 8-18　环庆采油厂（环庆分公司）组织机构图

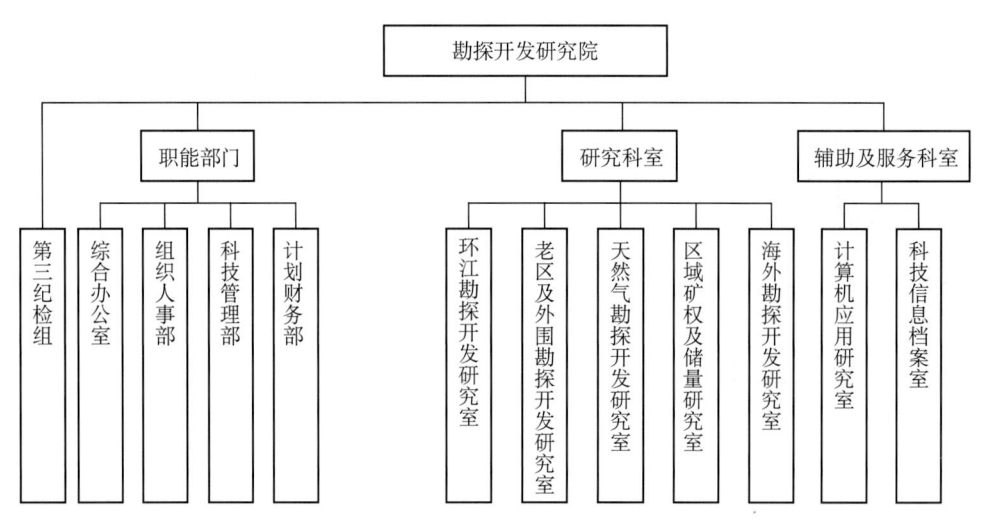

图 8-19　勘探开发研究院组织机构图

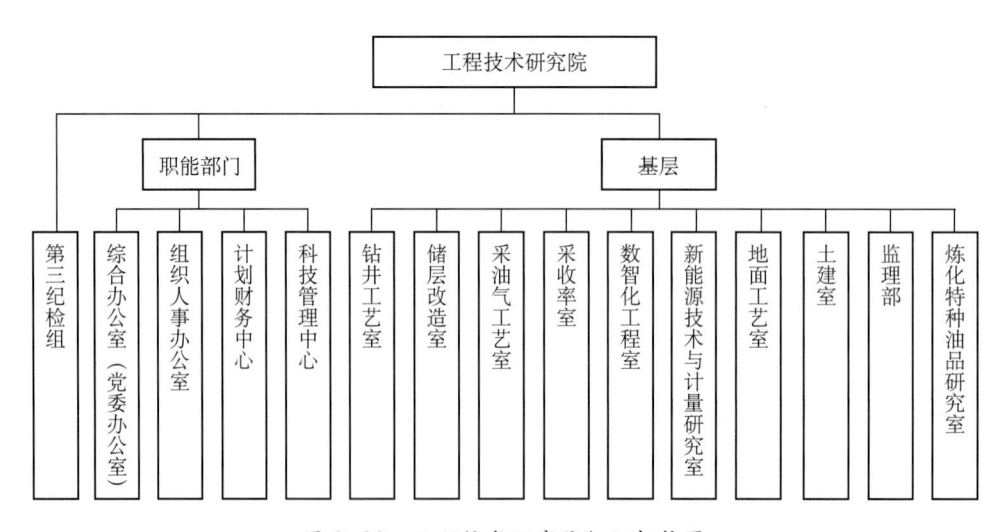

图 8-20　工程技术研究院组织机构图

炼油化工总厂组织机构

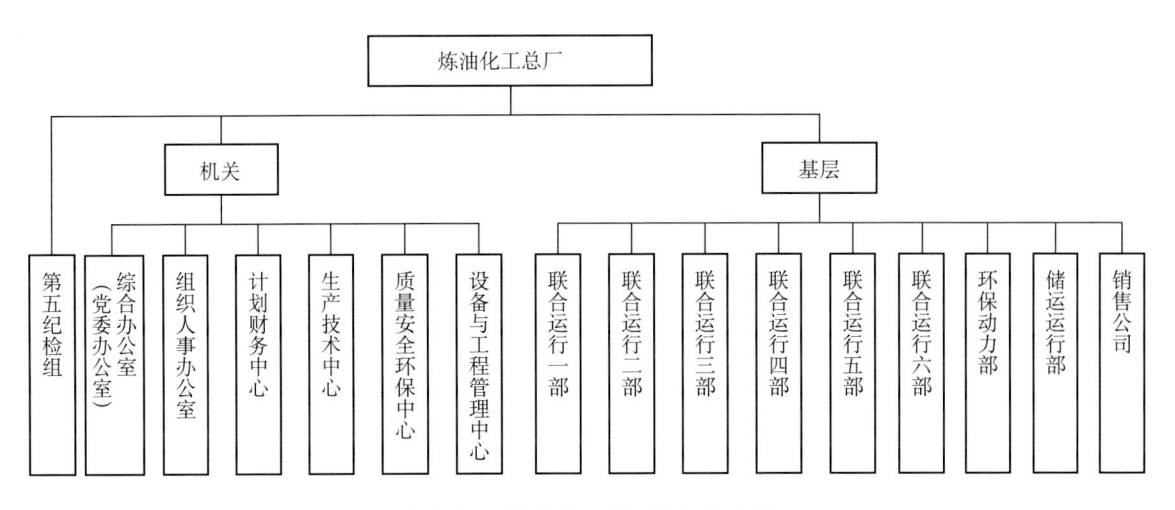

- 炼油化工总厂
  - 机关
    - 第五纪检组
    - 综合办公室（党委办公室）
    - 组织人事办公室
    - 计划财务中心
    - 生产技术中心
    - 质量安全环保中心
    - 设备与工程管理中心
  - 基层
    - 联合运行一部
    - 联合运行二部
    - 联合运行三部
    - 联合运行四部
    - 联合运行五部
    - 联合运行六部
    - 环保动力部
    - 储运运行部
    - 销售公司

图 8-21　炼油化工总厂组织机构图

油田作业公司组织机构

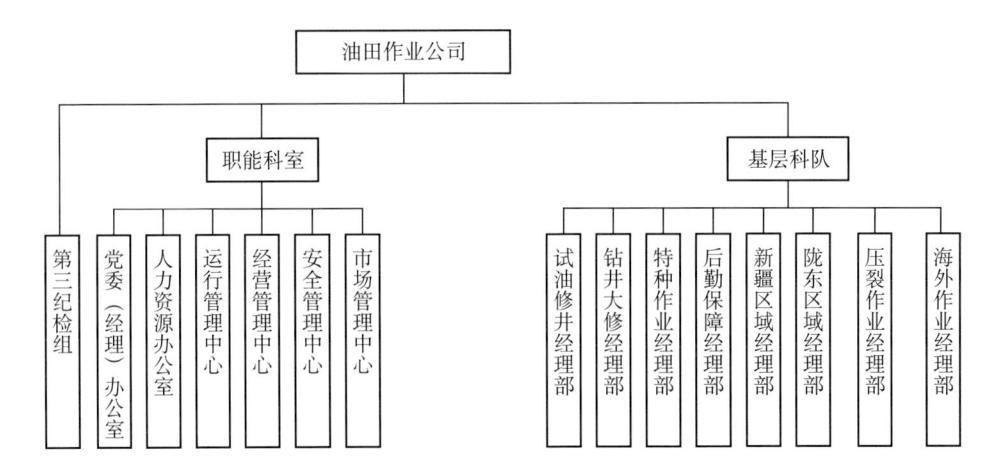

- 油田作业公司
  - 职能科室
    - 第三纪检组
    - 党委（经理）办公室
    - 人力资源办公室
    - 运行管理中心
    - 经营管理中心
    - 安全管理中心
    - 市场管理中心
  - 基层科队
    - 试油修井经理部
    - 钻井大修经理部
    - 特种作业经理部
    - 后勤保障经理部
    - 新疆区域经理部
    - 陇东区域经理部
    - 压裂作业经理部
    - 海外作业经理部

图 8-22　油田作业公司组织机构图

水电厂组织机构

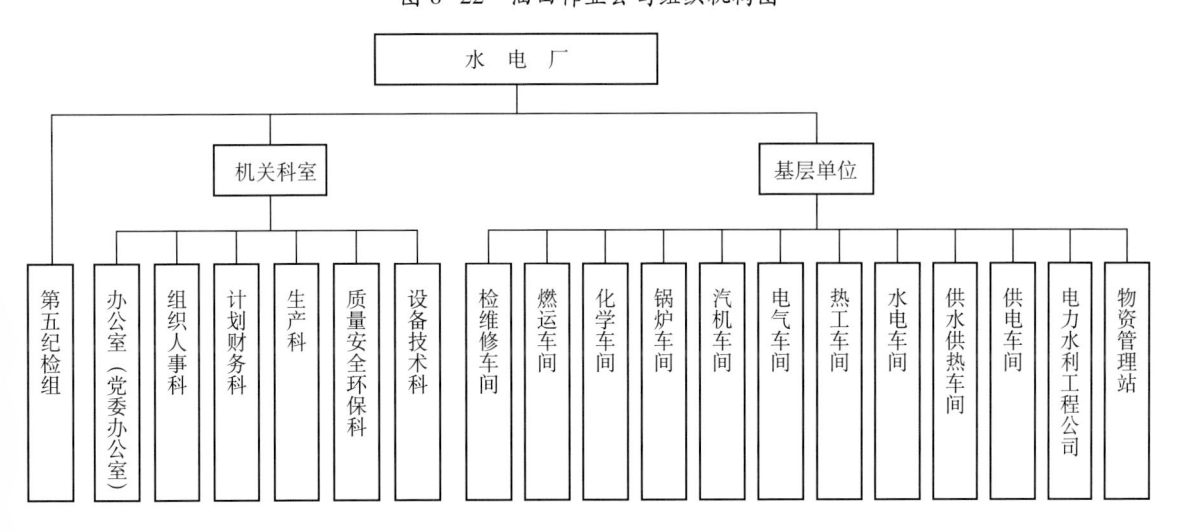

- 水电厂
  - 机关科室
    - 第五纪检组
    - 办公室（党委办公室）
    - 组织人事科
    - 计划财务科
    - 生产科
    - 质量安全环保科
    - 设备技术科
  - 基层单位
    - 检维修车间
    - 燃运车间
    - 化学车间
    - 锅炉车间
    - 汽机车间
    - 电气车间
    - 热工车间
    - 水电车间
    - 供水供热车间
    - 供电车间
    - 电力水利工程公司
    - 物资管理站

图 8-23　水电厂组织机构图

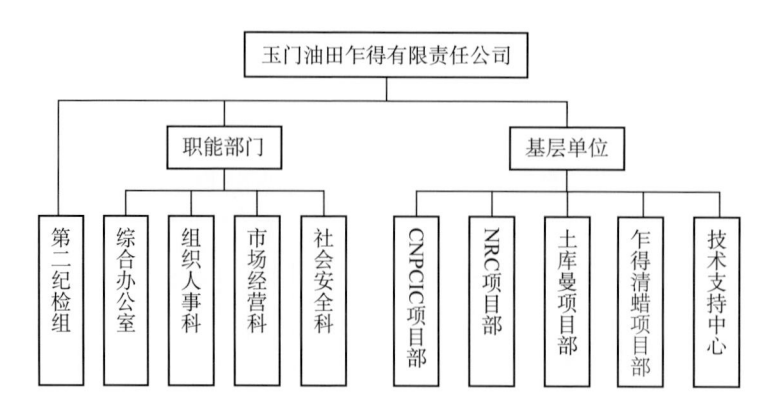

图 8-24　玉门油田乍得有限责任公司组织机构图

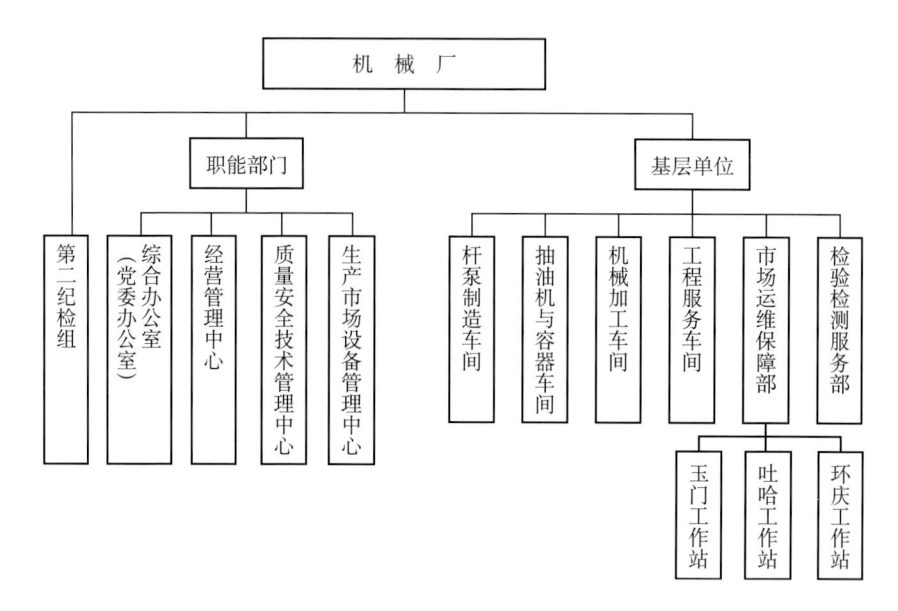

图 8-25　机械厂组织机构图

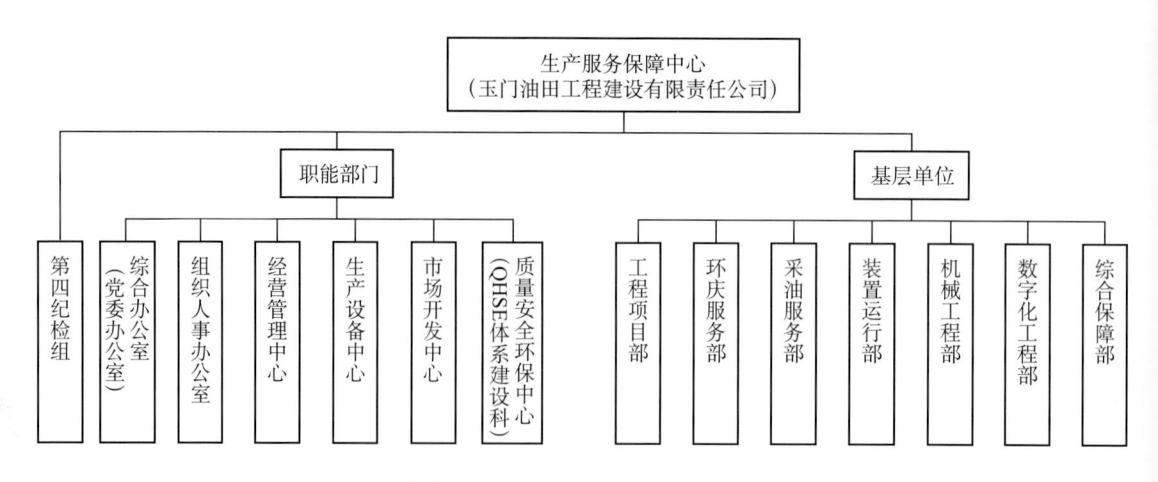

图 8-26　生产服务保障中心（玉门油田工程建设有限责任公司）组织机构图

图 8-27 综合服务处组织机构图

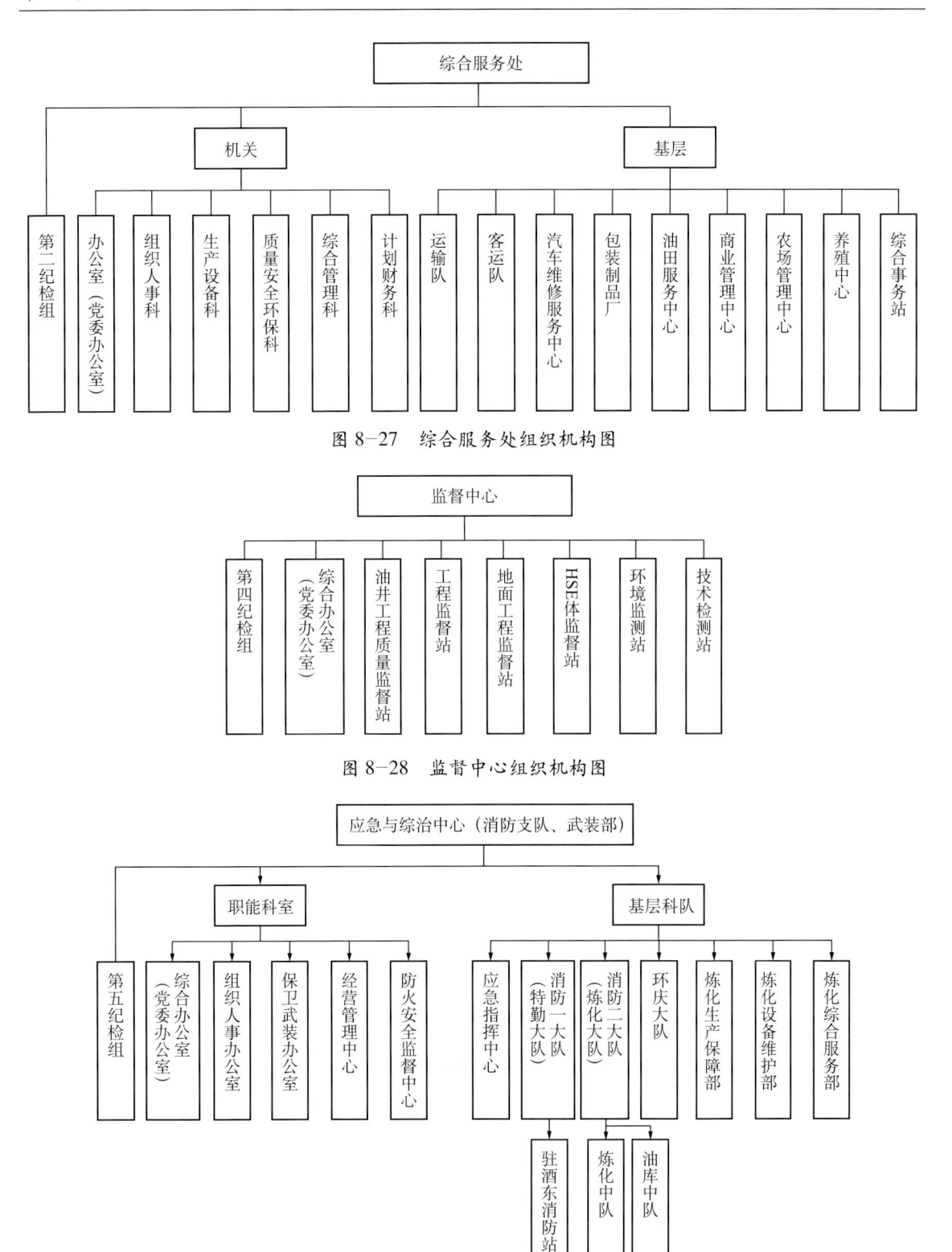

图 8-28 监督中心组织机构图

图 8-29 应急与综治中心（消防支队、武装部）组织机构图

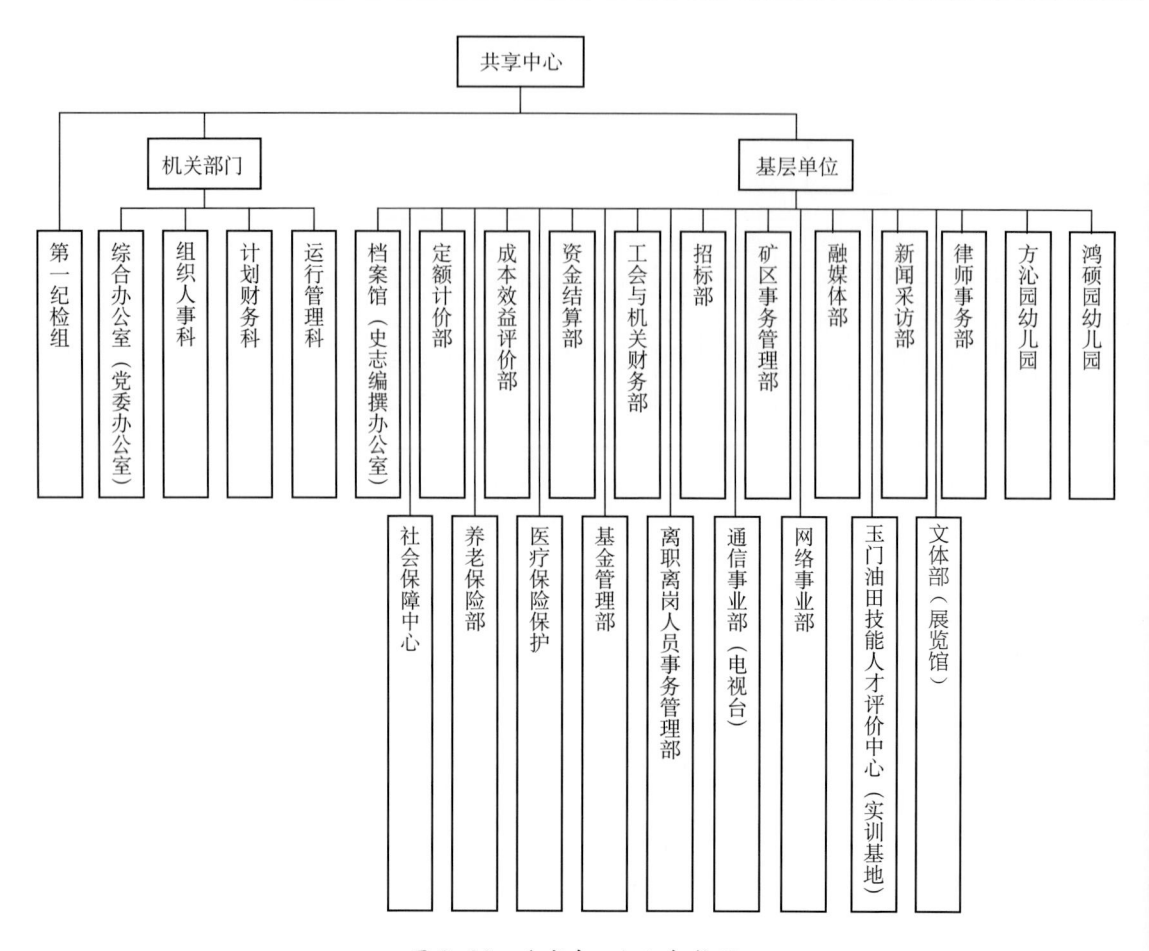

图 8-30　共享中心组织机构图

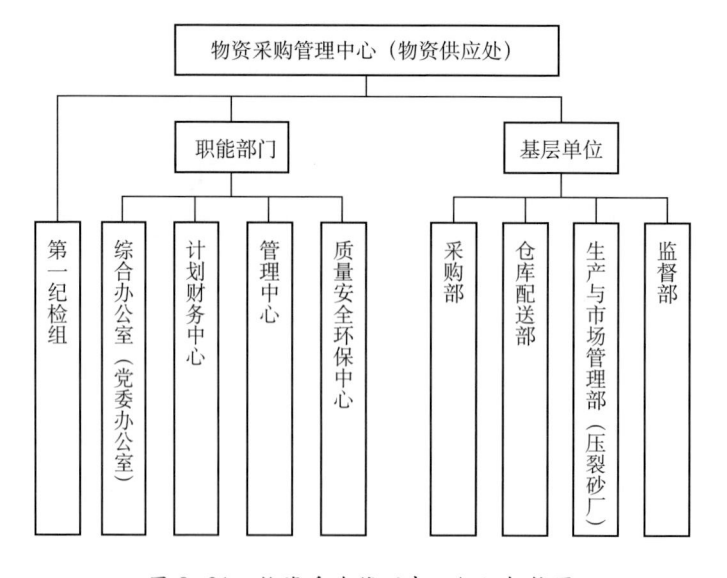

图 8-31　物资采购管理中心组织机构图

第八篇　组织机构与领导名录

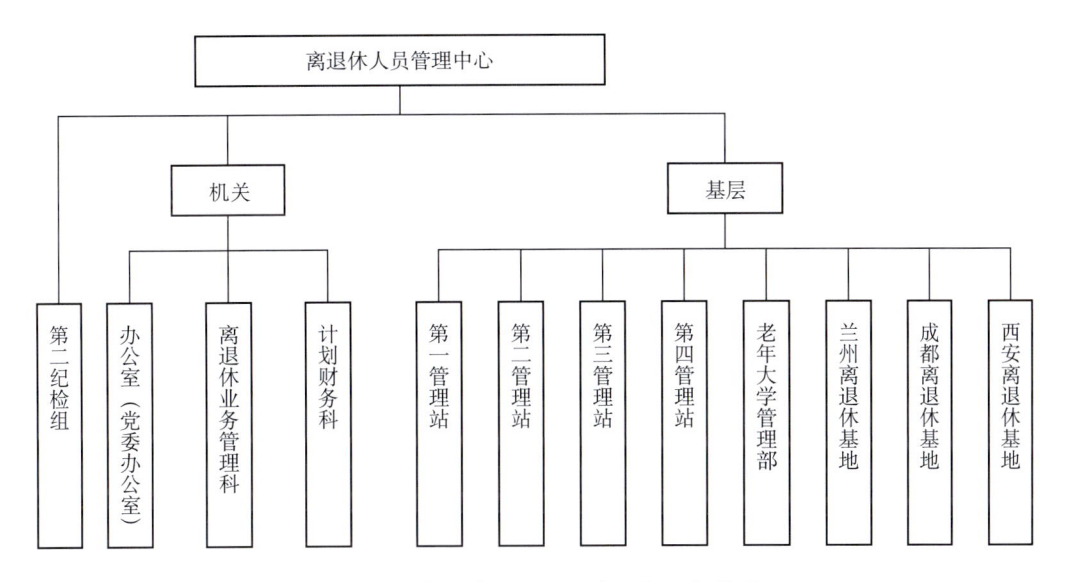

```
                    离退休人员管理中心
                           │
              ┌────────────┴────────────┐
             机关                       基层
              │                          │
   ┌────┬────┼────┐    ┌────┬────┬────┬────┬────┬────┬────┐
  第二 办公  离退 计划  第一 第二 第三 第四 老年 兰州 成都 西安
  纪检 室   休业 财务  管理 管理 管理 管理 大学 离退 离退 离退
  组   (党委 务管 科   站   站   站   站   管理 休基 休基 休基
       办公 理科                          部   地   地   地
       室)
```

图 8-32　离退休人员管理中心组织机构图

领导简介及分工

【概述】　2022 年底，玉门油田公司高级管理人员 7 人，其中一级正职 2 人、一级副职 5 人，平均年龄 51.6 岁。其中，教授级高级工程师 2 人、正高级工程师 3 人、正高级经济师 1 人、高级会计师 1 人。高级管理人员全部为大学本科及以上学历，其中博士研究生学历 2 人、硕士研究生学历 3 人。

【公司领导简介】　刘战君，男，汉族，1964 年 10 月生，甘肃秦安人，1993 年 6 月加入中国共产党，1986 年 8 月参加工作，先后毕业于西南石油学院采油工程专业、西南石油学院油气田开发工程专业，博士研究生学历，工学博士学位，教授级高级工程师。1986 年 8 月至 1987 年 8 月任山东胜利油田会战技术员。1987 年 8 月至 1992 年 2 月任玉门石油管理局老君庙油矿综合三队技术员、助理工程师。1992 年 2 月至 1993 年 8 月任玉门石油管理局采油厂采油工艺科副科长。1993 年 8 月至 1995 年 10 月任玉门石油管理局采油厂采油工艺科科长。1995 年 10 月至 1995 年 11 月任玉门石油管理局采油厂副总工程师兼采油工艺科科长。1995 年 11 月至 1997 年 11 月任玉门石油管理局采油厂副厂长。1997 年 11 月至 1999 年 4 月任玉门石油管理局采油厂常务副厂长。1999 年 4 月至 2000 年 2 月任玉门石油管理局采油厂厂长。2000 年 2 月至 2002 年 2 月任玉门油田公司采油厂厂长、党委副书记。2002 年 2 月至 2003 年 9 月任玉门油田公司总经理助理兼采油厂厂长。2003 年 9 月至 2010

年 11 月任玉门油田公司总经理助理兼开发事业部（开发处）经理（处长）。2010 年 11 月至 2011 年 10 月任玉门油田公司总经理助理兼开发部（对外合作部）经理（主任）。2011 年 10 月至 2018 年 7 月任玉门油田公司副总经理、党委委员。2018 年 7 月至 2020 年 3 月任玉门油田公司党委常务副书记、工会主席。2020 年 3 月至 2021 年 3 月任玉门油田公司党委书记、总经理、工会主席，玉门石油管理局有限公司执行董事、总经理。2021 年 3 月起任玉门油田公司执行董事、党委书记，玉门石油管理局有限公司执行董事、总经理。

来进和，男，汉族，1968 年 8 月生，甘肃景泰人，1995 年 12 月加入中国共产党，1990 年 7 月参加工作，先后毕业于中国石油大学石油加工专业、兰州大学工商管理专业，大学本科学历，管理学硕士学位，高级工程师。1990 年 7 月至 1992 年 5 月任玉门石油管理局炼油厂润滑脂车间实习员。1992 年 5 月至 1993 年 6 月任玉门石油管理局炼油化工总厂设计室助理工程师。1993 年 6 月至 1995 年 12 月任玉门石油管理局炼油化工总厂调度科科员。1995 年 12 月至 1997 年 11 月任玉门石油管理局炼油化工总厂生产调度科副科长。1997 年 11 月至 1999 年 4 月任玉门石油管理局生产调度处副处长。1999 年 4 月至 2000 年 2 月任玉门石油管理局生产调度处（机动处）副处长。2000 年 2 月至 2001 年 2 月任玉门油田公司生产与质量安全环保处副处长。2001 年 2 月至 2003 年 3 月任玉门油田公司安全环保处副处长。2003 年 3 月至 2011 年 2 月任玉门油田公司质量安全环保处处长。2011 年 2 月至 2011 年 10 月任玉门油田公司炼油化工总厂厂长、党委副书记。2011 年 10 月至 2012 年 2 月任玉门油田公司炼油化工总厂厂长、党委书记。2012 年 2 月至 2013 年 7 月任玉门油田公司炼油化工总厂厂长兼党委副书记。2013 年 7 月至 2018 年 7 月任玉门油田公司炼油化工总厂厂长兼党委副书记、销售公司经理。2018 年 7 月至 2021 年 3 月任玉门油田公司副总经理、安全总监、党委委员。2021 年 3 月起任玉门油田分公司总经理、党委副书记。

范铭涛，男，汉族，1964 年 1 月生，河北饶阳人，1994 年 7 月加入中国共产党，1984 年 8 月参加工作，先后毕业于华东石油学院物探专业、西南石油学院石油工程专业、西南石油大学矿产普查与勘探专业，博士研究生学历，工学博士学位，教授级高级工程师。1984 年 8 月至 1993 年 9 月任玉门石油管理局勘探开发研究院勘探室实习员、助理工程师。1993 年 9 月至 1995 年 8 月任玉门石油管理局勘探开发研究院勘探室副主任。1995 年 8 月至 1997 年 11 月任玉门石油管理局勘探事业部副经理。1997 年 11 月至 1999 年 4 月任玉门石油管理局科技中心副主任、勘探开发研究院副院长。1999 年 4 月至 2000 年 2 月任玉门石油管理局勘探开发研究院院长。2000 年 2 月至 2002 年 2 月任玉门油田公司勘探开发研究院院长。2002 年 2 月至 2004 年 12 月任玉门油田公司总经理助理兼勘探事业部经理、勘探开发处处长。2004 年 12 月至 2011 年 2 月任玉门油田公司总经理助理兼勘探事业部经理、勘探开发处处长、勘探开发研究院院长。2011 年 2 月至 2012 年 12 月任玉门油田公司总经理助理兼

勘探事业部经理、勘探开发处处长。2012年12月至2015年8月任玉门油田公司副总经理、党委委员。2015年8月至2018年7月任玉门油田公司副总经理、安全总监、党委委员。2018年7月至2022年3月任玉门油田公司党委委员、副总经理。2022年4月退出领导岗位。

苗国政，男，汉族，1966年1月生，甘肃永登人，1996年6月加入中国共产党，1989年7月参加工作，先后毕业于西南石油学院油藏工程专业、西南石油大学石油与天然气工程专业，大学本科学历，工程硕士学位，教授级高级工程师。1989年7月至1990年7月任玉门石油管理局老君庙油矿采油综合一队实习员。1990年7月至1991年10月任玉门石油管理局老君庙油矿测试队助理工程师。1991年10月至1992年12月任玉门石油管理局老君庙油矿地质室助理工程师。1992年12月至1996年8月任玉门石油管理局采油厂测试队副队长。1996年8月至1999年6月任玉门石油管理局采油厂测试队队长。1999年6月至2000年3月任玉门石油管理局采油厂采油工艺科科长。2000年3月至2001年2月任玉门油田公司采油厂生产技术科副科长。2001年2月至2001年8月任玉门油田公司采油厂副总工程师。2001年8月至2003年9月任玉门油田公司采油厂副厂长。2003年9月至2011年2月任玉门油田公司青西油田作业区经理、党委书记。2011年2月至2012年4月任玉门油田公司乍得项目部经理、党总支书记。2012年4月至2018年6月任玉门油田公司副总工程师兼乍得项目部经理、党总支书记。2018年6月至2018年7月任玉门油田公司副总工程师兼开发部经理。2018年7月至2021年3月任玉门油田公司党委委员、副总经理。2021年3月起任玉门油田公司党委委员、副总经理、工会主席。

胡灵芝，男，汉族，1973年11月生，四川渠县人，1996年3月加入中国共产党，1995年7月参加工作，先后毕业于西南石油大学油藏工程专业、油气田开发工程专业，大学本科学历，工学硕士学历，教授级高级工程师。1995年7月至1996年9月任玉门石油管理局采油厂采油一区队实习员。1996年9月至1999年4月任玉门石油管理局采油厂二区队助理工程师。1999年4月至2000年3月任玉门石油管理局油田开发处油田开发科科员。2000年3月至2002年5月任玉门油田公司采油厂地质所副所长。2002年5月至2003年9月任玉门油田公司采油厂地质所所长。2003年9月至2004年4月任玉门油田公司开发事业部（开发处）油藏工程科科长。2004年4月至2007年3月任玉门油田公司开发事业部（开发处）副总地质师兼油藏工程科科长。2007年3月至2010年11月任玉门油田公司开发事业部（开发处）总地质师。2010年11月至2011年10月任玉门油田公司开发部副经理、总地质师。2011年10月至2018年6月任玉门油田公司开发部（开发处）经理、对外合作部主任。2018年6月至2020年8月任玉门油田公司老君庙采油厂（老君庙油矿）厂长（矿长）、党委副书记。2020年8月至2021年3月任玉门油田公司开发部经理。2021年3月起任玉门油田公司党委委员、副总经理、安全总监。

梁宁，男，汉族，1978年10月生，吉林松原人，2010年10月加入中国共产党，2001年7月参加工作，先后毕业于北方交通大学会计学专业、香港中文大学工商管理（金融与财务）专业、清华大学应用经济学专业，大学本科学历，工商管理硕士，经济学硕士学历，高级会计师。2001年7月任中国石油天然气集团公司对外合作经理部干部。2002年4月任中国石油天然气股份有限公司国际（勘探开发）公司干部。2004年4月任中国石油天然气股份有限公司财务资产部主管。2005年8月任中国石油天然气股份有限公司财务部会计处主管。2007年7月任中国石油天然气股份有限公司财务部合并报表处高级主管。2014年1月任中国石油天然气股份有限公司财务部会计二处高级主管。2014年9月任中国石油天然气股份有限公司财务部会计二处副处长。2017年3月任中国石油天然气股份有限公司财务部会计二处处长。2019年1月任中国石油天然气股份有限公司财务分析二处处长。2021年5月至2022年9月任玉门油田公司党委委员、总会计师。2022年9月因工作需要调离玉门油田公司。

王盛鹏，男，汉族，1974年8月生，甘肃庆阳人，1995年6月加入中国共产党，1994年8月参加工作，先后毕业于重庆石油学校石油及天然气开采专业，兰州大学法律专业，西安石油学院石油与天然气开采专业，西安理工大学工商管理专业，中国矿业大学（北京）矿物学、岩石学、矿床学专业，大学本科学历，管理学硕士，理学博士，高级经济师。1994年8月至1995年7月任长庆石油勘探局钻采工艺研究院采气室实习员。1995年7月至1998年8月任长庆石油勘探局钻采工艺研究院技术员。1998年8月至2000年8月任长庆油田分公司油气工艺研究院新技术推广中心技术员。2000年8月至2001年8月任长庆油田公司油气工艺研究院综合办秘书。2001年8月至2006年2月任长庆油田公司油气工艺技术研究院综合办副主任。2006年2月至2006年7月任长庆油田公司长北天然气开发项目经理部AMT行政支持组组长。2006年7月至2007年4月任中国石油勘探开发研究院廊坊分院人事劳资处正科级干部。2007年4月至2011年11月任勘探开发研究院廊坊分院人事劳资处处长。2011年11月至2014年5月任勘探开发研究院人事劳资处副处长兼廊坊分院人事劳资处处长。2014年5月至2016年11月任勘探开发研究院廊坊分院人事劳资处处长。2016年11月至2017年3月任勘探开发研究院人事劳资处处长。2017年4月至2020年3月任勘探开发研究院人事处（党委组织部）处长（部长）、党支部副书记。2020年3月至2020年11月任勘探开发研究院人事处（党委组织部）处长（部长）。2020年12月至2021年12月任勘探开发研究院院长助理。2021年12月起任玉门油田公司党委委员、纪委书记。

唐海忠，男，汉族，1968年8月生，甘肃武威人，1998年6月加入中国共产党，1991年7月参加工作，先后毕业于西北大学石油天然气地质专业，西北大学构造

地质学专业,大学本科学历,理学硕士,高级工程师。1991年7月至1992年12月任玉门石油管理局勘探开发研究院勘探室实习员。1992年12月至1996年11月玉门石油管理局勘探开发研究院勘探室助理工程师。1996年11月至1997年4月任玉门石油管理局勘探开发研究院勘探室工程师。1997年4月至1997年8月任玉门石油管理局勘探事业部综合科工程师。1997年8月至2000年2月任玉门石油管理局勘探事业部综合办公室副主任。2000年2月至2003年9月任玉门油田分公司勘探事业部物探科科长。2003年9月至2013年6月任玉门油田公司勘探事业部总地质师。2013年6月至2017年4月任玉门油田公司勘探部副经理兼总地质师。2017年能月至2021年11月任玉门油田公司勘探开发研究院院长、党委副书记。2021年12月至2022年3月任玉门油田公司勘探开发研究院综合研究首席专家。2022年3月起任玉门油田公司党委委员、总地质师。

茹士涛,男,汉族,1980年4月生,黑龙江庆安人,2005年11月加入中国共产党,2007年3月参加工作,先后毕业于大连理工大学应用化学专业、中国石油大学会计学专业,大学本科学历,管理学硕士,高级会计师。2007年3月至12月任中国石油勘探开发公司财务与资本运营部会计。2007年12月至2009年11月任中国石油哈萨克斯坦公司中哈管道项目会计。2009年11月至2011年12月任中油国际(ADM)有限责任公司财务部会计。2011年12月至2013年4月任中油国际(ADM)有限责任公司财务部副经理。2013年4月至2015年2月任中国石油哈萨克斯坦公司财务部会计。2015年2月至2017年2月任中国石油哈萨克斯坦分公司财务部副经理。2017年2月至2018年6月任中国石油哈萨克斯坦公司财务部副经理(副处级)。2018年6月至2019年11月任海外财务共享服务中心财务岗会计、高级会计师。2019年11月至2021年5月任中国石油国际勘探开发有限公司财务共享服务分中心运维总监。2021年5月至2022年9月任中油国际(哈萨克斯坦)PK公司总会计师。2022年9月起任玉门油田公司党委委员、总会计师。

【公司领导分工】 刘战君(玉门油田公司执行董事、党委书记,玉门石油管理局有限公司执行董事、总经理):负责玉门油田公司和玉门石油管理局有限公司全面工作,主持公司党委、执行董事办公会和玉门石油管理局有限公司工作;负责党的建设、发展改革、国家安全、宣传思想、维稳信访等工作。分管党委办公室(综合办公室)、党委组织部(人事处)、党委宣传部(工会、团委)、审计部,联系共享中心。

来进和(玉门油田公司总经理、党委副书记):负责贯彻落实公司党委、执行董事办公会决议决定,主持公司日常工作;负责公司规划计划日常工作和生产经营、新能源业务、炼油化工、销售、保密日常工作。分管规划计划处、新能源项目部,联系炼油化工总厂、水电厂。

范铭涛(玉门油田公司党委委员、副总经理):负责油气勘探与评价、天然气勘探开发、环庆一体化项目。分管勘探部,联系环庆采油厂、勘探开发研究院。

苗国政(玉门油田公司党委委员、副总经理、工会主席):负责工会、综合治理、生产运行、应急井控、工程技术研究、油气管道集输、基本建设、海外业务、物资采购、设备管理、科技管理、信息化管理工作,协助负责宣传思想、团委日常工作,分管生产与工程管理处、基建设备处、科技信息与对外合作处(科技信息工作),协助分管党委宣传部(工会、团委),联系工程技术研究院、乍得有限责任公司、物资采购管理中心、应急与综治中心。

胡灵芝（玉门油田公司党委委员、副总经理、安全总监）：负责油气开发、标准化管理、质量健康安全环保、工程技术服务、国内市场开拓工作。分管科技信息与对外合作处（对外合作工作）、质量安全环保处、开发部，联系老君庙采油厂、油田作业公司、生产服务保障中心、机械厂、综合服务处、监督中心。

梁宁（玉门油田公司党委委员、总会计师）：负责财务、资产、资金、价税、提质增效和扭亏脱困、绩效考核、合同管理、深化改革、企管法规、内控管理、矿区服务、社会保险、档案管理、卫生防疫、油田驻外业务、地企联系协调。分管财务处、企管法规处，联系离退休人员管理中心、方圆物业管理有限责任公司、驻外机构、离退休基地、上海大联石化公司。

王盛鹏（玉门油田公司党委委员、纪委书记）：协助负责公司党风建设和反腐倡廉工作，负责纪律检查、党委巡察工作，分管纪委办公室（巡察办公室）。

领导班子成员在分管领域党的建设、科技创新、安全环保、风险防范、廉洁从业、巡视巡察审计整改、队伍稳定和保密工作方面履行"一岗双责"责任，观大势、谋全局、干实事，努力实现各项目标任务，推动公司高质量发展。

备注：业务分工调整依据玉油司党字〔2022〕8号文，2022年1月28日发文。

【领导分工调整】刘战君（玉门油田公司执行董事、党委书记，玉门石油管理局有限公司执行董事、总经理）：负责玉门油田公司和玉门石油管理局有限公司全面工作，主持公司党委、执行董事办公会和玉门石油管理局有限公司工作；负责党的建设、发展改革、国家安全、宣传思想、维稳信访等工作。分管党委办公室（综合办公室）、党委组织部（人事处）、党委宣传部（工会、团委）、审计部，联系共享中心。

来进和（玉门油田公司总经理、党委副书记）：负责贯彻落实公司党委、执行董事办公会决议决定，主持公司日常工作；负责公司规划计划日常工作和生产经营、新能源、炼油化工、销售、保密日常工作。分管规划计划处、新能源事业部，联系炼油化工总厂、水电厂。

苗国政（玉门油田公司党委委员、副总经理、工会主席）：负责工会、工程技术研究、油气管道集输、基本建设、海外业务、物资采购、设备管理、机关党委工作，环庆一体化项目现场组织，协助负责宣传思想、团委日常工作，分管基建设备处，协助分管党委宣传部（工会、团委），联系环庆采油厂、工程技术研究院、乍得有限责任公司、物资采购管理中心。

胡灵芝（玉门油田公司党委委员、副总经理、安全总监）：负责生产运行、应急井控、综合治理、油气开发、标准化管理、质量健康安全环保、卫生防疫、工程技术服务、国内市场开拓工作。分管生产与工程管理处、科技信息与对外合作处（对外合作工作）、质量安全环保处、开发部，联系老君庙采油厂、油田作业公司、生产服务保障中心、机械厂、综合服务处、应急与综治中心、监督中心。

梁宁（玉门油田公司党委委员、总会计师）：负责财务、资产、资金、价税、提质增效和扭亏脱困、绩效考核、合同管理、深化改革、企管法规、内控管理、矿区服务、社会保险、档案管理、油田驻外业务、地企联系协调，协助主要领导负责新能源业务。分管财务处、企管法规处，协助分管新能源事业部，联系离退休人员管理中心、驻外机构、离退休基地、上海大联石化公司。

王盛鹏（玉门油田公司党委委员、纪委书记）：协助负责公司党风建设和反腐倡廉工作，负责纪律检查、党委巡察工作，分管纪委办公室（巡察办公室）。

唐海忠（玉门油田公司党委委员、总地质师）：负责油气勘探与评价、天然气勘探开发、科技管理、信息化管理工作。分管科技信息与对外合作处（科技信息工作）、勘探部，联系勘探开发研究院。

领导班子成员在分管领域党的建设、科技创新、安全环保、风险防范、廉洁从业、巡视巡察审计整改、队伍稳定和保密工作方面履行"一岗双责"责任，观大势、谋全局、干实事，努力实现各项目标任务，推动公司高质量发展。

备注：业务分工调整依据玉油司党字〔2022〕45号文，2022年4月28日发文。

【公司领导分工再调整】 刘战君（玉门油田公司执行董事、党委书记，玉门石油管理局有限公司执行董事、总经理）：负责玉门油田公司和玉门石油管理局有限公司全面工作，主持公司党委、执行董事办公会和玉门石油管理局有限公司工作；负责党的建设、发展改革、国家安全、宣传思想、维稳信访等工作。分管党委办公室（综合办公室）、党委组织部（人事处）、党委宣传部（工会、团委）、审计部，联系共享中心。

来进和（玉门油田公司总经理、党委副书记）：负责贯彻落实公司党委、执行董事办公会决议决定，主持公司日常工作；负责公司规划计划日常工作和生产经营、炼油化工、销售、保密日常工作。分管规划计划处，联系炼油化工总厂、水电厂。

苗国政（玉门油田公司党委委员、副总经理、工会主席）：负责新能源业务、工会、工程技术研究、油气管道集输、基本建设、物资采购、设备管理、机关党委工作，环庆一体化项目现场组织，协助负责宣传思想、团委日常工作。分管基建设备处、新能源事业部，协助分管党委宣传部（工会、团委），联系环庆采油厂、工程技术研究院、物资采购管理中心。

胡灵芝（玉门油田公司党委委员、副总经理、安全总监）：负责生产运行、应急井控、综合治理、油气开发、标准化管理、质量健康安全环保、卫生防疫、工程技术服务、国内市场开拓工作。分管生产与工程管理处、科技信息与对外合作处（对外合作工作）、质量安全环保处、开发部，联系老君庙采油厂、油田作业公司、生产服务保障中心、机械厂、综合服务处、应急与综治中心、监督中心。

王盛鹏（玉门油田公司党委委员、纪委书记）：协助负责公司党风建设和反腐倡廉工作、党委巡察工作，负责纪律检查，分管纪委办公室（巡察办公室）。

唐海忠（玉门油田公司党委委员、总地质师）：负责油气勘探与评价、天然气勘探开发、科技管理、信息化管理工作。分管科技信息与对外合作处（科技信息工作）、勘探部，联系勘探开发研究院。

茹士涛（玉门油田公司党委委员、总会计师）：负责财务、资产、资金、价税、提质增效和扭亏脱困、绩效考核、合同管理、深化改革、企管法规、内控管理、海外业务、矿区服务、社会保险、档案管理、油田驻外业务、地企联系协调。分管财务处、企管法规处，联系乍得有限责任公司、离退休人员管理中心、驻外机构、离退休基地、上海大联石化公司。

领导班子成员在分管领域党的建设、科技创新、安全环保、风险防范、廉洁从业、意识形态、巡视巡察审计整改、队伍稳定和保密工作方面履行"一岗双责"责任，观大势、谋全局、干实事，努力实现各项目标任务，推动公司高质量发展。

备注：业务分工调整依据玉油司党字〔2022〕78号文，2022年11月23日发文。

（张智勇）

领 导 名 单

【玉门油田公司领导】 执行董事、党委书记：刘战君

总经理、党委副书记：来进和

副总经理：范铭涛（2022.1—2022.3）、苗国政（兼工会主席）、胡灵芝（兼安全总监）、唐海忠（2022.3—2022.12）

纪委书记：王盛鹏

总会计师：梁宁（2022.1—2022.9）

总会计师：茹士涛（2022.9至今）

【玉门石油管理局有限公司领导】 执行董事、总经理：刘战君

【玉门油田公司副总师、安全副总监、总法律顾问】

副总经济师：王小华（2022.1—2022.11）

副总会计师：吴著峰

副总工程师：焦多军

安全副总监：熊中辉

副总经济师：孙峻（2022.11—2022.12）

副总地质师：谭修中（2022.11—2022.12）

总法律顾问：陈利民（2022.11—2022.12）

【玉门油田公司机关部门领导】

1. 党委办公室（综合办公室）

主任：闫正云

副主任：杨文吉、张磊

2. 规划计划处

处长：吴国罡（2022.1—2022.12）

副处长：侯孝政、张永宏

3. 财务处

处长：王睿

副处长：刘书然、高恒峰

4. 党委组织部（人事处）

处长（部长）：孙峻（公司副总经济师）

副处长（副部长）：李东升、马维荣

5. 生产与工程管理处

处长：焦多军（2022.1—2022.11，公司副总工程师）

处长：段天平（2022.11—2022.12）

副处长：梁军（2022.1—2022.11）、张超群（2022.1—2022.3）、冯雪龙（2022.3—2022.12）、杨世豪（2022.11—2022.12）

6. 基建设备处

处长：王宏

副处长：刘胜强

7. 质量安全环保处

处长：熊中辉（公司安全副总监）

副处长：陈涛、马耀春

8. 党委宣传部（工会、团委）

部长（工会副主席、中国石油报玉门油田记者站站长）：肖生科

副部长：邱建民、牛芳年（团委副书记）

9. 纪委办公室（巡察办公室）

主任：赵遂亭（公司纪委副书记）

专职巡查员（二级正）：张灵运

副主任：杨想世

10. 企管法规处

处长：朱侠萍

副处长：陈利民

11. 科技信息与对外合作处

处长：赵文义

副处长：王志松、方晨

12. 勘探部

经理：李涛

副经理：岳智忠

13. 开发部

经理：陈宇家

副经理：孙炜（2022.7—2022.12）

14. 新能源事业部

经理：罗小强

副经理：过东凯、陈勇

15. 审计部

处长：张雅玮

副处长：叶军香

【玉门油田公司所属单位领导】

1. 老君庙采油厂

执行董事、党委书记、副厂长、工会主席：康建红

党委委员、副厂长：朱海鹏

党委委员：李景（总地质师）、李鸿彪（副厂长）、冯伟（总工程师）

派驻纪委书记：向东

2. 环庆采油厂（环庆分公司）

执行董事、党委书记、工会主席：谭修中（公司副总地质师）

党委副书记、厂长：侯智广

党委委员：张超群[副厂长（副经理）、安全总监]、杨勇[副厂长（副经理）]、刘海峰[副厂长（副经理）]、蒋映辉（总工程师）

派驻纪委书记：张作鹏

3. 玉门油田乍得有限责任公司

党委书记、经理、工会主席：唐飞

党委副书记、副经理：周生栋

党委委员：蒋锐（副经理）、李富荣（技术专家）、魏继周（副经理、安全总监）

派驻纪委书记：张伟

4. 勘探开发研究院

执行董事、党委书记、工会主席：肖文华

院长、党委副书记：彭晓勇

党委委员：王建国（副院长）、魏浩元（副院长、安全总监）、刘国利（总地质师）

派驻纪委书记：邱志文

5. 工程技术研究院

党委书记、副院长、工会主席：王美强

院长、党委副书记：徐涛

党委委员、副院长：陈小学、把智鹏、彭斌（安全总监）

派驻纪委书记：邱志文

6. 炼油化工总厂

党委书记、副厂长、工会主席：旷军虎

厂长、党委副书记：王建平

党委委员、副厂长：郑选基、赵亮、张超群（安全总监）

派驻纪委书记：张桐

7. 油田作业公司

党委书记、副经理、工会主席：曹卫东

经理、党委副书记：刘涛

党委委员、副经理：斯热皮力（安全总监）、陈小刚、赵权威、王栋林

派驻纪委书记：邱志文

8. 水电厂

党委书记、副厂长、工会主席：罗小强（2021.12—2022.11）

厂长、党委副书记：王献斌（2021.12—2022.11）

党委书记、副厂长、工会主席：王献斌（2022.11至今）

厂长、党委副书记：梁军

党委委员：过东凯（副厂长2021.6—2022.7）、董兴泉（总工程师）、林建业（安全总监）、王峰（副厂长）

派驻纪委书记：张桐

9. 生产服务保障中心

执行董事、党委书记、工会主席：姜义全

经理、党委副书记：唐万成（安全总监）

党委委员、副经理：张毅、杜桂峰、韩应龙、殷大祯

派驻纪委书记：向东

10. 机械厂

党委书记、副厂长、工会主席：张科

厂长、党委副书记：贾波

党委委员：王子江（副厂长、安全总监）、王志中

派驻纪委书记：张伟

11. 综合服务处

执行董事、党委书记、工会主席：汪建勇

处长、党委副书记：李安军

党委委员、副处长：赵万恒、兰吉军、湛玉文

派驻纪委书记：张伟

12. 监督中心

执行董事、党委书记、工会主席：王建平（2021.11—2022.11）

执行董事、党委书记、工会主席：白俊（2022.11 至今）

主任、党委副书记：李建立

党委委员、副主任、安全总监：徐志俊

13. 应急与综治中心

执行董事、党委书记、工会主席、副主任（副支队长）：张华桂

主任（支队长、部长）、党委副书记：王德胜

党委委员：杨万仁、梁爱武（副主任、安全总监 2020.10—2022.11）、詹天光（副主任、安全总监）、许海滨（副主任）、胡雷（上海大联石化有限责任公司财务总监）

派驻纪委书记：张桐

14. 物资采购管理中心

执行董事、党委书记、主任：卢望红

党委副书记、工会主席：姜博

党委委员、副主任：王金武、杨发禄（安全总监）

派驻纪委书记：胡学荣

15. 共享中心

党委书记、副经理、工会主席：朱克忠

经理、党委副书记：秦玉国

副经理：蒋凯军（安全总监）、万瑞玲、毛双全

派驻纪委书记：胡学荣

16. 离退休人员管理中心

党委书记、中心主任、安全总监：周伯武

党委副书记、工会主席：刘进

派驻纪委书记：张伟

第九篇　公司所属单位概览

- 老君庙采油厂
- 环庆采油厂（环庆分公司）
- 玉门油田乍得有限责任公司
- 勘探开发研究院
- 工程技术研究院
- 炼油化工总厂
- 油田作业公司
- 水电厂
- 生产服务保障中心（玉门油田工程建设有限责任公司）
- 机械厂
- 综合服务处
- 监督中心
- 应急与综治中心（消防支队、武装部）
- 物资采购管理中心（物资供应处）
- 共享中心
- 离退休人员管理中心

老君庙采油厂

【概述】 老君庙采油厂是以油气开发为主导，突出采油采气为核心主营业务的新型采油厂，管理着老君庙、鸭儿峡、青西、酒东、白杨河、单北和石油沟 7 个油田，累计探明含油面积 106 平方千米，地质储量 19317 万吨。采油厂下设"三办三中心三区两所"，即综合办公室（党委办公室）、人力资源办公室、党群工作办公室、经营管理中心、生产设备中心、质量安全环保中心（QHSE 监督站）、老君庙作业区、鸭儿峡作业区、酒东作业区、地质研究所和工艺研究所。2022 年采油厂在岗员工 370 人；管理人员 120 人（正处级干部 1 人、副处级干部 5 人、副总师 3 人、正科级干部 17 人、副科级干部 21 人、总监 7 人、高级业务主管 2 人、业务主管 3 人、业务主办 61 人）；专业技术人员 181 人，核心技能操作人员 69 人。

2022 年完成产量 39.5024 万吨，平均日产 1082.3 吨，其中原油 35.8642 万吨、液化气 3521 吨、轻烃 845 吨，全年超产 2024 吨。其中：老君庙作业区完成产量 14.8429 万吨，平均日产 406.7 吨；鸭儿峡作业区完成产量 20.5252 万吨，平均日产 562.3 吨；酒东作业区完成 4.1343 万吨，平均日产 113.3 吨。单位操作成本实际完成 26.84 美元/桶，与年初计划相比节约 2.08 美元/桶。

【油田开发】 2022 年，老君庙采油厂坚持打破常规、精准施策，开发水平实现新提升。深入推进严控老井递减、扩边增储、提高采收率"三大工程"，以理念创新、技术创新实现新井和老井、新区和老区齐抓共管，效益产量不断攀升。老井产量有效夯实。立足老区水驱状况及剩余油分布规律研究，以井组为单元，将长停井恢复、套损井治理、措施挖潜、能量提升有机结合，精细注采调整，不断优化注采结构和注采系统，实现自然递减率控制在 10.8% 以内，同比下降 3%，综合递减率控制在 2% 以内；开展储量失控区块技术挖潜，科学组织恢复长停井 75 口，攻关治理套损井 20 口，恢复产能 47.3 吨/日，当年增油 8500 吨；深化浅井措施结构调整、中深井油层扩射、补孔等低成本储层改造技术应用，全年实施进攻性措施 125 井次，增产 3.4 万吨，同比上升 0.7 万吨，井均增产 269 吨，同比增加 105 吨，吨油增产成本同比下降 24%。增储建产成果丰硕。树立全层系含油、全域含油思想，综合应用断块油藏构造解释技术、产量递减模型、经济极限产量预测等方法，靠实走滑断块弓形山油藏、鸭四井区 L 油藏 154 万吨效益资源储量；报废停产的鸭四井区部署的鸭 4-4 井获 25 吨初产；走滑断块弓形山油藏通过实施平台化布井、钻投一体化、综合利旧和一次性建成地面流程等举措实现高效建产，当年贡献产量 8000 吨，百万吨产能建设投资控制在 26 亿元以内；研究扩展鸭西白垩系有利建产面积 4.2 平方千米，部署的鸭西 1-32 井、鸭西 1-35 井、鸭西 1-36 井在 K_1g_0、K_1g_1 获得井均 20 吨以上高产，含油范围不断扩大。全年投产新井 33 口，新建产能 6 万吨，新井产量 3 万吨，同比增加 1.8 万吨，当年产能贡献率 50%，同比提升 12.7%。能量补充有序推进。以提高有效注水量、加快补充衰竭式开发区块能量为重点，实施注水专项主干工作量 134 井次，完成方案进度的 116%，注水量由最低 4172 立方米上升至 5065 立方米，全年增注 5.7 万立方米；老君庙 M 油藏东低区实现减氧空气驱全覆盖，建成"14注63采"井网，增加日注气量2.5万立方米，预计提高采收率9.1%，增加可采储量28.5万吨；L油藏L12建成"11注19采"二元驱试验井网，预计提高采收率19.49%，增加可采储量12.5万吨；I317冲断带完成I317-8、I317-11井减氧空气驱先导试验，增加日注气量0.5万立方米，初步形成高陡油藏上压下托的能量补充格局。

【生产运行】 2022年，老君庙采油厂坚持统筹兼顾、系统推进，运行效率跑出新速度。发挥各系统整体优势，严抓运行计划执行，调控生产均衡受控运行。统筹协调组织有序。紧扣产量运行节奏，集中力量开展上产会战，以驻区督导、上产协调、产量分析、油井普查等为抓手，各项上产措施挂图作战、高效推进，原油日产水平由年初的1050吨攻上最高1107吨；老君庙走滑弓形山通过平台化部署、工厂化作业、集中式投产，仅用24天时间高效完成3个采油平台15口井投产。储输运行安全平稳。持续优化集输工艺参数，优化改造鸭儿峡集输系统，全年实际集输密闭率84%；高效完成站场隐患治理、储罐检修，优化调整炼油化工总厂大检修期间储输模式和交油计划，确保检修期间产量任务不受影响。持续提升设备管理水平，修订完善设备管理制度13项、操作规程52项，完成设备大修8台次、项修452台次、抽油机保养859台，强化设备日常检查，迎接集团公司储罐安全附件抽检工作，进一步提升设备本质安全管理水平。工程建设稳步推进，充分发挥业主单位管理责任，整合管理技术力量，与施工单位、监理单位沟通协调，扎实抓好方案优化、组织实施等工作，严格质量监督和竣工验收，加快推进重点工程，全年开展工程项目26项，完工结算18项，在建8项；酒东5兆瓦分布式光伏项目顺利开工建设。

【经营管理】 2022年，老君庙采油厂坚持精益管理、挖潜优化，提质增效取得新突破。全年实现账面利润8.05亿元，利润贡献位居公司榜首；完成考核利润4.7亿元，与预算相比增加利润2764万元；还原到45美元/桶油价实现税前利润433万元，同比增利7448万元。坚持"立足长远抓当前、抓好当前谋长远"，严控费用，低成本发展意识持续增强。在顶层设计上谋实招。按照"效益利润倒逼"方式强化预算分解和成本管控，谋划制定"两优三提四保两降一减"提质增效措施，全年实现提质增效2122万元，完成目标的126%，超额完成445万元，确保全年考核利润的圆满完成和45美元/桶油价下的扭亏为盈，老君庙油田获集团公司唯一一个"特别贡献油田"称号。在优化增效上下实功。及时优化投资方案，将酒东油田产建计划调整至老君庙油田成熟区块建产，置换浅井6口，保障老区产能建设成效；本着"应收尽收"原则，大力推进零散伴生气回收和鸭儿峡接转站湿气回收利用，同时不断优化工艺参数提升收率，青西联合站轻烃、液化气、干气高效产品销售量分别同比增加71%、62%、3728%，增加销售收入1535万元，是2021年的1.66倍。在降本控费上出实力。深入开展群众性创新创效、修旧利废、技术革新活动，修复深井油管在浅井上使用，利旧油管5000根，节约材料费用约310万元；修复旧储油罐、抽油机、变频柜等节约费用75.71万元；优化车辆运行模式节约运输费11.51万元；改造10口油井流程提高集输密闭率，降低拉油费用29.46万元；加强用电设备管理降低电费28.5万元；实施油井维护作业承包制全年节约作业费用49.5万元；优化微生物清防蜡、稠油热采、超导热洗等技术服务项目，减少费用支出27万元。在资产瘦身上求实效。对采油厂18929项油气及固定资产进行清查，清理出需要报废的资产186项，报废资产原值2.4亿元、净额223万元，进一步摸清家底并减少折旧折耗的发生，全年报废资产处置创收155万元，做到"应查尽查、应转尽转、应销尽销"。

【安全管控】 2022年，老君庙采油厂坚持压实责任、严查细管，安全环保踏上新台阶。践行

"安全第一、环保优先"理念，全面强基础、补短板、控风险、除隐患、防事故。安全环保职责履行到位。压紧压实党管安全环保责任，定期召开党委会、安委会，研究、部署、总结安全环保工作，协调解决重大问题；签订QHSE目标责任书11份，细化过程考核，严格兑现奖惩；推进岗位安全生产责任清单执行，组织开展全员履职能力评估，制订实施领导干部个人安全行动计划，落实安全生产跟班行动，安全环保工作全员参与、各负其责、齐抓共管的工作格局初步形成。体系管理基础不断夯实。扎实开展体系审核工作，组织体系内审两次，发现问题262项；迎接公司专项内审两次，发现问题87项；迎接板块指导审核1次，发现问题45项，问题整改率100%。隐患排查治理取得实效。持续开展安全生产专项整治三年行动，扎实推进安全生产大检查暨隐患大排查大整治、陆上油气开采安全风险评估等专项活动，发现问题210项，整改210项，整改率100%；全力组织安全帮扶活动，发现问题隐患303项，做出21项风险提示，有力提升鸭儿峡作业区干部员工的安全管理意识和管理能力。全年共投入安全生产专项整治费用1050万元，进一步夯实本质安全基础。环保防治能力稳步提升。完成白杨河区域复垦，顺利通过国家自然资源部"矿业权人"核查；全面开展VOCs对标排查，加大联合站储罐治理力度，实现零散天然气应收尽收、应治尽治；组织完成各作业区沉降池减量化处置、石油沟油砂矿矿坑地貌恢复、鸭儿峡总站老干化池处置等；启动"石油摇篮"碳汇林项目，全力打造央企碳汇林建设示范工程。安全环保文化深入人心。开展全员QHSE素质能力提升行动，采取需求摸底、分类施教、结对帮扶、交流指导等方式，切实提高员工技能水平；通过石油河畔QHSE专栏开展宣贯，提高全体员工安全环保意识；制作完成企业安全文化长廊，让安全文化融入每位员工的日常行为；试点推进酒东作业区安全自主管理。健康管理体系持续完善。面对疫情严重冲击，按照"保重点岗位、保关键流程、保要害装置"原则，优化人员配置，调整倒班方式，严格落实"两点一线、闭环管理、封闭运行"管控措施，确保生产现场"零疫情"；关爱员工健康，建立员工健康管理档案，为基层单位配备血糖仪和血压仪，对"三高"人群进行健康干预，杜绝非生产亡人事件的发生。

【科技创新】 2022年，老君庙采油厂坚持强化攻关、科技兴油，技术创新取得新进展。围绕目前开发实际需求，以"增储、提效、降本"为核心，加速技术接替和换代升级。油藏研究不断深化。研究编制《走滑断块弓形山油藏试注方案》，完善《鸭儿峡K_1g_2能量补充方案》，解决冲断带、鸭儿峡K_1g_2注采比低、自然递减率高的难题；开展"鸭儿峡第三系表外储量研究""老君庙伴生断块L油藏地质研究"，进一步证实区块资源潜力和开发前景。技术应用多点开花。推广应用多级旋启式油气砂分离器、特种合金防蜡器、强启闭防气抽稠泵、防偏磨接箍等效果较好的"砂、蜡、气、断"防治工艺技术20种，共计588井次，延长检泵周期286个，其中15口砂影响较重的油井，应用多级旋启式油气砂分离器后增产7.9吨/日、延长检泵周期3.9个。鸭K1-15、鸭6-11井试验CO_2吞吐技术，当年增油268吨，填补国内3000米以上深井CO_2吞吐技术空白，在转变开发方式上取得新认识配套技术逐渐完善。优选物理法增产增注、绳结压裂、AICD控水、采油机器人、动液面自动监测等8种新工艺新技术，现场实施44井次，均见到较好效果；采油机器人现场试验6井次，通过冲次动态调整，平均冲次下降63.8%，泵效上升93.86%，节电41.2%。智慧油田初具雏形。开展搭建"一厂两级三区"数智化管理平台，推进"井站一体""队站一体"建设和数智化示范岗位试点，将传统巡检模式向"线上+针对性巡检+维护解决问题"模式转变，提高工作效率（图9-1）。

图 9-1 老君庙采油厂数智化调控中心

【合规管理】 2022年，老君庙采油厂全力推进依法合规管理，深入贯彻落实合规管理强化年各项要求，将"依法合规治企"专题学习纳入党委中心组学习计划，全年共开展2次，提高领导依法治企的意识。开展管理制度"废改立"工作，全年修订规章制度1项，新增规章制度4项。坚持以监督问责为抓手，筛选高风险岗位人员119人，完成合规管理信息平台违法违规问题排查。以集团公司合规理念、合规案例为主要内容，开展全员合规线上答题活动，在岗员工390人参加，有效增强全员合规意识。开展"内部控制自我测试"，有效提高风险防控能力。强化合同管理，坚持完善协同联动机制，完成65个项目的选商、谈判、招标及合同签订、交底工作，合同管理职责更加明确。

【队伍建设】 2022年，老君庙采油厂坚持夯实基础、改革提升，管理效能迈出新步伐。完善综合管理体系，做好规章制度整合，提升管理融合效能。全力推进考核制度改革。研究制定由身份管理向岗位管理转变的业绩考核办法，构建"工资凭身份、奖金凭贡献"的业绩考核体系，通过突出岗位考核、突出分级考核、突出属地考核、突出全员量化考核、突出强制分类考核、突出强制分级兑现，打破"大锅饭"，各类人员系数差距最高125%，最低50%，奖勤罚懒、奖优罚劣、全员争上游、人人比贡献的局面初步形成，有效发挥考核激励作用。全力推进人才强企工程。编制基层领导人员管理办法和选拔任用工作规范及人才强企工程实施方案，完善"生聚理用"人才发展机制。加大年轻干部培养选拔力度，全年共选拔3名"90后"干部至三级正副职管理岗位，采油厂三级正副职干部平均年龄42.5岁，本科以上学历占比88%，三级班子中35岁左右人数21人，达到总数的48.8%，基层领导班子梯次配备更趋合理；安排13名新入厂见习大学生参加科研项目攻关和重点工程建设，搭建成才平台，促使快速成长。破冰推进三个岗位序列转换，一名高技能人才成功竞聘为业务主管。传承"三大四出"作风，输出优秀骨干38人。组织开展中层干部领导力提升专题培训班50人，选送优秀年轻干部参加"青马工程"培训班4人，为采油厂高质量发展注入新活力。

【党群工作】 2022年，老君庙采油厂坚持政治引领、强化保障，党的建设展现新成果。充分发挥党委把方向、管大局、保落实作用，创新党建工作方式，增强党建工作实效。思想政治建设不断加强。坚持以学习宣传贯彻党的二十大精神为主线，严格落实"第一议题"及党委理论中心组学习制度，推动党史学习教育常态化开展、制度化推进、长效化落实。全年开展集中学习66次，专题研讨4次，撰写心得体会23篇，讲述"党史小故事"40余期。深入学习贯彻习近平总书记对中国石油做出的11次重要指示批示精神、甘肃省第十四次党代会及公司第三次党代会精神，实现线上线下学习全覆盖。意识形态工作落细落实。常态化开展意识形态工作责任制落实情况专项检查，与各党支部和三个职能部门签订意识形态工作责任书10份。聚焦宣传思想文化战线举旗帜、聚民心、育新人、兴文化、展形象的使命任务，全年在《石油工人报》、石油党建刊登文章509篇；"石油河畔"公众号发布251期，门户网刊登稿件516篇，新媒体发稿量排名公司前列。制定文化引领专项工作方案，成功组织603岗位建成60周年座谈会，弘扬优良传统，提升文化底蕴

图 9-2　老君庙采油厂 603 岗位岗位建成 60 周年座谈会

（图 9-2）。基层党建基础持续强化。高质量组织召开老君庙采油厂第一次党代会，选举产生第一届党委委员，玉门油田公司第三次党代会代表 13 名。优化党支部设置，如期完成 7 个党支部换届，选举产生支委 35 名，党组织健全率 100%。扎实开展纪念建党 101 周年系列活动，征集"书记好党课""支部好案例"等作品 45 篇。全年转正党员 15 名，纳新党员 3 名，有序接转组织关系 70 余人。推进党建协作区建设，激发基层党建新动能，推进党建与生产经营融合互促。全面从严治党扎实推进。开展违规吃喝专项治理和"反围猎"专项行动，警示教育 62 次，签订廉洁从业承诺书 206 份。创建廉洁文化墙，完善科级干部廉洁档案 46 份，梳理廉洁风险点源 72 个，细化防控措施 82 条，采集监察对象信息 1104 条。做深做实巡察"后半篇文章"，提醒谈话 15 人，书面检查 4 人，警示谈话 3 人，通报批评 8 人，整改完成巡察反馈 6 个方面 35 项问题。和谐稳定环境持续巩固。扎实开展劳动竞赛、群众创新创效等活动，1 人获甘肃省"五一劳动奖章"。引导员工践行绿色低碳、益于健康的生活方式，组织开展乒乓球、羽毛球、排球比赛，承办玉门油田公司工会"摇篮之旅"徒步健身活动。充分发挥群团组织作用，全心全力战疫情，及时开展特别慰问四批次。帮助员工解决急难愁盼问题 40 余件，打通服务基层"最后一千米"。配套安装净水设备、新建淋浴房、塑化篮球场等生活设施，全方位改善员工生产生活条件，让发展更有温度、民生更有质感。开展女职工素质拓展、巾帼建功等系列活动，持续推进"青"字号工程，1 人获"向上向善好青年"称号。

【荣誉奖励】 2022 年，老君庙采油厂获得"甘肃省厂务公开民主管理示范单位"称号，获"特别贡献油田"称号，王瑞获甘肃省五一劳动奖章，罗毅获"甘肃省向上向善好青年"称号，罗毅获甘肃省科技进步二等奖，乔心童获集团公司"赋能东奥 加油未来"石油员工风采摄影大赛一等奖，石敏丽获集团公司"赋能东奥 加油未来"石油员工风采摄影大赛三等奖，"关于油井伴生气回收关键技术研发"项目获 2022 年中国创新方法大赛甘肃区域企业专项赛一等奖，"提高抽油机电机皮带传送系统效率"项目获 2022 年中国创新方法大赛甘肃区域企业专项赛二等奖，"提高油田集输管网运行效率"项目获 2022 年中国创新方法大赛甘肃区域企业专项赛二等奖。2022 年老君庙采油厂获得荣誉见表 9-1。

表 9-1　2022 年老君庙采油厂获得荣誉一览表

序号	荣誉称号	获奖单位/集体/个人/项目	授奖单位
1	甘肃省厂务公开民主管理示范单位	老君庙采油厂	甘肃省厂务公开领导小组办公室
2	特别贡献油田	老君庙采油厂	中国石油天然气集团有限公司油气和新能源分公司
3	五一劳动奖章	王瑞	甘肃省总工会

续表

序号	荣誉称号	获奖单位/集体/个人/项目	授奖单位
4	甘肃省向上向善好青年	罗毅	共青团甘肃省委办公室
5	甘肃省科技进步二等奖	罗毅	甘肃省人民政府
6	"赋能东奥 加油未来"石油员工风采摄影大赛一等奖	乔心童	中国石油天然气集团有限公司党组宣传部
7	"赋能东奥 加油未来"石油员工风采摄影大赛三等奖	石敏丽	中国石油天然气集团有限公司党组宣传部
8	2022年中国创新方法大赛甘肃区域企业专项赛一等奖	张莉、刘春杰、许辉（关于油井伴生气回收关键技术研发）	甘肃省创新方法大赛组委会
9	2022年中国创新方法大赛甘肃区域企业专项赛二等奖	赵爱芳、许辉、张莉（提高抽油机电机皮带传送系统效率）	甘肃省创新方法大赛组委会
10	2022年中国创新方法大赛甘肃区域企业专项赛二等奖	刘春杰、许辉、刘毅（提高油田集输管网运行效率）	甘肃省创新方法大赛组委会

（白文路）

环庆采油厂（环庆分公司）

【概述】 环庆采油厂（环庆分公司）是玉门油田公司所属的集油气勘探、开发、集输处理和销售为一体的二级单位。

集团公司2017年10月、2019年3月两次将陇东地区环庆区块共计1860平方千米的矿权优化配置给玉门油田。2021年4月，又将宁夏境内青石峁地区1600平方千米矿权优化配置给玉门油田。玉门油田优化配置区块矿权总面积共计3460平方千米。环庆区块主体位于庆阳市环县境内，涉及环县8个乡镇1840平方千米和镇原县1个乡镇20平方千米。宁庆区块主体位于宁夏盐池县、灵武市，其中盐池县1288平方千米、灵武市248平方千米。

玉门油田2017年11月成立环庆分公司，全面负责优化配置矿权区块各项工作；2018年3月在环县注册环庆分公司；2021年12月在盐池县注册宁庆分公司；2021年8月，按照新型采油厂改革要求，将环庆区块与宁庆区块整合为环庆采油厂（环庆分公司），实行"管理+技术岗位"用工模式。下设"两区两所"，即环庆作业区、宁庆作业区、采油研究所、采气研究所，职能部门设"二办四中心"，即综合办公室（党委办公室）、组织人事办公室、经营管理中心、生产设备中心、质量安全环保中心（QHSE监督站）、外协与监督中心，有管理、技术人员140人。

【油气勘探】 2022年，环庆采油厂年实施石油探评井22口，天然气探评井14口（完试11口），环庆新增石油三级储量2224万吨，宁庆落实天然气储量120亿立方米，探评井成功率70%，超过集团公司平均水平。

天然气勘探取得重要发现。按照"集中勘探中东部，尽快落实富集区"的思路，宁庆天然气突出上古界主河道刻画和含气性检测，东部太原组与盒8段中砂带取得新进展，整体落实可动用储量330亿立方米；下古生界克里摩里组碳酸盐岩取得重要进展，乌拉力克组页岩气见到好苗头。环庆天然气风险勘探稳步推进，以探索庆阳古隆起西翼奥陶系、寒武系，兼探上古生界盒8、山1段致密砂岩及太原组铝土岩含气性，部署天然气风险探井环古1井，为实现环庆天然气勘探突破更进一步。

原油储量资源实现持续增长。环庆区块集中勘探获得新突破。集中勘探西部长8、整体控制虎洞并建成首个整装高效建产示范区，甩开勘探西部、天环坳陷长8获得新发现，实现2224万吨规模增储；精细勘探浅层侏罗系，演武高地持续获得新发现；2022年完成石油探明储量841万吨、控制储量1022万吨、预测储量361万吨，SEC储量71万吨。

【油田开发】 2022年，环庆采油厂全面组织开展油气上产大会战，通过签订"军令状"、开展月度小会战、实行"挂图作战"等方式强化油气生产，原油日产量从年初的600吨提升到1100吨，天然气日产量最高28.3万立方米。采油厂具备年生产原油40万吨、天然气1亿立方米的生产能力。

产能建设成效显著。2022年新投油井172口，新建产能14.17万吨，新井产量5.3万吨，产建贡献率29.6%，创流转以来历年最好水平。环庆75井区、环庆92井区新井平均日产油4吨以上。虎洞区块仅用4.5亿元产建投资建成12万吨产能，实现优质储量当年全部升级动用，百万吨产能建设成本大幅下降。实施天然气开发试验井21口、投产13口、新建产能5016万立方米。

精准实施老井措施挖潜。按照"提单产、增效益"的原则，2022年通过5轮次措施论证优选实施老井补孔、压裂、调层等措施43井次，全年累计增产7810吨。宁庆区块郭30井区侏罗系调层挖潜获重大突破，3口井获得高产，日产油攻上30吨，实现年产能1万吨水平。

强化注水综合治理。扎实开展"能量补充年"活动，以注水专项治理为抓手，按照"分层、合理、平稳、有效"的原则，构建精细注水管理机制，重点开展欠注井治理、精细注水调整、整体调剖调驱等工作，能量补充稳步推进。2022年实施水井主干工作量196井次，开井数由147口提高到221口，日注水量由1650立方米提高到3200立方米以上，水驱控制程度85%，分层配注合格率94.3%，自然递减率控制在12%以内，油田稳产根基不断夯实。

强化采油管理。定期开展油水井普查，及时分析油水井生产动态，分级分类制定措施，优化实施洗井、加药等维护性措施10950井次，油井生产时率88.3%、同比提高1.2个百分点。

天然气开发先导试验进展顺利。为加快实施全部采用双钻机运行，其中李庄10平台6口井全部完钻并投产，平均单井日产量1.6万立方米，优于设计日产1.1万立方米，为天然气快速上产奠定了基础。

【合规管理】 2022年，环庆采油厂坚持依法合规治企，全面提升管理的科学化、规范化、法治化水平。

合规意识不断增强。定期宣贯学习公司治理相关法律法规，全员合规培训参与率、合格率100%，运用法治思维和法治方式推动发展、化解矛盾、维护稳定、应对风险的能力不断提高。

合规程序不断完善。针对巡察检查、内控测试、审计等发现的问题逐项制定整改措施，堵塞管理漏洞，新修订发布规章制度41项，逐步建立运转协调、执行有力、管理高效、决策科学的工作秩序。加强招标和合同管理，组织实施招标及非招标采购94次，其中对外公开招标48次，办理非招标项目6个，竞争性谈判40次，签订内外部合同102份，累计金额10.13亿元，除内部合同，全部实现线上运行，合同的签订率、送审率和审核率100%，连续三年实现事后合同"零"目标。

过程管控不断强化。突出安全环保、市场竞争、财税金融、劳动用工、信息数据保护等重点领域和事项，提前预警、严格管控，守住不发生重大违规事件的底线。开展会计信息质量巩固提升、债权债务及存货检查、税收情况自查自纠、农民工工资支付4个专项行动，原油销售专项审计发现的1个问题、内控专项检查31个例外事项全部及时整改完毕，经营业务合规运行水平进一步提升。

【安全工作】 2022年，环庆采油厂坚持"四全"原则、"四查"要求，落实"五个及时"，安全生产专项整治三年行动圆满收官，持续推进绿色矿山建设和环保隐患治理，全面强化管理体系、安全文化建设，完成QHSE各项指标。

强化员工教育提素质。始终把员工素质能力提升作为安全环保工作的重点来抓，安排并督促落实安全部门及时开展员工安全意识提升专题培训、管理人员作业许可授权、新提拔使用的领导干部安全履职能力评估等工作，促进员工安全意识和能力不断提升。

强化责任落实重防控。严格落实各部门、各岗位安全生产责任清单，狠抓安全生产专项整治三年行动方案的落实，建立健全双重预防机制，完善各类应急预案。深入开展危险化学品、承包商管理、消防、道路交通安全专项整治，完成63项整治任务，更新问题隐患清单84项，更新制度清单33项，三年专项整治行动的任务目标全面完成；常态化开展"四不两直"监督检查，累计检查现场86个，发现并整改电气设备安全隐患547项、房屋建筑物安全25项，从源头上降低安全生产风险隐患；严格作业风险过程管控，预约危险作业1450项，场站高风险旁站监督出勤率100%，现场管控措施落实到位；强化承包商安全管理，监督作业现场778个，整改关闭问题2978项，处罚队伍15家，进一步提高承包商本质安全水平。

优化体系运行强管理。组织开展内部审核2次，迎接集团公司和玉门油田公司审核3次，对6个机关部门、2个基层单位和125个作业现场审核提出的36条改进建议和947项问题全部进行销项整改，整改完成率100%。

强化清洁生产助环保。深入落实习近平总书记关于安全环保的最新指示批示精神，践行绿色清洁低碳发展理念，全面推广钻井液不落地措施，废液、岩屑等全部实现合规转运处置，清洁生产能力大幅提升；快速完成剩余48个平台的钻井液无害化处置，减量化处理污油泥6920吨、减量6192吨，完成45个重点井场的标准化建设，新增绿化面积2.7万平方米，油田生产建设已适应绿色低碳发展模式。

加强健康管理保民生。坚持把员工生命安全和身体健康放在首位，建立员工健康档案，建设健康小屋1座，健康角3座；精准落实疫情防控措施，严格落实四方责任，关心关爱隔离管控人员身体状况，针对不同阶段防控要求优化往返员工倒班运行方式，提前准备防疫物资，最大限度保障员工身心健康。

【工程建设】 2022年，环庆采油厂成立地面工程建设项目经理部，超前谋划、统筹协调，有序推进各项地面工程建设，八大地面工程全部建成投运。

仅用77天高效建成投运虎洞接转注站，再次刷新"环庆纪录"。

建成玉门油田最长的成品油输送管道，全长86千米，实现木钵、演武、虎洞原油集输管网的"互联互通"。

宁1集气站及42千米集输管线2022年10月13日正式贯通投运，实现天然气井连续、平稳、安全生产，是玉门油田开发史上的第一个天然气集气站。

2022年6月12日完成演183接转注站扩容改造，演1转原油成功外输至长庆镇五联，区块原油年外输能力由8万吨提升到20万吨。

持续完善集输管网，在木钵、虎洞、演武先后投运了环庆15-19、92-63、802-1等9座增压点，环庆区块整体集输密闭率由78%提升到90%。

【经营管理】 2022年，环庆采油厂坚持"四精"管理理念，强化投资成本管控和经营分析，用28.7万吨的操作成本完成29.2万吨的原油生产任务，实现扭亏为盈的历史性突破。

增收创效渠道多元拓展。推进天然气市场竞价销售，销售单价由原来的0.86元/米^{3}提高到1.955元/米^3，增加销售收入3749万元；做好伴生气回收利用，环一联轻烃厂共回收处理伴生气191万立方米、产出轻烃4274吨、产生收益456万元。提质增效效果突出。以"质""效"双增、价值创造为主线，统筹推进市场、投资、成本、效益一体化协同，向"市场升级、管理升级、质量升级"要效益，全力以赴打造提质增效升级版，全年增效1亿元以上。

资产运营结构持续优化。开展资产问题"回头看"专项行动，清理核销31口探评井资产共计1.56亿元，完成转资13.9亿元，处置报废无效负效资产2.1亿元，有效降低了经营潜亏风险、提高了资产运营质量。

内部单位市场份额持续扩大。积极带动内部兄弟单位的发展，大力推行内部单位总包，油田内部单位工作量达到5.48亿元、中油内部单位工作量达4.5亿元，占总投资的76%以上，全力以赴助力兄弟单位扭亏脱困。

【党建工作】 环庆采油厂坚持用习近平新时代中国特色社会主义思想强"根"铸"魂"，党建引领保障作用充分发挥。

党的二十大学习贯彻全面展开。以第一议题、理论中心组学习、"三会一课"等形式，把全体干部员工的思想、行动统一到以优异的成绩迎接"党的二十大"这一中心任务上来，2022年10月15日原油日产量攻上1000吨，为党的二十大胜利召开献上了一份厚礼；党的二十大召开后，将学习宣传贯彻党的二十大精神作为首要政治任务，各级领导干部开展宣讲24场次，举办全体党员干部专题学习班，掀起了学习热潮，全体干部员工以党的二十大精神为引领，奋力冲刺全年目标，原油产量提前5天跨年，天然气产量提前21天跨年，超额完成了目标任务。

引领发展全面有力。胜利召开采油厂第一次党员大会，擘画了发展新蓝图，明确了今后五年"油气并举、量效齐增"发展战略和"咬定一个目标、聚焦两个战场、实现三个跨越、做好四篇文章"的"1234"发展路径，举措更加具体、意志更加坚定。

主题教育取得实效。扎实开展"转观念、勇担当、强管理、创一流"主题教育，围绕公司第三次党代会做出的"坚定'一个坚持''铸强四梁''稳固八柱'"的发展蓝图，深入开展"怎么看、怎么办、怎么干"大讨论，统一了思想和行动，凝聚了智慧和力量。

基层党建稳步提高。深入推进党建"三基本"与"三基"工作有机融合，扎实开展"党支部达标晋级"考评，深化党员先锋队、一支部一品牌等特色活动，新成立党支部3个，培养入党积极分子8名、发展对象4名，战斗堡垒和先锋模范作用有效发挥。

群团作用全面提升。广泛开展劳动竞赛、"青"字号工程、巾帼建功等活动，落实人文关怀措施，汇聚发展合力，"围绕中心、服务大局、凝智聚力"的桥梁纽带作用充分展现。

人才强企深入推进。扎实开展"人才强企"工程，新组建采气研究所和宁庆作业区，新型采油厂组织机构得到完善；通过公开招聘、组织调整广泛吸纳人才，员工总数由90人增加到140人，平均年龄37岁，大学及以上学历占93.4%，党员95人、占比65%，人员结构更加合理；通过公开竞聘，先后聘任安全副总监1人、副总师1人、三级正2人、三级副1人、一般管理人员5人、技术干部15人、挂职交流1人，三级副以上领导平均年龄由42岁降为38岁，实现了干部队伍年轻化、专业化；组织14名技术人员和30名操作人员业务培训，天然气勘探开发人才有了较好的基础。

文化品牌不断传扬。加强意识形态工作，突出正向引导，积极传播正能量，在摇篮公众号、石油工人报刊发报道140余条，多篇作品在集团官网、甘肃新闻网、新甘肃和中国石油报转载，《延续在陇东大地的玉门油脉》被公司党委作为唯一稿件推荐参与中国石油优秀故事评选。

从严治党纵深推进。深入贯彻落实中央八项规定精神，扎实开展违规吃喝问题专项治理和"反围猎"专项行动，持之以恒纠正"四风"，压实"两个责任"、加强监督执纪、强化问题整改、建立长效机制，"红脸出汗"成为常态，全年警告处分1人，诫勉谈话1人，通报批评14人次，提醒及警示谈话10人次，有力促进了党员干部知敬畏、存戒惧、守底线，新风正气更加充盈。

【荣誉奖励】 2022年环庆采油厂的荣誉见表9-2、表9-3。

表9-2 2022年环庆采油厂集体受表彰奖励一览表

序号	荣誉称号	授予部门	级别
1	环庆采油厂采油研究所、外协与监督中心获2021年度劳动竞赛优胜集体	玉门油田公司工会	局级
2	环庆采油厂环庆作业区演武巡检班获2021年度劳动竞赛优胜班组	玉门油田公司工会	局级
3	环庆采油厂获公司2021年度原油产量提前跨年立功受奖	玉门油田公司工会	局级
4	"环庆采油厂加快宁庆区块天然气勘探，3口天然气井获高产工业气流"获2021年度劳动竞赛提质增效优秀项目	玉门油田公司工会	局级
5	"环庆采油厂实施双钻机作业，助力环庆快速勘探开发"获2021年度劳动竞赛优秀项目——夺油上产优秀项目	玉门油田公司工会	局级
6	"环庆采油厂集输流程带压定时、定量加药装置"获2021年度职工优秀技术创新成果（完成人侯学林、孙奇、李明）	玉门油田公司工会	局级
7	《环庆采油厂综合分析薄砂体延伸及泥质条带，优化注水孔段》获2021年度职工优秀合理化建议（建议人：王天赐、孙奇、白延锋、张振杰）	玉门油田公司工会	局级
8	环庆采油厂勘探开发技术部获2020—2021年度"双文明"建设先进集体	玉门油田公司工会	局级
9	"环庆探区合道油田精细勘探取得新成果"获2021年度优质项目特等奖（主要完成单位勘探开发研究院、工程技术研究院、勘探部、环庆采油厂）	玉门油田公司	局级
10	"新型采油作业区和炼化联合车间改革到位，改革三年行动完成任务"获2021年度优质项目一等奖（主要完成单位人事处、老君庙采油厂、环庆采油厂、炼油化工总厂、生产服务保障中心、应急与综治中心、企管法规处、党委宣传部）	玉门油田公司	局级
11	"原油生产实现超产2万吨，同比增长10万吨的目标"获2021年度优质项目二等奖（主要完成单位开发部、勘探开发研究院、工程技术研究院、老君庙采油厂、环庆采油厂、生产与工程管理处）	玉门油田公司	局级
12	"环庆演武北区块8万吨/年产能建设地面工程高效建成"获2021年度优质项目二等奖（主要完成单位工程技术研究院、环庆采油厂、基建设备处、生产服务保障中心、水电厂）	玉门油田公司	局级

续表

序号	荣誉称号	授予部门	级别
13	"环庆演武北区块 8 万吨/年产能建设地面工程高效建成"获 2021 年度优质项目二等奖（主要完成单位工程技术研究院、环庆采油厂、基建设备处、生产服务保障中心、水电厂）	玉门油田公司	局级
14	"百日上产会战组织有力"获 2021 年度优质项目二等奖（主要完成单位开发部、环庆采油厂、生产与工程管理处）	玉门油田公司	局级
15	"宁庆天然气勘探初见成效"获 2021 年度优质项目三等奖（主要完成单位勘探开发研究院、环庆采油厂、勘探部）	玉门油田公司	局级
16	"提高环一联卸油效率"获 2022 年优秀 QC 活动成果一等奖（小组成员名单侯学林、吴国荣、陶军、陈柳君、许玮、刘婷婷、侯雨波、刘习桂）	玉门油田公司	局级
17	环庆采油厂环庆作业区党支部"实施四个工作法，做好上产大文章"获纪念建党 101 周年系列征文"支部好案例"优秀案例奖	中共玉门油田分公司委员会	局级
18	环庆采油厂获环庆虎洞区块产能建设地面工程项目优秀组织单位	玉门油田公司	局级
19	环庆集输系统骨架及虎洞区块产能地面工程项目部获环庆虎洞区块产能建设地面工程项目先进集体	玉门油田公司	局级
20	"精细探评井管理，快速落实高效储量"获 2022 年一线创新成果三等奖	玉门油田公司	局级
21	环庆采油厂外协与监督中心获 2021 年度安全环保先进集体	玉门油田公司	局级

表 9-3　2022 年环庆采油厂个人受表彰奖励情况

序号	荣誉称号	授予部门	级别
1	王禄友获 2021 年度先进工作者	集团公司	部级
2	雷凡丁、殷丽获 2021 年度先进工会工作者	玉门油田公司工会	局级
3	冯雪龙、曾明武、蒋映辉、张印获 2021 年度劳动竞赛优秀组织者	玉门油田公司工会	局级
4	李强、杨永鹏、张振杰获 2021 年度劳动竞赛先进个人	玉门油田公司工会	局级
5	孙奇获 2020—2021 年度劳动模范	玉门油田公司工会	局级
6	蒋映辉、杨永鹏、张华、殷丽获 2020—2021 年度"双文明"建设先进个人	玉门油田公司工会	局级
7	刘海峰获勘探与生产分公司 2021 年度安全生产先进工作者	股份公司勘探与生产分公司	局级
8	王连杰获股份公司勘探与生产分公司 2021 年度优秀审核员	股份公司勘探与生产分公司	局级
9	环庆采油厂采油研究党支部李强《坚守陇东高原　筑梦环庆新区》获纪念建党 101 周年系列"党员好故事"优秀作品奖	中共玉门油田分公司委员会	局级
10	沈沛然《"铁人先锋"平台助我成长》获纪念建党 101 周年系列"我和平台的故事"优秀作品奖	中共玉门油田分公司委员会	局级
11	钟春林《我与"铁人先锋"的二度恋情》获纪念建党 101 周年系列"我和平台的故事"优秀作品奖	中共玉门油田分公司委员会	局级
12	侯智广获环庆虎洞区块产能建设地面工程项目突出贡献者	玉门油田公司	局级

序号	荣誉称号	授予部门	级别
13	王禄友、刘海峰、李强、王建文、高攀获环庆虎洞区块产能建设地面工程项目先进个人	玉门油田公司	局级
14	侯智广获2021年度优秀中层领导干部	玉门油田公司	局级
15	许瑞获第11届职业技能竞赛技术能手一等奖	玉门油田公司	局级
16	胡泊获第11届职业技能竞赛技术能手三等奖	玉门油田公司	局级
17	刘娟、熊睿获2021年度财务工作先进个人	玉门油田公司	局级
18	杨建栋获2020—2021年度优秀共青团干部	玉门油田公司	局级
19	孙炜、何兵获2020—2021年度优秀共青团员、优秀青年	玉门油田公司	局级
20	谭修中获2020—2021年度工作热心支持者	玉门油田公司	局级
21	张印、马国亮、王天赐、张华获2021年度综合统计工作先进个人	玉门油田公司	局级
22	李强、魏其远、何兵、陶军、王连杰获2021年度安全环保先进个人	玉门油田公司	局级

（葛思佳）

玉门油田乍得有限责任公司

【概述】 2020年12月，根据玉门油田公司外部业务发展战略及规划，为推进公司对外合作业务国内外市场、上下游、研究与服务"三个一体化"发展，培育建设油田新的经济增长点，结合公司国内市场情况和海外业务运营管理实际，玉门油田公司将对外合作部从玉门油田（乍得）有限责任公司分离，与科技信息处整合，成立玉门油田乍得有限责任公司（简称乍得公司）为玉门油田公司所属单位，机构规格为正处级。

2022年，玉门油田乍得有限责任公司海外用工总人数为438人，其中领导班子5人，副总师2人，机关科室10人，上游员工137人、下游员工259人，阿尔及利亚1人，土库曼斯坦16人，清蜡项目8人。2022年总调入人数28人，总调出人数27人，海外项目人数基本维持稳定。2022年土库曼项目由2人扩大至16人，并有继续扩大的可能。

【合规管理】 2022年，集团公司开展"合规管理强化年"活动，乍得公司按照《玉门油田分公司"合规管理强化年"实施方案》和《玉门油田分公司"严肃财经纪律、依法合规经营"综合治理专项行动执行方案》部署安排，持续优化合规管理体系建设，全面落实合规管理责任，不断强化合规风险管控。为了持续规范境外业务合规管理，成立经营业务合规管理问题专项治理工作领导小组，并就专项治理工作任务进行了分解部署，4月、5月各部门在领导小组的组织下认真开展经营业务合规管理问题自查活动，各部门认真分析研判境外环境形势，查找工作存在的薄弱环节，全面梳理境外业务运营中存在的风险，不断完善工作机制，进一步建立健全海外业务风险防控体系。

调整完善组织机构和人员配备，为公司

合规管理提供组织保证。为了便于海外项目的管理，提拔任命2名副总师。根据业务开展需要，聘任1名科长、2名副科长、1名科室主办，并对部分科室人员进行调整。为了完善"三重一大"决策制度，增加一名副处级领导。何万勤副经理10月提前退养后，11月任命魏继周为副经理。成立公司绩效管理委员会，对科学技术管理委员会、QHSSE（安全生产）管理委员会和保密管理委员会成员进行调整。

乍得公司进一步整章建制，完善规章制度。配合玉门油田公司人事处完善修订《玉门油田分公司境外项目用工管理办法（试行）》。根据玉门油田公司业绩考核的要求，2022年4月，修订完善和制定下发《玉门油田乍得有限责任公司绩效管理实施细则》和《玉门油田乍得有限责任公司专项奖管理办法》。根据新冠肺炎疫情防控形势，制定《员工国际旅程新冠肺炎疫情个人防护管理规定》。

乍得公司开展各类风险评估预警，及时跟踪当地政府立法、执法和监管动态变化，结合业务实际，系统全面梳理业务所涉及的各种风险共计36项，通过开展问卷打分形式综合评估，形成风险清单，其中地缘政治经济和安全风险、资金流动性风险、利汇率风险、员工健康风险、财税风险等5种风险属于公司重点防控的风险。根据评估情况编制风险评估报告，制定防控措施。通过研判情势变化，随时发布风险警示。严格落实风险防控措施，形成事前审核把关、事中跟踪控制、事后监督评估的管理闭环。

乍得公司开拓海外市场，经过与上游项目公司的多轮谈判，2022年7月达成乍得上游项目运维服务协议的合同续订，经多次沟通和争取，使合同日费基本维持不变，保持在中国石油类似项目中较高的日费水平。与上游项目公司签订5年期的勘探工作、开发合同框架协议。2022年实施"南乍得盆地Doseo—Salamat坳陷地质与地球物理研究"项目和"Ronier、Mimosa、Prosopis油田开发调整方案实施跟踪"项目，合同金额分别为50万美元和75万美元。土库曼斯坦阿姆河天然气对口支持项目，2022年2月派出2人，4月派出12人，到年底共有16人在阿姆河项目，续签2023年合同。尼日尔下游对口支持项目合同已签订，拟选派2人上项目。全年乍得公司签订支出合同15份，收入合同5份，没有发生任何合同纠纷。

【经营工作】 2022年，乍得公司主要生产经营数据见表9-4。

表9-4　2022年乍得公司生产经营数据一览表　　万元

资产总额	7884.52
负债总额	7464.38
所有者权益	420.14
营业收入	16430.10
营业成本	15865.79
所得税	486.24
净利润	78.07

玉门油田公司下达的调整后利润指标76.1万元，乍得公司取得净利润78.07万元，圆满完成任务。

中非央行要求采掘业及其供应商需开立在岸外币账户，离岸外币账户应于10月31日停止使用。经向玉门油田公司财务处汇报并取得同意后，乍得公司向玉门油田公司资金结算部提交需要开立的在岸账户相关信息，提交外汇资金归集方案说明，对集团公司资金部、中油财务公司提出的问题逐一进行解释说明，集团公司资金部9月初同意开立境外在岸账户。为了能够按时开立在岸外币账户，乍得公司委托安永（乍得）会计师事务所协助公司在中非地区开立在岸外币账户，并与其签订在乍得和喀麦隆开立在岸外币账户的服务协议。财务人员与安永会计师事务所及中非央行、乍得商业银行、喀麦隆花旗银行保持联系，提供各种支持文件，解释对方提出的问题，督促各方工作进度，10月取得两家商业银行的开户许可，11月7日乍得商业银行在岸美元账户开立成功。花旗银行在岸账户的开户工作也在稳步推进，进入终审阶段。在岸外币账户的开立，为乍得公司与中国石油西非公司的业务顺利开展提供有力的支持，为海外业务平稳有序发展做出一定贡献。

根据玉门油田公司海外项目管理岗位层级资历认定通知，决定对海外项目部管理人员岗位层级任职经历进行认定，即双向认定。2022年对CNPCIC项目部、NRC项目部的39名管理人员进行岗位层级认定，将海外主要管理岗位与国内三级正副职进行对应。岗位层级认定弥补海外员工境外任职经历空白，解决员工海外工作的后顾之忧，为员工复员后的职业发展奠定基础。

2022年乍得公司共组织国才英语考试培训三批次，参与培训人数46人。组织国才英语考试五批次，参加考试207人次，通过考试53人，通过率28%。配合玉门油田公司开展海外备员英语水平考试，海外项目管理和专业技术人员整体A级通过率23.7%。

【安全工作】 2022年，乍得公司面对海外项目新冠肺炎疫情、社会安全、员工健康、安全生产等风险并行的复杂严峻形势，牢固树立"生命至上，安全第一，以人为本，预防为主"理念，认真贯彻落实玉门油田公司的总体工作部署和要求，立足海外项目实际采取措施，强化各级各类人员的责任落实，有效防控新冠肺炎疫情、主动防范社会安全风险、高度重视员工健康管理、扎实做好项目安全运行，确保HSSE工作业绩目标和指标的顺利实现。2人获玉门油田公司QHSE先进个人。

根据海外员工国际旅程实际开展新冠肺炎感染风险辨识与分析，辨识出9个防疫风险关键环节，提出10条强化措施，制定下发《关于进一步强化员工国际旅程新冠肺炎感染风险防控措施的通知》和《员工国际旅程新冠肺炎疫情个人防护管理规定》。根据《中国石油国际业务新冠肺炎疫情常态化防控工作指导意见（第六版）》，修订编制乍得公司《国际业务新冠肺炎疫情防控常态化工作方案》，切实将新形势下疫情防控管理工作统一到一个方案、一个标准上来，科学精准地做好国际业务新冠肺炎疫情常态化防控工作。

乍得境内的政局动荡、周边恐怖势力武装冲突和袭击频发以及因新冠肺炎疫情导致失业率大增、经济低迷，抢劫、勒索、偷窃等治安案件直线上升风险，乍得公司组织专业人员开展社会安全风险分析评估，编制《玉门油田乍得分公司海外业务社会安全风险评估报告》和《安保方案》，修订完善《社会安全突发事件专项应急预案》和《紧急转移撤离预案》，制定应急工作流程图，组织开展两次社会安全专项应急演练，细化安保防控管理措施，强化人员安全和旅途安全管理，靠实应急应对准备工作，保障外派人员安全和项目平稳运行。2022年10—11月，在年度社会安全审核和集团公司五维绩效考核中，年度五维绩效考核获得优秀级。

针对2022年9月疟疾非生产亡人事件的发生，乍得公司组织深挖问题根源，全面查找制度漏洞、责任漏洞、员工健康管理漏洞、疟疾预防漏洞、个人防护漏洞、诊断治疗漏洞、应急处置漏洞等。通过深入调查剖析思想认识不到位等管理上六个症结，结合现场实际的当务之急，落实一系列防控措施，制定《公共卫生突发事件专项应急预案》《医疗转运专项应急预案》以及相应的《员工医疗报告和应急联络流程图》与《员工医疗及紧急转运工作流程与方案》，进一步加强医疗依托和应急保障，与宝石花医疗签约提供远程医疗会诊服务。

乍得公司组织分析评估海外员工的培训需求和面临的各类HSSE风险，大力开展各类HSSE培训工作，全年组织各类HSSE教育培训

1805人次。组织员工通过网络平台参加国务院国有资产监督管理委员会、央企医疗平台、中国石油职工云课堂、集团公司、工会等开展的心理健康、防病治病、安全环保、安保防恐等知识学习30多期次。

乍得公司总经理与分管领导、安全总监与社会安全科分别签订《HSSE考核指标责任书》,制定实施《安全生产责任制和全员安全生产责任清单》,开展安全专项整治三年行动巩固提升工作,严格落实"党政同责、一岗双责、齐抓共管、失职追责",全面落实安全生产"三管三必须"要求,坚持"第一议题"学习制度和开展安全大讲堂活动,每月召开QHSSE(安全生产)委员会会议,结合不同时期、不同阶段安排落实HSSE工作,健全HSSE责任制,筑牢HSE工作基础,保证公司海外项目生产运营的安全平稳受控。

乍得公司不断提高HSSE风险防控能力和管理水平,圆满完成各项工作任务,实现HSSE工作目标,为玉门油田海外油气业务高质量发展做出应有贡献。

【党群工作】 2022年4月18日,乍得公司召开中国共产党玉门油田乍得公司第一次代表大会,圆满完成各项预定任务。会议听取并审议中国共产党玉门油田乍得有限责任公司委员会工作报告和关于党费收缴使用情况和党组织工作经费使用管理情况的报告。55名党代会代表以无记名投票、差额选举的方式,选举产生中国共产党玉门油田乍得有限责任公司第一届委员会,乍得有限责任公司出席中国共产党玉门油田分公司第三次代表大会代表。在中共玉门油田乍得公司第一届委员会第一次全体会议上,等额选举产生书记、副书记。

2022年1月4日,制定印发《乍得分公司党委落实全面从严治党主体责任清单》《关于健全完善矛盾纠纷多元化解机制构建大调解工作格局的工作方案》;2月10日,制定印发《玉门油田乍得公司党建带团建工作实施方案》;3月31日,制定印发《乍得公司绩效管理实施细则》;9月30日,制定印发《中共玉门油田乍得公司委员会前置研究讨论重大经营管理事项清单》。

随着土库曼斯坦项目推进运行,经乍得公司党委研究,4月24日下文新成立土库曼斯坦项目党支部,选举产生支部委员。

2022年5月27日组织党员到酒泉市反腐倡廉警示教育基地开展警示教育主题党日活动,党员观看红色电影。6月底组织在酒泉上班和休假员工赴肃南开展"追寻红色足迹、赓续精神血脉"党史教育实践活动。

【荣誉奖励】 2022年12月,玉门油田公司召开海外业务20年表彰大会,对10名海外业务杰出贡献人物和118名海外建功立业功勋员工进行表彰。

(马　刚)

勘探开发研究院

【概述】 勘探开发研究院(简称研究院)主要承担玉门探区及环江油田、宁庆天然气流转区勘探战略方向研究、油气资源评价、地震及测井资料处理解释、油气勘探目标评价及勘探部署研究;油藏评价及储量计算;油气开发规划、开发地质研究、油气田开发动态研究、开发及产能建设方案研究、精细油藏描述研究、井位研究与部署及探采矿权技术支撑;乍得油田勘探、油藏评价、储量计算、开发方案编制、油藏动态、井位研究与部署及探采矿权技术支撑、现场技术支持工作；岩心（岩屑）实物资料管理、勘探开发地质资料管理、数据库管理和信息系统建设等工作。

2022年有员工143人（退养人员18人）。其中管理、专业技术人员125人；博士研究生学历1人，硕士研究生学历20人，本科学历108人；根据《玉门油田分公司科研单位专业技术岗位序列改革工作实施方案》，"双序列"改革后2人聘任公司首席技术专家，5人聘任公司高级技术专家，8人聘任院一级工程师，26人聘任二级工程师，31人聘任三级工程师，20人聘任助理工程师。

机关设院综合办公室、组织人事部、计划财务部、科技管理部；基层设5个综合研究室（环江勘探开发研究室、天然气勘探开发研究室、老区及外围勘探开发研究室、区域矿权及储量研究室、海外勘探开发研究室），2个科研服务科室（计算机应用研究室、科技信息档案室）。研究院党委基层党支部6个，党员117名。

2022年有大型地震解释服务器6套、存储335TB（容量）、工作站50台套，微机144台，磁带机、数字化仪、打印机、绘图仪、扫描仪、UPS等外设基本齐全。拥有各类软件34套，可以完成地震解释、储层反演、正演、测井解释、地质建模、数值模拟、油藏描述等工作。

【科研工作】 2022年，研究院承担各级科研项目13项，其中6个油田公司项目和2个海外技术支持项目均已顺利完成验收，5个股份公司项目均按计划有序运行（表9-5）。全面完成储量、产量、产能建设目标和任务：全年完成原油产量69万吨，实现"十三五"以来连续7年原油产量箭头朝上；时隔8年，争取到环古1和柳页1H两口风险探井；新增石油探明储量841万吨，完成计划的168%，石油控制储量1022万吨，完成计划的102%，石油预测储量1014万吨，完成计划的101%，SEC储量82.2万吨，完成计划的117%。新区石油部署预探井12口，评价井15口，在西部长8和侏罗系高效建产区部署开发井155口，环庆各项开发指标均创流转以来最好水平，产能贡献率31.3%、到位率53.1%，日产油攻上1100吨，新区原油生产能力攻上40万吨；新区天然气部署预探井5口，评价井5口，优化部署开发先导试验井24口，天然气日产攻上30万立方米；玉门老区产量实现了40万吨稳产。

表9-5 2022年研究院承担科研项目统计一览表

序号	项目名称	项目类型
1	鄂尔多斯盆地玉门区块油气富集规律与勘探评价技术研究	股份公司项目
2	玉门探区重点勘探领域综合研究与预探目标评价	
3	环庆区块低渗超低渗油藏有效开发技术研究	
4	青石峁地区宁庆区块地震资料重新处理解释及富集区优选	
5	玉门探区GeoEast解释软件推广应用研究	
6	鄂尔多斯盆地玉门区块古生界天然气富集规律研究及有利目标评价	油田公司项目
7	环庆宁庆区块上产40万吨勘探开发关键技术研究	
8	酒泉盆地富油区带精细地质研究与风险勘探目标准备	
9	玉门老区复杂油藏稳产关键技术研究及产能建设部署	
10	鄂尔多斯盆地玉门探区测井储层评价与储量估算	
11	乍得重点区块井位部署研究及调整方案实施跟踪	

续表

序号	项目名称	项目类型
12	南乍得盆地 Doseo–Salamat 坳陷地质与地球物理研究	海外研究项目
13	Ronier、Mimosa、Prosopis 油田开发调整方案实施跟踪	

【科技成果】 2022年，研究院作为第一完成单位的"宁庆天然气勘探取得重大突破"项目获公司2022年度优质项目一等奖；作为参与单位的"环庆虎洞区块勘探开发一体化实现规模高效建产""海外项目成功续签新签合同，国际市场得到巩固拓展"项目分别获公司2022年度优质项目特等奖、三等奖。2022年度科技进步奖中，作为第一完成单位获得玉门油田公司成果5项，作为参与单位获得成果2项。

【新区石油】 2022年，研究院聚焦增储上产，新区石油勘探开发一体化成效显著。新区石油坚持解放思想、转变思路，扎实推进勘探开发一体化，环庆西部长8落实规模高效储量，虎洞油藏实现高效建产，演武高地斜坡、长6及宁庆浅层均取得实质性突破。集中勘探环庆西部长8，整体控制了虎洞油藏。

转变勘探思路，加强三维应用，建立西部长8成藏新模式，突破前期天环坳陷"水多油少、成藏不利"的认识，集中勘探规模增储2224万吨。整体控制虎洞油藏，新增探明841万吨、控制1022万吨，新增SEC储量80.93万吨。甩开勘探虎洞南获得突破，环庆823、环庆808井长8获工业油流，环庆823井区新增预测储量361万吨；环庆941井长8获工业油流，向西仍有扩展潜力。虎洞勘探成果对天环坳陷下步勘探具有重大指导意义。

精细刻画侏罗系砂体展布，演武高地、斜坡获新发现。精细刻画延9上、下两期砂体平面展布特征。上砂体主要发育在斜坡带，上倾方向尖灭可形成构造岩性油藏，斜坡带多个"串珠状"油藏可形成油藏群，部署环庆826井获日产油26.5吨高产。下砂体与局部构造匹配，可在演武高地形成构造油藏，发现5个油藏，环庆825井获日产6.4吨工业油流，进一步扩展油藏范围。加强效益评价和优化调整，产能建设效果创新高。以效益建产为目标，对产能建设方案严格进行效益论证和排队，持续优化不同区块不同层系的开发井网井型、超前注水、合理采液强度等开发技术政策，确保达标建产。2022年在西部长8和侏罗系高效建产区优化部署开发井155口，平均单井日产油3.5吨，建成高效产能14.1万吨，环庆产能贡献率、到位率提升至31.3%、53.1%，其中环庆96井区投产油井97口，单井稳定日产油4.1吨，有望建成20万吨整装高效建产示范区。

实施精细注采调整和措施挖潜，油藏递减得到有效控制。编制一期油田提质提效方案，以"水井优先治理、加强能量补充、提高措施效益"为原则，实施水井各类调整措施48井次，平均单井日注水量由9.6立方米提升至15.7立方米，一期油田日注水量由1200立方米提升到1550立方米，油藏自然递减降至12.5%；实施油井措施43口，累计增油7800吨。优化西部长8超前注水方案，环庆75井区年自然递减控制在6.5%以内，环庆96井区油井动液面保持平稳，超前注水见到良好效果。开展边底水油藏天然能量评价，系统优化配产配注，制定4个井区、56口井调整措施，年自然递减降至5.6%，含水保持平稳。2022年环庆区块自然递减率降至11.8%。

深化成藏认识，新层系勘探取得重要进展。精细刻画环庆区块长6前积砂体，建立"坡折带控制的前缘河口坝—滑塌体"沉积模式，环庆103H–C6开展水平井提产试验，试油获31

吨高产，落实有利区面积17.6平方千米，有望成为下一步接替层系。深化宁庆中生界西部成藏认识，建立浅层侏罗系"断裂输导、泥岩封盖、构造控富集"的成藏模式，优选郭30-2、郭30-7、郭30-9井延2段射孔试油获日产油7.5～16.8吨高产，实现宁庆原油年生产能力1万吨目标，坚定宁庆找油信心。

"环庆虎洞区块勘探开发一体化实现规模高效建产"项目作为参与完成单位获公司优质项目特等奖。作为第一完成单位"环庆区块低渗油藏效益建产及稳油控水关键技术研究""环庆西部中生界油气富集规律研究及高效勘探实践""环庆区块低对比度油层测井评价技术研究及应用"项目分别获玉门油田公司2022年度科技进步一等奖、二等奖、三等奖。

【新区天然气】 2022年，研究院精细地质研究，天然气高效勘探取得重要进展。宁庆天然气突出连片三维综合应用，深化地质认识，按照"集中勘探中东部，尽快落实富集区"的思路，上、下古兼顾展开研究和部署，支撑天然气高效勘探。集中勘探中东部，上古生界落实可动用储量330亿立方米。

沿主河道寻找局部构造高部位，开展目标精细评价，上古生界勘探取得新进展。井震结合落实盒8中砂带河道砂体，部署6口探井获工业气流，2口见15～20米厚气层（待试），中砂带盒8实现整体控制，落实可动用储量210亿立方米，含气面积260平方千米。东部太原组构建煤系源岩区主河道与局部构造耦合天然气富集的新模式，部署李庄201、李庄205井分获日产气8.1万、7.7万立方米的高产，试采稳定日产气2万～3万立方米；14口开发井见6～12米对应气层，新、老井结合落实含气面积152平方千米，可动用储量120亿立方米。兼探山西组和本溪组初见成效。中东部山西组单期砂体薄（2～5米），以兼探为主，9口井见5～10米气层，落实含气面积265平方千米；本溪组砂体薄物性好，紧邻源岩，具备高产条件，李庄301井获日产4.6万立方米工业气流，预测有利面积43平方千米。在区块中东部落实多层系叠合富集区面积380平方千米，可动用储量330亿立方米，为下一步规模效益开发打下基础。兼探多层系，下古生界获实质性突破。

井震结合开展碳酸盐岩储层预测及成藏模式等研究，深化地质认识，下古生界取得重要发现和进展。建立克里摩里组"双源供烃、侧向运移、在风化淋滤带优质储层中成藏"的新模式，落实有利面积138平方千米，优选李庄204井兼探，试采稳定日产气1.1万立方米，为青石峁地区克里摩里组试采效果最好的一口井。乌拉力克组初步预测页岩气勘探有利面积450平方千米，李庄32、李庄24、李庄72井钻探见20米以上的气层、差气层，有望获得新突破。及时跟踪优化调整，开发先导试验方案进展顺利。精细刻画"甜点"，优化开发井型井网等技术政策，高效完成开发先导试验方案编制，获股份公司批复。优化部署开发先导试验井24口，完钻21口，投产12口。其中李庄10平台投产6口，太原组单井日产气0.9万～2.4万立方米，平均1.6万立方米，气层分布稳定，是下一步高效建产层系。以太原组为主，兼顾盒8，初步完成2023年产建方案编制，论证部署开发井50口。环庆天然气构建"三角带"成藏新模式，部署风险探井环古1。应用环庆三维，预测区块西部下古生界礁滩相储集层有利面积420平方千米，构建"双源供烃，侧向致密灰岩遮挡"的三角带成藏模式，兼顾上古部署环古1井，2022年1月16日完钻，该井钻探证实庆阳古隆西翼奥陶系马家沟组地层（厚175米）发育，钻遇地层、岩性与设计基本相符。在上、下古生界见良好含气苗头，发现太原组铝土岩及马家沟组白云岩，测井初步解释太原组气层3.4米/1层，马家沟组气层2.6米/1层、差气层19.3米/4层。

"宁庆区块中东部上古生界天然气富集规

律研究及目标优选"项目作为第一完成单位获玉门油田公司2022年度科技进步一等奖。"宁庆天然气勘探取得重大突破"项目作为第一完成单位获玉门油田公司2022年度优质项目一等奖。

【玉门本部】 2022年，研究院强化基础研究，老区专项攻关取得新进展。秉持"老区不老"理念，立足富油气区带强化基础研究，深化陆相断陷湖盆成藏认识，风险勘探获得新进展；突出能量补充和专题技术攻关，有效支撑老区40万吨/年效益稳产。开展页岩油"甜点"综合地质评价及目标优选，迈出"常非并举"第一步。聚焦青西页岩油领域，攻关形成"甜点"综合地质评价及目标优选技术，明确"甜点"类型和层段，优化设计井型，部署页岩油风险探井柳页1H，一旦突破，可形成老区规模增储的接替领域。

深化富油气区带精细研究，明确青西白垩系立体勘探开发潜力。攻关窟窿山东块裂缝性有效储层识别技术，隆119区块K_1g_2段新增预测储量653万吨，含油面积8.1平方千米，向南甩开部署预探井隆23井。开展鸭儿峡白垩系深层溶蚀孔隙型储层预测，结合成藏认识刻画$K_1g_0^4$有利面积4.6平方千米，部署的鸭西1-35井获日产油30吨高产，$K_1g_0^4$有望成为新的建产层系。

加强复杂油藏能量补充及挖潜研究，有效控制递减。强化鸭儿峡K_1g_1油藏、鸭西6区块水驱效果分析，制定注水扩大方案，优选改注井7口，其中鸭西6区块通过注采调整实现产量翻番。K_1g_2油藏开展注水注气效果分析，按照"高部位注气、低部位注水"思路，编制"11注39采"减氧空气驱工业化实施方案，低部位优选改注井3口。持续进行老井潜力复查，效益排队优选中深层进攻性措施21井次，实施15口，日增油55吨，累计增油12016吨。

扎实推进老区重点专题研究，评价新领域老油藏潜力。深化基础研究，准备出酒东营尔凹陷东部陡岸带、赤金堡组及盐池—合黎山地区侏罗系作为2023年风险勘探目标。完成鸭儿峡L油藏五井区及表外、单东区块地质潜力评价、超前注水开发可行性论证，储备下步建产接替区。

"玉门油田老区滚动扩边增储研究与开发建产""高含水老油田稳产技术研究与实践"项目作为参与完成单位分别获玉门油田公司科技进步一等奖、二等奖。

【海外项目研究】 2022年，研究院拓展海外市场，技术支持助力"走出去"战略实施。精心组织协调，签署乍得项目5年框架协议，有力支撑油田海外业务高质量发展。2022年承担的2个技术支持项目完成验收。启动中亚项目招标程序，阿姆河项目有望持续巩固。乍得勘探项目围绕两个区域盆地，分区带分层系开展构造演化史及断裂发育期次、分级评价烃源岩和资源潜力、油气成藏特征及富集规律等专题研究。7轮次提交钻探目标36个，采纳实施11口，试油10口井获高产，为乍得油气发现和增储工作提供方案。乍得开发项目完成一期油田开发调整方案编制，并根据甲方批复情况实施调整。提交井位目标16口，采纳9口，已实施的5口开发评价井获日产50吨以上工业油流；措施建议15口，采纳13口，实施4口，措施增油1.7万吨；经过注采调整，油藏自然递减率由11.3%降至10.2%，保障乍得一期油田持续稳产。

"海外项目成功续签新签合同，国际市场得到巩固拓展"项目作为参与完成单位获玉门油田公司2022年优质项目三等奖。

【信息化建设】 2022年，研究院完成工作站服务器、UPS机房和A8视频会议系统等设备的运行和维护。持续维护地震解释等综合研究系统及硬件设备，保障院科研平台平稳运行；开展玉门油田A1新增提交数据维护与建设，完成51个科研项目和23个地震工区成果归档；A8视频会议室高效保障玉门油田公司及研究院累计100余次视频会议的召开。

【信息档案建设】 2022年，研究院严格执行地质资料委托保管的各项规定，加强汇交监管，2022年接收岩心岩屑66口井1994盒；完成新入库42盒岩心扫描；完成69口井737块岩心、12口井347个岩屑取样，12批次159口井1568盒的观察描述；支持完成研究院岩心描述比武大赛。

【科技创新】 2022年，研究院创新研究思路，强化技术攻关，形成5项勘探开发关键技术，筑牢油田"科研高地"。攻关多参数融合的低阻油层识别技术，实现环庆区块低阻油藏有效识别动用。强化储层孔隙结构及流体性质分析，攻关形成一套完整的低阻油层测井参数计算体系与解释方法，在环庆96井区实现规模化应用，解释符合率91%。处理流程及解释方法首次实现有形化，正申请发明专利2项。攻关天然气有效储层精细评价和预测技术，有效提高探井成功率。上古生界基于相控砂体结构分析，应用连片三维，优选纵横波速度比开展叠前反演，分区分层精细刻画有效储层展布，储层预测符合率83%，支撑流转以来探评井成功率67%。攻关下古海相碳酸盐岩烃源岩定量评价技术，助推乌拉力克组页岩气勘探获重要进展。地质、测井紧密结合，创新建立烃源岩有机碳含量计算模型，井震结合刻画有效烃源岩展布，优选有利区450平方千米，优选李庄24、李庄32、李庄72井兼探，测井解释见20米以上气层、差气层。依托该技术正申请发明专利1项。攻关形成页岩油"甜点"综合评价及目标优选技术，优选青西凹陷风险勘探有利目标。聚焦页岩油储层性能评价，明确"七性"关系特征，建立青西页岩油"甜点"定量评价标准，划分纵向"甜点"发育段。井震结合，应用储层预测技术，精细刻画各"甜点"段展布面积，精细刻画"甜点"发育区，有效支持风险勘探目标优选部署。攻关形成长8低渗构造油藏关键开发技术，实现虎洞油藏高效建产。油藏工程方法与数值模拟相结合，攻关形成环庆西部长8低渗油藏"开发井网优化、超前注水、保压控液开采"等关键开发技术系列，建成虎洞高效建产示范区；生产过程中持续优化配产、配注，保持油藏整体注采平衡，主要开发指标处于长庆先进行列。

【提质增效】 2022年，研究院优化勘探开发部署，全面加强预算管理，提质增效在多方面取得成效：按照"效益优先"原则，及时将宁庆区块5口探评井和5.9万吨产能建设投资调整至环庆区块，持续提升勘探开发效益指标；全院共70名技术人员前后方联动全程参与上产大会战，制定方案、及时进行优化调整，在源头上保障环庆96井区开发井成功率100%和一期油田措施井效果，圆满完成上产会战目标；按照"四应四尽"原则，强化SEC储量评估，年度新增SEC储量82.23万吨，确保油田核心资产稳中有升，降低折旧折耗；深化投资和成本管理，通过科研项目全成本加计扣除、严控对外合作支出和五项费用、加强办公材料调剂使用等方式控制成本，超额完成玉门油田公司下达任务目标。

【基础管理】 2022年，研究院强化关键领域、重点环节管控，院科研生产安全平稳受控。压实安全生产第一责任，完成院安全责任清单的修订及发布，开展安全能力履职评估百余次。落实生产安全风险防控措施，成立领导小组，全面排查整改安全风险和隐患，完成岩心库隐患治理。应对新冠肺炎疫情挑战，第一时间启动《研究院疫情应急预案》，发布抗击疫情《倡议书》，建立线上晨会制度，保障防疫科研"两不误"。重新编制院应急预案1个和专项应急预案5个，进一步提升风险防控应急能力。开展QC小组活动，2项成果获甘肃省级荣誉。

【党建工作】 2022年，研究院党委坚决贯彻玉门油田公司党委铸强"四梁八柱"和工作部署，全面落实从严治党各项责任，全面完成全年业绩指标。

研究院党委班子坚持用习近平新时代中国

特色社会主义思想和党的二十大精神强"根"铸"魂",牢固树立"四个意识",坚定"四个自信",坚决做到"两个维护",始终在政治立场、政治方向、政治原则、政治道路上同党中央保持高度一致,党委"把方向、管大局、促落实"作用有效发挥。

理解"两个确立"更加深刻。制定落实研究院《第一议题制度》和《深入学习贯彻习近平总书记重要指示批示精神落实机制》,全年第一议题贯彻落实18次,理论学习研讨28次,做到"两个维护"更加坚决。制定《学习宣传贯彻党的二十大精神方案》和推进运行表,坚持读原文、悟原理,突出领导班子带头学、结合工作研讨学、党员群众人人学的特点,编发党的二十大精神口袋书,在岗与退养党员"结对子"帮学,线上百日答题,全员撰写学习心得,掀起学习宣传贯彻党的二十大精神的热潮。

完善制度强化执行。审定实施"三重一大"决策、前置研究讨论重大事项等制度,召开党委会39次,集体决策80项;成立20个专门委员会,三次进行班子成员和技术专家分工,规范各类对口管理;实施《外协管理办法》,充分调动外协的积极性、主动性。

引领发展全面有力。模拟建立法人治理结构,实行执行董事、党委书记负总责的新领导体制,将党的领导和重大经营管理事项的决策功能紧密结合,编制落实院党委《落实全面从严治党主体责任清单》,推动党的政治领导、思想领导、组织领导有机统一;召开研究院"两会"和第三次党员大会,制定今后一个时期的奋斗目标和总体部署,保障公司决策部署在研究院的贯彻执行。

基层党建巩固提升。遵照标准,选拔推荐1名中层干部、配备1名党政助理、调整使用13名基层干部,以忠诚事业和务实高效的导向逐步配齐两级班子;推进基层党建"三基本"建设与"三基"工作有机融合,明确抓基层、打基础、促发展的融合目标方向,环江室、老区室党支部通过玉门油田公司示范党支部达标晋级复检验收,"加减乘除"案例入选"中国共产党新闻网"第六届基层党建创新典型案例,打造"蒲公英"党建品牌;扎实开展党组织书记抓党建履职评议,完成9人转正纳新,多人获甘肃省技术标兵和集团公司先进工作者、青年科技人才以及玉门油田公司优秀中层领导干部等荣誉称号。

文化保障守正创新。制定实施研究院《文化引领专项工作措施》和《加强和改进思想政治工作责任清单》,高度弘扬特色鲜明的科研精神和"冷板凳"文化,鼓励苦练基础研究基本功,实现科研力量均衡化;开展"转、勇、强、创"主题教育,组织广泛研讨,对标对表挖掘技术潜力,汇集起攻坚克难的强劲合力;自导自演"科研系"红歌云接力视频,向各类媒体投稿223篇,省部级媒体采用12篇,广泛宣传老区挖潜好故事、新区虎洞好经验、拓展海外市场好案例和青年突击队新风采,增强了自豪感自信力。

深化改革强基固本。落实经营管理主体责任,领导班子成员全部实行任期制和契约化管理,增强刚性约束;修订业绩考核和专项奖励管理办法,完善季度考核,强化年度考核,激发全院创新潜力和创造活力;将研究机构和科研力量充分优化整合为四个一体化研究室,新设立矿权及储量室,构建起"大研究"新格局;精干机关职能部门,压实岗位责任,提高质量效率,参谋助手作用显著提升。

推动落实快速行动。编制全院重点工作清单,建立工作进度周、月、季报制度,对照清单一一落实;玉门油田公司主要领导2022年四次来研究院调研后,立刻组织宣讲调研精神,落实最新要求,推进重点工作;油气生产大会战启动后,立刻精耕细作优化井位及老井挖潜,做实做细16项重点上产方案,主要领导携技术支持力量迅速奔赴新区,全年轮番驻井坚守。

人才强院工程取得新进展。坚定贯彻公司

人才强企和激励干部担当作为的要求，制定实施《人才强院工程实施方案》，从建机制、强基础、搭平台、求突破、激活力5个方面精准保障各项举措落到实处。建强领军型人才。组建7个专家创新攻关和师徒团队，突出团队建设和人才培养，两级专家在科研领衔、学术带头、决策咨询、井位部署、方案审定、人才培养等方面发挥重要作用，形成科技人才集智倍增效应。强化岗位锻炼。20场专家讲堂传道授业，3次野外考察"将今论古"，17次校企交流取经问道，59次各类培训蓄势聚能谋发展；开展内部多层级技术交流和专题研讨，让青年人更多承担井位论证、专题汇报、现场支持等重要工作；组建突击队全年常态化赴环县、盐池开展现场技术支持26人次，加快实践锻炼实干成才。构建融入式研究。与老君庙采油厂开展厂院合作，累计对6人联合开展轮岗培养，使青年人研究水平和现场经验得到双向提升。强化竞赛淬炼，举办"岩心观察及储层特征描述"青年技术比武，20名参赛人员登台竞技；代表玉门油田公司组队参加集团公司油藏动态分析竞赛，获铜牌；参评技术成果获甘肃省QC成果二等奖，集团公司青年学术交流论文一等奖、二等奖，青年科技创意大赛三等奖。

风险防控工作取得新成绩。紧盯重要领域和关键环节，加大风险源头防范和治理力度，平安院所建设有序推进。安全环保平稳受控。制定落实安全生产大检查暨隐患大排查大整治工作方案和专项整治三年行动巩固提升方案，编制1个总体应急预案和5个专项预案，全面排查风险，整改岩心库隐患，2022年安全事故事件零发生。井控管理措施有效。树牢井控理念，落实井控各项责任，积极辨识各类井控风险，优化天然气地质设计，确保万无一失。疫情防控圆满收官。在新冠肺炎疫情形势严峻关头立即启动应急预案，升级10项应急措施，确保防控、科研两不误，牢牢守住工作场所不发生聚集性疫情的底线。依法合规能力提升。全面落实"合规管理强化年"要求，专门成立经营业务合规问题治理工作组，制定工作运行表，开展合规风险专项问题排查治理，全部整改合规隐患。维稳保密稳固扎实。通过实施院《落实公司喜迎党的二十大行动方案的机制及措施》，推进不稳定风险排查及稳控化解，实现维稳信访安保特别重点阶段责任令规定目标；全年持续强化网络安全，开展保密宣教，加强舆情监测，未发生任何失泄密事件，巩固了全年良好稳定的内部环境。

推进自我革命纵深发展获得新成效。按照玉门油田公司建立纪检工作新体制的要求，与纪检组一道认真履行党风廉政建设各项责任。落实主体责任。召开党风廉政建设和反腐败工作会议，开展约谈，签订责任书、承诺书、家庭助廉承诺书和承包商自律承诺书；强化两级班子成员履职情况的监督和主责部门对归口业务与流程的监督；制定领导人员经商办企业禁业范围，编制廉洁风险防控表，采集39名监察对象信息。加强作风建设。制定印发研究院党委《关于贯彻落实中央八项规定精神的实施细则》，严明党的纪律，倡导求真务实，杜绝形式主义；开展反围猎专项行动，规范办公用房和功能性用房，严格考勤纪律和员工管理，使干事创业成为党员干部思想和行动自觉。开展廉洁教育。以"学法、知法、懂法、守法"活动为统领，先后开展了党纪党规教育、时间节点教育、警示教育、新提任干部"六个一"教育，班子成员参加玉门油田公司"党风廉政大家谈"，筑牢党员干部思想道德防线。强化问题整改。先后配合完成政治巡察、干部离任审计、安全隐患治理专项审计、内控检查及个别退养党员违规操办婚宴的监督处理，整改全部存在问题，接受检查后评估，并结合集团公司巡视准备，举一反三，完善制度，强化管理，建立起全面从严治党长效工作机制，做实了问题整改"后半篇文章"。

【群团工作】 2022年，研究院工会组织按期召开职代会暨年度工作会议，规范完成各项预定议程，着重对员工代表关切的议题进行谋划和实施；响应玉门油田公司劳动竞赛，围绕油气生产大会战和攻坚攻关行动，在项目研究中实施技术攻关，融入创新创效，涌现出玉门油田公司一线创新成果 5 项、提质增效价值创造劳动竞赛优秀项目 1 个、职业技能竞赛技术能手 8 个、劳动竞赛先进集体 2 个、先进个人 2 个、建功立业女标兵 1 人、QC 成果一等奖 2 项，助推科研生产。开展"喜迎二十大 共建幸福家"活动，进行谈心谈话，落实关爱行动，坚持夏送清凉、冬送温暖，配备健身设施，守护员工健康，营造"家文化"和谐氛围。团委充分发挥团组织的积极性、创造性，注重服务青年，围绕现实需求，开展"家属慰问""学雷锋"等志愿服务活动，切实增强凝聚力。增强玉门油田公司"青马工程"辐射效应，聚焦主责主业，组建 3 支共 28 人的青年突击队，助力环庆日产油增产 394 吨、宁庆日产气增产 19 万立方米，高效支撑老区 40 万吨 / 年稳产，推选的 2 个项目分别获集团公司第二届青年创意大赛三等奖，为助力油田扭亏脱困、高质量发展、支撑油气产量实现年 10 万吨级稳定增长贡献科研力量。组织女工举办迎"三八"趣味运动会、插花及小品演出等系列活动，活跃科研文化氛围。

【主要成果】 2022 年，研究院作为第一完成单位"宁庆天然气勘探取得重大突破"项目获玉门油田公司 2022 年度优质项目一等奖；作为参与单位"环庆虎洞区块勘探开发一体化实现规模高效建产""海外项目成功续签新签合同，国际市场得到巩固拓展"项目分别获玉门油田公司 2022 年度优质项目特等奖、三等奖。2022 年度科技进步奖中，作为第一完成单位获玉门油田公司成果 5 项，作为参与单位获得成果 2 项。

（牛凌燕）

工程技术研究院

【概述】 工程技术研究院主要承担油田钻井技术研究与应用、钻井工程管理、酸化、压裂、注水、三次采油、砂蜡水防治、油田化学研究、地质实验分析评价等新工艺、新技术的研究与推广应用；采油机械和井下工具研发应用；海外项目钻采技术服务支持；工程勘察设计、咨询、监理和应用系统运维、数字油田建设；炼化技术信息研究、炼化工艺优化研究等业务。具备集团公司石油工程技术服务企业钻井工程设计甲级资质；石油天然气行业（油田地面、油气加工、油气库专业）、建筑行业（建筑工程专业）乙级设计、丙级工程勘察、工程咨询、乙级工程测绘资质；GA2、GB2、GC1（3）、GC2 级别压力管道设计资质；化工、石油和房屋建筑工程监理甲级、电力和市政工程监理乙级、公路工程丙级监理资质。职能部门设综合办公室（党委办公室）、组织人事办公室、科技管理中心、计划财务中心，基层设钻井工艺室、储层改造室、采油气工艺室（海外采油气工艺室）、采收率室（实验检测中心）、数智化工程室、新能源技术与计量研究室、地面工艺室、土建室、监理公司、炼化特种油品研究所（新能源产品研究所）。

2022 年，工程技术研究院有员工 236 人（含退养 51 人），男员工 155 人，女员工 81 人。其中：管理、专业技术人员 236 人；研究生学历 17 人，本科学历 174 人；正高级职称 2 人，高级职称 85 人，中级职称 105 人，初级职称任职资格 32 人。

有设备 544 台套，其中：油气开采及炼油化工专用设备 3 台、工程机械 2 台、运输设备 1 台、动力设备及设施 5 台、通信设备 7 部套、工具及仪器 164 台套、生产、生活辅助配套设备 360 台套、房屋 2 栋。固定资产原值 2178.23 万元，净值 340.48 万元。

【科技创新】 2022 年，工程技术研究院围绕本部稳产和新区上产，扎实推进科研项目攻关，完成承担的 15 项玉门油田公司级科研项目（课题）（表 9–6），初步研究形成天然气井钻采工艺技术系列，高应力储层改造、地面流程防腐、伴生气回收、智能间开等技术不断完善，解决天然气井固井质量差、西部长 8 压后高含水等技术难题，有效支撑主营业务高质量发展。依托科研项目发表论文 21 篇、制定企业标准 1 项。

表 9–6　2022 年工程技术研究院完成玉门油田公司科研项目一览表

序号	项目名称	课题名称
1	环庆区块低渗透油藏钻采提效工艺技术研究	课题一：大井丛立体开发及水平井钻井整体设计优化研究
		课题二：环庆区块储层改造技术优化研究
		课题三：分层注水工艺研究及应用
		课题四：调剖调驱技术研究与试验
2	乍得薄互层砂岩油藏增油挖潜配套工艺技术研究	
3	油气生产物联网数字化、智能化应用研究	课题一：老区生产物联网数据智能化应用及中小型场站安全可靠性研究
		课题二：新区数字化配套应用研究
		课题三：区域湖及生产指挥平台方案研究
		课题四：视频智能分析技术在油田的应用研究
4	鸭儿峡低碳工艺优化和绿电替代研究	—
5	虎洞区块集输系统评价及优化	—
6	玉门油田举升工艺技术研究与应用	—
7	高应力储层改造瓶颈技术攻关	—
8	玉门油田伴生气综合治理技术研究与应用	—
9	玉门油区中深井调堵水工艺技术研究	—

【安全工作】 2022 年，工程技术研究院持续推进 QHSE 体系建设。成立 QHSE 管理委员会和应急工作领导小组，制定安全承包点等 5 项制度，持续开展安全生产大检查暨隐患大排查大整治工作，深入查找和整改安全隐患 70 余项，开展岗位风险辨识，对各单位实施安全风险分级防控；修订全院岗位人员安全责任清单。全年未发生一起安全生产事故事件。体系管理持续加强。组织开展 QHSE 管理体系审核工作，对体系文件进行全面梳理和查缺补漏，完成百思特"三体系"换证审核；迎接集团公司、勘探板块和玉门油田公司内部审核，发现问题 36 项，均已完成整改销项。安全生产水平持续提升。编制发布院 QHSE 体系文件、安全责任清

单、应急预案等管理文件，开展两次 QHSE 体系内审并迎接集团公司全要素量化审核，发现问题全部整改完成；组织开展安全月及知识竞赛、应急实战演练等活动，推动安全环保生产水平不断提升。推进健康企业创建。全面推进工程技术研究院"健康企业建设实施方案"的实施，完善员工健康档案，持续开展职业病危害辨识和高危人员的监管，全面实施健康干预，注重加强员工心理疏导，坚持开展工间操等文体活动，引导员工快乐工作、健康生活。新冠肺炎疫情防控工作有序推进。制定突发疫情应急防控预案，及时采购配发口罩、消毒液、消毒凝胶、喷壶等防疫物资，持续抓好生产作业场所、施工场所、办公场所的消毒杀菌工作，在疫情全面放开的关键时期为员工采购 2 批次防疫药品，最大限度维护员工群众健康。

【钻井工程】 2022 年，工程技术研究院优化钻井工艺，钻井技术实现提质提效。通过推广老区深井 7 项主体钻井技术，优化新区平台井钻井整体设计，全年共完成钻井工程设计 380 余井次，39 个钻井平台规划，开钻 260 口，完井 257 口，完井井身质量合格率 99.64%，固井质量合格率 98.91%，全面高于考核指标。重点开展 4 个方面的工作。配套形成宁庆天然气低成本钻完井技术，采用双钻机快速作业、形成"直—增—稳—微降"四段制剖面、$4\frac{1}{2}$ 英寸套管完井、"低密高强＋胶乳防窜"水泥浆体系和低压易漏井固井工艺，应用完成 33 口井，完井固井质量合格率 95.8%，钻井周期同比缩短 6%；环庆老平台加密钻井技术持续完善，逐步完善丛式井平台滚动部署设计技术，形成平台加密调整设计技术，全年 14 个老平台加密布井由 68 口增至 181 口，单平台平均布井数由 4.86 口提高到 12.93 口；丛式水平井平台钻井技术持续提升，创新形成七段制轨道设计剖面和分井段高效钻进技术，解决大偏移距三维水平井井眼摩阻扭矩、定向施工效率等问题，实现二开后"三趟钻"打完全部进尺；风险探井设计水平不断突破，针对环古 1 井、柳页 1H 井等复杂风险探井，形成"备一层"的井身结构、抗高温钻井液体系等系列钻完井配套技术，高质量完成钻井工程方案，支撑地质风险勘探目标的实现。

【采油气工程】 2022 年，工程技术研究院扎实推进采油气新技术试验，深化注采配套新工艺、新产品的应用，全年完成油井改造 360 井次，当年增油 5.95 万吨、同比增加近 1 万吨，创近五年最好水平；实施机采提效措施 1320 井次，机采系统效率 15.23%，检泵周期延长至 575 天。重点开展 8 个方面的工作。低渗/超低渗油藏储层改造技术支撑环庆快速上产。在西部长 8 油藏优化完善精细控水压裂技术，规模应用 162 井次，日产油量由初期的 4.5 吨攻上 350 吨，有力支撑虎洞地区高效产能建设；东部长 8 研究形成超低渗透油藏重复压裂工艺系列，现场实施 22 口，平均单井日产油 2 吨，累计增油 1828 吨。致密气藏改造技术助力宁庆天然气高效开发生产，围绕致密砂岩、碳酸盐岩两类天然气储层，攻关试验小井眼复合压裂、大斜度井缝控体积压裂、控水提产一体化技术，实施 27 井 47 层，增产气 1445.5 万立方米；高应力储层改造技术提升鸭西扩边区工艺成功率，针对鸭西扩边区储层特点，升级地质力学模型，建立压裂难易程度判别标准，初步形成"甜点"精准改造技术，现场施工 8 井 17 层，工艺成功率由 73.7% 提高至 94.1%，累计增油 1.2 万吨；机采提效新技术持续进步，试验推广内衬油管＋斜筋扶正杆防偏磨综合配套技术，扩大本部机械刮蜡、自动加药防蜡工艺，成功试验远程自动间开技术，节约维护成本 235 万元；采气工艺持续完善，研究应用"管柱优化、井下节流、泡沫排水"三项稳产工艺，试验"柱塞气举、强排工艺"两项技术，创国内气井机抽排液采气 3100 米举升高度纪录，实施措施 30 口/731 井次，增产气量 452 万立方米；减氧空气驱和化学驱现场试验有序推进，化学驱完成老君庙二元驱配方体系及注入参数优化研究，形成

"11注19采"试验井网，减氧空气驱实现老君庙M油藏东低区注气全覆盖和环庆63井区的连续注气。三次采油新技术研究高效推进，建立集团公司纳米化学重点实验室分研究室，完成纳米驱油体系评价，鸭儿峡油田2口井二氧化碳吞吐试验取得良好增油效果，累计增油355吨，填补国内二氧化碳深井吞吐技术空白。海外业务技术支撑有力，深化地质工程一体化研究，两个合同项目顺利通过专家组评审，制定油井措施方案18井次，现场实施15井次，措施增产量1.29万吨，有力支撑乍得一期油田40万吨稳产。

【地面工程】 2022年，工程技术研究院承接地面设计项目104项，配合公司部门开展论证项目37项，完成产值1500万元；承担监理项目34项，工程总投资约20亿元，实现内部收入561万元、外部收入190万元。重点开展5个方面的工作。地面工程设计超前实施，针对环庆2021年产建和虎洞项目成立两个设计组，提前介入、超前实施、同步推进，连续加班85天，累计完成设计图纸4500余张，有力保障环庆新区项目尽早投运，设计速度和质量双提升，全面推进"四化"建设模式，不断推动地面工程建设向快速、优质的方向发展，在满足高质量建设的同时，大幅缩短设计周期35%，碰撞率减少70%，77天建成20万吨处理能力的虎一转；产能高效完成"环庆区块2021年产能建设地面工程"项目投产配合工作。在完成施工图设计基础上，安排8个专业15人次赴现场进行施工配合及技术支持，完成集输系统、演一转20万吨扩容和33千米原油外输管线建设，项目投产运行参数正常；虎洞项目优化设计成效显著，按照"一网三站两出口"的总体规划布局，优化设计骨架管网路由、减少线路8千米，优化35千伏供电线路3千米，多方案比选虎一转整体布局，减少土方60万立方米，利旧设备14台套，节约投资1600万元。监理技术服务能力明显提升，全面参与内外市场监理工作，在"油"的建设上创新高，在"气"的建设上有新突破，在"新能源"的建设上有新发展，顺利完成虎洞骨架管网、宁庆集气站、300兆瓦光伏发电等34个项目监理，稳步推进昆仑燃气外部市场，具有"油气并举、多能驱动"发展战略的监理服务能力（图9-3）。

图9-3 2022年9月10日，地面工程室设计人员在环庆建设现场开展项目施工有关工作
（高鹏 摄影）

【数字化建设】 2022年，工程技术研究院成立环庆新区、玉门老区数字化专班，派遣13人次深入生产一线开展技术支持累计1400余天，开发部署数据采集与监控子系统（SCADA）功能5项、优化5项，开发部署软件系统3个，推动了油田数字化系统应用水平提升。环庆新区数字化建设稳步推进，聚焦环庆生产流程，通过数据自动采集、功图诊断分析等数字化技术，实现了全流程巡检、远程启停、算法优化，重点工况诊断准确度提高44.2%。玉门老区数字化功能不断完善。全面梳理"玉门油田老君庙采油厂数字化生产管理平台"9个功能模块90个三级菜单内容，梳理系统算法，对平台数据进行校准，开发智能间开、能耗分析、机采效率3大功能模块，开发3个自建系统，大幅提升数据应用效率及用户黏度。天然气数字化建设快速起步，利旧软硬件，完成宁庆采集与监控系统平台建设，部署报表、报警、动态分析等功能，实现集气站、气井数据远程监控。数字化建设项目逐步开展。编制完成《玉门油田2022年油气生产物联网建设工程》《玉门东镇300兆

瓦光伏并网发电项目智慧工地系统建设》方案，建设实施集团公司首个新能源智慧工地，有力支撑"管住现场、管住承包商、管住三违"的安全目标实现，为新能源特殊施工环境智慧工地建设积累经验。

【新能源建设】 2022年，工程技术研究院突出低碳科技创新引领，集中攻关新能源技术工艺，推进新能源计量建设，为油田新能源业务高质量发展探索路径、积累技术。酒泉新能源分中心基本建成，成立项目专班，按照"三区、一中心、一平台、一示范园"总体思路，制定分中心发展规划，组织开展酒泉新能源市场调研，分中心一期的酒泉数据中心、检测实验室建成投运，顺利接入200兆瓦清泉光伏区、水电厂等实时生产数据。绿电替代研究取得新认识，摸清了鸭青区块和老君庙的可消纳新能源容量；优化采用显热储热技术路线、热水介质储热方式，计划利用光热或就地分布式光伏，在鸭儿峡作业区实现化石能源清洁替代。配合公司开展新能源项目论证，参与油田新能源项目选址论证、项目优化和"300兆瓦光伏发电项目""玉门东200兆瓦配套储能项目"审查，提出意见建议52项，助推油田新能源项目建设；参与公司低碳建产方案编制，明确路线图，为玉门油田公司新能源发展提供有力技术支撑。

【特种油品研究】 2022年，工程技术研究院完成微生物尿素脱蜡试验装置设计工作，8月底开工建设，装置土建、框架基本完成；开展10号航空液压油（地面）产品配方优化研究，成功筛选出更具性价比添加剂，并实现工业化应用，生产成本降低1500元/吨，产品市场竞争力和盈利能力进一步增强。完成了千斤顶专用液压油和铁路减速顶专用液压油产品两种新产品研发，2023年将根据市场需求组织工业化试生产。开展污水油处置工艺研究，确定了污水油的处置工艺，解决污水油处置生产难题。建立"炼厂污泥、污油渣含水率测定方法"和"炼厂污泥、污水油含油量测定方法"两个测定方法并申请企业标准。起草编制完成"实验室CNAS认可管理体系质量手册"，汇总成册于2022年9月20日发布实施。重点开展绿氨、绿色甲醇、绿色航煤、CCUS、绿电氯碱化工、电烯烃、燃动系统电气化替代等技术的前期论证，为绿氢、绿电和炼化业务融合发展做好技术储备。

【基础管理】 2022年，工程技术研究院深化推进内部改革，按照玉门油田公司"三项制度"改革总体部署，将原有的4个机关部门、12个基层单位压缩为2办2中心、8室1部1所，优化内部机构；修订院《业绩考核办法》和《专项奖励管理实施细则》，重新界定考核界限分值，重新划分基层科室类别，调整管理、技术人员岗位系数，激发科研人员创新活力。严格依法合规治企，扎实开展"合规管理强化年"活动，加强依法治企决策、内控与风险管理、合同管理等工作，开展"八五"普法宣传和合规培训，制修订议事规则等8项规章制度，依法合规签订和履行外部合同39项，确保各项工作合规有序。健全机制着力"聚才"，修改"双序列"考核办法，有序开展109名技术人员岗位序列评聘考核，推动经营管理、专业技术两支人才队伍横向转换，引进培养专业技术人员9人，"人才磁场"效应逐步显现。抓好培养潜心"育才"，加强政治理论学习，先后开展23场（次）员工思想教育，增强做好工作的主动性和责任感；举办"工研大讲堂"，全年开设58期，培训800余人次，促进专业技术水平不断提升；开展"导师带徒"，组建33组师徒对子，强化日常传帮带，促进青年人才快速成长。

【党群工作】 2022年，工程技术研究院突出思想教育"凝心聚力"，扎实开展"转观念、勇担当、强管理、创一流"主题教育活动，集中宣讲44场次710余人次，对标查摆和整改共性问题13项，在各级媒体宣传院先进个人和典型事迹200篇，营造奋勇争先的科研生产氛围。严格落实意识形态工作责任制，召开2次会议专题研究部署，突出抓好重点区域、重点人员、

第九篇　公司所属单位概览

重点阶段防控，确保员工队伍稳定和谐，获得玉门油田公司意识形态检查组一致好评，作为优秀单位在玉门油田公司意识形态工作会上交流经验。突出深度融合"固本强基"，广泛开展"喜迎二十大、奋进新征程"岗位实践活动（图9-4），深入抓好"一支部一品牌"创建、党建工作交叉点评、主题党日+、党员示范岗等党政融合实践活动，与老君庙采油厂、油田作业公司、机械厂建立"党建联盟"，基层党建"三基本"建设与"三基"工作融合展现新成效。推进党建理论研究，完成党建理论创新成果13篇、上报4篇，1篇获集团公司优秀政研论文三等奖。突出从严监管"正风肃纪"，压实落实主体责任，组织签订责任书79份和自律承诺书、家庭助廉承诺书94份，深入开展"反围猎"专项行动和违规吃喝问题专项治理，全面梳理防范158个岗位廉洁风险点，强化节假日等特殊时期的廉洁提醒，从严做好婚丧喜庆事宜申报工作，扎实开展新提任干部廉洁谈话、组织参观反腐倡廉教育基地，为52名退养、离岗员工开展廉洁"送学"活动，巩固了风清气正的良好环境。突出群团建设"汇智聚力"，工会组织紧密围绕重点工作广泛开展劳动竞赛、徒步走、气排球比赛、安全家书演讲、红歌"云"接力、书画摄影作品征集等活动，激发员工奋发向上的工作热情；深入开展"春夏秋冬+慰问帮扶"工作，协调解决员工热点难点问题20余项；深入抓好院务公开工作，被甘肃省工会评为厂务公开民主管理先进单位。共青团组织持续开展青年突击队、青年志愿服务、"3·5"学雷锋日、"5·4"青年座谈交流等"青"字号品牌工程，引导青工立足岗位建功立业，1人被评为集团公司优秀共青团员。组织女工深入开展趣味活动、手工才艺展示、权益保护知识答题等活动，参加玉门油田公司"巾帼建功新时代"系列活动，"半边天"作用充分发挥。

图9-4　2022年8月15日，工程院采收率室党支部组织开展"喜迎二十大，奋进新征程"岗位实践活动（付啸　摄影）

【荣誉奖励】　2022年杜利兵获2021度股份公司勘探与生产分公司油气田地面工程建设设计"先进个人"称号；方远大获2021年度股份公司勘探与生产分公司油气田地面工程建设数字化建设"先进个人"称号；王琪譞获2020—2021年度集团公司优秀共青团员称号；工程技术研究院获甘肃省厂务公开民主管理先进单位称号。

（师　聪）

炼油化工总厂

【概述】　炼油化工总厂（简称炼化总厂）始建于1939年，是中国第一个天然石油加工基地，主要加工油田自产原油和管输混合原油（塔里木原油和吐哈原油），原油一次加工能力250万吨/年。产品主要有汽油、航空煤油、柴油、聚丙烯、石油焦、石油苯和航空液压油等。其中，航空液压油是军方指定的独家产品。

2022年，炼化总厂在册在岗员工948人，其中男员工641、女员工307人。在岗聘任管理人员114人，专业技术人员163，其中高级职称21人、中级职称78人、初级职称63人、员级职称1人。有党总支3个、党支部7个、党员392人。下设综合办公室（党委办公室）、组织人事办公室（技能人才评价工作站）、计划财务中心、生产技术中心、质量安全环保中心（QHSE监督站）、设备与工程管理中心6个机关职能部门；联合运行一部、联合运行二部、联合运行三部、联合运行四部、联合运行五部、环保动力部、储运运行部、销售公司8个基层单位。已划转至应急与综治中心的炼化设备维护部、炼化生产保障部、炼化综合服务部、炼化特种油品研究所（业务）统一委托炼化总厂管理。

【经营工作】 2022年，加工原油200.5万吨，销售各类产品177.66万吨，实现销售收入130.88亿元。其中，配置产品销售163.14万吨，销售收入122.72亿元；非配置产品14.52万吨，销售收入8.15亿元。综合商品收率91.21%，原油综合损失率0.36%，炼油综合能耗66.97千克标准油/吨。主要产品产量：汽油58.54万吨、航空煤油7.59万吨、柴油88.35万吨、液化气7.68万吨、聚丙烯3.24万吨、石油焦8.13万吨。

提质增效：制定《2022年炼化总厂提质增效方案》，成立提质增效工作领导小组。组织开展"提质增效献良策，精益管理促发展"合理化建议征集活动（"金点子"征集），围绕安全生产、提质增效、节能减排、检修技改、转型升级等各项工作，提出具有先进性、可行性的合理化建议，通过合理化建议活动，进一步促进提质增效工作。持续推进提质增效措施周统计、月激励制度，将提质增效指标与基层单位考核挂钩，激发全员创新增效热情，深度挖掘提质增效潜力。2022年落实提质增效措施111条，实现提质增效3578.06万元。

成本控制：加强预算管理，降低非生产费用，其中绿化环境卫生费同比降低9万元，公共交通、运输费同比降低56万元。

2022年五项费用发生合计数101.79元，比预算结余178.21万元，其中图书资料费2.16万元、差旅费29.76万元、办公费69.33万元、会议费0.53万元、业务招待费36万元。配电、仪表、机修等单位实现对外创收131万元。

生产管理：2022年，总厂各生产装置运行平稳有序，未发生非计划停工事件。大检修期间实现41天完成23套装置检修任务。检修后，通过优化各汽油调和组分，统筹重整、催化等装置加工负荷，提高汽油加氢装置反应温度，以及添加低烯烃汽油组分等措施，保证汽油烯烃含量不大于14.5%，汽油生产全面迈入国ⅥB时代。9月，航空煤油实施高闪点运行方案，通过调整航空煤油加氢装置操作参数，精制航空煤油闪点达到60～62℃后可直接调和柴油，缓解了航空煤油库存压力。建立治安反恐防范与维护的保障体系和长效机制，加强地企应对涉恐突发事件的综合应急管理建设，组织开展地企联合应急演练2次、"双盲"应急演练18次。

【合规管理】 2022年，炼化总厂修订完成《炼油化工总厂2022版规章制度》，共计16个专业类别，270项制度，通过加大制度"立改废"和制度执行力度，使经营管理有章可循、有规可依、有据可查。制定《炼厂"合规管理强化年"实施方案》和《炼厂"合规管理强化年"工作运行表》，从动员部署、组织实施、迎接检查、总结提升4个方面明确目标任务和工作要求，抓细抓实炼化总厂合规管理工作。每月向监督检查组上报《炼厂依法合规经营综合治理专项工作开展情况报告》，定期总结炼化总厂依法合规经营综合治理工作落实情况、典型经验做法和取得的成效。在合规管理平台完成高风险岗位线上自查工作，共计排查136人，使合规管理平台的员工信息与实际相符。组织炼化总厂管理人员线上学习习近平总书记在中央纪委五次全会重要讲话精神、《关于进一步推进受贿行贿一起查的意见》《中国石油反商业贿赂手册》《中国石油诚信合规手册》；组织两办四中心及销售公司等关键岗位人员进行公司经营管理人员依法合规知识线上答题活动，参加公司深化依法合规治企培训，并将以上合规管理制度、合规基础知识、基本要求和基本行为规范纳入新员工入职培训内容，组织炼化总厂经营管理岗位25人，参加学法考试，参考率、合格率100%；组织炼化总厂所有在册员工在合规管理信息平台参加集团公司及玉门油田公司2022年全员合规培训，培训率100%。

【安全工作】 安全管理：2022年，炼化总厂组织全员观看《生命重于泰山》专题片，107名三级副以上人员编写学习心得进行交流；修订394份岗位安全责任清单。开展全员岗位危害因素辨识、"三违"行为辨识、事故隐患辨识，发现岗位安全风险803项，其中，基层单位重要安全风险193项、炼化总厂重要安全风险17项；组织各运行部对23套检修装置开展风险评估，识别出8562项检修作业风险，逐一制定风险削减措施。组织开展春节前安全专项检查，发现各类问题隐患204项；开展安全生产大检查隐患大排查大整治工作，组织检查94次、发现各类问题隐患436项。日常隐患排查发现问题隐患12项，重大危险源安全专项排查发现问题隐患12项；梳理检修前未完成整改的问题隐患153项，检修期间整改完成126项，剩余的27项按照方案有序治理。对检修过程中"三违"行为"零容忍"，"三方七级"安全监督体系发现各类问题1588项，发出安全通报41期，通报现场违章行为1586项，处罚782项典型违章行为。按照"黑名单"管理要求，清退承包商人员6人、机动车4辆。完成安全生产专项整治三年行动计划工作任务157项，持续开展12项，形成问题隐患清单311项、制度措施清单34项。完成老旧装置安全风险专项治理11项隐患、大型油气储存基地安全风险专项治理7项隐患、油气长输（厂外烃类）管道安全风险专项治理24项隐患整改。完成城镇燃气安全生产"百日行动"19项隐患治理。

环保管理：2022年，炼化总厂深入推进环保管理提升工作，开展"无异味装置"建设、环保管理流程规范化活动、水处理装置专项审核、危险废物资源化利用等管理措施，全年完成检测密封点14.68万个，泄漏率0.19%，减排5.72吨。建立生态环境隐患排查常态化机制，实施环保隐患治理项目2项；年度二氧化硫排放54.64吨，同比减排13%；氮氧化物排放159吨，同比减排20%。

职业健康：2022年，炼化总厂健康管理稳步推进，305个职业病危害因素场所100%检测、100%合格。落实职业健康体检要求，813名员工参加年度职业健康体检，对104名离岗员工进行离岗前健康体检。落实疫情管控责任，全年组织开展全员核酸检测50次、7.44万人次。推进健康企业创建工作，推广第9套广播体操，开展"云比赛"、工间操活动，建成投用健康小屋，举办健康讲座4场、参加健康"云讲堂"6期、受众超1000人次。

【科技创新】 2022年，炼化总厂成功实现民用液压油添加剂拓源，生产成本进一步下降1540元/吨；2种特油新产品研发取得成功，减速顶专用液压油和千斤顶专用液压油的产品研发，工业放样成品经产品全项分析，各项指标分别满足Q/SY YM0286—2020和Q/SY YM0283—2020质量标准要求。

完成脱蜡菌发酵培养基配方优化的研究，为实验室生产脱蜡工程菌提供基础研究，突破微生物尿素脱蜡技术瓶颈，实现关键技术自主培养。

柴油加氢裂化生产低凝柴油兼产石脑油技术在玉门炼化总厂50万吨/年柴油加氢改质装置成功实现首次应用。工业试验的成功实施，为玉门炼化总厂灵活调整生产方案，建设特种油品炼厂建设打下坚实基础。

【工程建设】 2022年，炼化总厂共完成9项工程建设项目，项目汇总见表9-7。

表9-7　2022年炼化总厂工程项目汇总一览表

序号	项目名称	主要建设内容	主要设计单位	主要承建单位	开工时间	交工时间
1	循环水系统流程优化节能改造项目	在东区循环水场增加2台1500米^3/时冷却塔（包括钢结构、高效填料、内置水轮机），1台200米^3/时旁滤罐，更换1台2500米^3/时的电动风机为无电耗水轮机，新增2台1500米^3/时无电耗水轮机，更换原冷却塔2层填料，及配套土建、自控、电气等工程	中国石油集团东北炼化工程有限公司沈阳分公司	中国石油天然气第七建设有限公司	2022.5.18	2022.9.14
2	加热炉燃气连锁隐患治理项目	对炼化总厂各装置内加热炉存在的问题进行治理改造，安装一体式紫外火焰检测器40台，内窥火焰监视系统18套（含4套后端控制系统、服务器、软件），炉管测温系统13套	中国石油华东设计院有限公司	中国石油天然气第七建设有限公司	2022.7.18	2022.8.15
3	往复式压缩机在线监测与故障诊断系统项目	对炼化总厂重整车间（2台）、加氢车间（4台）、气分MTBE车间（4台）总计10台往复式压缩机加装键相传感器10个、活塞杆位移传感器22个、十字头振动传感器26个、气缸振动传感器26个、曲轴箱振动传感器20个，完善往复式压缩机在线监测系统	中国石油集团东北炼化工程有限公司沈阳分公司	北京博华信智科技股份有限公司	2022.4.1	2022.5.27
4	腐蚀在线监测系统完善技术改造项目	为满足炼化板块在线腐蚀监测、在线测厚点覆盖主要生产装置高风险易腐蚀部位的要求，结合各装置设备及管道高风险重点腐蚀部位分析，新增无线在线测厚系统及配套的无线网卡、通讯转换器、分析诊断软件，增加腐蚀探针及配套附件，扩容原有的腐蚀检测平台系统	中国石油集团东北炼化工程有限公司沈阳分公司	新疆瑞昱阳光工程建设有限公司	2022.6.1	2022.8.30
5	富氢瓦斯氢气膜回收系统节能改造项目	新安装3台氢气膜分离器，及配套工艺、防腐保温施工、压力表安装	中国石油东北炼化工程有限公司沈阳分公司	中国石油第一建设有限公司	2022.7.8	2022.8.6
6	聚丙烯车间气柜改造项目	新建1台3000立方米干式气柜，及配套土建、自控、电气等工程	山东富海石化工程有限公司	中国石油天然气第七建设有限公司	2021.7.21	2022.6.1
7	新型节能涂料在加热炉上的应用项目	在250万吨/年常减压装置、催化重整装置加热炉炉管喷涂耐高温强化吸收涂料和衬里内壁喷涂耐高温反辐射涂料的方式来实现提高辐射传热效果，减少散热损失，提高加热炉综合热效率	中国石油集团东北炼化工程有限公司沈阳分公司设计	上海乐恒石油化工集团有限公司	2022.7.20	2022.8.20

续表

序号	项目名称	主要建设内容	主要设计单位	主要承建单位	开工时间	交工时间
8	航空煤油及军用柴油储运系统完善改造项目	拆除70号、69号、95号、19号罐及基础；拆除旧罐区防火堤、砖地坪；新建66号罐区地坪、排水沟及防火堤。对66号罐、-35号、-50号柴油发车线改造、新建装车栈桥挡雨棚（60米×13米×8米）、航空煤油管线酸洗钝化、配套电气、自控、给排水工程	玉门油田百思特工程咨询有限责任公司	玉门油田工程建设有限责任公司	2022.8.22	2022.11.16
9	氢气充装系统改造项目	新建压缩机棚（240平方米）、装车棚（108平方米），安装1台2000米³/时压缩机、2套充装排、1套气相色谱分析仪以及配套土建、自控、电气、给排水等工程	山东富海石化工程有限公司青岛分公司	中国石油天然气第七建设有限公司	2020.12.1	2022.6.1

【设备管理】 2022年，炼化总厂设备总数5435台，设备完好率99.69%，静密封泄漏率0.08‰，仪表自控率98.34%，仪表联锁投用率100%，继电保护和自动装置正确动作率100%。

转动设备管理：落实机泵"两治理一监控"和大机组"五位一体"特护管理制度，制定"一机一策"检维修策略，开展"大机组、高危泵、润滑系统专项管理提升"和"精益检修"主题月活动，检维修数量同比下降48.39%，振值在2.8毫米/秒以内的机泵占比95%以上，机泵MTBR、高危泵MTBR均高于炼化板块平均水平。建成投用机泵无线监测系统101台，往复压缩机在线监测系统10台，腐蚀在线测厚系统71处，13套加热炉内窥火焰监视系统，设备信息化应用取得长足进展。

特种设备管理：完成计划内16台起重机械、1部电梯、16辆厂内专用机动车辆的定期检验。累计发现并处理问题270项（压力容器99项，压力管道114项，安全阀57项）。检修期间完成1206具压力容器、3514条压力管道、1072只安全阀的定期检验。实现特种设备定期检验率100%，保证全厂特种设备依法合规使用。

2022年炼化总厂围绕"质量、安全、绿色、工期、费用、廉洁、规范"的管理要求，历时41天完成检修项目2157项，投资及小型技改64项，实现焊接一次合格率99%，静设备、大机组检修一次合格率100%，装置开工气密合格率100%，联锁投用率100%，23套装置一次开车成功，炼化大检修成功迈入"四年一修"。

【党群工作】 党建工作：2022年，炼化总厂按照机构改革情况，将原化验分析监测中心党支部、仪表车间党支部、配电车间党支部、机修车间党支部、综合事务站党支部及退养离岗党员、超定员党员共计307名党员组织关系划转至应急与综治中心党委，组建炼化生产保障部党总支、炼化设备维护部党支部、炼化综合服务部党支部。完成炼化总厂3个党总支、7个党支部的重建和党员内部调动工作，选优配强党支部委员会。3月召开中国共产党炼油化工总厂第四次代表大会，完成选举中共炼油化工总厂第四届委员会和中共玉门油田分公司第三次代表大会代表。7月开启"夜校"培训新模式，围绕换届选举、发展党员、组织生活会等工作对党支部（总支）书记及党建助理进行7期的专项课程系统化培训。探索推进"三部一所"党支部工作管理模式，按委托协议，将工程技术研究院所属的炼化特种油品研究所党支部与炼化生产保障部党总支、炼化设备维护部党支部、炼化综合服务部党支部纳入炼厂党建一体化管理。

群团工作：组织开展"岗位明星""操作明星""提质增效明星"评选、"巾帼建功当能手"技术比武、"炼塔守护者"青年突击队竞赛、"我为职工群众办实事"等活动。全年慰问职工住院、生育、结婚、离岗116人次，慰问金2.83万元。坚持扶贫帮困送温暖活动，春节、"五一""十一"期间慰问困难员工、残疾员工、劳动模范310人次，慰问金67.21万元。完善篮球场、足球场配套设施，不断丰富职工文化生活。组织完成工会基层委员、职工代表换届选举，征集各类意见建议65条，3条可行性意见纳入公司重点工作部署。组织团员青年参加"礼赞建团百年 筑梦青春韶华"庆祝建团一百周年青年文化作品创作大赛，上报16个作品在玉门油田公司团委微信公众号上进行展播，坚持除夕夜"零点行动"，为坚守在岗位的员工送去新春祝福。炼化总厂团委被授予2020—2021年度集团公司五四红旗团委。

廉政建设：修订完成《炼化总厂重要会议议事规则及相关要求》以及总厂"三重一大"决策制度实施细则。组织副科级以上干部、关键岗位逐级签订党风廉政建设责任书191份、廉洁自律承诺书184份、家庭助廉承诺书191份。组织各党支部完成反围猎约谈约谈登记表、"被围猎"风险辨识表、承诺书，对"围猎"与"反围猎"开展主题展板宣教活动，全厂党员领导干部和关键岗位人员签订"反围猎"自律承诺书183份、辨识"被围猎"风险408条，开展反围猎约谈182人次。通过党委会、厂调度会等方式，开展典型案例警示教育，组织副科级以上干部学习贯彻监察法实施条例和101个职务犯罪罪名"负面清单"。督促全厂党员干部完成"铁人先锋"平台"学法、懂法、守法、用法"和"反围猎"每日答题。对照廉政谈话工作要求，与提拔重用、职务岗位调整的人员开展50余次廉政谈心谈话活动，对炼化总厂涉及安全、聚众赌博、醉驾、违法犯罪等事件的单位党政一把手全部进行提醒谈话，督促提高责任意识，加强党员干部的管理。

文化建设：制定《炼化总厂2022年形势任务宣讲工作方案》，完成形势任务宣讲手册全员发放，累计开展形势任务宣讲54场，制作完成2022年炼化巡礼片，完成《企业文化手册》编制。宣传报道炼化正能量，全年网络短视频刊发量158篇，《中国石油报》《石油工人报》新闻稿件刊发量206篇。

【**重要成果**】 2022年炼化总厂6个QC成果获得玉门油田公司奖项，5项科技研究成果获玉门油田公司科技进步奖（表9-8、表9-9）。

表9-8　2022年炼化总厂获玉门油田公司QC成果奖汇总一览表

序号	课题名称	获奖等级	完成人员
1	降低改质柴油原料切水口污水含油量	一等奖	刘芳兰、邱慧明、马登华、郑国华、郭福君、陈磊、车政霖、王金龙、王祖龙、杨波
2	降低常减压装置热油泵的电耗	一等奖	李金、周喜坤、刘靖春、张霖、冯新刚、任升东、王红荣、张仁才、赵强、杨德民
3	降低10号航空液压油增黏剂加剂成本	二等奖	马方明、伍国勇、杨朝华、王平、张波、张妮娜、严洁、郭祥
4	降低气分MTBE装置蒸汽用量	二等奖	李雅珍、李俸禄、李熙哲、宋刚、陈尽国、田琛、杜磊、石磊、殷海明、詹庆丽
5	降低常减压装置加热炉燃料气单耗	三等奖	代玉戈、周喜坤、张霖、刘靖春、崔浩、迟红艳、徐晓山、汤学国、刘伯俊、程晓霞
6	降低重整装置能耗技术攻关	三等奖	周彤、韩志红、易勇辉、文朋、金笃明、王斐、张香晋、唐宾、刘波、杨涛

表9-9 2022年获玉门油田公司科技进步奖汇总表

序号	项目名称	获奖等级	完成人员
1	"柴油吸收+干法脱硫+RTO"组合工艺在污水处理场VOCs治理中的应用	一等奖	旷军虎、白俊、王万真、程亮、王春宏、刘新德、郑坤、孙岩、刘尚铭、李明福、骆景涛、朱亮
2	低负荷下焦化加热炉长周期运行攻关	二等奖	许海滨、廖忠陶、杨军朝、张培杰、孙飞、靳松、廖宇、卢阳
3	制氢装置全流程优化和氢气产销降本提效攻关	三等奖	张俊杰、范鸣、杨朝华、张诚、赵自强、刘晓军
4	效益导向产品结构模型的建立及应用	三等奖	张超群、刘晓寅、魏小燕、陈亮、蒋小亮、王斐
5	抗晃电技术在总厂配电系统中的应用	三等奖	郑选基、梁浩、张英平、钟春恬、石磊、王博

【荣誉奖励】 2022年，炼化总厂联合运行一部被授予集团公司2022年度质量先进基层单位；联合运行四部15万吨/年轻汽油醚化装置主操岗位获由甘肃省总工会颁发的甘肃省五一巾帼奖；玉门油田公司工会授予炼化总厂2022年度工会工作先进单位；李小东被授予2022年度集团公司先进工作者称号；何娟被授予集团公司2022年度统计工作先进个人称号。炼化生产保障部石磊在"第四届全国石油石化专业职业技能竞赛暨集团公司首届技术技能大赛"中获金牌。联合运行二部高燕军被甘肃省总工会授予甘肃省五一劳动奖章。

（周新红）

油田作业公司

【概述】 油田作业公司是玉门油田公司所属二级单位，主要承担玉门油田井下作业工程技术服务保障及外部市场井下作业技术服务工作。主营业务有浅层钻井、侧钻、大修、试油、常规修井、压裂酸化、带压作业、软体作业（连续油管作业、井下成像、井下切割、泵送桥塞、定方位射孔、智能配水、动态监测等）等，配套辅助业务有特种车辆、固井、化学助剂生产及现场服务（已整体划转至炼油化工总厂）、钻修设备维护检测及后勤保障。有各类设备463台套，新度系数0.248，资产原值6.769亿元，资产净值1.555亿元，年井下作业能力2800井次。取得集团公司井下作业队伍资质51本，企业资质2个：井下作业、连续油管作业，队伍资质49支：大修16支、小修20支、试油5支、固井1支、酸化压裂1支、测试2支、井控车间1支、带压作业1支、连续油管2支。

2022年分两步完成"两办四中心八经理部"制组织机构改革，7月整合各基层队成立试油修井、钻井大修、新疆区域、陇东区域、特种作业、压裂作业、后勤保障、海外作业八个经理部，12月完成机关改革，成立党委（经理）办公室、人力资源办公室和运行管理中心、经营管理中心、安全管理中心、市场管理中心。2022年，在册员工1244人，其中在岗员工988人、不在岗员工256人，合同化员工789人、市场化员工455人；管理人员131人（正处级干部2人、副处级干部5人、副总师2人、正科级干部

21人、副科级干部36人、高级业务主管1人、业务主管3人、业务主办24人、助理业务主办1人、其他36人），专业技术人员89人（高级职称3人、中级职称43人、初级职称43人），操作服务人员1024人（其中集团公司技能专家1人、油田技能专家3人、特级技师2人、高级技师6人、技师27人）；党员373人。

2022年，油田作业公司围绕"支撑保障、扭亏脱困、转型升级、市场开拓"主题，克服疫情波动、老区服务"量价齐跌"影响，坚持"走出去"战略，积极拓展外部市场，在巩固塔里木油田、新疆油田、长庆油田和海外（乍得）井下作业市场的基础上，开拓青海油田井下作业市场，新增外部大修、工程监督和特车服务等业务，形成"东成西就"的稳定布局。全年完成钻修工作量2296井次，实现营业收入46606万元，净利润－10737万元。

【经营工作】 2022年，油田作业公司完成浅层钻井26口，井下作业2270井次，压裂车组作业119井次，射孔作业141井次，特车服务3923台班，收入46606万元，同比43626万元相比增加2980万元，增幅6.8%（表9–10）。

表9–10 油田作业公司2022年收入情况一览表　　　　　　　　　　　　　　　　　万元

收入区域年度	营业收入 内部收入 玉门老区	营业收入 内部收入 环庆宁庆	营业收入 内部收入 合计	营业收入 外部收入 塔里木油田	营业收入 外部收入 长庆油田（包括苏里格气田）	营业收入 外部收入 青海油田	营业收入 外部收入 新疆油田	营业收入 外部收入 其他	营业收入 外部收入 合计	营业外收入	合计
2022年	26662	12145	38807	5818	783	319	224	627	7771	28	46606
2021年	32377	5584	37961	3946	315		242	1162	5665	13	43639
增减额	－5715	6561	864	1872	468	319	－18	－535	2106	15	2967
增幅（%）	－17.7	117.5	2.3	47.44	148.57		－7.44	－46.04	37.18	115.38	6.80

增亏的主要原因：老区维护及措施作业量价齐跌，产值收入同比减少2300万元；除套损井治理专项费用外，其余专项工作量受价格调整影响，同比减少450万元；老区未部署预探评价井，试油作业收入同比减少900万元；受疫情影响，塔里木、环庆区域动力出勤天数减少，产值收入减少1600万元。

支出：全年成本支出57644万元，与上年同期49773万元相比增加7871万元，增幅15.8%（表9–11）。

表9–11 油田作业公司2022年成本支出情况一览表　　　　　　　　　　　　　　　　　万元

项目年度	五项费用	人员费用	常规费用	折旧折耗及摊销	税金及附加	财务费用	营业外支出	合计
2022年	1111	27843	24882	3482	104	102	120	57644
2021年	1295	27372	18408	2750		92		49917
增值	184	471	6474	732		10		7871
增幅（%）	－14.2	1.7	35.2	26.6		10.9		15.8

成本增加的主要原因：套损井治理施工难度增大，施工周期同比增加10天，成本支出增加494万元；部分化学助剂材料价格同比上涨12.5%，增加成本支出55万元；成品油价格同比上涨20%左右，增加成本支出436万元；人员调资增加人工成本775万元；劳务输出宝石花和环庆采油厂55人费用490万元仍由油田作业公司负担。

利润：全年实现税前利润-25660万元，剔除本年度准备14923计提的固定资产减值，实际完成-10737万元。

【外拓市场】 2022年，油田作业公司面对老区井下作业价格一降再降的严峻形势，外拓市场成为油田作业公司生存和发展的唯一出路。巩固已有市场，开拓新域市场，在守住、占住、稳固塔里木等井下作业市场的基础上，拓展青海油田和塔里木油田哈德、轮南等井下作业主体业务，作业措施由"一修独存"向工程监督等"多元创效"转变，形成"东成西就"市场开发格局，投入人员406人，外部收入7771万元，同比增加2088万元，增幅36.9%。

巩固已有市场：塔里木市场升级2支XJ650队伍资质，新增XJ850和XJ750动力资质各1部，恢复D15862队建制，实现7部动力满负荷运转，修井业务产值6050万元，同比增长1750万元，增幅40.7%；推进修井业务总包工作，完成轮南3口井单井总包作业；进入产能建设事业部作业市场，用XJ850小机型分段回接套管固井方式，完成4口由ZJ50钻机作业固井作业；签订乍得清蜡服务新合同，价格上浮5%，实现产值160万美元，扭转亏损局面。

开拓新域市场：开拓青海油田井下作业市场，采用"管理人员+设备技术服务+社会化队伍"模式，实现青海油田采油五厂大修业务"零"的突破，实现产值319万元；新增塔里木监督业务，签订劳务监督服务合同1200万元，3月外派劳务监督15人，实现产值450万元；塔里木北疆连管业务由盈变亏，及时暂停，转战南疆和青海市场；优化长庆油田苏里格气田连续油管和长庆十一厂修井业务，争取高附加值工作量，实现产值860万元。

内部业务：利用复杂打捞等八大特色技术，保障老区稳产，支撑新区上产；在环庆区域完全市场化管理模式下，签订环庆区块井下作业总包合同，利用平台井优势扩张试油和新投自有队伍，利用连续油管高效作业提高平台井整体投产效率，不盈利业务实现微盈利；扩大环庆和宁庆压裂施工效益占比，减少外租压裂车组，适时进入环庆特车服务市场。

【安全工作】 QHSE指标：2022年，油田作业公司无一般B级及以上安全责任事故、井喷失控事故、火灾爆炸事故、各类环境事件及交通事故，隐患整改率100%；未发生环境污染（生态破坏）事件，废水、固废合规转运、处置率100%，废弃钻井液固化处置率100%，清洁作业技术综合覆盖率100%；浅层钻井成功率100%，大修成功率96.77%，措施井成功率98.75%；参加健康体检1086人，参检率100%，职业健康体检277人，参检率100%，未发现职业病员工。

安全管理：2022年，油田作业公司根据组织机构调整情况，编制7个经理部安全责任清单256份；开展QHSE管理体系内部审核2次，发现整改问题232项，组织安全大检查24次，排查整改隐患528项；迎接油田专项审核及集团公司QHSE管理体系全要素量化审核6次，整改问题213项；迎接北京中油认证监督线上审核，整改不符合项2项；监督检查作业现场2163个，监督作业许可项目361项，督促整改隐患问题3102项；对玉门本部队伍实行月度安全评级，A级（85分以上），B级（71~84分），C级（70分以下），根据评级结果分配监管力量；对陇东区域经理部38家承包商进行资质审核，发放承包商进入现场作业许可证。

质量、计量、标准化：2022年，油田作业公司完成油化剂产品质量认可5项，获得集团公司产品质量认可证书；取得QC成果10项，

"提高电缆打印一次性成功率"参加甘肃省QC成果发布获二等奖；15人参加质量管理体系内审员培训；发布《油田作业公司井筒质量管理实施细则》；协调酒泉市质量技术监督局对压力表检定人员取证考核，7人持证上岗。

环境保护：2022年，油田作业公司发布《油田作业公司环境突发事件应急预案》；完成《清洁作业技术更新项目》并通过集团公司审核；开展"美化厂区、留住绿意"植树绿化活动，植树造林1600平方米，栽种各类树苗425株；响应"我为碳中和种棵树"捐款活动，捐款2.75万元；组织环境保护及危险化学品专项检查，查出并整改问题47项。

科技助力安全：2022年，油田作业公司成立视频监控中心，实现对玉门本部队伍监控全覆盖，其中自有队伍配备视频监控37套、移动布控球7套、移动单兵43套、承包商队伍配备视频监控5套、承包商自主装设视频监控1套；将"人的不安全行为"作为监管重点，值守视频监控室，所有作业环节、施工项目风险管控到位。全年利用"技防"发现不安全行为317项，"人防"发现各类隐患2785项，全部闭环整改（图9-5）。

图9-5　2022年8月10日，玉门油田领导调研视频监控中心（姚远辉提供）

健康管理：2022年，油田作业公司编制发布《油田作业公司健康企业建设实施方案》，健康企业创建完成30项；与宝石花医疗集团签订《玉门油田2022年健康小屋创建及运维服务》，与玉门市第二人民医院签订《健康服务保障合同》，对67名"健康高危人员"建立"健康高危员工"健康档案，并邀请酒泉市人民医院专家一对一义诊；组织33轮全员核酸采样，采样2.5万人次，排查重点人员14批次，管控587人次，配合政府集中隔离79人次，居家隔离508人次，在鸭青区域内封闭生产运行期间，编制发布《鸭青区域封闭场所疫情防控要求》。

【科技创新】　浅层钻井：2022年，油田作业公司完成浅层钻井26口，总进尺20882米，井身质量合格率100%；固井作业53井次，固井合格率100%。鸭4区块中深井钻井配套工艺：优化钻具结构及钻铤配比，直井段提速20%；优化钻井液配方，调整现有钾铵基钻井液体系配方，加入抗污染泥浆材料，使用抗高温抗盐性降失水材料，实现钻井液性能稳定；采用自激式脉冲PDC钻头解决常规PDC钻头破岩效率低、效果差问题，机速由4.7米/时提升至8.2米/时；鸭4-4井采用精细化导向完成侧钻，一次性测井成功，首次完成中深井裸眼侧钻。

大修工艺。2022年，油田作业公司玉门本部完成大修作业22井次，其中浅井18井次，成功17井次，成功率94.44%；外部市场大修作业21井次（陇东9井次、新疆2井次、青海10井次）。大修方案编制采用"1+N"模式，成立7个重点井方案编制小组，对复杂重点井方案分组编写、集中评审。套损井逐级打通道技术：G259、B134井套管变形错断，采用小尺寸引锥+小铣柱+钻杆+多级铣柱组合方式逐级磨铣打通，一次性打通道成功。深井电潜泵打捞技术：用改制螺旋压盘外钩捞出电缆，加工内径115毫米特制套铣头套铣出鱼头，加长打捞内径捞筒成功捞出鸭4井落井电潜泵。小套管长井段侧钻技术：G279井采用定位开窗侧钻技术，用液压坐封式导斜器打压坐封、钻铰式铣锥进行定位开窗、PDC钻头侧向钻进190.75米，创造最长裸眼段侧钻纪录。套管回接技术：新疆区域经理部在YD103-H2和YM470-11H井，用XJ850修井机回接5000米以内7英寸套管。

特种作业。2022年，油田作业公司完成特种作业766井次（带压作业29井次，连续油管作业166井次，电缆作业465井次）。带压作业实现两部带压装置同时作业，补层压裂及调剖提速17%；在盐池开展气井带压作业，填补玉门油田气井带压作业市场空白。连续油管作业新增泡沫冲砂、井下成像、打捞、速度管柱4项工艺和通、洗、测、射一体化平台化工艺；配合新井投产通刮洗作业17井次，环庆92-23平台8人8天完成25井次通刮洗一体化作业。电缆作业方面建立"特种+电缆+压裂""集团军"快速作业，老君庙采油厂2号平台两台测井车和两套泵送射孔同步作业；完成试井作业318井次，盐池气井流压静压测试60井次、节流器投捞8井次；陇东页岩油项目部流量测试22井次，螺杆泵测压8井次。

拓展新工艺。连续油管穿芯电缆测井工艺：将测井仪器与电缆和连续油管连接送至水平段完成测井，完成7井次；气井测试作业技术在宁庆区块开展气井测试业务，其中流压和静压测试66井次，节流器投捞10井次，实现玉门钢丝打捞节流器"零"突破。小管径连续油管钻磨技术：F17-5-2P井首次采用连续油管+直径44毫米螺杆钻+直径44毫米磨鞋在直径73毫米油管内成功钻磨可溶堵头。

压裂作业。酒东区块与海峡能源合作，在k_1g_1油藏长19-3井实施绳结暂堵压裂技术取得成功；陇东区块盐池和宁庆区域在李庄3、李庄8-4等11口井成功实施加液氮压裂工艺。

【设备管理】 设备现场管理：2022年，油田作业公司建立4个标准化回场检查站和3个检查点，回场检查分流车辆203台（辆）；对184台车辆北斗监控终端数据更新维护及故障维修处理。完成承压式锅炉11台，起重设备28台，安全阀50只，253点位防雷防静电接地等特种设备检验；设备基础管理方面检测在用1571件高压管汇及相关带压作业元件，完成玉门本部21台套钻修设备井架、钻台、大钩等关键部位探伤及应力测试。

设备调剂：2022年，油田作业公司将钻井大修经理部1套XJ-250修井设备及其相关配套设备29台套调拨至塔里木，支持新疆区域经理部业务拓展需求；将钻井大修经理部备用XJ750修井机调剂至试油修井经理部，支撑油田深井套损井治理工作；将试油修井经理部1部XJ350游动滑车和水龙头1套调拨至陇东区域经理部，节约费用10万元。

租赁业务拓展：2022年，油田作业公司签订两份7台套2500型压裂泵车租赁合同，弥补压裂施工短板；出租水泥车、锅炉车、通井机、修井机等设备48台套，收回租金325.18万元。

修旧利废：2022年，油田作业公司完成两套12具720立方米泥浆固控罐改造，节约费用400万元；将报废喷油器等零件换购由卡特专业再制造厂家生产的零件，降低维修费用；将发动机保养替换下来的机油经过沉淀及净化处理后，用于钻修设备链条盒润滑等，再利用废机油1086升。

设备自动化应用：2022年，油田作业公司引进消化专业厂家油管举升机，结合现场实际自主研制简易油管举升装置15套，大幅降低员工劳动强度及安全风险。

【合规管理】 对标合规目标：2022年，油田作业公司成立"合规管理强化年"领导小组，制定《油田作业公司"合规管理强化年"实施方案》，将工作成效落实到月度工作报表；组织11个科室及基层队站召开专题动员部署会，下发通知方案27份，覆盖率100%，按照"管业务管合规"的原则，排查隐患和问题整改，上报《合规管理月度工作报表》。

合规管理责任：党委书记是合规管理第一

责任人,党支部书记为本单位第一责任人;办公室(党委办公室)是牵头部门,第三纪检组、办公室(党委办公室)、计划财务科落实合规管理监督责任;合规管理融入党委中心组集中学习、体系内审、资质检查等日常工作,在安全生产大检查及隐患大排查大整治两个阶段共检查整改问题238项。

合规文化培育:2022年,油田作业公司开展"凝聚思想共识 汇聚干群合力 推动公司扭亏脱困 转型升级取得实效"形势任务主题教育;组织相关人员参加油田组织的合规培训,提升招标选商、合规管理等业务水平,增强相关业务人员廉洁自律意识;紧盯元旦、春节、中秋、国庆等重要节点和时段,对公车私用、公款消费和领导干部子女升学、婚丧嫁娶等重点环节,发通知、发微信、发短信警示提醒并监督检查,开展"三超"和"五项费用"管理使用自查工作。

合规管理体系:完成《油田作业公司2022年QHSE法律法规标准规范清单目录》清理和更新,其中国家法律54项、甘肃省地方法规17项;完成《油田作业公司2022年单位规章制度清单》132项制度的清理和更新;贯彻玉门油田公司纪委关于"反围猎"专项行动要求,开展"反围猎"专题学习研讨,组织"三商"签订廉洁自律承诺书94份。

【培训工作】 2022年,油田作业公司累计开展培训1644人次。集中送外培训15个工种32人次;组织15人进行职业技能鉴定题库更新,自建题库3500道;组织第11届职业技能竞赛,30名员工通过预赛选拔参加竞赛,优秀率95%,2名优秀选手申报集团公司晋升技能等级资格;组织实操培训师大赛,21人参加项目设计,上报7个培训项目,20人获奖;33人参加玉门油田组织的钻井工程监督培训,通过10人;井下作业工程监督29人培训,通过19人。

设备管理培训:2022年,邀请MTU发动机厂家专家对压裂设备管理和操作人员18人次培训,邀请玉门油田设备处专家对设备管理人员进行设备管理知识及润滑保养项目培训;组织6人参加油田设备管理知识考核,对545名基层管理及操作人员进行设备管理基础知识考核;梳理与设备管理相关的12项业务流程。

HSE培训:2022年,编制并实施年度HSE培训计划55项;举办各类HSE培训144期,培训1796人次,邀请油田监督中心专业人员计划外HSE培训12期687人次。

【党群工作】 政治理论学习:2022年,油田作业公司制定印发《党委"第一议题"制度》《党委理论学习中心组2022年度学习计划》,召开党委理论中心组学习19次;学习贯彻党的二十大精神,落实"第一议题"学习制度,副总以上领导下基层宣讲22次,开展"转勇强创"主题教育、"反围猎"专项行动、"扭亏脱困""党的二十大精神"专题学习研讨11次。

党建工作:召开中国共产党玉门油田分公司油田作业公司第三次代表大会,明确未来五年奋斗目标和战略举措;调整优化基层党组织,三级机构由21个压减至15个,原14个党支部整合为1个党总支和10个党支部;培养和锻炼后备人才,交流选拔任用干部51人,提拔使用干部12人;发展党员10名,转正预备党员19名(图9-6)。

图9-6 2022年3月28日,油田作业公司第三次代表大会举行重温入党誓词仪式(程力恒提供)

思想文化建设：2022年，油田作业公司发挥宣传阵地作用，通讯见报158篇、电视新闻23条，在《中国石油报》《甘肃工人报》等报刊发表36篇；刊发各类宣传稿件102篇；在各类外部媒体刊发稿件91篇，22篇被集团公司门户网站采用；对门户网站、微信公众平台、OA系统、宣传展板等各类意识形态阵地进行常态化监督管控。

党风廉政建设：2022年，油田作业公司结合党史学习教育活动召开警示教育大会1次，发送廉政过节提醒函7次；对玉门油田党委巡察组反馈的10个方面49项问题，落实整改措施164项，修订规章制度31项，建立长效机制2项。

工团工作：2022年新冠肺炎疫情期间招募志愿者34人，保障每天为653人送餐、生活用品及物资保障，慰问困难户及残疾人188人次；对9个基层工会委员会进行机构调整和换届选举；开展"安康杯"竞赛和"职工之家"创建，1人被甘肃省总工会和技术协会评为职工发明之星。成立"井下青之林"志愿者协会，帮助驻外项目部人员解决家庭事务32件；10个基层团组织完成换届选举，142名青年挂点各经理部，帮扶团员青年解决问题45件；组建8支青年突击队，机关和后勤联合突击队封井69口。

【荣誉奖励】 2022年油田作业公司获省部级以上荣誉成果见表9–12。

表9–12　2022年油田作业公司荣誉成果一览表

序号	获奖者	荣誉称号	奖励单位
1	曹卫东	甘肃省"互助保障杯"第二届"职工发明之星"	甘肃省职工技术协会、甘肃省工人发明家职工发明之星优秀创新型团队评选命名表彰工作领导小组
2	曹卫东、陈小刚、陈全柱、张培强、张奇贞、王博学、毕恩梓	2022年度甘肃省职工优秀技术创新成果二等奖	甘肃省职工技术协会、甘肃省总工会
3	油田作业公司试井队QC小组	"提高电缆打印一次性成功率"课题获2022年度甘肃省质量管理小组活动二等奖	甘肃省质量协会、甘肃省总工会、甘肃省妇女联合会、甘肃省工业和信息化厅

（艾红玲）

水 电 厂

【概况】 水电厂是伴随着玉门油田诞生起来的油田自备电厂，坐落于嘉峪关以西，祁连山北麓，海拔2200多米，地处甘肃省酒泉市玉门老市区三三区西北角，厂区总面积0.65平方千米，是集发电、供电、供水、供热、电力水利工程施工、新能源业务于一体的连续性、综合性生产服务单位，主要担负玉门油田矿区各单位及玉门市老市区工农业生产和居民生活水、电、热供给、油田新能源项目建设运维及油田内部电力系统、西部管道场站、线路维护和预防性试验等电力工程技术服务。

2022年资产总额207880万元，负债总额

214070万元，所有者权益总额 –6190万元。

2022年在册人数740人（退养152人），其中管理人员97名（退养34人），专业技术人员74名（退养12人），党员326人（退养75人）。

水电厂下设办公室（党委办公室）、组织人事科、计划财务科、生产科、质量安全环保科、设备技术科6个机关职能科室，物资管理站、检维修车间、燃运车间、化学车间、锅炉车间、汽机车间、电气车间、热工车间、水电车间、供水供热车间、供电车间、电力水利工程公司、新能源建设项目部13个基层单位。

【设备状况】 锅炉设备：现有锅炉3台（1号、2号、3号炉）。1号、2号锅炉为DG220/9.81—18型锅炉为单汽包自然循环、燃烧器四角布置切圆燃烧、切圆悬浮燃烧、刮板捞渣机固态连续排渣、Π形布置、平衡通风、膜式水冷壁、12个循环回路、低氮燃烧、瓦斯气掺烧和点火、柴油自动点火、球磨机乏气送粉仓储式煤粉炉、锅炉构架采用全钢结构、紧身封闭，电袋除尘器（一级电除尘+两级布袋除尘）。3号锅炉为HX130/3.82–Π2型锅炉，为中温中压自然循环汽包炉、燃烧器四角布置切圆燃烧、平衡通风、固态排渣，锅炉构架采用全钢结构、紧身封闭、水平浓淡、低氮燃烧、选择性催化还原法（SCR）烟气脱硝、布袋除尘器、瓦斯气掺烧、柴油机械雾化自动点火、球磨机乏气送粉仓储式煤粉炉、采用水封湿式捞渣机排渣，一级喷水减温。锅炉燃料设计考虑燃煤和燃气，燃气为炼厂瓦斯，锅炉按照纯烧煤粉设计，具备掺烧瓦斯气的能力，瓦斯气的最大掺烧量按15%的额定负荷热值比计算。3台锅炉配置一套脱硫制浆系统、两套吸收塔系统、一套脱硝尿素储存系统和尿素溶解系统，每台锅炉配备一套脱硝反应器装置，实现锅炉烟气二氧化硫、氮氧化物和除尘达标排放（表9–13）。

表9–13 锅炉设备基本情况一览表

序号	编号	每小时锅炉容量（吨）	锅炉炉型	投产日期（年）
1	1号	220	煤粉炉	2006
2	2号	220	煤粉炉	2006
3	3号	130	煤粉炉	2019

汽轮机设备：汽轮机设备有4台汽轮机组，其中2台12兆瓦抽凝式供热机组和2台25兆瓦高压抽凝式供热机组，总装机容量74兆瓦，额定抽汽为380吨/时，最大420吨/时（表9–14）。

表9–14 汽轮机组设备基本情况

序号	编号	机组型号	投产日期（年）	额定功率（兆瓦）	工业抽汽量（吨/时）	抽汽压力（兆帕）
1	8号	CC12–3.43/1.57/0.245	1994	12	70	1.57
2	9号	CC12–3.43/1.57/0.245	1995	12	70	1.57
3	1号	CC25–8.83/3.92/1.27	2006	25	120	3.92/1.27
4	2号	CC25–8.83/3.92/1.27	2006	25	120	3.92/1.27

电气设备：火力发电装机容量为2×30兆瓦+2×12兆瓦；8号、9号发电机采用发电机母线接线方式。1号、2号发电机采用发变组单元接线方式，接入35千伏配电系统（表9–15）。

化学设备：有混合加热器3台、水箱3具、生水泵4台、自清洗过滤器4台、超滤装置4套、超滤水箱2具、超滤水泵4台、一级反渗透4套、浓水反渗透2台、淡水箱2具、化学清洗装置 1 台、加药装置 1 台、淡水泵 3 台、阳床 7 台、阴床 8 台、混合离子交换器 4 台、二级除盐水箱 5 具、除盐泵 9 台、循环水加压泵 3 台、自备泵 1 台、废水泵 6 台、补水泵 2 台、冷却水泵 4 台、计量泵 32 台、冷却水装置 2 套、液氨加药装置 1 套、磷酸盐加药装置 2 套，有设备 123 台套。每套反渗透产水量为 100 吨/时，最大除盐水量为 400 吨/时。

表 9-15　发电机设备基本情况

项　目	1 号、2 号发电机	8 号、9 号发电机
型　号	QF-30-2	QF-12-2 型
容　量	30 兆瓦	12000 千瓦
电　压	6300 伏	6300 伏
电　流	3437 安	1375 安
额定功率因数	0.8（滞后）	0.8
转　速	3000 转/分钟	3000 转/分钟
额定转子电流	384.5 安	202 安
额定励磁电压	176.3 伏	177 伏
制造厂	北京北重汽轮电机有限责任公司	上海汽轮电机厂

水电站设备：有 4 座小型水电站，分别是位于玉门市老市区以东 26 千米处、白杨河峡谷中的白杨河一级水电站、白杨河二级水电站；位于玉门市老市区以西 100 千米、玉门市以南 30 千米处、疏勒河流域昌马水库下游旧干渠上的大湾二级水电站和龙腾水电站。四座水电站总装机容量 14.4 兆瓦，年发电量 5500 万～6000 万千瓦时（表 9-16）。

表 9-16　水电站水轮发电机设备基本情况一览表

水电站	机组编号	机组型号	汽机容量（兆瓦）	首次并网时间（年）	备注
白杨河一级水电站	1 号	SFWK400-6/990	0.4	2001	在运
	2 号	SFWK400-6/990	0.4	2001	在运
白杨河二级水电站	1 号	SFW500-6/1100	0.5	2001	在运
	2 号	SFW500-6/1100	0.5	2001	在运
大湾二级水电站	1 号	SF2000-14/2150	2.0	2001	在运
	2 号	SF2000-14/2150	2.0	2001	在运
	3 号	SF2000-14/2150	2.0	2001	在运
龙腾水电站	1 号	SF-J2200-14/2150	2.2	2001	在运
	2 号	SF-J2200-14/2150	2.2	2001	在运
	3 号	SF-J2200-14/2150	2.2	2001	在运

供水设备：供水系统始建于1974年，历经3次扩建，已成为集"沉淀（澄清）、过滤、气浮、消毒"等多种净化手段于一体、日供水能力16万立方米的中型水厂，承担着玉门老市区、玉门油田分公司（局）矿区的生产生活用水。拥有白杨河水库1座，库容943万立方米；2座净化站（豆腐台净化站、三五区净化站），配套设施完善，供水网络健全，年最大供水量2800万吨，能够满足油田生产生活和下游工农业用水。

供热设备：玉门矿区有3台换热站、中坪换热站、十六区换热站和厂内换热站，承担着玉门矿区所属全部生活区域和部分生产场地的热力供应和服务工作。总供暖面积50万平方米，供热主管网长度超过30千米，供热最大管径400毫米，矿区单个换热站循环泵最高循环压力1.6兆帕，单个换热站单项供热区域最大水平距离3千米。玉门矿区采用集中供热的采暖系统。热电厂作为供热源，直接向3台换热站和中坪换热站提供200摄氏度左右的低压（0.6~0.8兆帕）蒸汽，通过换热站二次换热，将普通低温软化水（3摄氏度）加温至45~75摄氏度的采暖循环水，通过动力系统强力循环，将热量传递给热用户。

【生产经营】 2022年，水电厂完成发电量8.3924亿千瓦时（其中火力发电4.2亿千瓦时，水力发电6224万千瓦时，光伏发电3.57亿千瓦时）。供汽101万吨。供水801万吨。实现收入4.1亿元，完成考核利润461万元，超额完成公司下达任务指标。

【安全工作】 2022年，水电厂贯彻落实集团公司、玉门油田公司QHSE工作会议部署，坚持"四全"原则，落实"四查"要求，做到"五个及时"，以QHSE体系建设为主线，以风险管控为核心，以落实安全生产责任制为重点，以提高全员安全意识为目的，夯基础、严监管、查缺陷、补漏洞，顺利实现安全环保"四零"目标，连续两年获玉门油田公司质量健康安全环保先进单位称号。加强责任落实，落实安全生产承包点制度，开展承包点活动52次，安全第一责任人讲述安全"公开课"24场次；逐级签订安全环保责任书，强化目标管理和责任落实；组织修订安全生产责任清单，岗位覆盖率100%，形成全员"一岗一清单"的责任体系；下发三个辨识档案表587份，进一步细化、完善违章行为清单，落实全员安全主体责任。加强宣传引导，安全活动有序开展，组织开展安全生产月、质量月、消防安全月活动，制作安全文化电子板报11幅，并利用横幅、宣传海报、LED屏，广泛开展宣传教育，实现安全宣传全覆盖无盲区；组织开展应急演练11次，参与247人，编制作业程序59项，规范作业过程，提升应急反应能力；组织全员参加"5·15""4·20"事故警示教育活动，领读安全誓词、签订安全承诺书，提高全员安全意识。QHSE体系建设不断完善，管理体系运行水平持续提升。全年共开展全覆盖全要素量化审核2次，发现一般不符合项309项，严重不符合项1项，通过对问题的整改、验证、反思剖析，实现对审核结果的有效运用和体系建设的有效促进。安全培训不断加强，员工安全素质持续提升。组织全员学习习近平总书记关于安全生产重要论述、新《中华人民共和国安全生产法》，树立底线思维，强化责任落实，增强全员安全生产的自觉性；组织参加监督中心HSE培训，送培280余人次，提升各级安全管理人员安全技术水平；组织48人次参加监督提升班培训、质量内审员培训等，强化安全专业人员及技术储备力量；组织参加监督提升班、油田公司新版作业许可制度、QHSE初级审核员等培训班送培60人次，全部考核合格，提升专业人员安全管理能力。

严格落实"三同时"制度，完成23家"三同时"承包商、服务商年度评价工作；完成玉门油田2022年水电厂锅炉脱硝还原剂更换改造工程职业病危害预评价、安全预评价及环境影响评价及200兆瓦光伏并网发电示范项目安全验收评价、职业病控制效果评价和项目竣工环保验收工作，所有项目"三同时"工作依法合规、有序开展。对标对表实施监督，编制专项检查表14份，对标、对表开展日常监督工作，全年共监督检查工作现场785个，监督检查391次，监督检查作业许可票证办理596项，发现问题隐患611项，配合监督中心监督检查16次，发现问题93项，上报整改报告15份。全年监督处罚36项，处罚金额19400元；在集团公司勘探板块监督助手系统中录入问题672项，整改验证完成率达到100%。严格执行环保要求，实现"三废"达标排放。不定期对环保设备设施开展运维检查，确保故障和在线异常及时得到解决；定期对温室气体排放开展自行监测、数据统计等工作，确保烟气达标排放；加强废水、固体废弃物的管理、排放和处置，实现全年"三废"达标排放。加强车辆、消防管控，加强车辆监控设备运维，全年监控系统上线率100%；开展道路交通风险识别评估和道路交通安全隐患排查，发现整改隐患32项，确保车辆安全出行；充分利用车辆动态监控系统，及时纠正驾驶员超速、疲劳、偏离规定路线驾驶等违章行为，通报21人次；建立完善消防重点单位档案，开展消防培训和消防专项检查，发现整改问题42项，更换灭火器106具，试压充装87具，报废91具，确保消防设施的完整性。

严格落实各项疫情防控措施，积极购置配发防疫物资，发放N95口罩8000余只，普通医用口罩5000余只，84消毒液160余桶，酒精60余桶；配合当地政府流调摸排，第一时间对密接、次密接进行隔离管控，有效阻断传播链；严格执行厂区封控、错峰就餐，排队取餐，一扫三查一问的疫情防控要求，加强食堂、门岗等服务窗口的管控力度。按照应检尽检、不漏检一人的原则，规范有效组织核酸检测工作，开展核酸检测工作50余轮，核酸检测50000余人次。对重点管控区、居住区、生产区域进行彻底消杀，办公区域定期常态化消杀，有力保障了员工生命健康安全。

【工程建设】 环庆新区地面产能建设工程：完成虎洞井区1条12千米10千伏供电专线、热泵站2条10千米10千伏供电专线、井区内45千米10千伏供电线路和12台套变压器的架设安装。

水电厂氢气输送管道建设项目：2022年4月22日开工；6月28日主线路全线贯通；7月25日顺利完成管道试压试验，历时94天完成，具备投运条件，成为甘肃省氢气输送管道建设的范例。

水电厂锅炉脱硝还原剂更换改造项目：根据玉门油田公司降本增效的要求，结合电厂生产实际，以公司效益最大化为目标，实施引进炼厂氨气替代尿素作为锅炉脱销还原剂改造项目，项目2022年6月1日开工，历时114天，9月22日投运。投产后年可节约费用212万元左右。

玉门东镇200兆瓦光伏并网发电示范项目配套40兆瓦/80兆瓦时储能系统项目：项目2022年7月15日取得可行性研究批复，用14天时间完成提前招标申请及批复、招标方案编制及审批、招标文件编制、公告等流程，9月6日项目开工，12月9日通过质量监督取得并网通知书，历时93天完成建设，为项目并网投运奠定基础。

玉门油田300兆瓦光伏并网发电项目：2022年8月31日项目取得股份公司可行性研究批复；9月8日玉门油田分公司完成初步设计预审查可行性研究；9月10日初步设计文件上报勘探板块审查；9月18日已经完成勘探板块会议审查并通过；11月22日取得集团公司初设批复；9月15日完成招标确定EPC建设单位，中油工程、生产服务保障中心、机械厂等所有参建单位全力投入工程建设；12月29日主体工程施工完成，进入收尾和后续调试阶段。

【设备管理】 根据新版《玉门油田分公司设备管理办法》，修订《水电厂设备管理设施细则》中相应条款，制定《机动车辆管理实施细则》，确保规章制度完整、有效、更全面、符合生产实际，设备管理工作有据可依，合法合规。执行设备日常维护保养制度、巡回检查制度，全年维护保养设备220余台次，按计划完成所有维护保养修理内容。加强设备维修服务承包商管理，确保承包商依法合规入厂作业、检修作业过程安全、质量受控，对12家承包商的86人进行入厂培训，300余套工器具进行入厂前安全检查，维护市场管理信息系统供应商信息12家13个项目，全年未发生承包商违规作业事件。完成ERP系统设备基础资料核查，修正完善设备资料30余项，完成外委维修业务12项，每月按时审核上报设备管理报表，BPM系统供应商信息维护13家，市场管理信息系统供应商信息维护12家，系统数据真实可靠、运行流畅。严格落实设备检查制度，从基础工作、制度规程、人员素质、设备状况四个方面，对11个基层车间（队站）和15个班组岗位，36台套单机设备的管理进行检查、验收，通过并展检查，设备资料逐步完善、现场日益整洁，隐患有效消除，设备综合管理能力得到提升。

强化车辆维修维护管理，做好车辆的日检、回场检查工作，确保行车安全；重点关注车辆北斗系统的维护工作，2022年处理北斗故障50余次，所有车辆均监控正常。各车间在保证设备安全平稳运行的前提下，大力开展设备修旧利废工作，设备更新改造或报废后拆回的设备、仪表配件、电力设施等直接或经修理后再次使用，最大限度地降低材料消耗。全年全厂完成修旧利废55项，节约费用104万元；在抓好设备修旧利废的同时，组织各车间大力开展设备"小改小革"活动，完成"小改小革"项目23项，解决生产中面临的实际问题，降低成本费用。

2022年4月20日开始至8月20日，利用炼厂停厂大检修窗口期，停运所有机炉设备，分三阶段对机炉及辅助设备、公用系统、脱硫脱硝系统进行深入全面地检修改造，共计完成锅炉、汽机、电气、热工等专业设备及脱硫脱硝设备、公用系统等设备修理改造528项；7月5日至7月25日，完成炼厂中心变电所改造、UPS隐患治理等8个技改项目以及281面高压开关柜、394面低压配电柜、34台变压器、电缆绝缘及耐压试验等检修项目，所有检修项目均按时间节点顺利完成，为炼化装置大检修全面完成作出贡献。

加强网络安全管理，保障数字化转型智能化发展，保障"HW2022"网络攻防演习和党二十大重要会议期间水电厂无重大网络安全责任事件发生。落实推进公司桌面软件正版化工作，对25个关键岗位的办公计算机操作系统进行了神州信息Windows10政府版操作系统的更换安装，并对个人电脑合规性检测修复。

【新能源业务】 老君庙采油厂太阳能综合利用试点示范项目。建设地点在玉门油田老君庙采油厂采油三队，项目建设与"老君庙石油沟集输设施完善项目"相结合，对采油三队石总站现有负荷和"老君庙石油沟集输设施完善项目"中新增负荷进行供电。总装机容量为887.04千瓦，采用"分块发电、集中并网"的方案。光伏组件发电产生1000伏的直流电，由逆变器转换成400伏交流电，再汇集到汇流箱，然后从汇流箱输送到升压变压器升压至6千伏，光伏系统以6千伏电压等级并入油田电网。

中国石油玉门东200兆瓦光伏发电站。项目地址位于甘肃省玉门市玉门东镇光电产业园大红泉水库东侧，占地面积409.416万平方米（租地面积408.36万平方米，征地面积1.056万平方米）。本电站为地面集中式光伏电站，光伏阵列按地势铺设，光伏组件全部采用固定式安装，安装倾角35°。采用分块发电、集中并网的设计方案。电站2021年12月27日并网；2022年1月21日归甘肃省电网调管，2月26日提交电站现货交易平台的入网注册申请，3月

3日申请通过，3月7日完成第一笔电力现货市场双边交易。9月15日完成玉门油田甘肃省内首笔300兆瓦时绿电交易；取得绿色电力证书30余万张，成为中国石油首家获得国家绿色电力证书企业。2022年，中石油玉门东200兆瓦光伏电站结算上网电量3.57亿千瓦时，实现销售收入8232万元，利润3015万元。

玉门油田300兆瓦光伏并网发电项目。项目地址位于甘肃省玉门市玉门东镇光电产业园内，场址区为戈壁地貌，地势开阔，高程1901.33—1997.29米，项目总占地面积715.36万平方米，其中租地面积711.18万平方米，征地面积3.48万平方米。建设内容包含光伏发电阵列、330千伏升压站、储能系统3个部分，可行性研究批复总投资137073万元。采用分块发电、集中并网方案，建设集中式光伏电站1座，并按照20%光伏发电容量，2小时调峰能力配套建设60兆瓦/120兆瓦时电化学储能系统，新建1座330千伏升压站，配套2台240兆伏安（330/35千伏）升压主变。工程采用分块发电、集中并网的设计方案，光伏组件采用35度安装倾角，正向朝南，固定式运行，光伏场区由96个3.125兆瓦子方阵666692块光伏组件组成；每26块组件串联为1个光伏组串，每19～20路组串接入1台直流汇流箱，每14台直流汇流箱接入1台3125千瓦箱式逆变一体机；每8台箱式逆变一体机并联为1回集电线路，每回集电线路容量为25兆瓦，以12回35千伏集电线路接入配套新建330千伏升压站。储能系统由24套2.5兆瓦/5兆瓦时预制舱电池储能单元组成，采用集装箱单层布置方案，每个储能单元包含一个45尺集装箱电池单元和1个PCS系统集装箱单元；每12组储能单元汇集后经35千伏电缆线路接入330千伏升压站的35千伏侧Ⅰ、Ⅱ段母线，实现储能系统的集成及并网。光伏电站各发电单元及储能电站送至升压站35千伏侧后，经主变升压至330千伏，经1回330千伏出线接入玉门东镇330千伏清泉变。

项目建成投运后，年均发电量约6亿千瓦时，年均等效利用小时数1682小时，系统综合效率87.5%。每年可实现清洁能源替代18.3万吨标准煤，减排二氧化碳50.2万吨，减排二氧化硫约61.2吨、NOx约92.1吨、烟尘约13.3吨。

中国石油玉门东200兆瓦光伏发电站配套40兆瓦/80兆瓦时储能电站。项目为中国石油玉门东200兆瓦光伏发电站配套项目，根据《国网甘肃经研院关于玉门油田玉门东镇200兆瓦光伏并网发电示范项目接入系统一、二次设计报告的评审意见》电力系统安全稳定运行，提高新能源项目利用率，玉门油田玉门东镇200兆瓦光伏项目须配置容量比例不低于20%、连续储能时长不小于2小时的储能设施要求，实施建设本项目。项目地址位于玉门油田玉门东镇200兆瓦光伏项目110千伏升压站西侧，占地面积4835.8平方米，容量为40兆瓦/80兆瓦时，采用磷酸铁锂电池，预制舱户外布置，由16个2.5兆瓦/5兆瓦时集装箱储能系统组成，并以2回35千伏集电线路接入110千伏玉门油田升压站35千伏侧，实现储能系统的集成与并网。单回汇集线路长度约0.4千米，采用电缆敷设。

【合规管理】 2022年，水电厂合规管理工作紧密围绕全厂生产经营，按照转型升级高质量发展的要求，以服务保障油田生产为根本宗旨，以全面落实岗位责任制为中心任务，明确工作目标，细化工作措施，狠抓推进落实，不断完善合规管理体系，持续提升合规经营水平，促进合规工作有序推进、衔接顺畅、执行到位、落实有效。持续开展培训，树立合规理念。开展2022年全厂合规培训，组织合规联络员、合同承办人学习《玉门油田分公司规章制度管理实施细则》《玉门油田分公司合规管理实施细则》等规章制度，并进行笔试考核；每季度开展一次线下合规培训，全员合规培训率、制度合规审查率100%；及时组织新入职的员工签订合规承诺，并将承诺书上传至合规信息平台；组织员工在"铁人先锋"完成合规、民法典、经营管理人员依法合规知识答题。按照规定对营销管理、工程建设、安全环保、质量管理、法律事务等业务范围进行合规风险排查，结合工作实际，制定机关科室、基层单位合规风险清单，经汇总，全厂经营业务合规风险主要涉及10个业务领域，9项风险。在合规信息平台设置水电厂高风险岗位人员，并按照要求完成线上自查。开展普法宣教，提升法律素养。结合法治宣传教育第八个五年规划等要求，把深入学习贯彻习近平法治思想作为普法工作的首要任务，紧紧围绕玉门油田和水电厂转型升级发展大局和依法治企目标任务，在广泛征求意见的基础上，制定水电厂普法工作安排，按照"管业务管普法"的原则，编制2022年法律法规宣贯运行表并严格落实，举办普法讲座5场次，100余名员工参加普法培训及考试，干部员工遵法学法守法用法的自觉性和主动性显著增强，办事依法、遇事找法、解决问题用法的法治氛围日益浓厚。强化制度建设，狠抓制度落实。完成厂部规章制度立项论证和制修订计划申报工作，废止规章制度1项，修订完善规章制度5项，机关科室及基层单位认真梳理现行的公司及厂部规章制度，均制定规章制度清单。编制水电厂规章制度清单，水电厂规章制度34项，需执行的公司级规章制度258项。严格履行规章制度草案的论证立项、起草、会签、审核、审议等发布程序，下发8项厂部规章制度，均严格按照规章制度管理办法执行。完成内控测试，做好经验总结。配合玉门油田公司内控测试，完成水电厂2022年内部控制测试工作，对23项例外事项进行全面彻底的整改，并完成整改报告。及时提炼总结新能源业务的典型经验和主要做法，形成《中国石油玉门东200兆瓦光伏并网发电示范项目经验总结》，参加集团公司改革三年行动专项经验交流。

【党群工作】 2022年，水电厂党委坚持党对国有企业的全面领导，落实玉门油田公司党委决策部署，落实全面从严治党责任，为水电厂攻坚克难、化解风险、推进高质量发展提供有力的组织保证。思想学习教育常态化开展，以中心组学习、落实"第一议题"制度为主要平台，持续开展党史学习教育，对习近平总书记重要指示批示以及重要讲话精神进行学习讨论，及时传达贯彻集团公司、油田公司重大安排部署和工作要求；全年电厂党委共贯彻落实"第一议题"制度25次，开展中心组学习12次。意识形态阵地持续巩固，围绕重点工作，同步推进宣传思想文化工作。深入基层调研，全面掌握员工思想状态。制定水电厂文化引领专项工作方案，为水电特色文化的建立、充实提出指导性意见。

组织召开水电厂第15次党代会，确定未来五年发展的新目标、新图景以及6个方面重点工作和确保落实的四大举措，为推进水电厂高质量转型发展提供了清晰指向和遵循。基层建设持续夯实。压实基层党建责任，促进组织生活规范化，提升党支部建设水平，新创建示范党支部1个，复检通过示范党支部1个，优秀党支部3个，其中新晋级优秀党支部1个，达标党支部8个。做好党员纳新工作，发展新党员2名，9名预备党员全部按期转正。

落实人才强企工程，"人才强企年"工作取得新进展。制定《水电厂党委人才强企工程实施方案》，大力实施"五大人才专项工程"，建设"精干高效"组织体系，推动机构改革，锻造"担当型"高素质专业化管理人才队伍，推荐优秀干部到地方政府、兄弟单位挂职锻炼，着力培养复合型干部。对2022年新入职的10名高校优秀毕业生，根据所学专业制定培养方向，实施轮岗实习。充分发挥专家室引领作用，开展"水电讲堂"，加大技术技能人才培养力度，结合新能源新业务发展需求，为满足业务转型发展需要的人才配置，加强与国内较为成熟的新能源场站定制培养，开展2～3期光伏和氢能方面的培训。

推动"一支部一品牌"活动,加强党建品牌建设再上新台阶。各党支部精心制定品牌创建方案,品牌创建活动同贯彻落实党建"三基本"建设和"三基"工作有机融合,"转观念、勇担当、强管理、创一流"主题教育活动有机结合起来,同厂党委、厂部中心工作和本单位业务工作有机结合起来,通过创建品牌活动,加强党员教育、提高党员素质、增强党组织凝聚力、战斗力、创造力。水电厂党委开展送温暖关爱活动,在春节、"七一"、国庆节期间慰问党员30人。推进公司党委激励干部担当作为,扎实工作,团结带领全厂员工实现持续盈利,表彰优秀干部13人,优秀管理人员和专业技术人员23人,优秀共产党员13名、优秀党务工作者3名。

廉洁守纪意识深入人心。履行全面从严治党主体责任,配合派驻组开展工作,重大节日及敏感时段前,做出廉洁自律、维稳安保提醒,做到纪律教育全员覆盖,实现重点时段不出纰漏。

水电厂和谐稳定保持良好态势,有序推进和谐电厂建设,群团组织作用充分发挥,帮扶慰问持续开展。组织开展员工喜闻乐见的文体活动,健康向上的工作生活方式得到广泛认可。强化重点时段、重点区域、重点人群维稳,平安祥和的厂区环境得到良好保持。员工精神面貌显著提升,通过职代会、专题党课、主题教育宣讲等多种形式的宣传活动,向全体员工讲解水电厂面临的形势和转型升级发展规划,让员工充分了解形势、了解企业、支持企业,看到未来的发展和希望,员工队伍精气神持续提振。

凝心聚力在行动,团员青年敢担当。水电厂团委紧紧围绕"提质增效价值创造"专项行动,鼓励青年立足岗位,在小改小革、修旧利废、创新创效等提质增效工作中结出硕果。积极开展"QC"小组、"五小"攻关、"金点子"征集活动,发挥"青创"精神,共征集科技成果20项,金点子项目5个,科技论文30篇。不断强化"青年生力军"作用,团组织围绕"急、难、险、重、新"主动承接党组织重点任务。为迎战高质量大检修,厂团委成立3个青年突击队,青年突击队员55人,占大检修人员的20%,完成35%的工作量。

【荣誉奖励】 2022年,《如何正确佩戴使用防尘口罩》(视频)获评集团公司2021年职业健康传播作品征集活动三等奖。"减少主6千伏系统故障率"(电气车间QC小组,张华强、周娟、程全兵、张军、胡晓焱、孟宪强、李尚基、张兵、田创新)获评玉门油田公司2021年度QC小组优秀成果一等奖;"降低制水水耗率"(化学车间QC小组,马连凤、李玉霞、李建强、吴玉娟、姚玉红)获评玉门油田公司2021年度QC小组优秀成果二等奖;"降低锅炉工业用水单耗"(锅炉车间节能降耗QC小组,任宗健、高群芳、吴松山、姜坤、侯建龙、贾晓华、徐继忠、刘小军)获评玉门油田公司2021年度QC小组优秀成果三等奖。

"智能化中压开关技术在我厂6千伏配电系统中的应用"(常宇、程全兵、梁荣学、周娟、裴希勤、田创新、张军、李尚基)获评职工优秀技术创新成果一等奖;"化学水处理节能措施研究应用"(马连凤、李玉霞、李伟、李龙、李建强、关祁)和"3号炉空压机冷却水系统优化改造"(任宗健、高群芳、吴松山、贾晓华、徐继忠、姜坤、侯建龙、刘小军)获评职工优秀技术创新成果三等奖;"多管冲激水浴式除尘器改布袋式除尘器的研究及实施"(王永)获评职工优秀合理化建议。

"提高机组运行真空值"(汽机车间QC小组,李建强、潘亭中、胡静、吴忠、巨永明)和"降低分支线路故障对主线路供电可靠性影响"(供电铁军QC小组王培弘、王迎春、杨锋、万力、宋大龙、盛毓博、韩莎、王亮、王鹏)获玉门油田公司2022年QC小组优秀成果二等奖;"减少主6千伏系统故障率"(电气车间QC小组张华强、周娟、程全兵、田创新、张军、胡晓焱、李尚基、孟宪强、张兵）获甘肃省 2021 年度 QC 小组活动成果三等奖。

"水电厂脱硝还原剂改造项目"（任宗健、高群芳、吴松山、权玉龙、蔡延龙）和"玉门东镇 200MW 光伏并网发电示范项目研究实施"（罗小强、祁录军、胡龙、何芙蓉、张军）获玉门油田公司 2022 年一线创新成果一等奖；"太阳能光伏发电试点示范项目在油田的首次应用"（王献斌、胡龙、谭建军、李强、杨琦）和"水电厂换热站远程控制系统改造"（张家明、杨炳林、张雅絮、李强、翟荣元）获玉门油田公司 2022 年一线创新成果二等奖；"提高汽轮机经济性运行措施研究及实施"（巨永明、胡静、李建强、朱晓峰、芦玉明）获玉门油田公司 2022 年一线创新成果三等奖；"延长超滤膜使用年限"（马连凤、李玉霞、关祁、姚玉红、黄志刚）获玉门油田公司 2022 年一线创新成果优秀奖。

《聚焦扭亏脱困，助力转型升级 公司第三次党代会精神宣讲党课》（水电厂燃运车间党支部——王永）获评玉门油田公司纪念建党 101 周年系列征文基层党支部（总支）书记优秀党课。2022 年，水电厂获评玉门油田公司 2021 年度安全环保先进单位；田创新、高元玺、茹爱忠、张建设、高群芳、张亚军、潘亭中、张雅絮、付文革、谭建军获评安全环保先进个人；张兴刚获评优秀审核员。

"中国石油玉门东 200 兆瓦光伏发电项目快速高效建成投运"获评玉门油田公司 2021 年度优质项目特等奖。

水电厂获评玉门油田公司 2021 年市场开发先进单位；杨锋、方东、常宇、夏智泉获评油田公司 2021 年市场开发先进个人；罗小强获评油田公司 2021 年市场开发先进组织者。

高元玺获评股份公司勘探与生产分公司 2021 年度 QHSE 先进工作者。

罗小强获评 2021 年度集团公司先进工作者。

戴睿获评玉门油田公司优秀纪检干部；保成获评玉门油田公司优秀巡察员。

罗小强获评集团公司 2021 年度油气田地面工程建设（基本建设管理）先进个人；玉门油田玉门东镇 200 兆瓦光伏并网发电示范项目（王小华、罗小强、王宏、过东凯、贾彩、李海祥、夏博、芦瑾韬、胡龙、刘胜强、万文华、魏云峰）获评集团公司优秀项目（优秀模块化建设项目）。

水电厂燃运车间获评玉门油田公司 2020—2021 年度"双文明"建设先进集体；祁录军（水电厂新能源建设项目部党支部书记）获评玉门油田公司 2020—2021 年度劳动模范；董兴泉、周国强、陈伟、李尚基、刘小军、李玉霞、何天全、郑保宙、史勇、宋大龙、吴忠、刘勇、张建文、李庆军获评玉门油田公司 2020—2021 年度双文明建设先进个人。

张灵运、李伟、徐小茵、周娟、张静、强、李丽华获评玉门油田公司 2021 年度先进工会工作者；罗小强获评工会工作最佳支持者；水电厂新能源建设项目部、水电厂电力水利工程公司获评劳动竞赛优胜集体；水电厂检维修车间炉燃班获评劳动竞赛优胜班组；水电厂电气车间检修班获评公司"创新型"班组；王献斌、王锋、张建文、夏博、常宇获评劳动竞赛优秀组织者；宋大龙、张雅絮、胡开斌、徐佳佳、陈鹏、李建强、任佩宏获评劳动竞赛先进个人；"全力推进玉门东 200 兆瓦光伏并网发电示范项目按期投产"获劳动竞赛优秀项目。

李小刚、罗健、赵丹获评玉门油田公司 2021 年度综合统计工作先进个人。

水电厂热工车间团支部获评玉门油田公司 2020—2021 年度"五四"红旗团支部；盛毓博获评优秀共青团干部；李婧获评优秀共青团员、优秀青年；罗小强获评共青团工作热心支持者。

罗小强获评玉门油田公司优秀中层领导干部。

在"第四届全国石油石化专业职业技能竞赛暨集团公司首届技术技能大赛变配电运行值班员（新能源方向）竞赛"中，水电厂八名选手进入决赛，最终团队项目取得一金一铜，王磊、王培弘获银奖，王刚、张兵获铜奖。

水电厂获评炼化装置、水电设备大检修项目优秀组织单位；检维修车间获评炼化装置、水电设备大检修项目优秀先进集体；李兵庭获评炼化装置、水电设备大检修项目突出贡献者；王洪春、杜一凡、李尚基、吴松山、张秀红、胡静、茹爱忠、郭亮获评炼化装置、水电设备大检修项目先进个人。

刘银辉获玉门油田公司第十一届职业技能竞赛维修电工专业一等奖，张学霞、陈蓉获电气值班员一等奖，并获"玉门油田公司技术能手"称号。任峰、戴涛、王磊、张利获维修电工二等奖，任莉、王芳娟、李鑫、王军获电气值班员二等奖；张兵、张阳、秦世鹏、冯海明获维修电工三等奖，王刚、王维、田云红、赵小娟、陈海涛获电气值班员三等奖；满健、田江维修电工优秀奖，王培弘、罗娟丽、赵志强获电气值班员优秀奖；水电厂获评优秀组织单位，田创新、周娟获评优秀裁判员，苏静获评优秀工作人员。

（陈文旭）

生产服务保障中心
（玉门油田工程建设有限责任公司）

【概述】 生产服务保障中心（简称中心）的前身玉门油田管道运维服务公司（玉门油田工程建设有限责任公司）成立于2001年7月24日，2021年8月23日，玉门油田公司将油田生产服务保障业务上下游产业链进行纵向联合，成立油田生产服务保障中心。玉门油田生产服务保障中心（玉门油田工程建设有限责任公司）形成多元化发展态势，是玉门油田公司下属的集石油化工工程、公路工程、市政工程、建筑工程、通信工程、环保工程于一体的专业化企业。一个机构两个牌子，在玉门油田公司内部单位之间根据业务分别以生产服务保障中心和玉门油田工程建设有限责任公司名义开展业务，全面承担油田工程建设、生产保障、安全隐患及环保治理、技术服务等业务；对外以玉门油田工程建设有限责任公司名义承揽工程项目。

企业资质：玉门油田工程建设有限责任公司拥有石油化工工程施工总承包贰级，建筑工程施工总承包贰级，市政公用工程施工总承包贰级，公路工程施工总承包贰级，防水防腐保温工程专业承包壹级，公路路基工程专业承包贰级，公路路面工程专业承包贰级，环保工程专业承包叁级建筑业企业资质。具有国家市场监督管理总局颁发的GB1、GB2、GC1级特种设备安装改造修理许可证（压力管道）；2004年通过北京中油认证有限公司QHSE体系认证。旗下玉门油田通讯工程建设有限责任公司拥有通讯施工总承包叁级建筑业企业资质。

人员情况：2022年，中心有在册员工1014人，其中国家一级建造师16人，一级造价师4人，二级建造师58人，注册安全工程师11人，现场管理人员76人；具有中级以上技术职称86人，其中高级工程师23人；油田公司技能专家2人，高级技师8人，技师42人，其他操作服务人员800多人。操作工种主要有电焊工、管（铆）工、采油工、油田维护工、施工机械操作工和防腐绝缘工等。

机构设置：玉门油田公司在中心下设派

驻第四纪检组，机关设综合办公室（党委办公室）、组织人事办公室、经营管理中心、市场开发中心、生产设备中心、质量安全环保中心6个科室；基层有工程项目部、环庆服务部、采油服务部、装置运行部、机械工程部、数字化工程部、综合保障部、工程质量检测中心8个队站。

设备状况：有固定资产原值1.04亿元，净额0.15亿元。截至2022年底，保障中心实有各类在册设备583台套，其中运输车辆85辆，工程施工机械73台，焊接切割设备192台，检验检测设备74台，其他设备159台套。其中A类设备5台，B类设备145台，C类设备433台。办公设备319台，特种设备20台。设备综合完好率98.23%，设备综合利用率38.09%，新度系数0.17。老君庙采油厂托管的8个站场351台油气处理设备，由中心装置运行部负责运行维护和日常管理。

资产状况：2022年中心资产总额21354万元，负债16240万元，所有者权益5114万元。资产负债率76.05%。其中：货币资金14060万元，固定资产净额676万元，应付账款4098万元，预收账款11598万元。

【经营工作】 2022年，中心实现利润717万元，超额完成考核利润477万元。实现外部收入4422万元，完成预算的108%。全员劳动生产率20.83万元/人，超额完成0.25万元/人。

【市场开发】 在玉门油田公司外转内政策的帮扶下，提前与建设单位沟通联系，提前介入项目前期规划，提前准备施工资源，内部市场占有率稳中有升，2022年签订承包合同60份。

内部市场：统筹抓好新区上产和老区稳产工作，在加快工程进度、提高生产效率、提升服务质量、确保安全生产上下功夫；争取新能源建设、绿色矿山建设、环庆地面工程建设、新建地面工程建设、炼化检修、工程检测保障、实训基地建设、各单位零星项目等业务工作量，2022年签订内部合同35份，确定的油田内部收入6亿元以上。

外部市场：在玉门油田公司领导的大力支持下，赴长庆、塔里木、青海油田等兄弟单位拓市场、谈合作、谋发展。多次拜访酒泉市、玉门市、金塔县政府相关部门，为开发酒泉市辖区建设市场奠定良好的基础，利用中心的资质、项目管理人员，联合地方有一定施工实力、信誉良好的企业共同开发，参与酒泉市建筑市场项目的投标，争取更多工作量；通过与国家管网集团西气东输、西部管道公司多次业务交流，在管道巡护、管道防腐层修复、水毁治理、站内开挖防腐层检查及零星维修项目上取得合作，2022年参加建设项目投标、谈判项目35项，中标12项。利用中心行业优势和地方企业灵活的经营模式参加长庆油田陇东区块地面工程项目投标19项；针对昆仑能源市场，跟踪甘肃分公司玉门公司管道运维及巡护项目、甘肃分公司嘉峪关工业园区清洁能源利用项目；中心入围2022—2023年塔里木、青海油田地面建设工程石油化工类及建筑工程类施工承包商名单。2022年外部市场工作量8757万元，顺利完成2022年度外部市场开发目标。

成本管控：加强生产成本全过程控制，大力压减非生产性费用开支，加强"五项费用"管控，确保控制在，公司下达的费用指标内。严格落实"事前算赢"，对承包的工程项目，招标前进行"毛利"交底测算，内部项目毛利率大于10%、外部项目毛利率大于3%才准予实施；做好"事中控制"，反中标的项目，对于分包的事项，反复测算分包价款，降低分包成本。对承包商代采的物资、设备，对渠道进行询价，控制采购成本；做好"事后控制"，严格审核分包结算，对承包商施工期间耗用的水电、材料严格审核，做好不漏项；严格控制代购材料，做到项目耗用材料有利润，材料不亏本。对电商购置材料进行询价后再砍价，2022年节约电商材料费30.8万元；加强运行费用管理，减少管理费用支出。加强施工签证管理，重新制定签证管理办法，落实现场查验、集中办理签证的工作方式，杜绝事后补签，签证制度的落实，大大压缩工作量。

提质增效：2022年，中心通过外拓市场、细化运行成本管控、加强施工组织管理、严格队站考核、大力修旧利废、提高工程自干率等措施实现提质增效目标420万元。完善考核机制，细化"一队一策"考核办法，推行关键业绩指标月度考核，加大工程完成率考核比重，倒逼完工率兑现，强力推行项目内部承包制，签订内部任务书，施工效率进一步提高。优化原油处理设备运行、加强设备自修、科学配置原油处理材料消耗、发挥数字化功能站场监督。严格落实"六平一代"制度，按照物资类别，梳理物资型号，做好"代料"工作。多方式修旧利废，减少外委修理费，对2021年、2020年报废资产进行清理，累计处置报废资产15.61吨。

【合规管理】 2022年，中心内外有序开展合规管理工作。开展合规培训工作，学习集团公司《诚信合规手册》，组织在职员工完成合规系统信息平台合规知识培训及测试，合格率100%；执行玉门油田公司相关规定，对经营管理和工程项目管理中可能涉及的商业贿赂和利益输送风险业务加强控制，组织承包商项目经理及项目负责人进行合规管理专题培训，与每一位进入公司施工的承包商签订承包商廉洁从业承诺书；按照要求及时对合规平台的数据进行维护、更新；对2022年法律法规进行合规性评价，开展QHSE体系审核3次。

制度管理：对中心近三年内的规章制度进行收集、梳理，并按照制度修订流程，对各项新修订制度按照玉门油田公司制度管理办法进行发布实施，组织下发各单位、各部门交流学习；持续更新中心各项规章制度，督促各部门对颁发的新制度、新法规进行合规性评价，严格按照油田公司制度管理办法修订发布，2022年度申报修订制度17项，审核发布制度13项。

合规强化：依据玉门油田公司"合规管理强化年"要求，持续开展合规经营管理问题自我排查，不断督促落实整改进度；依据玉门油田公司《2022年公司内部控制自我测试情况通报》和《关于开展内控测试发现问题整改"回头看"工作的通知》，组织科室对涉及的例外事项进行了再梳理，逐项排查问题整改情况，分析发生根源，落实整改措施。组织全员开展中心岗位大检查活动，完成排查、收集、统计、下发、整改闭环工作。

风险管控：持续进行风险事件收集工作，要求各部门对涉及风险事件领域发生的风险事件常态化监控，对企业造成财务、企业声誉、法律纠纷、安全环境、营运管理等方面损失的状况或事故及时上报，进行2022年度风险系统经营风险事件和重大风险事件收集填报。

学法普法：完善2022年度保障中心普法运行大表，按照普法运行大表，持续有效组织全员开展月度普法知识宣传培训。

【安全工作】 2022年，中心强化责任落实，严格执行高风险作业预约制度；严格履行升级管控要求，按照审批许可的作业时间、内容、地点开展作业，现场落实高风险作业安全措施。全年HSE风险动态管理系统危险预约作业1384项。采用重点施工及高风险作业现场旁站监督和重点生产现场要害区域巡回监督相结合的监督检查方式，严查"三违"行为违章，切实加强危险作业许可和非常规作业管理，严格落实现场签票制度、高危作业挂牌制度和"区长"挂牌制度。累计对装置生产运行、工程建设施工作业、承包商作业现场监督检查2035次，监督检查现场2858个，查出问题及安全隐患821个，下发处罚通报31份，收取QHSE教育费194600元。员工安全生产记分累计48分，承包商安全生产记分77分。

安全文化建设：将学习习近平总书记关于安全生产重要论述纳入中心组、各党支部学习计划；采用安全公开课的方式向广大干部员工讲授习近平总书记关于安全生产重要论述以及新《中华人民共和国安全生产法》条款内容；各基层利用班组会推送安全生产法宣讲课件，在提高员工安全知识意识的同时，推动学习贯彻走深走实。邀请玉门油田公司专家，组织开展领导干部履职能力及技能提升、作业许可管理制度、承包商管理制度培训以及现场安全监督检查等方面内容的培训。紧密围绕"落实安全责任，推动安全发展"主题，积极搭建专题学习、宣讲培训、应急演练、竞赛答题、专项整治五大平台，推进"安全生产月"系列活动开展，效果显著；组织三百余人参加"安全宣传咨询日"签名承诺活动，向全体员工印发安全倡议书；开展"安全生产月"黑板报和电子板报评比，组织观看典型事故警示教育片42场，参与970人次；开展以"油气泄漏、罐区着火和（油气）中毒窒息"等为内容的实战演练8次，345人参与；开展"学习健康管理制度，提升自我健康意识"答题与"测测你的安全力"网络知识竞赛，458人次参与；广泛发动员工开展"安全红袖章""事故隐患大扫除""争做安全吹哨人"等专项活动，发现问题隐患208项，整改完成率100%。针对中心安全生产实际，结合现场作业风险特点，全面总结分析违章行为，编制《生产服务保障中心典型习惯性违章行为90例》图册和《习近平总书记关于安全生产的重要论述汇编（2013—2021）》口袋书2000余本。

职业健康管控：建立健全员工健康管理规章制度，明确接害岗位的范围及类型。开展健康知识普及宣传。提高全员健康意识，监督指导员工养成良好的工作和生活习惯，发放《员工健康手册》800余本。持续加强职业健康管理。组织对730余名员工进行非职业健康体检，开展健康风险评估，对筛查出的333名慢性病高危员工患病情况建档造册，进一步强化高危人群监管，与嘉峪关中核404医院签订放射人员健康检查协议，对检测中心放射岗位6名员工进行在岗和离岗后职业健康检查。与酒泉市人民医院沟通协调，配备急救药箱10个，应急药品和急救器械13种，为330名45岁以上员工配备速效救心丸等应急药品包。

疫情防控：面对2022年严峻的新冠肺炎疫情形势，中心激活疫情防控指挥体系，24小时值班值守，筑牢疫情防控安全屏障。全力协调，购置N95口罩、防护服、消毒液、洗手液、测温枪等防疫物资，及时配发到岗位员工，保障应急状态防疫物资调拨使用；配合社区、医院开展全员核酸采集；排查重点人群，落实集中隔离、居家监测、核酸检测等各项措施；精准排查，完成人员流调信息溯源，统计上报；设点检测，严格执行办公场所、生产区域、施工作业现场封闭管理，对进入场人员、车辆严格落实"一扫三查一问"要求，做到凡进必扫，逢进必扫，严格管控，不漏一人；严格审查，对复工返岗员工及劳务派遣人员健康码、核酸情况逐一进行核查；加强员工疫情防控教育，提升员工自我保护意识。

【科技创新】 2022年，中心组织技术人员召开焊接工艺评定研讨会，对焊接工艺评定中需要使用的11种钢材、焊材、焊接工艺及焊接评定标准进行系统梳理。编制《生产服务保障中心论文专刊发布计划》，与中心在聘技术干部交流宣贯，准确定位各队站科技需求和一线生产难题，征集队站科技项目立项9项，报玉门油田公司科技项目1项，完成项目开题和阶段性研究。

【工程建设】 2022年，中心在建工程28项（其中跨年9项、新开工19项），通过优化施工组织、加强现场协调、突出效益导向，结合"转观念、勇担当、强管理、创一流"主题教育活动，围绕油气生产大会战各项工作任务，全力以赴确保重点项目按期完工。2022年的各项生产任务均取得较好的结果。

站场运行：2022年，老君庙联合站累计处理原油10.4215万立方米，外输原油35批次，外输达标率100%；酒东联合站累计处理合格原油3.0105万立方米；鸭儿峡接转站累计输送含水原油20.642万立方米，外输伴生气至青西联合站61.13万立方米。结合生产情况，精准定位数据，及时发现问题并解决，充分掌握生产动向，保证正常生产。采出水处理采用"节点水质管理法"，将过程分为多个节点，按各节点严格把控水质，每两个节点间按阶段详细分析，发现各阶段问题，逐个击破解决，有效做到精细把控水质。在注水专项行动中，石油沟新总站将注水泵频率由28赫兹提至35赫兹，重新进行药剂配伍实验，进一步提高水质指标，保证含油不超过15毫克/升，悬浮物不超过30毫克/升；配合优化采出水处理流程，采出水运行平稳且效果显著，采出水处理综合水质达标率为98.52%。

老区产能建设：为确保老区产能建设稳步推进，2022年完成钻前井11口、大修井扩垫施工25口、土方施工8口、新投井24口；完成各类管线安装5000余米，40立方米储罐制作9具；对鸭青输气线进行修复、试压，完成鸭儿峡接转站伴生气回收项目的施工任务，实现鸭儿峡湿气输送至青西联合站长达7年的愿望，日均输气9000立方米左右；通过鸭儿峡新总站油水分离项目的实施，油水泥分离共计处理23366.9立方米，上交原油2185立方米；通过对鸭儿峡33口井共计9650米集输管网的建成及8-1、8-2两条集输干线的沟通，极大地提高所属区块的运行能力。配合老君庙采油厂完成维护项目共计302项，保证老君庙采油厂的正常运行；数字化维保处理数采故障1665次，视频故障1148次，上线率95%以上；特车服务570余台次，完成外部车辆及通井机等各类设备维修186台次。

注水、注气专项建设：完成老君庙采油厂2022年能量补充5个专项注水项目16口井投改注和老君庙油田M油藏东低区减氧空气驱扩大项目主体施工，累计安装注气管线7800米，新建注气站一座，实现老君庙12口井的注气；安装各类注水管线1950米，实现老君庙16口井注水，完成玉门油田公司就能量补充指示第一步工作"2022年完成注水井改造，2023年改造注水管网"；更换老君庙4号注水厂1号线管线，解决4号注水厂压降快的问题；通过安全隐患治理项目的推进，完成老君庙联合站3具储罐罐底更换作业，同时对3个阀组间进行流程改造，焊接各类管线450余米，安装更换各类阀门55套，加装13套紧急自动切断阀。

炼厂维保：完成炼厂19具罐的隐患治理及切断阀的安装调试、10具罐配套设施改造；全力配合炼厂检修作业，安装、试压、防腐保温管线1380米，拆除旧泵及旧基础6台套，并开展相关仪表设备安装、接线、调试等作业。

应急抢险：2022年累计完成各类抢险46次，其中高效完成青西至炼油厂输油管线泄漏抢险等工作。

【设备管理】 2022年，中心加强设备监督检查，开展机动车辆及特种设备专项检查、设备检维修承包商专项检查、设备管理综合性检查等活动，扎实开展设备维护保养作业，加强施工设备整修维护，设备运行平稳可靠得到了极大的提升。保养设备59台次，中心设备综合完好率98.66%，设备综合利用率46.78%。严格执行公司设备维修流程，核实修理项目、修理费用，确保报修项目和实际修理项目一致，做到费用可控。通过一般性维修项目基本自修、严控外委修理项目、严格审核修理费用等举措，以此降低维修费用。定期对修理费用进行统计分析，编写分析报告，确保修理费可控。制定《生产服务保障中心特种设备安全管理实施细则》，加强特种设备和车辆依法合规管理。按计划完成4台桥门式起重机、4台汽车吊、2台随车吊和101个避雷装置静电接地点安全技术检测工作。规范建立车辆回场检查站1个，15人取得机动车辆回场检查人员培训合格证，按照规定开展车辆每日出车前检查和每周回场检查，及时整改检查发现出的问题和隐患，保证了交通安全。完成GC1级压力管道资质换证所需的17种88

台专业安装设备与检测仪器设备证明材料和相关资料填报；调拨、移交设备 28 台，车管所办理车辆变更手续 1 台，处置移交到期强制报废车辆 16 台。

【党群工作】 2022 年，中心落实全面从严治党主体责任，深入学习贯彻党的二十大精神，认真落实玉门油田公司工作会议、第三次党代会、党风廉政建设和反腐败工作会议精神和决策部署。严格执行"第一议题"、党委理论中心组学习制度，全年开展"第一议题"、中心组学习、专题研讨 42 次。构建学习贯彻习近平总书记重要指示批示精神落实机制，坚持民主集中制，集体决策"三重一大"事项。迎接公司党委"回头看"巡察组巡察，针对巡察反馈问题制定整改措施 45 条。广泛开展形势任务教育和"转观念、勇担当、强管理、创一流"主题教育，严格落实意识形态工作责任，强化正面宣传和舆论引导，广泛汇聚思想合力，全年未发生有影响的事件和负面网络舆情。牢固树立大抓基层导向，特色党建全面布局，评定中心优秀党支部 3 个。发挥新媒体优势，开设"最美保障人""党员好故事""学思践悟·党的二十大微时光""'青'听团史"等专栏，讲好先进故事，传播时代声音，文化软实力大幅提升，在集团公司网页发布稿件 8 篇。获甘肃省"工人先锋号"、甘肃省创新型班组、集团公司五四红旗团支部、油田公司保密演讲赛优秀组织单位、劳动竞赛优胜集体、班组、先进个人、优秀项目等荣誉，全体干部员工争优向优活力得到激发。

党风廉政建设：2022 年，严格落实"两个责任"要求，扎实推进党风廉政建设和反腐败工作。配发廉洁教育书籍、编印《"清廉讲堂"教育读本》4 期 160 册，两级党组织开展学习教育 322 场次，受教育 7394 人次。依照"谁主管谁负责"的原则，逐级进行党风廉政建设约谈并签订党风廉政建设责任书，副科级以上干部、关键岗位人员、承包商分别签订廉洁承诺书，对廉洁从业行为进行公开承诺。开展违规吃喝专项治理和反"围猎"专项行动，撰写心得体会 71 篇，专项谈心谈话 84 人次，全面辨识"反围猎"和违规吃喝廉洁风险点 16 个，制定防控措施 33 条，建立《廉洁档案》178 份。

群团工作：2022 年，坚持发展成果共建共享，开设月度"接访日"，积极回应群众呼声，切实解决员工群众关心关切的问题。持续开展"我为员工群众办实事"，优化倒班运行方式，改善矿区通勤交通，落实接害岗位补贴，安装直饮水机，购买工机具等，持续改善员工工作和生活条件。广泛开展劳动竞赛、青年创效和形式多样的文体活动，涌现出一批先进典型，评选劳动模范、"双文明"先进集体和个人 104 个；劳动竞赛先进集体和个人 74 个，优质项目 10 个，征集合理化建议 53 条，金点子 35 条。成立抗疫志愿者队伍，全方位做好服务保障工作，发放防疫物资包 3 批 653 份，订送餐 7650 份。持续开展"两送"活动，为一线员工配备微波炉、保温壶、便携水壶等生活物资，送去茶叶、水果、干果等物品，加强和改善一线员工工作生活条件。全年开展慰问 109 人次，发放慰问金 16.35 万元，助学 15 人 3.03 万元，办理大病救助 15 人 0.75 万元，探望慰问病困职工亲属 88 人次，发放年节慰问金 106.4 万元。夯实维稳责任，建立重点群体、重点人包保小组，加大矛盾排查化解力度，实现了政治大年平稳受控。

【重要成果】 2022 年，中心提高油井伴生气回收率，将储罐余气回收一级除液装置与高效气液分离器串联组合起来，排除回收挥发气中绝大部分重质液体，通过中心自研人机交互智能控制系统，实现满足生产要求的控制、监测、计量、报警、远传通信等功能，使用适应能力强能打气液的活塞气液抽气装置进行余气回收。在采油厂呼出气量较大的三个站点投资 3 套大罐余气回收装置，投资 165 万元，按照年运行 340 天计算，当年可收回投资，推广到玉门油田公司年创效上千万元以上，推广到集团公司创效轻松上亿元，推广前景极佳。

冲断带注水增压泵除砂器改造：冲断带注水增压泵除砂器的改造为玉门油田公司级一线生产难题。2022年1月立项后，成立创新攻关项目组，9月该项目难题完成技术攻关，形成创新成果，并申请新型专利，获得授权。制作出便捷式伸缩磁力套筒在现场使用后，避免由于油嘴掉落造成停井而影响的产量损失，减轻采油维护工作量，提高工作效率和经济效益。

膜盘式油井免放压纠偏防泄漏装置：装置采出液通过自动密封腔室，从下膜盘孔洞流至上膜盘孔洞，通过井口流程进入生产管线。在需要部件维护、更换密封填料等操作时，通过外部加力杆，顺时针旋转上膜盘5度，即可切断油流通道，此时自动密封腔室下膜盘在井底压力的推动下，金属块推动弹簧垂直上移，将下膜盘与上膜盘顶死，油流通道封闭，从而实现不放压进行井口部件维护、更换密封填料等操作。操作完成后，只需通过外部控制手柄，逆时针旋转上膜盘5度，恢复油流通道，自动密封腔室压力下降，弹簧及金属块下落，恢复正常生产。

【荣誉奖励】 2022年中国创新方法大赛，中心采油服务部张莉团队参赛项目"提高油井伴生气回收率"获"全国总决赛优胜奖"，刘春杰团队参赛项目"提高油田集输管网运行效率"、许辉团队参赛项目"提高抽油机电机皮带传动系统效率"获甘肃赛区二等奖；数字化工程部团支部获集团公司"五四"红旗团支部称号；工程项目部安装一班获甘肃省创新型班组称号；机械工程部钻前班获甘肃省工人先锋号称号；质量安全环保中心李烨、董兰玉获集团公司摄影大赛优秀奖。

（贺　捷）

机　械　厂

【概述】 2022年，机械厂员工总数351人，其中合同化员工226人、市场化用工125人。基层设4车间2部（杆泵制造车间、抽油机与容器车间、机械加工车间、工程服务车间、市场运维保障部、检验检测服务部），其中市场运维保障部下设玉门、吐哈、环庆3个工作站；职能部门设1办3中心，即综合办公室（党委办公室）、经营管理中心、质量安全技术管理中心、生产市场设备管理中心。

2022年，机械厂突出党建引领，践行初心使命，带领全体员工时刻保持高度的政治责任感和顽强的斗争精神，应对风险挑战，努力化解市场冲击，打赢新冠肺炎疫情防控"攻坚战"，取得质量安全严格管控，生产保供平稳有序，新能源业务稳步开拓，改革创新效果显现，党建基础有效夯实，员工队伍和谐稳定的工作成效，较好地完成各项业绩指标。

深入实施"三项制度"改革，优化管理体制，实现专业化服务、区域化管理。将原有15个机构压减为10个，完成1办3中心，4车间2部机构整合，管理层级更加科学；坚持党管干部原则，遵循"德能勤绩廉"用人导向，按需设岗、按岗选人，竞争上岗，公开选拔三级正副及一般管理干部22人、总调（业务经理）9人。

建成600兆瓦/年光伏支架生产线，按照时间节点倒排工期，抢时间抓进度，项目组提前完成6000组光伏支架生产、22个区光伏支架安装任务，实现当年立项、当年投产、当年见效。

【经营工作】 2022年，机械厂围绕服务油田发展不动摇，以优质的服务，为玉门油田公司"油气并举、多能驱动"战略和油田生产大会战提供及时高效的保障。克服新冠肺炎疫情影响，主动与油田内部采油厂、长庆、大庆、吐哈、青海等油田对接沟通，准确掌握市场需求，全力保供内外部市场，实现经营收入有增量推进、有质量发展。2022年实现销售收入2.48亿元，比计划增加1804.89万元，实现利润269.66万元，比预算超额完成146.66万元。

加强组织协调，定期组织生产晨会、生产调度会等各类生产协调专题会，准确掌握生产情况和生产计划，推行生产日报，保障生产有序开展；生产抽油杆136.73万米，抽油泵1836台，抽油机330台，生产铺设柔性复合管71.1千米，井下工具及配件10767件；完成炼化总厂大检修任务，校验修复2057只安全阀，得到油田公司及兄弟单位一致好评；强化经济活动分析，层层传递压力，每季度召开生产经营会，增强"省一分钱比挣一分钱容易"的理念，有效提升全员降本创效意识，为经营工作提供可靠有力的支撑；完善成本核算机制，加强后勤单位费用管控，压减可控成本预算，除人工成本外，压减其他费用5%，同比减少108.34万元；严控资本支出，提高投资质量，落实投资计划执行，编制审核项目控制价近36项；压减外包工作量，费用同比减少1041.55万元；加大富余人员显性化，全年输出20人；持续推进资产轻量化，固定资产减值107台套，报废固定资产34台套；全面提升工程管理水平，重点围绕工业垃圾储存、危废存放点、电气隐患整治等，立项整治19个，疏通了影响生产经营和安全隐患关键节点，优化工程验收，提升工程施工质量。

【合规管理】 2022年，按照玉门油田公司合规强化年要求，落实全面合规管理长效机制，加强生产经营合规风险排查力度，促使合规管理全方位、全业务领域覆盖，进一步夯实合规基础，使各项业务在合规有序的环境中继续保持良好发展态势。

机械厂从宣传培训入手，将合规文化教育活动与道德风险防范相结合、与业务培训相结合、与问题专项治理工作相结合，宣导践行员工行为准则，加强管理人员的业务培训，通过宣贯国家法律法规、员工普法教育、合规手册学习、倡导"主动合规"，推动合规文化建设，提高员工对合规风险及自身应承担的合规责任的认识，增强主动防范和化解合规风险的意识和能力。

依照《玉门油田分公司合规管理实施细则》进一步规范各组织层级、部门在合规方面的职责，进一步健全风险管理体系，整合合规资源，形成以基层车间为合规执行基础面，以职能部门为合规管理网格线的合规履行、管理整体，配合派驻纪检组加强日常监督，确保形成监督合力；加大自查自纠和现场检查力度，着重对往年审计、巡察、专项检查、内控测试过程中所反馈的各类问题，举一反三，进行深入细致的自查自纠并完成整改，为稳健发展提供有力保障。

【安全环保】 2022年，机械厂双重预防机制建设有效落实。组织全员进行"三个辨识"，动态管理危害因素辨识档案；每日填报作业计划风险分级防控清单，提前研判风险类别等级现场实施分级管控监护；建立厂级HSE隐患排查标准和"十条红线"，编制"三级"安全检查表，定期开展隐患排查治理，隐患数量明显下降。

安全生产专项整治三年行动取得成效。2022年，机械厂深入推动实施2个专题和1个专项系统治理，全面排查安全风险，建立问题隐患和制度措施"两个清单"，明确整改责任人员、整改时限、整改要求，从根本上消除事故隐患。针对重点、难点问题开展集中攻坚，落实和完善治理措施，并通过总结分析，推广经验做法，形成制度性成果，三年行动得到巩固提升，见到实效。

特色活动促进安全管理上台阶。2022年，机械厂持续开展领导干部跟班写实，各级领导干部参加班前会3161人次，现场旁站式监督

3257人次，"四不两直"检查128次，发现各类问题476项，查处违章行为295项。扎实开展安全生产月活动，使"安全第一、预防为主、综合治理"的方针更加广泛深入人心。

安全专项整治效果明显。2022年，机械厂通过组织开展"安全大讨论、隐患大排查、能力大提升"安全专项整治、反违章安全专项整治、危险化学品安全风险集中治理、燃气安全"百日行动"、房屋建筑物安全专项整治、道路交通安全专项整治等专项行动，整治各类安全风险隐患1028项。

安全监督检查得到固化。2022年，机械厂建立起"日检查、周通报、月总结、季考核"长效机制，充分发挥"两级"监督作用，强化现场重点风险管控，严格危险作业预约审批，实施现场监督检查次数共计4928人次，监督检查通报问题1827项，现场监督次数每年提高了10%，问题数量每年下降20%，为安全平稳受控提供有效手段。

新冠肺炎疫情防控责任有效落实。2022年，机械厂成立厂疫情防控工作专班，编发机械厂疫情防控应急预案，定期召开疫情防控视频会，研判疫情形势，部署安排防疫工作。严格执行地方政府和玉门油田公司要求，配合做好流调封控、核酸筛查、双码验证、体温检测、环境消杀和场所管控等工作，分级分类落实应管尽管、应隔尽隔、应检尽检管控措施，确保阻隔疫情传播；及时组织发放口罩、消毒液等疫情防控物资；开展疫情防控思想引导、情感关爱和困难救助等志愿服务活动，坚守三年打赢疫情防控攻坚战。

环保治理工作有序推进。2022年，机械厂始终严守生态保护红线，全面实施外排达标排放、危险废物处置、土壤地下水管控、含油污泥等危险废物的全过程监管，确保挥发性有机化合物（VOC）治理设施平稳运行、达标排放。完成含铬废渣、废水等含铬废物，探伤拍片废液、废片等感光废物，以及过期化学品、废油桶的处置。定期实施厂区废水、废气、厂界噪声的检测和数据公开，各项控制指标均符合环保要求。实施抽油杆浸漆废气、油管清洗有机废气收集处理，抽油机、抽油泵喷漆有机废气收集处理，以及抽油杆抛丸、油管喷涂粉尘收集处理项目，完成显影液、定影液、油泥等危险废物暂存间7间的规范化改造，环保设备设施持续改善。

产品质量稳步提升。2022年，机械厂修订完善质量体系文件，强化质量过程管理，加强热处理、焊接等关键过程的质量控制，坚持生产过程"三检制"，严把产品出厂检验关，实现产品出厂合格率100%。建立产品质量反馈沟通机制，针对环庆抽油机质量问题，每周召开专题会、制定年度整改目标，开展五轮现场排查，彻底解决抽油机质量问题。

质量管理体系有效运行。2020年机械厂取得B类压力管道元件（非金属材料管）生产许可和D类压力容器的生产许可。2022年，机械厂迎接第三方外部审核，确保ISO9001—2015质量管理体系、API Q1管理体系及"三抽"产品会标使用许可等资质得到有效保持。

【科技创新】 2022年，机械厂充分发挥人才优势，升级传统工艺、强化特色技术，为提高市场竞争力提供有力的技术保障。按计划推进集团公司柔性复合管重大专项和玉门油田公司"环庆区块注采配套系列设备开发""柔性复合管扩大试验项目"等科研项目；制修订《玻璃纤维增强柔性复合管设计使用规范》等3项企业标准；申报"一种集输油用耐温聚乙烯复合管及其生产工艺""一种连续复合高压输送管生产线管材壁厚在线测量装置"2项发明专利；完成厂级项目7项，揭榜挂帅8项；完成环庆抽油机质量提升、柔性复合输送管质量提升、防喷泄油器质量改进、长冲程智能抽油机柔性光杆及密封填料盒质量提升4项突出质量攻关；优化工艺，提质增效，完成柔性管工艺循环水温度控制系统改进，CYJ8型下偏杠铃式抽油机设计与制造，横梁耳座加工工艺改进，套管定压放气阀结构优化设计，新型防腐耐磨光杆研制与应用，防气锁强启闭抽油泵、防垢抽油泵一体化研究与设计，智能加药装置设计制造等；抽油机智能间抽技术、超长冲程智能控制柜升级、新型防气锁强启闭抽油泵换代等传统工艺不断创新提升，防盗取样阀在环庆采油厂安装500余套，特色技术拓展了新领域。

【设备管理】 2022年，机械厂设备562台套，其中A类设备10台套，B类设备266台套，C类设备286台套。报废设备34台，新购置设备10台。进一步细化设备管理责任，印发《关于健全完善并严格执行设备基础管理工作机制的通知》，建立设备管理责任制、每周一训一考制、设备管理工作互检制、月度工作例会制、设备标准化管理制、设备管理人员调训制、设备管理考核机制7种基础管理机制，强化设备基础管理顶层设计，取得一定效果。

立足平稳促生产，加强现场巡检，及时消除隐患，确保设备良好运行；加强设备检维修现场监督力度，保障设备维修质量；推进设备技术档案电子化，优化完善设备基础资料；组织召开机械厂2022年度设备工程管理工作会；开展两期有针对性的设备管理提升培训班，打造理论课堂、实践课堂、交流课堂培训模式，组织参观设备管理先进单位、班组，切实强化设备管理培训工作；强化精细管理，加强设备润滑管理和润滑站定置管理；通过组织开展绘制定置管理图、定制标识牌、加强现场监督、督促设备操作人员落实"十字作业"等措施，设备管理工作逐步改善。

【党群工作】 2022年，机械厂理论武装持续强化。坚持用习近平新时代中国特色社会主义思想武装头脑，认真学习了党的二十大、十九届六中全会精神、习近平总书记对国有企业和能源行业的重要指示批示精神等，全年组织"第一议题"学习研讨28期，党委理论学习中心组集体学习17期、专题研讨4次，开展党委委员党的二十大精神宣讲5场次、党支部专题党课7场次，深刻领会"两个确立"决定性意义，不断增强"四个意识"、坚定"四个自信"、做到"两个维护"。持续深化"转、勇、强、创"主题实践活动，将形势任务教育融入日常，开展宣讲13次、专题培训班2期，进一步坚定机械厂广大员工推动转型升级高质量发展的信心和决心。

政治能力不断增强。深入学习贯彻玉门油田公司第三次党代会精神，高质量组织召开机械厂第15次党员大会，擘画未来5年及今后一个时期发展定位、发展方向、发展原则和发展路径。严格落实民主集中制和"三重一大"决策程序，召开党委会46次，确保决策民主化、科学化。实行党支部书记负责制，充分发挥"党委、党支部、党员"三级效应，构建党委管大局、党支部抓落实、党员争先锋的整体联动格局。

组织建设固本强基。坚持"四同步、四对接"要求，7个基层党支部按期完成换届选举；常态化推进党支部达标晋级动态管理，不断丰富"三联共建""创岗建区"建设内涵；与工程技术研究院创建党建联盟，共同促进基层党建"三基本"建设与"三基"工作有机融合。

主体责任从严落实。坚持正面引导树标杆与反面警示相结合，不断提升党员干部主动接受监督、执行党纪党规的自觉性，推动作风建设引向深入。落实党风廉政建设主体责任，加强"关键少数""要害岗位"的廉洁监管，开展廉洁谈话66人；对照2021年度油田党委巡察反馈的4个方面12个问题，成立整改工作领导小组，明确责任分工，细化整改措施，严格部署整改，抓实"后半篇"文章，对吐哈工作站合同招标履行、项目选商、财务结算等重点业务进行两次专项检查，防止问题回潮；认真组织开展"违规吃喝"专项整治和"反围猎"专项行动，持续整治新型腐败、微腐败监督检查8次。

业绩考核激发动力。持续推进业绩考核机制改革，鼓励"一专多能、一人多岗"，着重向技能高、贡献多、任务重、责任大、环境苦的岗位和一线员工倾斜。合理调整矿区、外站地区补贴及总调、业务经理、安全监督、班组长等岗位奖金系数；修订专项奖励制度，在改进工艺、优化工序、提高工作效率等方面，开展成果评审，大力奖励优质项目10个、揭榜挂帅项目8个、科技攻关项目7个。

凝心聚力展示形象。坚持党媒属性不动摇，牢牢把握意识形态阵地，坚决履行"举旗帜、聚民心、育新人、兴文化、展形象"的使命任务，营造良好的网络舆论环境，传播"玉石"好声音，讲好"玉石"好故事。努力构建思想文化宣传体系，开启"玉石机械制造1939"新媒体矩阵，成立覆盖全厂的22人新闻宣传队伍，将笔尖镜头对准基层一线，突出刻画基层员工奉献岗位、服务保障、连班加点的亮点和画面；厂网页、微信公众号、视频号、抖音号同步运行，宣传模范事迹、典型做法，微信公众号累计发布信息92条，视频号、抖音号累计发布视频106条；加强与共享中心沟通，加大外媒宣传，展现机械厂企业文化，《中国石油报》发表机械厂有关文章1篇，中国石油铁人先锋APP发布7篇，玉门油田公司网页、《石油工人报》发表新闻报道88篇，"玉石"故事、"玉石"声音在油田内外关注度大幅提高。

群团工作融入大局。全面落实党对群团工作的领导，厂工会、团委围绕全厂生产经营任务，结合玉门油田公司油气生产大会战、青年创新创效活动部署、水电炼化大检修和新能源劳动竞赛要求，开展"提质增效再深化，扭亏脱困见成效"和"安康杯"等劳动竞赛、"效益上产当先锋、转型升级献青春"青年突击队活动6次，群工组织作用有效发挥；加强民主管理，组织开展职代会，厂务公开45项，征集并解决职工意见、提案36条，职工民主权益保障有力。

为民办事共享发展成果。认真部署"我为员工办实事"实践活动，将组织的关怀关爱落到具体事情上。为外站食堂配备消毒柜、车间安装净水器、门卫倒班人员送餐、上井人员配备保温壶等解决员工"关键事""眼前事""身边事""重点事"13件；开展送清凉送温暖"四送"活动和员工喜闻乐见的文体活动；新冠肺炎疫情特殊时期为员工群众提供生活保障、送餐、困难帮扶、心理疏导、协助核酸检测等服务，提供生活用品、食品等慰问品38000余元；开展扶贫帮困送温暖活动，帮扶各类困难户、职工遗孀278人次。

【成果荣誉】 2022年，机械厂"一种井下往复式注水装置"获国家专利局授权的发明专利，专利号：ZL201910673546.6。2022年机械厂科研项目获得荣誉奖励见表9-17、表9-18。

表9-17 2022年机械厂获奖科研项目一览表

序号	项目名称	奖项	获奖者
1	光伏支架优化设计及制造	一等奖	孙现法、胡汝军、严小龙、王维盛、谢煜、马成龙、杨新建、张兴沛、陈彦宏、任刚、张东明、文佳
2	数字化智能抽油机研制	一等奖	张中勤、杨虎生、武旭、王文哲、吴永正
3	CYJ8型下偏杠铃式抽油机设计与制造	二等奖	吴永正、李永新、张中勤、杨虎生、杨鑫、傅秉虎、王小锋、魏龙
4	套管定压放气阀结构优化设计	二等奖	杨新建、谢煜、王维盛、王文哲、任新庭
5	防盗防冻取样阀结构设计制造	二等奖	王文哲、张中勤、谢煜、杨新建、王文刚
6	新型防腐耐磨光杆研制	三等奖	马光合、姜超、李永新、刚瑞超、张慧山、栾海鹏
7	防雷防静电资质取证及市场开发	三等奖	顾浩、张志勇、韩雪、魏玺忠、方军、余万鹏

注：验收时间为2022年。

表 9-18　2022 年机械厂荣誉奖励一览表

序号	获奖者	荣誉称号	颁奖单位
1	机械厂	2021 年安全环保先进单位	玉门油田公司
2	机械厂	2021 年市场开发先进单位	玉门油田公司
3	检验检测服务部	炼化装置、水电设备大检修项目先进集体	玉门油田公司
4	机械厂物资检验站	2020—2021 年度"双文明"建设先进集体	玉门油田公司党委、玉门油田分公司、玉门油田公司工会
5	完善内部市场机制，外部市场开拓获新进展	2021 年度优质项目二等奖	玉门油田公司党委、玉门油田公司
6	机械厂长庆油田超长冲程采油系统市场开发项目	2021 年市场开发突出贡献项目	玉门油田公司党委、玉门油田公司
7	工具加工车间党支部（实施"556"工作机制，让"三基本"建设与"三基"工作有机融合）	建党 101 周年系列征文优秀作品"支部好案例"优秀案例	玉门油田公司党委
8	张小军、曹剑、孙现法、马光合、辛延明、张石、郑颜琴、张志勇	2020—2021 年度"双文明"建设先进个人	玉门油田公司党委、玉门油田公司、玉门油田公司工会
9	张科、石民、张劲	2021 年市场开发先进个人	玉门油田公司党委、玉门油田公司
10	王子江	2021 年市场开发先进组织者	玉门油田公司党委、玉门油田公司
11	王鑫	优秀纪检干部	玉门油田公司党委
12	谢海玮、杜世荣、张杰、汪芝文、张东明	2021 年度安全环保先进个人	玉门油田公司
13	任磊	2021 年度优秀审核员	玉门油田公司
14	张林、曾毅	2021 年度综合统计工作先进个人	玉门油田公司
15	提高空心杆悬挂器的密封性能（杨春、王宁、吕小明、李家荣、张生海）	2022 年 QC 小组活动二等奖	玉门油田公司
16	陈江、郭军	2022 年炼化装置、水电设备大检修项目先进个人	玉门油田公司
17	王文刚、杨涛	第十一届职业技能竞赛技术能手二等奖	玉门油田公司
18	刘杰	第十一届职业技能竞赛技术能手优秀奖	玉门油田公司
19	马成龙	第十一届职业技能竞赛优秀工作人员	玉门油田公司
20	物联网技术在加药装置中的应用（李宏伟、吴永正、邓玉成、马成龙）	2022 年一线创新成果二等奖	玉门油田公司
21	大型旋流分离器设计与制造（傅秉虎、吴永正、张玉生、杨虎生）	2022 年一线创新成果三等奖	玉门油田公司
	抽油机横梁组对焊接平台（王小峰、汪志文）		

续表

序号	获奖者	荣誉称号	奖励单位
22	抽油机驴头工装改进（李儒、杨虎生、汪芝文、王忠、邓玉成）	2022年一线创新成果优秀奖	玉门油田公司
	高压柔性复合管收放卷装置（梁树文、张玉泉、任玉、张百鹤、蔺旭峰）		
23	何霞霞、翟春燕、张百鹤	2021年度先进工会工作者	玉门油田公司工会
24	张科	2021年度工会工作最佳支持者	玉门油田公司工会
25	机械厂工程服务车间	2021年度劳动竞赛优胜集体	玉门油田公司工会
26	顾浩、刘云鹏、马光合	2021年度劳动竞赛优秀组织者	玉门油田公司工会
27	王睿、康炳焘、梁树文	2021年度劳动竞赛先进个人	玉门油田公司工会
28	设计制作集输管网物理清管器的刮削簧片	2021年度"提质增效"优秀项目	玉门油田公司工会
29	机械厂工具加工车间精加工班	2021年度公司"创新型"班组	玉门油田公司工会
30	CYJ8-3-26HY型抽油机设计与制造（李永新、吴永正、赵文义、黄志钢、韩灵、孙现法、李健）	2021年度职工优秀技术创新成果二等奖	玉门油田公司工会
31	防腐抽油杆开发与应用（马光合、赵爱民、何飞、何霞霞）	2021年度职工优秀技术创新成果三等奖	玉门油田公司工会
	数控等离子切割机优化改造（傅秉虎、吴永正、杨虎生、张玉生、李宏伟、王小锋、郑娜）		
32	简易井口完井法兰的设计与应用（张中勤）	2021年度职工优秀合理化建议	玉门油田公司工会
33	韩雪	优秀共青团干部	玉门油田公司团委
34	张科	共青团工作热心支持者	玉门油田公司团委

（王 鑫）

综合服务处

【概述】 综合服务处是玉门油田工程技术服务单位之一，主要业务包括车辆运输及维修、燃气销售、包装产品生产、宾馆餐饮、商业管理、农牧业生产等。

2022年，综合服务处在册员工554人，其中在岗305人、退养230人、离岗歇业6人、劳务输出6人、提前退出领导岗位7人。在岗员工中管理人员79人、专业技术人员19人、操作服务人员207人。改制划转挂靠职工812人。机关设6个科室，分别为办公室（党委办公室）、组织人事科、计划财务科、质量安全环保科（附挂安全监督站）、生产设备科、综合管理科；基层共9个生产单位：运输队、客运队、包装制品厂、农场管理中心、养殖中心、油田服务中心、商业管理中心、综合事务站、汽车维修服务中心。有固定资产原值5.3亿元，固定资产净值9300万元。各类固定设备462台（套），各型车辆333辆。

【主要业务】 车辆运输、天然气销售及维修业务：主要承担油田井队搬迁、原油拉运、公务交通、生产指挥用车服务，油田各型车辆和社会车辆的维保修理，天然气销售。2022年有运输队、客运队2个单位，员工139人。各类车辆317辆，其中吊车20辆、牵引车16辆、半挂车15辆、罐车25辆、重型载货汽车19辆、大型客车36辆、中型客车19辆、小型客车118辆，其他配合生产用车49辆。玉门加气站有压缩机、储气井等设备40台套；酒泉加气站采取整体外租形式经营，有加气机、低温储液罐等设备31台套。

产品生产业务：制桶厂主要是为玉门油田炼化总厂生产配送4升方桶、12升圆桶，员工12人，加工设备73台套。纯净水厂整体对外租赁经营，有纯净水加工、灌装设备49台套。劳保用品、塑料编织袋等产品的加工配送业务2022年逐步退出市场。

宾馆餐饮业务：主要承担矿区职工就餐与油田内部餐饮住宿服务，2022年有员工11人。自2021年10月起，陆续接收老君庙采油厂、油田作业公司15所食堂，整合后运行8所食堂。祁连宾馆主要承担玉门矿区员工就餐服务和矿区接待住宿、会务服务，有客房68间、会议室3间；酒泉祁连宾馆面向社会提供餐饮、住宿、会务服务，有客房89间，宴会厅2个，会议室2间；玉心西点主要承担油田员工生日蛋糕供应及周边零星西点、蛋糕供应，有设备23台套。

商业管理业务：主要承担酒泉、玉门两地的商业门点和场地租赁，以及油田在兰州、成都、上海等地的商铺、场地租赁管理，有员工27人。管理可租赁房屋8.42万平方米、可租赁场地25.30万平方米。印刷、标牌制作业务于2022年6月退出市场。

农牧业生产业务：主要负责油田农牧业经营管理，包括养殖中心、农场管理中心2个单位，有员工29人。占地17.19万亩（1亩＝666.67平方米），水井87口。种植农作物3.06万亩，松花蛋鸡4万只、奶牛525头。

【经营工作】 2022年，综合服务处累计经营收入2.61亿元，实现利润480万元，实现外部收入8028万元。各项费用、应收款项指标控制在预算范围内，其他营运类、约束类指标运行良好。全年无安全事故。农牧业实现利润2393万元，同比增加利润734万元；车辆运输业务实现利润1892万元，同比增加利润641万元（含玉门加气站）；商业管理业务实现利润1152万元，同比增加利润59万元；产品生产业务实现利润631万元，同比增加利润105万元；宾馆餐饮业务实现限亏623万元，同比减亏164万元；汽修业务实现利润253万元，同比增加利润90万元。

【服务配合】 货物运输：2022年出车17502台次，同比减少2170台次。完成井队搬迁435井次，同比减少38井次。完成油品拉运74.88万立方米，同比减少5.45万立方米。客运服务：全年出车2.58万台次，同比增加1.2万台次。车辆维修：累计维修车辆3617台次，同比减少828台次。产品加工：全年共生产4升桶31910只、12升桶82880只，销售10号航空桶8640只，销售200升大桶82只。燃气销售：压缩天然气销售4540.47吨、液化天然气销售83.02吨。餐饮服务：职工食堂累计就餐89.61万人次，同比增加37.42万人次；宾馆客房入住16311间，同比增加2541间；加工西点51.85万份、蛋糕1.81万份，同比减少12.6万份。商业管理：租赁房屋8.41万平方米，租赁场地25.30万平方米，房屋场地出租率96.23%。农牧业：对外租赁耕地3.06万亩，种植高效日光温室18座和1座蘑菇大棚。全年蔬菜供应500吨；存栏蛋鸡4万只，奶牛525头。鲜蛋产量983.4吨、制作供应松花蛋140万枚、出栏活鸡6.07万只，加工销售巴氏奶1357.4吨、酸奶500.3吨、长效箱奶47.3吨。

【安全工作】 责任落实：2022年，综合服务处建立"一岗一清单"全员安全生产责任体系，完成全处167个岗位的安全生产责任清单修订工作。体系运行：先后完成全要素量化审核1次、外包业务和对外租赁场点管理、产品（食品、服务）质量、事故事件为主的专项审核1次，迎接集团公司审核1次，完成北京三星九千质量管理体系认证监督审核1次。累计发现问题327项，全部完成整改和验证。交通安全从严监管：持续开展交通安全专项整治活动，累计查找并整改问题68项。两级监督常态化开展交通路查，处理员工违章10起。对现有车辆监控设备进行升级改造，新增DMS驾驶行为监测预警功能，实现驾驶违章行为自动识别预警，提高监管效率。制定并下发综合服务处安全生产专项整治三年行动计划实施方案、主要任务分解表，对标"安全生产十五条硬措施"，对照三年行动巩固提升工作要求，不折不扣逐项完成目标任务，安全生产专项整治三年行动顺利收官，2个专题、4个专项共计124项任务全面完成。承包商管理：细化承包商安全管理措施，制定《综合服务处承包商管理办法》《综合服务处承包商作业安全技术交底单》，从承包商的选择、准入、使用、监管、考核等方面理清职责，明确属地单位安全管理内容，严格对承包商违章进行处罚，全年累计处理承包商违章6起，收取QHSE教育费23000元。

【提质增效】 2022年，综合服务处燃气销售利用自身能源优势，抽调单位骨干，克服人员少、环境差、地域跨度大（尤其设备设施陈旧，故障多）等困难，保证老区、新区天然气应销尽销，增收1447.29万元，同比增收304%。养殖中心积极拓展外部市场，加强与青海油田乳制品销售合作，累计加工销售鲜奶83.3万袋，增加收入170.7万元。及时调整生产结构，增加箱式"长效奶"品种，增收25.6万元。开拓酒泉地区周边市场，增收50.3万元。农场管理中心改变经营模式，以现有的18座高效日光温室为依托，开展"戈壁农业日光温室光热高效利用及有机蔬菜种植技术开发研究"技术项目，适时适度调整种植结构、品种，加强技术应用，同时开拓销路，增加水电厂、炼厂食堂蔬菜供应，矿区各食堂蔬菜供应量同比增加34%。增加基地各园区供应点蔬菜销售，减少蔬菜对外批发量，成功实现扭亏，同比减亏139万元。商业管理中心加强对空置商铺的广泛宣传，清欠历史欠费问题、加大催缴催收力度，资产出租率比年初增加1.78%，租金收益同比增长2.17%，全年实现增收53.65万元。

【设备管理】 2022年，综合服务处设备综合完好率96%以上，主要设备的综合利用率55%以上，设备保养对号率、车辆年检率、年检合格率100%，设备台账、主要设备技术档案建立率均100%。持续做好ERP系统664台套设备主数据的准确维护，全年回场检查车辆共计13000余台次，查改1417个问题，确保车辆的安全运转。对基建设备处2022年度设备管理工作检查出的71项问题按照要求及时进行整改关闭。开展设备技术档案专项检查提升活动，通过岗位自查、队站复查、集中检查的方式，筛查设备技术档案120本，选出优秀档案3本，促进设备基础管理工作进一步稳固和提升。对公司QHSE体系审核、北京三星质量管理体系审核以及股份公司勘探与生产分公司下半年QHSE管理体系的审核查出的所有设备管理问题，进行整改关闭。按期完成2022年特种设备检验计划，完成13部电梯、5台单梁桥式起重机、2辆轮胎式汽车起重机、2辆CNG槽车、1具压力容器（2立方米储气罐）、2辆叉车、101个安全阀、366个静电接地点的定期检验。

【党群工作】 党建工作：2022年综合服务处召开第四次党员代表大会，选举出综合服务处新一届党委委员、纪委委员。完善基层党组织机构设置，将汽车维修中心党支部并入运输队党支部。调整完善 3 个外站党支部，筹划成立 3 个离岗人员管理党支部。严格"三会一课"、党支部书记带头上党课制度，各党支部组织召开党员大会 86 次、支委会 104 次、党小组会 40 次，党支部书记带头讲党课 23 次，开展主题党日活动 75 次，谈心谈话 38 次，开展组织生活会 15 次，民主评议党员 443 人。调整补充基层党支部支委 17 人次，调整党支部书记 3 人次，完善纪检委员的职责，纳新党员 7 人，按期转正 2 人。

主题教育活动：班子成员分别带头深入基层各党支部宣讲，受教育党员干部 200 余人。充分发挥基层党支部前沿阵地作用，组织党支部书记、党员骨干细化学习内容，提炼学习重点，利用"线上＋线下""个人自学＋集中研讨""宣讲＋建议征集"等方式，围绕"观念怎么转""提质增效怎么干"等深入讨论。收集相关合理化建议 81 条，基层问题反馈 19 项，全部督办落实。反腐倡廉建设：下发《综合服务处党委全面从严治党主体责任清单》，重新制定《岗位廉洁风险防控表》，开展 2 次全面从严治党专题研究。建立党委书记、党委委员落实党风廉政建设主体责任清单，落实党风廉政建设约谈制度，共约谈科级干部 12 人。对公司纪委在执纪审查中发现的 4 个方面 12 个问题及时整改关闭，对 4 人进行诫勉谈话、8 人进行提醒谈话，并要求相关责任人做出书面检查。组织基层 8 个单位对照违规吃喝问题专项治理重点纠治的 8 个方面、20 条内容进行自查，共计查摆可能存在的风险点 22 项，制定整改措施。组织处属两级党组织学习习近平总书记关于反"围猎"重要讲话精神，制定 98 条被"围猎"的风险及概率、被"围猎"的手段手法针对性防范措施；51 名副科级及以上领导干部撰写心得体会。元旦、春节、五一、端午等重点时段开展廉洁提醒，确保全体员工节俭、文明、廉洁过节。工会、女工工作：召开处七届三次职代会，整理汇总职工代表意见建议 9 项，征集提案 9 条，并及时提交处各部门研究论证、督促落实办理或做好回复；对季度考核、疗休养费发放、养老金领取资格、评先选优、干部任免等员工关注的内容采取公示栏和网络公示的方式及时公开 30 次，厂务公开覆盖面达到 100%；组织开展"转观念、闯市场、增效益、保安全"主题劳动竞赛和"安康杯"活动；开展各类岗位练兵、技术比武 5 场次，120 多名员工参与；征集技术创新成果 15 项，先进操作法 1 个，优秀合理化建议 83 条，9 项创新成果和 8 条合理化建议获得了表彰奖励；选树处劳动模范 2 人，公司劳动模范 1 人，上报公司"石油工匠"候选人 2 人。开展"巾帼建功十四五"女工竞赛、巾帼故事分享会；持续开展女职工读书活动，征集女职工读书笔记 12 篇；开展女职工维权行动月活动。两级工会共慰问伤病职工 35 人，退养职工 37 人，丧葬慰问 8 人；协助 9 名职工办理大病救助；夏季"送清凉"，冬季"送温暖"慰问活动中，配发清凉饮品 430 份，暖手宝 380 个，为 120 名驾驶员配备了防晒面罩。领导班子成员和工会干部深入一线岗位和员工家庭开展慰问活动，为 160 多名员工送去水果、干果、春联等节日慰问品，为 13 名相对困难的员工送去米、油等生活必需品。疫情严峻期间，第一时间为居家员工送去方便面、火腿肠、榨菜、罐头等应急食品，累计配送食品、药品 500 多份。

共青团工作：青马学员、团委副书记围绕党的二十大讲团课 2 次。召开学习贯彻党的二十大宣讲讨论会 1 次。常态化开展百年党史、共青团发展史和石油工业史的学习交流，积极向党组织靠拢，2022 年 5 名青年团员成为预备党员。开展"石油青年心向党"主题团日活动，带领团员青年重温铁人事迹、参观水电厂光伏发电站，用实地参观学习方式，让团员青年身临其境感受老一辈石油人奋斗历程以及玉门油田新时代新能源新发展的魅力，深化开展"安全生产伴我行，当好第一责任人"青年安全生产主题活动，组织动员全体团员青年立足岗位，当好"第一责任人"。在矿区疫情期间成立综合服务处"战疫新星"青年突击队，主动担负起盒饭配送，物资搬运等后勤工作，一天平均装餐8000余份。设立青年服务办公室，团委副书记任办公室主任，为广大团员青年办实事。开展"踔厉奋发勇担当，青春无悔强保障"岗位讲述活动，让广大团员青年结合中心工作，分享自身经验，讲述岗位优良传统。号召团员青年积极参加公司"一百个青年奋斗故事"征集活动。

【重要成果与奖励】 2022年综合服务处集体和个人获表彰奖励情况见表9–19、表9–20。

表9–19 2022年综合服务处获玉门油田公司表彰奖励一览表（集体）

序号	荣誉称号	级别
1	安全环保先进集体：综合服务处运输队、油田服务中心	局级
2	优质项目一等奖、三等奖	局级
3	市场开发先进集体：养殖中心	局级
4	"双文明"建设先进集体：包装制品厂	局级
5	劳动竞赛优胜集体：运输队	局级
6	五四红旗团支部：客运队	局级

表9–20 2022年综合服务处获玉门油田公司表彰奖励一览表（个人）

序号	荣誉称号	级别
1	安全环保先进个人：王春林、李鑫、张文涛、李生军、李德贤、周建华、秦晓勇、张有良	局级
2	市场开发先进个人：王刚、刘斌、于世庆	局级
3	市场开发先进组织者：赵万恒	局级
4	优秀巡查员：汪建勇、雷海波	局级
5	劳动模范：李景亮	局级
6	双文明建设先进个人：李翠贤、韩非、何小华、路曼、汤礼华	局级
7	先进工会工作者：王惠霞、王繁蓉、刘惠琼、段春霞、马红霞、张立志、杨生科	局级
8	工会工作最佳支持者：汪建勇、罗庆东、张汉旺、朱红楠、朱哲英、李建立	局级
9	劳动竞赛优秀组织者：许琰、李瑛、徐恒林	局级
10	劳动竞赛先进个人：李生军、张文涛、严萍、李鑫、张艺璇	局级
11	汪建勇获得工会工作最佳支持者	局级
12	综合统计先进个人：丁健、叶芳	局级

（张玉娥）

监督中心

【概述】 2022年，监督中心学习贯彻习近平新时代中国特色社会主义思想、党的二十大和玉门油田公司第三次党代会精神，围绕玉门油田公司工作会总体部署、公司领导调研要求和监督中心"实现三大目标，完成三项转变，做到三个加强"工作安排，转变思想观念，创新工作方式，监督中心监督效能得到整体提升，为公司整体扭亏贡献力量。

2022年，监督中心有在册员工66人，在岗员工65人（退养1人），其中在岗员工中管理人员26人、专业技术人员39人；业务外包5人。研究生学历4人、本科学历58人、专科学历7人、中专及以下学历2人。高级任职资格20人；中级任职资格30人（含政工师1人）；初级任职资格15人（含政工初级2人、会计初级1人）。

监督中心机关设综合办公室（党委办公室）1个部门，基层设油井工程质量监督站、工程监督站、地面工程监督站、HSE监督站、环境监测站、技术检测站6个基层单位。

【合规管理】 2022年，监督中心结合中心主要业务领域性质，扎实推进合规管理工作，认真梳理识别各业务领域现行有效的合规规范，排查合规管理隐患，开展全员合规培训，落实合规审查制度，严格对外交易合规管理。组织合规管理体系，落实合规管理责任制，组织合规培训、承诺及评价。按季度制定中心合规工作和培训计划，督促基层落实，定期总结上报，进行系统维护。按照规章制度、标准规范合规合法性审查备案，督促供应商、服务商廉洁自律承诺。按照《玉门油田分公司"合规管理强化年"实施方案》，一体化推进《监督中心"合规管理强化年"暨"严肃财经纪律、依法合规综合治理"工作运行表》，将合规管理工作安排至月、责任落实到部门，确保层层宣贯、层层落实。从文件制度学习、业务领域分析、岗位职责对照、风险辨识与风险点管控等方面着手，分析和评估风险存在的位置、成因。形成《经营业务违法违规问题排查明细表》《经营业务合规风险清单》月报，督促落实运行表学习和工作计划，宣讲合同、合规业务相关制度和规定，每月上报《合规管理月度工作报表》和《合规管理综合报告》。全年未发生违规、违法事件。

【安全工作】 2022年，监督中心坚决落实玉门油田公司党委决策部署，聚焦"平安油田"建设要求，勇于担当，创新监督工作模式，提升监督效能，以实际行动守好质量安全"责任田"。坚持生命至上，全力保障员工健康。坚持生命至上，全力保障员工健康。建立员工健康评估档案，全员健康体检率100%；接害岗位职业病体检率100%。加强个人健康管理，购置健康检测仪器，配发急救药品，开展心梗救治知识普及，组织工间操、健步走活动，引导员工合理膳食、健康生活。劳保用品配发率100%。严格执行新冠肺炎疫情防控政策，最大限度降低新冠肺炎疫情对生产经营影响。坚持系统思维，体系建设深入推进。编制《操作规程管理规定》；开展风险调查与应急资源调查，编发《综合应急预案》和9个处置卡。开展2次全要素、全覆盖体系内审，对审核发现的14个方面82项问题进行整改关闭，解决实验室用电安全、有害气体检测及废弃气瓶处置等遗留问题。加强审核员队伍建设，9人通过初级审核员培训，持证23人。坚持文化引领，安全宣传工作扎实有效。总结编制《监督行为规范》《监督文化手册》，创建"高严细实、精诚协作"的监督文化，形成"用纠正三违传递关爱生命，用排查隐患预警事故事件"的监督价值观，"明察秋毫准确发现问题，科学严谨认真分析问题，毫无保留及时反馈问题，不遗余力追踪整改问题"的监督问题观，"安全是最大的效益，事故是最大的浪费，监督是最大的保障"的监督安全观。梳理形成6个专业163条《监督隐患判定标准》，为现场监督提供判标支撑。总结提炼形成4册《监督现场隐患图集》，将问题资源对标对表作为整改依据和培训教材。签订QHSE目标责任书、个人安全行动计划、安全承诺书、矿区"两禁"承诺书，开展承包点检查、履职能力评估等工作，全员安全意识得以提升。组织新《中华人民共和国安全生产法》、习近平生态文明思想及安全生产"十五条硬措施"宣贯，加强党的二十大等特殊敏感时期风险升级管控，全员对安全工作极端重要性认识进一步增强。坚持制度落实，有效防范安全风险。督促落实车辆保养和回场检查制度，注重道路交通安全。开展受限空间作业、实验室火灾和宁庆天然气井溢流应急演练，进一步检验应急状态下实战能力。完善实验室危化品动态管理台账，编制危化品反应矩阵，实现56种危险化学品安全说明书信息二维码查询，强化危险化学品采购、使用、储存规范化管理。开展危险作业培训，完成受限空间等5项危险作业申请人、检测人和监护人授权。

坚持问题导向，努力提升监督效能。强化现场研判，根据需要采用组合方式安排多专业联合监督，提高工作效率。"一体化监督"致力打造"一专多能"的监督团队，在提升工作效能的同时，确保监督人员互补替换。精准监督确保重点项目、重点环节风险受控。地面工程监督开展重点建设项目质量督查，编发《工程质量安全预警通知单》18份。HSE监督在"两厂"大检修期间，不间断监督42天，编发《HSE监督责令处罚通知单》10份，全力配合公司安全大排查大整治13次。对9家安全风险较大的单位开展精准帮扶，编发《井筒工程质量风险预警单》26份，巡查监督500余井次，完成质检点2693个。钻修井井控安全隐患排查和清洁作业巡查监督633井次，井控设备管理持续向好，钻修井废液达标排放。实验室经中国合格评定国家认可委员会（CNAS）认可复评审顺利通过，环境污染物检测项目验证获得5个"满意"结果证书。将风险管理理念融入"两厂"大检修醚化装置设备检验中，建立基于风险的检验（RBI）模型，安全高效检测压力容器78台、工业管道11622米、发现各类缺陷15项，提前4天完成检验任务。全年开展特种设备检验847台，发现各类缺陷104处。完成公司475台套耗能设备节能监测，发现问题56项，提出节能建议措施87项。

【监督业务】 2022年，监督中心安全环保管控能力持续加强。全力保障"大检修"安全，通过不间断、密集型的42天现场监督，发现问题882项，压实安全监管责任。查处并移交违章30起，曝光14起，对违章者起到警示震慑作用。建立问题沟通机制，根据现场监督问题，开展各层级沟通交流18次，提出管理提升建议59项，逐步转变各层级安全管理理念。全年开展现场监督907次，检查生产作业现场2153个，查出问题4360项，同比监督次数增加98%、监督现场数增加152%、查出问题增加8%。高质量完成7个方面油田环境监测任务，及时向玉门油田公司反馈污染物排放、处理设施运行相关信息。确保现场监测作业和实验室取样监测分析数据准确，先后完成6批次环境污染物检测项目的验证，并顺利通过CNAS实验室认可资质复评审。强化实验室安全管理，彻底解决历史遗留的实验室废弃钢瓶处理问题，消除了安全环保隐患。

井筒质量、井控管理水平持续提升。强化设计源头专项检查、过程巡查监督、关键环节督查管理。构建"三位一体"共治机制，巡查监督人员前置，以入井工具、材料质量等为监督重点，及时掌握井眼条件、固井施工方案、水泥浆配方性能等；完井下套管、固井施工等关键环节驻井监督，特别是针对宁庆区块天然气井钻进过程中易漏失、卡钻等现状，精准研判设置施工"预防点"，编发《井筒工程质量风险预警单》26期。以排查消除井控安全隐患、加大溢流预防、提升标准化管理为目标，对钻井、试油、压裂和修井作业开展巡查监督，累计巡查钻修井现场633井次，钻井现场井控设备管理持续向好；持续强化清洁作业监督，加大钻修井废液达标排放管理，监督执行井口不出液、油水不落地、钻井液不落地工艺。新钻井井身质量合格率99.64%，固井质量合格率98.91%，全面完成公司考核指标。

重点工程项目监督成效显著。紧盯重点项目，确保环庆、宁庆产能建设、300兆瓦光伏电网发电项目等重点工程做到全流程监督，监督力量均衡，保证监督质量；做好预防式监督，根据工程建设中普遍性、多发性的隐患问题，建立工程质量安全预警机制，下发工程质量安全预警通知单18份，确保工程建设质量；坚持驻场监督，发放质量监督通报4期，问题处理通知书25份，质量问题通知单44份，预警通知单18份。2022年监督管理工程项目43项，监督覆盖率100%，发现各类问题1293项。

监测检测能力持续增强。超额完成玉门油田公司特种设备检验和节能监测计划，检验特种设备847台，监测耗能设备475台套，保障油田特种设备安全运行，为油田提高用能管理水平提供决策依据。高质量开展"两厂"大检修工作任务，检验压力容器83台、1万余米工业管道。准确把握"监测、监督、科研"综合发展定位，8项技术成果获得奖励。

【党群工作】 2022年，监督中心以"三基本"建设与"三基"工作有机融合为抓手，全面加强党的建设工作，为监督中心各项工作高质量开展提供坚强政治保障。抓实政治思想建设。坚持把学习贯彻习近平新时代中国特色社会主义思想和党的二十大精神放在首位，坚定捍卫"两个确立"，坚决做到"两个维护"。落实"第一议题"制度，组织学习习近平总书记有关安全生产及对中国石油等重要指示批示精神、党的二十大精神，集中学习研讨12次90余篇，形成贯彻落实意见25条。强化意识形态建设。落实党委主体责任和党管意识形态工作要求，与基层党支部签订意识形态工作责任书，牢牢掌握意识形态的领导权、主动权。弘扬监督中心先进事迹、先进典型、先进人物，2022年发表各类通讯报道151篇，其中《石油工人报》108篇、党建平台43篇，9篇在集团公司刊登。

建立完善监督中心企业文化，总结监督中心两年来取得的监督成果，立足"高严细实、精诚协作"的监督文化，为规范监督人员思想行为、塑造监督人员理想信念凝练形成《监督中心监督行为规范》《监督文化手册汇编》，通过监督文化的建立，"心气顺、正气浓、士气高、干劲足"的监督团队正逐步形成。筑强战斗堡垒。严格落实"三基本"建设与"三基"工作有机融合要求，各项工作有序开展。

规范建强党的基层组织体系。组织召开监督中心第一次党员大会，选举产生监督中心第一届党委领导班子，制定今后5年的整体规划，为监督中心发展制定行动指南；组织选举补充党支部书记岗位1人，支委2人，纪检委员3人；召开季度党群工作例会4次，确保各党支部、群团工作高质量开展。对标做好党建"规定动作"。规范党组织工作经费及党费收缴的管理和监督，2022年合规合理使用经费3.1万元，平台线上缴纳党费实现全覆盖；加强"三支队伍"建设，组织参加党支部书记和基层党务骨干轮训4人次，纳新党员2名，按期转正预备党员2名。聚焦从严治党责任。坚决执行玉门油田公司党委、纪委及第四纪检组工作安排，抓牢抓实党风廉政建设和反腐败工作，召开党风廉政建设专题会议，部署重点工作。签订关键岗位廉洁从业承诺书、家庭助廉承诺书各26份，保证管理干部和关键岗位人员全覆盖。开展酒驾醉驾警示教育并组织全员签订杜绝酒驾、醉驾承诺书66份。开展"反围猎"等专项整治工作，备案专项自查表4份，谈心谈话25人次。廉洁教育方面，组织党员干部学习《中华人民共和国监察法实施条例》等内容，推动党纪党规学习教育的持续进行。坚决扛起全面从严治党政治责任，持之以恒正风肃纪反腐，一体推进不敢腐、不能腐、不想腐体系，为监督中心各项工作有序开展提供了坚强纪律保障。

深化群团功能。2022年共征集优秀技术创新成果5项，形成技术创新项目3项，取得玉门油田公司一线技术创新成果一等奖1项、二等奖2项、三等奖1项、优秀奖1项。"全息影像重建技术在HSE培训中的应用探索"与"鸭儿峡区块机采系统综合优化节能技术应用"两个项目入围集团公司青年科技创意比赛预赛。环境监测站通过优化土壤中重金属消解方法和证实非甲烷总烃分析优化方案，为油田绿色发展提供监测性技术指导；技术检测引入RBI基于风险的检验理论融入炼化总厂醚化装置设备检验中，建立运用RBI风险检验模型，提前9天完成检修任务，为"两厂"大检修节约了时间和费用成本。

【重要成果】 2022年，监督中心监督工作关口前移，玉门油田事故事件起数大幅下降。全年发现各类问题8358项，督促整改问题7822项，问题整改率94.3%，通报问题336项，在公司范围内曝光问题56项。助力油田安全形势持续向好。总结提炼形成以问题整改反馈为目标的《问题反馈单》，以沟通管理措施为主的《管理沟通单》，以提前警示为主的《风险预警单》，以问题处理为主《处罚通知单》及4册《监督现场隐患图集》将问题资源对标对表作为整改依据和培训教材，为现场开展问题隐患排查、提升现场管理水平、整治现场违章行为提供标准基础。超前预防，井筒、固井质量及清洁作业监督效果显著提升。强化设计源头专项检查、过程巡查监督、关键环节督查管理。构建"三位一体"共治机制，巡查监督人员前置，以入井工具、材料质量等为监督重点，及时掌握井眼条件、固井施工方案、水泥浆配方性能等；完井下套管、固井施工等关键环节驻井监督，特别是针对宁庆区块天然气井钻进过程中易漏失、卡钻等现状，精准研判设置施工"预防点"、编发《井筒工程质量风险预警单》26期。2022年，对井筒质量建设相关责任单位巡查监督11次，施工现场巡查监督500井次，完成质检点2693个。新钻井井身质量合格率99.64%，固井质量合格率98.91%；同比，分别提高0.94个和4.21个百分点，比集团公司考核指标（97.7%、93.7%）分别提高1.94个和5.21个百分点，全面完成公司考核指标；持续强化清洁作业监督，加大钻修井废液达标排放管理，监督执行井口不出液、油水不落地、钻井液不落地工艺。全年发现清洁作业方面问题301项，防渗膜老化破损、含油工用具直接放置在地面等问题得到有效整改，实现"零溢流""零伤害""零污染"目标。

创新优化监督模式成效逐步体现。"专业联合"监督，强化监督现场研判，根据需要安排多专业采用组合方式联合监督，以提高工作效率。"一体化监督"致力打造"一专多能"的监督团队，在提升工作效能的同时，确保监督人员互补替换。精准监督确保重点项目、重点环节风险受控。精准帮扶以推动落实安全责任为抓手，以隐患排查和纠治违章为重点，对9家安全风险较大的单位开展提升帮扶，从七个主题入手，"量体裁衣"制定提升措施，"嫁接移植"推广成功经验，"打造样板"树立榜样，"靶向治疗"精准施策，帮助提升安全管理水平。这三项工作是监督中心全体干部员工真抓实干的集中缩影，是监督中心切实履行监督职能的具体体现，更是监督中心上下聚焦玉门油田公司高质量发展贡献监督力量最强有力的证明。

（韩　涛）

应急与综治中心（消防支队、武装部）

【概述】 应急与综治中心（消防支队、武装部）隶属玉门油田公司二级单位，根据公司三项制度和"油公司"模式改革总体部署，为做专消防保卫专业化保障能力，做精油田炼化服务保障和人力资源服务支持，对原组织机构及人员编制进行了调整。设党委书记、工会主席1人，主任（支队长、部长）、党委副书记1人，副主任、安全总监1人，副主任3人，财务总监1人（以上二级正副职含上海大联石化公司2人），助理及厂副总师2人，安全副总监1人。总定员778人。职能部门设综合办公室（党委办公室）、组织人事办公室、保卫武装办公室、经营管理中心、防火安全监督中心5个部门。基层设应急指挥中心、消防一大队（特勤大队）、消防二大队（炼化大队）、环庆大队、炼化生产保障部、炼化设备维护部、炼化综合服务部7个单位。

2022年在册员工1081名（内部退养325名、工伤2名、办理离岗歇业32名，内部待岗1名，退出领导岗位人员13人），在册在岗员工700名（管理人员71名、技能操作人员536名、专业技术人员93名，其中高、中级技术职称任职资格66名、初级职称任职资格27名）。

2022年灭火抢险救援出动21起、出动消防车49车次、208人次、灭火抢险救援118小时。执行油田消防现场监护85次、115车次、460人次、1547.5小时。地方企业各类演习19次、67车次、262人次、47小时。应急抢险及时到位率100%、消防保障率100%。

【保卫工作】 应急与综治中心紧密围绕玉门油田公司各类生产活动，严格落实集团公司保卫部、当地政府部门相关文件精神，2022年持续加大治安巡逻、巡查、巡防工作力度，深入各作业区、反恐一、二、三级重点目标单位、危险化学品场所、放射源存放点开展巡逻检查，督促整改落实关键路口、卡口"三防"措施，确保油田内部治安秩序持续稳定。共检查封堵进出各作业区便道路口8处，推筑防盗坝2千米，浇筑防盗桩4处、300米，联合矿区派出所开展治安检查43次，巡逻巡查100余车次，车辆行驶8000余千米。全年开展"两会""春节""五一""国庆"等重要节日和公司重要活动现场执勤治安防范专项检查6次（图9-7），及时消除治安隐患，确保重要节日和党的二十大等特殊敏感时段的治安稳定。制定《"反内盗"综合整治"百日攻坚"专项行动实施方案》，组织召开2次油田重点单位、油田公安分局矿区派出所"反内盗"及内部治安保卫工作专题联席会议、玉门油田公司组织召开"防盗油加强治安防范"专题视频会，确保"反内盗"百日攻坚专项行动工作开展得更加扎实有效。

图9-7 服务"两会"保驾护航

根据甘肃省反恐办相关文件精神和2022年4月8日集团公司保卫部视频会议精神，对玉门油田一、二、三级重点反恐目标单位开展自查自改。玉门油田投资100多万元，为炼油化工总厂储运车间一级重点反恐目标安装固定式反无人机防御系统，构筑油田安保防恐"防控网"。联合玉门市政府、老市区管委会、炼化总厂储运车间开展反恐怖袭击预案演练，确保各项反恐措施真正起到实效。以"6·3""6·26"虎门销烟日、国际禁毒日为抓手，举办1期油田专兼职保卫干部禁毒工作培训班。在油田生活基地、职工餐厅等人员密集区，利用基地各园区、职工餐厅显示大屏滚动播放禁毒知识和毒品危害，张贴、发放禁毒宣传单500余份、禁毒标语10余条，增强油田员工的禁毒意识。按照公司关于报废物资处置监管要求，组织业务骨干，严格按照程序，全程监管，对报废物资处置拉运全程监督，全年现场监督处置70多天，监管处置废旧物资过磅5000余吨。

【武装工作】 2022年，应急与综治中心按照油田党委和上级军事机关的部署要求，认真加强民兵组织国防后备力量建设，建立完善每位民兵档案信息，列编基干民兵130人，重新组建民兵应急营二连1个91人，其中党员37人、复转军人53人、共青团员4人，配备连、排干部6人，装订民兵档案91份。基干民兵队伍党员30%以上，复转军人30%以上，高中以上文化程度人员70%以上，专业对口率80%以上，保持原有民兵油料保障连1个50人。加强武器库区内（外）不定期不定时巡逻，严格落实出入检查登记制度，全年累计检查登记出（入）库46车次、184人次。民兵武器库存放武器装备完好率100%，实现连续41年安全管理无事故。全年完成军事训练2次。联合市人防办深入现场调查摸底，发现人防工程隐患2处，并进行整改，组织完成玉门油田矿区"9·18"人防警报信号试放任务（图9-8）。

图9-8 玉门油田武装部开展基干民兵整组点验

【消防工作】 2022年，应急与综治中心坚持以宣贯落实集团公司《专职消防队建设管理规范》，对标专业化建设标准作为打造铁军队伍、提升灭火救援和服务保障能力的出发点和落脚点。对《设备（装备）管理实施细则》《业务等级考核实施细则》《玉门油田支队队伍管理规定》《消防执勤战斗业务训练大纲》《应急管理办法》《应急预案管理办法》等11项制度进行修订完善。以标准规范、制度规程、典型战例、技战术理论、举高类和泡沫消防车"理论+实操"等内容培训班，307人次参与。选送50余人次参加集团公司、甘肃省举办的应急管理和综合性应急救援能力提升培训班。坚持"油田发展到哪里，消防保卫服务就到哪里"，在环庆大队推行消防保卫一体化运行模式，优化消防保卫力量，消防执勤战备和现场监护、防火监督检查等一体化工作有效落实，盗油案件得到有效遏制。参与国家部委和地方政府开展的"应急使命2022"抗震救灾实战化玉门老市区分会场联合演习，展现油田消防铁军良好形象。

【设备管理】 2022年，应急与综治中心现有各类型消防执勤车辆共29台，灭火类消防车21台，其中水罐消防车1台、泡沫消防车（水、泡沫联用）11台、干粉消防车2台、高喷消防车6台、云梯消防车1台；专勤类4台，其中抢险救援车1台、火场指挥车2台、应急通信车1台；保障类4台，其中移动供气车1台、装备器材运输车1台、运兵车2台。对公司和省应急厅配发的117项1300余件应急物资落实专人负责、分类存放、统一管理、定期检查维护保养，对4类应急设备装备开展理论培训和实操训练30课时，120人次。全年开展设备单机竞赛4次，设备综合检查2次，设备维护保养39台次，校验压力表64个，设备完好率始终保持在99%以上，有效保障了消防战备执勤及日常工作。

【防火安全监督】 2022年，应急与综治中心各级干部员工深入学习贯彻习近平总书记关于安全生产的重要论述、国务院安委会安全生产十五条硬措施，干部员工的安全生产意识得到不断提高和增强，逐级签订安全环保目标责任书14份。党委书记带头开展以习近平总书记关于安全生产重要论述、安全生产相关指示批示精神等为主要内容的安全大讲堂活动，56名管理人员接受培训。组织全员开展以新《中华人民共和国安全生产法》、灭火器安全管理制度等法律法规的学习，从而引导员工自觉遵守各项安全管理规定，为安全生产工作奠定法治基础。按照"一体化、差异化、精准化"要求，坚持审核原则，采取现场应急演练评审、现场模拟办票、员工访谈、查阅基础资料、现场检查等方式全面审核，做到审核要素及审核范围全覆盖，完成148个审核问题的录入、整改、消项工作。扎实推进安全生产三年整治行动攻坚年活动，全面梳理专项整治行动中发现的问题和矛盾，建立健全、补充完善具体规章制度，印发实施方案，促进了安全责任落实和本质安全水平的提高。紧扣安全生产月活动主题，开展集中宣讲培训活动，全年开展安全大讲堂25场次、258人次。对新入职59名大学生进行消防安全知识培训，培训义务消防员（含承包商）33场次、1008人次。全年开展防火监督检查52次，检查重点要害部位187处，发现问题99个，整改96个，隐患整改率96%；送达消防安全检查告知书24份；办理各类用火、断路手续58份。与各单位和地方企业开展安全实战演练281场次、4150人次，应急联动机制得到进一步完善。

【合规管理】 2022年，应急与综治中心紧跟治理体系和治理能力现代化目标，进一步筑牢依法合规根基。按照集团公司、玉门油田公司对标世界一流管理提升的要求，深入开展"八五"普法等活动，落实中央企业"合规管理强化年"部署，不断提升风险防范和处置水平，以查薄弱环节为重点开展对标分析，抓管理、补短板、强弱项，构筑依法合规长效机制。坚持开展分类考核，进一步强化业绩贡献导向，发挥激励约束作用。加强合规监督不动摇，突出业务部门合规监督的主导作用，压实各级工作责任，引导干部员工提高道德修养，崇尚良好品德。结合业务管理工作，制定中心"合规管理强化年"工作推进计划安排表，将业务管理内容一一分解。按照工作计划，完成合规管理平台所有划转人员的调入及停用设置，完成高风险岗位人员设置及自查，完成全部承诺书补签上传。全员按期完成线上培训，培训合格率100%。

【费用控制与创收】 2022年，应急与综治中心根据年度生产经营指标和提质增效任务，编制全年提质增效运行方案，将各项任务指标细化分解到各科（队）、班组、岗位、个人。及时宣传集团公司、玉门油田公司提质增效决策部署，激发全员立足岗位做贡献、提质增效立新功的工作热情。严格落实"一支笔""三重一大"审批，加强资金预算管理，合理调控资金使用，想方设法压缩费用支出。严格物资领发审批程序，提高物资使用效率。严格出车三级报批制度，加大车辆的日常管控等措施。开展岗位修旧利废系列活动，切实培养指战员节约一度电、一滴水、一滴油的良好习惯，对近年来储存的各类型报废灭火器3000余具进行了拆卸、倒粉、压扁处置；处置废旧干粉30余吨，节约处置费用6万余元。完成玉门油田公司下达的提质增效20万元的任务。

【党群工作】 2022年，应急与综治中心以习近平新时代中国特色社会主义思想为指导，把学习贯彻党的二十大精神作为首要政治任务，夯实党员干部思想基础。全体党员干部员工，以不同形式见证了党的二十大胜利召开。应急与综治中心领导班子成员、各党支部书记、专（兼）职党务干部参加集团公司、省（市）和玉门油田公司党的二十大精神宣讲报告会、培训班、读书会。各党支部认真落实"三会一课"制度，组织全体党员在"中油e学"参加中心举办的党的二十大精神专题培训班、监督落实"铁人先锋"每日答题、全员撰写学习心得、微信公众号和应急与综治中心门户网页开展学习宣传等线下与线上相结合方式，增强学习教育的针对性和实效性。以"建功新时代，喜迎二十大"系列活动、"转、勇、强、创"主题教育等活动为载体，党员干部带头学习研讨、带头辅导宣讲、带头撰写学习心得。根据《关于应急与综治中心（消防支队、武装部）组织机构及人员编制调整的通知》，对组织机构及人员进行相应的调整，按照能专则专、能精则精的原则，先后选拔调整23名干部，充实到基层消防大队班子力量和机关职能科室。应急与综合中心组织召开第一次党员代表大会，各党支部按程序完成党支部班子换届选举工作，配齐党组织负责人及党建助理。对应急与综治中心党委《"三重一大"决策制度实施细则》《中心党委和中心议事规则》《党组织工作经费使用管理实施办法》等制度进行修订。按照年度党员发展计划，严格程序，9名预备党员按期转正。对党员的组织关系进行排查梳理，完成党员、预备党员、入党积极分子、团员确认，实现"全国党员管理信息系统"、党建信息化平台数据同步录入和基层班组党员全覆盖。结合纪检监察体制改革实际，认真落实党风廉政建设主体责任和各级干部、关键岗位人员"一岗双责"，自觉接受派驻纪检组和员工群众的监督。推进"反围猎"专项行动，组织签订反违规吃喝、反围猎承诺书154份，领导班子与科室负责人廉洁约谈12人，科室负责人与关键岗位人员廉洁约谈53人，逐级签订党风廉政建设责任书、承诺书50份。按照玉门油田公司纪委要求，做好巡视巡察和审计反馈问题整改"后半篇文章"。深入开展学习贯彻党章党规党纪活动，组织系列网络答题、知识测试和学习座谈，开展主题党日、红色教育基地观摩学习、革命传统与警示教育等活动，让党员干部知敬畏、存戒惧、守底线。以节日慰问、大病救助、金秋助学等为重点，认真做好困难帮扶工作。全年慰问困难户108人次、发放慰问金12万余元，慰问在职员工668人次、36万余元，切实让员工感受到组织的温暖。

【荣誉成果】 2022年，应急与综治中心获玉门油田公司级以上荣誉见表9-21。

表9-21 2022年度获玉门油田公司级以上荣誉一览表

序号	荣誉称号	获奖单位/集体/个人	奖励单位	级别
1	2021年度应急通信系统先进个人	王欣	集团公司生产经营管理部	集团公司级
2	"五四"红旗团委	应急与综治中心团委	中国共产主义青年团玉门油田分公司委员会	局级
3	"五四"红旗团支部	应急与综治中心消防一大队团支部	中国共产主义青年团玉门油田分公司委员会	局级
4	团委工作热心支持者	张华桂	中国共产主义青年团玉门油田分公司委员会	局级

续表

序号	荣誉称号	获奖单位/集体/个人	奖励单位	级别
5	先进工会工作者	薛奎毓、李建文、朱秉琛	玉门油田公司工会委员会	局级
6	工会工作最佳支持者	张华桂、杨万仁	玉门油田公司工会委员会	局级
7	劳动竞赛优胜集体	消防二大队	玉门油田公司工会委员会	局级
8	劳动竞赛优秀组织者	剡晓伟、张英平	玉门油田公司工会委员会	局级
9	劳动竞赛先进个人	宋杨、杨兴华、马继栋	玉门油田公司工会委员会	局级
10	双文明建设先进集体	消防三大队	玉门油田公司党委、玉门油田公司	局级
11	"双文明"建设先进个人	李小伟、窦和平、宋杨、华春雨	玉门油田公司党委、玉门油田公司	局级
12	市场开发先进个人	唐莉、张玉	玉门油田公司党委、玉门油田公司	局级
13	市场开发先进组织者	赵旺宏	玉门油田公司党委、玉门油田公司	局级
14	市场开发先进集体	应急指挥保障中心	玉门油田公司党委、玉门油田公司	局级
15	财务工作先进个人	赵玉萍	玉门油田公司	局级

（赵 辉）

物资采购管理中心（物资供应处）

【概述】 物资采购管理中心（物资供应处）简称物采中心（处），是玉门油田公司（玉门石油管理局）所属的二级单位。2005年12月由玉门油田公司物资采购管理中心与玉门石油管理局物资供应处整合成立，主要负责油田物资的采购、接卸、验收、保管、发放、配送及压裂砂生产、销售工作。

2022年，物采中心（处）职能部门设综合办公室（党委办公室）、管理中心、质量安全环保中心、计划财务中心4个部门；基层设采购部、仓储配送部、监督部、生产与市场管理部4个单位。员工在册人数员工193人，其中男员工143人，女员工50人，管理干部100人，技术干部10人。在岗124人，退出领导岗位4人，退养57人，工伤1人，停薪留职2人，离岗歇业2人，育儿假2人，长期病假1人。在岗员工中，8人具备高级职称，19人具有中级职称，36人具有初级职称的。

物采中心（处）共有库房、料棚55座，料场40万平方米，设备75台套，铁路专用线3条，2.46千米，固定资产净值2527万元。

2022年发生费用4251.8万元，相比考核指标4319万元节约67.2万元；外部创收2164万元，完成考核指标800万元的270%，完成提质增效奋斗目标1600万元的135%；物资采购资金节约率10%，节约采购资金1.26亿元。资金节约率、上网采购率、目录采购率、制造商直采率、计划达标率等5项采购指标首次获集团公司考核满分，与大庆、新疆、吉林等3家油田并列第一，"第三利润源"作用充分发挥；党建工作考评喜获满分；安全环保实现目标。

【经营工作】 2022年，物采中心（处）物资保供超前谋划提效率，为油保供跑出新速度。"早"字为先，充分掌握物资保供主动权。及时关注油田新立重点工程、重点项目，与生产单位建立及时沟通长效机制，及早掌握需求计划动态、进行询价定价、分析供应商资源状况、掌握长周期重点设备及进口物资市场行情、选定实力雄厚信誉良好的供应商、签订合同锁定材料资源，要求厂家早准备、早排产、早生产。针对炼化装置首次四年一修的历史大考，提前一年成立工作专班，早部署、早启动、早对接、制定采购方案，挂图作战，打表推进，责任到人，限期落实，优质高效采购常规物资5678项，紧急物资529项，确保了大检修工作圆满完成及顺利开厂。"准"字为要，持续提升物资保供计划性。与生产单位精准对接技术参数、功能需求，参与项目设计论证会，准确掌握项目设计情况；准确选取物资编码，加强新增编码的宣贯应用；成立项目组派驻现场，掌握施工进度及物资需求；通过电话、函件、驻厂等环节，准确掌握设备生产发运状态。油气生产大会战启动后，与采油厂精准对接上产方案工作量和油水井措施设计入井材料需求，精准制定油套管、压裂砂、酸化料等各类物资1万吨保供方案，确保两轮会战达到预期效果，助力公司原油产量超线运行。严格落实"四精"管理要求，在科学制定项目包控制价的同时，详细制定单项物资限价，确保采购的物资质优价廉、性价比高；充分利用大数据资源，依托卓创网、生意社等平台共享价格数据，研判大宗物资市场价格走势，择机采购，最大限度降低资金占用率；优化细化采购方式，通过一级物资目录采购、定商范围内招标、竞价；二级物资招标、比价、单一来源采购等渠道，做到采购方式适宜，实现采购效益最大化。2月抢抓钢材价格低位运行的有利时机，锁定2万吨专用管，节约采购资金1000万元；7万吨第三煤源项目通过招标，吨煤价格下降83元，节约采购成本450万元。做实物资采购、质检验收、仓储配送、跟踪服务等关键环节，落实了全链条、全过程、全周期责任到人、按期推进、严肃考核。2022年，克服新冠肺炎疫情影响，先后派出6批次人员到北京、西安、沈阳、成都等地进行催交，深入供货单位生产车间班组掌握生产进度，做到排产计划清、生产动态清、发运状态清；做实物资配送，大力推进物资零库存，加快物资验收、入库、过账速度，全力消除生产运行中的盲点、堵点、拖点，及时配送至生产现场。

【合规管理】 2022年，物采中心（处）依法合规固根本，精细管理取得新成效。合规风险管控全面提升。扎实推进"合规管理强化年"活动，针对公司内控测试发现的23项例外事项完成整改，对结算支付、合同管理2个业务领域进行改进测试；深入开展三年合同专项整治活动，完成合同审查4412份，退回问题合同400余份，整改长期不签约、履约不完全、按期不交货等问题合同62份；制定合同检查、岗位轮换、权限清理三项硬措施，调整关键岗位17人，清理合同权限22人；组织145人次参加了依法合规专项培训，全部通过考试。制度流程持续完善优化。修订发布以《物资供应管理规定》为核心，以《物资采购管理办法》《物资供应商管理办法》《物资计划管理规定》等8项管理制度为辅的"1+8"物资管理制度体系。为有效解决采购效率低、风险管控难、专业人员缺等现实问题，建成投运物资共享平台，集成九大采购系统，实现物资计划申报到消耗整个供应链的全生命周期管理，做到采购、仓储全业务链的实时全程线上管控和可追溯，有效推动中心数字化转型和管理水平提升。供应商管理考核显著加强。严格坚持"年度考评+动态管理"的供应商考核管理方式。组织公司13个机关处室、15个二级单位，对2021年348家供应商进行多维度分级考评，按照考评结果库内A、B级优先选用、C级谨慎应用、D级禁止应用的原则，对5家问题集中的供应商，做出1～2

年暂停交易权的处理；对30家轻微问题的供应商进行约谈，下发书面警告，督促及时整改。禁止库外贸易商引进，严控制造商特殊需求库外引进，新增物资供应商由2020年的28家大幅下降至2021年的7家。依法合规精细管理见成效。强化仓储精细管理，专项清查出久无动态物资3大类44项，在依法合规的前提下，加大积压库存物资利旧处置力度，实现处置收益260万元，精细管理出大效益的提质增效理念得到充分体现。其中处置8台套甲醇项目报废设备创效230余万元，5具废旧酸罐5.82万元，配合财务处处置废旧物资17万元；利旧陶粒、专用管创效30余万元。

【安全工作】 2022年，物采中心（处）升级管控压责任，安全环保迈上新台阶。压实安全履职责任。严格落实习总书记"党政同责、一岗双责、齐抓共管、失职追责""管行业必须管安全、管业务必须管安全、管生产经营必须管安全"的重要指示，层层分解QHSE责任目标，逐级签订责任书57份，践行有感领导、属地管理和直线责任，强化政治监督、严格考核问责，坚决执行"一票否决制"。完善QHSE管理体系。修订完善《安全生产责任清单》《危险作业授权清单》《违章行为清单》《双重预防手册》《车辆管理办法》等27项制度，制定QHSE层级监督、设备、消防、隐患等管理实施细则11项。细化QHSE考核指标，把内外部审核作为促进QHSE管理持续改进的有效手段，全年整改审核发现问题175项，通过北京三星公司质量管理体系再认证、北京中油认证中心HSE管理体系审核，推进了体系规范有效运行。开展安全专项整治。围绕党的二十大召开特殊敏感时段，制定安全生产风险升级管控措施15条，安全生产专项整治三年行动实现圆满收官，完成公司级隐患整改项目危化品库房建设改造，填补了油田没有危化品专用库的空白。深入推进两轮安全生产大检查隐患大排查大整治活动，重点对消防、电气、特种设备、自建房、危化品等专项检查17次，重点对查出的砂厂除尘器、套管检测站变压器、总库消防泵房双电源、水泥干混线路等方面存在的112项隐患进行整改销项。迎接玉门油田公司督导组检查8次，对查出的32项问题全部整改销项。针对青西—鸭儿峡区域交通事故多发问题，制定《青西—鸭儿峡工区物资配送方案》，明确针对性措施6条。深入开展安全生产月"六个一"活动，各级领导认真履行安全第一责任人职责，带头讲安全公开课10次，组织全员学习习近平总书记安全生产重要论述2次撰写心得31篇、安全宣誓签名125人、"新安法知多少"答题100%、消防演练1次、安全合理化建议征集51条奖励19条，营造了浓厚的安全生产氛围。强化安全风险管控。在强化吊装作业、交通管控的基础上，尤其加大新业务领域的风险管控力度。加强与玉门南站交流沟通，邀请1名站长对20人进行为期两天的集装箱业务风险管理和操作规程集中培训，确保1.4万个集装箱安全接卸；面对柳—红铁路25米长钢轨首次接卸，物采中心（处）多措并举创造性开展双吊车作业、龙门吊－汽车吊联合作业、紧急购置12米吊梁高效作业，首批800吨钢轨安全接卸；针对西四线1219毫米大口径钢管接卸，认真司索检查、严格吊装规范、强化旁站监督，完成209车1000余根钢管接卸作业。

编制《安全生产风险升级管控方案》，高风险作业制定专项安全作业方案、狠抓作业许可现场办理、细化靠实安全风险辨识与预防措施、领导带头强化现场旁站监督，全年升级管控作业68次，现场纠偏习惯性违章36次，违章处罚4次，停工整顿6次，确保风险作业升级管控落地见效。加大安全风险防范资金投入和人员力量，实施站台改造、枕木更换、危化品库建设、煤场扩建、危房拆除、设备设施维护等项目投入450万元；整合中心安全人员19人，配齐安全副总监、成立监督部，集中力量强化安全风险升级管控，确保安全生产平稳受控。加强培训提升素质。针对物采中心（处）风险管控薄弱环节，精准编制需求型培训计划，及时组织全员培训。强化事故案例教育，汲取中国石化"3·6"页岩气井爆燃、湖南长沙"5·6"自建房倒塌、西部钻探"7·14"起重伤害、石化研究院"7·21"着火等事故教训，举一反三提升全员安全意识。邀请公司安全专家，开展安全监督、道路交通、吊装作业、消防电气、设备管理等培训10期210人次。对张掖巨力装卸队、玉门德立机电维修队、甘肃沙河零星工程队等5家承包商进行安全培训8批168人次，讲清操作规程、提醒风险隐患、告知防范措施、明确应急方法，有效提升承包商风险防范能力。

【对外创收】 2022年，物采中心（处）主动出击闯市场，三大业务开创新局面。及时成立市场开发专班。面对外部创收业务分散经营、单打独斗、难以支撑物采中心（处）转型发展需要的现状，以三项制度改革为契机，整合石英砂、仓储和铁路专用线业务，重组压裂砂厂、物资总库、生产科部分岗位，集中长期从事市场开发的15名精兵强将，组建市场开发专业团队，成立生产与市场管理部。配套建立市场开发激励机制，坚持以"创效论英雄"，通过严考核、硬兑现，全年11人受到重点奖励，50人得到项目奖励，极大提升员工开拓市场的积极性和主动性，全员创效的氛围愈加浓厚。

强化市场开发保障基础。为满足铁路专用线运力大幅提升的需求，自筹资金对2号站台进行改造，平整修复损坏货位区，增设集装箱放置区，架设高杆灯；对年久失修的500多根专用线枕木聘请专业团队进行更换；对煤场抑尘网东移改造增加专用线可用长度150米，一次性卸煤能力由17车增至26车，铁路专用线安全运行、接卸效率进一步提升。牢固树立"质量就是市场，质量就是效益"的理念，严把每批次石英砂供货质量，在供货量大幅增加的情况下没有发生任何质量问题。主动出击赢得全新开局。

物采中心（处）党委超前谋划、调查市场、精准出击，带领市场开发团队走访兄弟单位与周边企业30余家，达成合作意向20余家，签订框架合同价值4000余万元。石英砂销售刷新纪录。充分发挥非常规石英砂资质优势，优选标包投标，两次中标集团公司集采项目，与4家兄弟油田签订框架合同总量6.59万吨，金额3000万元以上，重返中国石油石英砂供应市场。全年销售石英砂4.1万吨，同比增长215%，销量创历史新高，销售额1978万元。专用线运力箭头朝上。充分发挥铁路专用线"大动脉"资源优势，首次引进集装箱运输业务，签订年20万吨煤炭收发5年合作协议，自2022年7月运行以来收发集装箱2057车，创收29.8万元；紧跟西气东输四线项目建设进度，承揽酒泉站物资中转业务，接收大口径钢管209余车，创效33.44万元，后续物资中转正常进行；与300兆瓦新能源项目施工单位沟通，一个月内接转41车1000多箱光伏面板，创效近10万元；认真落实"两地三企一院"联席会议精神，与甘建投达成合作协议，承揽柳一红铁路一期工程1.5万吨钢轨中转业务，总价值近100万元，首批1800吨已到达总库。全年铁路专用线接卸外部市场物资6830车，同比增加123.05%，运力大幅提升。仓储利用率稳中有升。与有着20年诚信合作的西部管道公司沟通协商，建立长期合作战略伙伴关系，将物资代储服务合同由1年一签延长为3年一签，合同总额810万元；与西部钻探、甘肃鲁玉、广汉华星等零星仓储单位合同也延长为3年一签，创效近100万元，成功培育稳定的外部创收市场，成为物采中心（处）可持续发展的效益之源。

【设备管理】 2022年，物采中心（处）现有各类设备75台套，包含起重机、运输车辆、工程机械、厂内机动车辆、动力设备、检验检测设备等大类。其中特种设备19台，均周检合格，正常投入使用。设备新度系数0.22，设备原值

2405.95万元、净值451.29万元，设备完好率99.97%，设备综合利用率61%。有兼职设备管理员4人、专职1人，从事各类设备从规划、计划、选型、验收、安装、使用、维修、改造直至报废更新等设备全生命周期管理工作。加强特种设备管理。贯彻落实玉门油田公司特种设备安全管理的要求，两台压力容器办理正常停用手续，联系检测机构对5台起重机、3台叉车、3台流动式起重机进行按期检测，定期组织维护保养，确保特种设备依法合规使用。完善设备管理规章制度。组织制定电动巡逻车管理办法，按照工作循环管理规范修订完善叉车、挖掘机40项设备操作规程，确保设备管理有章可循。组织设备管理人员培训。组织设备管理人员开展设备管理系统操作、特种设备管理培训，学习玉门油田公司设备管理规章制度，提高设备管理知识和技能，进行设备管理知识考评，提升设备管理人员素质。整改设备隐患。完成压裂砂厂除尘器安装及验收，完成水泥干混螺杆式压缩机维修，对磨损严重的零部件进行了更换。对玉门油田公司设备专项检查查出的11项单机问题、19项基础工作和制度规程问题全部整改销项。对物采中心（处）特种设备专项检查查出的9个问题已全部整改关闭。

【党群工作】 2022年，物采中心（处）党委下设5个党支部，共有党员111名。

强信念聚共识，强根铸魂抓党建，政治引领锚定新航向。政治建设统领充分彰显。坚持以习近平新时代中国特色社会主义思想为指导，严格落实第一议题制度，及时跟进学习习近平总书记最新重要讲话和指示批示精神，全年落实"第一议题"制度13次、研讨议题58项，制定落实措施149条。举办"把握新发展阶段，贯彻新发展理念，构建新发展格局，推动高质量发展"读书班，专题研讨习近平总书记"三新一高"重要论述，班子成员撰写学习心得5篇，以理论的创新带动发展的创新，以思想的力量激扬奋进的力量，引导广大干部员工对"两个确立"的决定性意义领悟更加深刻，进一步增强"四个意识"，坚定"四个自信"，把"两个维护"体现在履职尽责的实绩实效上。党的领导作用全面发挥。认真落实党委工作制度，细化主体责任清单，党委书记严格履行第一责任，班子成员认真履行"一岗双责"要求。4月组织召开物采中心（处）第三次党员大会，选举产生新一届党委班子，部署中长期转型升级发展目标。坚决执行"三重一大"决策制度和集体议事规则，全年召开党委会79次，集体决策事项214件，其中"三重一大"决策75项。切实做到把党的领导更好地融入中心治理各个环节，确保集团公司党组、油田党委各项决策部署不折不扣落实到位，党委把方向、管大局、促落实的领导作用充分彰显。基层组织建设持续加强。配强补齐5名党支部书记，升级推进党支部标准化建设和"点区岗"创建活动，将总库党支部打造为中心第一个公司级示范党支部，建成西部管道1号代储库、石英砂销售组2个党员示范岗，储煤场、水泥干混站2个安全环保党员责任区，炼化大检修物资保供党员责任区；举办为期5天的党群业务知识培训班，班子成员带头讲课，50多名管理业务人员参加了学习交流，有效提升党群队伍综合素质；支部专题学习研讨11次，党员撰写心得体会31篇，两级党组织讲党课29次，党建基础工作进一步夯实。特色党建融合助推生产。创新"主题党日+"特色模式，各党支部先后开展了"喜迎二十大，赋能新时代""攻坚上产正当时，百里油区配送忙""抗疫保供，党员先行"等主题党日活动，全力保障油田重点项目建设、油气上产会战、抗疫物资供应等工作高效完成，促进党支部"定措施、解难题、抓落实"的战斗堡垒作用发挥，有力推动基层党建和生产经营相融共进。意识形态工作抓实落细。针对政治大年特殊敏感时段，专题研究部署维稳信访安保工作，组织全员学习习近平总书记关于加强信访工作"九个坚持"的重要指示精神，认真落实上级工作要求，完善《舆情管控处置预案》，制定维稳安保20条措施，组织140人签订承诺书，压实责任、强化监督、狠抓执行，实现了中心维稳治安和谐稳定。组织了2次意识形态专题会议，开展谈心谈话124次，问卷调查147人次，两级党组织开展12次员工思想动态分析，大力开展形势任务宣讲，促进员工的向心力、凝聚力、战斗力持续提升。转变观念鼓人心，创新载体聚合力。

围绕油田重大工程、重点项目，通过"喜迎二十大、建功十四五""全力助推大检修，打赢物资保供战""我为党旗添光彩，优质保供比奉献"等劳动竞赛凝心聚力鼓干劲，开展"红歌颂党恩，奋进新征程"红歌"云"接力活动、庆"三八"系列活动、"喜迎二十大·建功新时代"徒步比赛等文体活动提振士气赋新能，全员攻坚"五大战役"，顶格完成六大经营业绩指标，"三步走"实现良好开局，进一步坚定物采中心（处）转型升级高质量发展的信心，员工存在感、集体感明显增强。心系员工解难题，扶弱济困办实事。在公司党委的大力支持下，解决矿区办公楼搬迁（节约交通费50万元）、公寓改造、艰苦岗位待遇提升、职工活动中心流转等员工关注的热点难点问题10余项；进行员工健康干预，调整5名有基础病员工岗位，全员配发心脑血管应急药品和新冠肺炎中药汤剂；开展帮扶助困、金秋助学、抗疫慰问等38次，合计15.38万元，惠及员工875人次；新冠肺炎疫情期间中心党委分园区组织成立"救助队"，及时心理抚慰、及时筹措送药、及时生活帮扶，三地员工守望互助，共克时艰，物采中心（处）上下呈现空前团结新风尚，员工归属感、幸福感明显增强。

（周　宇）

共 享 中 心

【概述】　共享中心是玉门油田公司所属二级单位，主要负责公司档案管理及史志编撰、定额计价、成本效益评价、资金结算、费用核算、采购业务、法律事务、矿区事务管理、社会保险、养老保险、医疗保险、基金管理、离职离岗人员事务管理、通信电视业务、网络事务、融媒体业务、新闻采访业务、培训及技能人才评价业务、文体设施的运行维护、幼儿学前教育等工作。

2022年，共享中心机关设综合办公室（党委办公室）、计划财务科、组织人事科、运行管理科4个职能科室。基层设档案馆（史志编纂办公室）、定额计价部、成本效益评价部、资金结算部、工会与机关财务部、招标部、律师事务部、矿区事务管理部、社会保险中心、养老保险部、医疗保险部、基金管理部、离职离岗人员事务管理部、通信事业部（电视台）、网络事业部、融媒体部、新闻采访部、技能人才评价中心（实训基地）、文体部（展览馆）、芳沁园幼儿园、鸿硕园幼儿园共21个单位。2022年，共享中心在册员工918人，其中退养人员681人，在岗人员237人（管理人员110人、专业技术人员104人、工人23人）。设17个党支部，共有党员586人。

【经营工作】　2022年，共享中心完成考核费用指标6220万元，比公司下达提质增效年度指标6424万元减少费用204万元，减幅3.18%。实现经营收入3101万元，比公司下达年度预算指标2685万元增加416万元，增幅15.5%。完成外部创收853万元，比公司下达提质增效年度预算指标 520 万元增加 333 万元，增幅 64%。

档案（史志编撰）业务：完成《玉门油田公司年鉴（2021 卷）》图书出版发放工作。2022 卷玉门油田公司年鉴稿件编纂顺利完成。地质资料汇交保障公司矿权合法合规。档案库藏资源持续丰富。重点项目建设档案验收归档。

定额计价业务：完善计价基础，为油田建设工程计价、环庆物探钻井工程计价、油田建设项目计价提供依据。建成工程造价信息系统平台。围绕油田建设，抓好工程造价审核工作。聚焦新能源发展，做好新能源业务配合工作。

成本效益评价业务：做好投资计划管控，推进建设项目加快结算。推进研发投入与加计扣除。规范关联交易账务处理。完成 2021 年度油气田区块效益评价。配合完成公司税收自查、资产分类评估，形成油田整体评价报告。

资金结算业务：强化资金结算合规化管理，确保结算工作平稳运行。强化票据风险管控，提升票据价值管理能力。严格账户管理，加大资金归集度，及时清理冗余账户。加快公司封闭结算资金的回笼，提高资金使用效率。

工会与机关财务业务：核销公司各项费用 2700 笔。核销各项工会经费支出 800 余笔。完成公司和工会两套财务年终结算及账务初始化，高质量完成财务决算工作。移交档案馆工会 2018—2020 年会计凭证 220 本。

招标业务：全年累计招标 228 项，节资率 12.51%，招标率 88%。非招标采购平稳运行。集中承办并顺利实施公司机关合同业务。与中国石油物资有限公司西北分中心签订专业化实施合作协议，开启招标工作新模式。

矿区事务业务：制作不动产证 1930 本。发放不动产证 2043 本。权属调查 221 户。移交市自然资源局住户档案 156 盒。办理继承公证书、民事调解书登记备案 190 户次。统计上报油田新冠疫情信息日报表 376 次。

保险业务：社会保险全国统筹信息系统顺利上线。积极落实国家惠企社保政策。更好地贯彻落实"小病在社区，大病进医院"分级诊疗制度，将玉门油田生活基地社区医院确定为补充医疗保险、供养直系亲属医疗补助定点医疗机构。

公积金管理业务：核销医疗补助累计 13661 人次。办理工伤人员各项工伤保险待遇 338 人次。整理、装订、归档会计凭证 528 本。做好公积金基数调整、住房资金办理工作。做好公积金业务移交地方后的后续工作。

离职离岗人员事务：做好离岗人员管理服务工作。抓好再就业人员管理各项工作。夯实有偿解除劳动合同再就业人员群体维稳工作。认真负责抓好疫情防控工作。

网络通信业务：圆满完成北京冬奥会、冬残奥会、全国"两会"、党的"二十大"等特殊敏感时段的值班值守工作。确保通信线路安全可靠，信息系统平稳顺畅，电视信号清晰稳定，视频会议保障有力，三网维护及时高效。

培训业务：实训基地设备设施补充项目顺利完成。资源库得到不断完善。承办第四届全国石油石化专业职业技能竞赛暨集团公司首届技术技能大赛变配电运行值班员（新能源方向）竞赛。举办公司职业技能竞赛和酒泉市职工技能大赛。成功获批社会化培训评价资质。成为国内首家工业文化研学实践教育试点示范基地，全国工业文化专题高校思政课实践教学基地。

新闻宣传业务：出版发行《石油工人报》145 期。发布《石油工人报》数字报 145 期。播出《油田新闻》135 期，《生活万象》46 期，新华纵横 48 期。制作发布"石油摇篮"微信公众号 318 期，实况录像（直播）9 场次，制作视频作品 31 部。

文体业务：配合公司、二级单位各类会议、培训 448 场 18000 余人次。油田展览馆接待集团公司、党政机关、地方组织、油田基层各单位参观讲解 73 场 1375 余人次。各活动场馆接待活动人员 64947 人次，服务各类体育赛事 29 场次。图书室采编图书 222 套，杂志上架 925

册，服务2500余人次。

幼儿保教：幼儿入园731人创历史新高。费用成本控制在指标范围内。新生入园体检率100%，服务满意率97%以上，传染病控制率100%，幼儿出勤率85%以上，教学兑现率100%，食谱兑现率98%以上，全年安全无事故。

【队伍建设】 2022年，共享中心对20个单位（部门）的30名领导干部进行调整交流补充，提拔任用基层领导人员4名，调整交流管理人员15人，内部退养、工作调动等原因免职11人。推进落实人才强企工程，对44名40岁以下青年员工按年度制定培养计划，全面培养提升能力素质，经考核优选后纳入了骨干人才培养储备库。在技能人才评价中心（实训基地）推行"揭榜挂帅"学科带头人项目制管理，外部培训市场开发项目承包制管理，激发骨干人才干事创业的积极性和创造性。对闯市场自挣自养、自负盈亏的单位，实行超利分段奖励、亏损等比例扣罚项目制考核。对经营决策支持部门实行公司业务主管部门与物采中心（处）双重考核。实施全员业绩量化考核，员工个人奖金分配岗位贡献价值占80%，个人贡献占20%，充分体现岗位价值和个人贡献。落实公司"三强"干部素质提升"赋能计划"和关键岗位人才培养专项计划。充分利用培训学校资源和"中油e学""铁人先锋"共享培训资源，采用"互联网+培训"模式做好中心"五大"业务内部培训。开展"导师带徒"骨干人才培养，6对师徒签订培养协议，"传、帮、带"作用充分发挥。对长期缺员20%以上且无法补充人员的单位（部门），对承担超额工作量的员工进行劳动定额价值贡献奖励。对参加公司及以上特定工作任务的个人，根据完成工作任务评价进行嘉奖。纪检推行"1+N"岗位用工模式，鼓励跨单位、跨部门兼职，提高劳效，并给予兼职人员嘉奖。

【合规管理】 2022年，共享中心制定"共享中心合规管理强化年"工作运行表，对生产建设和经营管理各项业务开展内控测试，全面排查，以查促改，进一步提升合规管理工作水平。组织内控测试专家组进行内部控制测试，重点测试工程管理、财务管理、招标采购等领域内部控制执行的情况。对专项测试发现的问题进行整改，合规管理水平进一步提升。以精益化管理为切入点，开展业务手册编制工作，形成涵盖4个职能部门、18个基层单位业务的《共享中心业务操作手册》，进一步厘清工作界面，明确考核标准。组织学习宣贯集团公司法律禁止性、强制性规范指引，进一步提升员工法制思维和守法理念。组织人员参加公司深化依法治企管理培训，极大地提高培训人员合规管理意识，提升风险防控应对技能。组织在岗员工参加集团公司和油田公司全员合规培训，线上培训合格率100%。

【安全工作】 2022年，共享中心认真贯彻学习习近平安全生产重要论述、《中华人民共和国安全生产法》，严格落实公司安全工作会议精神和各项工作部署，强化"四全"原则、落实"四查"要求，以体系建设为主线，以风险管控为核心，以落实安全生产责任制为重点，提高全员安全意识，夯基础、严监管、查缺陷、补漏洞，实现安全"零事故、零伤害、零污染、零缺陷"的"四零"目标。全年制修订QHSE管理制度9项，开展承包点活动25次，逐级签订安全环保责任书，积极践行有感领导，开展全员危害因素、"三违"行为、事故隐患辨识，按时组织召开安委会，编制完成安全生产责任清单。落实春季检修，确保设备平稳运行。组织开展安全月活动，提升全员安全意识。加强冬季生产，落实安全管理措施。组织开展内部网络安全大检查，检查计算机、服务器244台。认真开展安全生产大检查暨隐患大排查大整治活动，各类问题全部限期完成整改销项。开展全要素量化审核2次，审核内部单位21家，发现一般不符合项121项，整改关闭。强化现场管控，严格执行危险作业预约申报和现场办票制度。开展监督检查 304 次，检查现场 276 个，作业许可监督 63 次，发现问题 113 项，整改验证完成率 100%。严抓承包商入口关，确保承包商安全受控。狠抓安全培训，员工安全素质进一步提升。加强玉泉苑有线电视升级改造项目、实训基地设备设施补充完善项目重点管控，项目建设安全平稳。加强车辆、消防管控，安全管理进一步规范。购置配发防疫物资，发放 N95 口罩 15000 余只，普通医用口罩 21000 余只，84 消毒液 90 余桶，酒精 210 余桶，消毒凝胶 1000 余瓶，防护面罩 30 个，防护服 20 套，抗原 225 个。配合政府流调摸排，有效阻断传播链。

【意识形态】 2022 年，共享中心不断压实责任、把握重点、改进方法，牢牢掌握意识形态工作的领导权、管理权、话语权，意识形态建设不断强化。成立意识形态工作领导小组，党委书记作为抓意识形态工作的第一责任人，全面落实意识形态工作责任。签订责任书，由班子其他成员履行分管领域意识形态责任，各单位（部门）负责人负责本单位（部门）意识形态责任。通过党委会、中心组学习、生产调度会、生产经营分析会等会议，统筹协调、安排部署中心意识形态重点工作，把意识形态工作融入业务工作全过程。坚持"党报姓党"的根本要求，加强宣传阵地管理，对石油工人报、油田电视频道、微信公众号等阵地，严格执行稿件"三审制"，从源头把握正确的政治方向和舆论导向。选任思想政治素养高、责任心强的同志为网评员，负责宣传工作动态，做好舆情监控和涉法舆情引导工作。开展网络安全检查和重点时段值守，对高危漏洞和弱口令进行整改，确保玉门油田重大节会、重要时段网络安全。针对公司意识形态工作检查"强化对幼儿教育、培训学校教师队伍的审查"要求，认真落实核查，全体教师做到了牢牢把握正确的意识形态观，坚持用马克思主义思想和党的政治思想路线引导教育学生，坚持用正确的思想占领教育主阵地。

【群团工作】 2022 年，共享中心踊跃组织各项文体活动，开展劳动竞赛活动，组织开展"双文明"建设评比活动。组织员工"八段锦"晨练、做工间操，开展第二届健步走比赛及员工乒乓球、羽毛球比赛活动，提高员工的健身意识，带领员工走出亚健康。开展"夏送清凉"慰问活动。组织共享中心人员无偿献血。策划、完成全国石油职工第二届广播体操网络公开赛混合创编组参赛作品。开办"共享加油站"，通过讲授公文写作、新媒体创作、无人机技术等公开课，帮助团员青年练就过人本领。参加全国第 59 个"学雷锋"纪念日和第 23 个"中国志愿者服务日"活动，发挥共享中心青年团员的正能量。在肃州区疫情防控及油田矿区疫情形势严峻期间，团员青年参与到公司团委志愿服务活动中，做好各项疫情防控保障工作。组织开展"石油青年心向党"主题团日活动暨党委书记专题党课，激励团员青年在担当中历练，在尽责中成长。

【党建工作】 2022 年，共享中心党委切实发挥"把方向、管大局、促落实"的作用，全力推动主体责任的有效落实。认真学习贯彻落实习近平新时代中国特色社会主义思想，落实"第一议题"制度 27 次，学习贯彻习近平总书记最新讲话和重要指示批示精神 65 篇，理论中心组学习 21 次，专题研讨 4 次，以实际行动体现和捍卫"两个确立"，进一步增强"四个意识"、坚定"四个自信"、做到"两个维护"。对 19 个基层单位进行年度工作目标、任务措施现场调研，确定 40 项重点工作，为全年经营业绩指标的完成奠定良好基础。坚持党的民主集中制，遵循"依法、科学、集体、民主"的决策原则，召开党委会 52 次，召开经理办公会 26 次，对重要事项和生产经营重点工作进行决策。党委委员带头宣讲"转观念、勇担当、强管理、创一流"主题教育、玉门油田公司第三次党代会精神、党的二十大精神共 15 场次，通过"有温度、有深度、有力度"的宣讲，切实将公司形势任务、第三次党代会精神及党的二十大精神送到员工心里。党委书记带头讲授专题党课。班子成员到联系挂点党支部上党课10次。全年入户、到岗慰问困难、先进、老党员62人次。召开中心第一次党代会，明确今后五年的发展方向。

基层党建"三基本"建设和"三基"工作深度融合，党建引领作用充分发挥。开展庆祝建党101周年系列活动。开展"一支部一特色"建设，投入资金26.65万元，筑牢基层党建阵地。进一步规范党支部"三会一课"、组织生活、主题党日活动。严格落实党员发展计划，全年转正党员8名，纳新党员3名。制定《基层党组织设置调整方案》，在岗党员党支部由原有9个整合为7个，成立10个离职离岗人员管理党支部，选举30名不在岗党员担任党支部委员。严格落实党支部书记例会制度，对党支部进行调研指导和季度考核，对季度考核中示范引领作用发挥突出的给予加分，形成了"赶比超"的良好氛围。组织开展2021年度党支部书记现场述职评议考核和基层党建工作年度考核。

召开党风廉政建设和反腐败工作会，逐级签订党风廉政建设责任书、承诺书、家庭助廉承诺书86份。认真开展"影子公司""影子股东"、化公为私问题专项整治"回头看"自查申报。开展"巡察反馈问题整改落实情况"回头看，定期落实督促党委委员党风廉政建设工作情况。对业绩考核排名相对靠后的6名干部进行提醒谈话。共享中心党委认真落实"两个责任"，加强与第一派驻纪检组的沟通，做到了既分清责任，又协同配合，双管齐下，齐抓共管，为党风廉政建设增添了活力。学习《违规吃喝典型案例》相关内容，召开研讨遏制违规吃喝座谈会，研判本单位业务领域存在的问题和风险，提出纠治违规吃喝问题的有效措施。对2019年至2021年原信息中心、新闻文化中心、矿区管理部，共享中心相关差旅费、培训费及业务招待费进行自查，专项治理取得实实在在的效果。学习习近平总书记关于腐败与反腐败、"围猎"与"反围猎"等重要论述。开展"反围猎"主题展板宣教，制作展报7块。组织进行"围猎"风险辨识，排查各类风险105项。征集"反围猎"作品15份，获奖5份。签订"三商"承诺书。有效防范共享中心（处）两级领导班子成员及关键岗位人员被"围猎"风险，形成"反围猎"风险防控长效机制。

【荣誉奖励】 2022年，共享中心获酒泉市政府产教融合先进单位，玉门油田公司工会先进单位，玉门油田公司第十一届职业技能竞赛优秀组织单位，玉门油田公司2022年度安全先进集体。全国石油职工第二届广播体操网络公开赛混合创编组参赛作品获中国石油体育协会三等奖。由万瑞玲、王振军指导，杨博、王茜配音，徐玉洁、赵倩妮创作的《玉门护矿运动》获集团公司"喜迎二十大，档案颂辉煌"微视频二等奖。朱俊霖摄影作品《内有乾坤》获玉门油田公司"礼赞建团百年、筑梦青春韶华"青年文化作品创作大赛一等奖。郭玉琦美术作品《反腐败组图》获玉门油田公司廉洁文化作品征集评比一等奖。王军平文字作品《廉洁赋》、石军摄影作品《出淤泥而不染》、潘洁剪纸作品《一路清廉》获玉门油田公司廉洁文化作品征集评比三等奖。谢延勤题为《哺育幼苗守初心，立德树人勇担当》的党课，被评为玉门油田公司纪念建党100周年征文基层党支部书记优秀党课。郭玉琦创作的《以梦为马，不负韶华，感恩"铁人先锋"》、陈雯创作的《手机里的红色家园》、肖璐创作的《中国红的成长》，被评为玉门油田公司纪念建党100周年征文优秀作品。

（王军平）

离退休人员管理中心

【概述】 离退休人员管理中心（简称退管中心）隶属玉门油田公司，是玉门油田离退休人员群体管理服务单位。主要负责油田离退休人员、精简下放人员、退职人员、工农业家属工、再就业人员、离退休人员遗属等八类群体的管理服务工作。

2022年，退管中心管理和服务八类群体14770人，其中离休6人、在职退休6269人、有偿解除劳动合同退休3825人、退职17人、遗属1283人、20世纪60年代精简下放623人、工农业家属工2627人、再就业人员120人。酒泉本部管理12540人，兰州、成都、西安三个驻外基地管理2230人。退管中心在册员工120人，其中在岗65人、内部退养53人、离岗歇业2人。在岗职工有高级经济师1人、高级会计师1人、高级政工师1人、中级职称11人、初级职称21人。退管中心机关设办公室（党委办公室）、计划财务科、离退休业务管理科3个科室。基层设第一管理站、第二管理站、第三管理站、第四管理站、老年大学管理部、兰州离退休基地、成都离退休基地、西安离退休基地8个单位。

【为老服务】 2022年，退管中心连续七年推行"针对性、走动式、亲情化"服务活动，组织离退休工作者进千家门、问千家事、解千家难、暖千家心，努力优化管理服务工作。退管中心持续规范制度流程，调整帮扶标准，完善资料信息，实现全覆盖走访、常态化服务。慰问标准、住院探视标准、生日祝寿标准、丧事协办标准、住院探视次数得到优化。总结并固化重大节日慰问、住院探视、生日祝寿、困难帮扶、丧事协办、文体活动、教学成果展示、表彰奖励8个常态化服务项目，"五七工"、家属工和职工遗属全部纳入常态化管理服务范围。针对新中国成立前参加工作人员、抗美援朝、石油师的老员工建立服务登记卡，开展重点服务，针对高龄独居老人开展个性化服务。

落实"两项待遇"（政治待遇和生活待遇）。继续保障报刊订阅、情况通报、走访慰问、文化交流、困难帮扶等各项待遇，征订《石油工人报》《石油金秋》各7890余份。邀请老员工代表参加玉门油田公司、退管中心有关会议，支持老员工在油田改革、精神文明建设、党风廉政建设、公益事业、维护治安稳定等方面发挥作用。按标准发放统筹外费用，共发放"三节"慰问金2802.62万元、物业补贴1518.74万元，提前退休工龄补贴507.47万元，遗属生活费476.56万元，精简下放人员生活费233.05万元，健康疗养费260.87万元。2022年医院探视372人次，节日走访慰问2636人，表彰"老年事业热心人""健康老人"476人，为整岁老人生日祝寿548人，为2377名老同志组织健康体检，办理大病医疗救助79人，发放救助金36.57万元。举办趣味杂耍活动，近12000名各群体老同志参与。优化服务环境。退管中心筹措资金，改善老同志文化活动设施，对文体中心合唱班大教室进行目视化改造，对疗养院东院教学楼进行升级改造。在新冠肺炎疫情防控压力巨大的情况下，对兰州基地进行活动室改造，对成都基地实施老旧小区改造，对西安基地推进物业改造。

【老年大学】 2022年，退管中心扩大办学规模。优化专业班级设置，开设舞蹈、声乐、管乐、打击乐、乐理基础、二胡、古筝、手风琴、葫芦丝、瑜伽、肚皮舞、书法、绘画、剪纸等14个专业，成立石油摇篮合唱团、石油摇篮管乐团。2022年秋季新增打击乐、管乐班、书法、古筝基础教学班，教学班级43个，在校学员2150余名。完善管理制度，完善班级自治制度，制定教师考核办法，通过考核教学内容、调查学员满意度等方式，调动教师授课积极性。发布《老年大学学员守则》，编印《老年大学曲谱》，规范师生行为和教学辅导材料。完善考勤管理制度，提高学员出勤率。制订评先选优和奖惩制度，召开开学典礼暨庆祝教师节座谈会，年终表彰优秀教师28人，优秀班干部42人，优秀学员105人。组织成果展示，打造精品课堂、特色课堂，老年大学学员自编自创的舞蹈、乐器节目、书法绘画剪纸等作品获得省级以上奖项6项，3个声乐班推送的"红歌颂党恩、喜迎党的二十大"合唱视频，获玉门油田公司二等奖1个、三等奖2个。举办"喜迎二十大、奋进新征程"老年大学教学成果展演、书法绘画剪纸作品展和庆祝教师节才艺展示等活动。

【基础管理】 2022年，退管中心先后组织完成"安全月""质量月"活动任务，按要求推动反违章专项整治，做好消防安全专项检查，对老年大学和库房安全隐患进行整改。加强QHSE体系建设，完成下半年内部审核任务，实现重大风险管控措施落实到位、重大事故隐患排查治理到位、重点工作部署执行到位、审核检查发现的问题整改到位。规范离退休业务工作流程、统计报表、基础台账，研究制订各群体13项服务管理工作流程图、25类报表、5本10表基础台账，强化驻外基地合规管控，共享平台按要求上线运行。深化提质增效专项行动，编制提质增效工作方案，层层分解指标，严把核销关口，各项指标稳定受控；深化全面预算管理，建立财务预算管理制度，2022年指标控制在玉门油田公司下达的预算之内；强化资产精细分类、精准评价，提升资产管理质量，处置报废资产17项；强化资金运行管理，月资金计划执行率95%以上。

【党群工作】 2022年，退管中心做到"两个维护"。退管中心党委提高政治站位，彰显政治属性，强化政治"三力"，增强"四个意识"，坚定"四个自信"，做到"两个维护"，努力在学懂弄通做实习近平新时代中国特色社会主义思想上做表率，始终在政治立场、政治方向、政治原则、政治道路上同党中央保持高度一致。退管中心上下步调一致听党话跟党走，中央、集团公司党组、油田党委各项决策部署贯穿离退休管理服务全过程。退管中心党委将学习习近平新时代中国特色社会主义思想和党的十九大及历次会议精神、党的二十大精神、习近平总书记重要讲话精神等内容列为理论中心组学习、党支部"三会一课"和其他重要会议的"第一议题"，把学习融入日常、抓在经常。重温习近平总书记给大庆油田发现60周年的贺信，深入学习习近平总书记关于加强国有企业党的建设的重要论述。党的二十大胜利召开以来，原原本本学习领会习近平总书记在党的二十大会议上的报告精神，深刻理解重大理论观点、重大工作部署。针对性开展"建言二十大"和"我看中国特色社会主义新时代"调研活动，组织开展理论成果总结评比表彰。建立健全议事规则，严格执行"三重一大"决策制度，有效发挥"把方向、管大局、促落实"作用。执行中共中央《关于新形势下党内政治生活的若干准则》，规范召开领导干部民主生活会，开展批评与自我批评，开展党组织书记抓党建工作述职测评，实事求是总结基层党建工作得与失。落实国有企业基层组织工作条例，开展"党支部建设年"活动，以基层党支部考核评价实施细则为标准，第三管理站党支部通过玉门油田公司党委"示范党支部"复审验收。借助"铁人先锋"组织会议、学习与在线答题，发挥智慧党建作用。组织党员参观红色教育基地，开展知识竞赛、党建成果展评、我与平台的故事征集、优秀党课评比、学习党的二十大精神电子板报评选等活动。开展党组织书记上党课10场次，慰问困难党员和老党员702人，主题党日活动81次，参与人数1568人次。注重党员发展工作，3名预备党员按期转正，3名青年按组织程序确定为入党积极分子。深入基层单位调查研究，宣扬党的方针政策，弘扬石油精神、大庆精神铁人精神和玉门精神，培育社会主义核心价值观。加强信息传播审核把关，加强网络舆论引导，接收正面信息，不信谣不造谣不传谣。在《石油金秋》《石油工人报》《酒泉日报》和油田电视台、油田信息网、集团公司老干部局网页、石油摇篮、石油党建等媒体刊登稿件200余篇。

【廉政建设】 2022年，退管中心党委不断提升党风廉政建设工作的针对性和时效性，着力营造风清气正工作环境。坚持开展政治理论教育、理想信念教育、党规条纪教育、预防警示教育。组织退管中心党员干部通过"铁人先锋"APP参加玉门油田公司纪委"学党规、守党纪、强党性"党规党纪知识竞赛、"反围猎"专项知识答题，在职党员干部的参与率和合格率100%。组织开展"反围猎"专项行动，学习相关材料，张贴宣传画，重新排查亲属经商办企业情况，征集"反围猎"书画作品15幅。贯彻落实中央、中央纪委、集团公司党组、玉门油田公司党委、玉门油田公司纪委工作要求，严格对照《全面从严治党主体责任清单》，印发《党委会前置研究讨论重大经营管理事项清单》，推动落实党委主体责任、党委书记"第一责任人"责任、班子成员"一岗双责"。召开退管中心党风廉政建设和反腐败工作会议，全面安排部署反腐倡廉各项工作，坚持不懈整风肃纪，退管中心连续六年没有发现违规违纪案件，没有发生信访举报事件。退管中心党委注重与派驻纪检组的情况沟通，重要会议提前与纪检组沟通，送达有关会议材料，按要求参加（列席）会议。研究决策、人员调整、制度修订、表彰奖励等重大事项坚持通报情况，落实工作联络机制，工作运行协调顺畅。

【疫情防控】 针对2022年新冠肺炎疫情形势跌宕起伏，退管中心把员工生命安全和身体健康放在首位，统筹安排疫情防控，准确掌握动态信息，购置储备防疫物资，在职员工和老年大学在防控期间做到零疫情。兰州基地、成都基地和西安基地加强生活物资保障，为封控中的离退休人员送关怀、送蔬食、送药品，提供帮助。

【荣誉奖励】 2022年，李培栋获玉门油田公司2021年度安全环保先进个人；离退休人员管理中心获集团公司老干部局"颂百年风华、赞千秋伟业"主题征文活动优秀组织单位。王玉莲、郑兰平获集团公司老干部局"颂百年风华、赞千秋伟业"主题征文活动一等奖，吕春萍、张江虎、武晓文、雷一兵获二等奖，胡金秀、赵华、黄美英、李凤能、冀孜梅、高琰璋获三等奖。离退休业务管理科获玉门油田公司党委、玉门油田分公司、玉门油田公司工会2020—2021年度"双文明"先进集体，范志刚、赵华获2020—2021年度"双文明"先进个人。周伯武、刘进获玉门油田公司工会2021年度工会工作最佳支持者，郭瑞获劳动竞赛优秀组织者，李斌获劳动竞赛先进个人，刘进、张艳、袁彩群、王晓鹦、陈雷获先进工会工作者。

（鲁建祥）

第十篇 大事纪要

北京中华世纪坛青铜甬道1939年大事记中刻载铭文

2022年大事纪要

一 月

5日 玉门油田公司召开2022年质量健康安全环保工作会议，总结2021年质量健康安全环保工作，分析研判当前面临的形势，安排部署2022年重点工作。

同日 玉门油田公司召开党委会，落实"第一议题"制度，传达学习贯彻习近平主席2022年新年贺词、习近平总书记对党史学习教育总结工作的重要指示和党史学习教育总结会议精神、习近平总书记对做好"三农"工作的重要指示和中央农村工作会议精神。玉门油田公司党委书记、执行董事刘战君主持学习并讲话。

6日 玉门油田公司以视频会方式召开2021年度主营业务工作会，总结2021年油气勘探、油田开发、炼化销售、新能源、工程技术攻关工作，分析各专业领域面临的形势，部署2022年重点工作，为全年主营业务发展定好基调、明好方向、做好安排。

7日 玉门油田公司召开2021年科技与信息化创新大会暨市场开发工作会，全面总结公司"十三五"科技与信息化暨市场开发工作，部署"十四五"推进科技与信息化暨市场开发的总体目标、重点任务及举措。公司执行董事、党委书记刘战君要求全体干部员工要深刻认识与把握新阶段新使命新要求，坚持以科技与信息化创新支撑当前、引领未来，建设中国石油西部多能驱动创新高地，全面开创工程技术服务业务效益发展新局面，为建设基业长青百年油田贡献力量。

同日 甘肃省总工会党组成员、副主席张弘强一行对玉门油田公司工会履职尽责、制度体系建设、工作中存在的困难与问题、工会工作创新发展规划等方面进行调研座谈。玉门油田公司副总经理、工会主席苗国政出席并主持座谈。甘肃省总工会一行检查玉门油田工会资料，并对油田工会工作提出意见和建议。

同日 甘肃省人社厅党组成员、副厅长刘诚，省人社厅二级巡视员吴安祥一行到玉门油田实训基地，就实训基地项目建设情况、职业技能培训等方面工作进行调研。玉门油田公司纪委书记王盛鹏参加调研。刘诚一行先后调研实训教学楼、实训工厂、无纸化考试中心、融媒体实训场。刘诚对实训基地在基础设施完善、实习实训设备配套、教育教学环境等各项工作所取得的成绩给予充分肯定和高度评价，并对实训基地做好下一步发展规划工作提出要求。酒泉市政府、酒泉市人社局、油田党委组织部（人事处）、生产服务保障中心、共享中心相关负责人参加调研。

10日 集团公司以视频形式召开党史学习教育总结会议，玉门油田公司领导刘战君、来进和、苗国政、胡灵芝、梁宁、王盛鹏在玉门油田分会场参加视频会议。

同日 玉门油田公司党委落实"第一议题"制度，深入学习贯彻习近平总书记重要讲话精神，公司党委书记、执行董事刘战君主持会议并对深入学习贯彻习近平总书记重要讲话精神提出要求。公司党委领导班子成员刘战君、来进和、苗国政、胡灵芝、梁宁、王盛鹏结合工作实际，分享学习所学所悟，畅谈心得体会和贯彻落实的措施。

11日　玉门油田公司与甘肃建设投资集团签署合作框架协议。玉门油田公司党委书记、执行董事刘战君，玉门油田公司党委副书记、总经理来进和，甘肃建设投资集团党委书记、董事长苏跃华，酒泉市委书记王立奇，酒泉市委副书记、市长唐培宏出席签约仪式。玉门油田公司副总经理苗国政和甘肃建设投资集团副总经理陈志亮，代表双方在合作框架协议上签字。

11—14日　玉门油田公司党委委员、纪委书记王盛鹏深入环县罗家沟村和天子渠村走访慰问2个帮扶村，20户困难群众以及油田驻村工作队6名干部员工，送去米面油等慰问品，带去玉门油田公司党委的深切关怀和新春祝福。

18日　玉门油田公司2022年工作会议暨八届二次职工代表大会举行第二次全体会议。在圆满完成会议各项议程后，公司2022年工作会议暨八届二次职工代表大会闭幕。

19日　股份公司勘探与生产分公司采用网络视频会议形式在北京组织有关专家召开《玉门油田多能互补一体化示范项目预可行性研究报告》初步审查会，报告顺利通过专家组评审。股份公司副总裁、勘探与生产分公司执行董事、党委书记李鹭光，勘探与生产分公司总经理张道伟，中国科学院院士、集团公司新能源首席专家邹才能参加会议并对进一步完善项目预可行性研究报告提出了要求。玉门油田公司执行董事、党委书记刘战君，总经理、党委副书记来进和，总会计师梁宁在玉门油田分会场参加审查会。

20日　玉门油田公司党委领导班子召开党史学习教育专题民主生活会。党委班子成员紧扣会议主题，坚持理论联系实际，坚持问题导向，深入进行党性分析，严肃开展批评和自我批评。集团公司党史学习教育专题民主生活会督导组组长任绍维、成员高明江通过视频指导会议，集团公司纪检监察组三中心主任赵建江、综合处高级业务主管梁晓丽现场列席会议。公司党委书记、执行董事刘战君主持会议并带头对照检查发言，领导班子成员来进和、苗国政、胡灵芝、梁宁、王盛鹏逐一发言。

21日　玉门油田公司与玉门市委市政府举行座谈，双方围绕持续深化企地合作、合力破解发展难题，推动高质量发展进行深入交流，共谋推动企地高质量发展大计。玉门油田公司执行董事、党委书记刘战君，总经理、党委副书记来进和，副总经理、工会主席苗国政，副总经理胡灵芝，总会计师梁宁，纪委书记王盛鹏参加座谈。玉门市委书记王超主持会议。玉门市委副书记、市长李应伟，市人大常委会主任蔺国勤，市政协主席李玉祥参加座谈。

同日　集团公司以视频形式召开危险化学品安全风险集中治理工作推进视频会，结合春节前安全环保形势，集团公司党组成员、副总经理、安全总监黄永章对近期重点工作提出要求，确保集团公司安全环保形势持续稳定。玉门油田公司质量安全环保处、乍得分公司、离退休管理中心及二级单位主要领导、安全总监、相关业务职能部门负责人在油田分会场收看视频会议。

24日　玉门油田公司党委落实"第一议题"制度，深入学习贯彻习近平总书记重要讲话精神，公司党委书记、执行董事刘战君主持会议，并对深入学习贯彻习近平总书记重要讲话精神提出明确要求。公司党委领导班子成员刘战君、来进和、苗国政、胡灵芝、梁宁、王盛鹏结合玉门油田实际，分享学习体会心得，畅谈在下一步工作中的具体落实措施。

25日　股份公司勘探与生产分公司召开2022年质量健康安全环保节能工作视频会，深入学习贯彻集团公司2022年工作会议和质量健康安全环保工作会议精神，总结国内上游业务2021年质量健康安全环保节能工作，分析当前存在的问题和面临的形势，安排部署2022年重点任务。股份公司副总裁、勘探与生产分公司执行董事、党委书记李鹭光出席会议并讲话。玉门油田公司领导刘战君、来进和、胡灵芝在分会场参加会议。玉门油田公司相关部门负责人、质量安全环保部门人员在油田分会场收看视频会，各二级单位在本单位收看视频会。

25—28日　玉门油田公司领导刘战君、来进和、苗国政、胡灵芝、梁宁、王盛鹏走访慰问油田一线党员、海外员工、劳动模范、困难户家庭，送去油田公司党委、油田公司的温暖与新春祝福。

26日　新春佳节来临之际，玉门油田公司举办离退休人员座谈会。公司执行董事、党委书记刘战君，总经理、党委副书记来进和，总会计师梁宁和油田离退休人员代表共聚一堂，总结油田过去一年的工作成就，畅谈新一年的美好憧憬。

29日　玉门油田公司党委落实"第一议题"制度，深入学习贯彻习近平总书记重要讲话精神，公司党委书记、执行董事刘战君主持会议，并对深入学习贯彻习近平总书记重要讲话精神提出明确要求。公司党委领导班子成员刘战君、来进和、苗国政、胡灵芝、王盛鹏结合各自分管的工作，分享学习感悟，并制定下一步工作中的具体方案和措施。

同日　玉门油田公司执行董事、党委书记刘战君，总经理、党委副书记来进和到共享中心新建成的融媒体中心，走访慰问油田新闻工作者，向全体新闻工作者致以新春的祝福，并对下一步新闻宣传工作提出要求。

同日　玉门油田公司与酒泉市召开新春座谈会。双方互致新春问候，并就进一步持续深化企地合作，合力破解发展难题，实现企地融合发展进行了深入细致地交流，共同谋划推进高质量发展。公司执行董事、党委书记刘战君，总经理、党委副书记来进和，副总经理、工会主席苗国政，副总经理、安全总监胡灵芝，纪委书记王盛鹏和酒泉市人大常委会党组副书记、副主任李丽，副市长赵峰，市政协副主席柳渊等酒泉市领导参加座谈会。

30日　玉门油田公司与肃州区领导举行新春座谈会。公司执行董事、党委书记刘战君，总经理、党委副书记来进和，副总经理、安全总监胡灵芝，酒泉市委常委、肃州区委书记何正军，区政府副区长、区公安分局局长贾平先进行座谈。

二　月

1日　农历大年初一，玉门油田公司执行董事、党委书记刘战君慰问在新春佳节仍然坚守在生产一线的干部员工。

2日　北京2022年冬奥会火炬接力启动仪式在北京奥林匹克森林公园举行。玉门油田炼化总厂联合运行一部焦化装置长、全国劳动模范文盛作为第147棒火炬手，在北京冬奥公园传递圣火。文盛是继苗国政、赵兴仁当选2008年北京奥运会火炬手之后，玉门油田公司第三位参加奥运会火炬传递的一线员工。

7日　玉门油田公司召开新能源并网发电项目建设启动会，公司领导刘战君、来进和、梁宁参加会议。公司新能源事业部汇报近期新能源工作进展及重点项目推进情况，水电厂汇报玉门油田新能源并网发电项目准备情况。

同日　玉门油田公司党委进行"第一议题"学习研讨。会议学习习近平总书记重要讲话精神和习近平总书记在《求是》杂志上发表的重要文章《努力成为可堪大用能担重任的栋梁之材》。公司党委书记、执行董事刘战君主持会议，公司党委领导班子成员来进和、苗国政、胡灵芝、梁宁、王盛鹏围绕学习内容进行研讨交流。

9日　玉门油田公司开发部筹备的宁庆天

然气勘探开发技术研讨会举行,并设立环庆采油厂、宁庆区块两个分会场。公司领导刘战君、苗国政、胡灵芝、梁宁、王盛鹏参会指导。

11日　玉门油田公司以现场和视频相结合的方式召开2022年党风廉政建设和反腐败工作会议,全面贯彻落实十九届中央纪委六次全会、集团公司2022年党风廉政建设和反腐败工作会议精神、甘肃省纪委十三届六中全会精神,总结2021年公司党风廉政建设和反腐败工作,研究部署2022年工作任务,努力推动新时代纪检监察工作高质量发展,踔厉奋发服务保障基业长青的世界一流企业建设。

同日　玉门油田公司与酒泉市人民医院交流座谈,双方就如何改善玉门矿区员工医疗条件、提升玉门油田员工体检管理水平、加强玉门油田一线员工应急救治保障等问题深入交流座谈,达成了共识。公司纪委书记王盛鹏,副总师、机关相关部门负责人参加座谈。

14日　玉门油田公司科技信息与对外合作处与甘肃建投酒泉市交通能源发展有限公司交流座谈,双方就油田土地资源开发合作意向、合作可行性及合作模式、生态林投融资政策及投资效益评估等问题深入交流座谈,达成了初步共识。公司财务处、企管法规处的相关科室人员参加座谈。

22日　玉门油田公司执行董事、党委书记刘战君,总经理、党委副书记来进和,总会计师梁宁与西北销售公司总经理、党委副书记赵振学,副总经理朱海龙进行座谈。双方就成品油、天然气销售等工作广泛交流,就加强合作达成共识。

2月　玉门油田公司炼油化工总厂实现盈利3876万元,生产经营再创佳绩。

三　月

1日　玉门油田公司与吐哈油田公司举行座谈,共同交流财务管理、新能源业务等工作。公司总会计师梁宁、吐哈油田公司总会计师杨忠东参加座谈。座谈会上,玉门油田新能源事业部简要介绍新能源业务开展情况,吐哈油田介绍生产经营和财务指标情况。双方围绕新能源发展方面拥有的优势和技术,以及新能源发展方向、路径等进行深入交流。

2日　玉门油田公司组织专家以现场和视频会议方式召开300兆瓦光伏并网发电项目可行性研究报告预审会。公司副总经济师、新能源事业部、水电厂以及公司相关部门及单位人员参加项目预审会。

3日　玉门油田公司执行董事、党委书记刘战君与中国寰球工程有限公司总经理、党委副书记宋少光进行座谈交流。双方就炼化转型方案、新能源建设、零碳甲醇合成以及电烯烃等前沿技术进行深入交流并签署合作框架协议。玉门油田公司总经理、党委副书记来进和,总会计师梁宁参加座谈。

同日　玉门油田公司执行董事、党委书记刘战君与中国石油勘探开发研究院副院长雷群共同为集团公司纳米化学重点实验室"玉门油田裂缝性低/特低渗透油藏纳米技术应用研究室"揭牌,并举行技术交流座谈。公司副总经理、安全总监胡灵芝,纪委书记王盛鹏参加会议。

4日　甘肃省委常委、省政府党组副书记、常务副省长程晓波一行到油田玉门东200兆瓦光伏发电示范项目现场调研。甘肃省发展和改革委员会副主任、能源局局长孟开,酒泉市委副书记、市长唐培宏,玉门市委书记王超,玉门市委副书记、市长李应伟,酒泉市、玉门市及油田相关部门领导陪同调研。

5日　玉门油田公司团委举办的"学雷锋树新风,学铁人立新功"青年志愿服务系列活动正式启动。公司党委书记、执行董事刘战君参加启动仪式并宣布青年志愿服务系列活动正式启动，总会计师梁宁主持启动仪式。本次志愿者活动分别在酒泉、玉门老市区、环庆及塔里木四地开展，3月1—31日集中开展，并持续到全年。

8—10日　玉门油田公司总经理、党委副书记来进和、总会计师梁宁，带领党委办公室（综合办公室）、规划计划处、财务处、生产与工程管理处、质量安全环保处、开发部负责人，到环庆采油厂现场调研。

11日　玉门油田公司党委理论学习中心组专题学习全国"两会"精神。油田领导班子成员参加学习。

同日　玉门油田公司合并召开周综合生产调度会和疫情防控部署会，针对变化的疫情形势，统筹疫情防控和油田生产经营工作，对油田疫情防控工作再动员、再部署、再落实。

14日　玉门油田公司召开党委会，落实"第一议题"制度，深入学习贯彻习近平总书记重要讲话精神。公司党委书记、执行董事刘战君主持会议，并对深入学习贯彻习近平总书记重要讲话精神提出明确要求。公司党委领导班子成员刘战君、来进和、范铭涛、苗国政、胡灵芝、梁宁、王盛鹏，结合分管的业务领域和工作实际，分享学习体会心得，提出在下一步工作中的具体落实措施。

15日　玉门油田公司与酒泉市举行座谈会，协商解决油田新能源建设发展中的相关问题，共同谋划推动企地高质量发展大计。公司执行董事、党委书记刘战君主持座谈会，总经理、党委副书记来进和，总会计师梁宁，酒泉市副市长赵峰参加座谈。玉门市委副书记、市长李应伟，油田相关部门、单位负责人参加了座谈。

16日　玉门油田公司领导对新建成的油田实训基地进行调研，详细了解实训基地建设及运行情况。执行董事、党委书记刘战君要求实训基地要打造好油田高技能人才"孵化"基地，打响油田"培训品牌"，实现效益发展、可持续发展，为油田开辟新的业务领域。总经理、党委副书记来进和，总会计师梁宁，纪委书记王盛鹏参加调研。

同日　玉门油田公司工会召开十四届五次全委（扩大）会议，总结2021年工会工作，全面部署2022年重点工作。会议要求各级工会组织要把握新使命、新任务、新目标，深化改革创新，激发基层活力，践行初心使命，竭诚服务职工，奋力开创新时代工会工作新局面。

同日　第四届全国油气开发专业职业技能竞赛暨中国石油首届技术技能大赛新能源变配电运行值班员职业技能竞赛首次裁判会暨竞赛启动会在玉门油田举行，标志着集团公司首届新能源竞赛筹备工作正式启动。本次竞赛是在集团公司人力资源部的大力支持、指导下，由中国石油天然气集团有限公司主办，玉门油田公司承办，采用"岗位练兵＋总决赛"的模式进行，分为岗位练兵、赛前集训、总决赛三个阶段，玉门油田、青海油田、吐哈油田共派出30名选手参加总决赛。

17日　玉门油田公司召开2022年基层调研问题解决协调会，讨论、完善调研中基层单位反馈问题的初步解决措施，对下一步工作中需要解决的问题进行讨论、梳理和研究，推动问题解决走深走实。公司执行董事、党委书记刘战君强调，要全面提升治企能力，增强服务基层意识，做好工作调研的"后半篇文章"。

18日　玉门油田公司召开2022年第一次井控领导小组会议，学习传达井控工作相关会议精神，安排部署近期井控重点工作。公司领导来进和、范铭涛、苗国政、胡灵芝、梁宁参加会议。

5日至3月底　玉门油田公司对所有职能管理部门及基层单位展开QHSE管理体系审核，对领导干部进行安全生产履职能力评估。公司成立以执行董事、党委书记刘战君，总经理、党委副书记来进和为组长的QHSE管理体系审核工作领导小组。设置4个审核组,由公司领导分别带队,对各单位开展全要素量化内部审核。

21日　玉门油田公司执行董事、党委书记刘战君,总经理、党委副书记来进和,总会计师梁宁与酒泉市委常委、肃州区委书记何正军,区委常委、常务副区长张剑雨等领导就企地双方进一步加强合作进行深入交流。梁宁介绍玉门油田经营发展情况和新能源发展规划部署。区委常委、副区长张鹏等肃州区领导和油田相关部门领导参加座谈。

同日　玉门油田公司召开党委(扩大)会,学习贯彻习近平总书记近期关于疫情防控工作的重要指示,传达学习习近平总书记在3月17日中共中央政治局常委会上的重要讲话精神,讨论完善玉门油田新冠肺炎疫情防控工作措施,对油田近期新冠肺炎疫情防控工作进行周密部署、严格要求。党委书记、执行董事刘战君主持会议。党委委员范铭涛、苗国政、胡灵芝、梁宁、王盛鹏分别提出要求。公司党委办公室(综合办)、党委组织部(人事处)、质量安全环保处、共享中心负责人参加会议。

同日　玉门油田公司组织召开2022年地面工程与生产系统工作部署会,全力推进油气田地面建设与生产管理水平再上新台阶。

24日　玉门油田公司与玉门市就促进经济发展举行交流座谈。双方表示,面对新形势新要求新目标,要加强沟通协作,共商共建,共谋发展。公司执行董事、党委书记刘战君,总经理、党委副书记来进和,总会计师梁宁,玉门市委书记王超参加座谈。双方简要介绍2022年一季度玉门市工业指标、经济发展、油田生产经营、炼化生产以及二季度的生产经营部署。公司规划计划处、财务处、党委办公室(综合办)相关负责人,玉门市委副书记曹广成参加座谈会。

25日　玉门油田公司党委召开"转观念、勇担当、强管理、创一流"主题教育活动启动部署暨首场宣讲会,公司党委书记、执行董事刘战君进行首场主题教育宣讲。公司党委副书记、总经理来进和主持宣讲会。

同日　玉门油田公司召开2021年度QC成果发布会,来自玉门油田10家基层单位的14项成果进行了发布和交流。本次发会也是玉门油田参加集团公司和甘肃省质量管理小组活动成果评比的选拔会。公司质量安全环保处、科技信息对外合作处、各基层相关单位质量管理负责人参加本次发布会。

28日　国家能源计量中心(电力)管理委员会在2022年第一次视频会上部署,玉门油田将建设国家能源计量中心(电力)酒泉新能源分中心。玉门油田公司总会计师梁宁在油田分会场参加会议。会议总结2021年工作,安排部署今年工作,讨论国家能源计量中心(电力)两个分中心及酒泉新能源分中心成立事宜。中国电力科学研究院副总经理(副院长)许海清、中国电力科学研究院计量研究所所长赵兵、中国电力科学研究院计量研究所党委书记周峰参加会议。玉门油田相关部门负责人、中国电力科学研究院计量研究所副所长、副总工程师、高级专家、部门负责人、职员参加会议。

同日　伴随鸭K1-15井平稳泵入二氧化碳,玉门油田首次二氧化碳吞吐试验正式拉开序幕。此次试验的顺利开展,填补国内油田高温高压深井二氧化碳吞吐技术空白,丰富玉门油田提高采收率技术手段,为老油田高质量开发拓宽思路。二氧化碳吞吐作为玉门油田推进落实集团公司"双碳"战略的重要举措,通过前期试验,进一步验证二氧化碳注采技术的适应性及可行性,为油田下一步CCUS工作部署提供重要指导依据。

28日　玉门油田公司执行董事、党委书记刘战君参加酒泉市、嘉峪关市打造双城经济圈建设省域副中心联席会议并讲话。酒泉市委书记王立奇、嘉峪关市委书记雷思维，中核集团副总工程师、中核四〇四有限公司党委书记、董事长刘士鹏，敦煌研究院院长苏伯民，酒泉钢铁（集团）有限责任公司党委书记、董事长陈得信出席会议并讲话。

29日 集团公司召开"人才强企工程推进年"启动视频会，总结集团公司人才强企工程取得的工作成效，安排部署2022年重点工作，分享先进经验和典型做法。玉门油田公司在分会场组织参加，执行董事、党委书记刘战君在玉门油田分会场参加会议，并对油田人才强企重点工作提出具体要求。

同日 玉门油田公司以视频形式召开干部大会，宣布集团公司党组对玉门油田公司领导班子调整配备决定。经集团公司党组研究决定：唐海忠任玉门油田分公司党委委员、总地质师，范铭涛不再担任玉门油田分公司党委委员、副总经理职务。

31日 玉门油田公司纪委召开党风廉政建设和反腐败工作暨联合监督协调小组会议，深入学习习近平总书记重要讲话、集团公司和油田公司关于建立联合监督体系、违纪违法和内部违规处理职责分工的相关制度文件。公司纪委书记王盛鹏参加会议并讲话。

四 月

2日 玉门油田公司召开党的建设领导小组会暨一季度党委书记例会，听取基层单位党委在加强党的建设、从严治党工作中的好做法和经验，审视存在的问题矛盾和困难，梳理下一步工作措施，宣贯培训、解读公司党委主体责任和纪委监督责任落实的相关规定。党委书记、执行董事刘战君就加强党建引领提出具体要求。

同日 玉门油田公司召开2022年炼化装置、水电设备大检修启动会，就炼化装置、水电设备检修策划、修理费用的管控、检修项目梳理、设计委托检修相关内容进行部署，并要求各单位高度重视、精心组织，全力做好2022年炼化装置、水电设备大检修的各项准备工作。公司总经理、党委副书记来进和，副总经理、安全总监胡灵芝参加会议并提出具体要求。

6日 股份公司勘探与生产分公司召开《玉门油田玉门东镇200兆瓦光伏项目储能系统可行性研究报告》视频初步审查会。会议围绕可行性研究报告进行讨论，并形成初步审查意见。玉门油田公司总经理、党委副书记来进和在分会场参加会议。勘探与生产分公司新能源事业部总经理苏春梅主持会议。甘肃科源电力集团有限公司执行董事、党委书记金健参加会议。

8日 玉门油田公司以视频会议形式召开一季度生产经营分析会暨提质增效价值创造部署会，对照年初确定的重点工作和整体思路，对标对表，全面盘点一季度疫情防控和生产经营工作，精准施策，安排部署二季度重点工作。一季度玉门油田公司原油产量完成15.5万吨；生产天然气256万立方米；原油加工量完成52.23万吨，超计划0.73万吨。实现盈利1.58亿元，创2011年以来首次实现季度经营利润为正的佳绩。

13日 玉门油田公司与酒泉钢铁集团公司举行座谈会，双方围绕深化合作相关问题深入交流。玉门油田公司执行董事、党委书记刘战君主持座谈会。玉门油田公司总经理、党委副书记来进和，副总经理胡灵芝；酒泉钢铁集团公司董事长、党委书记陈得信，总经理、党委副书记程子建，副总经理阮强参加座谈会。酒钢集团领导一行参观油田展览馆，详细了解玉门油田的发展历史。

同日 玉门油田公司获集团公司2020年度企业工作报告编报工作优秀单位，玉门油田公司年报连续两年获得此项荣誉。

16日 中国共产党玉门油田分公司机关第

二次党员大会召开。与会代表听取和审议中国共产党玉门油田分公司机关委员会关于党费收缴使用管理和党组织工作经费使用管理情况的报告；选举中国共产党玉门油田分公司机关第二届委员会；选举出席中国共产党玉门油田分公司第三次代表大会代表。

18日　玉门油田公司总经理、党委副书记来进和，总会计师梁宁赴兰州与国家电网甘肃电力公司副总经理行舟等领导座谈。双方围绕玉门油田200兆瓦光伏配套储能项目、2022年新能源电价、并网政策以及新建新能源项目等事宜座谈交流。油田新能源事业部负责人汇报玉门油田基本情况、油田新能源发展规划、中石油清泉200兆瓦光伏电站运行情况及存在的问题。

19日　工业和信息化部工业文化发展中心召开视频会议，与玉门油田、亲子猫（北京）国际教育科技有限公司就三方共建油田工业文化研学实践教育试点示范基地的相关事宜进行深入交流。工业和信息化部工业文化发展中心副主任孙星、工业遗产研究所所长周岚，亲子猫（北京）国际教育科技有限公司首席执行官魏巴德，玉门油田公司副总经理、安全总监胡灵芝出席会议，玉门油田公司党委宣传部、共享中心及相关单位负责人参加会议。与会人员就工业文化研学实践教育试点示范基地的建设及后续运行进行了深入交流。

20日　玉门油田公司执行董事、党委书记刘战君与中国电信甘肃分公司党委书记、总经理孙岩一行举行座谈，双方就网络安全、"安眼工程"、智慧油田建设等事宜进行深入交流。

同日　玉门油田公司副总经理、工会主席苗国政，环庆采油厂主要负责人到宁夏盐池县，与盐池县委书记王海宁、县长刘娜及县政府相关部门负责人进行座谈交流。环庆采油厂负责人介绍玉门油田和环庆采油厂的基本情况，对宁庆矿权流转区块的勘探开发进展和下一步工作部署作简要汇报。

21日　玉门油田公司以视频会形式召开人才强企工程推进会，学习相关精神和政策规定，交流典型经验做法，安排部署人才强企工程相关内容，推动人才强企工程落到实处、见到实效。党委书记、执行董事刘战君要求以高度使命感责任感推进实施人才强企工程，为建设基业长青百年油田提供人才支撑。

22日　玉门油田输氢管道工程开工仪式在炼化总厂加氢站举行，标志着甘肃省第一条中长距离纯氢管道正式开工。酒泉市委书记王立奇下达开工令，玉门油田公司执行董事、党委书记刘战君主持开工仪式。玉门油田公司领导班子成员，酒泉市主要领导，酒泉市相关单位主要负责同志，玉门市主要领导，公司助理级领导、部门和基层单位的代表，工程建设单位代表参加仪式。新华社甘肃分社、甘肃日报社、中国石油报社、酒泉日报社、酒泉电视台等媒体对开工仪式进行报道。

同日　玉门油田公司与华为技术有限公司举行座谈，双方围绕物联网、数字能源信息化技术等相关业务进行深入交流。双方围绕新能源智能化管理、能源云的构建等业务进行了深入交流。玉门油田公司科技信息与对外合作处、企管法规处、工程院、共享中心负责人，华为甘肃数字能源业务总经理及相关人员参加座谈。

23日　盐池县委书记王海宁、县长刘娜一行到宁庆区块现场调研。玉门油田公司副总经理、工会主席苗国政参加调研。

24日　玉门油田公司党委理论学习中心组（扩大）组织集体学习，学习习近平法治思想及集团公司依法合规治企相关内容，结合工作实际交流研讨并制定下一步学习贯彻具体措施。党委书记、执行董事刘战君要求提高政治站位，增强法治观念，抓好工作落实。党委领导班子成员刘战君、来进和、胡灵芝、王盛鹏、唐海忠分别结合分管工作分享心得体会和贯彻落实措施。

同日　玉门油田公司团委在酒泉市特殊教育学校举行"油青志愿献爱心，企地建设筑未来"青年志愿服务活动，向特殊教育学校的学生捐赠校服和学习用品，为孩子们送来关爱和温暖。公司党委委员、纪委书记王盛鹏出席捐赠仪式。

25日　玉门油田公司召开庆祝建团100周年"五四"表彰大会暨"青马工程"启动会。回顾中国共产主义青年团成立100周年的光辉历程，缅怀先驱的崇高精神和光辉足迹。党委书记、执行董事刘战君为团员青年代表讲授专题团课，为团员青年谋划人生理想，指明前进方向，寄予殷切期望。老君庙采油厂、研究院、炼油化工总厂、油田作业公司、应急与综治中心团委分别作共青团及青年工作经验交流，从不同侧面分享他们在共青团建设、思想引领、人才强企、志愿服务等方面的成功做法和创新历程，并交流互动。

同日　玉门油田公司执行董事、党委书记刘战君通过视频，在玉门东200兆瓦光伏发电站现场向集团公司汇报玉门油田清洁能源转型发展建设工作。

同日　玉门油田公司科技信息与对外合作处、炼油化工总厂、新能源事业部一行7人赴酒钢集团开展工作交流。为落实玉门油田和酒钢集团领导座谈会议精神，推动双方进一步深入合作，就共同申报"绿氢/二氧化碳"绿色应用创新联合体、绿氢应用+氢冶金合作、"绿氢/二氧化碳"化工应用技术联合研究、电解制氢装备和"绿氢/二氧化碳"气态输储装备研究、共建国家重点实验室、绿电供应和产品互供及工程技术服务准入、人员及技术常态化交流机制建立等7个方面的进一步合作进行深入交流；就玉门炼化总厂液压油、轧制油和白油供应酒钢集团开展交流，就产品的使用场景及具体技术参数进行了沟通对接。

27日　玉门油田公司召开网络安全和信息化工作研讨会，就加快油田数字化转型、智能化发展，持续提升网络基础设施，加强玉门油田网络安全管理，提高网络安全保障能力进行统筹规划、整体布局。公司总地质师唐海忠出席会议。

28日　《玉门油田300兆瓦光伏并网发电项目可行性研究报告》审查会以视频会形式召开。会议围绕项目可行性报告进行深入交流和讨论，专家组认为该项目可研报告主要技术方案基本可行，通过初步审查。玉门油田公司执行董事、党委书记刘战君在酒泉会场出席会议，公司总会计师梁宁在北京会场参加会议。股份公司勘探与生产分公司新能源事业部总经理苏春梅在北京主持会议。集团公司发展计划部、股份公司勘探与生产分公司新能源事业部、规划总院、山东电力工程咨询院有限公司、甘肃电通电力工程设计咨询有限公司等单位代表和专家，公司机关相关部门、新能源事业部、工程技术研究院、共享中心、水电厂相关人员参加会议。

29日　玉门油田公司按照国务院国资委、集团公司的要求，以视频会议形式组织开展了安全生产大讲堂活动。公司副总经理、安全总监胡灵芝专题授课。公司机关各部门负责人、质量安全环保处全体人员在主会场聆听讲座；各二级单位负责人及安全管理部门和安全监督机构全体人员在各单位分会场听取讲座。

4月　甘肃省工信厅公示了甘肃省先进企业和优秀企业家推荐名单，玉门油田公司以及玉门油田公司执行董事、党委书记刘战君分别入选全省先进企业和优秀企业家名单。

五　月

5日　中国石油首届技术技能大赛新能源

变配电值班员竞赛集训班在玉门油田公司开班，来自青海、吐哈及本油田的 36 名学员参加集训。

6 日　玉门油田公司总经理、党委副书记来进和就油田输氢管道工程建设项目进展情况进行现场办公。玉门油田作为甘肃省氢能源产业链链主企业，做好氢的储输设施建设，对加快氢产业链的打造和氢能综合利用至关重要。建设好首条中国石油、甘肃省中长距离纯氢输送管道，对加快打造甘肃省"氢能源产业链链主企业"和建设中国石油"玉门清洁转型示范基地"具有十分重要的意义。

10 日　玉门油田公司与中国航天科技集团中国长城上海工业有限公司视频连线，举行新能源业务交流会。公司总经理、党委副书记来进和，总会计师梁宁，中国长城工业上海有限公司党委书记、总经理曾巍参加交流会。

同日　玉门油田公司执行董事、党委书记刘战君与副总经理、工会主席苗国政带领部分公司机关部门负责人和部分在环专家到环庆采油厂现场进行调研。党委办公室（综合办公室）、规划计划处、财务处相关负责人参加调研。

12 日　股份公司勘探与生产分公司召开油气田企业房屋建筑物安全专项整治工作部署视频会，部署今后一个时期油气田企业房屋建筑物安全专项整治的重点工作。公司副总经理、安全总监胡灵芝在油田分会场收看视频会并提出落实要求。

同日　玉门油田公司执行董事、党委书记刘战君，副总经理、工会主席苗国政带领机关相关部门负责人前往庆阳市，与庆阳市委副书记、市长周继军，市委常委、副市长张伟波及政府相关部门负责人举行座谈，双方就加快油气上产、深化地企合作等事宜进行深入交流。

16 日　玉门油田公司召开党委会，落实"第一议题"制度，深入学习贯彻习近平总书记重要讲话精神。公司党委书记、执行董事刘战君主持会议，并对深入学习贯彻习近平总书记重要讲话精神提出明确要求。公司党委班子成员刘战君、来进和、胡灵芝、梁宁、王盛鹏结合分管的业务领域和工作实际，畅谈领悟与认识，分享学习心得和体会，形成明确的努力方向，提出在下一步工作中的具体落实措施。

同日　集团公司召开学习贯彻习近平总书记在庆祝中国共产主义青年团成立 100 周年大会上重要讲话精神座谈会。玉门油田公司党委书记、执行董事刘战君在油田分会场参加会议。

同日　中国石油首届技术技能大赛新能源变配电运行值班员竞赛正式启动，标志着玉门油田第 11 届员工职业技能竞赛拉开帷幕。集团公司人事部决定举办新能源变配电运行值班员职业技能竞赛，交由玉门油田承办，充分体现了集团公司对玉门油田清洁转型示范基地建设的肯定与信任。

17 日　集团公司发展计划部组织召开光伏制氢产业技术研讨视频会议，多名企业专家围绕光伏制氢设备的发展及应用问题展开热烈讨论。集团公司发展计划部副总经理李航、玉门油田公司总会计师梁宁、发展计划部副总经济师朱兴珊，股份公司勘探与生产分公司新能源事业部总经理苏春梅，华北电力设计院氢能源研究院副总经理周军参加会议。为推进"玉门油田可再生能源制氢示范项目"的立项审批进程，集团公司发展计划部委托中国石油规划总院，邀请国内制氢设备厂家的多名企业专家，围绕电解水制氢设备的关键技术问题进行研讨，通过对制氢相关技术的深入了解，为集团公司下一步决策打好基础。

18 日　玉门油田公司和中国电信甘肃分公司举行技术交流座谈，就落实双方领导 4 月 20 日座谈会精神，油田网络安全、工业云平台、"安眼工程"、智慧油田、智慧炼厂建设等工作进行交流。公司总地质师唐海忠，中国电信甘肃分公司大企业商务拓展副总经理李海龙等参加座谈会。座谈会上，中国电信围绕5G定制网架构设计及网络安全防护、5G智慧炼厂信息化应用案例分享、工业云平台、双碳监测管理与应用4个方面进行专题报告。玉门油田参会人员结合工作实际与中国电信技术人员进行面对面交流和讨论。

21日　玉门油田公司党委理论学习中心组（扩大）进行集体学习。公司党委书记、执行董事刘战君主持学习并强调，全面贯彻新发展理念，推动公司扭亏脱困高质量发展，以优异的成绩迎接党的二十大胜利召开。公司领导班子成员刘战君、胡灵芝、梁宁、王盛鹏、唐海忠参加会议。

23日　玉门油田公司以视频形式召开2022年巡察工作动员部署会议，深入学习贯彻习近平总书记关于巡视工作重要论述和党中央、集团公司党组巡视工作会议精神，全面安排部署公司2022年巡察工作。公司党委书记、执行董事、巡察工作领导小组组长刘战君参加会议并讲话，强调要坚持政治巡察定位，切实提升巡察工作质效。公司纪委书记、巡察工作领导小组副组长王盛鹏主持会议，宣读《玉门油田分公司党委2022年巡察组组长授权任职及任务分工的决定》和《玉门油田分公司党委2022年巡察工作方案》。

26日　由股份公司勘探与生产分公司牵头，中国石油勘探开发研究院勘探与生产监督中心组织相关专家与技术人员召开钻井工程方案审查会，环古1井钻井工程方案通过股份公司审查。勘探与生产分公司相关领导、中国石油勘探开发研究院、中国石油工程技术研究院相关专家在北京主会场出席会议，玉门油田公司总地质师唐海忠等20余名专家在油田分会场出席会议。

27日　玉门油田公司第三次党代会工作报告征求各界人士代表意见座谈会召开。公司党委副书记、总经理来进和主持会议并讲话。座谈会上，公司党委办公室有关负责人介绍报告的起草过程、总体思路和基本框架。各界代表共20人在会上踊跃交流发言。报告坚持以习近平新时代中国特色社会主义思想为指导，系统总结公司第二次党代会以来的发展成绩，科学谋划未来五年发展蓝图，是一个凝聚共识、提振士气、团结奋进、引领发展的好报告。在发言中，与会代表从文化引领、人才引进、安全环保、员工培训等方面，就进一步修改完善提出意见建议。

同日　国家能源计量中心（电力）组织召开专家评审会，评审由玉门油田承建的国家能源计量中心（电力）酒泉新能源分中心建设方案。专家组讨论认为，玉门油田在新能源产业发展方面优势突出，具有较强的行业组织能力和管理能力，建设方案科学合理，切实可行，通过终审。玉门油田公司总会计师梁宁在油田分会场参加评审会。

30日　集团公司党组成员、总会计师蔡安辉通过视频对玉门油田亏损治理工作进行专题调研。强调玉门油田要统一思想，坚定本质扭亏信心，坚持思想扭亏、发展扭亏、改革扭亏、管理扭亏、经营扭亏、资本扭亏、协同扭亏，增强紧迫感和使命感，踔厉奋发打好扭亏脱困翻身仗，实现建设基业长青百年油田的光荣和梦想。玉门油田公司总经理、党委副书记来进和，总会计师梁宁，总地质师唐海忠在油田分会场参加调研。

六　月

1日　玉门油田公司党委理论学习中心组（扩大）进行集体学习。公司党委书记、执行董事刘战君主持学习并强调，深入贯彻落实甘肃省第十四次党代会精神，扎实做好推动高质量发展各项工作。公司领导班子成员来进和、苗国政、胡灵芝、梁宁、王盛鹏、唐海忠参加会议。会议集中深入学习中国共产党甘肃省第十四次代表大会精神。

6日　玉门油田公司党委理论学习中心组（扩大）组织集体学习，专题学习《中华人民共和国监察法实施条例》。公司党委书记、执行董事刘战君主持学习并强调，要提高政治站位，深入强化学习宣贯，强化纪检监督巡察职能，为建设基业长青百年油田保驾护航。公司党委班子成员刘战君、来进和、苗国政、胡灵芝、梁宁、王盛鹏、唐海忠结合各自分管的业务和实际工作，交流学习体会和感悟，明确落实措施。机关各相关部门表达学习的认识体会，有针对性地提出贯彻落实的措施。

同日　玉门油田公司召开党委会，落实"第一议题"制度，深入学习贯彻习近平总书记重要讲话精神。公司党委书记、执行董事刘战君主持会议，并对深入学习贯彻落实习近平总书记重要讲话精神，做好近期工作提出明确要求。公司党委班子成员刘战君、来进和、苗国政、胡灵芝、梁宁、王盛鹏、唐海忠结合分管的业务领域和工作实际，分享学习感悟和体会，提出在下一步工作中的具体落实措施。

8日　中国共产党玉门油田分公司第三次代表大会隆重开幕。刘战君同志代表中国共产党玉门油田分公司第二届委员会作题为《决胜整体扭亏脱困，开创高质量发展新局面，锚定建成基业长青百年油田的美好愿景勇毅前行》的报告。大会应到正式代表共180名，实到代表173名，符合规定人数。中共酒泉市委、玉门市委、肃州区委、环县县委、西北销售公司党委、青海油田公司党委、兰州石化公司党委、甘肃销售公司党委、国家管网西部管道公司党委、西部钻探工程有限公司党委等地方党组织、中国石油及央企兄弟单位派代表到会祝贺；新华社甘肃分社、《甘肃日报》《中国石油报》《酒泉日报》、酒泉电视台等媒体参加报道此次大会。

9日　中国共产党玉门油田分公司第三次代表大会完成各项议程闭幕。大会选举产生中国共产党玉门油田分公司第三届委员会和纪律检查委员会。刘战君主持大会并讲话。大会应到代表180名，实到代表174名，符合规定人数。会议通过《中国共产党玉门油田分公司第三次代表大会关于中共玉门油田分公司第二届委员会报告的决议》《中国共产党玉门油田分公司第三次代表大会关于中共玉门油田分公司纪律检查委员会工作报告的决议》《中国共产党玉门油田分公司第三次代表大会关于中共玉门油田分公司第二届委员会党费收缴使用管理及党组织工作经费使用管理情况报告的决议》。

同日　中国共产党玉门油田分公司第三届委员会第一次全体会议在文体中心举行。全会通过《中国共产党玉门油田分公司党委第一次全体会议选举办法》。经无记名投票方式，刘战君当选为公司党委书记，来进和当选为公司党委副书记。全会通过中国共产党玉门油田分公司纪律检查委员会第一次全体会议选举结果。

同日　中国共产党玉门油田分公司纪律检查委员会第一次全体会议在文体中心举行。全会通过《中国共产党玉门油田分公司纪律检查委员会第一次全体会议选举办法》。经无记名投票方式，王盛鹏当选为纪委书记，赵遂亭当选为纪委副书记。

同日　玉门油田公司召开"喜迎二十大，建功新时代"劳动模范和先进集体表彰大会，表彰劳动模范、"双文明"先进单位、集体、个人和优质项目。公司执行董事、党委书记刘战君出席会议并讲话，号召玉门油田全体干部员工要以实际行动奋进新征程、建功新时代，以良好的精神风貌和优异的工作业绩向党的二十大献礼。中国石油开放日——走进玉门油田活动也同步开展。表彰大会以现场会议+视频直播的形式呈现。截至大会结束，共计1.1万人收看。新华社甘肃分社、《甘肃日报》《中国石油报》《酒泉日报》、酒泉电视台等媒体记者参加报道。

13日 玉门油田公司党委召开党委（扩大）会，安排部署公司第三次党代会精神的学习宣贯工作。公司党委书记、执行董事刘战君主持会议，对公司第三次党代会精神的学习宣贯落实提出明确要求。公司党委领导班子成员刘战君、来进和、胡灵芝、梁宁、唐海忠紧扣工作实际，围绕贯彻落实第三次党代会精神的具体部署和措施进行讨论。

15日 玉门油田公司执行董事、党委书记刘战君与酒泉市副市长赵峰一行调研玉门油田培训学校油田实训基地，详细了解实训基地建设及运行情况。为7月中旬召开酒泉市职业教育大会市级产教融合型企业的命名工作夯实基础。

16日 玉门油田公司在玉门矿区召开2022年炼化装置和水电设备大检修推进会。公司总经理、党委副书记来进和，副总经理、安全总监胡灵芝参加会议并提出具体要求。

同日 随着李32井恢复生产，标志着环庆采油厂宁庆区块与庆阳川庆钻宇天然气有限责任公司正式完成交接，将天然气销售业务顺利移交综合服务处。至此，宁庆区块天然气生产、销售业务全部归属玉门油田公司。

17日 为进一步加深广大干部员工对贯彻落实习近平总书记关于安全生产重要论述和新《中华人民共和国安全生产法》的理解、贯彻和执行，根据玉门油田公司安全生产月活动总体安排，公司执行董事、党委书记、安全生产第一责任人刘战君利用视频形式讲授安全生产公开课。针对当前油田安全工作中存在的堵点、痛点、难点，避免安全生产月"重活动、轻安全"，流于形式，刘战君强调，要从战略层面系统抓安全，压紧压实全员安全生产责任链，进一步提升油田本质安全工作水平，真正实现让油田处处安全、员工人人安全。

20日 玉门油田公司分别与济柴动力有限公司和武汉南瑞公司签订战略合作协议。公司执行董事、党委书记刘战君，公司总经理、党委副书记来进和，济柴动力有限公司总经理、党委副书记苗勇，武汉南瑞公司总经理、党委副书记朱晔出席签约仪式。

同日 国家能源计量中心（电力）以国能计电函〔2022〕3号正式函告，同意依托玉门油田公司成立"国家能源计量中心（电力）酒泉新能源分中心"。

22日 玉门油田公司与中国寰球工程公司、中清新能源科技发展（海南）有限公司、清华大学化学工程系四方视频连线，举行二氧化碳制绿色航煤方案技术交流会。通过交流探讨，加深了解认识，寻求合作机会，利用二氧化碳制绿色航空煤油技术助力油田打造氢能全产业链。公司总经理、党委副书记来进和，公司总会计师梁宁出席技术研讨会。中国寰球工程公司、中清科技、清华大学化学工程系教授及专家，公司规划计划处、新能源事业部、玉门油田炼化总厂技术人员参加会议。

24日 玉门油田公司党委理论学习中心组（扩大）就文化引领专项行动组织召开专题学习研讨。公司党委书记、执行董事刘战君在学习中强调，铸就文化高地，凝聚发展力量，以石油摇篮文化引领基业长青百年油田建设。公司领导刘战君、来进和、胡灵芝、梁宁、王盛鹏、唐海忠以及相关部门负责人围绕如何发挥文化引领作用、强化文化引领建设、利用文化持续不断引领企业发展等方面，结合工作实际谈思想、谈认识。苗国政通过书面形式进行交流。

27日 玉门油田公司党委召开安全生产专题学习研讨（扩大）会，学习党中央、国务院、国务院国资委、集团公司安全生产相关精神，安排部署近期公司安全生产工作。公司党委书记、执行董事刘战君主持会议并讲话。

28日　甘肃省首条输氢管道自4月22日开工以来，经过建设者60多天连续奋战，主体工作量按期完成，标志着甘肃省首条中长距离输氢管道主线路全线贯通。

29日　玉门油田公司党委召开"贯彻落实党代会精神、纪念建党101周年、喜迎党的二十大"庆"七一"座谈会。座谈会以贯彻落实党代会精神为主题，以"公开一项主题承诺，开展一项主题交流，组织一次主题例会，讲授一堂主题党课"的"四个一"活动为主要内容。公司党委书记、执行董事刘战君讲授专题党课，党委副书记、总经理来进和主持会议，领导班子成员苗国政、胡灵芝、梁宁、王盛鹏、唐海忠参加座谈会。

同日　中国水发兴业能源集团有限公司党委副书记、执行董事、总裁王栋伟一行4人到玉门油田，就合作发展新能源业务进行交流。公司总会计师梁宁参加座谈。

30日　玉门油田公司执行董事、党委书记刘战君，总会计师梁宁与酒泉市副市长赵峰、玉门市委书记王超一行举行座谈。双方围绕持续深化企地合作，合力破解发展难题，推动高质量发展深入交流。

七　月

1日　宁庆区块天然气日产量突破10万立方米，再创新高，以天然气产量持续向上的良好态势向建党101周年献礼。

4日　玉门油田公司执行董事、党委书记刘战君，副总经理胡灵芝，纪委书记王盛鹏与中国石油杭州地质研究院院长熊湘华一行举行座谈，双方围绕勘探开发技术、成果共享、开展培训研讨等方面深入交流。

5日　玉门油田公司执行董事、党委书记刘战君，公司总地质师唐海忠与来访的中油测井有限公司执行董事、党委书记金明权，副总经理石玉江举行座谈，双方围绕近期合作情况和下一步合作内容进行交流。双方与会人员就新老区综合治理、加强技术人员培训、加大新技术支持、开展联合攻关及科研合作等方面交换意见并达成共识。

6—7日　玉门油田公司纪委召开座谈会，总结上半年纪检工作，安排下半年重点工作，交流"反围猎"专项行动的思路举措，对党风廉政建设和反腐败工作再动员再组织再部署再推进。

7—11日　第二十八届兰洽会开幕式暨丝绸之路合作发展高端论坛在兰州隆重举行。玉门油田公司作为甘肃省氢能源产业链链主企业、本届兰洽会开幕式和酒泉市主题专场活动的受邀嘉宾企业，编写制作油田氢能源产业发展情况及"十四五"规划宣传材料、《石油摇篮"氢"力前行》专题片。双方在兰洽会上签署玉门油田公司与酒泉市人民政府战略合作协议书，并对内容进行审核确认，力求在这次兰洽会上能够完整准确全面展示"石油摇篮"新能源业务发展成果，以及向建设中国石油清洁转型示范基地和甘肃省氢能源产业链链主企业加速迈进的强劲动能和奋进风采。

8日　玉门油田公司以视频方式召开上半年生产经营分析会，系统总结上半年工作运行情况，深入分析生产经营和安全面临的形势、存在的问题，部署三季度工作。

15日　玉门油田公司以视频会议形式召开上半年QHSE体系审核工作总结会。学习贯彻落实党中央国务院、集团公司近期关于安全生产工作一系列会议精神，总结通报玉门油田上半年QHSE体系审核情况，安排部署下半年体系审核和安全环保重点工作。公司执行董事、党委书记刘战君出席会议并讲话。

16日　玉门油田公司党委书记、执行董事刘战君与到油田调研企业文化工作的集团公司党组宣传部副部长张瑾一行，围绕企业文化建设进行座谈。副总经理胡灵芝陪同调研人员参观玉门油田展览馆。

18日 玉门油田公司召开党委会，认真落实"第一议题"制度，深入学习贯彻习近平总书记7月12日至15日在新疆考察时的重要讲话精神。公司党委书记、执行董事刘战君主持学习并对学习贯彻落实习近平总书记的重要讲话精神提出明确要求。

19日 玉门油田公司与中国长城工业上海有限公司签订合作框架协议。公司执行董事、党委书记刘战君，总经理、党委副书记来进和，中国长城工业上海有限公司总经理、党委书记曾巍出席签约仪式。

20日 玉门油田公司领导与玉门市委市政府领导来到炼化装置大检修工地，共同慰问炼化总厂、水电厂检修员工，把公司党政工组织和玉门市委、市政府的关心与慰问带给一线检修员工，送清凉、鼓干劲、提士气、增动力。

同日 玉门油田公司党委开展"我为祖国献石油，我为人民献热血"无偿献血活动，来自油田的100余名干部员工参加活动。诠释"石油红"的社会责任担当，为人民健康事业发展贡献力量。公司领导刘战君、唐海忠带头参加此项活动。当天，油田干部员工累计献血量28300毫升。

同日 玉门油田公司与玉门市委市政府举行座谈。企地双方围绕改善员工居住环境以及共同发展合作等方面展开交流。公司执行董事、党委书记刘战君，总经理、党委副书记来进和，玉门市委书记王超，市委副书记、市长李应伟，市委常委、副市长杨界德，市委常委、副市长马伟参加座谈

21日 玉门油田公司执行董事、党委书记刘战君，总经理、党委副书记来进和与中油国际（乍得）炼油公司总经理石振民、副总经理梁剑围绕下一步合作等议题进行深入交流。

同日 玉门油田公司与中国石油物资有限公司签订专业化实施合作协议。双方就完善招投标管理工作、业务专业化实施、专业化采购技术规范等内容进行深入交流并达成共识。

22日 玉门油田公司执行董事、党委书记刘战君与中油测井有限公司总会计师邹荣一行座谈，双方表示将进一步携手合作，实现又好又快发展。

同日 玉门油田公司党委理论学习中心组（扩大）召开会议，专题学习《中华人民共和国监察法实施条例》。公司党委书记、执行董事刘战君强调：要坚定"一个坚持"，铸强"四梁"，稳固"八柱"的总体部署，为实现"油气并举，多能驱动"战略目标和建设基业长青百年油田的企业愿景提供坚强纪律保障。公司党委领导班子成员来进和、胡灵芝、王盛鹏、唐海忠参加学习。

26日 国家工业和信息化部工业文化发展中心与玉门油田公司联合举行工业文化研学实践教育试点示范基地授牌和共建启动仪式。国家工业和信息化部工业文化发展中心副主任孙星向玉门油田公司颁授"工业文化研学实践教育试点示范基地"牌，宣布"工业文化研学实践教育试点示范基地"共建启动。公司执行董事、党委书记刘战君介绍玉门油田石油工业文化资源和研学基地建设情况，公司总经理、党委副书记来进和主持仪式，酒泉市副市长赵峰，公司领导梁宁、王盛鹏出席仪式。

同日 玉门油田公司在炼化总厂召开党建带团建炼化、水电大检修青年突击队交流座谈会，为大检修鼓劲加油。公司执行董事、党委书记刘战君参加座谈，并现场慰问参加检修的团员青年。

同日 宁夏回族自治区党委常委、秘书长雷东生，党委常委、政府常务副主席陈春平带领自治区发改委等多个部门，以及吴忠市、盐池县相关负责人，专程到玉门油田宁庆区块李庄9平台了解平台井开采情况。

28日　玉门油田公司纪委召开派驻纪检组组长工作例会，认真落实"第一议题"制度，跟进学习习近平重要讲话精神，学习贯彻集团公司纪检监察组部署要求，听取各派驻纪检组近期工作汇报，部署下一步重点工作。公司纪委书记王盛鹏提出具体要求。

29日　玉门油田公司召开党委会（扩大），落实"第一议题"制度，深入学习贯彻习近平总书记在省部级主要领导专题研讨会上的重要讲话精神和7月28日中共中央政治局会议精神。公司党委书记、执行董事刘战君领学并对学习贯彻落实习近平总书记重要讲话精神提出明确要求。

同日　玉门油田公司以视频形式召开传达贯彻集团公司2022年领导干部会议精神大会，传达集团公司2022年领导干部会议精神，部署油田深入学习领会和贯彻落实的具体措施。公司党委书记、执行董事刘战君要求公司上下要深化认识、趁势而上，抓住重点、精准施策，锐意进取、扎实工作，全面推进公司依法合规治企和强化管理工作再上台阶。

同日，玉门油田公司召开2022年下半年QHSE体系审核首次会，安排部署即将开始的QHSE体系审核工作，组织学习下半年QHSE体系审核方案。公司领导刘战君、来进和、苗国政、梁宁参加会议。

31日　环庆采油厂传来喜讯：宁庆区块天然气年累计产量突破1000万立方米。

八　月

1日　玉门油田公司与海峡能源有限公司举行座谈，双方就深入技术交流对接、拓宽合作领域、实现互利共赢进行深入交流。公司执行董事、党委书记刘战君，总经理、党委副书记来进和，海峡能源有限公司总裁刘自强，副总裁李冰南参加座谈。

5日　玉门油田公司执行董事、党委书记刘战君，副总经理、安全总监胡灵芝在油田分会场参加集团公司老油田"压舱石工程"启动会。会议的主题为进一步推动中国石油油田开发上水平，强化油田开发文化建设，构建先进的油田开发管理体系，实施老油田"压舱石工程"示范项目，发挥示范引领作用。股份公司副总裁、勘探与生产分公司执行董事、党委书记张道伟出席会议并讲话。

8日　玉门油田公司2022年新入职大学生集中培训班开课。公司执行董事、党委书记刘战君为新入职大学生讲授第一课，辅导他们更好地了解企业文化、感悟精神传承、融入油田发展，勉励他们扎根石油、勤学善思、勇担重任，在石油摇篮发展的广阔舞台上书写华章。

9—11日　玉门油田公司举办2022年深化依法合规治企培训班，以"现场+远程视频"的方式，系统讲授油田依法合规相关制度，提高员工法律专业素养，为油田2025年建成依法合规治企试点单位奠定坚实基础。

10日　环庆采油厂传来喜讯：虎洞接转注站一次投运成功。

11日　玉门油田公司与华为技术有限公司就新能源技术合作举行交流座谈，公司执行董事、党委书记刘战君出席座谈。双方人员围绕油气领域数字化和智能化发展、清洁能源转型以及安全生产运行等相关技术展开交流。

16日　由集团公司人力资源部主办，玉门油田公司承办的第四届全国石油石化专业职业技能竞赛暨集团公司首届技术技能大赛变配电运行值班员（新能源方向）竞赛在玉门油田拉开帷幕。这是集团公司首次举办的新能源技能竞赛。

17日　玉门油田公司与中油国际勘探开发有限公司（简称中油国际）在京开展工作交流。公司执行董事、党委书记刘战君与中油国际董事长、党委书记贾勇参加交流。双方充分肯定了近年来合作取得的良好成果，梳理合作中需要进一步研究解决的问题和难点，明确今后深化合作的方向和路径，就深化合作领域、创新合作模式，打造集团公司内部对口支持的典范达成共识。

同日　随着柴油加氢改质装置馏出口产品合格，标志着炼化总厂今年装置大检修实现一次开厂成功，提前6天完成检修任务，实现"安全零事故、质量零缺陷、环境零污染、违章零容忍、一次开厂成功"的总体目标。此次检修涉及炼化总厂23套主体生产装置，共计实施2134项检修项目，同期完成技改技措项目44项。

同日　刘战君代表玉门油田公司向集团公司党组书记、董事长戴厚良汇报工作。戴厚良听取汇报后对玉门油田近两年生产经营等各方面工作取得的成绩表示肯定和祝贺。戴厚良指出，玉门油田以改革为动力，继承发扬优良传统，在"双碳"目标下，不断增强抢抓机遇的能力和意识，扎实推动各项工作稳步发展，取得了很好的业绩。特别是新能源发展方面，走在集团公司前列，做出表率。

19日　第四届全国石油石化专业职业技能竞赛暨集团公司首届技术技能大赛变配电运行值班员（新能源方向）竞赛，经过多轮比赛落下帷幕，吐哈油田、玉门油田、青海油田分获团体一、二、三等奖。

22—24日　首期"党的十九届六中全会精神专题培训班"开班。玉门油田公司总经理、党委副书记来进和参加开班仪式并为全体学员讲授第一课。根据公司党委部署，公司连续举办4期"党的十九届六中全会专题培训班"。

23日　玉门油田公司执行董事、党委书记刘战君，副总经理、工会主席苗国政与宁夏回族自治区吴忠市政协副主席、盐池县委书记王海宁，盐池县委副书记、县长刘娜等举行座谈。双方围绕加快宁庆天然气田开发建设、深化企地合作等方面进行深入友好的交流。

25日　玉门东200兆瓦光伏并网发电站自投运以来已累计发电2.3321亿千瓦时，向社会提供"零碳"能源，实现节约标准煤6.9963万吨，减排二氧化碳15.56万吨。

26日　玉门油田公司执行董事、党委书记刘战君与来访的中国建设银行甘肃省分行行长、党委书记张新华一行举行座谈。双方围绕生产经营、财务管理、特色产品和融资需求等深入交流。

29日　玉门油田公司召开党委会，落实"第一议题"制度，深入学习贯彻习近平总书记在辽宁考察时的重要讲话，习近平向第五届中非媒体合作论坛致的贺信和《求是》杂志习近平的重要文章《全党必须完整、准确、全面贯彻新发展理念》。公司党委书记、执行董事刘战君主持会议并对贯彻落实习近平总书记重要讲话精神提出要求。

31日　玉门油田公司纪委召开派驻纪检组组长工作例会，开展政治理论和业务学习，学习贯彻集团公司纪检监察组部署要求，听取各派驻纪检组近期工作汇报，部署下一步重点工作。公司纪委书记王盛鹏出席会议并讲话。

九　月

2日　中国石油召开国内油气和新能源业务油公司模式改革推进会议。会议总结各地区公司"油公司"模式改革进展及成效，分析面临的形势和任务，对深入开展"油公司"模式改革工作进行再部署、再推进，为国内勘探与生产业务高质量发展奠定坚实基础。集团公司党组成员、副总经理焦方正出席会议。公司领导班子成员刘战君、来进和、梁宁、王盛鹏、唐海忠在玉门油田分会场参加会议。玉门油田公司执行董事、党委书记刘战君代表玉门油田在会上作交流发言。玉门油田、大庆油田、辽河油田、长庆油田、塔里木油田、华北油田在会上作交流发言。

6日　酒泉市委书记王立奇在玉门油田公司执行董事、党委书记刘战君，总经理、党委副书记来进和的陪同下，实地参观调研玉门油田甘肃省高技能人才培训基地，了解实训基地功能及运行情况。

同日　中国石油玉门东200兆瓦光伏并网发电示范项目配套储能系统项目开工仪式在玉门东镇举行。这是玉门油田继玉门东200兆瓦光伏发电站之后又一重点新能源建设配套项目，它的建成将大大提升系统调峰能力，保障电站安全稳定运行。该项目位于玉门东镇200兆瓦光伏发电示范项目110千伏升压站西侧，是中国石油首个规模最大的集中式光伏并网发电示范工程玉门东200兆瓦光伏电站的重要配套工程。该项目是一座电化学储能站，占地面积4835.8平方米，容量40兆瓦/80兆瓦时，采用磷酸铁锂电池，预制舱户外布置，由16个2.5兆瓦/5兆瓦时集装箱储能系统组成，并以两回35千伏集电线路接入110千伏玉门油田升压站35千伏侧，实现储能系统的集成与并网。项目建成后，可不断提升玉门油田再生能源规模化开发利用能力，优化能源产业结构，有效保护当地生态环境，促进地方经济发展。

同日　集团公司工程和物装管理部签发的工单物装〔2022〕75号文件显示，玉门油田在集团公司物装部公布的2022上半年物资采购管理绩效考核中，5项定量指标均超目标值完成，综合得分喜获满分100分，在16家油气田企业中与大庆、新疆等3家单位并列第一。

7—9日　自然资源部油气矿业权人勘查开采信息公示核查第五检查组组长何远信带队到玉门油田对甘肃酒泉盆地白杨河区块石油开采开展勘查开发信息公示实地核查工作。玉门油田公司总地质师唐海忠陪同检查。检查组对油气开发利用总体情况给予充分肯定，经过认真讨论，形成核查总结报告，并针对核查中发现的问题对今后工作提出具体建议。

8日　油田300兆瓦光伏并网发电项目建设启动会在玉门矿区召开，标志着中国石油迄今最大的光伏发电项目进入"加速跑道"。该项目位于甘肃省玉门市玉门东镇境内。主要包括建设规模300兆瓦的光伏发电场，配套建设60兆瓦/120兆瓦时储能系统、一座330千伏升压站、11.5千米送出线路等。建成后年均发电量约6亿千瓦时、清洁能源替代量18.4万吨，可以满足20万户家庭一年的用电需求；减少二氧化碳排放量50.4万吨，相当于植树近450万棵。

14日　在玉门油田公司总经理、党委副书记来进和的陪同下，酒泉市人大常委会主任李永军，副主任王晓玲到玉门油田（甘肃省高技能人才）培训基地调研，详细了解实训基地建设、实训场地及相关设施设备配备和运行运作情况。

15日　玉门油田完成首笔绿电交易，成为中国石油第一家完成绿电交易的企业。

17日　宁夏回族自治区党委书记梁言顺与党委常委陈雍、雷东生、马汉成、陈春平一行到玉门油田宁庆区块李庄201钻井平台调研，现场了解宁夏千亿方级大型气田开发工程建设情况。公司执行董事、党委书记刘战君，副总经理、工会主席苗国政陪同。

20日　玉门油田公司纪委举办的2022年下半年纪检巡察干部业务研讨班正式开班。开班仪式上，公司纪委书记王盛鹏致开班辞并讲授题为《构建清正廉洁政治生态，服务保障基业长青百年油田建设》的专题党课。研讨班为期5天，采取线上+线下的形式进行业务交流。

22日　玉门油田公司与酒泉市召开座谈会，双方围绕氢能制造、存储、应用场景及其产业发展进行了深入交流。公司执行董事、党委书记刘战君，总经理、党委副书记来进和，酒泉市委常委、副市长庞柒参加座谈。

27日　玉门油田公司组织炼化总厂、应急与综治中心联合玉门市相关单位开展联合反恐应急演练，检验实战能力，合力共筑安全防线。公司党委委员、副总经理、安全总监胡灵芝，玉门市委副书记、市长李应伟，玉门市委常委、政法委书记张存明现场观摩演练。

28日　玉门油田公司与酒泉职业技术学院校企合作签约仪式举行。玉门油田公司党委委员、总会计师茹士涛，酒泉职业技术学院党委书记、校长易志军分别代表双方签署了校企合作协议，并为双方合作筹建的"酒泉职业技术学院产教融合实训基地""玉门油田分公司继续教育基地"揭牌。

30日　玉门油田公司举办党务骨干人才及青年马克思主义者培训班开班仪式，36名学员将参加为期三个月的培训学习。

十　月

3日　玉门油田公司总经理、党委副书记来进和，纪委书记王盛鹏，总会计师茹士涛带着组织的关怀，深入一线看望慰问国庆期间坚守岗位的干部员工，了解掌握节日安全生产和相关制度落实情况，并向他们致以节日的问候与祝福。

15日　环庆采油厂原油日产突破1000吨，天然气日产踏上18万立方米，油气当量达到1140吨/日，环庆作业区迈进鄂尔多斯盆地原油日产1000吨的大型作业区行列。环庆采油厂以油气产量双增长的优秀业绩，为党的二十大献上一份属于玉门石油人的贺礼。

16日　玉门油田广大干部员工通过各种方式收听收看中国共产党第二十次全国代表大会开幕式。玉门油田利用新媒体平台石油摇篮微信公众号、石油工人报微信公众号、石油工人报视频号、石油摇篮APP对开幕式进行现场直播和专题报道，其中石油工人报微信公众号点击率达6.9万人次。

17日　玉门油田公司党委第一时间组织召开公司党委会（扩大），学习贯彻中国共产党第二十次全国代表大会精神。公司党委书记、执行董事刘战君主持会议并提出要求：站在政治高度，坚持更高标准和更严要求，把学习党的二十大精神作为当前的第一要务，学以致用，以实际行动推动党的二十大精神贯彻落实。公司党委领导班子成员来进和、胡灵芝、王盛鹏、茹士涛参加学习。

31日　玉门油田公司以视频会形式召开党委会（扩大），落实"第一议题"制度，深入学习贯彻习近平总书记系列重要讲话精神。公司党委书记、执行董事刘战君主持会议，并对进一步贯彻习近平总书记重要讲话精神提出要求。公司党委领导班子成员胡灵芝、王盛鹏、茹士涛分别在主会场和玉门矿区分会场参加学习。

十 一 月

2日　玉门油田公司执行董事、党委书记刘战君，总经理、党委副书记来进和，油田公司各相关部门在玉门油田在玉门油田分会场参加集团公司今冬明春天然气保供视频会。刘战君强调天然气冬季保供必须抓好以下三方面工作：提高站位，全面落实集团公司安排部署；炼化总厂要积极优化产品结构；全力做好天然气推价工作。

2—4日　国家可再生能源发电工程质量监督站6位专家对玉门油田300兆瓦光伏并网发电项目进行首次质检，项目顺利通过国家可再生能源质量监督站的首次质检。

4日　玉门油田公司党委以视频会形式举行宣讲报告会，传达学习贯彻党的二十大精神，对学习宣传贯彻党的二十大精神进行动员部署。公司党委书记、执行董事刘战君作宣讲，并对公司党委学习宣传贯彻党的二十大精神做出部署。

同日　为推进2022年新能源项目建设全面进入冲刺阶段，玉门油田组织召开新能源项目建设推进（视频）会，听取水电厂新能源项目部关于玉门油田300兆瓦光伏并网发电项目、200兆瓦光伏电站配套40兆瓦/80兆瓦时储能系统建设情况汇报。公司执行董事、党委书记刘战君参加会议。

同日　在玉门油田月度生产调度会上，公司领导对新冠肺炎疫情防控和生产经营提出新要求，号召和动员油田上下提高政治站位，紧抓年末生产冲刺关键期，齐心协力、众志成城，克服疫情对油田生产带来的不利影响，实现疫情防控、生产经营两手抓两不误，全力以赴实现双胜利。

7日　玉门油田公司以视频形式召开党委会，落实"第一议题"制度，深入学习贯彻习近平总书记系列重要讲话精神。公司党委书记、执行董事刘战君主持会议，并对进一步贯彻习近平总书记重要讲话精神提出要求。

11日　玉门油田公司举行学习贯彻党的二十大精神宣讲报告会。党的二十大代表、酒泉市委书记王立奇应邀为油田广大干部员工党的二十大精神专题辅导。公司党委书记、执行董事刘战君主持会议并强调，要深入扎实学习宣传贯彻党的二十大精神，通过富有成效的学习宣传，把思想和行动统一到党的二十大精神上来，把思想和力量转化为完成全年业绩指标、推动油田高质量发展，助力酒泉区域中心城市建设的生动实践。公司领导苗国政、王盛鹏、茹士涛在主会场参加报告会。

同日　玉门油田公司向玉门市委市政府捐赠50万元现金及其他生活物资，助力地方新冠肺炎疫情防控工作，彰显企业担当。公司副总经理、安全总监胡灵芝出席捐赠仪式并讲话，玉门市委副书记、市长李应伟主持捐赠仪式，玉门市副市长贾万泰代表玉门市委市政府接受捐赠，并为玉门油田颁发捐赠证书。

14日　玉门油田公司召开党委会（扩大），落实"第一议题"制度，深入传达学习贯彻习近平总书记总书记致"2022年世界互联网大会乌镇峰会"的贺信、习近平总书记在中央政治局常务委员会会议的重要讲话精神。公司党委书记、执行董事刘战君主持会议，并对进一步学习贯彻习近平总书记重要讲话精神提出要求。

同日　玉门油田2022年专家大讲堂暨油气勘探开发和炼化综合培训班开讲。9名两级专家自14日至21日分别围绕油藏开发、老井稳产、天然气井技术、油气集输以及炼化转型升级等方面技术问题"传经送宝"，为专业人员和管理人员互相交流、共享经验、相互学习、开阔视野搭建平台。

14—20日　玉门油田公司保密委员会办公室按照"全员覆盖、重点突出、气氛热烈、简约有效"的原则，以"普及网络保密知识，筑牢网络保密防线"为主题，开展"保密宣传周"活动。

17日　玉门油田党员领导干部学习贯彻党的二十大精神专题学习班开课。公司领导班子成员及二级副以上领导干部进行为期三天的集中培训学习中，认真学习领会党的二十大精神精髓要义并展开研讨。在学习研讨期间，公司领导带头授课、带头学习，聚焦领导干部这个"关键少数"，发挥以上率下、领学带学的作用，进一步推动党的二十大精神学习宣传贯彻工作走深走实。

21日　玉门油田公司党委召开党委会（扩大），落实"第一议题"制度，集中学习国家主席习近平在二十国集团领导人第十七次峰会第一阶段会议上的重要讲话精神、在亚太经合组织工商领导人峰会上的书面演讲精神、在亚太经合组织第二十九次领导人非正式会议上的重要讲话精神、在二十国集团领导人第十七次峰会上的重要讲话精神。公司党委书记、执行董事刘战君主持会议并强调，围绕油田四大业务，构建和平稳定的发展环境，全面落实数字转型发展，加快推动数字技术与生产经营业务深度融合，助力企业高质量发展。公司党委领导班子成员来进和、苗国政、胡灵芝参加学习。

同日　青西页岩油风险探井柳页探 1 井顺利通过股份公司审查。这是酒泉盆地非常规勘探领域的首口风险探井，也是年初公司争取到环古 1 井后又一风险探井，标志着公司风险勘探研究与部署取得突破性进展。

22 日　玉门油田公司与酒泉市政府举行座谈，就进一步深化合作，共同促进企地双方的经济发展展开深入交流。公司执行董事、党委书记刘战君，副总经理苗国政，酒泉市副市长石峰参加座谈。会上，苗国政介绍油田基本情况、重点工作运行情况和今后的工作思路。酒泉市政府人员简要介绍酒泉市今年的工业发展情况。

同日　玉门油田公司向肃州区捐赠抗疫资金 30 万元及各类生活防疫物资，为坚决打赢新冠肺炎疫情防控阻击战贡献石油摇篮力量。捐赠仪式上，公司副总经理、安全总监胡灵芝代表玉门油田出席捐赠仪式，肃州区委副书记杨明代表肃州区委、区政府接受捐赠，并为玉门油田颁发捐赠证书。

23 日　玉门油田在玉门矿区组织召开新能源项目推进会，全面盘点 300 兆瓦光伏并网发电项目和 200 兆瓦光伏配套储能系统项目工程建设现状，细化组织落实，为实现预期目标创造条件。会议动员和号召各参战单位及施工人员，在项目冲锋冲刺、决战决胜的关键时期，全力应对各种困难与挑战，加快工程进度，确保项目如期投运。公司总经理、党委副书记来进和就推进工程建设进度等工作提出明确要求。

24 日　受玉门油田公司委托，环庆采油厂党委书记谭修中代表玉门油田向环县政府捐赠疫情防控资金 20 万元，环县副县长路亚东代表县政府接受捐赠，并对玉门油田给予政府防疫工作的支持和帮助表示感谢。玉门油田还向宁夏盐池县政府捐赠 20 万元，助力当地政府防疫工作。

28 日　玉门油田公司党委召开党委会（扩大），落实第一议题制度，深入学习习近平总书记对河南安阳"11·21"火灾事故做出的重要指示；中共中央总书记、国家主席习近平同古巴共产党中央委员会第一书记、古巴国家主席迪亚斯－卡内尔举行会谈时的重要讲话精神。公司党委书记、执行董事刘战君主持会议并强调，进一步深化党的二十大精神的学习宣传贯彻落实，坚决贯彻落实习近平总书记重要指示精神，提高政治站位，夯基础，促效能，全面强化油田安全环保工作，确保生产安全，坚决做到安全平稳生产。

十 二 月

1 日　玉门油田公司党委书记、执行董事刘战君来到基层党建联系点老君庙采油厂鸭儿峡作业区，进行党的二十大精神专题宣讲，强调，要以党的二十大精神为引领，踔厉奋发、勇毅前行，全力推动油田高质量发展，在筑牢油气业务"压舱石"、保障国家能源安全、助力地方经济社会发展中当好主力军。

5 日　玉门油田公司召开党委会，认真落实"第一议题"制度，深入学习贯彻习近平总书记致第四届中俄能源商务论坛的贺信精神；习近平总书记同老挝人民革命党中央总书记、国家主席通伦会谈时的重要讲话精神。公司党委书记、执行董事刘战君主持学习并提出要求。公司党委领导班子成员来进和、胡灵芝、王盛鹏、茹士涛参加学习。

10 日　环庆采油厂宁庆作业区天然气年度

产量 3005 万立方米，提前 21 天完成全年天然气生产任务。

12 日　玉门油田公司召开党委会（扩大），落实第一议题制度，深入学习贯彻习近平总书记在中共中央党外人士座谈会上的重要讲话等精神。公司党委书记、执行董事刘战君主持会议并强调，要加快推进 2023 年各项工作部署，抓住对外合作新机遇，助力企业扭亏脱困，实现高质量发展。公司党委领导班子成员来进和、苗国政、胡灵芝、王盛鹏、唐海忠参加学习。

13 日　老君庙采油厂酒东作业区 5 兆瓦分布式光伏项目开工，该项目是肃州区首个分布式整县推进项目，也是油田建设的第二个分布式光伏项目，标志着玉门油田新能源建设又取得新成果。

同日　玉门油田数智指挥中心正式投用，标志着油田安全环保、数字化建设、自动化监控、智能化预警等方面取得突破性进展，将有力推动油田安全监管业务"数字化转型、智能化发展"。公司副总经理、安全总监胡灵芝参加投用仪式。

17 日　玉门油田召开 2022 年度勘探专题研讨会，全面总结过去一年取得的油气勘探成果和经验做法，深入剖析油气勘探业务遇到的困难挑战和技术瓶颈，认真研讨解决对策，科学部署 2023 年勘探工作，充分发挥油气资源在玉门油田"油气并举、多能驱动"总体战略中的"压舱石"作用。公司执行董事、党委书记刘战君对做好下一步勘探工作提出具体要求。总地质师唐海忠参加会议，就勘探重点工作进行部署。

19 日　玉门油田公司召开党委会（扩大），落实"第一议题"制度，党委理论学习中心组成员深入学习贯彻新华社通稿《中央经济工作会议在北京举行，习近平李克强李强作重要讲话》等重要讲话精神。坚决把思想和行动统一到党的二十大精神和中央经济工作会议决策部署上来，坚定不移把高质量发展作为公司的首要任务，以时时放心不下的责任感、时不我待的紧迫感和奋发有为的使命感做好明年的工作。

同日　玉门油田公司召开炼化业务 2022 年度技术研讨会，全面梳理展示油田炼化业务 2022 年度工作成效，部署 2023 年目标任务。公司总经理、党委副书记来进和强调，炼化转型升级要与新能源业务深度融合，不断推动高质量可持续发展。总会计师茹士涛参加会议。

20 日　玉门油田公司党委召开 2022 年度党委书记抓基层党建工作现场述职评议会。公司党委书记、执行董事刘战君，党委副书记、总经理来进和，副总经理、安全总监胡灵芝，纪委书记王盛鹏，总地质师唐海忠，总会计师茹士涛参加会议。

同日　玉门油田召开海外业务开发 20 周年表彰大会暨 2022 年度市场开发工作会，全面总结油田 20 年来海外业务发展取得的成绩和经验；总结 2022 年公司市场开发工作，部署 2023 年及今后几年的整体工作。公司执行董事、党委书记刘战君要求，学习海外业务发展成功经验，直面市场发展挑战，全面开创工程技术服务业务效益发展新局面。公司领导班子成员来进和、胡灵芝、王盛鹏、茹士涛参加会议。

22—24 日　集团公司召开 2022 年度油气田开发年会。玉门油田在分会场组织参加并作工作汇报；老君庙油田获"特别贡献油田"荣誉称号。

22 日　环庆采油厂的生产报表显示，12 月 21 日全厂日产油 1105.6 吨，标志着环庆采油厂原油生产能力突破 40 万吨/年水平。

26 日　环庆采油厂全年累计生产原油 287069 吨，同比增加 55%，提前 5 天完成全年原油生产任务，原油产量再创历史新高。

同日　玉门油田酒泉生活基地职工餐厅试运行，油田将好事办到员工家门口，让大家真切感受到生活"好味道"。公司执行董事、党委书记刘战君，副总经理、安全总监胡灵芝一行到试运行的酒泉基地职工餐厅调研。

27—28 日　玉门油田公司在分会场组织参加集团公司召开 2022 年度油气田新能源年会并作工作汇报；玉门油田公司新能源事业部获股份公司油气和新能源公司 2022 年度新能源生产经营先进单位；玉门东 200 兆瓦光伏并网发电示范项目获股份公司油气和新能源公司 2022 年度新能源优秀项目。

29 日　甘肃省人社厅副厅长王丽萍一行到玉门油田甘肃省高技能人才培训基地实地调研，了解实训基地功能及运行情况。公司副总经理、安全总监胡灵芝参加调研。

同日　玉门油田公司总会计师茹士涛与海外乍得员工视频连线，代表玉门油田党、政、工组织向广大海外员工及家属送上新年祝福。

30 日　玉门油田与阳光氢能科技有限公司座谈。双方围绕光伏制氢、新能源未来发展方向等展开深入交流。公司执行董事、党委书记刘战君，副总经理、工会主席苗国政，阳光氢能科技有限公司董事长彭超才参加座谈。

31 日　玉门油田圆满完成全年各项生产经营任务，同比增效 10.6 亿元，实现自 2004 年以来首次扭亏为盈的历史跨越，结束十八年亏损的历史，整体创效盈利能力持续增强，呈现出高质量发展的良好态势。

（徐玉洁）

第十一篇 附 录

- ◆ 荣誉奖励
- ◆ 规章制度
- ◆ 报刊文摘
- ◆ 重要会议
- ◆ 重大活动

荣誉奖励

【专利奖项】 2022年,玉门油田公司获专利3个:

(1) 玉门油田公司刘战君、彭翔、郑雷、张正平、陈学辉、苗国政、孙梦慈、景士宏、唐良文、李安军、张启龙、兰芳、邓小茹、寇明富、王其年、王美强、孙炜、高亮、党晓丽、孙春、王丽霞、傅建军、岳刚、张长津、李科、刘向南、严小龙、张鑫共同完成的"一种井下往复式注水装置"项目获国家知识产权局授予的发明专利证书,专利号:201910673546.6。

(2) 玉门油田公司油田作业公司曹卫东、陈建林、张科、张超群、裴兴国、段军、张国锐、刘灿、陈小刚、李俊国、毕恩梓共同完成的"油管举升装置"项目获国家知识产权局授予的实用新型专利证书,专利(申请)号:202022979385.4。

(3) 玉门油田公司机械厂"一种井下往复式注水装置"获得国家专利局授权的发明专利,专利(申请)号:ZL201910673546.6。

【甘肃省奖项】 2022年,玉门油田公司获省级奖项30个:

(1) 玉门油田公司环庆采油厂环庆作业区、生产服务保障中心机械工程部钻前班被甘肃省总工会评为甘肃省工人先锋号。

(2) 玉门油田公司生产服务保障中心工程项目部安装一班被甘肃省总工会评为甘肃省创新型班组。

(3) 玉门油田公司老君庙采油厂、工程技术研究院被甘肃省厂务公开领导小组办公室评为甘肃省厂务公开民主管理示范单位。

(4) 玉门油田公司环庆采油厂工会委员会被甘肃省人力资源和社会保障厅、甘肃省总工会评为模范职工之家。

(5) 炼油化工总厂储运运行部工会委员会被甘肃省人力资源和社会保障厅、甘肃省总工会评为模范职工小家。

(6) 玉门油田公司水电厂何天全劳模创新工作室被甘肃省总工会评为甘肃省示范性劳模创新工作室。

(7) 玉门油田公司炼油化工总厂联合运行四部15万吨/年轻汽油醚化装置主操岗位被甘肃省总工会授予甘肃省五一巾帼奖。

(8) 玉门油田公司炼油化工总厂联合运行一部、油田作业公司试油修井经理部X15866队获甘肃省青年安全生产示范岗称号。

(9) 玉门油田公司生产服务保障中心工程项目部团支部获甘肃省五四红旗团支部称号。

(10) 玉门油田公司老君庙采油厂罗毅获甘肃省向上向善好青年称号。

(11) 玉门油田公司老君庙采油厂王瑞获甘肃省五一劳动奖章。

(12) 玉门油田公司老君庙采油厂张莉、刘春杰、许辉共同完成的"关于油井伴生气回收关键技术研发"项目获2022年中国创新方法大赛甘肃区域企业专项赛一等奖。

(13) 玉门油田公司老君庙采油厂赵爱芳、许辉、张莉共同完成的"提高抽油机电机皮带传送系统效率"项目获2022年中国创新方法大赛甘肃区域企业专项赛二等奖。

(14) 玉门油田公司老君庙采油厂刘春杰、许辉、刘毅共同完成的"提高油田集输管网运行效率"项目获2022年中国创新方法大赛甘肃区域企业专项赛二等奖。

（15）玉门油田公司油田作业公司曹卫东被甘肃省职工技术协会、甘肃省工人发明家职工发明之星优秀创新型团队评选命名表彰工作领导小组评为甘肃省"互助保障杯"第二届"职工发明之星"。

（16）玉门油田公司油田作业公司试井队QC小组完成的"提高电缆打印一次性成功率"课题被甘肃省质量协会、甘肃省总工会、甘肃省妇女联合会、甘肃省工业和信息化厅授予2022年度甘肃省质量管理小组活动二等奖。

（17）玉门油田公司油田作业公司被甘肃省职工技术协会评为2022年度职工技协工作先进单位。

（18）玉门油田公司炼油化工总厂联合运行四部15万吨/年轻汽油醚化装置主操岗位获甘肃省总工会颁发的甘肃省五一巾帼奖。

（19）玉门油田公司老君庙采油厂老君庙作业区王瑞、炼油化工总厂联合运行二部高燕军获甘肃省总工会颁发的甘肃省五一劳动奖章。

（20）玉门油田公司工会肖生科被甘肃省人力资源和社会保障厅、甘肃省总工会评为甘肃省优秀工会工作者。

（21）玉门油田公司工会肖生科创作的《坚决打好扭亏脱困攻坚战》被甘肃省总工会评为全省职工曲艺小品征集展演优秀作品奖。

（22）玉门油田公司水电厂电气车间QC小组张华强、周娟、程全兵、田创新、张军、胡晓焱、李尚基、孟宪强、张兵共同完成的"减少主6千伏系统故障率"获甘肃省2021年度QC小组活动成果三等奖。

（23）玉门油田公司生产服务保障中心采油服务部张莉团队参赛项目"提高油井伴生气回收率"被甘肃省创新方法研究会、甘肃省科技发展促进中心评为2022年中国创新方法大赛甘肃区域赛企业专项赛一等奖。

（24）玉门油田公司生产服务保障中心采油服务部张莉团队参赛项目"提高油井伴生气回收率"被甘肃省创新方法研究会、甘肃省科技发展促进中心评为2022年中国创新方法大赛甘肃区域赛企业专项赛一等奖。

（25）玉门油田公司生产服务保障中心采油服务部刘春杰团队参赛项目"提高油田集输管网运行效率"、许辉团队参赛项目"提高抽油机电机皮带传动系统效率"被甘肃省创新方法研究会、甘肃省科技发展促进中心评为2022年中国创新方法大赛甘肃区域赛企业专项赛二等奖。

（26）玉门油田公司生产服务保障中心工程项目部安装一班获甘肃省创新型班组称号。

（27）玉门油田公司生产服务保障中心机械工程部钻前班获甘肃省"工人先锋号"称号。

（28）玉门油田公司勘探开发研究院王兵、符国辉、魏涛获2021年甘肃省技术标兵称号。

（29）玉门油田公司勘探开发研究院控本降费小组（开发室）"降低新井投产费用"获甘肃省2021年度QC小组活动成果二等奖。

（30）玉门油田公司勘探开发研究院魏浩元入选陇原英才，甘肃省人社厅。

【部级奖励】 2022年，获部级奖励60个：

（1）玉门油田公司获评集团公司2022年度统计工作先进单位。

（2）玉门油田公司党委办公室王得虎获评2021年度集团公司信息工作先进个人。

（3）玉门油田公司规划计划处侯孝政被评为集团公司生产经营先进个人。

（4）玉门油田公司规划计划处秦玉珍、闫鑫被评为集团公司2022年度统计工作先进个人。

（5）玉门油田被国家工业和信息化部工业文化发展中心确立为全国首家工业文化研学实践教育试点示范基地。

（6）玉门油田培训学校被中华人民共和国人力资源和社会保障部评为国家技能根基工程培训基地。

（7）玉门油田"变配电运行值班员（新能源方向）团队项目"获中国石油天然气集团有限公司第四届全国油气开发专业职业技能竞赛暨中国石油首届技术技能大赛金奖。

（8）玉门油田"油藏动态分析团队项目"获集团公司第四届全国油气开发专业职业技能竞赛暨中国石油首届技术技能大赛铜奖。

（9）玉门油田"变配电运行值班员（新能源方向）"获集团公司第四届全国油气开发专业职业技能竞赛暨中国石油首届技术技能大赛优秀组织奖。

（10）玉门油田公司"先进典型全周期培育实践研究"荣获集团公司优秀党建研究成果三等奖。

（11）玉门油田公司"基层党建工作责任制考核的探索与思考"获集团公司优秀党建研究成果优秀奖。

（12）玉门油田公司党委组织部（人事处）被评为集团公司2021年度组织人事信息报送工作先进单位。

（13）玉门油田公司炼油化工总厂联合运行一部运行三班被中华全国总工会、应急管理部、国家卫生健康委员会评为2020—2021年度全国"安康杯"竞赛优胜班组。

（14）玉门油田公司油田作业公司史玉平劳模创新工作室被集团公司党群工作部评为集团公司劳模和工匠人才创新工作室。

（15）玉门油田公司综合服务处获中国石油体协举办的全国石油职工第二届广播操网络公开赛混合团体组三等奖。

（16）玉门油田公司共享中心获中国石油体协举办的全国石油职工第二届广播操网络公开赛混合创编组最佳人气奖。

（17）玉门油田公司工程技术研究院张正平、郑雷、党晓丽、张启龙、陈学辉获评中国能源化学地质工会全国委员会颁发的全国能源化学地质系统优秀职工技术创新成果三成奖。

（18）玉门油田公司乍得分公司陈彦冰被集团公司党群工作部评为2021年度集团公司巾帼建功先进个人。

（19）玉门油田公司李光明、王亚梅被中国石油体协评为全国石油职工第二届广播操网络公开赛优秀组织者。

（20）玉门油田公司王玉华、邱建民、谈俊宏、王若琨撰写的论文《发扬传统 面向未来——玉门精神的历史地位和时代意义》获中国石油第十一届党建思想政治工作优秀研究成果一等奖。

（21）玉门油田公司邱建民、谈智、周蕊、谈俊宏撰写的论文《贯彻"人与自然和谐共生"思想，积极推进绿色低碳发展实践研究》获集团公司学习贯彻习近平总书记"七一"重要讲话精神研学课题优秀成果一等奖。

（22）玉门油田公司邱建民、谈俊宏、胡学荣撰写的论文《弘扬伟大建党精神，赓续红色基因血脉，为实现第二个百年奋斗目标贡献石油力量研究》获集团公司学习贯彻习近平总书记"七一"重要讲话精神研学课题优秀成果三等奖。

（23）玉门油田公司王玉华、谈俊宏、邱建民、王若琨撰写的论文《从党的一百年历史性成就中，感悟党领导新中国石油工业发展辉煌历程和经验启示的研究》获集团公司学习贯彻习近平总书记"七一"重要讲话精神研学课题优秀成果三等奖。

（24）玉门油田公司党委宣传部申报的"玉门油田红色工业文化旅游服务体验项目"获国家工业和信息化部工业文化发展中心颁发的第二届"工业游礼"文创设计产品征选创新奖。

（25）玉门油田公司炼油化工总厂团委获集团公司五四红旗团委称号。

（26）玉门油田公司老君庙作业区团支部、生产服务保障中心数字化工程部团支部获集团公司五四红旗团支部称号。

（27）玉门油田公司工程技术研究院王琪譞获集团公司优秀共青团员称号。

（28）玉门油田公司油田作业公司张涛获集团公司优秀共青团干部称号。

（29）玉门油田公司勘探开发研究院完成的项目"陇东玉门区块低阻油藏测井评价关键技

术攻关""致密砂岩储层预测及含气性检测技术的应用"获集团公司第二届创新大赛青年科技创意工程技术专业三等奖。

（30）玉门油田公司共享中心朱俊霖、老君庙采油厂程杰获集团公司青年文化作品创作大赛三等奖。

（31）玉门油田公司监督中心杜威、炼油化工总厂任栋、油田作业公司程立恒获集团公司青年文化作品创作大赛优秀奖。

（32）由中国石油经济技术研究院范旭强、陈建荣、吴谋远，集团公司政策研究室张安、靳烨，玉门油田公司陈勇合著的《油气田企业新能源产业发展现状及合作融资模式探析》，被评为2022年度石油石化企业管理现代化创新优秀论文一等奖。

（33）玉门油田公司新能源事业部被股份公司油气和新能源分公司评为新能源生产经营先进单位。

（34）玉门油田公司玉门东镇200兆瓦光伏并网发电示范项目被股份公司油气和新能源分公司评为新能源优秀项目。

（35）玉门油田公司审计部张彬、关文志撰写的《油井经济效益审计研究》获集团公司审计理论研讨优秀论文二等奖。

（36）玉门油田公司审计部蔡若男、白瑞撰写的《企业内部审计开展研究型审计的思考》，获集团公司审计理论研讨优秀论文三等奖。

（37）玉门油田公司老君庙采油厂被股份公司油气和新能源分公司授予特别贡献油田称号。

（38）玉门油田公司老君庙采油厂乔心童获集团公司"赋能东奥 加油未来"石油员工风采摄影大赛一等奖。

（39）玉门油田公司老君庙采油厂石敏丽获集团公司"赋能东奥 加油未来"石油员工风采摄影大赛三等奖。

（40）玉门油田公司环庆采油厂（环庆分公司）王禄友获2021年度集团公司先进工作者。

（41）玉门油田公司工程技术研究院杜利兵获2021度股份公司勘探与生产分公司油气田地面工程建设设计先进个人称号。

（42）玉门油田公司工程技术研究院方远大获股份公司勘探与生产分公司2021年度油气田地面工程建设数字化建设先进个人称号。

（43）玉门油田公司工程技术研究院王琪譞获2020—2021年度集团公司优秀共青团员称号。

（44）玉门油田公司炼油化工总厂炼化生产保障部石磊在第四届全国石油石化专业职业技能竞赛暨集团公司首届技术技能大赛中获得金牌。

（45）玉门油田公司水电厂《如何正确佩戴使用防尘口罩》（视频）获评集团公司2021年职业健康传播作品征集活动三等奖。

（46）玉门油田公司水电厂罗小强获评2021年度集团公司先进工作者、集团公司2021年度油气田地面工程建设（基本建设管理）先进个人。

（47）玉门油田公司水电厂王小华、罗小强、王宏、过东凯、贾彩、李海祥、夏博、芦瑾韬、胡龙、刘胜强、万文华、魏云峰共同完成的玉门油田玉门东镇200兆瓦光伏并网发电示范项目获评集团公司优秀项目（优秀模块化建设项目）。

（48）玉门油田公司生产服务保障中心数字化工程部团支部获集团公司五四红旗团支部称号。

（49）玉门油田公司生产服务保障中心质量安全环保中心李烨、董兰玉获集团公司摄影大赛优秀奖。

（50）玉门油田公司应急与综治中心王欣被集团公司生产经营管理部评为2021年度应急通信系统先进个人。

（51）玉门油田公司水电厂团队项目"光伏变电站出口电杆发生触电事故应急救援"在"第四届全国石油石化专业职业技能竞赛暨集团公司首届技术技能大赛变配电运行值班员（新能源方向）竞赛"中获得金奖、铜奖，其中王磊、王培弘获银奖，王刚、张兵获铜奖。

（52）玉门油田公司离退休人员管理中心获

集团公司老干部局"颂百年风华、赞千秋伟业"主题征文活动优秀组织单位。

（53）玉门油田公司离退休人员管理中心王玉莲作品《入党，永远珍藏的记忆》、郑兰平作品《从"雷锋式辅导员"到老有所为先进》获集团公司老干部局"颂百年风华、赞千秋伟业"主题征文活动一等奖，吕春萍作品《庆祝中国共产党百年华诞》、张江虎作品《沁园春·雪》、武晓文作品《不忘初心继写传奇》、雷一兵作品《站在鲜红的党旗下》获集团公司老干部局"颂百年风华、赞千秋伟业"主题征文活动二等奖，胡金秀作品《信仰奠定千秋业》、赵华作品《"正是芳华艳阳天"》、黄美英作品《耄耋老人红心向党》、李凤能作品《党旗如日耀中天》、冀孜梅作品《一唱雄鸡天下白》、高琰璋作品《永远紧跟党》获集团公司老干部局"颂百年风华、赞千秋伟业"主题征文活动三等奖。

（54）玉门油田公司水电厂在第四届全国石油石化专业职业技能竞赛暨集团公司技术技能大赛变配电运行值班员（新能源方向）竞赛中，"光伏变电站出口电杆发生触电事故应急救援"团队项目取得一金一铜，王磊、王培弘获银奖，王刚、张兵获铜奖。

（55）玉门油田公司勘探开发研究院魏涛获集团公司先进工作者称号。

（56）玉门油田公司勘探开发研究院苑伯超、李昱东、任雪瑶、肖文华、魏浩元、张楠、甄园水共同完成的论文《鄂尔多斯盆地陇东地区环庆区块侏罗系成藏控制因素分析》获主办单位第五届中国石油勘探开发青年学术交流会论文一等奖。

（57）玉门油田公司勘探开发研究院赵隽、谢全民、张华琴、王秉合、魏涛、孙铎、罗晓芳共合同完成的论文《深层特低—超低渗砂砾岩储层甜点表征技术研究与应用——以 Y 油藏为例》获第五届中国石油勘探开发青年学术交流会论文二等奖。

（58）玉门油田公司勘探开发研究院袁莉入选集团公司青年科技人才培养计划名单。

（59）玉门油田公司勘探开发研究院吴建福、王秉合、赵隽、许瑞、胡泊代表玉门油田参赛，获集团公司油藏动态分析竞赛铜奖。

（60）玉门油田公司勘探开发研究院完成的"陇东玉门区块低阻油藏测井评价关键技术攻关""致密砂岩气储层预测在鄂尔多斯盆地中的应用"成果获集团公司第二届青年科技创意大赛工程技术专业三等奖。

（徐玉洁）

规 章 制 度

玉门油田分公司党风廉政建设指标考核细则

玉油司党纪字〔2022〕11 号

第一条 为进一步落实党委主体责任和部门监管责任，推动玉门油田分公司（以下简称公司）党风廉政建设和反腐败工作深入开展，根据集团公司《党风廉政建设指标考核细则》和考核要求，制定本细则。

第二条 本细则适用于公司所属单位、部门（直属机构）党风廉政建设工作情况的考核。

第三条 考核指标及分值。

（一）党风廉政建设指标考核满分100分，未达到要求的，累计扣减分值不超过100分，对应为公司对所属单位、部门（直属机构）主要领导绩效合同考核扣减分值不超过5分；发生严重违纪违法案件的实行一票否决。

（二）指标设定及分值。

1. 发生违纪违法案件责任的考核（30分）

2. 监督检查及整改情况的考核（15分）

3. "三重一大"决策制度实施情况的考核（5分）

4. 党风廉政建设责任书签约情况的考核（5分）

5. 纪律处分执行情况的考核（10分）

6. 纪检工作请示报告情况的考核（10分）

7. 党风廉政教育情况的考核（10分）

8. 巡视巡察整改情况的考核（15分）

第四条 扣分情形及指标解释。

（一）发生违纪违法案件责任的考核（30分）

1. 发生违纪违法案件，每件扣10分；其中1起案件涉及多个单位（部门）的，每个单位（部门）扣10分；涉及二级正职（含技术专家）的，一次性扣30分；涉及二级副职（含一级工程师）的，每件扣20分；同一案件涉及三级正副职2人以上，每件扣15分；

2. 信访举报、问题线索经核查属实（含部分属实）每件扣5分；

3. 累计扣减不超过30分。

（二）监督检查及整改情况的考核（15分）。

监督检查指由公司纪委办公室开展的包括但不限于政治监督、日常监督、专项监督等监督检查工作。

1. 对监督检查不配合的，扣5分；

2. 对监督检查中发现问题较多和同类问题反复出现的，扣5分；

3. 对监督检查中发现问题（含巡视巡察反馈问题）未按时整改或整改不到位的，每个问题扣1分，不超过10分；

4. 监督检查中发现未开展岗位廉洁风险识别和防控的，扣5分；

5. 累计扣减不超过15分。

（三）"三重一大"决策制度实施情况的考核（5分）。

1. 未制定"三重一大"决策制度实施细则，扣2分；

2. 发生严重违反"三重一大"决策制度的行为，扣3分；

3. 累计扣减不超过5分。

（四）党风廉政建设责任书签约情况的考核（5分）。

1. 党风廉政建设责任书签约率95%以上（含）、未达到100%的，扣2分；

2. 签约率低于95%的，扣3分；

3. 发约人未对受约人进行党风廉政建设约谈的，扣2分/人次；

4. 累计扣减不超过5分。

（五）纪律处分执行情况的考核（10分）。

1. 处分决定及相关材料未存入被处分人档案，扣2分；

2. 受处分人员涉及工资（薪酬）变化的，未按有关规定进行调整，一次性扣10分；

3. 受处分人员在处分期间存在评选先进、列为后备干部、晋升职务（含技术职称）、提高级别和工资档次的，一次性扣10分；

4. 其他涉及纪律处分执行情况的问题，每个扣2分；

5. 累计扣减不超过10分。

（六）纪检工作报告情况的考核（10分）。

1. 本单位有员工被司法机关传讯、拘留、逮捕等情况，未在3日内报告，涉及三级副职及以上干部的未在1日内报告；

2. 因本单位领导干部违纪违规引发群体性事件的情况，未在1日内报告；

3. 本单位三级副职及以上领导干部或者重要岗位人员潜逃、失踪或因打击报复受到人身伤害的情况，未在1日内报告；

4. 本单位发生重要突发性事件或严重违反党的政治纪律的问题，未立即报告；

5. 发生生产安全事故与环境事件等突发情况，未在2小时内报告；

6. 不主动接受监督、不积极配合派驻纪检组开展工作；

7. 未按要求及时上报有关资料；

8. 上述问题每发生1次扣2分，累计扣减不超过10分。

（七）党风廉政教育情况的考核（10分）。

1. 未制定本单位反腐倡廉教育计划的，扣2分，反腐倡廉教育计划不落实的，扣2分；

2. 党委理论学习中心组党风廉政专题教育少于2次的，扣2分；党委书记未讲授反腐倡廉专题党课的，扣1分；

3. 党员干部教育覆盖面未达90%的，扣1分；

4. 未对新提任干部开展"六个一"教育的，扣2分；未实现全覆盖的，扣1分；

5. 未按要求及时学习集团公司、公司下发的共性、典型问题及警示案例的，扣1分；

6. 报送廉洁文化作品未达到要求的，扣2分；未巩固拓展廉洁文化阵地的，扣2分；未开展廉洁从业相关活动的，扣1分；

7. 累计扣减不超过10分。

（八）巡视巡察整改情况的考核（15分）

1. 未按规范配合巡视巡察工作的，一次性扣15分；

2. 被巡察单位党委未按要求召开巡察整改专题民主生活会的，扣5分；

3. 巡视巡察反馈的问题，未按整改方案进行整改的，一次性扣15分；整改不到位的，扣10分；

4. 累计扣减不超过15分。

第五条 党风廉政建设指标考核的追溯。

党风廉政建设指标考核不受领导人员工作岗位或职务变动的影响。考核按年度进行；在考核年度内，领导人员出现应当扣减分数的情形，职务或岗位变化（包括调离原单位）的，应按实际任职月份分段进行追溯扣减。

第六条 党风廉政建设指标考核加分项目。

1. 落实党建责任，发挥职能作用，健全完善制度，堵塞管理漏洞，有效防止公司效益流失50万元以上的，加5分；

2. 单位或个人受到省部级及以上党风廉政建设方面荣誉的，每次加5分；

3. 党员干部在省部级及以上刊物上发表党风廉政建设方面文章的，每次加5分；

4. 配合公司纪律审查挽回直接经济损失20万元及以上的单位/部门（不含发案单位/部门），每次加5分；

5. 近三年来无信访举报、问题线索和违纪违法案件（不含生产安全事故与环境事件）的，加5分；

6. 报送廉洁文化作品数量超额、质量高，在廉洁文化建设方面取得明显成效的，加5分；

7. 累计加分不超过20分。

第七条 综合得分对应绩效合同分值的换算。

（一）综合累计扣分超过100分以上的，对应绩效合同指标的分值扣5分。

（二）扣分总分在100分以内的，对应绩效合同扣分=（扣分总分/100）×5。

（三）对应绩效合同加分=（加分总分/100）×5。

第八条 党风廉政建设绩效合同指标最终分值

绩效合同指标最终得分=（5-对应绩效合同扣分+对应绩效合同加分）

第九条 本细则由公司纪委办公室负责解释。

第十条 本细则自2022年1月1日起施行。《玉门油田分公司党风廉政建设考核办法》（玉油司党纪字〔2021〕6号）同时废止。

玉门油田分公司党委关于加强对"一把手"和领导班子监督的实施细则

玉油司党字〔2022〕35 号

为深入贯彻中共中央《关于加强对"一把手"和领导班子监督的意见》（以下简称《意见》）精神、集团公司党组《关于加强对"一把手"和领导班子监督的实施细则》（以下简称《实施细则》），进一步压紧压实"两个责任"，切实加强对"一把手"和领导班子监督，推动全面从严治党向纵深发展，结合公司实际，制定如下措施。

一、加强党对监督工作的领导，确保《意见》有效执行

（一）坚决贯彻落实《意见》精神。《意见》作为党对"一把手"和领导班子监督做出的系统规范文件，是以习近平同志为核心的党中央立足新发展阶段形势任务，着眼于坚持和加强党的全面领导、实现新时代党的历史使命，聚焦贯彻执行党章党规，破解对"一把手"和同级监督难题，推动全面从严治党向纵深发展、完善党和国家监督体系的重要举措。各级党组织特别是各级"一把手"和领导班子要深入学习领会习近平总书记关于全面从严治党、加强对"一把手"和领导班子监督的重要论述，充分认识加强监督的极端重要性和现实紧迫性，加强宣传、全面坚守、长期践行、不断深化《意见》的完整要求，切实履行管党治党责任。

（二）全面落实党内监督制度。党委、纪检机构、党的工作部门应当紧紧围绕加强对"一把手"的监督、同级领导班子监督、对下级领导班子的监督，全面落实《中国共产党党内监督条例》等党内监督各项制度，不折不扣落实《意见》《实施细则》各项要求，进一步明确监督重点，压实监督责任，细化监督措施，健全制度机制，强化自上而下的监督，做实做细同级监督，共同构建一级抓一级、层层抓落实的监督工作格局，推动监督制度优势更好转化为治理效能。

（三）突出抓好对"一把手"和领导班子政治监督。健全贯彻落实习近平总书记重要指示批示和党中央重大决策部署督查问责机制，聚焦"国之大者"抓好对"一把手"和领导班子的政治监督，重点强化对"一把手"和领导班子对党忠诚，践行党的性质宗旨情况的监督；强化对贯彻落实党的路线方针政策、党中央重大决策部署以及习近平总书记重要讲话和重要指示批示精神，践行"两个维护"情况的监督；强化对立足新发展阶段、贯彻新发展理念、构建新发展格局，全力推进公司高质量发展情况的监督；强化对推动落实党委重点工作，全面实现"十四五"目标任务情况的监督；强化对落实全面从严治党主体责任和监督责任情况的监督；强化对贯彻执行民主集中制、依规依法履职用权、担当作为、廉洁自律等情况的监督。

二、聚焦"关键少数"中的关键，加强对"一把手"的监督

（四）强化对"一把手"的全面监督。党委、纪检机构、党的工作部门把对"一把手"的监督作为重中之重，通过驻点调研、谈心谈话、干部考核、述责述廉、专项检查、派驻监督、党建督查、巡视巡察、审查调查、政治生态分析研判以及内部审计等方式，有重点地开展对"一把手"的日常监督和专项督查，全面掌握"一把手"思想、工作、作风、生活状况，重点盯住"一把手"是否履行了管党治党重要政治责任，营造让"一把手"时刻感受到用权受监督的氛围。

（五）"一把手"要自觉接受监督。"一把手"必须旗帜鲜明讲政治，以上率下、做好表率，带头履行管党治党责任，既抓本级又抓下级，推动各级"一把手"和领导班子层层严格自律、严负其责、严管所辖；带头遵守政治纪律和政治规矩，严格执行《中国共产党重大事项请示报告条例》及集团公司党组、公司党委有关规定，主动向上级党组织请示报告工作；带头执行党内监督各项制度，自觉接受监督，主动担当作为；带头严格落实中央八项规定及其实施细则精神，廉洁治家，自觉反对特权思想、特权现象。

（六）加强党组织自上而下对"一把手"的监督。党委加强对下级党组织"一把手"的日常管理监督，定期督查责任落实情况。党委领导班子成员要及时了解分管范围内党组织党风廉政建设情况，督促有关单位和部门"一把手"履行管党治党责任、做到廉洁自律，发现问题及时教育提醒。纪检机构、组织部门要发挥职能作用，强化对所属各单位"一把手"的监督，同时督促指导所属单位党组织加强对下级"一把手"的监管。

（七）上级"一把手"必须抓好下级"一把手"。实行上级"一把手"对下级新任职"一把手"任职谈话全覆盖。健全上级"一把手"同下级"一把手"开展监督谈话机制，对责任落实不到位的进行提示提醒，对存在苗头性、倾向性问题的进行批评教育，对存在轻微违纪问题的及时予以诫勉。

（八）加强对"一把手"落实全面从严治党第一责任人职责情况的监督。党委必须认真贯彻《党委（党组）落实全面从严治党主体责任规定》，结合实际健全完善全面从严治党主体责任清单，细化年度重点工作任务台账，加强对落实"第一议题"制度、履行全面从严治党主体责任等情况的监督检查，对下级"一把手"落实责任不到位、问题比较突出的及时约谈，对不担当、不作为的依规依纪追究责任。做深做实党建工作责任制考核评价，健全完善落实全面从严治党主体责任考核机制，将考核结果作为对"一把手"选拔任用、实绩评价、激励约束的重要依据。纪检机构负责人应当及时约谈严重违纪违法党员干部所在单位党组织"一把手"，督促其落实责任、限期整改。

（九）加强对"一把手"贯彻执行民主集中制和"三重一大"决策制度情况的监督。党委、纪检机构、组织部门加强监督检查，结合考核考察、工作调研等，不定期与下级党组织领导班子成员、中层干部进行谈话，了解掌握下级党组织"一把手"贯彻执行民主集中制情况，防止走形式或出现搞"一言堂"甚至家长制等问题。加强对党委前置研究讨论重大经营管理事项情况的监督，把"三重一大"决策制度执行情况作为巡察、内部审计、专项督查的重要内容，防止"一把手"权力失控、决策失误、行为失范。推进党务公开、厂务公开，确保"一把手"权力公开透明运行。组织部门应当对下级"一把手"贯彻执行民主集中制情况进行重点监督。纪检机构负责人发现同级"一把手"违反决策程序的问题，应当及时提出意见，对纠正不力的要及时向上级纪检机构反映。

（十）紧盯"一把手"深化政治巡察。党委全面贯彻"发现问题、形成震慑、推动改革、促进发展"的工作方针，健全完善巡察制度和协作配合机制，把被巡察党组织"一把手"作为监督重点，坚守政治巡察定位，查找纠正政治偏差。巡察组要紧盯"一把手"，进驻前向纪检机构、组织部门深入了解有关情况。巡察谈话应当将"一把手"工作、生活情况作为必谈内容，对反映的重要问题深入了解。巡察报告要将"一把手"履行第一责任人职责和廉洁自律方面的反映单独列出，提出明确意见和整改要求。加大对"一把手"存在问题的被巡察党组织"回头看"力度，推动巡察监督更加精准、规范、有效。

（十一）建立健全"一把手"述责述廉制度。"一把手"要将监督下级"一把手"情况作为每年述责述廉的重点内容，及时向上级党组织和纪检机构报告。开展下级"一把手"在本单位党委扩大会议上述责述廉、接受评议工作，述责述廉报告在一定范围内公开。下级"一把手"应当将评议问题整改情况及时向上级党组织报告。纪检机构、组织部门及时跟进，监督推动述责述廉执行落实到位。

（十二）发挥经济责任审计对"一把手"的监督作用。强化审计成果应用，将其作为考核、任用"一把手"的重要依据；发现重大违规违纪违法问题线索、重大失职渎职行为，及时移交纪委办公室或相关部门调查处理。研究剖析审计发现的典型性、普遍性、倾向性问题，从管理体制机制上提出建议，切实发挥内部审计在发现问题、揭示问题、督促整改方面作用，促进企业依法合规经营。

（十三）建立健全纪检机构、组织部门负责人同下级"一把手"谈话机制。对新任职"一把手"及时开展任职教育和廉洁谈话。加强对"一把手"的日常监督，纪检机构、组织部门负责人应当结合日常了解掌握情况，突出重点与下级"一把手"开展谈心谈话，全面掌握"一把手"履职状态和思想动态，发现一般性问题及时向本人提出，发现严重违纪违法问题向同级党组织"一把手"报告。

三、发挥近距离常态化监督优势，加强同级领导班子监督

（十四）"一把手"要充分发挥"班长"作用。党委"一把手"要管好班子、带好队伍，支持领导班子其他成员在职责范围内独立负责开展工作，坚决防止和克服名为集体领导、实际上个人或少数人说了算，坚决防止和克服名为集体负责、实际上无人负责。经常与领导班子其他成员开展谈心谈话，指出发现的苗头性倾向性问题，切实履行好教育、管理、监督责任。对领导班子其他成员填写的申报事项、所做的函询说明签署意见时，应进行教育提醒，不能"一签了之"；对民主生活会对照检查材料、述职报告等，应进行审核把关。

（十五）督促领导班子其他成员履行好"一岗双责"。"一把手"严格执行全面从严治党主体责任清单，每年至少听取一次领导班子其他成员履行管党治党责任的情况汇报，督促落实年度任务安排、认真履行"一岗双责"，发现责任落实不到位的及时约谈提醒。纪检巡察、审计等部门结合实际，定期梳理相关部门、单位和领域存在问题、廉洁风险以及领导干部遵守党章党规、廉洁自律等情况，向同级党委分管领导班子成员通报，推动其抓好职责范围内的党风廉政建设工作。

（十六）加强领导班子成员相互监督。班子成员之间应当相互提醒、相互监督，经常交换意见，发现问题坦诚向对方提出，发现"一把手"存在重要问题的可直接向上级党组织报告；发现其他班子成员有违纪违法问题的，应当及时如实按程序向党组织反映和报告，对隐瞒不报、虚假报告、当"老好人"的要连带追究责任。

（十七）严肃党内政治生活。党委全面履行加强和规范党内政治生活的领导责任，建立健全规章制度、组织开展监督检查。从严从实开好民主生活会，"一把手"带头开展批评与自我批评，认真组织班子成员之间的谈心谈话，领导班子成员要对群众反映、巡视巡察反馈、组织约谈函询、个人需要报告的重大事项和有关问题逐项做出说明，受到问责的要做出深刻检查。认真落实双重组织生活制度，领导班子成员应当按照规定以普通党员身份参加所在党支部（党小组）组织生活会，并在本单位年度述责述廉中报告参加情况。

（十八）健全领导班子权力运行制约和监督机制。坚持集体领导与个人分工负责相结合，对领导班子权力进行合理分解、科学配置。健全完善领导班子及成员岗位职责清单，领导班子成员分工及时向上级党组织报备。完善党委议事规则、决策程序和监督机制，精准界定"三重一大"事项范围，重要事项必须提交领导班子会议讨论，坚决防止以专题会议代替党委会议做出决策，坚决防止以现场办公会、文件圈阅等形式决定"三重一大"事项，决不允许领导班子成员将分管工作、分管领域变成不受集体领导和监督的"私人领地"。会议决策时，领导班子成员应当充分发表意见，"一把手"应当末位表态，决定重要事项应当进行表决，意见分歧较大时应当暂缓表决，讨论和决策过程应当全程如实记录、存档备查。

（十九）严格执行领导干部插手干预重大事项记录和报告制度。党委建立健全领导干部插手干预重大事项记录和报告制度，细化记录和报告情形、报告程序和处置方式等工作要求。对领导班子成员存在违规插手干预干部选拔任用、工程建设、物资采购、产品销售、股权投资、执纪执法等问题的，受请托人应当及时向所在部门和单位党组织报告。有关人员对来自其他领导干部及其家属亲友的违规干预行为应当坚决抵制，及时向所在党委主要负责人或者上级党组织、纪检机构报告。不按要求报告的，依规依纪严肃追究责任。

（二十）建立健全政治生态分析研判机制。党委每半年至少召开一次会议专题研究全面从严治党工作，分析本单位政治生态状况，组织开展专项调研，经常听取纪检机构、党的工作部门相关报告，认真查找领导班子自身存在的突出问题，采取有力措施加以解决。纪检机构要分析研判党风廉政建设和反腐败工作形势，定期会诊、客观评价"树木""森林"情况；加强对选人用人、工程建设、物资采购、油气销售、财务资金等重点领域党风廉政建设情况的分析，注重发现普遍性问题，形成专题报告，推动同级党委领导班子成员聚焦关键岗位和关键人员强化管理监督。

（二十一）完善纪检机构负责人谈话提醒制度。纪检机构负责人强化同级监督意识，加强对同级领导班子成员履职尽责和廉洁自律情况的日常监督，发现有苗头性倾向性问题的，及时进行提醒；发现"一把手"存在重要问题的，及时向上级纪检机构报告；发现领导班子其他成员存在重要问题的，及时向上级纪检机构和同级党委"一把手"报告。报告时要全面准确反映情况，不报告或者不如实报告的，依规依纪严肃追究责任。公司纪委要定期听取派驻纪检组组长开展谈话提醒工作的汇报，及时研究解决重大问题，加强工作指导。

四、全面落实上级党组织责任，加强对下级领导班子的监督

（二十二）压实上级党组织对下级党组织的监督责任。党委把对下级领导班子的管理监督寓于实施领导的全过程，切实管好自己的"责任田"，经常分析相关情况，综合运用检查抽查、指导民主生活会、受理信访举报、督促问题整改等方式，加强对下级领导班子及其成员特别是"一把手"的监督，做到责任清晰、主体明确、措施管用、行之有效。

（二十三）推进对下级领导班子监督工作规范化。党委坚持用制度管权管事管人，健全任职回避、定期轮岗、干部交流制度，从严管理下级领导班子及其成员特别是"一把手"。坚持和完善落实领导人员报告个人有关事项制度，推进"一把手"和其他领导班子成员个人有关事项在领导班子中公开工作。严格执行干部双重管理制度，压实企业对双重管理干部的监督职责。

（二十四）加强对领导干部家属经商办企业情况的监督检查。党委建立健全常态化工作机制，持续整治化公为私、"影子公司""影子股东"等问题，坚决刹住"靠企吃企""靠油吃油"歪风。组织人事部门要加强对公司规范领导干部配偶、子女及其配偶经商办企业行为办法落实情况的监督检查，严格按照禁业范围做好相关问题报告、清退以及审核等工作。宣传部门要贯彻落实《关于进一步加强家庭家教家风建设的实施意见》，推动各级领导干部廉洁治家，公私分明、亲清分开，严格家教家风，从严管好家属子女，防止家庭成员被"围猎"。纪检机构要持续加大违纪问题查处力度，及时处置投诉举报，发现问题严肃处理。

（二十五）加强对下级单位领导班子民主生活会（组织生活会）的指导。党委履行组织开好民主生活会的领导责任，统筹组织下级单位开好领导班子民主生活会（组织生活会），领导班子成员要有计划地参加下级单位领导班子民主生活会（组织生活会）。组织部门应当会同纪检机构对下级单位领导班子民主生活会（组织生活会）进行督促检查和指导，重点检查"一把手"开展批评和自我批评是否态度鲜明，民主生活会（组织生活会）是否真正红脸出汗。对不按规定召开的严肃指出并纠正，对走过场的责令重新召开。对下级党组织所辖部门、单位发生重大问题的，督促下级领导班子及时召开专题民主生活会（组织生活会）。巡察机构指导下级单位领导班子开好巡察整改专题民主生活会。

（二十六）强化选人用人的组织把关。党委突出政治标准选人用人，强化对下级领导班子成员特别是"一把手"拟任人选的把关，压实分析研判和动议、民主推荐、考察、讨论决定等各环节的领导责任，注重选拔政治坚强、本领高强、意志顽强的优秀干部进入领导班子。组织部门要坚持好干部标准，严格执行"凡提四必"程序，全面深入考察干部，严把政治关、品行关、能力关、作风关、廉洁关。纪检机构应当动态更新领导干部廉政档案，严把党风廉政情况审查关。

（二十七）定期分析研判信访举报情况。党委重视信访举报工作，了解掌握群众对领导干部特别是"一把手"的反映，对意见大、批评多的领导干部及时敲响警钟。纪检机构、组织部门应当对信访举报情况定期开展分析研判，对反映的问题提出有针对性的处置意见，督促信访举报比较集中的部门、单位党组织查找分析原因。对涉及下级"一把手"及领导班子其他成员的信访举报问题进行专题分析，对社会反映突出、群众评价较差的领导干部情况及时向同级党委"一把手"报告，对一般性问题开展谈心谈话。

（二十八）推动问题整改常态化。党委、纪检机构、组织部门加强对各类监督发现问题整改情况的监督检查，通过审核整改报告、督办重点问题等方式，压实主体责任，督促整改落实到位。用好查处的违纪违法典型案例，有针对性地进行通报并开展警示教育。完善纪检建议提出、督办、反馈和回访监督机制，综合运用"一函两书"。对整改问题不及时不到位甚至拒不整改的，依规依纪严肃处理，对典型问题通报曝光。

五、压紧压实"两个责任"，切实抓好贯彻落实

（二十九）党委切实履行主体责任。坚决落实党中央关于全面从严治党的决策部署，领导好本部门本单位党内监督工作，做好各责任主体任务分解，制定切实可行的工作手册，抓好督促检查。把对"一把手"和领导班子监督摆在管党治党突出位置，通过抓好"关键少数"带动"绝大多数"。督促党的组织、巡察、宣传等工作部门加强职责范围内职能监督工作，既加强对本部门的内部监督，又强化对本系统的日常监督，统筹抓好本制度的贯彻落实。支持纪检、审计等监督部门依规依纪依法进行监督。加强分类指导、督促检查和考核评价，严格奖惩兑现，压实各部门、各单位职责，注重创新，探索强化监督的有效办法，结合实际抓好落实，不断增强监督实效。

（三十）纪检机构切实履行专责监督。强化政治监督，做实日常监督，督促各级"一把手"和领导班子履行好管党治党责任，落实好党中央、集团公司党组、公司党委重大决策部署。协助党委发挥党内监督带动作用，健全监督机制、完善监督体系，推动各类监督贯通协同，形成常态长效监督合力。加强对派驻纪检组的领导，大力支持派驻纪检组履行监督职责。精准有效运用"四种形态"，以严格的执纪执法增强制度刚性，对滥用职权、以权谋私的坚决查处，对不抓不管、出现重大违纪违法问题的严肃追责问责。加强自身建设，健全内控机制，自觉接受监督，确保权力受到严格约束。

（三十一）本细则由党委办公室、纪委办公室、党委组织部负责解释，自下发之日起施行。

玉门油田分公司"三重一大"决策制度实施细则（2022年修订）

玉油司党字〔2022〕60号

第一章 总 则

第一条 为加强党对国有企业的领导，完善中国特色现代企业制度，推进党的领导与企业治理有机统一，促进玉门油田分公司（以下简称公司）规范决策行为、提高决策水平、防范决策风险，根据党和国家有关法律法规，以及《中国石油天然气集团有限公司"三重一大"决策制度实施细则（2022年修订）》（中油党组发〔2022〕10号）、《关于进一步完善集团（股份）公司所属分公司领导体制的意见》（中油党组发〔2020〕6号）等有关精神，结合公司实际，制定本实施细则。

第二条 "三重一大"事项决策遵循的原则：

（一）坚持党的领导。中国共产党玉门油田分公司委员会（以下简称公司党委）是党的组织体系重要组成部分，在公司发挥把方向、管大局、促落实的领导作用。坚持以习近平新时代中国特色社会主义思想为指导，贯彻落实新时代党的建设总要求和新时代党的组织路线，增强"四个意识"、坚定"四个自信"、做到"两个维护"，充分发挥政治功能和组织功能，把党的领导落实到公司治理各环节，推动党的主张和重大决策转化为公司的战略目标、工作举措、干部员工的自觉行动和企业改革发展实际成效。

（二）坚持依法合规。贯彻落实全面依法治国新理念新思路新战略，严格遵守国家法律法规、党内规章制度，以及上级和公司现行有关制度规定，保证决策内容和程序合法合规。

（三）坚持科学决策。充分发扬民主，广泛听取意见，强化尽职调查、可行性研究、专家咨询、财务审计、法律审查等决策前调研论证和综合评估，严格按照职责权限和议事规则进行决策，增强决策科学性，防范决策风险，提升决策质量。

（四）坚持权责清晰。结合实际合理确定决策主体和决策事项范围，配套完善权责清单，明确权责和程序要求，集体讨论和决定"三重一大"事项。

第二章 决策范围

第三条 "三重一大"决策事项是指公司重大决策、重要人事任免、重大项目安排和大额度资金运作事项。

第四条 重大决策事项是指依照《中国共产党章程》《中华人民共和国公司法》等有关法律法规，以及集团公司、股份公司相关规定，需要决策的事项。主要包括：贯彻习近平总书记重要讲话和重要指示批示精神、党和国家的路线方针政策、法律法规，以及落实国家发展战略和上级重要决定的重大举措；公司发展战略与规划计划、生产经营、资产管理、资本运营，工资收入分配、企业民主管理、职工分流安置等涉及职工权益的重要事项，以及安全生产、生态环保、重大风险防范、维护稳定、社会责任、党的建设等方面重要事项；重要改革方案，企业及重要子企业的设立、合并、分立、改制、解散、破产或者变更公司形式的方案，内部管理机构的设置和调整方案；玉门石油管理局有限公司章程的制订和修改方案的提出，基本管理制度的制（修）订；以及其他重大决策事项。

第五条 重要人事任免事项是指由公司党委管理的领导人员的职务调整事项。主要包括公司党委管理领导人员的选拔、任免、奖惩，党委管理的首席技术专家、高级技术专家评聘、考核、解聘，高层次人才引进等事项，以公司党委名义向上级推荐党代表、人大代表、政协委员人选等事项，以及其他重要人事任免事项。

第六条 重大项目安排事项是指对公司资产规模、资本结构、盈利能力，以及生产装备、技术状况等产生重要影响的项目的立项和安排。主要包括重大投资项目、重要设备和物资采购、重大工程建设项目，公司委托贷款、对外融资及担保事项，以及其他重大项目安排事项。

第七条 大额度资金运作事项是指超过集团公司、股份公司授权资金限额的资金调动和使用。主要包括：年度对外捐赠、赞助计划和追加对外捐赠预算，预算外大额资金安排，以及其他大额资金运作事项。

第三章 决策主体及权限分配

第八条 公司党委依照规定讨论和决定公司"三重一大"事项，对党的建设等方面重大事项履行决定职责，对重大经营管理事项履行把关定向职责，重点研判决策事项是否符合党的理论和路线方针政策，是否贯彻党中央决策部署和落实国家发展战略，是否有利于促进公司高质量发展、增强竞争实力、实现国有资产保值增值，是否有利于维护社会公众利益和员工群众合法权益，确保党中央决策部署、习近平总书记重要指示批示和上级要求在公司贯彻落实，确保公司改革发展的社会主义方向，确保公司全面履行经济责任、政治责任、社会责任。

第九条 执行董事办公会对公司重大、重要生产经营管理事项按照职权和规定程序做出决定，日常经营管理事项由总经理办公会决策。

第十条 党委研究讨论是执行董事办公会决策重大经营管理事项的前置程序。根据《关于进一步完善集团公司（股份）公司所属分公司领导体制的意见》，公司党委与执行董事办公会成员高度重合，前置研究讨论和决策程序合并，决策主体为公司党委，采取召开党委会的形式决策"三重一大"事项。

第十一条 根据"三重一大"事项范围和决策主体职责，对决策事项和权限分配予以明确，具体见《玉门油田分公司"三重一大"事项决策权责清单》。

第四章 决策程序

第十二条 党委会议由党委书记召集和主持。

第十三条 不得以个别征求意见等方式做出决策。紧急情况下由个人或少数人依据法律法规或相关规定临时决定的，事后及时向公司党委报告；临时决定人对决策情况负责，公司党委在事后按程序予以追认。

第十四条 "三重一大"事项提交党委会议决策前，应认真调查研究，经过必要的研究论证和合规性审查，充分吸收各方意见。重大投资项目和工程建设项目，事先由职能部门委托有资质的咨询评估单位评估论证，充分听取有关专家意见。重要人事任免，坚持党管干部、党管人才原则，严格执行干部选拔任用工作程序，事先应当在公司领导班子范围内进行充分酝酿；公司纪委书记从动议酝酿阶段开始，参与党委选人用人工作并实行全过程监督。大额度资金运作，事先由相关职能部门进行论证和风险评估，建立健全资金内控管理机制。讨论和决定涉及员工切身利益的重大事项，事先广泛听取员工意见和建议。"三重一大"事项涉及法律问题的，事项提出部门要提前提交企管法规处进行法律审查并出具法律意见书，总法律顾问应列席决策会议并提出法律意见；涉及稳定方面问题的，由事项提出部门事先进行稳定风险评估。

第十五条 "三重一大"事项在提交公司党委决策前，议题提出部门（单位）须填报《玉门油田分公司党委会议题审批单》，经部门领导确定、主管领导审核、党委书记审定后，报送党委办公室列入会议议题。上会议题汇报材料（电子版）一并报送，由党委办公室存档备查。会前应告知参与决策人员并提供相关材料，必要时事先听取反馈意见。

第十六条 党委会决策"三重一大"事项，应当有半数以上党委委员到会方可召开，讨论和决定干部任免、处分党员领导干部事项必须有三分之二（含）以上党委委员到会。党委会实行民主集中制，表决实行会议主持人末位表态制。与会人员充分讨论并分别发表意见，会议根据研究讨论情况，就"三重一大"决策形成意见并签署《党委会议题表决意见》，若存在严重分歧，一般应推迟做出决策，待沟通一致后再行决策。会议决策多个事项时，逐项研究讨论。会议决策的事项、过程、参与人及其意见、结论等内容，应当完整、详细记录，形成会议纪要或决议。

第十七条 会议议题涉及本人、直系亲属、特定利益关系人，以及存在其他需要回避情形的，参与决策人员按照规定回避。

第十八条 决策"三重一大"事项的会议通知、参会人员、会议纪要、议题材料、议题表决意见、法律审核意见等，应齐全完整并按规定存档备查。

第五章 组织实施

第十九条 公司党委书记、执行董事为公司落实"三重一大"决策制度实施细则主要负责人，应当带头贯彻民主集中制，带头执行"三重一大"事项决策，自觉接受监督。公司党委委员是分管业务领域的负责人，要带头做好分管业务"三重一大"事项的审核把关、督促上会工作。

第二十条 公司按照规定权限决策的事项，需报集团公司或股份公司有关部门备案的，应按有关程序备案。需集团公司或股份公司审批事项，经党委会研究决策后报请集团公司或股份公司批准后执行。

第二十一条 "三重一大"事项做出决定后，公司党委委员按照分工抓好组织实施。党委办公室做好决策事项的督促检查工作。参与决策人员对集体决策有不同意见，可保留或向上级反映，但在未做出新决策前，不得擅自变更或拒绝执行。

第二十二条 如遇特殊情况需对决策内容做重大调整，应当重新按规定履行决策程序。对因外部环境出现重大变化导致不能执行的决策事项，应重新上会明确事项不再执行。

第二十三条 公司党委负责推动"三重一大"事项决策的执行。对决策事项执行、决策意见落实不到位的事项，及时督促对应的责任主体进行整改；对落实中出现的与党和国家方针政策、法律法规不符，以及脱离实际、偏差失误等情况及时提出意见，督促及时纠正。

第二十四条 加强"三重一大"事项有关涉密信息的保密管理，根据信息类别规范标密，明确各方知悉人员责任，落实保密管理和技术防护措施，确保信息安全。

第六章 "三重一大"制度体系建设

第二十五条 公司根据集团公司有关规定，加强"三重一大"决策制度体系建设，明确公司各部门和各单位职责，建立完善决策回避、考核评价及后评估、决策失误纠错改正、责任追究等配套制度机制。

第二十六条 党委办公室为"三重一大"决策制度体系建设的牵头部门，负责与集团公司党组办公室沟通汇报，组织制（修）订公司"三重一大"决策制度，组织协调"三重一大"决策有关制度和会议信息（以下简称数据）上传集团公司"三重一大"决策和运行监管系统（以下简称监管系统）；监督检查公司所属单位"三重一大"决策制度（流程）、权责清单建立完善和执行情况。企管法规处负责法人企业"三重一大"决策事项的决策主体、决策范围的确定，会同公司党委办公室指导制定"三重一大"决策制度并监督落实。科技信息与对外合作处负责做好"三重一大"决策监管信息系统运维等工作。

第二十七条 公司所属单位，具有"三重一大"决策权限的法人企业要参照公司"三重一大"决策制度实施细则，建立健全"三重一大"决策制度（流程）。因实际情况发生变化重新修订"三重一大"决策制度，应向党委办公室报备。

第七章 监督检查

第二十八条 公司党委强化对班子成员用权履职的监督，对违规决策、违规经营以及不担当、不作为、乱作为、假作为等问题，及时提出纠正意见。

第二十九条 公司纪委书记按照集团公司党组、纪检监察组有关要求，重点关注公司领导班子及成员在会议研究重大问题过程中，增强"四个意识"、坚定"四个自信"、做到"两个维护"，以及贯彻落实党的路线方针政策和集团公司重大决策部署，执行"三重一大"决策制度等情况，发现问题及时提出意见，并向集团公司纪检监察组报告。公司党委应支持纪委开展工作，自觉接受监督。公司领导班子及成员执行"三重一大"决策制度情况，应作为民主生活会、述职述廉和民主评议的重要内容。"三重一大"决策制度执行情况应作为党务公开的重要内容，除按照国家法律法规和有关政策，以及集团公司、油田公司规定应保密的事项外，应在适当范围内公开并接受监督。

第三十条 公司对所属单位实施"三重一大"决策制度情况进行监督检查，将其作为巡察、审计、专项督查的重要内容，确保"三重一大"决策制度落到实处。强化对关键岗位、重要人员特别是主要负责人落实"三重一大"决策制度、贯彻执行民主集中制情况的监督管理；突出对重大项目决策等事项履行"三重一大"程序情况的监督，对应上会而未上会、并造成重大损失和负面影响的，追究相关领导责任。将"三重一大"决策制度实施情况作为党建工作责任制考核、党风廉政责任制考核等重点事项，作为对领导人员考察、考核的重要内容和任免的重要依据，作为民主生活会、领导班子及其成员述职述廉的重要内容。

第三十一条 参与决策人员违反"三重一大"决策制度的，依照《中国共产党纪律处分条例》《中国共产党问责条例》《国有企业领导人员廉洁从业若干规定》和相关法律法规给予组织处理、经济处罚。违反规定获取不正当经济利益的，应责令清退；造成经济损失的，应承担经济赔偿责任；涉嫌违纪或职务违法的，移交相应纪检监察机构处置；涉嫌其他违法犯罪的，移交有关部门处置。

第八章 附则

第三十二条 本实施细则由党委办公室负

责解释。

第三十三条　本实施细则自印发之日起施行，《玉门油田分公司"三重一大"决策制度实施细则》（玉油司党字〔2020〕33号）同时废止。

玉门油田分公司固定资产管理办法

玉油司字〔2022〕16号

第一章　总　则

第一条　为规范和加强玉门油田分公司（以下简称公司）固定资产（包括油气资产，下同）管理，保证固定资产安全完整，优化资产结构，提升固定资产质量、效益，根据国家有关法律法规和《中国石油天然气股份有限公司固定资产管理办法》，结合公司实际情况，制定本办法。

第二条　本办法适用于公司各职能部门及所属各单位（以下简称各部门、各单位）、驻外机构的固定资产管理。

公司全资及控股公司，通过法定程序执行本办法。

第三条　本办法所称固定资产是指为生产商品、提供劳务、出租或经营管理而持有的，使用寿命超过一个会计年度，单位价值较高的有形资产，包括从事油气开采所拥有或控制的油（水）井及相关设施等油气资产。

本办法所称固定资产管理，包括固定资产取得、使用、处置等全过程的管理和监督。

第四条　固定资产管理坚持价值管理与实物、专业技术管理相结合，遵循合法取得、优化增量、盘活存量、注重效益、依法处置的原则。

第二章　管理机构与职责

第五条　公司财务处是公司固定资产归口管理部门，主要履行以下职责：

（一）贯彻执行集团与股份公司固定资产管理制度和核算政策，结合实际组织制定并实施公司固定资产管理制度和核算政策；

（二）组织公司固定资产清查盘点、公司所属各单位间调剂与调拨工作；

（三）负责公司资产评估、减值、报废、出租、对外处置及油气资产弃置费用管理工作；

（四）负责资产进场交易管理；

（五）负责公司固定资产信息统计和分析工作；

（六）指导、监督公司各单位固定资产管理工作。

第六条　公司相关职能部门按照业务分工，主要履行以下职责：

规划计划处是增量资产的计划投资管理部门，主要负责工程建设项目的规划、立项、审查、批复、结算、核销和构成固定资产设备的计划管理。

基建设备处是公司工程建设项目及设备专业管理部门，主要负责设备购置的技术论证与选型、修理及更新改造项目的管理，参与或组织关键、重大新投设备验收工作和各单位闲置设备的调剂以及设备报废的技术鉴定工作；负责管理工程建设项目的竣工验收，组织各单位做好工程建设项目资产移交，配合财务处做好地面工程项目的弃置管理、资产减值准备的测试及资产报废的审核工作。

开发部是公司油（水）井的专业管理部门，主要负责公司油（水）井报废的技术鉴定及管理工作，相关资产的弃置管理以及配合财务处对油气资产减值准备的测试工作。

生产与工程管理处是公司水、电、路、讯等公共系统及生产应急物资及井控技术的专业管理部门，主要负责生产应急物资的统一购置和调剂，油田公共系统、应急物资、井控装备等资产报废的技术鉴定和管理工作。

科技信息与对外合作处是公司科技项目管理部门，负责组织科技项目管理工作和新投科技项目验收工作。

第七条 公司各部门、各单位、驻外机构是固定资产管理和经营的直接责任主体，并实行账务与实物分开管理的原则。

财务处负责油田整体资产的管理；

共享中心工会与机关财务部负责机关资产的账务管理，公司各部门负责本部门实物管理；

各单位、驻外机构财务部门负责账务管理，设备、生产、安全等部门负责实物管理。

主要履行以下职责：

（一）执行公司固定资产管理制度和核算政策，负责本单位固定资产的核算、保管和维护，建立健全本单位固定资产管理制度和流程；

（二）负责本单位新增固定资产验收、移交和转资工作；

（三）负责本单位固定资产的使用、保管和维护，提高资产质量和效益；

（四）做好本单位固定资产清查盘点、闲置资产的调剂与调拨等工作，固定资产发生转移时应及时变更固定资产登记；

（五）负责本单位固定资产权属登记工作；

（六）负责本单位固定资产信息统计、上报和分析工作。

第八条 各采油厂根据弃置费用管理相关规定负责本单位油气资产弃置费用计提、使用、核算工作。

第三章　固定资产取得

第九条 各单位应根据生产经营和管理需要，在保障安全生产，环保合规前提下，按照效益优先的原则增加固定资产，避免造成固定资产闲置。

第十条 固定资产可以通过自建、外购、债务重组、非货币性资产交换、投资者投入、企业合并、租入、接受捐赠或赔偿等方式合法取得。各单位不得购入、租入、接受存在权属瑕疵，无使用价值，或国家明令淘汰、禁止使用，危及生产安全的固定资产。

第十一条 自建、外购固定资产应按照公司投资管理、物资采购管理等规定执行。

债务重组取得固定资产应按照股份公司债务重组管理的规定执行。

非货币性资产交换取得固定资产应报公司财务处，经股份公司总部审批后执行。

投资者投入、企业合并取得固定资产应按照股份公司股权管理的规定执行。

租入固定资产适用新租赁准则的，应当采用新租赁准则核算，并视同自有固定资产管理。

第十二条 固定资产的取得，按照国家和股份公司资产评估

管理规定需要评估和备案的，应当进行资产评估和备案。

第十三条 取得的固定资产，应当及时办理验收并按规定办理转资手续，严禁形成账外资产。

（一）实物资产主管部门及财务部门应参加资产验收工作，做到转资及时、各项数据准确无误、资产信息清晰完整，资产卡片信息必须充分满足清查、账务清理需要；

（二）按照相关法律法规规定，需要办理固定资产权属登记或变更手续的，应及时办理；

（三）用于油气资源的勘探、开发、集输和处理（外输前）等生产过程，安装在油气生产区域内，并将随着相关油气资源的枯竭而丧失

其利用价值的长期有形资产，转入油气资产；

（四）除油气资产外的其他长期有形资产转入固定资产；

（五）与固定资产或油气资产一并购入的专利权、非专利技术等，如果不能单独辨认和计量的，或可单独辨认和计量但金额较小的，或属于有形资产必要组成部分的（如通用计算机软件），其价值应记入固定资产或油气资产成本，并在受益对象间合理分摊后转资。其他按《企业会计准则－无形资产》及其指南的规定，转作无形资产，其中有偿取得的土地使用权按宗转作无形资产；

（六）各单位为固定（或油气）资产投用准备的生产器具和消耗材料，不符合前款规定的转资标准与条件的，不得转资；

（七）不属于实物资产必要组成部分，或与实物资产达到预定可使用状态没有必然因果关系的其他支出（如绿化、美化、装饰、装修等可辨认支出，以及油气勘探开发过程中发生的物探、评价、资料处理、综合研究与技术推广、注入物等不可辨认支出），不得转资，应记入当期损益或其他相关项目；

（八）由安保基金、职工教育经费、职工福利费和安全生产费、党费购建的资产转资时，一次性提足折旧，作为实物管理；以计提的工会经费购建的实物由工会负责管理，不得转入生产经营性资产。

第十四条　按照国家法律法规和与相关方达成的协议，油气资产废弃时需要承担弃置义务的，在确定油气资产成本时应确认相关弃置费用。

第十五条　工程建设项目满足下列条件之一的应及时办理固定资产转资或预转资：

（一）实体建造（包括安装）已经全部完成或者实质上已经完成；

（二）该项资产与设计要求、合同规定或者生产要求相符或基本相符；

（三）继续发生在该项资产上的支出金额很少或者几乎不再发生；

（四）需要试生产或者试运行的，试生产结果表明该项资产能够生产出合格产品，试运行结果表明该项资产能够正常运转或者营业。

在建工程项目交付使用后，需及时办理竣工决算。预转资项目在办理竣工决算后，将预转资金额调整至实际成本。

第四章　固定资产使用一般规定

第十六条　各单位应建立健全固定资产保管、使用的规章制度及操作（使用）规程，并按照制度和规程规范执行。

第十七条　各单位应根据固定资产性质和特点采取相应措施，妥善保管和使用固定资产，做到固定资产定人、定岗、挂牌管理，确保固定资产安全、完整。

第十八条　各单位应定期维护和保养固定资产。对油气水集输处理设施、炼油化工生产装置、储油（气）库、水电等关键设备等固定资产及逾龄在用固定资产，应根据其运行情况进行技术性能和安全可靠性评估，并根据评估结果采取相应的管理措施。

第十九条　各单位不得对固定资产设置抵押、质押等担保。固定资产被司法、行政机关查封、扣押的，应及时上报公司财务处，由公司财务处向股份公司财务部报告。

第二十条　各单位应当按照股份公司统一规定的折旧方法、折旧年限和预计净残值率按月计提固定资产折旧、折耗。

第二十一条　固定资产或油气资产存在减值迹象的，由财务处会同基建设备处、开发部与固定资产使用单位共同对资产进行减值测试，报股份公司财务部审批后计提减值准备。

第二十二条　对固定资产进行修理、改良、改建、扩建等发生的后续支出，符合固定资产确认条件的，应增加固定资产成本；不符合固定资产确认条件的，应在发生时计入当期损益。

第二十三条 公司组织各单位每年进行一次固定资产清查盘点，摸清固定资产数量、分布及使用状况，形成清查盘点报告，并根据清查盘点结果及时维护固定资产信息，对盘盈、盘亏资产，上报公司批准后，及时进行相应会计处理，做到账实相符。

第二节 调剂与调拨

第二十四条 各单位应根据生产经营需要合理配置和有效使用固定资产。对低效、无效、闲置固定资产应采取改造、调剂、转让等措施盘活，并及时进行账务处理。

闲置固定资产是指未使用或已经停用且在可预见未来也不再使用，但仍具有使用价值的固定资产。不包括备用、建设项目中待用、正在维修或改造、待报废和已报废固定资产。

第二十五条 各单位闲置资产需要调剂的，属于设备类的报基建设备处审批，其他类别由归口管理部门和财务处调剂并履行调拨手续，并由各单位进行账务处理。在公司范围内无法调剂的资产，由财务处在股份公司闲置资产调剂平台进行调剂。若仍无法调剂的，应进行对外处置。

第三节 租 赁

第二十六条 各单位根据生产经营需要，可在经营范围内对外出租、租入固定资产，在安全方面必须符合《中国石油天然气股份有限公司租赁业务安全监督管理办法》的规定，存在安全环保隐患的固定资产不得租赁。同时不得将固定资产出租给不具备安全生产条件或者相应资质的单位或个人。

第二十七条 租赁固定资产必须采用招标等竞争性方式进行，应与承租方或出租方签订租赁合同，并按照公司合同管理的有关规定进行审查审批。

各单位按照授权管理清单规定的权限，租赁事项需履行本单位"三重一大"决策程序，再上报公司审定，并经公司主管领导批准后，按相关规定进行招标。各单位应将会议纪要、测算评价分析资料、招标资料、合同等报公司财务处备案，确保租赁业务流程合规，租赁费确定方式符合相关规定。

第二十八条 利用租赁资产系统建立租赁固定资产台账，定期对租赁固定资产进行核查，及时掌握租赁固定资产动态，符合新租赁准则核算条件的承租业务，要遵循新准则要求进行核算。

第五章 固定资产报废

第二十九条 符合下列条件之一，且永久性退出使用状态的固定资产应予报废：

（一）因自然灾害等不可抗力事件或事故造成全部灭失或毁损且不可修复的；

（二）国家有强制性淘汰规定的；

（三）达到规定效用年限，且破损严重、无修复利用价值的；

（四）经检验或鉴定确认，不符合健康、安全、环保规范，且无改造价值的；

（五）更新改造拆除且无使用价值的；

（六）因股份公司资产重组、业务调整而淘汰且无转让价值的；

（七）因技术落后或运营成本高，不适应生产需要的；

（八）长期闲置，且无调剂和转让价值的；

（九）其他原因需要报废的。

第三十条 固定资产报废分为正常报废和非正常报废，所有报废资产不得继续使用，并在批准报废后一年内处置完毕。

（一）正常报废。

1. 满足报废条件，达到《固定资产目录》规定的折旧年限且已提足折旧的固定资产报废；

2. 虽不符合正常报废条件，但国家有强制性淘汰规定的，视同正常报废；

3. 满足报废条件，达到规定折旧年限但由于计提减值准备原因未提足折旧的固定资产报废视同正常报废；

4.满足报废条件，达到规定折旧年限但由于折旧计提方法原因未提足折旧的油气资产报废视同正常报废。

（二）非正常报废是指除正常报废（含视同正常报废）以外的满足报废条件的固定资产报废。

第三十一条　境内固定资产报废实行股份公司总部、地区公司两级审批管理。各单位、各部门将纸质版拟报废资产申请上报财务处，同时在资产管理平台提交报废申请，由财务处组织生产与工程管理处、开发部和基建设备处对上报的报废资产进行实地勘察审核后，上报公司总经理办公会批准。

（一）油气水井、油气水集输处理设施报废及长输油气管线、炼油化工生产装置、加油（气）站及储油（气）库等复合型资产整体非正常报废，由公司总经理办公会批准，报股份公司总部审批后，各单位进行账务处理；经总部、专业公司批准的更新改造导致的加油（气）站、储油（气）库整体非正常报废不需要再报总部审批。

（二）其他固定资产报废事项，由公司总经理办公会审批后，各单位进行账务处理。

（三）所有报废申请必须后附《固定资产报废鉴定表》《油气水井报废鉴定表》《复合型资产报废明细表》，其余附表在公司总经理办公会批准报废后，按照批准报废的资产填报并签字盖章上报财务处。

第三十二条　对单项固定资产进行部分报废的，应采取合理的分摊方法对拟报废部分进行价值确认。

油气水井部分井段报废，可按井深确认应分摊价值，其他固定资产报废可参照同类固定资产市场价格及成新度等方法确认应分摊价值。

第三十三条　油气水集输处理设施、炼油化工生产装置、加油（气）站、储油（气）库等复合型资产整体报废时，其中可利用资产应合理使用，不得进行报废。与复合型资产配套使用、无单独利用价值的无形资产，应随同报废固定资产一并进行申报和处理，涉及的土地按照股份公司土地管理的有关规定处理。

第三十四条　固定资产灭失或毁损，按照法律规定和合同约定应由保险公司或责任人赔偿的，应及时索赔。

第三十五条　各独立纳税单位，对可预见的固定资产报废损失，在损失发生前，应主动与当地税务部门沟通，做好税前抵扣准备工作。固定资产报废后，应及时向当地税务部门进行税前抵扣申报。其余单位由财务处统一负责税前抵扣申报。

第三十六条　各单位应加强已报废固定资产的实物管理，对已报废固定资产实行账销案存管理，并建立管理台账或备查簿，避免报废资产流失。

第三十七条　固定资产报废后，应通过封堵、拆除、解体或专项回收等方式及时处理，不得重新使用。已做报废处理的固定资产，对于可以利用的零配件，应加强管理，在确保安全环保前提下合理利用。

具有放射性同位素和射线的固定资产报废后，应按照国务院环境保护行政主管部门的规定处理。

第三十八条　油气资产报废后，按照国家有关法律法规或与相关方达成的协议，需要承担生态环境恢复等弃置义务的，应当履行相应弃置义务。

第六章　资产处置与评估

第三十九条　已报废资产（包括固定资产、存货、在建工程、长期待摊资产，下同）及闲置资产应及时调剂、处置。闲置资产原则上在股份公司内部调剂未果后一年内处置完毕，其他报废资产应在报废行为批复后一年内处置完毕，原则上各单位每年处置一次。

土地处置时，应报集团公司批复后，按批复意见执行。

物资处置必须经各专业管理部门牵头进行鉴定，确定无法调剂使用后，再行处置。

资产处置必须采用招标方式进行。除报废车辆由公司财务处牵头统一处置外，其余资产处置由各单位按照以下流程组织实施：

（一）各单位确定处置项目后，将处置申请及处置方案提交财务处，并附《处置资产明细表》，注明资产编码、名称、规格型号、投产时间、原值、净值、报废时间等信息，所有信息必须与报废资产台账保持一致；

（二）财务处按照相关规定，对需要评估的处置资产组织评估；

（三）由各单位配合财务处，委托产权交易机构进行处置；

（四）处置完毕后，收入由各单位自行入账，所有处置资料作为凭证附件，并将处置报表报财务处备查。

第四十条 处置以下已报废固定资产、存货、在建工程、长期待摊资产，必须经过评估。

（一）炼油化工生产装置整体报废后处置的；

（二）单次处置已报废资产报废前账面原值总额超过1000万元的。

第四十一条 处置资产不需要评估的，由财务处组织企管法规处、基建设备处等部门，组成估价小组（3人以上）进行估价。估价小组在当地市场询价后，确定招标底价。

处置已报废运输车辆等国家相关法律法规已明确处置方式和处置价格标准的特殊类型资产，不再评估。

第四十二条 转让房屋所有权、土地使用权、单次转让资产账面原值总额超过100万元的，应当对相关资产进行评估。

第四十三条 向外部单位或个人转让以下境内在账资产，应在产权交易机构公开进行。

（一）房屋产权、出让性质的土地使用权以及按照国家法律法规相关规定允许进场交易的其他性质的土地使用权；

（二）单次转让评估值在100万元以上的设施设备、工具器具等实物资产。

第四十四条 因政府规划拆迁导致的固定资产处置，应依法获取拆迁补偿。

第四十五条 资产处置收入应及时收回并入账。

第七章 固定资产信息管理

第四十六条 固定资产信息通过股份公司资产管理信息系统（以下简称资产管理平台）实行动态管理。

固定资产取得后，各单位应建立固定资产信息档案，及时将其价值、实物技术、管理等信息完整、准确地录入资产管理平台。固定资产信息发生变更的，应及时进行维护更新。各单位应对资产信息每年进行一次检查核对，对信息不完整、不准确的及时进行维护更新。

固定资产计提折旧、减值、调拨、报废、处置等业务处理，应全过程在资产管理平台中反映。

第四十七条 各单位闲置固定资产应通过股份公司统一搭建的闲置资产调剂平台进行盘活调剂。

各单位应积极开展闲置固定资产调剂工作，对本单位内部无法利用的闲置固定资产及时清理，优先在公司内部各单位调剂使用，调剂无果的闲置固定资产发布到闲置资产调剂平台进行地区公司间调剂使用。对于公司内部调剂成功的闲置固定资产，应及时办理调剂调拨手续并变更相关信息。

第四十八条 固定资产信息应能够及时、全面反映固定资产实际情况，做到真实可靠、规范完整。

第四十九条 对涉密的固定资产信息，应按照公司保密管理的规定严格保密。

第八章 监督与责任

第五十条 公司财务处、审计部、开发部、规划计划处、生产与工程管理处、基建设备处、科技信息与对外合作处应当按照职责对各单位固定资产管理情况进行检查监督。

第五十一条 各单位应定期对本单位的固定资产使用情况进行检查，对存在的问题及时组织整改。

第五十二条 违反本办法规定，有下列情形之一的，给予批评教育；应当承担违纪违规责任的，按照集团公司管理人员违纪违规行为处分规定给予相应处分：

（一）无计划、超计划购建固定资产的；

（二）未将固定资产登记入账，造成固定资产流失的；

（三）违规保管、使用固定资产，造成固定资产损失的；

（四）未按规定清查盘点固定资产并处理清查盘点结果的；

（五）未按规定履行审批程序或超越权限审批的；

（六）以明显低价转让、出租固定资产的；

（七）固定资产出租、处置收入未入账的；

（八）违规以固定资产进行抵押、质押等担保的；

（九）未按规定进行固定资产评估和备案，造成损失的；

（十）在固定资产管理中弄虚作假、串通舞弊、假公济私和严重失职的；

（十一）其他违反本办法规定的。

第九章 附 则

第五十三条 本办法由公司财务处负责解释。

第五十四条 本办法自印发之日起施行。原《玉门油田分公司固定资产管理办法》（玉油司字〔2018〕226号）同时废止。

玉门油田分公司员工管理办法

玉油司字〔2022〕24号

第一章 总 则

第一条 为进一步加强玉门油田分公司（以下简称公司）员工管理工作，优化队伍结构，健全和完善岗位人员能进能出的动态管理机制，激发人力资源活力，保持队伍精干高效，维护公司正常的生产秩序和工作秩序，提高劳动效率和经济效益，根据国家有关法律法规和中国石油天然气集团有限公司（以下简称集团公司）相关制度和规定，结合公司实际，制定本办法。

第二条 员工管理遵循"控制总量，按需引进，优化结构，依法合规，奖惩结合，有序退出，妥善安置"的工作原则。

第三条 本办法适用于公司全体员工。员工引进、交流、奖惩、退出等管理工作按本办法执行。

第二章 管理职责

第四条 人事处是公司员工管理工作的归口管理部门，负责员工引进、交流、奖惩、退出及其他具体工作。

（一）负责编制年度招聘计划，提出招聘引进方案，经公司批准后组织实施；

（二）负责公司人力资源统筹配置，组织实施员工内外部交流等工作；

（三）负责制、修订员工奖惩管理制度并组织实施；

（四）负责办理员工退出岗位的审核和审批工作；

（五）负责指导、监督公司所属单位员工管理工作；

（六）负责员工管理其他方面的工作。

第五条 公司所属单位组织人事部门为本单位员工管理归口管理部门，负责本单位员工日常管理工作，接受公司人事处业务监督指导。

第三章　员工引进

第六条 员工引进主要包括高校应届毕业生引进，高端、急需紧缺人才引进以及按照国家政策规定需要安置的人员。

第七条 高校应届毕业生引进由人事处根据集团公司下达的年度新增用工计划，结合公司各单位需求，提出招聘计划，报公司审定。

第八条 人事处依据《中国石油天然气集团公司高校毕业生招聘工作管理办法》，组织实施高校应届毕业生招聘计划，负责招聘信息发布、应聘简历筛选、笔试面试、公示、体检、录用、办理入职注册手续、组织入职培训等工作。

第九条 为吸引、稳定人才，对年度招聘的高校毕业生发放安家补助。

（一）经集团公司"高校毕业生招聘平台"录用的高校毕业生报到入职后，与公司签订八年有固定期限劳动合同，合同约定的试用期满后，一次性发放安家补助。标准为：博士研究生50000元，硕士研究生30000元，本科毕业生10000元。

（二）安家补助发放由人事处申请、财务处审批后发放。享受安家补助的高校毕业生，在签订的劳动合同期内，因本人原因辞职或被公司解除劳动合同的，须按照未履行工作年限等比例偿付已发放的安家补助。

第十条 高端、急需紧缺人才，由人事处按照集团公司相关政策，根据各单位需求提出引进计划，经公司研究同意后实施。

对新引进的全日制博士研究生、主体专业全日制硕士研究生和高端、急需紧缺人才工作满三年后，可向公司申请周转住房。全日制博士研究生在油田工作年限满十年、主体专业全日制硕士研究生在油田工作年限满十五年后，由本人申请，经公司审批后，即可拥有周转房的全部产权。高端、急需紧缺人才按照双方协议约定执行。

第十一条 按照国家政策规定需要安置的人员由公司研究决定接收、安置相关事宜。

第四章　员工交流

第十二条 员工交流分为内部交流和外部交流两类。内部交流是指员工在公司所属单位之间的流动；外部交流是指员工跨企业、跨系统流动。

第十三条 员工内部交流坚持"保一线、控二线、压后勤"的原则，严格控制一线员工向后勤单位流动。

第十四条 员工内部交流程序：

（一）用人单位根据工作需要和定员编制，向人事处提出用人申请，并填报《人员需求信息表》；

（二）人事处根据用人单位需求申请，统筹考虑公司人力资源情况，经沟通协商后，提出初步意见，提交公司研究决定；

（三）公司研究同意后，由人事处通知办理相关手续；

（四）调出单位将流动人员的组织人事关系、工资介绍信转到人事处，人事处审核后介绍其到接收单位报到；

（五）调入单位接收后，将具体安排情况及时反馈人事处；

（六）人事处、调出单位、调入单位三方按照共享流程办理流动人员岗位变动等其他相关事宜。

第十五条 员工个人申请在公司内部流动的，向所在单位提出申请，单位同意后上报人事处，人事处提出初步意见，提交公司研究决定。

第十六条 参加公司部门岗位竞聘的人员，须具有本科及以上学历且全日制学历达到大专以上。研究生及以上学历员工须具备三年及以上的基层工作经历，其他学历员工须具备五年及以上的基层工作经历；竞聘二级单位部门工作岗位的人员，研究生及以上学历员工须具备两年及以上的基层工作经历，其他学历员工须具备三年及以上的基层工作经历。

第十七条 公司员工内部借调借用时间，连续或一年内累计不得超过六个月。

第十八条 员工外部交流程序：

（一）员工拟调出公司或参加公司以外单位竞聘报名，必须提前征得所在单位及人事处同意，人事处收到书面商调函（或调动函）后，报公司研究决定。员工工作年限不满五年，不得申请调出或参加公司以外单位竞聘（调入集团公司总部的除外）。

（二）外部人员申请调入公司的，需本人向公司人事处提出书面申请。人事处提出初步意见，提交公司研究批准后，办理相关调动手续；不同意调入的，将结果告知申请人。

第五章 员工奖惩

第一节 员工行为规范

第十九条 员工必须遵守国家法律、法规，遵守集团公司和公司的各项规章制度，遵守职业道德，学习和掌握本职工作所需要的业务知识和技能，完成工作任务。

第二十条 员工要继承发扬中国石油优良传统，诚实守信，爱岗敬业，恪尽职守，自觉维护企业利益、形象和声誉，不从事损害企业利益或影响企业形象的活动，不从事违法活动。

第二十一条 员工要不断加强学习，主动参加培训并取得岗位任职资格，提升自身素质和职业技能，努力提高工作效率。

第二十二条 员工必须遵守劳动纪律，严格执行单位工时制度和休息休假、请销假等管理制度，按时上下班，不迟到、不早退、不旷工。要坚守工作岗位、认真履行岗位职责和规定义务，不消极怠工、不玩忽职守，不在工作时间做与工作无关的事。发生下列情形之一者，按旷工论处：

（一）未请假或请假未批准并缺勤者；

（二）假期届满未归，未办理续假手续或续假未被批准而超假者；

（三）弄虚作假，骗取探亲假、病假或其他休假者；

（四）经单位批准脱离岗位长期学习（含出国学习人员）或外借人员，无正当理由超过规定或批准期限未归者；

（五）无正当理由不服从工作分配或调动，从正式分配或批准调动之日起，超过规定期限不报到者；

（六）其他未经批准的情形。

第二十三条 员工要遵守集团公司及公司各项规章制度，维护正常的工作秩序，保持着装和言谈举止文明、规范，保护工作环境和公共设施，保持工作场所和公共区域整洁卫生，不携带违禁物品进入工作场所。

第二十四条 员工应遵循个人服从组织、下级服从上级的原则，服从工作指挥和安排，主动接受管理监督和检查考核，按照规定程序合理反映诉求，理性处理工作中发生的争议，不采取任何过激行为。

第二十五条 员工应遵守企业保密和知识产权管理规定，保守国家秘密、企业商业秘密和工作秘密，不对外泄露、传播或允许他人使用单位的商业秘密与知识产权，不私自复制、存储、保管、销毁保密资料，不利用保密信息和知识产权谋取私利。

第二十六条 员工应遵守廉洁自律规定，严格禁止营私舞弊、弄虚作假或其他不良行为，禁止参与可能导致与公司有利益冲突的活动，不利用企业财产、信息为个人谋取私利，不利用职务之便索取、收受、挪借他人财物，不利用工作之便谋取不正当利益。

第二节 奖 励

第二十七条 员工奖励分为：通报表彰，记功，授予先进工作者、优秀员工、劳动模范（标兵）等荣誉称号或其他专项奖励。

第二十八条 员工有下列表现之一的，应给予奖励：

（一）在生产、科研、工艺设计、产品设计、安全环保、改善劳动条件等方面有发明创造、技术改进或者提出合理化建议被采纳，取得重大成果或显著成效的；

（二）在改进公司内部经营管理、提质增效等方面成绩显著的；

（三）在为公司开拓市场、增收创效等方面贡献突出的；

（四）在应急抢险、处理突发事件过程中表现突出的；

（五）对维护正常生产和工作秩序、维护油田稳定做出重要贡献的；

（六）在精神文明建设方面做出突出贡献的；

（七）其他应给予奖励的。

第二十九条 奖励范围和标准，按有关规定执行。

第三节 处 罚

第三十条 员工违反国家法律法规及集团公司、公司规章制度或违反劳动纪律、职业道德规范，应当受到处罚。

第三十一条 本处罚规定适用于公司副科级以下管理人员、专业技术人员、技能操作人员。副科级及以上管理人员（含享受相应待遇人员）违纪违规的，按照《中国石油天然气集团公司管理人员违纪违规行为处分规定》（中油监〔2017〕44号）执行。

第三十二条 公司对员工违纪违规行为的处理方式包括批评教育、经济处罚、停工待岗和行政处分。

第三十三条 经济处罚可一次性缴纳，也可从薪酬中扣除，但每月扣除后的剩余部分不得低于当地最低工资标准。

由于个人原因造成经济损失的，应当赔偿损失，赔偿金额不高于直接经济损失的15%。

第三十四条 行政处分为：警告、记过、记大过、降级、撤职、留用察看、开除。

第三十五条 批评教育、经济处罚、停工待岗和行政处分可以单独使用，也可合并使用。

第三十六条 有下列情形之一的，应当视情况给予批评教育、经济处罚、停工待岗或行政处分：

（一）违反劳动纪律的，可视情节给予批评教育、经济处罚、停工待岗、警告至开除处分。

1. 员工上班经常迟到、早退的，视情节给予批评教育、责令检查、停工待岗的组织处理；

2. 消极怠工，完不成生产任务或工作任务的，视情节给予批评教育、经济处罚、停工待岗、警告处分，情节特别严重、给公司造成重大损失的，给予记过、记大过处分；

3. 连续旷工3天（含3天，下同）以内或一年内累计旷工7天（含7天，下同）以内的，给予警告处分；连续旷工4至7天或一年内累计旷工8至15天，给予记过处分；连续旷工8至11天或一年内累计旷工16至22天，给予记大过处分；连续旷工12至15天或一年内累计旷工23至30天，给予留用察看处分；连续旷工超过15天或一年以内累计旷工超过30天的，给予开除处分。

因严重违反劳动纪律，影响生产、工作秩序，已受到记大过处分，处分期内因违反劳动纪律再次构成行政处分的，可以给予降级、撤职、留用察看直至开除处分。

（二）不服从组织分配，不按规定的时间、地点、内容和要求等进行生产和工作的，可视情节给予警告至记大过处分；情节特别严重，造成重大经济损失的，可给予降级、撤职、留用察看直至开除处分。

（三）利用单位设备、原材料干私活或在工作期间做与工作（生产）无关的事情，除没收所做物品，进行批评教育外，可责令赔偿经济损失；屡教不改者，可给予经济处罚、警告或记过处分。

（四）工作失职、营私舞弊，给公司造成损害的，给予警告至开除处分，造成经济损失的，应按规定赔偿经济损失；触犯刑律的，移交司法机关处理。

（五）违反公司有关保密规定，泄露商业、技术等秘密，对公司利益造成损害的，给予警告至开除处分；造成经济损失的，应按规定赔偿经济损失；触犯刑律的，移交司法机关处理。

（六）无理取闹、聚众闹事、打架斗殴等影响生产秩序或工作秩序的行为，给予批评教育、警告至开除处分；触犯刑律的，移交司法机关处理。

（七）贪污盗窃、挪用公款等违法乱纪行为，给予经济处罚、警告至开除处分；触犯刑律的，移交司法机关处理。

（八）组织、策划、煽动、参与违法上访或为其创造条件、提供帮助，扰乱政府或企业正常工作秩序的，给予警告至开除处分；触犯刑律的，移交司法机关处理。

（九）犯有其他严重错误的，给予警告至开除处分；造成经济损失的，应按规定赔偿经济损失；触犯刑律的，移交司法机关处理。

第三十七条　依据和参照《政务处分法》《中国共产党纪律处分条例》规定，对因故意犯罪被判处刑法规定的主刑（含宣告缓刑）、因过失犯罪被判处有期徒刑超过三年、因犯罪被单处或者并处剥夺政治权利的，应当给予开除处分。（刑法规定的主刑不仅包括有期徒刑、无期徒刑、死刑、还包括管制、拘役。）

因过失犯罪被判处有期徒刑三年以下（含三年）的；因犯罪被单处罚金的或者犯罪情节轻微，人民检察院依法做出不起诉决定或者人民法院依法做出有罪判决并免予刑事处罚的，应当视情节给予警告至留厂察看处分，造成不良影响的给予开除处分。

缓刑考验期、管制期超过留用察看期的，留用察看期延至缓刑考验期满之日结束。

第三十八条　员工涉嫌犯罪被司法机关调查，有关司法机关提出追究政纪责任建议的，应当视情况给予相应处分。

第三十九条　对生产事故、交通事故和人员伤亡事故等事故责任者的处罚按照相关规定执行。

第四十条　对违反国家其他法律、法规和集团公司、公司其他制度规定的，依据相关法律、法规及制度规定进行处罚。

第四十一条　处分影响期为：

（一）警告，六个月；

（二）记过，十二个月；

（三）记大过，十八个月；

（四）降级、撤职，二十四个月；

（五）留用察看，期满后二十四个月。

对于应当受到撤职处分，但是本人没有职务可撤，而给予其记大过处分的，处分影响期为二十四个月。

第四十二条　员工受党纪政纪处分期间待遇按照公司《关于调整受处分人员处分影响期内薪酬待遇的通知》（玉油司字〔2021〕107号）规定执行。因触犯刑律，被司法机关逮捕，在没有判决，羁押期间的工资按照《玉门油田分公司员工薪酬与假期管理办法》（玉油司字〔2021〕196号）规定执行。若计发的生活费实发收入不足当地城市居民最低生活保障标准的，按当地城市居民最低生活保障标准进行发放。

在处分期和影响期内不得评先选优，不得列为后备干部，不得晋升职务（含专业技术职务），不得提高级别和工资档次。处分影响期满，不再受原处分的影响，但受撤职处分的，处分影响期满不视为恢复原职务。

第四十三条 对受开除处分的员工，自开除处分决定生效之日起，公司解除与其签订的劳动合同。解除劳动合同后五年内不得重新录用。

第四节 奖励及处罚的审批程序

第四十四条 记功、给予物质奖励，应由员工所在单位的业务主管部门提起，经本单位研究决定。

第四十五条 通报表彰分为公司级通报表彰和厂处级通报表彰。公司级通报表彰由公司业务主管部门提起，公司研究决定；厂处级通报表彰由员工所在单位的业务主管部门提起，所在单位研究决定。

第四十六条 授予先进工作者、优秀员工、劳动模范（标兵）等荣誉称号按有关规定执行。

第四十七条 给予员工行政处分，一般按下列程序进行：

（一）给予员工警告、记过、记大过、撤职、留用察看处分，须经所在单位有关部门调查取证，查清事实，由所在单位形成书面材料和处理意见，报公司审定批准后执行。留用察看处分须征求所在单位工会意见。

（二）给予员工开除处分，须经所在单位有关部门调查取证，查清事实，由所在单位形成书面材料和处理意见，报公司审定批准，提交所在单位职工代表大会或职工代表团（组）长联席会议通过后执行。

第四十八条 审批员工处分的时间，从证实员工犯错误之日起，开除处分不得超过5个月，其他处分不得超过3个月。如因情况复杂，不能在规定时间内及时审批处分的，可报请上级主管部门批准适当延长时间。

第五节 其他规定

第四十九条 受到组织处理或行政处分的员工，对组织处理或处分决定不服的，可自知道或应当知道该处理或处分决定之日起三十日内向原处理或处分决定单位申请复核。对复核结果不服的，可以自接到复核决定之日起三十日内，按照规定向上级人事、纪检部门提出申诉。对所涉及的行政处分方面的问题也可直接提请劳动仲裁。复核、申诉或仲裁期间仍按原处分决定执行。

原处理、处分决定单位应当自接到复核申请后的三十日内做出复核决定，六十日内将复核结果答复复核申请人。受理申诉的部门应当自受理之日起六十日内做出处理决定；情况复杂的，可以适当延长，但是延长期限最多不超过三十日。

第五十条 员工受到奖惩，应按有关规定记入本人档案。受到经济处罚、行政处分的应书面通知本人。

第五十一条 对于滥用职权，利用处分员工进行打击报复或对应受处分的员工进行包庇的，一经查出，要严肃处理，触犯刑律的，移交司法机关处理。

第五十二条 对于弄虚作假，骗取奖励或待遇的员工，按照情节轻重，给予相应处分。

第五十三条 员工违反规定应当给予两种以上（含两种）处分的，合并处理，按其数种违纪违规行为中应当受到的最高处分加重一档给予处分；其中一种违纪违规行为应当受到开除处分的，给予开除处分。

违纪违规受处分后，在处分影响期内又有应当受到处分的违纪违规行为的，从重处分，其中故意违纪违规的，加重处分。

在纪律集中整饬过程中，不收敛、不收手的，应当从重或者加重处分，处分影响期应当合并，处分影响期为原处分尚未执行的影响期与新处分影响期之和。

第六章 员工退出

第五十四条 员工退出岗位方式：转岗培训、内部退养、离岗歇业和自愿申请解除劳动合同。

第五十五条 转岗培训是指改革过程中产生的富余人员以及经考核退出人员参加单位或公司举办的转岗培训。

（一）转岗培训期间仍由原单位管理。

（二）转岗培训人员必须遵守员工行为规范，按照规定时间参加转岗培训，必须服从单位及公司重新安排的工作岗位。

（三）转岗培训期间基本工资（包括除上岗津贴以外的工资内津补贴）以及住房补贴、物业费补贴正常发放，上岗津贴停发，业绩奖金按奖金基数的80%与培训综合考评挂钩考核发放；转岗培训后仍不能上岗的人员按月发放生活费，生活费按照本人转岗前岗位（技）工资的60%、酒泉地区补贴、工龄津贴、三费、保留工资之和计发，住房补贴、物业费补贴正常发放，其他津补贴和业绩奖金停发。

第五十六条 内部退养条件：

（一）公司总经理助理、副总师、二级正、副职领导人员男年满57周岁、女年满53周岁。

（二）厂处副总师、三级正、副职及以下管理人员，专业技术人员男年满55周岁、女年满52周岁。

（三）操作服务人员男年满55周岁、女年满48周岁。

（四）因工致残或患职业病，经甘肃省劳动能力鉴定委员会鉴定，伤残等级为6级及以上的人员。

（五）工作年限满10年，因病或非因工伤残，经酒泉市劳动能力鉴定委员会鉴定，伤残等级为6级及以上确认不能坚持正常工作的人员。

第五十七条 内部退养待遇：内部退养人员按月发放生活费和生活补助。生活费按照本人退养前岗位（技）工资、酒泉地区补贴、工龄津贴、三费、保留工资之和计发，住房补贴、三项补贴、物业费补贴正常发放，其他津补贴停发，生活补助按公司相关规定执行。

第五十八条 符合以下条件之一，经本人自愿申请、单位同意，经公司审批后，可办理离岗歇业。

（一）工作年限累计男满30年及以上，女满25年及以上的人员，经本人自愿申请、单位同意、公司批准，可办理离岗歇业。

（二）一线艰苦岗位（指执行公司"关键艰苦生产岗位上岗津贴"的岗位）工作累计满20年及以上人员。

第五十九条 离岗歇业人员按月发放生活费，生活费按照本人离岗歇业前岗位（技）工资的80%、酒泉地区补贴、工龄津贴、三费、保留工资之和计发，住房补贴、物业费补贴正常发放，其他津补贴停发。

第六十条 离岗歇业人员原则上不再返岗工作，符合内部退养条件时可办理内部退养。

第六十一条 各单位原则上不得返聘内部退养人员上岗工作，特殊情况须报公司审批。

第六十二条 员工在内部退养、离岗歇业期间，工龄连续计算，不参加岗位（技）工资的考核晋档，可按规定参加统一的工资标准调整，并以调整后的标准作为计发生活费的基数。

第六十三条 员工在内部退养、离岗歇业期间违反国家法律法规以及集团公司和公司有关规定的，按照管理权限和规定处理；符合解除劳动合同规定的，及时解除劳动合同。

第六十四条 员工在内部退养、离岗歇业期间相关单位应做好系统信息数据维护和管理工作。

第六十五条 员工自愿申请解除劳动合同，必须提前30日向所在单位提出书面申请，经单位研究通过并征得本单位工会同意后，由所在单位向公司上报书面意见。集团公司和公司级技术、技能专家申请解除劳动合同须经公司研究批准，其他员工自愿申请解除劳动合同由人事处研究批准，并按规定办理解除劳动合同相关手续。

第六十六条　根据《劳动合同法》第三十九条规定，员工有下列情形之一的，可以解除劳动合同。

（一）在试用期间被证明不符合录用条件的；

（二）严重违反公司规章制度的；

（三）严重失职，营私舞弊，给公司造成重大损害的；

（四）员工同时与其他用人单位建立劳动关系，对完成公司的工作任务造成严重影响，或者经公司指出，拒不改正的；

（五）出现本办法第三十七条规定之情形的。

第六十七条　根据《劳动合同法》第四十条规定，员工有下列情形之一的，公司提前三十日以书面形式通知员工本人或者额外支付员工一个月工资后，可以解除劳动合同。

（一）员工因患病或者非因工负伤，在规定的医疗期满后不能从事原岗位工作，也不能从事由单位另行安排的岗位工作的。

（二）员工因各种原因不能胜任岗位工作，经过转岗培训或者调整工作岗位（不得超过两次），仍不能胜任岗位工作的。

第六十八条　参加学历教育、因公出国学习培训的人员在培训协议规定的期限内，或海外对口支持项目工作人员在《赴境外员工工作协议》规定的期限内申请调出公司或辞职，按协议有关规定执行。

第六十九条　达到国家法定退休年龄的员工，必须及时办理退休手续。对于不按时办理退休手续的，从退休到龄的次月起，停发退养生活费和生活补助。

第七章　监督检查

第七十条　公司工会、纪委办公室行使监督检查权，对员工管理情况开展监督检查。

第七十一条　有下列情形之一的单位及个人，视情节轻重，给予通报批评、追究单位领导责任等处理，承担个人责任的调离岗位；给公司或他人利益造成损害的，同时追究相应责任。

（一）违反工作规定，擅自招聘、使用人员的；

（二）违反工作纪律，弄虚作假、打击报复，侵害单位、个人利益的；

（三）违反工作程序，未经公司同意，擅自扩大条件和扩大范围审批员工退出岗位的；

（四）擅自进行员工交流的；

（五）其他违反员工管理规定的。

第八章　附　则

第七十二条　本办法未尽事宜或与国家法律法规、上级规定不一致时，按照国家和上级有关规定执行。

第七十三条　本办法由公司人事处负责解释。

第七十四条　本办法自印发之日起施行。

玉门油田分公司环境保护管理规定

玉油司字〔2022〕108号

第一章　总　则

第一条　为防治环境污染和生态破坏，推进生态文明建设，促进玉门油田分公司（以下简称公司）绿色发展、低碳发展，依据国家、地方政府环境保护法律法规，以及中国石油天然气股份有限公司和专业公司（以下通称股份公司）有关规章制度要求，结合公司实际，制定本规定。

第二条　本规定适用于公司职能部门、直属机构及所属单位的环境保护管理。

公司有关业务的协作、承办单位，应通过法定程序实施本规定。

第三条　公司环境保护坚持"保护优先、预防为主、综合治理、公众参与、损害担责"的原则，在保护中开发、在开发中保护，将环境保护纳入生产经营全过程，构建环境保护绿色发展长效机制。

第四条　公司严格遵守国家、地方政府环境保护法律法规，以及股份公司有关规章制度要求，追求"零事故、零污染、零损害"，履行社会责任，建设环境友好型企业。

第五条　公司全面加强党对环境保护工作的领导，建立健全"党政同责、一岗双责、齐抓共管、失职追责"的环境保护责任体系，建立并实施各级党组织环境保护重大事项议事制度。

建立健全环境保护监管责任体系。各级环境保护管理部门对本单位环境保护工作实施统一监督管理；其他部门按照"管发展管环保、管业务管环保、管生产管环保"的原则，分工履行环境保护职责。

各级党组织负责人和行政主要领导是本单位环境保护第一责任人，对本单位环境保护工作负总责。

第二章　机构和职责

第六条　公司成立环境保护（QHSE）委员会，对环境保护工作实行统一领导。委员会定期召开会议，主要履行以下职责：

（一）学习贯彻习近平生态文明思想和新发展理念，组织落实国家、地方政府和股份公司环境保护决策部署，建立健全环境保护规章制度，推动高质量发展；

（二）审定公司环境保护发展规划和工作计划，保障资源配置，并督促落实；

（三）督促环境（QHSE）管理体系运行和改进；

（四）督促建立环境保护监管体系、环境保护责任体系和环境保护目标责任制，审核环境保护业绩考核方案和考核结果；

（五）讨论决定重大环境保护事项。

公司环境保护第一责任人担任委员会主任，全面负责本企业环境保护工作；公司安全总监担任委员会副主任，具体负责本企业环境保护工作。公司其他领导担任委员会委员，负责分管业务范围内的环境保护工作。委员会其他成员根据本企业有关规定设置。

第七条　质量安全环保处是公司环境保护主管部门，主要履行以下职责：

（一）贯彻执行国家、地方政府环境保护法律法规，股份公司环境保护规章制度，以及相关要求；制定公司环境保护管理制度，并监督落实；

（二）组织制定公司环境保护发展规划、年度工作计划和环境保护目标责任制，制定、分解下达环境保护目标和指标，并考核落实；

（三）推进公司环境（QHSE）管理体系建设，指导、监督所属单位环境（QHSE）管理体系的建立和运行，组织开展环境保护审核和专项监督检查；

（四）参与公司建设项目可行性研究和设计审查，监督检查环境保护管理要求的落实情况，按权限审批建设项目竣工环境保护验收工作。配合公司相关部门实施水土保持、土地和水资源利用保护管理；

（五）组织开展绿色企业建设，推行清洁生产，实施污染防治与生态保护，制定计划并指导所属单位开展清洁生产审核；推进绿色矿山企业和工业企业环境保护标准化建设；

（六）指导、监督所属单位落实排污许可制

度、重点污染物排放总量控制制度；组织开展环境监测、环境统计和环境信息公开工作；

（七）组织开展环境风险评估、环境隐患排查与治理，督促整改存在的环境问题。配合参加突发环境事件应急预案的编制、演练和应急处置，按权限组织或协调环境事件调查；

（八）负责组织公司温室气体排放监测、核算与报告，指导、监督所属单位温室气体排放管理。配合公司相关部门完成碳资产管理、碳排放配额清缴履约；

（九）负责环境保护业务承包商的监督和管理；

（十）组织开展公司环境保护宣传教育、培训和技术交流，指导、监督所属单位环境保护人才队伍建设；

（十一）参与公司环境保护科学技术的研究开发与推广；

（十二）配合完成环境保护业务的对外联络与协调。

第八条 公司其他部门依据职责分工，负责业务范围内的环境保护工作。

第九条 所属单位是环境保护的责任主体，主要履行以下职责：

（一）贯彻落实国家、地方政府环境保护法律法规，股份公司、公司环境保护规章制度、规划、计划，以及相关要求，健全完善本单位环境保护管理制度；

（二）制定并组织实施本单位环境保护发展规划、计划，落实环境保护目标和指标、环境保护投资和费用；

（三）落实建设项目环境保护管理要求，开展建设项目环境影响评价、"三同时"管理，按规定组织建设项目竣工环境保护验收和环境影响后评价；

（四）开展绿色企业建设，推行清洁生产，实施污染防治与生态保护，落实排污许可制度、污染物排放总量控制制度，负责本单位的环境监测、环境统计和环境信息公开；

（五）建立完善环境风险防控体系，开展环境风险辨识与评估，落实风险管控措施；组织环境隐患排查与治理，落实突发环境事件应急管理；

（六）落实本单位温室气体排放控制、核算与报告，以及碳排放配额清缴履约和碳资产管理；

（七）开展环境保护宣传、教育和培训，落实环境保护人才队伍建设；

（八）负责本单位承包商的环境保护监督管理。

第十条 所属单位主要负责人是本单位环境保护第一责任人，全面负责本单位的环境保护工作。所属单位应当指定一名行政副职具体负责本单位环境保护工作，其他领导负责分管业务领域的环境保护工作。

第十一条 所属单位应当成立环境保护（QHSE）委员会，由环境保护第一责任人任主任，定期召开会议，研究部署本单位环境保护工作。

第十二条 所属单位应当建立健全环境保护管理体系，明确承担环境保护管理职能的机构，配备满足工作需要的专（兼）职环境保护管理和监督人员。

列入地方政府重点排污单位名录的单位，应当结合实际设置环境统计、温室气体核算与报告等环境保护专项管理岗位。其他单位应设置环境保护综合管理岗位。

第十三条 监督中心是本企业环境保护监督机构，接受质量安全环保处的管理与考核，主要履行以下职责：

（一）设置环境监测站，作为公司环境监测机构。负责参与制定并执行公司环境监测计划和相关要求，落实环境监测队伍建设、环境监测仪器设备和药品试剂管理。

1. 监督污染处理设施运行和固定源排放口的合规管理，分析污染物产生、排放和变化情况，及时报告反馈环境监测结果。

2.监督污染源在线监测设备的运行管理，开展比对监测，落实在线监测设备异常状况下的手工监测。

3.开展突发环境事件应急监测，参加公司污染源调查、普查，参与建设项目竣工环境保护监测验收。

4.加强环境监测能力建设，定期通过资质认证。

5.指导所属单位下设环境监测分析岗位的日常工作，提供其他力所能及的技术支持。

（二）根据公司生产实际需要设置其他分支机构，负责环境保护管理监督；配备具有环境保护专业能力的监督人员，建立健全环境保护监督工作程序及标准规范。

1.制定并落实公司环境保护监督计划。对公司主要生产单位每年至少开展一次全覆盖的环境保护监督。

2.负责生产和施工作业现场的环境保护监督。以"四不两直"和"问题追溯"方式，组织重点领域、关键环节和建设项目等专项监督检查，及时通报并督促整改发现问题。

3.督办公司较大及以上环境隐患治理项目进展，督促所属单位落实环境风险管控措施。

4.参加环境安全风险诊断和评估，参与各类环境事件的应对处置和调查。

第三章 目标责任管理

第十四条 公司将环境保护目标责任纳入决策、规划计划、项目建设、生产经营和服务的全过程。

第十五条 公司实行环境保护目标责任制和考核评价制度。公司和所属单位应按管理层次明确各级领导、部门（单位）、岗位和员工的环境保护目标责任，并将环境保护目标和指标纳入考核评价内容，逐级分解落实和管控，定期组织考核。

公司组织开展或迎接的各类环境保护督察、巡查、专项检查，其结果作为环境保护业绩考核评价的依据。

第十六条 每名员工都有保护环境的义务，有权对污染环境或破坏生态的行为提出制止要求和改进建议，并对责任单位和个人进行批评和检举。

每个员工都应遵守环境保护规章制度，执行岗位职责规定的环境保护要求。

第十七条 公司和所属单位制定发展规划和年度工作计划应当包括环境保护内容，确定目标和任务，配套投资和费用，并纳入年度投资计划和财务预算管理。

所属单位必需的环境保护资金，由相关决策机构、主要负责人予以保证，并对资金投入不足导致的后果承担责任。

第十八条 公司统筹推进绿色企业建设，持续提升绿色发展水平，将绿色企业建设纳入环境保护目标责任体系。

公司依据有关规划计划，对提前一年完成绿色企业建设任务的单位予以专项奖励。

通过验收的绿色企业单位，因故被取消绿色企业资格的，连续三个考核年度内不得参加公司环境保护先进单位评选。

第十九条 公司相关部门、直属机构和所属单位应当对环境保护技术咨询、系统设计、设备制造、工程施工、监测、运营、管理等服务商的资质和能力进行审核，建立服务商信用评价制度，将不能诚信履约的服务商纳入黑名单管理。

公司相关部门、直属机构和所属单位签订合同涉及环境保护内容时，应当明确环境保护要求，约定双方环境保护责任和义务，落实并保证环境保护投入。委托方作为环境保护责任主体，应当对受托方的环境保护履行情况进行监督检查。

第二十条 公司及所属单位应当每年向职

工代表大会以报告或其他方式通报环境保护目标完成情况。

第四章　建设项目环境保护

第二十一条　建设项目环境保护管理遵循"前期论证、科学决策、生态设计、事中事后严格监管"的原则，在（预）可行性研究、工程设计、工程建设、试运行投产、竣工验收等全过程贯彻落实国家和地方政府建设项目环境保护法律法规及相关要求。

建设项目水土保持管理，由公司水土资源利用归口管理部门依据国家、地方政府法律法规和股份公司有关要求组织实施。

第二十二条　建设单位应当严守生态保护红线、环境质量底线、资源利用上线和生态准入清单管控要求。

产生污染或对生态有影响的建设项目，应当遵守国家和地方污染物排放标准、污染物排放总量控制和生态保护要求。

改建、扩建和技术改造项目，应当采取措施治理与该项目有关的原有环境污染和生态破坏。

第二十三条　建设单位应当按照国家法律法规规定和相关技术规范要求，组织开展建设项目环境影响评价，编制环境影响评价文件（环境影响报告书、环境影响报告表或环境影响登记表），并对其真实性、准确性和完整性负责。

第二十四条　依法应当编制环境影响报告书（表）的建设项目，建设单位应当在开工建设前将环境影响报告书（表）报请有审批权的政府生态环境主管部门审批；依法应当填报环境影响登记表的建设项目，建设单位应当将环境影响登记表报地方政府生态环境主管部门备案。

建设项目环境影响评价文件未依法经审批部门审查或者审查后未予批准的，有关部门或单位不得批准其建设，建设单位不得开工建设。

第二十五条　建设项目环境影响报告书（表）经批准后，建设项目的性质、规模、地点、采用的生产工艺或者防治污染、防止生态破坏的措施发生重大变动的，建设单位应当重新报批建设项目环境影响报告书（表）。

建设项目环境影响报告书（表）自批准之日起满五年，方开工建设的，其环境影响报告书（表）应当报原审批部门重新审核。

第二十六条　建设项目需要配套建设的环境保护设施，应当与主体工程同时设计、同时施工、同时投产使用。

第二十七条　建设项目初步设计（基础设计），应当依据有关规范标准编制环境保护篇章，落实环境影响评价文件及其批复、股份公司要求，落实环境保护措施及环境保护投资概算。

建设项目设计文件不符合环境保护要求的，有关部门或单位不得批准。

第二十八条　建设项目施工过程中，建设单位应当保证所配套环境保护设施的建设质量、进度和资金投入。工程建设管理部门应当组织开展施工建设的环境保护监督检查。

第二十九条　建设项目投产前，建设单位应当对其环境保护措施落实情况进行检查，确保环境保护设施与主体工程同时具备投用条件、环境风险防控措施得到落实。

建设项目未落实环境影响评价文件及其审批决定要求，或者环境保护设施未与主体工程同时建成，或者未按规定取得排污许可，有关部门或单位不得批准其投产或者使用，建设单位不得投入生产或者使用。

第三十条　建设项目环境保护设施调试期间，建设单位应当确保污染物排放符合国家和地方污染物标准及排污许可要求。

第三十一条　建设项目竣工后，建设单位应当按照国家法律法规规定的标准、程序和技术规范要求，组织编制环境保护验收报告，依法向社会公开验收信息，接受社会监督，并对所公开信息的真实性、准确性和完整性负责。

建设项目竣工环境保护验收，可委托有能力的技术机构开展。对污染影响类建设项目，鼓励公司环境监测机构承担具备有关条件和要求的验收监测内容。

建设项目验收信息公开结束后，建设单位应按管理权限提请与项目设计审批部门同级的环境保护管理部门审批验收报告。

第三十二条 建设项目配套建设的环境保护设施经验收合格，方可投入生产或者使用；未经验收或者验收不合格的，有关部门或单位不得批准该项目投产或者使用，建设单位不得投入生产或者使用。

第三十三条 建设单位应当按照国家、地方法律法规规定，以及其他有关要求，开展建设项目环境影响后评价，提出环境保护补充方案或改进措施，报原环境影响评价文件审批部门备案。

第三十四条 实施资产收购、并购、租赁、合资合作等活动的部门或单位，应当组织开展环境保护尽职调查，对环境保护合法合规性和重大环境风险制约因素进行评估，评估结果作为决策的依据。

第五章 清洁生产

第三十五条 公司按照减量化、再利用、资源化的原则，对生产全过程实施污染预防和生态环境保护，推行清洁生产，发展循环经济。

第三十六条 所属单位应当不断采取"改进设计、使用清洁的能源和原料、采用先进的工艺技术与设备、改善管理、加强综合利用"等措施，提高资源利用效率，从源头减少或者避免生产、服务和产品使用过程中的污染物产生和排放。

所属单位应当按照国家有关清洁生产要求，采取改进措施，持续提高清洁生产水平。

第三十七条 所属单位应当按照国家和地方相关产业政策、环境保护要求，淘汰落后产能以及严重污染环境的工艺、设备、原辅材料和产品。

所属单位应当对重大技术改造开展清洁生产论证。

所属单位应当按照国家和地方规定，禁止燃用高污染燃料。

第三十八条 所属单位应当依法落实清洁生产审核制度，按照国家和地方有关规定规范清洁生产审核行为，制定并实施清洁生产方案。

实施强制性清洁生产审核的单位，应当及时组织完成清洁生产审核，按规定向地方政府主管部门提交报告。清洁生产方案的实施效果，应当通过地方政府主管部门组织的评估验收。

第六章 污染防治

第三十九条 公司坚持预防为主、综合治理、达标排放的原则，对生产经营活动实施全过程污染防治。

所属单位应当采取措施，防治在生产经营活动中产生的废水、废气、固体废物、放射性物质以及噪声、振动、光辐射、电磁辐射等对环境的污染和危害。

第四十条 所属单位应当按照国家和地方规定，按时申领排污许可证，落实各项污染防治措施和环境管理要求，确保污染物排放情况符合许可要求，并如实向地方政府生态环境主管部门报告排污许可证执行情况。

第四十一条 所属单位应当加强污染源管控，识别污染源与污染物，实施污染源分类分级管理，建立污染源档案；明确责任人，规范污染物排放口管理。

第四十二条 所属单位应当将污染物等同产品进行管控，确保污染物排放浓度、速率符合国家和地方污染物排放标准要求，将公司下达的污染物排放总量控制指标，纳入生产经营指标进行统一调度和管理。

严禁通过暗管、渗井、渗坑、灌注等逃避监管的方式违法排放污染物。

第四十三条 所属单位应当将环境保护设施作为生产装置管理，加强运行维护，保障其正常稳定运行。

不得擅自拆除、闲置或者不正常运行环境保护设施，不得违法减少污染防治设施的运行支出。

第四十四条 产生污染的生产装置和设施，所属单位应当在其操作规程中，明确正常工况、非正常工况（开停车和检维修等）、事故状态的过程控制、污染物排放控制、应急处置要求。开停车和检维修作业，应当制定并实施污染防治措施方案。

第四十五条 产生危险废物的，所属单位应当按照国家和地方政府有关规定，制定并报备危险废物管理计划，完成工业固体废物申报登记，落实危险废物规范化管理。

不得擅自倾倒、堆放、丢弃、遗撒固体废物。

外委处置危险废物，应当委托具有危险废物许可资质和处置能力的单位实施，并依法取得危险废物转移审批手续。

第四十六条 禁止将污染严重的生产项目和有毒有害产品移交或者委托给没有污染防治能力的企业生产和经营。

第四十七条 所属单位应当及时整治环境隐患和环境污染问题；对未及时整治或整治后仍不能满足环境保护要求的，应当采取限制生产、停产整治等措施。

第四十八条 所属单位应当依法缴纳环境保护税。

第七章 生态保护

第四十九条 公司坚持生态保护与修复并举，对开发建设活动实施全生命周期生态保护；合理开发利用自然资源，保护生物多样性，保障生态安全。

第五十条 所属单位从事生产经营活动，应当识别生态环境影响因素，制定并实施生态环境保护方案。

施工作业应当选取有利于保护生态的工期，采用环境友好的施工方式、技术、材料和装备。对开发建设过程中剥离的表土，应当单独收集和存放，符合条件的应当优先用于土地复垦、土壤改良、造地和绿化等。施工作业结束后应当及时恢复生态，不得将有毒有害物质含量超标的工业固体废物、生活垃圾或者污染土壤用于土地复垦。

第五十一条 所属单位从事生产经营活动，应当采取有效措施，防止、减少土壤和地下水污染。

防止有毒有害物料、污水、固体废物的渗漏、流失、扬散。

对辖区未利用地实施污染预防与保护，采取措施防止废水回注（灌）污染土壤和地下水；不得向农用地以及沙漠、戈壁、盐碱地、沼泽地等未利用地排放废水和固体废物。

拆除或关停设施、设备、建（构）筑物，应当按照国家相关规定制定并实施土壤和地下水污染防治工作方案，采取清除残存物料和污染物、封井、封管和应急处置等措施，并按规定报地方政府相关主管部门备案。

第五十二条 所属单位应当按照国家和地方规定，对工矿用地、污染地块实施土壤和地下水污染状况调查监测、风险评估、风险管控和修复；开展风险管控效果、修复效果评估，应按规定向地方政府相关主管部门报告和备案。

土壤污染重点监管单位生产经营用地的用途变更或者在其土地使用权收回、转让前，应当按规定进行土壤污染状况调查，将调查报告送交地方政府不动产登记机构，并报地方政府生态环境主管部门备案。

第五十三条 公司统一部署开展绿色矿山、

绿色工厂等绿色企业创建和提升活动。所属单位应当及时制定和实施绿色企业创建、提升专项方案，明确时间节点和责任、任务清单，并向公司环境保护主管部门报备。

绿色企业创建和提升的阶段性任务完成后，所属单位应当报请公司环境保护主管部门依据股份公司有关规范，对落实情况进行预评估和考核。

第八章　温室气体排放控制

第五十四条　公司按照"集中管控、分工负责、依法履约"的原则，建立完善温室气体排放监测、核算与报告体系，对生产经营全过程实施温室气体排放控制，促进低碳发展。

第五十五条　所属单位应当按照国家、地方和股份公司有关要求，制定并实施温室气体排放监测计划，建立健全能源消费和温室气体排放管控台账记录；按规定开展温室气体排放核算与报告，并对温室气体排放数据的真实性、准确性和完整性负责。

第五十六条　所属单位应当将温室气体排放控制指标纳入生产经营指标进行统一调度管理，建立相关部门联动机制，落实温室气体排放控制措施。

所属单位应当综合采取推行清洁生产、优化产业结构和资源能源结构、采用先进生产工艺技术和装备、淘汰落后产能、提高资源能源利用效率、加强生产经营过程精细管理，以及温室气体回收利用和封存处置等措施，控制或减少温室气体排放。

所属单位应当采取措施，控制和减少生产经营过程中甲烷的逸散和放空，积极实施设备设施及其组件的泄漏检测与修复（LDAR）。

第五十七条　纳入碳排放交易市场的所属单位，应当按照国家和地方政府碳排放配额管理要求按期履约，实施碳资产管理。

公司鼓励所属单位开发温室气体自愿减排项目。

第五十八条　所属单位应当按照国家、地方政府和股份公司有关规定，公开温室气体排放信息和控排行动措施。

第九章　环境风险防控和环境事件管理

第五十九条　公司坚持预防为主、预防与应急相结合的原则，强化环境风险防控，严格环境事件管理，有效防止和减少环境事件的发生。

第六十条　公司定期组织开展突发环境事件风险评估，对环境风险源实施风险分类分级管理，完善风险防范和应急措施。

公司每三年开展一轮突发环境事件风险评估，第一年进行全面评估，第二年和第三年针对重大风险源和新增风险源等进行评估。

所属单位应当结合生产特点和生态环境政策法规标准变化，适时开展生态环境保护合规性评价，评估潜在的生态环境违法违规风险，并采取措施加以防范。

第六十一条　所属单位应当按照相关规范要求，每年一季度组织完成生态环境风险隐患排查登记、评估分级建档以及治理初步方案编制，及时总结上年度环境隐患治理监控、验收销号等工作，并于每年5月31日前报公司环境保护主管部门。

公司环境保护主管部门审查确认生态环境隐患分级，组织制定重大环境隐患治理总体方案，考核各专项方案的落实情况。

公司规划计划主管部门应当对重大环境保护隐患治理的专项方案组织立项审查、审批。

其他环境保护隐患治理项目，所属单位应当确保其实施进度和治理效果。

第六十二条　公司应急主管部门和所属单位应当按照国家和地方有关规定，组织制定突发环境事件应急预案，并纳入同级总体应急预案，与其他有关应急预案相衔接。

突发环境事件应急预案应当按照有关规定报地方政府、股份公司和公司主管部门备案。

公司应急主管部门和所属单位应当定期开展突发环境事件应急预案演练，评估预案有效性，持续完善预案。

公司应急主管部门和所属单位应当开展环境应急能力评估，完善应急设施配备、物资储备和应急队伍建设。

第六十三条 发生或可能发生突发环境事件时，所属单位应当立即启动应急预案，采取切断或控制污染源及其他防止危害扩大的措施，及时通报可能受到危害的单位和居民，开展环境应急监测，并按照有关规定报告事件信息。

第六十四条 发生突发环境事件后，属地管理单位应当立即上报县级以上生态环境主管部门，并对事件情况进行核实，初步认定突发事件性质和类别，预判一般A级及以上的应在30分钟内上报公司应急和环境保护主管部门。

突发环境事件信息应当采用传真、网络、邮寄和面呈等方式进行书面报告；情况紧急时，初报可通过电话报告，并及时补充书面报告。书面报告中应当载明突发环境事件报告单位、报告签发人、联系人及联系方式等内容，并尽可能提供地图、图片以及相关的多媒体资料。

第六十五条 地方政府启动应急预案后，公司各应急机构应当服从政府领导，在现场救援指挥部的统一指挥下，与其他应急救援力量相互协同、密切配合，共同开展环境应急处置行动。

应急处置期间，各有关单位应当全面、准确提供相关技术资料，协助维护应急秩序，保护与突发环境事件相关的证据。

第六十六条 突发环境事件应急状态解除后，属地管理单位组织善后处置，配合有关方面开展生态环境损害评估，按要求完成生态环境修复。

第六十七条 公司按规定成立调查组，对一般环境事件组织调查、处理，接受专业公司监督，调查报告向股份公司备案。

公司环境保护主管部门应当及时将环境事件信息录入HSE信息系统；有关部门负责按规定对相关资料进行登记、统计和存档。

第六十八条 所属单位应当按照国家和股份公司有关规定投保环境污染强制责任保险。

第十章 环境监测和环境信息管理

第六十九条 公司坚持环境数据真实准确、环境信息公开透明的原则，持续规范环境管理，主动接受政府监管和公众监督。

公司环境保护主管部门应当按照有关规定，明确环境监测点位、项目和频次，制定并监督实施环境监测计划。

第七十条 所属单位应当按照国家有关环境监测技术规范要求，规范设置采样口。

所属单位根据环境监测工作需要配置监测设备。安装或使用的监测设备应当符合国家有关环境监测技术规范、计量认证要求，保证设备正常运行，保障监测数据合规有效。

所属单位应当按照国家和地方有关规定，安装、运行污染物自动监测设备，并与地方政府生态环境主管部门和股份公司联网。自动监测设备发生故障时，应按规定报告有关部门，立即维修尽快恢复正常，必要时组织手工监测并报送数据。

第七十一条 所属单位自行开展环境监测应当符合国家相关技术规范要求，并对其监测数据的真实性和准确性负责。外委开展环境监测的，其外委监测项目、要求及理由应经公司环境保护主管部门审查同意；委托单位负责对监测机构的资质和能力进行审查，确保满足相关要求。

任何单位和个人不得篡改、伪造监测数据，不得擅自修改自动监测设施参数，不得干扰自动监测设施的采样和正常运行。

第七十二条 所属单位应当按照有关管理

规定及技术规范，建立并保存准确完整的环境保护台账记录，开展环境统计，及时向地方政府和股份公司上报环境统计信息。

第七十三条　所属单位应当运用股份公司环境保护问题整改督办平台，及时录入监督检查发现的问题，跟进更新整改信息，对问题整改情况进行在线管控。公司环境保护主管部门应当对问题整改情况进行监督核查。

第七十四条　所属单位应当按照国家有关规定落实环境信息公开制度，接受公众监督，并对环境信息的真实性负责。

第七十五条　所属单位应当建立环境预警机制，对污染物排放、生态环境损害、环境纠纷、社会舆情等环境事件风险进行监控，及时采取应对措施；对有可能引发较大影响的信息，按照股份公司信息管理有关规定逐级上报公司环境保护主管部门。

第七十六条　公司鼓励所属单位开展公众参与，建设绿色和谐社区。

第十一章　科研与培训

第七十七条　公司支持环境保护科学技术的研究开发，鼓励自主创新、引进吸收关键技术，加快先进适用技术的推广应用。公司鼓励环境保护科学技术研究开发的交流与合作，鼓励环境保护技术成果参评国家、地方政府、行业和股份公司科技奖励。

第七十八条　各级科技管理部门组织环境保护及相关科学技术研究开发项目的评估、立项、验收和考核，应当听取环境保护管理部门的意见。

公司和所属单位对生产技术的研究开发、生产标准的制订，应当同时考虑环境保护要求。

第七十九条　公司加强环境保护宣传教育，把环境保护培训教育纳入干部和员工培训教育体系，开展全员环境保护培训教育，促进环境保护文化建设，不断加强环境保护意识、掌握环境保护知识、提高环境保护素质和操作能力、增强环境保护履职能力。

第八十条　所属单位各级干部、各类员工应当按照股份公司有关规定接受环境保护培训。

公司和所属单位环境保护管理部门负责人、环境监测和环境统计人员应当通过股份公司组织的岗位培训考核，并定期参加环境保护再培训，经考核合格方可上岗。

发生环境事件的，责任单位主要负责人、环境保护管理人员和其他有关人员均应当重新接受环境保护培训。

第十二章　考核与奖惩

第八十一条　公司建立环境保护激励机制。对环境保护工作成绩突出的单位或个人予以表彰；对参加国家、地方政府、行业和股份公司环境保护先进经验技术交流、成果发布的单位或个人予以奖励；对提出环境保护重大改进建议的集体或个人予以奖励；对及时发现并报告较大环境风险隐患、检举环境保护违法违规行为的个人给予保护和奖励。

第八十二条　公司环境保护主管部门依据有关规定对所属单位的环境保护业绩进行考核，组织开展环境保护先进单位、先进集体和先进个人评选，并予以表彰。

所属单位可对获得公司级以上环境保护荣誉的先进集体和先进个人，给予适当奖金鼓励。

第八十三条　公司实行环境保护工作问责制。

公司和所属单位应当按照有关规定，对违反国家和地方政府环境保护法律法规及本规定的各级领导干部和管理人员给予处分，对环境事件责任人员进行责任追究。

第十三章　附　则

第八十四条　所属单位应当依据本规定，

结合地方政府要求和生产实际，制定本单位的环境保护管理实施细则。

第八十五条　本规定由公司质量安全环保处负责解释。

第八十六条　本规定自 2022 年 4 月 1 日起施行，原《环境保护管理办法》（玉油司字〔2014〕169 号）同时废止。

玉门油田分公司规章制度管理实施细则

玉油司字〔2022〕149 号

第一章　总　则

第一条　为加强玉门油田分公司（以下简称公司）规章制度管理，提高规章制度质量和执行力，提升规范管理水平，根据《中国石油天然气股份有限公司规章制度管理规定》，结合公司实际，制定本细则。

第二条　本细则适用于公司业务管理部门、直属机构和二级单位（以下简称各部门、各单位）的规章制度管理工作。

控股公司、实际控制企业通过法定程序执行本细则，参股公司参照执行。

第三条　公司规章制度分为法人治理类制度、职能管理类制度、专业管理类制度、生产作业类制度、党的建设类制度五个类别。

本细则所称规章制度是指公司各部门、各单位依据职责和权限，按照规定程序制定的规范内部生产经营管理活动和员工行为的具有长期约束力的规范性文件。

本细则所称规章制度管理包括规章制度制定、实施、清理、评价、改进和管理监督等工作。

党的建设类制度的管理不适用本细则。

第四条　制定规章制度应当满足以下要求：

（一）贯彻落实党的路线方针政策和决策部署，符合国家法律法规和监管要求；

（二）体现公司业务发展、生产经营、改革创新和管理提升的要求，维护公司整体利益；

（三）反映生产经营管理规律，体现先进的管理思想和方法；

（四）具有合理的权力制衡机制，权责明确、程序清晰、内容具体、便于实施；

（五）与相关规章制度衔接配套，内容不重复、不矛盾。

公司的规章制度管理遵循股份公司制度管理规定的原则和规则，本细则未具体明确的管理要求均遵照股份公司制度管理规定执行。

第二章　制定权限和管理职责

第一节　制度层级和类别

第五条　本企业规章制度按管控深度分为实施类和执行类。

实施类规章制度是由公司业务管理部门制定的，各单位需要据此制定细化配套的规章制度。

执行类规章制度是各部门、各单位用于规范业务活动或流程的具体规定，各部门、各单位直接执行，不再另行制定细化配套的规章制度。

第六条　本企业规章制度分为公司制度、单位制度两个层级：

（一）公司制度由公司各部门、授权单位制定，在公司范围内具有效力。

（二）单位制度由各单位制定，在本单位范围内具有效力，且只有执行类制度。

第七条 各部门、各单位就其职权范围内有关事项制定相应类别的规章制度：

（一）各部门制定公司开展经营活动和生产作业的各类公司制度。

（二）各部门和直属机构就贯彻执行上位制度，细化和配套制定相应类别的公司制度。

（三）直属机构和部分单位承担公司特定业务或专业领域的管理职责，根据公司授权制定特定领域的公司制度。

（四）各单位就贯彻执行集团制度、专业公司制度和公司制度，细化和配套制定本单位的执行类制度。

（五）按照管理企业治理结构实际，相关单位制定所管理企业的法人治理类制度。

第八条 规章制度遵循效力位阶，上级制度效力高于下位制度，下位制度不得抵触上位制度；同一层次制度，有新规定的，适用新规定，有特别规定的，适用特别规定；新的一般规定与旧的特别规定不一致，不能确定如何适用时，由制定部门负责解释。

第二节 管理权限

第九条 公司企管法规处统一归口管理公司规章制度，负责公司制度管理工作：

（一）贯彻执行股份公司制度管理规定；

（二）制订公司规章制度管理制度，健全完善公司规章制度管理体系；

（三）组织制订公司制度制修订年度计划；

（四）组织或参与公司制度的论证和起草工作；

（五）审核公司制度草案；

（六）协调处理公司制度执行中的冲突；

（七）指导、监督、检查各部门、各单位规章制度管理工作。

第十条 公司各部门和直属机构负责所管业务领域和专业领域的规章制度管理工作，具体职责：

（一）宣贯执行本业务、专业领域的上位规章制度；

（二）负责建立健全本业务或专业领域的规章制度体系，制修订本部门的管理事项和专业领域的公司制度，对各单位制定的专业领域的制度进行审查，指导和检查相关单位制修订相对应的生产作业类制度；

（三）负责本部门制定的规章制度的宣贯培训和组织实施；

（四）负责本部门制定的规章制度的清理、评价与改进；

（五）负责对本业务、专业领域内规章制度执行情况的监督检查；

（六）建立完善并定期更新本部门适用的规章制度清单。

第十一条 各单位在其生产经营领域内履行以下规章制度管理职责：

（一）宣贯执行本单位适用的各项上位规章制度；

（二）参与和协助制修订公司制度；

（三）制修订本单位生产经营的生产作业类制度；

（四）负责本单位制定的规章制度的宣贯培训和组织实施；

（五）负责本单位制定的规章制度的清理、评价与改进，检查各项规章制度具体执行情况；

（六）建立完善并定期更新本单位适用的制度清单。

各单位须明确规章制度管理科室和管理人员，负责本单位规章制度的综合管理工作。

第三章 规章制度制定

第一节 论证立项

第十二条 企管法规处组织各部门、各单位开展年度制度梳理和编制公司制度制修订年度计划。年度计划根据实际情况进行滚动调整。

第十三条 各部门、各单位对所管理的规章制度制修订的必要性进行论证，也可对其他单位管理的规章制度制提出修订建议。

第十四条　论证规章制度制修订的必要性，须符合股份公司管理要求和公司生产经营实际。对上位规章制度要求及时转化、细化或制定配套制度的可以适当简化论证。

第十五条　各部门、各单位经论证后填报规章制度制修订计划申报表，按要求报送规章制度管理部门进行立项审查。

企管法规处对公司制度立项申请组织审查，对各单位上报的专业类规章制度制修订计划征求专业管理部门意见后，编制公司制度制修订年度计划，经公司主管领导批准后执行；

各单位规章制度管理科室对本单位制度立项申请组织审查，编制单位制度制修订年度计划，经单位主管领导批准后执行。

第二节　起　草

第十六条　公司制度的起草由各部门、授权单位负责；单位制度的起草由各单位业务管理科室负责，以下统称起草部门。

第十七条　起草规章制度由起草部门负责人组织，拟订起草计划，明确工作内容和分工。对于涉及多个部门的综合性规章制度，明确牵头部门，组成联合工作小组负责起草。

第十八条　起草部门根据规章制度规范的事项，收集研究相关法律法规、规章制度、标准等，并就有关问题开展制度调研和对标。

第十九条　起草部门对规章制度的规范事项、管理程序、风险节点、控制措施、管理要求进行梳理，对需要解决的问题和解决方案、管理职责划分界定等做出充分论证，设计形成规章制度草案的基本框架。重要的规章制度须进行专项调研并形成论证材料。起草部门根据调研论证情况和规章制度草案基本框架，组织编写规章制度草案。

实际工作中较为成熟的管理流程、业务流程或操作流程，制度正文中可以用流程图或者表单进行描述，制度正文没有流程化、表单化的，应当把流程图和相关表单当作制度附件。提高规章制度对业务流程，管控模式、管理指标、奖励惩罚、责任体系等规范的指引性。

规章制度体例形式执行集团公司统一规范。转化上位制度的，对上位规章制度已经明确的、不可细化的规定，非必要不做重复性规定。

第二十条　起草部门须将规章制度草案分送相关部门和单位征求意见。被征求意见的部门和单位应当认真组织研究，提出书面的征求意见反馈表。制度起草部门对意见、建议的采纳情况进行汇总整理，填写征求意见及采纳情况汇总表，按反馈意见完善制度草案。

第二十一条　对草案争议事项，起草部门与相关部门或单位充分协商达成一致；协商不能达成一致的，可以由制度管理部门组织协调或报请业务主管领导确定。

第三节　审　查

第二十二条　规章制度管理部门负责对制度草案的内容、形式从合法性、规范性、关联制度衔接、起草论证程序等方面组织合法合规性审查，起草部门提交下列材料：

（一）规章制度草案和起草论证资料；
（二）《征求意见及采纳情况汇总表》；
（三）《规章制度草案合法合规性审查表》；
（四）其他需要提交的材料。

第二十三条　经审查后，对符合要求的制度草案同意呈报审批；对不符合要求的，起草部门应继续组织讨论研究，进一步修改完善；对应当撤销的予以撤销。单位制度草案审查程序参照执行。

第二十四条　规章制度草案未经制度管理部门合法合规性审查的，不得提交审议。不得以征求意见代替合法合规性审查。

第四节　审批与发布

第二十五条　已通过合法合规性审查的规章制度按照下列程序进行审批：

（一）玉门石油管理局有限公司章程经公司党委会前置审议，报集团公司审批；

（二）规定职能管理基本权限、基本程序和基本要求的公司基本管理制度以及油田所属全资、控股子公司章程，经公司党委会前置审议，由公司执行董事签批；

（三）其他公司制度属于公司具体规章，由公司主管领导召集会议或提交专业委员会审议批准；前期论证审核充分，内容没有分歧的情况下，可以采用部门书面会签和公司主管领导审批的方式；

（四）单位制度由各单位召集相关会议审议，单位领导批准；前期论证审核充分，内容没有分歧的情况下，可以采用书面会签和单位领导审批的方式；

（五）直接涉及职工利益的履行职工代表大会讨论或工会协商等民主程序，并履行公示和告知义务。

（六）集团（股份）公司管理部门或专业公司对某些规章制度有审批要求的从其要求，提交审批前应先交由公司企管法规处合法合规性审查。

第二十六条 以会议方式审议的规章制度按以下程序进行：

（一）规章制度送审稿和起草说明应当在审议前三天送达全体与会人员；

（二）起草部门对规章制度送审稿及起草情况做出说明；

（三）与会人员进行讨论，形成审议决定。

审议决定通过或原则通过的，起草部门按照审议意见修改完善；经审议认为需要进一步研究论证的，起草部门研究论证完善后重新申报审议；经审议决定撤销或废止的，终止制定工作或办理废止手续。

第二十七条 规章制度审议通过后，起草部门填写发布格式表，按照公文处理规定行文发布。

公司制度以公司文件发布，单位制度以单位文件发布。严禁各部门、各单位以部门文件、科室文件、白头文件等形式发布规章制度。

公司制度行文发布时，由企管法规处和相关部门会签同意。

第二十八条 实际工作迫切需要但还不够成熟的规章制度，可以标注试行。试行期限不超过3年。

第二十九条 上级管理部门对规章制度有报备要求的，按照规定报备。

第三十条 公司全面落实上级管理制度，按照权限制定本企业制度，提高集约性和体系化，上位制度明确要求制定配套制度的，应当及时制定。没有要求且直接适用上位制度可满足管理需要的，不再制定。法律法规、政府监管有制定要求的执行相关要求。

公司下属单位的共同事项由上级部门统一组织制定制度，一项业务原则上由一项制度进行规范，减少制度重复转化。需要授权下属单位制定的公司生产作业类制度，要加强指导和监督，保证规章制度质量。

第三十一条 公司规章制度体系和综合管理体系相互支撑，综合管理体系管理部门有权对规章制度提出具体的融合建议和意见，制度制定部门负责具体论证和融合修订，公司打造各管理体系共建共享、融合运行的统一制度规则平台。

第四章 实施和改进

第三十二条 各级领导干部和员工要不断强化制度意识，按照规章制度规定的管理程序、要求和权限，规范开展工作，严格执行制度强制性规定，不得违反各项禁止性规定。

第三十三条 规章制度发布后，各部门、各单位应在3个月内对与规章制度实施有关人员进行宣贯培训，使相关岗位人员掌握规章制度内容。培训情况应进行记录，应向规章制度管理部门反馈。

第三十四条　公司开展员工培训、业务培训时应当将与培训主题相关的规章制度作为培训内容；各级组织人事部门应当将规章制度培训纳入年度培训计划统筹管理，并提供培训资源保障。

第三十五条　各部门、各单位在组织开展工作时，以规章制度的规定为依据，积极落实各项制度规定，工作组织运行不得与制度规定相抵触，未履行制度修订程序不得用通知、纪要等其他文件随意改变制度规定。各部门、各单位可将规章制度的规定纳入员工岗位手册和其他工作文件，保障制度规范的统一和执行。

第三十六条　规章制度执行过程中，有关部门和单位发现有冲突、遗漏、管理缺陷等问题，应当及时向制度制定部门提出。制度制定部门负责组织研究，对规章制度存在的问题进行修订完善。

第三十七条　规章制度执行中，需要解释的采用书面形式，其解释不得违背规章制度的规定。

第三十八条　业务管理部门负责业务管理中对规章制度管理情况进行跟踪检查，将规章制度制修订和执行情况作为工作考核、业绩评价的内容。

内部审计、内控测试、体系审核、巡视巡察以及其他专业检查应当将相关规章制度的制修订和执行情况作为检查内容：

（一）检查规章制度是否建立、是否健全完善；

（二）是否存在缺陷以及是否得到有效执行；

（三）违规行为是否得到及时纠正等。

第三十九条　检查发现规章制度制修订和执行存在相关问题的，检查部门向业务管理部门提出整改意见，抄送规章制度管理部门。业务管理部门负责组织整改，对规章制度存在问题的进行修订完善。

第四十条　对于发现的违反规章制度规定的问题，按照规章制度中的违规处罚规定和公司违规责任追究程序追究责任人员责任。

第四十一条　公司每三年开展一次规章制度清理、评价，由企管法规处负责组织开展，各部门、各单位负责具体实施。主要针对规章制度的系统完备性、合法合规性、科学适用性、实施有效性开展。

业务管理部门可以根据工作需要，组织开展专项清理、评价。

第四十二条　各部门、各单位通过清理、评价，对规章制度提出继续有效、修订或废止的评价意见。规章制度管理部门根据意见，对需要制定和修订的规章制度纳入计划，组织制修订；对需要废止的规章制度，按程序予以废止。

第四十三条　符合以下情形的应当进行制定或修订，修订程序按照制定程序执行：

（一）规章制度缺失、不配套的；

（二）与其他规章制度内容冲突、相互抵触、相关内容明显不合理的；

（三）与其他管理文件要求不一致的；

（四）依据的法律法规、监管要求、上位制度已经调整变化的；

（五）管理机构、职责、权限、程序或要求已经发生变化的；

（六）落后于业务发展，内容老化的；

（七）操作性不够，难以执行的；

（八）其他规章制度评价认为需要制定或修订的。

规章制度仅是管理机构发生调整或名称变化的，可不进行修订，按职能承接关系继续执行。

第四十四条　符合以下条件之一的规章制度应当废止：

（一）被新的规章制度取代的；

（二）规章制度规范的事项已不继续存在的；

（三）规章制度没有实际执行的；

（四）其他规章制度评价认为需要废止的。

规章制度被新制度取代的，在新制度中宣

布废止。

宣布废止公司制度的，由制度制定部门或单位填报拟废止规章制度申报表，经本部门或单位主管领导审核，由企管法规处汇总审查，报请公司主管领导审批后，企管法规处行文宣布废止；单位制度宣布废止的，参照此审批程序，由单位制度管理科室行文宣布废止。

第五章 监督与责任

第四十五条 公司将规章制度管理工作纳入公司经营业绩考核指标体系和合规管理体系，各部门、各单位每年对制度管理工作进行总结分析，按照公司相关规定进行考核。

第四十六条 企管法规处组织开展规章制度管理工作督导检查，对工作突出的部门和单位给予表扬，对工作不力的部门和单位通报批评。

第四十七条 业务管理部门应当根据管理实际情况，不定期对规章制度执行落实情况组织开展监督检查，对规章制度执行落实不力的单位和个人进行考核。

第四十八条 违反本细则，有下列情形之一的，给予责任单位批评并责令整改；造成严重后果的，按照公司相关管理规定追究责任人员责任。

（一）违反程序、超越权限制定规章制度的；

（二）制定的规章制度与法律法规、监管要求、上位制度相抵触；

（三）未按规定履行规章制度合法合规性审查、制修订和废止、宣贯培训、监督检查职责的；

（四）未按规定进行规章制度评价和改进的；

（五）违反本细则的其他行为。

第六章 附 则

第四十九条 本细则由公司企管法规处负责解释。

第五十条 本细则自印发之日起施行。原《玉门油田分公司规章制度管理实施细则》（玉油司字〔2020〕23号）同时废止。

玉门油田分公司设备管理办法

玉油司字〔2022〕174号

第一章 总 则

第一条 为加强设备全过程管理，规范玉门油田分公司（以下简称公司）设备管理工作，提高装备整体水平，保证设备安全经济运行，依据国家及所在地方有关法律法规、集团（股份）公司相关规定，结合公司管理实际，特制定本办法。

第二条 本办法适用于公司所属各单位、各部门、直属机构（以下简称各单位、各部门）及所属控股公司的设备管理。

第三条 本办法所称设备是指在公司生产、生活、运营、试验和办公中，可供长期使用并构成固定资产的机器、装置、仪器和工具等物质资源，具体以《石油天然气行业设备分类与编码》和炼化企业分类明细所列类别为准。按管理维度分为安装设备和非安装设备，普通设备和特种设备，专用设备和通用设备。按照功用、能力、价值、重要程度等因素分为A类（关键）、B类（重要）、C类（一般）。

本办法所称设备管理是指包括设备的规划、设计、选型、购置、制造与监造、安装调试与验收、使用、维护保养、修理、改造、更新、闲置、调剂、租赁、转让直至报废的全生命周期管理。

第四条 设备管理应遵循依靠技术进步、促进生产发展、保障生产安全的方针，坚持安全第一、科学规范、数智赋能、低碳环保，前期管理和使用管理相结合、计划检修与视情维修相结合、更新与维修改造相结合、专业管理与全员管理相结合、技术管理和经济管理相结合的原则，做到全面规划、合理配置、择优选购、正确使用、精心维护、科学检修、适时更新、合理改造，提高设备性能和利用率，以达到设备全生命周期综合效能最优、长周期平稳可靠运行、清洁高效可持续发展的目的。

第二章　管理部门与职责

第五条 油田公司设备管理实行"统一归口、分级负责"的管理模式。基建设备处是公司设备（特种设备除外）的归口管理部门，相关部门应根据管理权限分级履行设备管理职责。

第六条 基建设备处负责规范、组织、协调、检查、监督和指导公司设备管理工作，主要履行以下职责：

（一）贯彻执行国家、集团公司、股份公司、勘探与生产分公司和炼油化工分公司有关设备管理的政策法规和规章制度；负责建立健全油田公司设备管理体系，制订并完善油田公司设备管理办法、规章制度、技术标准和规程规范；

（二）贯彻 QHSE 管理方针，推进 QHSE 体系建设并持续改进，落实直线责任，实行属地管理；

（三）负责编制油田公司设备中长期发展规划，编制设备配备、修理和更新改造年度计划，落实、检查计划的实施；

（四）负责设备配备和引进的技术管理工作，把好论证、选型、荐厂、监造和验收等关键环节的技术关；

（五）负责设备的使用、维护保养和修复利用工作，审定权限内设备的修理、更新改造项目并组织实施，负责权限内设备报废的技术鉴定，组织、协调设备的调剂和调拨；

（六）负责设备检维修等技术服务市场的市场管理工作，负责设备供应、租赁等市场的技术把关，负责检维修承包商的监管、考核管理和清退；

（七）负责设备的技术评价和新型设备、与设备相关新技术的试验、应用和推广，组织设备管理现代化方法的应用；

（八）负责设备事件、事故管理工作，组织重大、特大设备事故调查、分析和处理工作；

（九）参加权限内与设备相关的勘探开发、炼油化工、安全、环保、节能项目的技术方案审查和实施过程管理；

（十）负责油气田管道和站场设备的完整性管理。负责油田地面建设工程中配套的设备安装队伍及安装质量的管理和监督；

（十一）负责组织公司设备管理检查、考核和评优表彰工作，定期召开设备管理工作会议；

（十二）负责公司设备信息管理、设备 ERP 系统的应用和维护工作，掌握并及时通报设备的运行状态、设备运行效率；负责设备的统计分析，编制并上报设备年报；

（十三）负责组织设备管理专业技术、业务培训和开展技术交流工作。

第七条 公司相关部门（单位）设备管理工作职责：

（一）规划计划处负责设备更新改造（购置）投资计划管理；

（二）财务处负责设备调拨、转让、报废等业务的资产审查及评估工作；

（三）人事处负责将设备管理与技术人员的培训纳入公司整体培训计划，并为取、换证工作提供支持；

（四）生产与工程管理处负责设备运行的协

调组织，对应急设备和井控设备进行监督管理；

（五）质量安全环保处负责公司特种设备的使用及安全监督管理，组织编制特种设备的检验计划，审定特种设备的检验、修理方案，并组织、检查和实施；负责参与设备安全环保隐患治理项目的方案审查、验收和监督检查；负责设备节能管理；

（六）企管法规处负责市场信息归口管理，对设备维护、修理、改造、技术服务及机械加工、制造类项目的选商、合同进行法律审查；

（七）科技信息与对外合作处负责组织机械设备类科技项目的全过程管理；

（八）物资采购管理中心负责设备、零配件市场准入综合管理。负责设备购置项目的采购过程管理。负责设备采购合同和 HSE 合同的签订；负责设备到货进度管控及供应厂商现场服务的综合协调；

（九）共享中心负责设备购置及修理改造项目的招标工作；负责各类设备档案的管理；

（十）应急与综治中心负责消防设备的监督和管理工作；

（十一）项目建设单位承担各类建设项目中设备的技术选型、整体安装、调试验收及运行投产过程的主体责任。负责建设项目中设备技术方案、技术规格书编制及申报；负责组织设备安装、启动前检查、调试验收、试运行方案编制及现场协调。

第八条 公司各单位是设备管理的责任主体，应确定一名厂（处）级领导主管设备管理工作。同时，应明确设备管理机构，并按公司相关规定配备设备管理人员。各单位设备管理部门履行以下主要职责：

（一）围绕生产经营目标，开展设备管理工作，保障生产任务的完成；

（二）贯彻国家法律法规，集团公司、股份公司和公司设备管理制度。制定本单位设备管理制度、技术标准、操作规程和工作规划并组织实施；

（三）贯彻 QHSE 管理方针，推进 QHSE 体系建设并持续改进，落实直线责任，实行属地管理；

（四）负责组织对本单位设备进行分类评定，确定分级管理的范围和内容；

（五）负责编报本单位设备购置、修理、技术改造、机械加工和设备技术开发等项目计划，组织项目的技术、经济可行性论证，负责设备修理、技术改造和设备技术开发项目的实施工作；

（六）负责本单位设备购置选型管理，组织购置前的技术交流，编制、审核和上报本单位设备购置技术协议，负责新购设备的到货和安装验收。负责本单位设备的安装、使用、维护与检修组织管理工作；

（七）负责本单位四新技术的推广、应用工作。在四新技术应用前，进行专项风险评估；

（八）负责本单位设备修理、机械制造项目管理，编制、审核本单位生产装置停工检修、设备检修方案，并组织实施。编制、审核和上报本单位设备修理技术协议，对外委托机修机制项目进行申报、实施及验收，对本单位维修费用进行分析与控制；

（九）负责本单位设备购置、修理、技术改造、机械加工和设备技术开发等项目的选商、合同及承包商管理，负责承包商信息审核、录入、考核评价、清退申报；

（十）负责设备技术状况分析，组织设备故障、隐患排查及治理，推行以状态监测、RCM（以可靠性为中心的检修）、RBI（基于风险的检验）等为基础的设备可靠性管理；

（十一）负责本单位设备润滑、防腐、密封、水质和废油回收管理工作；

（十二）负责本单位设备备品配件管理工作，组织编写、审查备品配件计划、消耗定额和储备定额，审查设备配件及机械加工零件图纸；

（十三）负责组织本单位设备节能降耗和修

旧利废工作；

（十四）负责本单位设备维修成本费用的预算管理工作；

（十五）负责本单位设备事件、事故的调查、分析、鉴定和处理工作，组织事故设备的抢修、恢复工作，配合安全部门对事故进行归口管理；

（十六）负责本单位闲置及报废设备的技术鉴定及申报。组织闲置设备的停放、封存，对已批准报废的设备，按有关规定做好交接工作；

（十七）负责本单位设备管理考核工作，组织开展设备系统各项检查、评比、竞赛等活动；

（十八）配合教育培训部门做好本单位设备管理、操作和维修人员的培训管理工作；

（十九）建立本单位设备基础资料，整理设备技术资料、图纸、文件等，健全各类设备档案。使用设备信息系统，记录并上报各类设备信息，编报设备管理报表。

第三章　设备管理程序和规范

第一节　设备分类分级管理

第九条　公司所有设备实行分类分级管理，其具体工作内容包括：对所有设备进行分类，并按照设备分类对设备的日常管理、维护维修、备件储备和润滑管理等工作内容进行分类分级管理。

第十条　设备分类。

（一）根据设备的价值和对生产、质量、成本、安全和环保等方面影响的重要程度，设备按A、B、C三类进行分类。分类原则如下：分类原则、顺序

A类设备是指本身价值昂贵，在生产中占有重要地位，对生产影响程度重大；设备损坏后维修困难且费用较高；一旦发生故障或非正常停机，对人员、系统、机组或其他重要设备的安全构成重大威胁或直接导致环境严重污染的设备。

B类设备是指数量较多的通用类设备，对生产影响较大；设备损坏后维修较困难，故障检修周期或备件采购（或制造）周期较长；一旦发生故障或非正常停机，对人员、系统、机组或其他设施的安全构成较严重影响或导致环境污染的设备。

C类设备是指小型的普通设备，发生故障或非正常停机对生产、安全及环保产生影响较小的设备。

分类方法：

1. 是非判定法。根据法律法规、规章制度及行业标准要求对设备进行评价。A类设备的划分主要依据该方法。

2. 多因子打分评定法。根据因子对设备在生产、质量、维修、安全及环保等方面的影响程度，是既定量又定性的一种判定方法。多因子包括：生产影响程度、价值大小、设备利用率、有无备机、维修难度、检修频次、备件供应及关联风险（工艺、安全、环保）。B、C类设备的划分主要依据该方法。

（三）分类程序：各单位依据设备分类标准对所有设备进行评分并进行分类，编制设备分类评分表，A、B类设备分类评分表经单位主管领导审核签字后报基建设备处批准。按照批准的设备分类意见上报设备分类统计台账，调整和修改ERP设备数据库中设备A、B、C分类标识。

第十一条　设备分类分级管理。

（一）设备分类管理具体项目和内容按《设备分类管理表》要求进行。

（二）设备分级管理具体项目和内容按《设备分级管理表》要求进行。

第十二条　重点关键设备管理。

公司建立重点关键设备的监管制度，对所有A类设备分层级（公司、二级单位、车间队站）落实管理责任人，并在以下环节落实各项监管措施。

1. 前期管理。强化重点关键购置前设备经

济技术论证、技术审查、设备选型、设备监造、到货验收和安装调试工作，确保重点设备购置技术性能达标、质量符合要求。重点关键设备的前期管理工作公司全程参与。

2. 档案资料。强化重点关键设备技术资料的建档工作，所有 A 类设备须完善设备技术档案。设备技术档案内容至少应包括：①设备配备、更新改造和修理项目的论证报告及技术协议；②设备使用说明书、维修手册、配件目录和出厂合格证等；③设备验收记录；④设备安装、调试记录；⑤设备运转记录；⑥设备维护、维修、改造记录；⑦设备检查及状态监测记录；⑧设备操作维护保养规程；⑨设备风险辨识表；⑩设备故障、事故、异常情况记录等，每月进行更新。更新后的《设备技术档案》电子版每季 10 日前发送至基建设备处。

3. 现场管理。各单位要明确重点设备的责任人（机长）、操作人员、点检人员、维保人员，及时修订设备操作及保养规程，确保重点关键设备统一、规范管理。严格落实重点关键设备的状态监测及润滑检测工作，定期进行数据分析和总结。各层级相关责任人每月收集状态监测和润滑检测数据，协助使用单位对设备运行状态进行分析，对设备劣化趋势进行预判，及时采取相应措施，防止设备事故发生。各单位要建立设备点检制度，规范设备点检，重点关键设备要制作点检牌并在现场进行悬挂。点检牌的内容要包括设备照片、检查部位、设备运行参数等内容。管理部门要利用 PDCA 工作法经常性对重点关键设备进行检查，对发现的问题要及时进行整改，防止设备带病运行，杜绝小毛病拖成大问题。各层级相关责任人与使用单位车间（队站）建立有效联系机制，定期或不定期到设备现场进行全方位巡查，并提出相应管理要求，督促使用单位采取措施保证设备完好、安全、平稳运行。

4. 设备修理。各单位要保证重点关键设备的维修费用，杜绝设备失修情况发生。设备发生故障要立即组织修理并及时报送基建设备处。

5. 设备报表。基建设备处建立重点设备动态月报表，按期报送公司主管领导和相关处室。各单位须明确报送人员，认真统计设备相关数据，于每月最后一个工作日将设备相关信息报送基建设备处。

第二节 设备基础工作管理

第十三条 设备管理基础工作包括：及时更新与设备管理有关的法律法规和集团公司、股份公司、勘探与生产分公司和炼油化工分公司有关设备管理的规章制度，制定完善设备管理的规章制度和规程规范，建立、完善设备基础资料和主要设备的技术档案，建立保存设备的管理记录，建立维护设备管理信息系统及基础数据库，编制并按时上报设备管理报表，开展设备统计分析工作。

第十四条 设备管理规章制度、规范、规程及标准。

（一）设备规章制度和规范、规程及标准包括：

1. 国家有关设备管理的法律法规、行业标准和规范；

2. 集团公司、股份公司、勘探与生产分公司和炼油化工分公司有关设备管理的规章制度、规范、规程及标准；

3. 公司设备管理有关规定、规范、规程及标准；

4. 设备的操作、修保和巡检规程；

5. 相关部门的有关规范、规程及标准。

（二）各单位应根据公司设备管理制度，结合本单位实际情况，建立健全本单位设备管理制度、规范、规程及标准。每两年进行一次合规性和适应性评估，当出现重大偏差时应根据评估结果及时进行修订完善。

第十五条 设备基础资料管理。

（一）设备基础资料须填报及时，归档保存。资料填报做到内容齐全、真实、准确，页面干净整洁，严禁代签；资料归档做到资料齐全、归类准确并妥善保管。

（二）充分利用计算机、网络和信息技术逐步实现设备技术资料、档案管理的数字化、网络化。

（三）设备基础资料主要包括：

1. 设备技术资料

（1）设备随机技术资料；

（2）设备操作、维护保养及修理规程；

（3）设备购置、修理、改造及机械加工制造项目的调研论证报告、审批表和技术协议；

（4）设备到货验收、安装、调试及试运行记录；

（5）设备检查、考核、评比、培训记录；

（6）设备事故记录、调查报告和处理结果；

（7）设备修理、润滑、状态监测的记录及报告；

（8）设备技术档案（可电子化）包括设备总说明、技术参数、备品配件目录、润滑说明、运行记录、缺陷记录、维保记录、监检测记录、润滑记录、换件记录、腐蚀记录、技术改造记录、调拨封存和报废记录等；

（9）专项管理可追溯资料包括车辆管理、润滑管理、维修管理、监测管理、事故管理、变更管理、信息管理和启停管理等。

2. 设备台账（可电子化）

（1）设备总台账；

（2）设备维修台账；

（3）闲置设备台账；

（4）设备调拨台账；

（5）设备事故事件台账；

（6）设备购置台账；

（7）设备静密封点台账（炼化设备、天然气处理设备、发电设备、电站锅炉等）。

（四）设备随机原始技术资料按照公司档案管理的相关规定交公司档案室保存，各单位需留存重要凭证的复印件或电子扫描件。

第十六条 设备管理信息系统。

（一）各级设备管理部门应有序推进设备信息化和智能化发展，依托设备管理基础工具和规范标准，结合ERP系统、物联网等数字信息化平台，充分运用大数据分析、远程监控、智能控制等现代化手段，加强设备全生命周期的数据统计分析和评价，支撑工作决策和精细管理，提升设备智能化水平，减控运维成本、保障运行安全、提高效率和效益；

（二）各单位须全面应用设备管理信息系统，加强系统的运行管理，根据设备实际运行及变化情况，及时录入、调整、完善有关基础信息及运行数据，保证设备信息、数据的及时、全面、完整、准确；

（三）设备运行数据管理包括设备技术状况、月运行时间、故障停机时间、非完好台日、维修数据等，每月五日前完成上月运转记录的录入及审核工作；

（四）设备保养、状态监测、大修改造项目应在完成验收后五个工作日内录入系统，确保存在问题、修保等内容填写完整；

（五）新增设备应在设备投入使用后五个工作日内录入系统；

（六）设备报废以公司批准文件为准，各单位须五个工作日内在系统中进行报废登记。

第十七条 设备管理报表。

（一）各单位应定期统计、汇总设备管理报表，对设备运行状况进行分析、总结。所有报表经系统生成，年度纸质报表须打印上报基建设备处；

（二）各单位编报的设备管理报表：

1. 勘探开发、工程技术服务及辅助生产系统

（1）主要专业设备技术状况报表（月报）；

（2）主要专业设备经济技术指标报表（月报）；

（3）设备管理总体指标报表（年报）；

（4）闲置设备统计报表（年报）；

（5）设备管理工作总结（半年报、年报）；

（6）年度设备购置计划完成情况报表（年报）；

（7）设备修理计划（季报）；

（8）设备大修理计划（年报）；

（9）设备事件、事故快报（随时）。

2.炼油化工系统

（1）设备技术状况汇总表（季报）；

（2）主要化工生产装置运行周期统计表（季报）；

（3）设备事件、事故快报（随时）；

（4）闲置设备统计报表（年报）；

（5）设备管理工作总结（半年报、年报）；

（6）企业固定资产及修理费构成统计表（年报）；

（7）检维修设备材料统计表（年报）；

（8）年度设备购置计划完成情况报表（年报）；

（9）设备修理计划（季报）；

（10）设备大修理计划（年报）。

（三）设备管理报表报送时间

（1）季报于次季三个工作日内报送；

（2）年报于次年一月十日前报送；

（3）设备管理工作总结于每年六月十日和十一月十日前报送。

第三节 设备前期管理

第十八条 设备前期管理是指设备全生命周期管理中规划、设计、选型、购置、制造、安装、投运等阶段的管理工作。具体包括可行性论证、计划编制、设计审查、设备选型、设备采购技术谈判、供应商选择、设备监造、安装调试与验收等工作内容。

第十九条 设备购置计划编制、审查和下达。

（一）各单位按照设备配备标准和更新原则，依据设备老化、劣化情况和生产需求，组织各类项目配套设备选型、技术经济可行性论证，合理编制下年度设备购置需求计划，经本单位主管部门和领导审查后上报至基建设备处。

（二）基建设备处依据生产经营需要、设备选型配置标准及技术经济可行性报告，对各单位设备购置需求计划进行审查、汇总，形成公司下年度设备购置专业建议计划，经公司规划计划处统一平衡，形成公司建议计划报集团（股份）公司。

（三）按照集团（股份）公司分批下达的设备购置计划，结合公司资金安排，由规划计划处在公司固定资产投资及费用计划中分批下达设备购置投资实施计划。

（四）因生产特殊需要，调整年度设备购置计划的，由购置单位提出申请报规划计划处审批；重点生产设备的购置经基建设备处签署意见后，报规划计划处审批。

第二十条 设备更新。

设备更新是指采用新设备替代技术性能落后、安全环保状况差和经济效益低下的原有设备。设备更新应本着技术可靠、高效低耗、安全环保的原则，由设备管理部门提出计划更新设备的基本情况及更新原因，说明设备更新的类型、数量及更新费用概算等。

设备更新应符合设备报废的相关规定，因生产需要须采用新设备进行替代，应符合下列条件之一：

1.设备技术性能变化无法满足原使用效能的；

2.设备性能降低无法修复或改造费用超过更新费用的；

3.设备毁损后无法修理使用或无继续修理价值的；

4.依据国家法律法规和股份公司相关规定须报废或淘汰的。

第二十一条 技术经济可行性论证。

（一）单机价值在五十万元以上的新增和更新设备，由各单位设备管理部门会同本单位生产、计划部门提出技术经济可行性论证报告；

（二）重要设备和较大规模的更新改造应进

行技术经济可行性论证，内容包括：技术先进性、实用性、经济性、可靠性、维修性和安全环保性等，经论证后科学选择最优方案；

（三）工程建设项目所需设备，由设计部门提出技术经济可行性论证报告；

（四）装置（系统）技术改造项目所需设备，由设计部门或各单位技术部门提出技术经济可行性论证报告。

第二十二条 设备选型。

（一）设备选型是指依照生产和工艺要求，确定设备的型式和主要技术参数。设备购置前必须进行技术交流并做好选型管理工作，把好设备购置技术关。

（二）设备选型应遵循安全可靠、技术先进、经济合理、生产实用、维修便捷和标准化、系列化、通用化的基本原则，不得选用国家和集团公司明令禁止和淘汰的设备。

（三）基建设备处组织车辆、关键和成批次设备的技术交流和设备选型，各单位组织一般设备的技术交流和设备选型。填制《设备选型荐厂论证意见表》。

（四）所有设备购置前必须签订技术文件（技术规格书和技术协议），并填制《技术文件审查意见表》。主要设备及单机价值在二十万元以上设备购置的技术文件，须经基建设备处组织相关技术专家会审核准后方可执行。

第二十三条 设备购置。

（一）审查通过的设备购置选型审批表及审核确认后的技术规格书和技术规格书审查意见表、设备选型论证意见等文件，由各单位、建设单位报物资采购管理部门，按公司物资采购流程办理。

（二）设备购置应坚持质量第一、性能价格比最优、全生命周期综合成本最低的原则进行采购。各单位应与中标厂商签订详细的技术协议作为合同附件，对设备的使用环境、工艺条件、介质特性、规格型号、性能参数、附属配套、随机工具、安全附件及防护要求、噪音控制、排放标准、整机及重要部件的质量保证、安装界面等做出书面约定，为设备制造、供货、验收、付款等提供直接依据。

（三）属于股份公司统一组织集中采购范围内的设备类型，基建设备处应会同物资采购管理中心和相关专业部门，组织有关专家，通过对产品质量、供应能力、售后服务和应用基础等方面的评审，在股份公司中标供应商范围内进一步明确2~3家供应商，列入公司的供应商目录，并根据集中采购结果、市场变化情况和设备应用情况进行动态维护。

（四）属于公司权限范围内自行组织集中采购的设备类型，基建设备处宜会同物资采购管理中心及相关专业部门，通过招标的方式确定2~3个供应商或品牌，签订设备购置框架合同，形成设备采购"短名单"。各单位在"短名单"所确定的设备目录中，直接选择符合技术要求的设备即可实施设备采购。中标供应商根据市场变化情况和设备应用情况进行动态维护。

第二十四条 设备监造。

单机价值在一百万元以上的主要设备应按照《中国石油天然气集团公司产品驻厂监造管理规定》和《玉门油田分公司产品驻厂监造管理实施细则》实施设备监造。

第二十五条 设备验收。

设备验收按照不同的时间节点可分为到货验收、调试验收、质保期验收三个阶段。

（一）到货验收。物资供应采购单位会同建设单位、使用单位、施工单位及供货厂商对到货设备型号、数量、外观、性能、完好状况、附件和技术资料等进行全面验收。在验收完成后出具《设备购置验收单》。若存在与技术协议、订货合同不相符的情况，禁止设备进入现场安装，并及时进行索赔等处理，情况严重的可做退货处理。主要设备及单机价值在20万元以上的设备，须邀请基建设备处参加。

（二）调试验收。设备到货验收后应尽快组织试运行（非安装设备）和安装调试（安装设备），建设单位是设备调试验收的责任主体，在设备调试前，应由建设单位组织使用单位、施工单位、供货厂商制定设备试运行方案、操作规程和安全防范预案，并对相关人员进行 HSE 教育和设备操作、维护技术培训。在调试运行完成后出具《设备安装调试验收单》（详见附表3-2），各单位凭《设备购置验收单》和《设备安装调试验收单》办理设备付款和核销手续。

（三）质保期验收。由各单位在设备质保期结束后组织验收。物资采购单位根据各单位设备质保期最终验收报告书意见，办理设备质量保证金支付事宜。对于各单位未正式出具设备质保期验收报告书的，严禁对外支付设备质量保证金。

第二十六条 设备配备评价。

（一）设备配备评价的主要对象为单台（套）一百万元以上的重点设备，有规模化应用前景的新型设备和能提升本质安全、具备节能增效规模潜力的设备。

（二）列入评价范围内的设备使用三年后，使用单位应编写后评价报告，基建设备处负责审查备案。后评价报告应包含配备的有效性、设备品质和使用效益等评价内容。

第二十七条 设备的引进按照国家相关法律法规、集团公司和股份公司进口机电产品采购相关管理办法、勘探与生产分公司设备引进相关规定执行。

第四节 设备使用、维护与检维修管理

第二十八条 设备使用管理。

（一）设备使用单位应组织编制涵盖所有设备的操作及维护保养规程和操作卡，并按照相关流程经审批后执行。设备操作保养规程、操作卡应每年进行符合性、适用性评价，并根据评价结果组织修订完善。关键设备和主要设备操作规程报基建设备处备案；

（二）新增设备投运前，使用单位应根据使用说明书及操作维护手册等技术文件，编制相应的操作保养规程，经各单位设备主管领导审批后执行；

（三）设备操作人员在操作前必须参加培训，保证对所使用和维护的设备做到"四懂三会"（懂性能、懂原理、懂结构、懂用途和会操作、会保养、会排除故障），并严格按照操作规程及维护保养规程，正确使用和维护保养设备，经培训考核合格后方可操作设备；

（四）设备使用实行定人、定机、定岗制度。单人操作和一班作业的设备，实行专人、专机制。两班以上或多人操作的设备实行机长制，且必须建立交接班制度；

（五）设备启动前，应对设备本体各部件及工艺连接界面进行全面检查，确保状况完好、状态正常，保证设备安全运行（启动前安全检查）。重点设备的故障停机、特殊条件下启停应向公司及主管部门汇报；

（六）设备操作、维护人员应认真执行"十字作业"（清洁、润滑、紧固、调整、防腐）标准，做好设备的日常维护保养工作；

（七）使用单位应建立岗位日常巡检、车间（队站）月检、设备管理部门季检、单位每半年检查的四级设备检查制度，制定相应的设备巡回检查规程，编制巡检图、册、卡，明确巡检路线、巡检内容、巡检标准及注意事项等，采用看、听、闻、测等方法，开展设备巡回检查工作，并填写记录。固定设备按规定时间间隔进行巡回检查，移动设备实行回场检查和定期检查制度，保证设备完好。车辆超过五十台以上的单位必须建立车辆回场检查站，定期开展车辆使用状况检查；

（八）应加强设备现场管理，执行设备操作及维护规程，严格控制操作指标，做到启动前认真准备，启动中反复检查，运行中做好调整，停车后妥善处理。根据设备的使用工况，及时调整设备运行参数，既要严禁设备超温、超压、超速、超负荷运行，也要避免设备经常处于低负荷运行，使设备在安全、可靠、经济状态下运行；

（九）设备维护应实行专机专责制或包机制。主要机组必须实行"机、电、仪、操、管"五位一体的特级维护，做到全员、全过程、全方位管理；

（十）制定并严格执行备用设备管理制度，坚持定期对备用设备进行检查、维护、保养，对设备进行定期切换及盘车，保证设备处于完好状态；

（十一）应加强仪表自动化设备、关键连锁报警控制系统及 PLC、ESD 的管理，建立完善的组织机构和管理制度，定期检查、校验，提高使用质量和仪表四率（完好率、使用率、控制率和泄漏率）水平，使其处于良好状态；

（十二）应有专人对备品配件进行管理，负责图纸资料的整理和归档，备品配件的测绘，备品配件计划的填报，储备定额的管理等工作，在保证检修质量的前提下，做好修旧利废和改制代用工作；

（十三）及时做好设备防冻、防凝、防盗、保温、防腐、防火、防雷、堵漏等工作。

第二十九条 设备状态监测管理。

（一）设备使用单位要有计划地组织开展主要设备状态监测与故障诊断工作，及时准确发现设备故障隐患，增强预知维修能力。针对监测出的设备故障隐患，应及时采取相应措施进行整改，防止设备事故的发生；

（二）各单位要制定各项状态监测管理制度，建立健全设备状态监测网络。按"定人员、定设备、定测点、定仪器、定周期、定标准、定路线、定参数"的原则对主要设备进行监测；

（三）各单位要定期总结设备状态监测的结果和经验，提出运维建议。及时开展设备运行状态调整及维护，对可能影响设备安全运行的故障，立即组织停机检查整改和维修。

第三十条 设备维修管理。

（一）根据设备的使用情况、监测情况和运行情况，对有故障征兆或表现的设备应及时进行修理。应根据设备状况合理安排维护维修费用，避免维修不足和过度维修，并确保专款专用。

（二）设备的维护保养应认真贯彻执行以"十字作业"（清洁、润滑、紧固、调整、防腐）为中心的日常维护工作。设备的维护保养实行三级保养制度，即：日常维护保养、一级保养和二级保养。设备的日常维护保养，由设备操作人员负责进行；一级保养，以操作人员为主，维修人员协助；二级保养以维修人员为主，操作人员参加完成。设备维护保养完成后，维修人员应详细填写检修记录，由设备技术人员进行验收，验收单交单位设备部门存档。

（三）设备修理由专业维修人员进行，分为三级保养、定项修理及大修理。各单位应建立健全设备修理规程，制定完善的修理管理制度及质量验收标准，按设备的检修规定、使用情况、生产经营情况和实际需要，编制出合理的修理计划，并报基建设备处进行审批，基建设备处根据设备使用状况向各单位下达年度设备修理计划。纳入年度计划维修的设备，由使用单位设备管理部门负责检查实施，并以报表和报告形式按期上报基建设备处。

（四）设备修理要坚持"先内后外、择优选用、长期合作、全面服务"的原则。油田内部维修技术条件或维修能力不能满足修理要求时，可将设备维修委托外部单位。设备委托修理的程序为：

1.办理设备委托修理审批手续。各单位明确修理部位和范围后，对修理费用进行预算，填写《设备维修审批单》进行逐级审批。ERP 系统和纸质的审批须同步进行。录入 ERP 系统的设备，按照单台设备创建 ERP 维修订单。未录入系统的设备，按照成本中心创建 ERP 维修订单；

2.签订设备修理技术文件。使用单位应对设备修理的内容、技术要求、标准、验收方法和质量保证等内容进行充分的技术准备，编制设备修理技术规格书（或技术协议），二十万元以上的设备修理项目的技术文件须报基建设备处审批和备案；

3. 修理合同签订。设备修理合同的确定应通过招标或谈判的方式确定。具体按照《玉门油田分公司合同管理实施细则》执行；

4. 设备送修。合同签订后，使用单位应及时将设备交修理承揽方进行修理，并及时在系统中创建采购订单，报相关人员审批。对于重大设备修理项目，须委派技术人员监修；

5. 修理验收。设备修理完成后，应及时组织设备修理验收。二十万元以上的设备修理项目由使用单位提出申请，基建设备处参与验收。验收合格后，填写《设备维修验收单》并在ERP系统中完成服务确认；

6. 维修费用结算。基建设备处对照各单位维修计划对设备维修结算项目进行审查和审批，各单位财务部门依据设备部门签字、盖章后的《设备维修审批单》和《设备维修验收单》《结算审批单》和ERP系统采购订单，办理设备维修结算。

（五）设备承修单位应具备相应修理资质，各级设备管理部门应对设备维修承包商修理全过程进行管理并进行考核。设备维修承包商管理按照《玉门油田分公司市场管理办法》执行。

（六）设备修理后，承修单位必须提供完整的维修技术文件（包括修前技术状况、主要修理内容、修换件明细表、材料明细表、维修质量标准）和质量证明文件，必要时应提供试验报告和有关检验机构的检测报告。设备大修、项修竣工验收后，必须至少保证六个月的保修期。

第三十一条 装置（系统）检修管理。

（一）建立健全装置（系统）检修管理制度，根据实际情况制定合理的检修计划，报基建设备处备案；

（二）执行检修受控管理规定，监督检查检修准备、检修安全、检修质量、检修进度、核实工作量，做好检修验收。每个检修项目应指定专人作为施工代表，对检修实施全过程进行管理；

（三）加强检修质量管理，建立健全设备检修的质保体系。设备检修应严格执行检修计划，遵守检修规程，执行检修技术标准，采用先进技术和装备，提高检修质量；

（四）各单位组织装置（系统）的检修验收工作，应具有完整的检修记录和交工资料，做好检修技术总结。对重大检修项目，应进行技术经济分析，检修完成后将检修技术总结报基建设备处，并及时归档检修相关技术资料。

第五节 油水与防腐管理

第三十二条 油水管理是指设备用润滑油、润滑油清洗剂、润滑脂、密封脂、冷却液、有机热媒等选型、存储、加注、检测、更换、回收及器具使用等过程管理。设备使用单位须做好设备润滑精细管理，推广应用先进润滑技术和模式，科学合理润滑，减少装备磨损，延长使用寿命。各单位须编制相应的设备油水管理规定及润滑图表，明确油品及冷却液型号、润滑点等相关要求，规范润滑过程管理。

第三十三条 设备润滑油品选用应结合设备使用手册提供的技术要求，在确保满足设备润滑冷却技术要求的条件下，优先选用昆仑润滑油品。

第三十四条 油品必须密闭储存，原则上不得露天存放，对于存放半年以上的油品，使用前要先进行检测。因现场存放条件限制而露天存放的，必须做到上盖下垫等防雨、防晒措施。

第三十五条 各单位应严格执行设备润滑管理制度，设备润滑管理依照品质把关、油品对路、精细过滤、定期监测、按质换油的管理方针，须做到"润滑六定"（定人、定点、定质、定量、定时、定法）和"三过滤、两洁、一沉淀"（领油过滤、加油过滤和转桶过滤，加油孔清洁、加注工具清洁，搅动后的油品沉淀48小时后方可使用），各润滑用具标记清晰、专油专具、定期清洗，并按规定地点摆放整齐。

第三十六条 设备所用的润滑油品不得任意变更或混用，若需变更油品，使用单位应报本单位设备管理部门批准，关键设备油品变更须报送基建设备处批准。

第三十七条 设备集中且润滑油品用量较大的车间（队站）应设润滑站，按设备的数量、用油类型，配备专兼职油水管理人员、润滑器具及必要的油品化验分析设备。润滑器具应标记明显，专油专用，定期清洗，经常保持清洁。

第三十八条 运行中的大型设备、大型机组润滑油每月应至少检验一次。条件恶劣或运行后期的每半个月应检验一次，不合格的应及时处理。各单位应对设备润滑油品检测情况定期分析并提出运维建议。

第三十九条 废旧油品回收。

所有废旧润滑油品均须安全、可靠回收。各单位应建立健全废旧油品回收档案，对回收的废旧油品进行定点、妥善存储，定期运送至炼化总厂、各采油厂或有关规定自行合规统一处置；

废旧油品回收过程中要尽量采取措施密闭回收，储存废旧油品的容器应当加盖并有明显的标识，具有挥发性质的废旧油品应密封保存。油品储存地点应设置必要、可靠的通风设施，放置必备、有效的灭火器具；

废旧油品回收时，回收人员应对回收的废旧油品进行基本的判定，对指标变动不大的润滑油品，应通过沉淀、过滤等方式处理后，可根据本单位设备情况经基建设备处鉴定审批后可发放给润滑要求不高的设备使用（如链条、钢丝绳的淋油等），并做好发放领用记录。

第四十条 所有设备用水应使用软化水或防冻液。有软化水处理装置的单位，对软化水应定期化验、按时排污，确保软化水质达到规定要求。防冻液连续使用达二年的，入冬前必须进行冰点检验，保证冰点低于最低环境温度-10℃；使用超过三年的，应定期对其指标进行检测，按质更换。

第四十一条 设备防腐蚀管理。

（一）各单位应做好设备防腐蚀工作，定期对设备腐蚀情况进行鉴定，建立健全设备防腐蚀档案；

（二）做好设备腐蚀记录，并定期进行腐蚀检查和监测，对易腐蚀设备必须采取有效的防腐措施；

（三）应根据实际情况正确采用行之有效的防腐新技术、新材料，以保证设备的防腐蚀性能。对腐蚀严重，在苛刻条件下运行的设备，应成立防腐攻关小组，组织技术攻关；

（四）应考虑工艺操作条件变化对设备腐蚀的影响，凡工艺条件变更对设备会产生腐蚀时，设备使用单位应制定相应的防腐措施，并经本单位有关部门批准后执行；

（五）加强防腐工程的计划管理，凡需采取防腐蚀措施的设备，由使用单位编报防腐项目计划，经本单位审核后，编入年、季、月度检修作业计划并下达实施。重大防腐蚀项目或大规模防腐蚀项目，上报基建设备处备案；

（六）设备修理时应尽可能不损坏防腐层，如防腐层受到破坏，必须修复后方可投入使用；

（七）已有防腐蚀措施的设备，不得无故取消或任意修改原防腐措施。确系措施不当的应由使用单位提出新的防腐蚀措施，经本单位设备管理部门组织研究、批准后方可实施。

第六节 设备改造及四新技术管理

第四十二条 设备技术改造管理。

（一）设备改造是指运用新技术、新材料对原有设备进行改造，改善或提高设备的性能、精度和效率，降低消耗、减少污染并消除安全隐患。应根据生产发展的需要和设备的实际技术状况，适时对设备进行改造。

（二）设备技术改造应符合下列条件之一：

1.污染环境较严重，不符合国家环保要求的设备；

2. 存在隐患的设备；
3. 不能满足生产工艺技术要求的设备；
4. 生产效率低、能源消耗大和经济效益差的设备；
5. 设计不合理、故障频繁和维修性差的设备。

（三）设备技术改造原则：

1. 针对性。从实际出发，针对生产的薄弱环节，有计划、有重点地进行设备技术改造；
2. 先进适用性。重视先进技术适用，不盲目追求高指标，防止功能过剩；
3. 高效性。改造后设备有利于提高生产效率；
4. 经济性。进行技术经济论证，采用科学的决策方法选择最优方案，力求以较少的投入获得较大的产出，以确保良好的投资效益；
5. 维修性。改造后设备应方便维修；
6. 节能性。重视设备的节能工作，减少能源消耗；
7. 安全环保性。改造后的设备安全可靠，符合国家安全环保有关规定。

（四）各单位按规定编制设备技术改造年度计划和技术经济论证报告（论证内容包括：必要性、技术性、实用性、经济性、可靠性、维修性和安全环保性等），报基建设备处审查后由规划计划处根据实际情况制定下达公司年度设备技术改造计划；

（五）各单位按照公司下达的设备技术改造计划，制定实施方案，经本单位设备管理部门审批后实施。方案应包括技术改造内容、步骤、作业资质要求、HSE 风险识别及防范措施等；

（六）设备技术改造项目投用一个月后，各单位上报技术改造总结（包括设备改造情况、达到的效果、取得的经济效益等）和验收申请报告，由基建设备处组织相关部门、单位进行验收；

（七）设备技术改造验收单经基建设备处审核、签章后，各单位凭设备技术改造验收报告办理核销手续；

（八）各单位积极开展老旧生产设备再制造工作，以性能不低于原型新机、安全节能可靠、对比新购有较大经济优势为基本原则，通过采用先进再制造工艺和技术，实现老旧生产设备的循环再利用和降本增效。

第四十三条 设备四新技术管理。

（一）各单位设备管理部门负责设备四新技术的应用推广工作。在应用推广时，应按论证、测试、试验、试点、小批量、示范工程、大面积推广的程序开展工作；

（二）设备四新技术的引进应经过充分论证，并借鉴其他油田的使用经验，选取成熟的四新技术或有推广价值的四新技术进行引进；

（三）设备四新技术应用前，须组织安全环保论证，制定安全防控措施，消除安全风险。

第七节 设备变更管理

第四十四条 当设备（装置）在维（检）修、迁装、技术改造等过程中，引起设备功能、能力、安全、环保、能耗等性能指标发生变化时，须对设备实施变更程序。

第四十五条 设备变更类型包括同类替换、微小变更和重大变更。

（一）同类替换是指符合原设计规格的更换；

（二）微小变更是指影响较小，不造成任何设计参数的改变，但又不是同类替换的变更；

（三）重大变更是指超出现有设计范围的改变（如设备功能、工艺技术、生产能力、加工精度、压力等级等的改变）。

第四十六条 应确定设备变更原因、变更内容与范围，并对变更可能带来的危害或影响进行识别与风险评价，明确相应防范措施，填制《设备变更审批表》和《设备变更后风险评估及控制措施审批表》报审通过后方可实施。

第四十七条 应对变更所涉及的相关基础资料、操作规程进行相应的审查、修改或更新，对变更所涉及的相关操作、维修、管理人员进行培训或沟通，确保知悉有关变更内容。

第四十八条 设备变更实施完成后，应通过验收并填制《设备变更验收表》后方可投运。

第四十九条 设备变更实行分级审批。微小变更由各单位设备管理部门负责人进行审批，重大变更由设备分管领导进行审批、报基建设备处备案。

第八节 设备处置管理

第五十条 设备处置包括对设备进行闲置、调剂、租赁、转让和报废等处置行为。设备处置应遵循国家法律有关规定，根据生产需要和设备状况进行。

第五十一条 闲置设备管理。

（一）闲置设备是指未使用或已经连续停用一年以上且在可预见未来也不再使用，但仍具有使用价值的设备。不包括备用、建设项目中待用、正在维修或改造、待报废和已报废设备；停用设备是指因工期安排、季节性、工作量不足等因素导致的周期性或阶段性闲置的设备。

（二）闲置设备应建立台账，并及时更新。各单位应按季度向基建设备处报送闲置设备信息；

（三）闲置设备应办理停用手续，妥善保管封存，防止丢失、损坏，保证配备齐全、完整。及时更换或放空设备内的润滑油、冷却液或其他工艺介质。结合存放环境、排空情况等，开展HSE风险识别，编制防控措施，防止意外发生；

（四）对于不拆离工位的闲置设备，必须按照要求保持设备原状，并做到：

1. 切断所有电源、水源、气源及工艺介质，实施能量隔离或上锁挂签；

2. 根据需要进行特别包扎或采取其他防护措施；

3. 定期进行必要的检查或维护作业。

（五）对于拆离工位的闲置设备，封存前应做到：

1. 对所有连接部位的接口或裸露部分进行包扎；

2. 设备存放必须下垫上盖，做好隔热、隔潮、防冻、防晒、防腐等保护措施。

（六）工程设备、施工机械和机动车辆等非安装设备闲置后，使用单位应拆卸电瓶，对所有连接部位的接口或裸露部分进行包扎，轮胎必须悬空放置；

（七）设备闲置后一个月内，使用单位必须在设备管理信息系统中进行信息更新，确保信息数据及时准确；

（八）设备闲置期间，各单位每季度至少对闲置设备检查、保养一次，以保持设备处于完好状况；

（九）闲置设备重新使用时，须报本单位设备管理部门批准并进行全面技术鉴定、检查（验），确认满足工艺、保证安全、环保、质量且符合技术要求的条件下方可使用；

（十）未达到闲置设备条件且较长时间（三个月以上）停用设备的管理参照闲置设备进行管理。

第五十二条 设备调剂管理。

（一）各单位应优化设备资源配置，减少因工艺及产能变化而造成设备闲置现象的发生，避免因决策失误而造成设备购置过剩，同时应加大修复、调剂力度，减少设备闲置率，盘活设备资产；

（二）各单位优先满足闲置设备的单位内部调剂使用；未实现内部调剂的，在公司所属单位间组织调剂；未实现公司内部调剂的关键、批量设备，上报集团、股份公司范围内调剂；仍未能调剂的闲置设备可对外租赁和转让；

（三）设备调拨前应对其现状评估并提交评估报告，设备评估合格后，设备管理部门开具《设备调拨单》，调出、调入单位办理实物交接。厂（处）级单位之间凭基建设备处设备调拨单执行，并按照公司资产管理规定办理资产转移手续；

（四）调出单位应保证设备完整，不得拆换原机零部件。同时将原机附件、专用备件、随机工具、设备档案和技术资料移交调入方。

第五十三条 设备租赁管理

（一）设备租赁是指将公司闲置、低效设备对外出租或由于生产经营需要租入外部设备的行为：

设备对外出租：是指公司拥有所有权的设备租赁给公司以外企业或单位使用的行为。

设备外部租入：是指公司各单位租入公司以外企业或单位的设备，用于公司生产经营的行为。

（二）租赁程序及要求：

各单位根据生产经营需要，可在经营范围内对外出租、租入设备，在安全方面必须符合《中国石油天然气股份有限公司租赁业务安全监督管理办法》的规定，不得将设备出租给不具备安全生产条件或相应资质的单位或个人，也不得租赁不符合安全生产条件的设备从事生产经营活动。

设备租赁必须采用招标等竞争性方式进行，应与承租方或出租方签订租赁合同和 QHSE 合同，明确相关方的安全生产管理责任，并按照公司合同管理的有关规定进行审查审批。

各单位按照授权管理清单规定的权限，租赁事项需履行本单位"三重一大"决策程序，填报《设备租赁审批表》，经公司财务处和基建设备处审查、公司主管领导批准后，按相关规定进行招标。各单位应将会议纪要、测算评价分析资料、招标资料、合同等报公司财务处和基建设备处备案，确保租赁业务流程合规，租赁费确定方式符合相关规定。

（三）设备租赁参考价格的确定

租入设备以当期同行业市场价格为参考依据，按照公司价格管理相关规定执行。设备出租价格参照以下条款：

1. 计价规则：设备租赁费用主要包括设备折旧费、租赁管理费、收益、保险费、税金及其他费用等（各项费用均以年为单位计算）。折旧费按设备折旧率计算；租赁管理费按不大于原值的 3% 计算；租赁收益按不大于原值的 5% 计算，其他费用据实列支。

2. 设备出租参考价格由财务处依据计价规则，结合设备现状制定；也可参照当地政府、行业相关规定和当期市场价格，由财务处与设备出租单位协商制定。

（四）租赁期限：租赁合同期限一般为一年（也可由双方约定），租赁期满前一个月，出租方和承租方应明确是否继续租赁，若继续租赁，必须重新签订租赁合同。

（五）租赁设备的交接及验收：

1. 出租方向承租方交付租赁设备时，双方要共同对设备进行鉴定、验收，明确设备完好状况。

2. 租赁期满收回出租的设备时，双方应对设备进行鉴定，达到合同要求时方可办理交接。

第五十四条 设备报废管理。

（一）符合下列条件之一，且永久性退出使用状态的设备应予报废：

1. 由于自然灾害等不可抗力事件或事故造成全部毁损且不可修复或无修复价值的设备；

2. 国家法律法规和集团（股份）公司相关规定强制淘汰的设备；

3. 受国家法律法规、政府规划、股份公司资产重组或业务调整等因素影响，随整体产能退出且无再利用价值的设备；

4. 达到规定效用年限，且破损严重、无修复价值的设备；

5. 经检验或鉴定确认，不符合健康、安全、环保规范，不符合工艺或能效要求，技术落后、运营成本高，且无改造价值的设备；

6. 经过修理可恢复性能，但一次性修理费超过原值 60% 的设备；

7. 长期闲置，无法调剂、租赁、转让，不具备再利用价值的设备。

（二）设备报废分为正常报废和非正常报废。

正常报废：指满足设备报废条件，达到规定效用年限（指《固定资产目录》规定的折旧年限）且已提足折旧的设备报废。国家和股份公司有强制淘汰规定的设备，视同正常报废；

非正常报废：指满足设备报废条件，未达到规定效用年限或未提足折旧的设备报废。

（三）对已达到规定效用年限且已提足折旧，需要并能够继续使用的设备，除按在用设备进行管理外，应加强安全监控和检测。待该设备退出使用状态时，再办理正常报废手续。

（四）设备报废由设备使用单位提出报废申请，基建设备处组织有关部门、单位进行技术鉴定，确认符合设备报废条件后，基建设备处下达设备报废通知，各单位依据设备报废通知按公司有关规定办理报废手续；

（五）报废设备应严格执行公司相关规定进行处置，严禁重新使用。

第九节　设备技术开发与培训管理

第五十五条　设备技术开发管理。

（一）各级设备管理部门应加强对设备的技术开发工作，积极应用设备综合管理、系统工程、价值工程、网络技术、状态监测及故障诊断技术等先进的科学管理技术；

（二）各级设备管理部门应加强设备技术信息工作，利用石油系统的信息网和各种信息渠道，及时了解国内外的新技术及发展动态；

（三）各级设备管理部门应积极开展设备研究工作，组织研究防腐蚀技术、节能技术、水质处理技术、润滑技术、施工技术、密封技术、监测诊断技术、电气测试技术等，将研究技术成果及时推广应用；

（四）设备类科技项目的管理按公司科技项目的有关规定执行。

第五十六条　设备技术培训管理。

（一）各级设备管理部门应有计划地培养设备管理与维修方面的专业人员，对在职设备管理技术人员、维修人员进行多层次、多渠道和多形式的专业技术和管理知识的更新教育，应特别培养一批掌握维修工程学（包括设备维修管理学、设备维修经济学、维修工艺学、设备故障诊断技术）的维修人才，以适应提高公司设备管理水平的需要；

（二）各级设备管理部门应积极配合人事管理部门，做好各单位设备管理人员与设备操作、维修人员的培训工作；

（三）各级设备管理部门应根据公司需要，积极组织技术交流活动，对国内外先进的技术设备和管理经验进行考察、学习、引进、推广，不断提高设备管理和技术水平；

（四）设备技术培训工作按公司有关规定执行。

第十节　设备事故事件管理

第五十七条　凡因设计、制造、施工、使用、维护检修、管理、自然因素等原因，造成设备非正常损坏或性能降低而影响生产的情况称为设备事件，直接经济损失达到或超过规定标准、但未出现人员伤亡的称为设备事故。有人员伤亡的列入生产安全事故，生产安全事故的等级划分和调查处理按照公司事故事件管理的有关规定执行。

第五十八条　设备事故按事故损失分为：

（一）小事故：一次事故造成设备直接经济损失金额在2万元以下。

（二）一般事故：一般事故造成设备直接经济损失金额在10万元以下至2万元以上（含2万元）。

（三）较大事故：一次事故造成设备直接经济损失金额在30万元以下至10万元以上（含10万元）。

（四）重大事故：一次事故造成设备直接经济损失金额在100万元以下至30万元以上（含30万元）。

（五）特大事故：一次事故造成设备直接经济损失金额在100万元以上（含100万元）。

第五十九条 设备事故按事故性质分为：

（一）责任事故：人为原因造成设备损坏的事故；

（二）机械事故：设备构件自身缺陷造成设备损坏的事故；

（三）自然事故：不可抗拒自然破坏力造成设备损坏的事故。

第六十条 公司负责较大以上设备事故调查处理，形成专项事故调查报告；事故单位负责一般以下事故调查处理，事故处理完成后 30 天内将事故调查报告报基建设备处备案。设备事故发生后，应保护现场，逐级上报，并按照"四不放过"原则，及时组织事故的调查、分析和处理，积极协调处理善后事宜，保障生产恢复。开展各类事故统计分析，查找设备的质量缺陷和管理短板，制定有针对性的质量和管理改进措施。设备事故的信息报告、应急、调查、处理、统计与档案管理等具体要求，应按照公司事故事件管理的有关规定执行。

第四章　质量安全环保与节能管理

第六十一条 设备管理应遵守国家和所在地方及上级有关安全环保与节能的法律、法规和制度，全面贯彻 QHSE 管理方针，执行专业化安全管理要求，定期开展设备完整性评价，实现设备本质安全，并符合环保和节能的要求。

第六十二条 设备管理部门应按 HSE 体系要求，切实履行设备安全管理的"直线责任"，组织做好设备安全管理工作。

第六十三条 应做好以下设备安全管理工作：

（一）在设备安装、操作、维护、检修和改造等过程中，应根据设备的结构、性能和运行特点，进行风险危害辨识和评估，制定风险防控措施。属于设备变更范畴的，对变更设备执行变更程序；

（二）各单位应建立设备相关隐患台账，实施动态、销项管理；应分析隐患的根本原因，制定纠正预防措施；应对隐患治理整改的情况进行跟踪验证。

（三）对大型、关键设备，如大型压缩设备和承压类设备等，应采用技术先进和带预警功能的监测、检测手段，加强维护和监控，及时发现并处理隐患；

（四）对运行年限较长的关键设备，各单位应参照集团公司《设施完整性管理规范》的有关要求，加强设备状况监测，必要时实行特护管理；

（五）对含腐蚀介质的集输处理装置、设备，在设计选材和后期维护中应采取工艺防腐、技术防腐等措施，预防腐蚀；

（六）油气生产站（场）及有防爆要求的场所，使用的电气设备必须符合相应级别的防爆要求，防爆电气设备的管理应按《玉门油田分公司防爆电气管理办法》执行；

（七）电气设备及设施应按规范要求定期进行检查和试验。

（八）设备的安全附件、安全防护设施、环保设施应定期检查、校验，不得擅自拆除或闲置，并确保工作可靠。联锁保护设施应完好投用，特殊情况下解除、投用时必须严格按程序审批，确保生产安全；

（九）新型设备使用前应开展 HSE 风险评估。风险评估的主要内容至少应包括：使用或依据的技术标准规范，与现场工艺流程的关联性，是否含有剧毒、强氧化性或不明成分化学品，运行监护要求和安全保障措施，操作规程和应急预案等。

第六十四条 严格遵守国家环境保护法律法规，积极做好高污染设备的治理，减少设备本身对环境的污染。配合油田开发工艺和项目建设，对火炬放空、有害气体排放、污水和油泥等污染源，采用适用装备进行回收和处理。

第六十五条 对设备检维修作业承包商开展施工作业前安全评估，对检维修作业全过程进行监督，保证作业安全受控，质量、环保措施符合要求。

第六十六条　对设备操作、维检修和管理人员进行安全环保节能教育培训，保证设备人员掌握必备的安全环保和节能知识，并严格执行设备的操作规程和与安全环保节能相关的规章制度。

第六十七条　探索设备低耗高效运行的有效方法与途径，淘汰高耗低效的设备，推广应用节能且技术成熟的设备或进行节能技术改造，努力达到设备和工艺的最佳匹配，实现各类设备和生产系统的经济运行。

第五章　设备监督、检查与考核

第六十八条　公司建立设备管理考核评价体系和检查量化考核标准，组织对所属单位设备管理工作定期进行监督检查与考核评价，通报考核结果并纳入所属单位业绩考核范围。公司至少每年组织一次设备管理检查或专项检查，各单位至少每半年组织一次设备管理检查或专项检查，基层单位（车间队站）至少每季度开展一次设备管理检查或专项检查。

第六十九条　设备管理检查、考核的主要内容：

（一）设备管理基础工作；

（二）设备的现场管理；

（三）设备润滑和状态监测管理；

（四）四新技术的应用推广工作；

（五）设备的使用、维护和修理；

（六）设备的更新改造工作；

（七）设备的安全环保节能工作；

（八）设备管理信息系统应用情况；

（九）设备的闲置、调剂和报废；

（十）设备经济技术指标完成情况；

（十一）设备人员培训和持证上岗情况。

第七十条　各单位应设置并考核以下设备管理技术经济指标：

（一）主要设备综合完好率；

（二）主要设备综合利用率（炼化为：主要设备有效利用率）；

（三）主要设备故障停机率（炼化为：关键机组故障率）；

（四）密封点泄漏率（仅炼化）；

（五）仪表四率（完好率、控制率、使用率、泄漏率，仅炼化）；

（六）重大、特大设备责任事故发生率；

（七）装置长周期运行状况（仅炼化）；

（八）非计划停工情况（仅炼化）；

（九）设备维修费用计划完成情况及费用控制情况。

各单位应结合实际情况，在本单位设备管理制度中明确设备管理检查和考核的内容，建立和完善并严格执行设备管理考核奖惩机制。及时表彰奖励设备管理相关先进集体和个人。对设备管理存在问题的单位，应提出整改意见，限期整改存在问题，对存在问题较多或严重问题的单位，要通报批评。

第七十一条　有下列情况的，公司将给予适当奖励：

（一）荣获国家、省部级、集团公司、股份公司、油田公司设备管理先进单位、个人荣誉称号者。

（二）国家、省部级、集团公司、股份公司、油田公司设备管理优秀成果和论文获得者。

（三）在设备管理工作中做出突出贡献的单位和个人。

（四）油田公司红旗设备、长寿机。

第七十二条　违反本办法规定有下列行为之一的，给予批评教育，并责令改正；应当承担违纪违规责任的，按照公司违纪违规行为处分规定追究责任人员责任：

（一）设备管理职责缺失，或不正确履行设备管理职责的；

（二）设备管理混乱，设备失修，严重影响生产和安全的；

（三）因管理不善造成重大设备丢失、毁损或严重损坏的；

（四）未按规定购置、更新、改造设备，或

重大设备论证不足、决策失误，造成重大经济损失的；

（五）导致重大、特大设备事故或导致人员伤亡，或设备事故隐瞒不报、谎报及故意拖延报告的；

（六）违章指挥或违反设备操作规程和检维修规程，造成生产安全事故或经济损失的；

（七）使用严重危及人身安全的设备；

（八）违规租赁设备或未按规定及时回收出租设备给公司造成损失的；

（九）其他违规违章行为。

第六章　附　则

第七十三条　各单位应根据本办法，制定本单位设备管理实施细则。

工程建设项目中有关设备管理参照本办法执行。

特种设备管理按照《玉门油田分公司特种设备管理实施办法》执行。

炼油化工设备管理本办法未涉及的管理内容按照《中国石油天然气股份有限公司炼油与化工分公司设备管理办法》执行。

第七十四条　本办法由基建设备处负责解释。

第七十五条　本办法自印发之日起施行。原《玉门油田分公司设备管理管理办法》（玉油司字〔2021〕30号）同时废止。

玉门油田分公司强化管理实施方案

玉油司字〔2022〕180号

为全面贯彻落实集团公司2022年领导干部会议关于强化管理的工作要求，进一步完善公司管理职能，强化管理实务，实现企业管理全方位、全链条、全覆盖，结合公司实际，制定本实施方案。

一、总体要求

以习近平新时代中国特色社会主义思想为指导，切实加强党对强化管理的全面领导，立足新发展阶段，完整、准确、全面贯彻新发展理念，认真落实集团公司建设世界一流企业的部署要求，全面强化企业管理，全面提升公司管理的科学化、规范化、法治化水平，推动公司治理体系和治理能力现代化，为实现基业长青的百年油田提供坚强保障。

二、工作措施

以集团公司2022年领导干部会议关于强化管理的十一个方面的工作要求为基本遵循，结合公司实际和各业务部门管理职能权限，按照任务分工制定强化管理的具体措施方案，并推动落实执行。

三、任务分工

（一）强化以打造基业长青百年油田为愿景目标的战略管理措施方案

1. 加强形势分析研判。增强"看桅杆"的能力，善于运用六大思维，从宏观、中观、微观多个层面，科学分析国际国内形势纷繁复杂现象本质，看清政治、经济、能源的内在联系，发现油价和市场变化背后的规律，把握我国绿色低碳清洁发展政策方向，放眼全局、审时度势，以油田扭亏脱困为首要任务，以建设玉门清洁转型示范基地为发展目标，加强前瞻思考和战略谋划，始终掌握战略上的主动。

责任部门：规划计划处

2. 优化调整布局结构。要以油田核心产业为基础，持续实施组织体系优化提升工程。按照油田"十四五"及中长期规划的"一个愿景、两个转型、三驾马车、四篇文章"发展路径及"油气并举、多能驱动"发展战略，加大油气增储上产力度，加快炼化转型升级与新能源业务融合发展，加速新能源重点项目落地实施，积极开展氢能产业链布局，不断提升主营业务盈利能力。遵循专业化发展要求，按照"管理提升一批、重组整合一批、转让移交一批、关停退出一批"的要求，及时调整企业布局结构和业务结构。

责任部门：规划计划处、企管法规处

3. 抓好战略执行管理。切实增强战略执行力，各单位、各部门制定的发展规划、思路目标、工作部署都要自觉同油田总体战略对标对表，及时校准偏差，根据本单位实际制定发展战略和策略，既要符合油田的战略方向，也要符合本单位实际情况。油田层面要加强规划跟踪，强化规划评估和考核监督，保障公司战略目标的实现。

责任部门：规划计划处

（二）强化以价值创造为核心的财务管理措施方案

4. 构建全面价值管理体系。突出价值目标引领，对标行业先进和世界一流，推动公司高质量发展效益指标持续改善。注重价值创造指标约束和激励政策引导，应用资金、成本、价格、利率等价值管理手段，推动价值改善和提升。研究建立基于效益、ESG、市值，覆盖油气价值链各环节、各层级的多维价值评价体系，全面、准确反映公司各业务单元、主要产品、重点项目的价值贡献。细化价值核算单元，健全内部管理会计报告，为公司各级管理层和业务部门决策提供支持。

责任部门：财务处

5. 强化资金管理。提升资金统筹运作与风险防范能力，切实保障资金安全，满足生产经营资金需求。增强资金价值创效能力，着力提高资金配置效率，持续改善资金运行质量。巩固降杠杆、减负债成果，科学优化债务结构。创新营运资金管理，加强"两金"管控、民企清欠等工作。强化经营活动现金流管理，树立"有现金流的利润才是高质量利润"意识，健全以现金流为核心的动态资金投入和回报机制。坚持量入为出原则，强化付现资本性支出管理。创新融资方式、拓展融资渠道，多措并举筹措低成本资金。

责任部门：财务处、各单位

6. 深化资产资本股权管理。开展资产分类评价和优化，提高高效资产占比，提升长效资产创效能力，统筹加强"两非剥离""两资"处置，持续提升资产整体质量和运营创效能力。加强法人管理，持续推进法人压减，提高股权投资回报水平。

责任部门：财务处

7. 强化预算和成本管理。按照全面预算、零基预算、精益预算的要求，依托ERP等信息化手段，深化预算管理体系建设，实现纵向穿透各层级业务单元，横向贯通产业链价值链全环节，统筹投资、生产经营计划及全部经营活动，精准引导各类经济资源合理配置，确保公司价值目标的实现。树牢"一切成本皆可降"的理念，坚持低成本发展战略举措，大力实施控本降费行到计划，精益全生命周期成本管控，极限压降无效作业成本和非生产性支出。

责任部门：财务处、各单位

8. 深化价税统筹管理。加强内部价格统筹，不断完善内部市场化价格体系，建立内部要素市场，逐步形成开放有序、协同配合、运行顺畅的内部市场化运作格局。积极营造有利于公司发展的税价政策环境，在非常规资源开发、油气储备设施建设、新能源新材料新业务等方面继续争取支持政策，用好用足税收优惠政策，加大研发费加计扣除力度，有效降低综合所得税负。高度重视国际业务的税收筹划工作，依法纳税。

责任部门：财务处

9. 强化会计信息和稽核管理。严格执行会计准则，做到收入利润确认要真实、公允价值计量要准确、会计政策执行要严谨，坚决整治违规开展循环交易、"空转走单"、虚增收入利润、违规计提减值准备等现象，确保会计信息的真实性、权威性和实效性。加强财务稽核管理，强化事中监督，准确识别采购、投资、销售、人工成本、税费等重要环节的关键风险点，建立稽查工作手册，形成闭环管理。建立完善共享服务模式下的财务稽核体系，提高稽核效率和质量。

责任部门：财务处、各单位

（三）强化以效能提升为目的的运营管理措施方案

10．着力加强市场营销管理。强化市场分析研判，精准把握市场走势和规律，结合不同业务、不同产品、不同区域的实际情况，制定差异化、精准化的市场开发策略。把市场占有作为关键指标，大力开拓市场，努力提升高效产品、高端高效市场份额。

责任部门：科技信息与对外合作处、各单位

11．着力增强产业链管理，发挥上下游联动优势。加快推进效益上产步伐，确保年度原油生产任务的全面完成。紧盯原油销售市场化改革，强化原油品质管理，做好原油质量监测。进一步疏通流转区块原油、天然气销售渠道，加大与销售链相关单位协调力度，努力争取地方政府政策支持，拓宽销售渠道。抓好炼化安全平稳运行，确保安稳长满优运行。加速炼化转型升级，突出减油增特，扩大高效产品比例，加强产销协调，确保统销产品后路畅通。

责任部门：规划计划处

12．着力优化生产运行管理。加强市场化运作和一体化统筹，坚持以市场为导向、效益为中心，优化资源配置，产业链各环节既独立作战又协调配合，切实增强工作合力，实现油田公司整体效益提升。深化提升生产经营计划管理，及时优化运行方案，加强运行监测和动态调整，保证生产安全平稳运行。

责任部门：生产与工程管理处

13．着力加强库存经营和管理。加强生产物资"零库存"管理，实施区域和专业集中储备，推进仓储管理扁平化，加快处置积压物资，提高库存周转效率，推动实现"零库存、零占用"。建立完善库存实时监测和预警机制，实行分环节上下限安全管理和灵活低吸高吐，保持库存在合理区间优化运行，充分发挥保障调剂和价值管理功能。

责任部门：财务处、企管法规处

（四）强化以"三基"工作为核心的基层基础管理措施方案

14．加强以党支部建设为核心的基层建设。健全基本组织、健强基本队伍、落实基本制度，推动基层党组织设置运行与功能定位相一致、与改革发展相适应、与管理幅度相协调，提升基层党组织政治功能和组织力凝聚力。积极探索新方法新举措，巩固拓展基层党建"三基本"建设与"三基"工作融合成果。

责任部门：党委组织部（人事处）

15．加强以岗位责任制为中心的基础工作。完善以"两册"（管理手册、操作手册）为载体的岗位责任手册，健全"有岗必有责、上岗必担责"的责任体系，突出现场管理、岗位管理的规范化、标准化，增强干部员工岗位责任心和工作执行力。推进流程优化再造，结合公司组织体系优化调整，以流程架构为基础，梳理优化全产业链的核心业务流程，严格按照流程和权限规范运行，实现流程简捷高效、执行有力。深化"五型"班组、"十百千"示范和管理标杆创建，促进基础工作提升常态化长效化。

责任部门：党委组织部（人事处）、企管法规处、党委宣传部（工会、团委）

16．加强以岗位练兵为主要内容的基本功训练。按照"贴近实际、贴近生产、贴近一线"原则，本着让员工"干什么学什么、缺什么补什么"，以岗位必备和应知应会为重点，以岗位练兵、技能竞赛、仿真训练等为载体，建立健全基本功训练体系，提高练兵培训实效，增强员工队伍技能素质和综合素养，全面提升员工岗位胜任能力、规范操作能力和解决实际问题的能力。

责任部门：党委组织部（人事处）

（五）强化以"互联网+"为核心的数字化智能化转型赋能管理措施方案

17. 实施"信息化"补强工程。完善以ERP为核心的经营管理平台和以MES为核心的生产运行平台，加强数字化、网络化、智能化改造，推动全业务链数据的实时采集和全面贯通，支撑公司生产运营动态预测预警和资源优化配置。进一步提升完善各专业领域生产运行系统，重点开展专业云和生产运营平台建设，支撑作业现场全要素全过程自动感知、实时分析和快速反应决策。完善以网络安全为核心的基础设施平台，落实网络安全主体责任，建立网络安全智能监控平台和应急指挥系统，构建基础网络、数据中心、云平台、数据、应用等一体协同网络安全保障体系，完善数据分类分级保护制度，健全网络应急响应与处置机制，有效防范化解网络安全风险。

责任部门：科技信息与对外合作处

18. 积极推动数字技术为管理赋能。推进公司主营业务与互联网深度结合，构筑线上线下一体化的经营管理模式。推进"工业互联网+安全生产"，建设智能化管控平台，实现安全风险快速感知、实时监测、超前预警、联动处置、系统评估。以新技术、新工具赋能干部员工，推动现场人工值守逐步向人机结合、无人值守转变，依靠经验决策逐步向基于数据和模型的科学决策转变，粗放管理逐步向精细管理、精益管理转变。

责任部门：科技信息与对外合作处、基建设备处

（六）强化以发展为核心的投资管理措施方案

19. 围绕提高投资回报、实现高质量发展，坚持严谨投资、精准投资、效益投资，切实加强项目前期工作，科学把握投资方向，重点保障油气增储上产、炼化转型升级、新能源发展。严格落实集团公司亏损企业"八项禁令"，严控非主业、非生产性资，强化项目后评价管理，加强后评价结果应用。

责任部门：规划计划处

（七）强化以分配为核心的人事劳动薪酬管理措施方案

20. 坚持市场化方向持续深化三项制度改革，正确处理国家、企业、员工三者关系，完善与企业经济效益和劳动生产率强相关挂钩的工资总额决定机制、员工收入正常调整增长机制，强化以劳动力市场价位为标杆的分配导向，构建多要素参与分配的多元化分配机制，有效激发各级干部和广大员工的积极性。

责任部门：党委组织部（人事处）

（八）强化以责任、关怀为核心的HSSE管理措施方案

21. 坚持把员工生命安全和身心健康放在首位，牢记责任重于泰山，突出识别大风险、消除大隐患，杜绝大事故，从严从实抓好安全生产、环境保护、安保稳定、疫情防控和员工健康等工作，高质量建设平安企业、健康企业。

责任部门：质量安全环保处、生产与工程管理处

（九）强化质量为核心的品牌管理措施方案

22. 坚持"诚实守信、精益求精"的质量方针，深入开展质量提升行动，狠抓产品、工程和服务质量，统筹推进计量、标准、认证认可、检验检测等质量基础设施建设；抓好品牌标识规范应用和维护。

责任部门：质量安全环保处、基建设备处、党委宣传部（工会、团委）

（十）强化以创新为核心的科技研发管理措施方案

23. 坚持支撑当前，引领未来，强化科技管理特别是重大专项管理，加快突破制约产业链

供应链安全稳定的关键核心技术，着力打造新能源领域原创技术策源地和现代产业链链长。

责任部门：科技信息与对外合作处

（十一）强化以促进规范运营为核心的监督管理措施方案

24. 完善大监督格局，有效运用纪检监察、巡视巡察、审计、财会、法律、组织人事等各方面监督力量，加强政治监督、经济责任审计，加强对权力运行的监督制约，加强对发现问题的整改落实，促进企业依法合规经营。

责任部门：纪委办公室、审计部、财务处、企管法规处、党委组织部（人事处）

玉门油田分公司深化依法合规治企创建"法治建设示范企业"实施方案

玉油司字〔2022〕180号

为全面深化依法合规治企，以高质量法治工作促进基业长青百年油田建设，根据集团公司《关于开展集团公司法治建设示范企业创建工作的通知》及《中国石油天然气集团有限公司关于深化依法合规治企 加快建设世界一流法治企业的实施意见》具体要求，结合公司实际，制定本实施方案。

一、总体要求

（一）指导思想

坚持以习近平新时代中国特色社会主义思想为指导，认真落实习近平法治思想，深入贯彻党的十九大和十九届历次全会精神，按照中央全面依法治国工作会议部署，立足新发展阶段，贯彻新发展理念，构建新发展格局，紧紧围绕集团公司高质量发展、国企改革三年行动和"十四五"发展规划，聚焦建设世界一流法治企业目标，以"优化八个体系、提升八种能力"为主要任务，不断深化治理完善、经营合规、管理规范、守法诚信的法治企业建设，为公司发展提供强有力的法治保障。

（二）基本原则

——坚持融入中心、服务大局。以建设基业长青百年油田为根本宗旨，以服务国企改革三年行动和"十四五"发展规划为目标，牢固树立全局意识和系统观念，使法治建设全面融入业务发展、改革创新、管理提升、党的建设等重点任务，充分发挥支撑保障作用。

——坚持完善制度、夯基固本。以强化制度建设为基础，坚持尊法学法守法用法，将行之有效的经验做法，及时转化为制度，嵌入业务流程，加强制度执行情况监督检查，强化制度刚性约束。

——坚持突出重点、全面深化。以落实法治建设第一责任人职责、完善总法律顾问制度、健全法律风险防范机制、强化合规管理为重点，坚持问题导向，在做深做细做实上下更大功夫，切实发挥强管理、促经营、防风险、创价值作用。

——坚持勇于创新、拓展升级。以适应市场化、法治化、国际化发展需要为方向，结合实际拓宽法律工作领域，优化法律管理职能，创新工作方式，不断提升信息化、数字化、智能化水平。

二、总体目标

"十四五"及今后一个时期，公司法治理念更加强化、治理机制更加完善、制度体系更加优化、组织机构更加健全、管理方式更加科学、作用发挥更加有效；到2025年，成为集团公司法治建设示范企业；到2035年，建成世界一流法治企业。

三、法治建设示范企业创建工作组织机构及职责

为推动公司法治建设示范企业创建工作平

稳有序开展，公司设立法治建设示范企业创建工作领导小组。

组　　长：刘战君　来进和
副组长：苗国政　胡灵芝　梁　宁
　　　　王盛鹏　唐海忠
成　　员：王小华　吴著峰　焦多军
　　　　熊中辉　闫正云　吴国罡
　　　　王　睿　孙　峻　王　宏
　　　　朱侠萍　赵遂亭　赵文义
　　　　张雅玮　肖生科

围绕落实集团公司法治建设工作决策部署，研究制定公司法治建设示范企业创建实施方案，统筹指导法治建设示范企业工作实施。

领导小组办公室设在企管法规处，具体负责起草法治建设示范企业创建工作实施方案并组织实施。公司各单位分别成立法治建设示范企业创建工作领导小组，具体负责本单位法治建设示范企业创建实施工作。

四、全面建立法治工作体系

（一）坚持党委对法治建设的全面领导

1. 认真执行"第一议题"制度，深入学习贯彻习近平总书记关于法治建设重要指示批示精神。将推进法治建设纳入议事日程、年度重点工作安排，及时研究解决重大问题，确保把方向、管大局、促落实的领导作用在法治建设中充分体现。落实中心组专题学法制度，每年集中学法不少于2次。

责任部门：党委办公室（综合办公室）、党委宣传部（工会 团委）

2. 强化选人用人法治导向，将法治素养和依法履职情况作为考察使用干部的重要条件。把宣贯依法合规治企要求、明确法治建设责任，作为提任中层以上干部任前谈话必备内容。完善述职必述法制度，将履行法治建设职责情况作为各级领导班子成员年度述职、任期述职重要内容。

责任部门：党委组织部（人事处）

（二）狠抓领导人员法治建设职责落实

3. 严格落实《玉门油田分公司领导人员履行推进法治建设职责实施细则》及相关要求，完善主要负责人履行法治建设第一责任人职责工作机制，党委书记（执行董事）、总经理各司其职，对重点问题亲自研究、部署协调、推动解决。

责任部门：党委办公室（综合办公室）、企管法规处

4. 各级领导班子成员根据分工，在所负责领域落实依法合规治企要求，坚持运用法治思维和法治方式深化改革、推动发展。

责任部门：各部门、各单位

5. 将各级领导班子推动法治建设情况，作为巡视巡察、审计重点内容，加大监督力度。

责任部门：审计部、纪委办公室（巡察办公室）

6. 严格落实法治建设年度检查、企业"依法合规经营"绩效考核等制度，进一步突出重点、注重实效，强化价值导向和政策激励。

责任部门：企管法规处

（三）大力增强领导干部法治意识和能力

7. 持续优化各级领导班子知识结构，通过选聘法律专业背景人员、加强法律培训等方式，提升各治理主体依法决策、规范履职能力水平。各级领导干部要带头学习贯彻习近平法治思想，坚持全面系统学、及时跟进学、深入思考学、联系实际学，更加自觉用习近平法治思想指导解决实际问题，不断提高运用法治思维和法治方式深化改革、推动发展、化解矛盾、维护稳定、应对风险能力。

责任部门：党委组织部（人事处）、党委宣传部（工会、团委）

8. 将学习掌握必备法律知识作为领导干部能力培养重要内容，进一步完善干部学法制度，根据岗位需要强化与工作密切相关的法律法规学习，在尊法学法守法用法上当表率。公司组织编印领导干部法治知识"应知应会"手册，各部门、各单位要加强学习宣贯。

责任部门：党委组织部（人事处）、企管法规处、各部门、各单位

（四）强化依法决策和履职保障

9.严格执行《玉门油田分公司重大涉法事项法律论证管理实施细则》，重大涉法事项履行党委研究讨论重大事项前置程序时，将合法合规审查和重大风险评估作为必经环节，使依法合规成为决策的基本前提。

责任部门：企管法规处、党委办公室（综合办公室）

10.落实总法律顾问列席党委会参与研究讨论或审议涉及法律合规相关议题，参加总经理办公会等重要决策会议制度，将合法合规性审查和重大风险评估作为重大决策事项必经前置程序。涉及法律合规相关议题，非经法律合规论证不得提交讨论。

责任部门：党委办公室（综合办公室）、企管法规处

（五）完善对子企业及多元投资主体企业依法管理

11.依法对子企业规范行使股东权益，认真研究制定子企业章程，严格按照公司治理结构，通过股东（大）会决议、派出董事监事、推荐高级管理人员等方式行权履职，切实防范公司人格混同等风险。

责任部门：财务处、党委组织部（人事处）

12.多元投资主体企业严格依据法律法规、国有资产监管规定和公司章程，明确股东权利义务、股东会定位与职权，规范议事决策方式和程序，完善运作制度机制，强化决议执行和监督，切实维护股东合法权益。

责任部门：财务处

（六）优化制度体系架构

13.围绕推进公司治理体系和治理能力现代化，推动"三个层次五个类别"的制度更加成熟定型，实现制度体系的系统完备、科学规范、执行有力。进一步明晰各层级各类别制度制定权限与责任，公司层面突出各类制度的基础设计、发挥制度导向和管控作用，各部门加强专业管理制度的统一和规范、发挥专业化管理作用。

责任部门：企管法规处、各部门、各单位

14.公司重在对上位制度配套细化和补充，形成实施性规定和制定生产作业类制度。各层级各类别制度覆盖公司生产经营管理各方面各环节，实现制度上下贯通和相互衔接，更好地形成体系化、规范化、法治化的制度体系。

责任部门：各部门、各单位

（七）健全制度体系内容

15.健全制度形成机制，加强制度设计和论证，落实征求意见、管理对标、专家论证、争议协调等机制，广泛吸纳业务专家、岗位人员、外部力量共同参与制度设计，让制度内容吸收优秀管理成果、更加符合管理规律，以制度创新推动管理提升。

责任部门：各部门、各单位

16.严格执行制度系统审查和集体审议机制，坚持基本制度和重要制度会议集体审议，涉及职工切身利益的制度履行相应的民主程序，使制度体现整体意志、全局利益。强化法律部门归口管理制度的职责，推进制度的统一发布，严格规范制度出口，保障制度制定的严肃性。

责任部门：企管法规处、各部门、各单位

（八）强化制度执行与改进

17.坚持立制和实施一体推进，建立制度执行与业务运行、岗位责任制、业绩考评、监督工作相结合的机制，严格按照制度履行职责、开展工作，通过监督检查、考核奖惩、问责追责倒逼制度执行，把制度刚性真正确立起来。

责任部门：各部门、各单位

18.严格执行《玉门油田分公司规章制度管理实施细则》，加强制度宣贯培训，在业务培训、入职培训中安排制度内容，强化领导干部和业务部门的制度培训宣贯责任。推进制度流程化，把制度要求固化进业务流程，保障制度执行。

责任部门：各部门、各单位

19. 把制度制定和执行情况作为各项监督工作的主要内容，使检查标准与制度要求保持统一，促进制度的执行落地。对违反、变通、规避制度的行为，及时查处、严格追究，不断强化制度权威。

责任部门：企管法规处、各部门、各单位

20. 对制度实施进行定期评价，制定立改废释的工作计划，与综合管理体系融合运行，推进制度的持续评估与改进，实现制度全生命周期闭环管理。

责任部门：企管法规处、各部门、各单位

五、全面树牢依法合规理念

（一）加强合规制度与体系建设

21. 持续优化合规制度，形成以《玉门油田分公司合规管理实施细则》为总纲的管理规范体系，以《诚信合规手册》为基础的行为规范体系，覆盖重点业务领域和事项的合规操作指引体系。

责任部门：企管法规处、各部门、各单位

22. 进一步明确合规管理职责，健全公司党委书记负总责、总法律顾问牵头、企管法规处归口统筹、相关部门协同联动的合规管理组织体系。加强各单位、各部门专兼职合规管理人员配备。积极贯彻合规管理体系国家标准，积极开展合规管理体系认证。

责任部门：党委组织部（人事处）、企管法规处

（二）加强合规风险管控

23. 在各领域各层面常态化开展风险隐患排查治理，针对共性风险通过提示函、案件通报、法律建议书等形式及时开展预警，有效防范化解。将重大合规风险作为防控重点，突出安全环保、市场竞争、财税金融、劳动用工、信息数据保护等重点领域和事项，严格管控措施，守住不发生重大违规事件的底线。

责任部门：企管法规处、各部门、各单位

24. 建立健全覆盖业务全链条，从合规义务识别、风险评估、预防控制到违规事件报告和应对的全过程风险防控机制。进一步推进合规与业务深度融合，使合规要求进流程、到岗位，确保合规风险得到有效管控。加强对商业伙伴合规监管，强化合规尽职调查，宣贯传递公司合规方针政策，避免商业伙伴违规带来的风险。

责任部门：企管法规处、各部门、各单位

（三）突出海外业务合规管理

25. 牢固树立依法合规开展国际化经营理念，坚持对标国际公司，高标准严要求推进海外业务合规管理。深入研究、掌握运用所在国法律，加强国际规则学习研究，密切关注乍得、土库曼斯坦等高风险国家和地区法律法规与政策变化，提前做好预案，切实防范风险。

责任部门：科技信息与对外合作处、乍得有限责任公司

26. 完善海外重大项目和重要业务法律人员全程参与制度，形成事前审核把关、事中跟踪控制、事后监督评估的管理闭环。认真执行国际投资、贸易、工程建设和技术服务业务合规指引，特别注重经济制裁、贸易管制、廉洁等合规风险防控。

责任部门：科技信息与对外合作处、乍得有限责任公司

（四）加强合规责任落实和监督检查

27. 进一步落实"管业务管合规"原则，建立业务部门合规职责清单，确保合规风险防控责任有效落实。推进合规评价工作，将员工合规表现作为考核和选先评优前提条件和重要内容。落实重大法律合规风险事件报告制度，各单位发生重大法律合规风险事件，及时向公司报告。公司发生重大法律合规风险，及时向集团公司报告。严格依法合规经营考核，进一步优化考核指标办法，严考核硬兑现。

责任部门：企管法规处、各部门、各单位

28. 充分发挥审计、纪检监察、巡视巡察、财务稽查等监督作用，完善"大监督"体系，形成依法合规监督合力。建立合规专项检查机制，重点对反垄断、经济制裁和贸易管制等违

规事件进行调查处理。进一步完善违规举报制度和平台，对违规行为及时处理，严格责任追究，加大处罚力度。

责任部门：审计部、纪委办公室（巡察办公室）、财务处

（五）加强合规文化培育

29. 持续开展全员合规培训，以员工合规意识和能力提升为目标，创新培训形式，加强督促落实，确保培训参与率、测试合格率达到100%。加强各领域关键岗位合规专项培训，保障其清晰掌握合规要求，提高合规技能。

责任部门：企管法规处、各部门

30. 利用公司内网、《石油工人报》、石油摇篮新媒体等各种媒介广泛开展法治合规宣传活动，大力宣贯"合规为先"理念，引导广大员工做到不合规的事不做、不合规的效益不要，使合规要求内化于心、外化于行，进一步营造诚信合规良好氛围。在2024年底前，全面形成"法律至上、合规为先、诚实守信、依法维权"的法治合规文化。

责任部门：企管法规处、党委宣传部（工会 团委）

六、全面发挥法治保障作用

（一）完善法律专业保障制度机制

31. 健全法律环境分析应对制度，深入研究法律环境变化，从健全制度、强化管理等方面及时做出调整。健全法律审核制度，确保规章制度、经济合同、重要决策法律审核率100%，着力提升审核质量。

责任部门：企管法规处

32. 健全重大项目法律全过程参与制度，强化法律部门深度参与各类重大项目法律尽职调查、方案筹划、商务谈判、法律文件拟定、执行跟踪等各环节的措施保障。

责任部门：企管法规处

（二）强化重点事项法律支持保障

33. 着力加强对深化改革、投资并购等重大项目法律论证，坚持依法依规操作，严控法律合规风险。着力加强市场竞争涉法问题应对处理，准确掌握并熟练运用市场规则，提高市场营销、公平竞争能力水平。着力加强知识产权管理，完善专利、商标、商号、商业秘密等保护制度，坚决打击侵权行为，切实维护企业资产安全和合法权益。着力加强资源权属、安全环保、劳动关系等涉法问题应对，采取切实可行措施预防并化解争议，维护企业权益。

责任部门：各部门、各单位

（三）不断提升法律专业保障工作质量

34. 强化增值理念，紧盯国企改革三年行动和"十四五"发展规划重点工作，拓展法律参与深度与广度，做细做实法律业务工作。强化能力提升，通过总结规律、制订指引、专家会商、经验共享等方式，增强法律保障的专业性、精准性、实效性。强化协同联动，建立完善信息充分共享、重大事项及时报告等机制措施，增强业务部门与法律部门、企业和总部管理合力，共同提升法律专业保障能力水平。

责任部门：企管法规处

（四）全面提升合同管理精细化水平

35. 持续优化合同管理制度规范，健全完善机制流程，确保合同全过程运行规范受控、责任落实，切实做到差异化管控和闭环管理。全面提升合同管理信息化、数字化水平，努力实现交易合同全部上线，更好地发挥合同管理信息化对公司经营管理的支持服务作用。

责任部门：企管法规处

（五）持续提高合同签约质量和履约能力

36. 完善合同全过程审查机制，确保公司律师部法律人员全过程参与重大项目合同谈判和签约履约各环节，有效发挥对重大法律问题和法律合规风险的专业把关作用。

责任部门：企管法规处

37. 修订《合同管理业务操作手册》，不断完善合同文本法律审查标准，强化合同示范文本实施应用，推动文本质量和覆盖范围实现新的提升，有效发挥合同示范文本在规范交易和

防控风险中的重要作用。

责任部门：企管法规处

38. 进一步提升合同履行质量，细化并落实合同交底、履行确认、履约异常报告和变更解约等运行机制，强化各业务领域合同履行的监督检查，不断提升依约履行的能力和效果。

责任部门：企管法规处、各部门、各单位

（六）着力强化合同突出问题源头治理

39. 坚持问题导向，持续做好合同管理和运行中突出问题的梳理排查，主动从理念意识、制度流程、监督管控等方面分析成因，查找隐患漏洞，有针对性地在制度机制、工作流程、责任追究等方面综合施策、及时防范、切实整改，真正做到抓早抓小、防患未然、举一反三。

责任部门：企管法规处、各部门

40. 针对违规风险大、纠纷概率高的事后合同、虚假合同等问题，采取切实有效的治本措施，强化源头治理、系统治理和责任追究，加大考核力度，确保问题从根源上得到消除。

责任部门：企管法规处、各部门

（七）全面提升案件规范化管理水平

41. 修订《玉门油田分公司案件纠纷管理办法》，进一步优化和落实案件管理制度机制。严格落实案件申报制度，规范申报各类案件发案、处理、结案等信息以及重大案件和年度案件分析报告。落实"一案一分析"制度，有效实现"以案促管、以管创效"的管理目标。充分利用集团公司案件管理系统，并以 iCourt-α 法律智能操作系统为补充，进一步提升案件管理信息化、数据化水平。

责任部门：企管法规处

（八）持续强化未结案件处理

42. 按照"减存量、控增量"的总体要求，不断加强争议纠纷的事前防范和协调处理，通过源头防范和案前协商等方式，努力消除争议隐患、化解纠纷矛盾，最大限度避免争议纠纷转化为诉讼案件，力争实现新发案件控制在合理范围。

责任部门：企管法规处、党委办公室（综合办公室）

43. 积极处理各类未结案件，全面落实案件处理主体责任，完善法律部门和相关业务部门案件处理协同机制，努力推动案件妥善处理，最大限度维护企业权益。

责任部门：企管法规处、各单位

（九）不断加大依法主动维权力度

44. 高度重视和积极应对各类案件处理，不得因擅自放弃、消极应对、怠于行使权利导致纠纷案件和企业利益受损。严格纠纷处理过程管控，不得未经法律论证擅自对外做出承诺、出具书证或其他具有法律效力的书面文件。

责任部门：各单位、各部门

45. 充分运用法律手段主动解决争议纠纷、债务追偿、权利保护等事项，确保我方诉求依法得到保护。主动加强与当地政府部门和司法机关沟通协调，及时反映企业诉求并有效行使企业知情权、申辩权、申诉权和监督权，切实维护企业生产经营秩序和合法权益。

责任部门：各单位、企管法规处

七、全面提升法治专业队伍整体素质

（一）持续完善总法律顾问制度

46. 强化总法律顾问制度建设，2022年底前将总法律顾问制度全面写入相关制度规范，明确总法律顾问直接向企业主要负责人负责。坚持总法律顾问专业化方向，通过内部培养，2023年前总法律顾问达到集团公司要求的具有法律教育背景或法律职业资格条件。持续完善总法律顾问履职机制保障和配套措施，为其全面、充分、高效履职提供必要条件。

责任部门：党委组织部（人事处）

（二）进一步加强法律工作机构建设和队伍建设

47. 做好公司律师部建设，在全面保障公司重大涉法事项法律论证、对外合同法律审查、诉讼和非诉讼纠纷案件处理及公司律师日常管理的基础工作之上，积极开展新能源知识产权保护管理、普法宣传教育、维稳法律支持等法律业务。

责任部门：企管法规处

48. 在市场化程度较高、法律服务需求大的工程技术服务单位，试点配置法律顾问，并设置以法律为主的工作机构。健全完善法律管理职能，形成兼具法律专业支持与法律管理，全面覆盖重点涉法事项，事前预防、事中控制、事后救济全过程发挥作用的职能体系，有效降低对外合作中的法律风险。

责任部门：党委组织部（人事处）

49. 坚持按需定岗定编，探索通过多种渠道引入法律专业人员，确保满足发展需要。按照"革命化、专业化、职业化、正规化"要求，多渠道多层次培养法律专业人员，全方位加强法律人员培训，提升队伍整体素质能力。将法律人才培养纳入油田公司"人才强企工程"总体部署并作出具体安排。每年组织国家法律职业资格考试考前培训班，力争在2025年公司具有法律职业资格的人数达到专职法律人员占员工总数3‰的要求。

责任部门：党委组织部（人事处）、企管法规处

八、积极参与地方法治建设工作

（一）积极参与地方政府立法活动

50. 充分发挥油田在地方经济建设与社会稳定的重要地位，积极参与地方政府立法，推动老君庙油矿历史文化保护纳入地方政府立法计划，促进石油摇篮文化保护的法治化保障。

责任部门：企管法规处、党委宣传部（工会、团委）

（二）提供社会层面普法及法律援助服务

51. 有效发挥公司律师部的社会责任，积极响应酒泉市司法局及律师协会号召，积极参与社区普法活动，创建法治宣传阵地，派驻公司律师轮值参与政务大厅法律援助窗口工作，为公司职工及职工家属提供法律援助服务。

责任部门：企管法规处

玉门油田分公司标准化管理实施细则

玉油司字〔2022〕216号

第一章 总 则

第一条 为加强玉门油田分公司（以下简称公司）标准化工作，提高标准化管理水平，推进技术进步，提升产品、工程、服务质量，促进公司生产经营工作的发展，依据国家标准化法律法规、《中国石油天然气集团有限公司标准化管理办法》《中国石油天然气集团有限公司企业标准制定管理办法》《中国石油天然气集团有限公司优秀标准奖评选办法》及《全国石油天然气标准化技术委员会暨石油工业标准化技术委员会经费使用管理规定》，结合公司实际，制定本细则。

第二条 本细则适用于公司所属各单位、各部门及直属机构（以下简称各单位、各部门）的标准化管理。

第三条 本细则所称标准化是为了在既定范围内获得最佳秩序，促进共同效益，对现实问题或潜在问题确立共同使用和重复使用的条款以及编制、发布和应用文件的活动。

本细则所称标准是通过标准化活动，按照规定的程序经协商一致制定，为各种活动或结果提供规则、指南或特性，供共同使用和重复使用的文件。标准按其规范事项的性质分为技术标准、管理标准、工作标准三类。

本细则所称企业标准是指中国石油天然气

集团有限公司制定发布的标准（以下简称"集团公司企业标准"）和授权玉门油田分公司制定发布的中国石油天然气股份有限公司标准（以下简称"油田公司企业标准"）。

第四条 公司通过建全标准化工作体系，建立统一、先进的企业标准体系，制定企业标准，实施各级标准，对标准的实施进行监督检查和效果评价，为高质量发展奠定坚实基础。

第五条 公司标准化工作实行统一领导、分级管理、分工负责的管理体制。

第六条 公司标准化工作遵循以下原则：

（一）标准先行、共性为主。在扩大经营规模、拓展业务领域时，首先要确立科学有效的标准体系；在建设、生产、经营、管理中使用统一标准，促进产品、工程和服务质量的一致性；

（二）源头入手、面向市场。突出设计和采购源头的标准化管理，从产业链角度系统推进标准化作业与标准化产出；以市场为主导，扩大标准化范围，通过自有技术提升和标准水平提高来开拓市场；

（三）执行有力、注重实效。把标准的内容要求落实到岗位，对标准执行进行监督考核；以需求为导向制定标准，形成标准与制度、流程、管理体系及其他规范性文件相互协调的最佳秩序。

第七条 各单位、各部门应严格依据标准组织生产经营，及时提出和制修订生产经营所需标准。

第八条 各单位、各部门制修订的标准应与制度、流程等文件相互配套、相互支撑，以推进管理体系整合，提升公司管理水平。

第九条 各单位、各部门要把标准化工作纳入发展规划和计划中，在标准化的规划部署、人才发展、经费预算、科技研究、国际合作和信息化建设等方面给予政策和资源保障。

公司对在标准化工作中做出突出成绩的单位和个人予以表彰奖励。

第二章 机构与职责

第十条 公司标准化技术委员会（以下简称标委会）是公司标准化工作的决策机构，主要负责：

（一）研究确定公司标准化政策和发展战略；

（二）审议批准公司标准化发展规划和工作计划；

（三）批准设立公司专业标准化技术组织；

（四）协调解决公司标准化工作的资源投入；

（五）审议批准公司企业标准体系；

（六）负责公司企业标准制修订的审查工作，对标准的质量和内容负责；

（七）审议批准公司企业标准的发布和制修订立项计划；

（八）审议批准公司企业标准的复审结论和次年复审计划；

（九）协助开展重点标准宣贯、实施、监督和评价工作；

（十）协调处理公司标准化工作中的其他重大事宜。

第十一条 公司科技信息与对外合作处是公司标准化工作归口管理部门，并作为公司标准化技术委员会办公室（以下简称"标委办"），主要履行以下职责：

（一）负责组织贯彻落实国家标准化法律法规和集团公司标准化管理要求；

（二）负责组织编制和实施公司标准化工作的发展规划和工作制度；

（三）负责组织建立健全公司企业标准体系；

（四）组织完成集团公司下达的国际标准、国家标准、行业标准、地方标准、团体标准及集团公司企业标准的制修订和复审任务；

（五）负责组织公司企业标准制修订和复审，负责公司企业标准项目立项协调、计划编制、审核报批；

（六）负责完成企业标准的备案登记和优秀标准的申报工作；

（七）组织标准宣贯、实施监督和检查评价工作，负责编制重点标准宣贯实施计划并总结实施情况；

（八）组织标准化业务培训，开展标准化研究、信息化和培训交流，组织对各单位、各部门的标准化业绩考核；

（九）指导公司所属各单位的标准化工作；

（十）承担上级业务部门委托的其他标准化工作任务。

第十二条　各单位应成立标准化技术委员会，作为标准化工作的技术组织，给予标准化工作技术支持。

第十三条　各单位、各部门要加强标准化工作的组织领导，建立、建全标准化工作归口管理部门，设置标准化工作专职或兼职管理岗位。

第十四条　各单位、各部门标准化工作归口管理部门，管理本单位的标准化工作，主要履行以下职责：

（一）负责建立和维护本单位专业领域标准体系；

（二）按需负责组建本单位专业标准化技术组织；

（三）负责本单位标准前期研究及各级标准制修订和复审工作；

（四）负责面向外部市场产品和服务标准的信息公开申明；

（五）负责本单位标准宣贯、实施、监督和效果评价工作，做好重点标准的宣贯学习工作，将标准实施纳入生产经营计划，监督标准的现场使用情况，建立和推广标准化示范典型；

（六）负责本单位的标准查新及配备工作；

（七）组织本单位积极采用国际标准和国外先进标准，提高与保证产品、施工、工作、服务质量；

（八）负责本单位的标准化宣传教育、培训与信息交流工作；

（九）完成上级业务部门交办的其他标准化工作任务。

第三章　企业标准体系建设

第十五条　根据国家标准及集团公司有关要求建立公司标准体系。企业标准体系应紧密结合生产经营实际，并兼顾中长期业务发展需要，具有扩展性。

第十六条　公司企业标准体系由公司科技信息与对外合作处组织有关部门和标委会建立，公司行文发布实施。

第十七条　公司企业标准体系内的标准是在公司范围内统一实施的标准，包括现行有效和待制定的国际标准、国家标准、行业标准、地方标准、团体标准、集团公司企业标准和油田公司企业标准。

第十八条　企业标准体系建设应运用系统工程理论和综合标准化方法，覆盖生产经营全过程。各专业、各门类、各层次间的标准相互配套，与国家标准、行业标准相互衔接，形成统一、先进、国际同行认可的标准体系。

第十九条　现行有效的强制性国家标准，应在相应范围纳入企业标准体系。

第二十条　属于下列情形之一的现行有效的推荐性标准，也应在相应范围纳入企业标准体系：

（一）国家和地方政府要求实施的推荐性标准；

（二）集团公司和所属企业规章制度引用的推荐性标准；

（三）集团公司总部部门、专业公司、公司确定实施的推荐性标准。

第二十一条　属于下列情形之一的，应在企业标准体系内提出制定企业标准：

（一）没有国家标准、行业标准或严于国家

标准、行业标准的相关要求；

（二）对国家标准、行业标准进行选择和补充的相关要求；

（三）需要统一企业品牌形象的相关要求；

（四）提高产品质量和市场竞争力的产品内控指标。

第二十二条 各单位、各部门应积极承担公司企业标准的制修订工作，积极参与国际标准、国家标准、行业标准、地方标准和集团公司企业标准的制修订工作。

第二十三条 企业标准体系应根据每年各级标准的制定、修订和废止情况，以及生产经营业务的发展变化，及时纳入或剔除相应标准，实现动态维护更新。

第四章 企业标准制修订

第二十四条 在公司范围内需要统一协调技术、管理和工作要求时，可提出制定油田公司企业标准。

已有现行有效且能满足使用需要的上级（集团公司、行业、国家）标准，原则上直接采用，不再提出制定油田公司企业标准。

第二十五条 制定的企业标准应符合以下要求：

（一）遵循国家和行业有关法律法规，有利于保障人身健康和生命财产安全、国家安全、生态环境安全；

（二）与重点工程、科研项目相结合，优先将科研和管理成果转化为标准，促进自主创新；

（三）充分论证标准的必要性和可行性，在科研成果和生产实践的基础上，深入调查分析、实验、论证，保证标准技术上先进、经济上合理；

（四）积极采用国际标准，适应国际合作和国际接轨的需要；

（五）与国家标准、行业标准和其他的企业标准相协调，符合生产经营实际并具有可操作性，有利于提高集团公司发展质量和效益；

（六）涉及商业秘密时应遵守公司相关保密管理要求。

第二十六条 制修订企业标准应按照立项、起草、征求意见、审查、表决、批准发布等程序进行。特殊情况可以省略征求意见阶段。

（一）立项

油田公司企业标准立项由各单位、各部门组织提出并填写《玉门油田分公司企业标准制修订项目立项报告》和《玉门油田分公司企业标准立项申报表》，同时编写《企业标准（草案）》，于每年10月31日以前报标委办审议协调，并组织编制下一年企业标准制修订项目计划，经标委会批准后下达。

（二）起草

企业标准制修订项目计划下达后，各单位、各部门应针对本单位企业标准制修订工作进行必要协调和安排并成立标准起草工作组，组织、指导承担单位开展标准前期研制工作。标准起草工作组应在前期研究、充分调研、实验验证和标准草案初审等工作基础上，编制形成公司《企业标准（征求意见稿）》和《玉门油田分公司企业标准编制说明》。

（三）征求意见

各单位、各部门应将《企业标准（征求意见稿）》及相应的《玉门油田分公司企业标准编制说明》统一发送到与标准有关的管理、生产、使用、研究、质量检验等单位广泛征求意见，并组织承担部门整理形成《玉门油田分公司企业标准征求意见稿意见汇总处理表》，对所有未采纳的意见应逐条说明理由，根据需要征求意见可以是一轮或者多轮。

被征求意见的委员、专家或相关单位应在规定的期限内书面向起草单位反馈意见。

起草工作组应对所征求的意见进行分析处理，对标准文稿进行修改完善，对未采纳的意见说明理由，并形成《企业标准（送审稿）》及相应的《玉门油田分公司企业标准编制说明》

与《玉门油田分公司企业标准征求意见稿意见汇总处理表》同时上报标委办。

（四）审查

标委办将《企业标准（送审稿）》及相应的《玉门油田分公司企业标准编制说明》《玉门油田分公司企业标准征求意见稿意见汇总处理表》，以及引用标准、相关标准、参考文献及其他必备资料统一发送给标委会委员，由标委会委员审查并填写《玉门油田分公司标准化技术委员会企业标准审查意见》。

起草工作组应对标准化技术委员会审查意见进行分析处理，对标准文稿进行修改完善，对未采纳的意见说明理由，并形成《企业标准（报批稿）》及相应的《玉门油田分公司企业标准编制说明》与《玉门油田分公司标准化技术委员会委员审查意见汇总处理表》同时上报标委办。

（五）表决

标委办应于当年11月中下旬组织召开标准审查会议，组织标准化技术委员会审查和全体委员表决。

参会委员人数不少于委员总人数的3/4，参会人员的2/3以上同意为通过，由委员填写《玉门油田分公司企业标准制修订项目审查表决表》，会后交于标委办整理。

（六）批准发布

公司《企业标准（报批稿）》通过表决后，填写《玉门油田分公司企业标准制修订项目审查结论表》，经公司标委办复核，形成玉门油田分公司标准化技术委员会会议纪要并行文发布，《企业标准（报批稿）》由标委办进行统一编号，由公司科技信息与对外合作处办理手续，公司标准化工作主管领导批准后行文发布。

第二十七条 企业标准的编写，在无特殊要求时，应执行 GB/T 1.1-2020《标准化工作导则 第1部分：标准化文件的结构和起草规则》等国家标准要求。油田公司企业标准由标委办统一编号，编号方法如下：

Q/SY YM 0000-YYYY

其中：

Q/SY YM——玉门油田分公司企业标准识别代号

0000——标准顺序号

YYYY——发布年代号

第二十八条 油田公司企业标准应从发布之日三个月内出版纸质版标准，同时报送到集团公司标准化管理信息平台进行备案。备案内容包括：备案申请文件、标准发布文件、标准正式文本。

第二十九条 各单位、各部门应按照"谁使用、谁声明"的原则进行标准的自我声明公开。原则上，公司生产的所有产品、对外提供的服务均需在企业标准信息公共服务平台声明公开所执行的标准，明示产品和服务的质量、安全等信息，同时填写《玉门油田分公司产品和服务标准公开声明信息审查表》。但有下列情形之一的除外：

（一）企业不对外部市场公开销售的产品（如内部互供产品等）、不对社会公开提供的服务，其标准可不进行自我声明公开（国家有明确要求的除外）；

（二）对涉及国家秘密以及集团公司企业技术秘密的产品（如军用物品等），按照国家有关法律法规和集团公司管理规定执行；

（三）受委托代加工的产品，由委托方进行标准的自我声明公开；

（四）技术转让产品的生产企业，由受让方（产品生产方）进行标准的自我声明公开。

第三十条 油田公司企业标准发布后，标委办委托印刷厂排版印刷，根据各单位需求印刷纸质版标准并发放。

第三十一条 对于没有纳入年度计划，而又急需制定且已有成熟标准草案的标准，并符合下列条件之一的项目，可采用快速程序：

（一）由于国家标准或行业标准更新，需要制修订的油田公司企业标准项目；

(二)为适应快速占领市场的需要,独家生产、生产周期短且市场急需的产品需要制定的产品标准;

(三)其他急需制修订的油田公司企业标准项目。

第三十二条 快速程序不包括征求意见阶段,标准草案可直接作为标准送审稿进入审查阶段,经标委会表决通过后,即办理报批手续。采用快速程序的标准项目,完成时间不应超过6个月。

第三十三条 对于标准项目延期、撤销或变更主要内容,起草单位应填写《玉门油田分公司标准项目计划调整申请表》,经标委会同意后,报标委办办理相关手续。

第五章 标准实施和监督

第三十四条 已纳入企业标准体系和符合条件拟纳入企业标准体系的标准,应在公司相应范围内严格执行,任何单位和个人不得擅自降低标准要求。

第三十五条 各单位、各部门应及时获取相关标准发布信息,并根据实际需要及时配备现行有效的正版标准,主要包括:

(一)已纳入企业标准体系的各级标准;

(二)符合条件拟纳入企业标准体系的标准。

公司标委办应及时更新企业标准体系内标准修订信息和同级业务部门新选用标准信息。

能够登录使用集团公司标准数据库及查询系统的单位视作实现标准配备。

除需要自我声明公开的产品和服务标准外,未经标准批准发布机构许可,任何单位和个人不得擅自对外提供企业标准。

第三十六条 各单位、各部门应有计划有针对性地组织所配备标准的宣贯实施工作。

公司重点标准宣贯实施计划由公司标委会审定下达,计划内容包括集团公司重点标准宣贯实施计划及公司重点企业标准宣贯实施计划,各单位、各部门标准化主管部门负责具体进行宣贯实施工作,公司标委办跟踪检查宣贯实施情况,并向公司标委会报告宣贯实施结果。

第三十七条 公司执行各级标准的总体要求是:

(一)及时建设、更新、改造标准实施所需的配套生产设施、工艺装备,培训标准实施所需的生产操作人员;

(二)将所使用的相关标准纳入或转化为管理体系文件,提高标准实施的实效性;

(三)各种产品出厂时应在其说明书、标签、包装物的显著位置清晰标注所执行的标准,作为对产品质量的明示保证;

(四)不符合标准的产品不得生产、销售和采购、使用,不符合标准的研发、设计、建造、生产、作业等方案不得实施。

第三十八条 公司标准化主管部门和相关业务部门应依据Q/SY 00003-2021《标准实施监督检查和评价规范》及有关标准化法律法规,组织对应执行标准的落实情况进行监督检查。

标准实施监督检查可采取专项检查,或者结合检验、验收、抽查、监造、监理等工作实施。

组织标准实施监督检查的单位应发布监督检查结果,对不符合标准实施要求的应督促整改。

第三十九条 公司标准化主管部门和相关职能部门应当建立标准实施反馈和评估机制,对标准实施效果进行分析评价,使标准实施成效显性化和量化,促进标准实施。

第四十条 标准使用单位和个人对实施标准中存在的问题应及时向公司标准化主管部门、相关标准化技术组织、标准编制单位反映。

公司标准化主管部门和相关业务部门应收集掌握各类标准在使用中存在的问题,并向标准归口技术组织反馈相关情况。

单位和个人均有权向公司标准化主管部门举报违反标准化法律法规以及标准的行为,受理部门应当及时答复或做出相应处理。

第四十一条　公司运用标准化原理和方法，加强企业标准化基础工作，大力推进标准化设计、模块化建设、数字化运行；积极开展提升员工标准化素质、创建基层标准化班组、打造基层标准化站场、实施现场标准化操作等活动，全面提高基层标准化运行水平。

第六章　标准复审

第四十二条　企业标准发布实施后应定期复审，复审周期一般不超过三年。当相关法律法规、国家标准、行业标准发布实施或技术、管理创新后，应及时复审相应的企业标准。

第四十三条　公司标委办组织编制年度企业标准复审项目计划，原起草单位按公司下达的年度复审项目计划组织复审工作。标准原起草单位对标准的规范性引用文件进行查新，在标准使用情况调研分析基础上，提出复审初步意见，填写《玉门油田分公司标准复审结论表》，报送标委办。经公司标委办审核汇总后，将复审结果报标委会审定，由公司行文批准、发布。

第四十四条　企业标准复审结论为继续有效、修订、废止，标准的规范性引用文件发生变化时，其复审结论只能为修订或废止。复审结论为继续有效的油田公司企业标准，标准编号和年代号不变；复审结论为修订的标准应纳入下年度标准制修订计划，或以标准修改单形式尽快发布修订结果，修订后的标准，原则上标准顺序号不变，仅改变发布年代号，对于非规范性引用文件修改，修改内容较少（少于3条）且不涉及重要技术指标的标准，填写《玉门油田分公司企业标准修改单》，经标委办复核后报标委会表决批准并文发布；对确无必要存在的油田公司企业标准应予以废止，废止标准时复审单位填写《玉门油田分公司企业标准废止登记表》，经标委办审核，报公司标委会审定同意后方可废止，废止的企业标准编号不再使用。

第七章　标准国际化

第四十五条　公司应积极跟踪研究国际标准化动态，鼓励对标国际标准，加强自主创新，努力争取主导或参与制定国际标准，积极参与集团公司国际化战略的实施。

第四十六条　公司应及时研究和采用国际标准，推进标准国际趋同。采用国际标准应按照国家和集团公司相关规定进行，并结合公司实际对技术指标进行试验和验证。

第四十七条　公司应根据国际化业务需要，及时向相关国际标准组织提出国际标准制修订提案，及时向相关主管部门提出外文版国家标准、行业标准制修订需求。

第四十八条　公司应根据海外业务需要制定双语版企业标准。

外文版企业标准可与中文版企业标准同步制定，履行中文版企业标准的制定程序；也可在中文版企业标准发布后翻译制定，参照履行中文版企业标准的制定程序。

外文版企业标准由中文版企业标准发布单位发布，并明确外文版企业标准与中文版企业标准发生标准内容歧义时以中文版企业标准为准。

第四十九条　海外业务应在遵守当地法律法规的基础上，在油气合作、技术服务、装备出口等业务活动中，积极采用国家标准、行业标准和集团公司企业标准，促进中国标准走出去。

第八章　标准化技术组织与人员

第五十条　公司鼓励各单位、各部门积极承担国际、国家、行业、团体和集团公司等各级标准化技术组织秘书处工作，秘书处承担单位的资源配置应满足相关归口单位要求。

第五十一条　公司承担的国际、国家、行

业和团体标准化技术组织应认真履行相关归口单位赋予的工作职责，及时完成相关领域标准化工作任务，每年年底前向公司科技信息与对外合作处报告工作。

第五十二条 公司标准化主管部门应协调各单位标准化技术组织协同运作，共同提高公司标准化能力。

第五十三条 公司组织并鼓励员工积极参加各类标准化学习、培训和交流，提升员工标准化基本素质。

各级标准化主管部门应根据实际需要编制标准化培训计划，并纳入同级人事部门有关员工培训安排。各单位、各部门应积极组织员工参加相关标准化培训。

第五十四条 各级标准化岗位人员应熟练掌握标准化知识和技能。

第五十五条 标准起草人应具有较高的业务素质，参加国家、行业或企业组织的标准起草人培训，了解标准化基本知识，掌握标准编制规则。

第五十六条 代表公司参加国际、国家、行业、团体标准和集团公司标准化技术组织的人员，应经标委会批准。

上述人员应了解和掌握所参加的标准化技术组织业务发展动态，积极反映所代表单位的标准化诉求。对公司业务发展有重大影响的事件应及时以书面形式向公司标委办报告。

第五十七条 各级标准化主管部门应掌握承担各级标准制修订任务的单位和个人所参与的标准制修订工作情况。

承担各级标准制修订任务的单位和个人，应接受公司标准化主管部门的组织管理。

第九章 标准化研究、信息化和经费

第五十八条 公司应通过标准化研究推进技术进步和管理提升。

标准化研究主要包括标准化政策研究、标准化发展战略研究、标准化工作机制研究、标准化方法研究、标准体系研究、国际标准研究、重点配套标准研究和标准的试验验证等。

第五十九条 标准化研究项目应纳入公司科研项目管理。制定重大技术标准应参照科研项目管理程序进行充分的前期技术研究和试验验证。

第六十条 各单位、各部门要充分利用集团公司的标准化管理信息平台，进行国内外相关标准查阅、企业标准制修订管理、企业标准备案管理、标准使用情况反馈、标准实施监督和评价、标准化经验信息交流等信息化管理功能。

第六十一条 标准化经费应纳入公司预算管理、专款专用，专项核算，按相关财务规定列支和使用。

标准化经费用于标准化研究、标准化管理、标准制修订、标准出版发行、标准配备、标准实施与监督、标准化活动等方面。

第六十二条 公司对制定国家标准、行业标准和企业标准的起草人进行一次性奖励，主持、参与制定国家标准的起草人每项分别奖励5万元、2万元；主持、参与制定行业标准的起草人每项分别奖励4万元、1.5万元；主持、参与制定集团公司企业标准的起草人每项分别奖励2万元、1万元；标准修订内容较多、提供相关证明后可按照不超过相关制定标准奖励额度的50%进行奖励。

第十章 考核与奖惩

第六十三条 标准化工作成果列入公司业绩考核体系。公司应制定考核指标，实施标准化工作年度考核，并将考核结果计入综合业绩分值。

第六十四条 公司对被评选为集团公司优秀标准奖的标准项目和标准化研究成果的单位和个人进行表彰奖励。奖励等级按上级有关规定执行。

第六十五条 申报集团公司优秀标准奖应符合下列条件之一：

（一）实施 2 年以上（含 2 年）的油田公司企业标准，在公司生产和经营中发挥重要作用，并取得显著社会和经济效益；

（二）实施 2 年以上（含 2 年）的，公司或各单位、各部门作为第一起草单位研制的国家标准、行业标准、团体标准、集团公司企业标准、标准样品及重要标准研究项目，在集团公司或全行业发挥重要作用，并取得显著社会和经济效益；

（三）由公司主导研制，国际标准组织（国际标准化组织 /ISO、国际电工委员会 /IEC、国际电信联盟 /ITU）和国外先进标准组织（美国石油学会 /API、国际油气生产者协会 /OGP、美国材料和试验协会 /ASTM、美国防腐工程师协会 /NACE、美国机械工程师协会 /ASME、欧洲标准化协会 /CEN、美国消防协会 /NFPA 及由 ISO 确认并公布的其他标准组织）发布 1 年以上（含 1 年）的国内、国外标准项目。

第六十六条 公司应将单位和个人取得的标准化成效作为业绩考核、评优选先、职称评审、专家选聘和岗位聘任的优先条件。

第六十七条 违反本细则规定，有下列情形之一的，给予批评教育，情节严重的，按照公司有关规定追究相关人员责任。

（一）未执行强制性国家标准或未执行已要求采用的推荐性国家标准、行业标准、地方标准的；

（二）企业标准违反国家法律法规要求的；

（三）未建立企业标准体系的；

（四）标准制定不符合程序要求的；

（五）标准实施监督不到位的；

（六）未自我声明公开企业执行标准的；

（七）其他违反本细则行为的。

第十一章 附 则

第六十八条 本细则由公司科技信息与对外合作处负责解释。

第六十九条 本细则自印发之日起施行，《玉门油田分公司公司标准化管理实施细则》《标准实施监督管理规定》《企业标准制修订管理规定》《标准化成果管理规定》（玉油司字〔2018〕137 号）同时废止。

玉门油田分公司内部控制与风险管理运行评价实施细则

玉油司字〔2022〕223 号

第一条 为了做好玉门油田分公司（以下简称公司）内控与风险管理运行评价工作，强化内控和风险管理责任和约束激励机制，加强对各项工作的过程控制与监督，保障内控体系长期有效运行，根据《中国石油天然气股份有限公司内部控制与风险管理运行评价管理办法》《玉门油田分公司内部控制管理办法（试行）》和《玉门油田分公司风险管理实施细则（试行）》的相关规定，结合公司内控与风险管理业务实际，特制定本细则。

第二条 本细则适用范围包括公司部门、直属机构、所属单位和全资子公司。

第三条 内部控制与风险管理运行评价是按照公司统一的程序、方法和标准，对各部门（单位）内部控制与风险管理工作的开展情况、管理质量和管理效果进行的综合评价。

第四条 企管法规处是公司内控与风险管理运行评价工作的归口管理部门，负责组织开展公司内部控制与风险管理评价工作，主要履行以下职责：

（一）确定评价范围与内容、开展评价测试、进行缺陷评估、发布评价结果；

（二）组织开展公司内部控制测试，配合股份公司和外部审计师实施的内部控制测试；

（三）组织开展例外事项原因分析和整改；

（四）对公司内部控制和风险管理整体情况进行全面评价，编制公司年度内部控制有效性评价报告和风险管理报告上报集团公司；

（五）内部控制和风险管理运行评价其他相关工作。

第五条 内部控制与风险管理运行评价主要内容包括内部控制与风险管理体系建设及维护、日常工作、体系监督与评价等。

第六条 内部控制与风险管理体系建设与维护包括：

（一）内部控制与风险管理部门履行职责情况，内部控制与风险管理制度、标准及规范的制定情况；

（二）内部控制与风险管理培训和宣贯情况；

（三）内部控制与风险管理体系建设及年度维护情况。

第七条 内部控制与风险管理体系日常工作包括：

（一）业务流程管理情况；

（二）风险事件报告及分析情况；

（三）重大经营风险事件管理情况；

（四）投资项目风险评估与程序性审核情况；

（五）年度重大风险评估及风险管理报告编制与上报情况；

（六）内部控制与风险管理其他工作落实情况。

第八条 内部控制与风险管理体系监督与评价包括：

（一）例外事项发现情况；

（二）例外事项整改情况；

（三）缺陷评估及结果；

（四）自查自改工作的开展情况；

（五）违规追责迹象和屡查屡犯情况；

（六）其他情况。

第九条 内部控制与风险管理运行评价采取定量评价和定性评价相结合的方法。定量评价是对内部控制与风险管理运行情况按照《玉门油田分公司内部控制与风险管理运行评价标准》进行综合评分；定性评价是根据综合评分结果做出定性的评价结论。定性评价结果分为优秀、良好、合格和不合格四个等级，具体为：

（一）综合评分在90分（含）以上为优秀；

（二）综合评分在80分（含）至90分之间为良好；

（三）综合评分在70分（含）至80分之间为合格；

（四）综合评分在70分以下为不合格。

第十条 出现以下情形之一的，可直接评价为不合格：

（一）未明确内部控制与风险管理专（兼）职岗位和职责；

（二）未按照公司自我测试安排组织开展本部门（单位）内部控制自查自改；

（三）未全面落实例外事项整改或进行虚假整改；

（四）根据当年财务年度结束时无法整改的例外事项或年度其他部门或单位发现的风险事件进行缺陷评估，出现实质性漏洞；

（五）符合《中国石油天然气集团有限公司违规经营投资责任追究工作暂行规定》中规定的追责情形，且对企业造成较大或重大资产损失；

（六）出现其他影响内部控制有效性与风险管理的重大事项的。

第十一条 内部控制与风险管理运行评价以日常工作检查和内部控制测试等方式进行评价。日常工作检查主要通过对各部门（单位）内部控制与风险管理日常工作完成情况进行收集整理、调查分析开展的监督评价。内部控制测试是按照既定程序、方法和标准，对内部控制体系运行情况进行检查。内部控制测试包括外部审计、管理层测试和自我测试。

第十二条　外部审计是股份公司根据上市地的监管要求，委托具有相应资质的审计机构对内部控制体系设计和运行的有效性实施的检查过程。

第十三条　管理层测试是由股份公司授权股份公司改革与企业管理部组织，针对地区公司内部控制设计和运行的有效性具体实施的检查过程，重点关注高风险领域、例外事项频发领域、重要业务环节等，提升公司管理水平。

第十四条　自我测试是由公司授权企管法规处组织，针对公司内部控制设计和运行的有效性实施的检查过程。

第十五条　公司每年对各部门（单位）进行内部控制与风险管理运行情况进行评价，经公司内控与风险管理委员会审核后将评价结果纳入各单位、各部门年度业绩考核。

第十六条　本细则由公司企管法规处负责解释。

第十七条　本细则自印发之日起施行。《玉门油田分公司内控与风险管理业绩考核实施细则（试行）》（玉油司字〔2018〕120号）同时废止。

报刊文摘

玉门油田"十四五"高质量开局
激扬"四气"走好赶考路　石油摇篮书写新篇章

（记者周蕊　通讯员马宁）"十四五"开局之年，玉门油田从单一的"油"发展模式，一跃走上了"油气并举、多能驱动"的发展之路。

作为中国石油工业的摇篮，玉门油田从党的百年历史中汲取建设基业长青百年油田的奋进力量，领导干部用如磐初心凝聚奋斗伟力，接续谱写新的历史篇章。按照建设基业长青百年油田"三步走"的时间表，油田在稳油添气、炼化升级、新能源发展、深化改革等方面取得战略性突破，石油摇篮的新时代赶考路越走越宽广。

提质增效振锐气

唯改革者进，唯改革者强。2021年，玉门油田提质增效之路走得艰难而又笃定。这一年，新老体制的撞击、市场磨砺的"破茧成蝶"、业务结构的转变、管理方式的变革，让油田发展的脚步轻快而稳健起来。

"今年取得这样的成绩，何其不易。"油田干部员工都感慨一年的奋斗艰辛。

2021年，玉门油田围绕同比减亏30%的亏损治理目标，坚持效益导向，83项重点改革任务完成97%，48项提质增效重点任务提前完成年度目标。交出一份合格的答卷。

事前算赢。油田以"账面利润提升、现金流改善"为基本要求，梳理生产经营各环节，找准助力增效的资源、资产、技术、管理等显性和潜在优势，坚持效益优先，科学分解指标，细化创效单元，将收入和重点成本、单位变动成本降低率、利润等指标进行层层分解。

事中干赢。从油田到二级单位建立完善总量控制、分级核定与专项管理相结合的管控体系，逐级落实控制责任，把经营活动全部纳入预算管理范围，挖掘管理潜力，堵塞管理漏洞，有效严控非生产性支出，每月各单位都上报提质增效措施到公司财务部门，将提质增效目标落到生产经营关键环节、关键指标和账面效果上。

全面加强投资成本管控。油田规划计划、财务部门强化项目前期管理，完善项目储备库运行机制，按照效益优先原则，对投资项目进行效益排队，优选效益好、易实施的项目纳入投资计划，效益不达标的项目坚决不投；坚持评价建产一体化，全面优化产能建设结构和方案部署，产能投资较方案设计降低5%。

油田坚持问题导向，聚焦主营业务归核化、组织机构扁平化、辅助业务专业化、运行机制市场化、生产管理数字化，精准推进"油公司"模式改革、三项制度改革和扭亏脱困等专项改革，大力破除制约油田发展的体制机制障碍，实现了操作成本硬下降。

2021年各单位通过坚持"市场导向、客户至上、市场加服务"的方针，以高质量服务和特色技术优势持续实施"走出去"战略，拓展了国内市场，共实施外部市场项目82个，在井下工程技术服务、特色机械产品销售、工程技术服务等方面实现了增收创效，全年外部市场收入超过4亿元。

油气并举增硬气

"能源的饭碗必须端在自己手里。"油气是保障国民经济发展的重要能源。因此，不论到了哪个阶段，油气勘探开发都是油田的竞争之本、发展之基、效益之源。保障国家能源安全是油田义不容辞的责任。

玉门油田执行董事、党委书记刘战君说，目前油田还是在"生存型发展"的道路上，必须以创新推动高效勘探，以低成本推动效益开发，才能让油田乘风破浪。

在玉门老区，油田科研人员紧密围绕"控制递减率""提高采收率"两条主线，按照效益优先原则，进一步优化措施结构与规模，加强基础地质研究与关键技术攻关，全年实施挖潜措施160井次，总增产量2.3万吨，有效率87%，单井措施成本下降30%，实现低成本开发和高质量发展。

就在年底，老区的窟窿山窿119井获高产油流，压裂后自喷日产原油73立方米。这对于开发82年的老区来说极为难得，打开了老区效益勘探的局面，为油田稳产提供了资源基础。

在环庆新区，科研人员深化勘探开发一体化管理，整合地质、工艺、地面、生产等专业，在管理、技术、实施三个层面整体联动，打破传统的流水线作业模式，在探井获得突破之后，利用三维地震资料，预测有利面积，按照开发井网一次性全覆盖部署，优先实施开发骨架井，进一步落实含油面积，确立效益动用的技术路线，整体实施产建井，促进储量升级动用，提高勘探开发效益。环庆新区从接手时的56口井、产量4吨快速发展到目前的开井530口以上、油气当量接近30万吨生产水平，实现了快速增长。

今年6月30日，在完成宁庆流转区块现场交接后，经过精心检查、准备和协调，7月8日6口天然气井开始生产并外销，结束了开发82年来玉门油田没有天然气生产井的历史，玉门油田正式进入"油气并举"的时代。

12月初，宁庆区块李庄9井传出喜讯，试气无阻流量达到日产30万立方米，成为该区块试气产量最高的一口气井，与李庄8井、李庄10井一起实现了宁庆区块天然气井试气"三连胜"。

"实现天然气规模突破，一直是科研人员不断努力的目标。"油田勘探开发研究院科研人员告诉记者，"我们正在细化地震相分析、叠前反演砂体预测、天然气富集规律等研究，优化井位部署，深化勘探开发潜力认识，探索效益开发方式，为实现2023年天然气规模建产打好基础……"

玉门油田现已打造出环庆与宁庆"两翼齐飞"新局面，顺利开启"油气并举"发展新格局。新老油区的共同发力，为玉门油田实现高质量发展，建设基业长青百年油田增添新的动能。

减油增特添底气

"牛气！油田民用液压油销售创新高。""战报！提前两个月完成股份公司炼化板块利润指标。""厉害哦！闲置资源生财410万元。"玉门炼化总厂在接近年底时，以亮眼的成绩单，实现了"十四五"开门红。

玉门油田总经理来进和说："炼化总厂的转型升级，对油田扭亏为盈、增加产值至关重要，对地方社会经济发展至关重要。"

今年，油田根据集团公司"减油品增特色、压低端增高端"的总体要求，为炼化总厂确定了承续传统、军品立厂的建设思路。炼化总厂发挥航空液压油的品牌优势，走"高、精、尖"质量制胜之路，打造国内一流的"高端低凝特种油品"生产基地。

炼化总厂积极践行"分子炼油"理念，以炼油技术精细化为突破口，挖掘每套装置的创效潜力，按照"宜油则油、宜芳则芳、宜烯则烯"的原则，让每滴原油创造更大价值，力争做到"全处理、无浪费、吃干榨净"，有效利用石油资源。受催化丙烯助剂加入和聚合转化率下降的影响，聚丙烯装置加工量低于气分丙烯产出量，丙烯资源呈现富余，将其作为液态烃销售，效益损失严重。同样，丙烷资源一直以来作为液态烃产品销售，但市场上丙烷价格要高于液态烃价格，造成了效益流失。该厂将多余的丙烯资源进行重新设计调整，实现丙烯资源的单储单销。通过工艺流程改造，实现了丙烷的单储单销。今年以来，丙烷、丙烯产品已出厂销售6950吨，实现销售收入2683万元。

炼化总厂突出"特色+效益"发展路径，守牢军用油品"阵地"，精耕高端低凝特种油品市场，民用液压油实现销售收入1.16亿元；强化产销衔接，积极争取柴油入藏计划，汽柴油配置计划完成率均超过100%；持续深挖"拳头产品"航空液压油市场潜力，大力推动5号航空液压油销售，有力填补超低温液压油原料国内市场空白；认真分析石油焦市场定位，优化销售模式，销售收入突破亿元大关，创石油焦销售以来的最好水平；聚丙烯、氨水等化工产品实现销售超过3亿元，"炼化一体"优势得以显现。

炼化总厂从精细管理向精益管理迈进，向优秀同行看齐，指标不断改善。2021年共有9项指标创近10年来最好水平，6项指标对标排名创近10年来最好水平。其中综合产品收率、高效产品收率、轻油收率排名均进入板块头部，综合产品收率、柴汽比分别实现同比增长2.19个百分点与降低0.22个单位的跨越式增长，提高综合产品收率与压降柴汽比攻关取得良好成效。

来之不易的成绩，是过往奋力的见证，更是征战未来的底气，炼化总厂迈着坚实的步伐，在嘹亮的"炼化战歌"中击鼓催征，再出发。

多能驱动显豪气

2021年12月27日，中国石油首个集中式并网发电示范项目——玉门油田200兆瓦光伏并网发电示范项目正式并网发电，一座巨大的光伏发电基地正全新展现在人们面前。

在保障国家能源安全的前提下，加快新能源发展，实现"双碳"目标，是国内油气企业在新时代肩负的重要使命。

"双碳"目标下，玉门油田建设清洁转型示范基地意义重大，从集团公司到甘肃省都对油田新能源业务发展寄予厚望。

2021年，玉门油田被集团公司列为"十四五"新能源业务"六大基地"之一。

玉门油田聚焦清洁替代和能源结构转型两大领域，大体按照从现在到2030年打造"多能互补一体化"清洁能源基地；从2030年到2050年打造"源网荷储一体化"清洁能源基地两个阶段实施，旨在打造中国石油西部新能源示范基地。

"千里之行、始于足下"。2020年11月，玉门油田第一座太阳能综合利用试点示范项目——老君庙采油厂太阳能综合利用试点示范项目建成投运，该项目年发电总量155万千瓦时，约减少碳排放1545吨，节约标准煤626.2吨。项目的运行成为玉门油田向新能源业务发展迈出的第一步，为油田后期光伏项目建设积累了宝贵的经验。

2021年10月4日，中国石油首个集中式并网发电示范项目——玉门油田200兆瓦光伏并网发电示范项目在大漠戈壁开工建设，这是中国石油第一个获得保障性并网指标、批复立项装机容量最大的光伏发电项目，也是甘肃省最大的单体并网发电项目。油田组织精兵强将按照规定时间倒排工期，制订节点计划、43天完成前期工作、60天完成主体工程建设，以"玉门效率"创造了集团公司新能源项目建设的新纪录。12月27日，项目如期投运，年发电约4亿千瓦时，节约标准煤约11万吨，减排二氧化硫约97吨、二氧化碳28万吨。

从中国石油工业摇篮到集团公司清洁转型示范基地，玉门油田真正打开"油气并举、多能驱动"新格局，树立起老油田清洁转型示范的标杆。如今的玉门油田华丽转身，在清洁能源产业高地的道路上迈出坚实步伐，开启油田新能源产业发展的新篇章。

回望来路，唯其艰难方显勇毅。玉门油田作为新中国第一个现代石油工业基地，正在建设基业长青百年之路上不停奔跑，从谋思路、打基础、寻突破起笔，面向未来，机遇无限，但也需要滚石上山、爬坡过坎、攻坚克难的魄力，我们有理由相信，玉门油田必将创造新辉煌。

（2022年1月14日《中国石油报》第七版）

多能驱动 稳油添气 炼化转型 发展新能源
玉门油田连续6年原油产量箭头朝上

（记者周蕊）"2021年，我们加强老区优化调整和新区高效建产，原油比上年增产10万吨，为近3年最大增幅，连续6年产量箭头向上；天然气勘探获得重要发现，产气509万立方米，结束了玉门油田82年没有生产天然气的历史。"1月18日，玉门油田党委书记刘战君介绍说。

2021年，玉门油田多能驱动，在稳油添气、炼化转型、新能源发展等方面取得战略性突破。

油气增储势头强劲。玉门油田优化勘探部署，加强三维地震等综合地质研究。环庆新区转变思路，多口预探井均获工业油流，新增预测储量创油田近20年最高水平。宁庆区块打响天然气勘探第一枪，部署的9口预探井均见厚气层。特别是李庄9井试获高产气流，标志着油田天然气勘探开发取得重大突破。

油气产量再上台阶。环庆新区高速效益建产，2021年，原油日产从515吨提升到755吨，油气生产能力由16万吨提高到近30万吨；玉门老区持续滚动扩边，攻关低成本措施，二次、三次采油新工艺联合驱替。2021年在高效建产29.5万吨的同时，原油超产2万吨。

炼化销售贡献突出。玉门炼化总厂紧跟市场形势变化，优化生产运行和产品结构，在汽柴油额外量增加和化工原材料价格走高的情况下，2021年加工原油200万吨，实现经营利润2.91亿元。石油焦产品推价到位，高密度合成烃装置产出合格产品，炼化新拳头产品闪亮登场。2021年，玉门炼化总厂累计实现销售收入3.3亿元以上、增效1亿元。

新能源发展开启元年。2021年，集团公司将油田确立为"玉门清洁转型示范基地"，列入中国石油"十四五"新能源新材料业务六大基地之一。玉门油田加快推进，2021年12月27日，中国石油首个投资最多、规模最大的集中式光伏并网发电示范项目——玉门油田200兆瓦光伏发电项目并网投运，截至目前，已发电540万千瓦时。

（2022年1月19日《中国石油报》第二版头条）

让奥运精神在炼塔闪耀

（记者周蕊）"朝着太阳进发，身上的光芒就越来越亮。"

"能当选北京冬奥会火炬手是我一辈子的荣誉。我也在努力传递奥运精神，让我周围的同事朋友感觉到奥运其实就在身边！"1月28日，全国劳动模范、玉门油田炼化总厂联合运行一部焦化装置长文盛说。

2021年，文盛承担车间的安全环保工作。在正常工作之外，他给自己定了一条新规定：每星期对装置进行一次自查自改。整整一年，文盛从未间断。"在这个过程中，我可以发现装置的隐患和装置岗位建设情况，及时整改和处理。"文盛说。对排查出的问题，文盛按专业和责任落到人，做到了限时整改，保证了装置标准化建设达标。

文盛说："我理解的奥运精神就是拼搏向上，把自己的能力发挥到极致，去带动别人、感染别人。"他不仅一个人干，还牵头成立了原焦化车间第一支"劳模专家攻关队"，组织团队收集装置存在的问题，逐一分析车间生产经营各个环节可能存在的创效点。他利用业余时间，查阅大量专业书籍，研究类似装置，提出技术改造和优化运行方案，反复进行实验模拟，探索论证每一个设想的可行性。越来越多的专业书籍被他搬回了家里，一张张手绘流程、一个个优化方案垒成厚厚几沓手稿，摆满了书架。

在他带领下，"劳模专家攻关队"组建焦炭塔区伴热流程优化技术攻关小组，成功将原设计直排至储焦池的冷凝水，汇入焦炭塔除焦控制室采暖系统，实现末端气密闭回收利用，每小时回收蒸汽3吨，年创效200万元；落实焦化装置低负荷提升效益的目标及措施，实现装置少产低附加值黑色产品石油焦近万吨；实施装置VOC治理及蒸汽雾化污油改造项目，通过回炼污水油，实现年增效500多万元。

（2022年2月7日《中国石油报》第二版）

优化操作　深挖潜力
玉门炼化总厂全年生产经营"开好局"

（记者周蕊　通讯员崔正伟）2月8日，从玉门油田炼化总厂传来喜讯，1月，这个厂实现利润3237万元，比预算进度多盈利1154万元，实现首月"开门红"。

开局关系全局，起步决定后势。进入新的一年，这个厂把抓好炼化生产经营平稳安全起步作为新年重点，保安全环保、抓优化平稳、提质增效再升级、降本控费再"加码"，为全年生产经营开好局、起好步。

优化操作，实现低负荷平稳运行。由于一季度加工低负荷、全年加工计划不均衡，装置安全生产风险加大。这个厂制定并严格落实低负荷生产运行方案，全面排查低负荷运行造成的工艺及设备隐患，进一步优化工艺参数，严格运行监控,加强设备监测,设备保障能力不断提升,实现低负荷下装置安全平稳运行。1月份加工原油16万吨,销售各类产品14.62万吨。

深挖潜力,提质增效强劲势头不减。炼化总厂在巩固2021年提质增效措施和成果的基础上,紧盯全年利润业绩目标不放松,持续树牢优化增盈系统性思维,强化市场研判与效益测算,充分指导生产与产品结构优化,推动可比综合商品收率、完全单位加工费、炼油能耗等指标的提升。开展"完全成本压降"行动,扭转"毛巾已经拧干""潜力已经挖尽"等思想,从减少加工损失、管控能耗等方面入手,继续推进提质增效措施周统计、月激励制度,将提质增效指标与基层单位考核挂钩,激发全员创新增效热情,深度挖掘提质增效潜力。环保动力部酸性水装置结合冬季生产实际,在烧氨炉和制硫炉上水管线根部加装阀门,停用了锅炉的煮锅蒸汽,解决防冻长流水的同时,每小时节约除盐水1吨,节约0.4兆帕蒸汽2吨,当月共节约费用14.34万元。

(2022年2月10日《中国石油报》第二版)

玉门油田技术专家 一线"问诊"解难题

(记者周蕊)"专家的分析非常到位,听了他们的建议,此前我在工作中遇到的一些疑问突然就有了答案。他们讲到的很多知识点,都能运用到今后的生产实际中,对我们的帮助很大。"2月15日,玉门油田勘探开发研究院副院长魏浩元说道。

玉门油田以集中式、互动式、订单式的"问诊"形式,解决油田生产经营、勘探开发、工程技术等各领域的技术难题。从2月8日到14日,油田领导班子带领5位首席专家和几十名各领域的技术骨干奔赴生产现场,从技术革新、钻完井工程、储层改造、注采管理、井下作业、储输管理等方面梳理问题和交流研讨,共同寻找破解发展难题的"金钥匙",寻求规模增储、效益建产的新路径。

油田资源评价与储量首席专家马国福说:"只有思路的创新、技术的创新,才能突破技术发展的瓶颈;只有拥有玉门石油特色的技术和产品,才能在发展中掌握主动权,最终实现低成本发展。"

针对宁庆区块气藏特征和致密气藏开发特点,油田采油工程首席专家彭翔建议做好宁庆区块天然气开发的顶层设计,将油藏研究、地面工程、采气工艺、钻井工程结合起来,制定完善的开发方案,真正形成具有玉门特色的"工厂化"作业模式。

面对油田新区油气勘探开发面临的突出问题,工程技术研究院科研人员康凯就如何完善天然气井屏安全及井筒完整性全过程管控体系,如何应对低成本与高质量要求的考验,提高天然气固井质量、满足油井长生命周期生产和更加严格的环保要求等难题提供了有益的思路和建议。

油田副总经理苗国政说:"小点子催生大智慧,在应对挑战时,我们需要调动每一个人的积极性,解放思想,另辟蹊径,集众人之智,为企业提质增效添动力。"

几天的现场"问诊",形成了很多重要成果和想法,各单位积极将成果转化为具体举措,落实到生产实践中,为油田打好扭亏脱困攻坚战汇聚强大力量。

(2022年2月18日《中国石油报》第二版)

玉门油田贯通创新链条　核心技术增"锐气"

（记者周蕊）截至2月24日，玉门油田通过打通新系统专利申报流程，一年来提名甘肃省科技进步奖2项、专利授权15件，发明专利占比大幅提高，专利数量和质量显著提升。

玉门油田强化科研项目制管理，推行"揭榜挂帅"和"赛马制"，通过科技项目全程布局，进一步贯通了创新链条，重点领域关键技术屡屡突破，强力支撑油田主业发展。

油田细化完善"十四五"重点领域技术发展主攻方向、关键瓶颈、实现路径和目标规划，出台了《玉门油田科技体制机制改革方案》。制修订科技投入、项目管理、科技奖励、成果转化、专家管理5项制度，激发了创新潜能活力。建立了专家委员会在内的四级决策架构，提升了科技创新决策的科学化、专业化水平。积极拓宽科技投入渠道，精细科技统计，四级科技项目实行全成本预核算，建立了科技—项目—财务—人事四方协同工作机制。

同时，油田实施科研流程优化再造，强化了项目全过程、全生命周期管理和攻关组织协调。推行聚焦科技资源实施重点领域技术攻关，36项关键技术攻关应用取得显著成效，推动公司实现了"增油添气"战略目标，加快"减油增特"转型升级步伐，提升"清洁转型"战略储备能力。动态制定"含蜡尾料"企业标准，为炼化总厂含蜡尾料的生产销售排除了技术标准障碍。

针对成果转化不畅的症结，油田大力疏通堵点卡点，科技成果转化创效痛点治理上初见成效，新技术新产品应用推广数量翻番，实现销售收入987万元，降本增效767万元。油田加大重点领域合作研究力度，加快提升自主研发和集成创新能力，加大与地方政府交流，开启了地企全方位、深层次科技交流合作的新局面。

油气生产物联网应用效果显著。环庆新区单井数字化覆盖率70%，完成玉门老区5座计量站的无人值守改造。勘探开发梦想云平台应用水平不断提高。环庆、宁庆区块油气勘探开发等科研项目上线运行，实现了研究成果分类归档和实时共享，推进了一体化协同研究和管理。

（2022年2月28日《中国石油报》第二版）

集团公司纳米化学重点实验室在玉门揭牌

（记者周蕊　通讯员刘华）3月3日，集团公司纳米化学重点实验室"玉门油田裂缝性低/特低渗透油藏纳米技术应用研究室"揭牌仪式在玉门油田举行。

玉门油田进入开发后期，增储上产难度大。为解决老油田剩余油采出和低渗透油田水驱开发的技术难题，玉门油田与中国石油勘探开发研究院合作，依托玉门油田工程技术研究院和勘探开发研究院纳米化学重点实验室，成立"玉门油田裂缝性低/特低渗透油藏纳米技术应用研究室"，助力油田探索高质量发展新路径。

目前，勘探开发研究院纳米化学重点实验室的纳米驱油技术研发实现了理论认识、产品研发、现场应用三大创新，形成低渗透油田水驱开发新理论，整体研究达到国际领先水平。玉门油田则有丰富的开发经验，可为纳米驱油技术的应用提供多种方案。

"玉门油田裂缝性低/特低渗透油藏纳米技术应用研究室"的设立，对提高玉门油田整体科技创新能力、培养科技人才队伍、推动油田整体扭亏脱困具有重要意义。

（2022年3月10日《中国石油报》第三版）

春风送暖入人心
玉门油田青年志愿服务活动侧记

（记者 周蕊 通讯员 陈雯、朱俊霖）"李奶奶，上周末您说想吃饺子，今天我们特意带了面粉，一块儿给您包饺子！"3月6日，在玉门油田玉泉苑82岁的空巢老人李奶奶家里，宝石花物业青年志愿者们熟练地帮忙做家务，给老人讲笑话，逗得老人哈哈大笑。这是玉门油田"宝石花"青年志愿服务队走进社区、家庭和生产一线提供服务的一个镜头。

今年3月5日是第59个全国"学雷锋纪念日"，也是第23个"中国青年志愿者服务日"。玉门油田公司团委以"学雷锋树新风，学铁人立新功"为主题，启动了"学雷锋志愿服务月"活动，青年志愿者以实际行动践行着"奉献、友爱、互助、进步"的志愿精神。

来自油田作业公司的志愿者们身着"红马甲"，站在车流、人流量较大的油田基地路口和学校重点路段，针对行人闯红灯、不走斑马线、随意翻越护栏等不文明行为进行劝导。发放交通安全宣传资料，引导市民讲文明、遵交规。据油田作业公司团委负责人介绍，通过交通文明劝导，希望能增强市民安全意识和文明素养。

拜雪是生产服务保障中心团委学雷锋青年突击队的一名员工。在志愿服务活动中，她发现有不少居民佩戴口罩不规范，便指导他们正确佩戴，增强防护意识。她和队员们还向居民们发放疫情防控宣传单，普及防疫健康知识，引导他们做好个人日常防护。谈起参加志愿服务的感受，拜雪说："老年群体的防疫意识较淡薄，且购买防疫物资途径有限，希望尽我们微薄之力缓解老人们的燃眉之急。"

在集中服务日志愿活动现场，整齐的桌椅排成一列，测量血压、法律咨询、防诈宣传、维修电器、医疗保健、防火救急、美甲、磨刀等诸多志愿服务项目精彩纷呈。玉门油田公司团委青年志愿者服务贯穿全年，结合油田生产经营实际，开展青工主题教育实践活动、青年突击行动、"摇篮"青年阳光助残志愿服务活动、"摇篮"文化走进校园志愿服务活动等。

据玉门油田团委负责人介绍："'摇篮'青年阳光助残志愿服务活动中，我们将组织广大团员青年志愿者前往酒泉特殊教育学校，开展'石油青年献爱心'志愿服务活动。"油田团委将以交流慰问、游戏互动、才艺表演等形式为在校学生服务，并计划赠予学校120套带有玉门石油青年元素的校服，履行企业社会责任，让特殊学生群体感受到石油人的关心关爱。

（2022年3月11日《中国石油报》第三版）

孕育建设百年油田新希望
——从数字变化看玉门油田油气发展纪实

（记者 周蕊 通讯员 刘华）"环庆油田从5年前日产4.8吨到目前的620吨，油井开井数由15口增加至467口，这是我们在环庆区块勘探开发中取得的最直观成果。"3月25日，玉门油田勘探开发研究院环江室主任杨军谈起在环庆区块研究中取得的成绩时如是说。

杨军是目前环庆区块发现的面积最大整装油田——虎洞油藏的发现者之一，是勘探研究院的技术中坚力量。自环庆区块流转后，他见证了近年来玉门油田在勘探开发中取得的突破和超越。

从6798平方千米到1.0258万平方千米

环庆区块矿权成功流转，缓解了油田发展

的资源困境，为油田整体扭亏脱困创造了条件，同时也承载着玉门石油人重上百万吨、建设百年油田的新希望。玉门油田党委领导班子把流转区块作为推动油田战略发展的新引擎，举全油田之力，支持环庆新区勘探开发。

经过两次矿权流转，截至2021年底，玉门油田的矿权面积从6798平方千米增加到1.0258万平方千米。新的流转区块孕育着新的希望，也为油田科研人员提供了更广阔的舞台。

"新的平台搭建好了，集团公司、油田上下，多少双期待的眼睛都等着批阅我们的答卷。"杨军回想起当时全体研究人员承担的压力，记忆犹新，"大家都铆足了劲，一定要干出一番成绩来。"

从40万吨到59万吨

时光不负努力，汗水换来收获。研究人员将老区的精细研究方法运用到环庆区块，在侏罗系甘陕古河河间丘和演武高地的勘探中取得了突破，超额完成年度探明和预测储量任务。

研究人员创新探采一体化模式，长8东部实现了整体探明并规模建产，侏罗系演武高地发现了13个浅层高效油藏并高效建产，油田迎来了第五个增储上产期。2021年，冲劲更足的研究人员解放思想、创新思路，挺进勘探"禁区"，发现了整装油田"虎洞油藏"，同时各项开发指标持续提升。环庆区块勘探新成果连续3年获集团公司奖励。

"在新区块的勘探开发研究工作中，实现了从学习到融合再到创新。从岩性油藏向高效构造岩性转变，从超低渗油藏向低渗油藏拓展，从规模勘探向高效勘探迈进，实现了从建成油田到高质量效益开发的跨越。"说起在环庆区块勘探开发中的成长，杨军笑容灿烂。

环庆油田成为油田上产主战场。科研人员仍然挖潜玉门老区，在老油田下面找新油田，夯实了老区40万吨稳产的基础，奠定了油田发展生存的基石。酒泉盆地窟窿山、鸭儿峡、老君庙冲断带和酒东长沙岭持续获得发现，老区累计新建产能28万吨，产能建设贡献率、到位率大幅提升，实现40万吨硬稳产。玉门油田产量从40万吨增长到59万吨，原油产量连续6年保持箭头向上。

从0到509万立方米

2021年5月，集团公司将宁庆区块的矿权优化配置给玉门。这个天然气区块为油田实施油气并举发展战略创造了条件，也为玉门油田实现天然气资源的战略突破打下了坚实基础，实现了油田几代人"油气并举"的夙愿。

区块流转后，天然气的勘探开发工作成为勘探开发研究院的重中之重。面对油田天然气勘探研究技术储备不足的状况，科研人员积极主动向兄弟单位学习。

矿权流转的当天，研究院天然气室成立。科研人员快速开展老井复查、构造解释、沉积储层、成藏规律、目标评价等精细研究，在一个多月的时间里，落实了区块的3支有利含气砂带，部署了9口预探井。李庄8井、9井、10井试气中均获得高产气流。油气并举的资源基础得到进一步夯实。

2021年，玉门油田生产天然气509万立方米，填补了这个油田天然气产量"零"的空白。在玉门油田"十四五"规划中，到2025年，油田的天然气年产量要达到10.5亿立方米。

（2022年3月29日《中国石油报》第二版）

承包协议撬动单井效益
——玉门油田创新业务承包制观察

（记者 周蕊 通讯员 程力恒、马骁）"过去严格按照工序结算，收益差别不是很大。现在通过签订业务承包，有了激励制度，实现了责任共担，公司挣了钱，我们也提高了收入。"4月11日，玉门油田作业公司试油修井经理部D08862队队长高鹏一边展示着经营对比数据一边说。

今年，一份玉门油田作业公司和老君庙采油厂的业务承包协议正式签订，本着相互成就的原则，以风险共担的作业模式，启动了荒凉戈壁滩上的创效"核反应堆"，实现了"全新"的互融互促模式。

抱团取暖求发展

面对玉门油田本部市场"量价齐跌"的严峻形势，玉门油田作业公司生产经营遭受到了前所未有的挑战，如何解决既要"提质增效促上产"又要"降本控费创产值"的矛盾，成为摆在油田作业公司面前的必答题。

作业公司试油修井经理部立足内部挖潜，与老君庙采油厂签订《玉门油田内部单位业务承包协议》，负责老君庙采油厂油井维护，业务涵盖了油井洗井、管杆泵化工料配送与回收以及酒东作业区部分辅助工作量等。

修井业务承包后，油井维修管理更加专业化，每口油井有专人负责，每天跟踪记录承包油井的液量、含水、油量、油压、套压、回压、温度等数据情况，对生产变化情况进行分析，为维修躺井提供必需的技术支持。

同时，甲乙双方成立技术服务、施工监督等小组，密切沟通、相互探讨，制定技术方案后联合作业、现场跟踪，大大推动修井动力的统筹，有利于优化工序、降低成本，实现效率最高、效益最佳。

甲乙方共下一盘棋

"原来是维护一口井就收一口井的钱，期限、效果没要求，也没有奖励机制，大家干多干少、干好干坏一个样，这导致修井周期长，修井效果也不是很理想。承包协议签订以后，费用是包干的。为了降低成本，提高收入，员工们努力减少作业时间的同时，也会提高维护效果，减少返工，这样成本降低了，多出来的自然变成奖金了。"作业公司经理刘涛介绍说，"同时，维护油井的时间缩短了，空余时间就多了，这也为员工们外闯市场再创效益提供了条件。"

试油修井经理部制定适应市场变化的切实可行的办法，由原来的单方维修转变成甲乙双方制定科学方案、联手提高作业质量，从而实现减少修井频率、压缩占井时间、提升原油产量的效果。

甲方由"管家"向"保姆"转变，努力配合乙方制定科学的作业方案，让施工方少下一趟钻、少占一天工期；乙方则推出工具选型、提效措施、后期效果跟踪等一条龙服务，双方从协同作战中尝到了甜头。

同时，为了风险共担、利益共享，双方在结算方式上也进行调整，由原来的一次性结算模式变成每次作业后，先按季度结算25%，一年内分4次结清的长期经营模式。

责任义务清晰明确

4月12日，在酒东作业区作业现场，作业公司为了在修井过程中避免井场污染，给抽油机披上了油衣，在地上铺上了地膜。同时，还配备了减少尘土的洒水车，打造出了不让油污落地、不让灰尘漫天的"绿色井场"。

高鹏说："在承包业务中，我们和采油厂共同确定了'零职业病、零事故、零污染'的安全生产业绩目标。我们在作业中必须做到石油勘探与生产和环境保护并举，推行清洁生产，实行污染物排放浓度控制与总量控制相结合，实现环境污染全过程控制。"

承包协议不仅明确了工作职责，也厘清了安全责任，建立安全生产责任制。作业公司"一井一策"，按照不同的作业项目、地层条件制定有针对性的"两书一表"、健康安全环境例卷、环境保护管控措施。配备必要的安全环保设施、设备和劳动保护用品,在油水井作业现场必须严格遵守甲方的安全与环保等规章制度。

协议的签订为老君庙采油厂节省了大量仓储成本,有效减少了现金流占用量。同时,作业公司在作业质量保障、作业效率提升上下功夫,提高动态监测的服务水平和能力,缩短修井时间,降低修井成本。

刘涛介绍,承包协议实施以来,员工收入明显增加,油井的产量和措施效果明显上升,油田内部市场化改革的红利正在显现。

(2022年4月13日《中国石油报》第二版头条)

玉门油田全面发力业绩整体增长
创近10年最好生产经营成绩

(记者周蕊)4月中旬,记者从玉门油田生产与工程管理处获悉,玉门油田一季度生产原油15.5万吨、天然气256万立方米,加工原油52.23万吨,经营实现了自2011年以来的首次季度整体盈利,为近10年来最好。

一季度以来,面对资源基础依然薄弱、油田后期开发高成本矛盾突出等重重困难,玉门油田坚持"油气并举、多能驱动",全力以赴开展各项工作,牢牢把握住了生产经营主动权。

油气勘探战线充分认识到资源对可持续发展的极端重要性,把勘探突破作为实现玉门油田可持续发展最重要、最关键的出路,努力寻找资源规模储量,勘探研究成果显著。玉门本部围绕窟窿山、鸭儿峡富油区带,通过精细研究,初步确定窟窿山东部窿14、窿17断块勘探目标及鸭儿峡K_1g_1向西扩展评价目标。环庆区块通过攻关西部上、下古生界成藏条件研究,优选风险勘探目标,完成了风险探井部署;西部长8油藏立足上倾岩性遮挡成藏、四中隆低幅构造和向外甩开勘探西部构造3个方向,提出有利目标;侏罗系开展构造精细解释、断裂系统分期分级评价、小层砂体精细刻画,综合评价出有利目标3个。

油田开发以高质量上产为主线,以效益开发为重点,通过优化部署、强化组织,加快推进产能建设,不断夯实和稳定产量基础。玉门老区一季度完成部署新井29口,投产15口,新井日产30.7吨,累计新建产能3.77万吨。环庆区块以上产为中心,全力推进产能建设,完成新井部署173口,完钻97口,投产新井21口,新井日产3.6吨。此外,各采油厂积极组织开展停躺井、不正常井、新井及部分重点油水井普查工作,部署以洗井、碰泵、检泵、冲砂等"短平快"措施为主的扶躺措施,力保冬季过后油井平稳生产。油田勘探开发实现2014年以来的首次季度盈利为正。

玉门炼化总厂一季度原油日加工量由5400吨逐步提升至6200吨,每次调整幅度控制在200吨,保证了提量过程的平稳有序运行。一季度,炼化总厂通过加快消化低辛烷值汽油组分、做好剩余航煤的调和、利用液态烃组分调和生产拔头油等优化产品结构措施,增效515.9万元;结合主题教育活动,深入推进节能减排,全面降低辅材、燃动、非生产性固定支出等费用,新实施33项提质增效措施,动力费用节约61.8万元,修旧利废节约34.1万元。玉门油田炼化销售业务一季度盈利1.47亿元,其中3月单月盈利8100万元,月度、季度两项利润指标均创历史最好成绩。

同时,玉门油田200兆瓦光伏项目增效显著,一季度共创造经济收益1500万元。

(2022年4月18日《中国石油报》第二版头条)

玉门油田低成本新工艺收获"满仓油"

（记者 周蕊 通讯员 李蓉）"今年第一批措施井经过低成本新工艺压裂后，5口'问题井'见'红利'，收获'满仓油'。其中鸭西1-35井措施后抽喷生产，日产液37.7立方米，日产油27.6吨。"5月6日，玉门油田工程技术研究院储层改造室李新发正在与技术人员进行技术交流。

今年，工程技术研究院储层改造室面临如何降低工艺成本、优化工程设计、提高措施效益等难题。2月初，开发部组织工程技术研究院、老君庙采油厂、勘探开发研究院等多家单位联合讨论了第一轮压裂井，共选定出5口7层潜力较好井准备进行压裂。

针对油田各个区域储层改造存在的技术难题，工程技术研究院相继开展了酒泉盆地K_1g_1高应力储层压裂技术、裂缝性储层体积酸压技术研究，以及老君庙重复压裂技术研究，进一步完善深化储能压裂技术。同时，进行地层岩心润湿性测试与储能压裂适应性评价，井区开发状况与压裂规模匹配性研究，开发低成本、低伤害驱油压裂液体系研究与试验，以发挥储能压裂优势，提高改造效果。

为了确保储层改造取得理想效果，工程技术研究院通过油藏地质特征和储层物质基础及低产原因分析，进一步加强了储层改造中的选井和选层工作。与此同时，开展各区域储层的整体评价研究，提前拿出各类储层改造的技术思路和方案，将储层改造工作系统化。

据了解，鸭西1-35井是这批措施井中的一口重点井，位于鸭儿峡作业区柳12大断层北部。这个区域构造应力高、施工难度大。工程技术研究院技术人员经过大量数据分析，决定对鸭西1-35井采用从地质工程一体化可压性分析研究及压裂规模优化研究两个方面开展压裂方案优化。为降低施工难度，并提高储层改造效果，鸭西1-35井采用定方位射孔、前置土酸等技术，有效降低了施工压力，圆满完成施工设计。

在技术人员的不懈努力下，第一批5口措施井实施后效果显著：鸭西1-35井抽喷生产，日产油27.6吨；鸭K1-43日产油7.73吨；鸭K1-42日产油1.97吨；鸭西203X日产油0.5吨。

（2022年5月10日《中国石油报》第二版）

书写新时代的"玉门故事"

（记者 周蕊 通讯员 栾海燕）"今年7月，玉门油田将举办中国石油技术技能大赛首届新能源变配电运行值班员职业技能竞赛，油田将以此为契机，完善新能源一线操作员工培养、评价和选拔使用机制，促进油气田企业新能源操作技能人才成长能力提升。"6月13日，玉门油田人事处负责人孙峻说。

从培养石油人才到培养新能源人才，玉门油田继续发挥着"三大四出"的重任，积极实践老油田转型发展的拓荒之路，力争成为新时代清洁能源发展的"摇篮"之地。这得益于油田抓住新一轮能源革命契机，积极拓展新能源业务，助力油田扭亏脱困，再现"石油摇篮"辉煌。

飞沙遍野，春风难度，是很多人对西北边陲的固有印象。往昔丝绸之路上的商旅繁华早已消散于古道黄沙。今天，凭借丰富的"风光"资源且处于国家"一带一路"建设走廊带和能源大通道等区位优势，玉门成为集团公司首个光伏发电示范项目所在地。

"我为自己有幸参与其中，并亲历油田发展新的里程碑感到骄傲！"玉门油田新能源项目部技术人员胡龙说。胡龙经历了油田近10年的发展波折期。但玉门石油人没有放弃，抱着

"笨鸟先飞、率先转型"的必胜信念，踏上了转型探索之路。

甘肃省、集团公司高度重视玉门油田清洁转型发展，规划总院战略所、储运所、经济所、炼化所、油气田所、天然气所组成研究团队，与玉门油田座谈沟通，并开展多层次专家研讨论证，紧密对接集团公司新能源发展整体战略布局，先后编制了50余版次规划材料，提交3轮报告，进行5次经济测算，反复完善基地建设方案，形成《玉门油田清洁转型示范建设基地》规划，明确了基地建设将重点围绕电、氢两条产业链发展七大业务、打造"一地三中心"。

2020年11月，玉门油田第一座太阳能综合利用试点示范项目——老君庙采油厂太阳能综合利用试点示范项目建成投运，年发电量155万千瓦时，约减少碳排放1545吨，节约标准煤626.2吨。2021年，玉门油田清洁转型示范基地被列为集团公司"十四五"新能源新材料业务"六大基地"之一。甘肃省也将玉门油田确立为氢能源产业链链主企业。

2021年12月27日，玉门油田200兆瓦光伏并网发电示范项目如期投运。这是中国石油首个获得保障性并网指标、批复立项装机容量最大的光伏发电项目，也是甘肃省最大的单体并网发电项目。投运后，年发电量约4亿千瓦时，节约标准煤约11万吨，减排二氧化硫约97吨、二氧化碳28万吨。截至今年4月底，该项目已取得经济效益605万元。这一战，创造了中国石油新能源发展的先例，不仅让油田重焕生机，而且走在集团公司新能源事业发展的前列，彰显了玉门石油人的责任与担当。

从中国石油工业摇篮到集团公司清洁转型示范基地，玉门油田正按照清洁替代、战略接替、绿色转型"三步走"总体部署，提速发展新能源业务，打开"油气并举、多能驱动"新格局。

6月14日，甘肃省首条中长距离输氢管道建设工程进入投产冲刺阶段。这条管道直接与玉门炼厂氢气加注站相连，投运后可进一步满足老市区周边企业用氢需求。如今，玉门油田利用炼化总厂富余氢气，建成投运集氢气压缩、装车系统和储氢设施于一体的氢气加注站，已初步在甘肃、宁夏、新疆形成氢气供应链。

玉门油田将逐步扩大绿氢生产规模，探索绿氢转化为甲醇、合成氨等高效厚利化工产品的路径，以新能源与炼化融合发展推动减油增化进程，实现玉门炼化总厂绿色转型；开展氢燃料电池车示范，配合当地政府实现氢气入企、入户，建设氢能产业园、氢能社区等多种应用场景，推动河西走廊建成中国西部"氢谷"。

未来一个时期，玉门油田将储备一批技术成熟、效益可靠的新能源项目。玉门油田的新能源技术正以前所未有的速度迭代，展现绿色的新风貌、生动的新气象，不断书写新时代的"玉门故事"。

（2022年6月16日《中国石油报》第八版）

玉门油田工程技术研究院党员冲在一线 科技支撑上产

（记者周蕊 通讯员高雪芝）从4月玉门油田上产会战启动以来，截至6月20日，玉门油田工程技术研究院已经派出30名党员带头驻扎在生产一线，为油田生产提供技术支撑。玉门油田工程技术研究院作为油田工程技术的"智囊"，为保证油田上产稳产，迅速发起"大干攻坚、党员先行"的动员令，不断提振党员干部敢闯敢干、知重负重、担责尽责的精气神。

一线员工长时间驻守在距离本部1000多千米外的生产现场。为避免他们产生心理问题，工程院各级党组织前往一线，利用"三会一课"、主题党日等，对员工进行心理疏导。同时，组织党员干部进行工作大讨论，谈认识体会、谈责任目标、谈思路举措。目前，共查摆出共性问题5个，列出问题清单，制定整改措施，明确责任分工，实施清单化、闭环式整改和销项管理。

在环庆新区，党员干部克服夏季大风、多雨、沙尘等不利天气，赴现场驻守，掌握钻井、压裂、地面工程等生产动态，解决疑难问题。油田首席专家彭翔、高级专家蒙炯带领党员骨干迅速组成储层改造党团先锋队，奔赴环庆战场为夺油上产提供现场技术支持。

年轻党员闫治东克服疫情影响，在环庆现场连续工作50多天，一口井接着一口井干。"当看到环庆75-4H井的10段压裂任务圆满完成时，再苦再累都值得。"闫治东说。

各站场建设选址适宜性是项目落地的前提之一，而虎洞区块地形起伏大且破碎、不良地质发育广泛，虎洞距离现场驻地来回需要3个小时，为利用好时间，党员李永、胡正刚、边中每天自备午餐早出晚归，黄土塬没有道路，他们就徒步攀爬，观测地形、记录数据，晚上回到县城再归纳资料，忙碌到深夜，仅用5天时间就整理出10个选址方案。

面对宁庆区块邻井资料少、无天然气施工经验、地质层位不了解等困难，钻井工艺室党员康恺第一时间带领团队，从井身结构优化、钻井液及完井液优选优化、钻井周期预测等方面开展技术论证、经济性评估和整体优化，通过多次方案论证和设计审查，提前完成宁庆区块首口天然气井李71井的钻井工程设计工作。

在玉门老区，三次采油岗位青年党员紧密配合老君庙M油藏东低区和环庆63井区减氧空气驱试验，完成各类工艺设计20余井次，在施工期一个月内驻在井场，积极投身鸭儿峡二氧化碳吞吐先导试验，承担起技术指导和现场监督工作。

（2022年6月22日《中国石油报》第三版）

多方联姻找"婆家" 校企携手寻出路
玉门油田探索绿色航煤技术新路径

编者按：中国石油各企业坚持事业发展科技先行，将创新作为第一战略，强化科技支撑当前、引领未来作用，增强市场竞争力。

（记者周蕊 通讯员栾海燕）6月22日，玉门油田公司与中国寰球工程公司、中清新能源科技发展（海南）有限公司、清华大学化学工程系以视频连线方式，进行二氧化碳制绿色航空煤油方案技术交流。通过交流探讨，各方加深了认识，寻求合作机会，利用二氧化碳制绿色航空煤油技术助力玉门油田打造氢能全产业链。

玉门油田作为甘肃省氢能源产业链链主企业，积极践行绿色低碳发展战略，将新能源作为三大主营业务之一，加快传统油气田转型发展。玉门油田积极发展可再生能源制氢，探索绿色航空煤油技术路径，以新能源与炼化融合发展，实现玉门炼厂绿色转型，努力将这项技术从概念转换为产业化。

二氧化碳制绿色航空煤油技术是通过一步法合成生物航空煤油，也可采用已捕集到的二氧化碳为原料，通过二氧化碳加氢合成绿色航空煤油，从而实现双重减碳、资源化用碳，是真正意义的绿色低碳甚至负碳航空煤油生产工艺。目前，这项技术已完成100吨/年小规模试验。与现有生物航空煤油工艺相比，其优势是原料来源广泛、能源利用效率高、节能效果明显，综合能耗和成本较低。这项技术在国际上处于领先地位，填补了国内绿色航空煤油技术领域空白。

据了解，玉门油田已委托寰球工程公司编

制二氧化碳制绿色航煤和绿色合成氨项目建议书，为中国石油实现碳中和目标、航空领域实现碳减排目标，开创了一条新路径。

（2022年6月28日《中国石油报》第二版）

甘肃省首条输氢管道 在玉门油田全线贯通

（通讯员贺捷 栾海燕）7月4日，笔者了解到，玉门油田建造的甘肃省首条中长距离输氢管道主线路目前已全线贯通。这条管道将源源不断地输出新能源产品——纯氢，为周边企业提供可靠生产原料。

玉门油田作为中国石油"十四五"新能源新材料业务六大基地之一、甘肃省氢能源产业链链主企业，氢能产量丰富。截至目前，玉门油田已与5家企业签订了氢气供应协议，对部分有用氢意向的企业正在寻求合作渠道，扩大供应量。随着需求量的不断增大，以往的压缩气体罐车运输已不能满足生产的需要。今年4月，甘肃省首条中长距离输氢管道在玉门油田开工建设，这条输氢管道直径为200毫米、长5.77千米、输氢能力为每小时1万立方米。

6月28日，输氢管道正式建成投运，不仅解决了玉门油田炼厂产品销售的后路问题，而且依靠完整的产业链形成强大的供销联合体。

（2022年7月6日《中国石油报》第二版）

玉门油田老君庙采油厂"出效益"展现党建成果

（记者周蕊 通讯员石敏丽）7月11日，玉门油田老君庙采油厂老君庙作业区日产油量达到410吨，产量比年初提高了7%。

老君庙作业区把党的政治优势、组织优势转化为发展的强大动力，让党建成果转化为经营效益。

技术创新与攻克难题是党建工作的重点。作业区将党建与技术创新业务相融合，持续打造技术攻关"战斗堡垒"，打好夺油上产、提质增效攻坚战。为了摸清作业区油水井生产现状，做到精细注采管理，作业区党员带头，在6月组织开展了为期两周的井筒潜力大调查。针对7个岗位共925口井，共同制定措施计划227井次。

同时，四名老党员带领两名技术骨干，通过合理调整生产参数，提高泵效，发挥井筒潜力，做到油水井精细化管理。今年1至5月共计完成新井15口、实施措施27井次，安装井口47套，累计增油510吨。

生产经营在哪里"用力"，党建就在哪里"加油"。作业区开展"我为员工群众办实事""合理化建议征集"等活动，截至目前，征集合理化建议8条，创新成果2项，完成性转向剂配液池改造项目、凝胶三级取样装置改造等项目，为作业区节约费用1006.9万元，取得了良好的经济效益。

安全环保在哪里"蓄力"，党建就在哪里"护航"。6月，作业区生产运行中心大力开展安全生产大检查、"我是安全吹哨人"等活动，并让这些活动与安全生产隐患排查治理专项行动结合，共查出安全隐患35处。

队伍建设在哪里"聚力"，党建就在哪里"搭台"。作业区坚持队伍建设和基层党建统筹推进，大力弘扬严实作风。每周在作业区生产例会、班前会上分享典型案例，通过"小广播"、公众号等做好宣传教育。同时，持续推进岗位练兵、劳动竞赛等创新创效活动，着力打造专家化技术队伍、专业化管理队伍、技能化操作队伍。

（2022年7月13日《中国石油报》第三版）

玉门油田探索新能源业务发展纪实
多能驱动 老油田焕发新活力

（记者周蕊）截至7月16日，玉门油田200兆瓦光伏发电示范项目自投产以来累计发电1.92亿千瓦时，节约标准煤约5.8万吨，减排二氧化碳约15.4万吨。

200兆瓦光伏发电示范项目建成投运，标志着玉门油田新能源业务快速推进，也增添玉门石油人对未来发展的信心。

因势而动 从传统能源向新能源转变

作为新中国石油工业的摇篮，玉门油田经过80多年的勘探开发，勘探对象日趋复杂、勘探难度不断加大、资源品质明显变差、资源基础薄弱，长时间亏损、产量下降、盈利能力不足等问题日益明显，发展进入瓶颈期。

面对能源市场格局的深刻变化，玉门油田因势而动，开始尝试能源转型。如何找准定位和方向，战略谋划是关键。

"几次矿权流转，进一步拓宽油田发展空间，油气资源优势已初现；完整的上下游产业链，增强了抗风险能力；地处河西走廊，风光电资源丰富，有土地和水资源保障，地域优势明显。"在分析油田具有的优势后，玉门油田领导层提出"油气并举、新老结合"的发展战略。

但玉门油田要想高质量建成基业长青的百年油田，现有的资源和优势还没有完全发挥出来，并不能满足未来发展需求。油田领导班子着眼长远，认识到低碳化是大趋势，风电、光电作为我国未来新型零碳电力系统的主力，大有作为。

"开拓新能源业务，既符合国家产业政策和集团公司绿色低碳发展的外在要求，又是油田实现扭亏脱困、探索转型发展之路的内在需要。"玉门油田执行董事、党委书记刘战君说。

玉门油田顺势而为，将发展战略调整为"油气并举、多能驱动"。

2020年11月，玉门油田第一座太阳能综合利用试点示范项目——老君庙采油厂太阳能综合利用试点示范项目建成投运。项目年发电总量为155万千瓦时，可减少碳排放1545吨，节约标准煤626.2吨。该项目是玉门油田向新能源业务发展迈出的第一步，为油田后期光伏项目建设积累了宝贵经验。

顺势而为 勇做新能源的领跑者

2021年，集团公司要求玉门油田在能源结构转型和市场化转型上先行先试，并把玉门油田清洁转型示范基地列为集团公司"十四五"新能源新材料业务六大基地之一，甘肃省也将玉门油田确立为全省氢能产业链链主企业。

玉门油田紧密对接集团公司新能源发展整体战略布局，紧跟上游新能源业务推进进展。2021年11月，《玉门油田清洁转型示范建设基地》规划最终确定，明确基地建设将重点围绕电、氢两条产业链发展七大业务、打造"一地三中心"。

玉门油田结合自身实际和当地资源禀赋，制定了未来一个时期清洁转型"两个阶段、三步走"的发展规划。 两个阶段，即从现在到2030年为第一阶段，打造"多能互补一体化"清洁能源基地；从2030年到2050年为第二阶段，打造"源网荷储一体化"清洁能源基地。三步走，即2021年至2025年为"清洁替代"，以加大生产用能清洁替代为抓手快速起步、能替尽替，年生产氢气能力为5万吨；2026年至2035年为"战略接替"，加快光伏发电、风电、光热及风光气电融合发展，大幅提高清洁能源生产供应能力，年生产氢气能力为30万吨；2036年至2050年为"绿色转型"，规模化发展清洁电力和氢能等新能源新业务，年生产氢气能力为100万吨。

2021年12月27日，玉门油田"多能驱动"的新纪元真正开启。中国石油首个规模最大的集中式光伏并网发电示范工程——玉门油田200兆瓦光伏发电项目如期投运发电，新能源业务平稳起步，在集团公司率先实现对外供应清洁电力。同时，1800万千瓦多能互补一体化项目完成前期论证，油田200万千瓦"沙戈荒"风电光伏大型基地项目已上报国家能源局，油田新能源业务整体走在集团公司前列。

低碳攻坚 开拓老油田能源转型发展之路

从中国石油工业的摇篮到集团公司清洁转型示范基地，玉门油田全力推进油气和新能源的新发展，探索出一条老油田能源转型发展之路。

"玉门油田将认真落实集团公司'百万千瓦级风光发电项目建设'部署，积极促进'一大三小'项目落地。'一大'，即推动1800万千瓦多能互补一体化项目纳入甘肃省电力发展规划；'三小'，即推进油田200万千瓦'沙戈荒'风电光伏大型基地项目纳入国家第二批大型风电光伏基地项目清单，160兆瓦新项目开工建设，新增300兆瓦光伏发电项目建设。"玉门油田总经理来进和介绍。

勘探开发要举全油田之力，集中在环庆区块、宁庆区块，以可靠的高效储量保障快上产。

炼油化工坚持"军品立厂、特色发展、清洁低碳、效益优先"的理念，开展清洁低碳攻坚。

2021年，玉门油田充分利用炼化总厂的富余氢气资源，建成投运占地面积9000平方米，集氢气压缩、装车系统和储氢设施于一体的氢气加注站。目前，已初步在甘肃—宁夏—新疆形成氢气供应链，今年5月氢气充装量突破10万立方米。

今年6月28日，甘肃省首条中长距离输氢管道在玉门油田建成投运。这是玉门油田在新能源业务上的又一次新探索。

一步一个脚印，玉门油田将以先行者的勇气，在集团公司率先建成"油气电氢"综合性能源公司，推动河西走廊建成中国西部"氢谷"，在多能驱动发展的新征程中开拓一条企业转型升级的高质量发展之路。

（2022年7月21日《中国石油报》第一版）

玉门油田"四轮驱动"助推计划部署走深走实

（通讯员贺捷）7月29日，玉门油田公司通过视频会议形式，组织公司及基层两级领导班子成员和各部门负责人，认真学习集团公司领导干部会议精神。玉门油田公司提出，从勘探开发到油气产能建设，从炼油化工到新能源建设规划，全体干部员工要深化认识、乘势而上、抓住重点、精准施策，把会议精神落实到工作中，确保计划部署和目标落到实处，保证全面完成全年生产经营任务。

积极落实勘探目标，井位部署组织到位。上半年，玉门油田预探井部署均已实现全年计划目标，油田9口评价井获得工业油（气）流，3口井获低产油（气）流，取得较好成效。下半年，玉门油田将继续强化勘探组织管理，超前准备2023年井位，确保勘探进度主动。

上产措施效果明显，产能建设稳步推进。截至7月底，玉门油田新建产能10.66万吨，完成各类措施80井次，增产1.88万吨。下半年，油田将加快产能建设剩余钻井和新井投产进度，继续开展措施效益排队，在保持措施有效率的基础上，实现单井成本再下降，保证措施有效增产。

炼化生产持续优化，创效能力稳步提高。玉门油田炼化总厂在7月1日大检修前将下半年原油加工任务前挪，优化调整产品结构，着力实现提质增效。大检修结束后，炼化总厂将高效切入生产优化运行阶段,集中力量进行油品调和,加快开工过程中间库存油品消化。

持续完善规划布局,新能源建设清晰完善。继续跟进国家、地方政府新能源支持政策、产业需求和集团公司最新要求,动态调整完善玉门油田清洁转型示范基地建设规划。积极推动1800万千瓦多能互补一体化项目纳入甘肃省电力发展规划;大力推动油田200万千瓦"沙戈荒"风电光伏大型基地项目纳入国家第二批大型风电光伏基地项目清单,160兆瓦新项目开工建设和新增300兆瓦光伏发电项目建设。攻关风光气电多能融合及储能技术等关键技术研究和集成应用,提升公司能源转型升级发展的战略储备能力。

(2022年8月2日《中国石油报》第一版)

玉门油田成为国内首家工业文化研学实践教育试点示范基地

(记者周蕊 通讯员贺捷)7月底,由工业和信息化部工业文化发展中心与玉门油田共建的工业文化研学实践教育试点示范基地正式进行了授牌,玉门油田成为国内首家工业文化研学实践教育试点示范基地。

玉门油田开发建设于1939年,是中国石油工业的摇篮、中国现代石油工业的发祥地、中国石油党建的发源地。如今,玉门油田已是中国石油清洁转型示范基地、甘肃省氢能源产业链链主企业,并将稳步扩大风光发电和绿氢外供业务,实现清洁电力装机规模达到千万千瓦级,玉门油田的工业文化内涵在不断延展。

近年来,玉门油田大力开展工业文化资源调查,梳理挖掘工业遗产、工业旅游、工业文化。50多处工业资源、工业遗迹得到建设保护和开放使用,玉门油田工业文化和工业精神不断丰厚。2020年到2021年,玉门油田老君庙油矿旧址也成功入选第四批国家工业遗产、全国爱国主义教育示范基地和中央企业工业文化遗产,诞生了以老君庙老一井为代表的一批石油精神教育基地。

工业和信息化部工业文化发展中心与玉门油田联合共建工业文化研学实践教育试点示范基地,旨在大力发展工业文化,传承弘扬石油精神,提升油田工业文化品质。工业文化研学实践教育试点示范基地将成为认识玉门油田的全新打开方式,促进油田和城市经济发展。

下一步,玉门油田将通过工业文化发展中心的平台推广和运营指导,逐步开展中小学研学教育、高校思政课实践教学,引流聚效,面向全国石油行业开放参观学习;打造工业文化和石油精神教育标杆基地,并推行"摇篮文化+石油文创产品",通过有效保护利用现有石油工业遗存遗迹,强化品牌建设、品质提升,将"石油摇篮"工业文化融入油田发展全环节。

(2022年8月2日《中国石油报》第二版)

中国石油集团公司首届新能源技能竞赛速写
聚焦"生聚理用"推进人才强企

(记者周蕊 通讯员刘华)"这次大赛让我学习了很多东西,也看到了未来努力的方向。"8月24日,玉门油田水电厂的王芳娟谈起一周前在玉门油田举办的集团公司首次新能源技能竞赛时,依旧兴奋不已。

8月16日至19日,由集团公司人力资源部主办,玉门油田承办的第四届全国石油石化专业职业技能竞赛暨集团公司首届技术技能大赛变配电运行值班员(新能源方向)竞赛在玉门油田举办。这也是集团公司首届新能源技能竞赛。来自青海油田、吐哈油田、玉门油田、长庆油田的30名选手参加角逐，在5个实际操作项目和1个团队项目中冲刺三大奖项。

细节的切磋

"5项实际操作竞赛题目，既力求贴近实际又高于日常，每一项都是综合实力的比拼。"担任此次竞赛裁判组组长的集团公司技能专家刘可夫介绍说，"比如20分钟内找到5处故障。这不仅体现了选手处理新能源场站综合故障时的反应能力，更是对选手电工综合素养的考验。"

在走向配电柜的刹那，吐哈油田选手殷宏刚做了一次深呼吸，努力平复紧张的心跳。厘清思路后，他从电源输入系统着手挨个检查，接线是否牢固、回路是否正确……

时间一分一秒过去，殷宏刚迅速发现了4处故障后，反而更紧张了。还有一个故障在哪儿？考试计时器还剩5分钟，殷宏刚重新打开断路器柜子，一根线、一个端口地重新检查。突然，接线口露出的胶带一角映入眼帘，最隐蔽的故障终于找到了，殷宏刚松了一口气。

知识的沉淀

光伏发电是目前新能源发电的重要形式。在此次新能源竞赛中，有一项"追光"项目——光伏电站PLC光感跟随系统安装与调试，让很多选手感觉"棘手"。

"这个项目不仅要求我们知道太阳能板是如何根据太阳光的照射位置进行追光的，而且要通过PLC编程控制太阳能板随光源转动，实现追光运行。"青海油田选手程辉介绍说。

PLC又叫可编程逻辑控制器，实质上是一种专用于工业控制的计算机控制系统，是以微处理器为核心，综合计算机技术、自动控制技术和通信技术发展起来的一种通用的工业自动控制装置，具有可靠性高、体积小、功能强、程序设计简单、灵活通用、维护方便等优点，在冶金、能源、化工、交通、电力等领域应用广泛。

程辉此前一直是维修电工，参加比赛前很少接触新能源电力知识。为了补齐"短板"，程辉在比赛前把《新能源发电与控制技术》《变电站值班员》《光伏发电站安全规程》等书籍看了很多遍，还用不同颜色的笔标注了训练重点，为充实新能源电力知识下了不少功夫。

近年来，青海油田利用柴达木盆地丰富的太阳能资源，建成了英东油田6.93兆瓦源网荷储一体化项目。程辉说："这次比赛是特别好的学习机会，让我对未来的学习有了新的方向。"

速度的拼抢

"坚定信念，勇夺第一"。伴随着激昂的口号声，参加"触电事故应急救援"团体项目的一支队伍走进赛场。这支队伍打头的是一位"女兵"，她是来自玉门油田水电厂的王芳娟。

在"准备完毕，开始比赛"的汇报声后，这支队伍的3个人迅速行动起来。按照比赛随机抽签的角色分配，王芳娟负责急救。

"28、29、30，吹——"随着组员石磊的口号，王芳娟在标准的30次胸外按压后，迅速抬起触电者下颌，用力吹下第一口气，第一组急救完成，紧接着第二轮按压开始。"偏左。"石磊盯着监视器提醒王芳娟调整按压位置，"好，保持住。"

"触电事故应急救援"竞赛项目标准非常高，两分钟完成5组心肺复苏操作，动作不能变形，按压位置要精准。

"轻了。"已经是最后一组按压了，王芳娟顾不上胳膊的酸软，加重按压力度。听到同伴的"合适"声传来，她竭力保持动作的力度和角度。"呼"，随着一大口气再次吹入，监视器显示急救成功。

比赛场上时间飞逝，但这两分钟让王芳娟觉得无比漫长，触电者有了心跳，王芳娟也找回了自己的心跳。

如火如荼的竞赛虽然已经落下帷幕，但竞赛队员的学习和提升却没有"收官"，随着集团公司新能源的持续发展，更广阔的舞台等待着赛手们大展身手。

（2022年8月31日《中国石油报》第二版头条）

从二百兆瓦光伏示范项目看"新中国石油工业摇篮"新风光

（记者周蕊）截至9月6日，玉门油田新能源项目累计发电2.3亿千瓦时，减排二氧化碳17万吨，创效1800万元。

作为新中国石油工业的摇篮，玉门油田经过83年的发展，勘探难度不断加大、资源接替不足等问题日益凸显，发展进入瓶颈期。

面对能源市场格局的深刻变化，玉门油田因势而动，紧跟国家"双碳"目标和进程，抓住玉门油田清洁转型示范基地被列为集团公司"十四五"新能源新材料业务"六大基地"之一、甘肃省将玉门油田确立为全省氢能产业链链主企业的机遇，将发展战略调整为"油气并举、多能驱动"。

"新中国石油工业摇篮"迎来新风光。2020年11月，首座分布式光伏电站并网发电；2021年12月底，200兆瓦光伏电站快速建成投运，在中国石油率先实现对外供应清洁电力。2022年一季度，国家电网系统外首个新能源计量中心落户玉门油田，并获得中国石油首张绿色电力证书；2022年6月，玉门油田输氢管道建成投运，成为甘肃首条中长距离输氢管道；2022年9月，200兆瓦光伏电站配套储能、300兆瓦光伏并网发电和酒东5兆瓦分布式光伏发电项目相继启动建设，力争年内建成投运。目前，玉门油田正在全力争取将"风光气储一体化"项目纳入国家第二批"沙戈荒"大型风电光伏基地，深入开展"源网荷储一体化"项目论证研究，培育制储输用氢产业链，逐步建成集团公司清洁转型示范基地。

未来，玉门油田将围绕电、氢两条产业链，发展清洁电力和氢能两大接替业务，清洁替代和CCS/CCUS两大减碳业务，新能源装备制造、综合研发实证、实践培训三大配套业务。同时，玉门油田积极打造"一地三中心"。"一地"即西部清洁能源基地，赋予"新中国石油工业摇篮""三大四出"新时代内涵；"三中心"即开展新能源装备制造等业务，建设新能源装备制造中心；依托实验室建立新能源技术支撑体系，建设新能源综合研发实证中心；通过人才培训等方式进行技术经验输出，建设新能源实践培训中心。

（2022年9月16日《中国石油报》第四版）

玉门油田新能源装备制造又添"利器"

（记者周蕊 通讯员栾海燕）9月22日记者从玉门油田机械厂了解到，由该厂负责的光伏支架制造项目经过前期的设备安装、工艺调试、材料准备，目前已进入试生产阶段，有望在短期内实现批量生产目标，大大增强玉门油田新能源装备制造实力。

2021年，玉门油田200兆瓦光伏发电项目建成投运，建设过程中所需光伏支架全部依赖外部采购，进货受多种因素影响，全过程自主控制能力较弱，施工进度受到极大制约。

玉门油田作为集团公司清洁转型示范基地，要打造新能源装备制造中心，自建与之配套的生产线、提供产品服务、培育新经济增长点迫在眉睫。

玉门油田广泛与国内外新能源企业深化技术交流与合作，通过外引内联等形式，加大产业链建设力度。机械厂以发展新能源为契机，利用自身加工优势，大力发展光伏支架生产业务。通过大量调研，抓紧完成项目策划、可行性研究分析、设备选型等前期工作。在各方紧张的工作节奏中，光伏支架生产业务具备了落户条件。

今年开工建设的300兆瓦光伏发电项目，是玉门油田又一新能源重点项目。其中，84.24兆瓦直流侧光伏支架制造与安装项目交予了机械厂。为顺利完成加工任务，早在4月，机械厂就开始进行工房修缮准备工作，6月15日完成了相关工作。随后，与项目相关的钢带、配件及紧固件进行招标挂网，并抓紧完善工艺制定、工装制作、现场目视化及产品检验等基础工作。

机械厂还引进了两条国内先进自动化生产线设备，生产线主要加工C/U型钢及L型钢，采用镀锌铝镁钢带先成型后冲孔的自动生产工艺，可完成支架檩条、斜梁、斜撑等构件加工，具有自动化程度高、加工效率高、所需操作人员少等优点。为了确保生产线顺利运行不"停摆"，负责该工作的机械加工车间争分夺秒，抢点运行，加紧组织安排人员实施设备安装调试，确保如期完成设备安装调试任务。目前设备已完成设备定位调整，正在进行单机试运行、自动化及程序调试工作。

机械厂党委书记张科说："如今各项工作已经进入正轨，试生产出来的产品完全符合交付标准，等所有配件全部到齐以后，机械厂就可以开足马力批量生产，前后共计四批光伏支架，最后一批将在10月30日完成。"

为了保证所有操作人员熟练掌握工艺和生产，机械厂组织相关人员开展教育培训和业务强化，强化品牌意识和品牌效应，高质量、高标准生产，确保产出合格产品，按期供货。

（2022年9月29日《中国石油报》第四版）

玉门油田一体化作战生产大会战全线告捷

（记者周蕊　通讯员刘华）10月28日，正值玉门油田上下深入学习党的二十大精神之际，油田勘探开发战线传来喜讯：玉门油田油气日产量快速攀升，原油产量累计超产约5300吨，天然气日产量是年初的7倍，历时半年的油气生产大会战全线告捷。

4月1日，为扭转油田油气生产的被动局面，玉门油田发出了"不达目标不结束"的生产会战动员令，形成"指挥、筹划、组织、服务、保障、督导"的油气生产大会战一体化作战模式，加速推进产能建设、投产投注、上产措施、储输交油及重点工程等各项工作。

老君庙采油厂将大会战＋油水井套损治理＋强化能量提升年等专项活动贯通，全面推进新井投产、老井挖潜、能量补充等上产工作。为加速产能建设，老君庙采油厂紧扣投产组织和配套设施建设等关键节点，强组织、强准备、强协调、强监督、强跟踪，保证新井早投产早见效。各作业区全面复查老井，精准选井选层，共实施补层、补孔、酸化等挖潜措施100余井次，日增产85吨。同时，技术人员通过优化泵挂深度、降低井筒压力、改善稠油黏度等多项举措复产长停井80余口；精细井区注采对应关系，优化注水结构，通过冲检、调剖、增注、改注等措施治理水井120口，日增注932立方米，为老区稳产夯实能量基础。

环庆采油厂将整体会战细化为月度小会战，一体推进超前注水、新井投产、老井措施、天然气探评井试气等重点工作。通过加快西部超前注水，推进东部精细注水，实现东部未开发区超前注水，区块自然递减得到有效控制，开发效果显著提升。环庆作业区积极推广"ABC"分类精细化管理，强化井筒综合治理，半年来实施各类采油小措施1.0896万井次，延长油井免修期20天，原油日产量较年初提升1.6倍。针对环庆井区大井丛的特点，采用"双钻机"模式，优化形成了大平台"注水井优先+单井方案个性化设计+多机组并行作业+抽汲车快排+高精度监测"的压裂投产模式，实现高效建产。目前，虎洞区块已投产油井78口，日产油320吨。宁庆区块加快组织天然气井试气投产进度，同时采取泡排等技术措施挖掘老井潜力，累计实施6井次，增气4.5万立方米，天然气日产量上升到目前的21万立方米。

（2022年10月31日《中国石油报》第三版）

玉门油田：深学笃行推进转型发展

（记者 周蕊 肖生科）"作为一名新能源从业者，党的二十大报告中提出加快规划建设新型能源体系，这让我非常兴奋。我们必须把学习成果转化为高质量建设新能源项目的实际行动。"10月28日，在300兆瓦光伏发电项目施工现场，新能源项目部经理祁录军分享自己学习党的二十大精神心得。

连日来，玉门油田公司上下全力抓好党的二十大精神学习，用形式多样的宣讲、鲜活生动的解读、贴近实际的调研、推心置腹的交流，让学习党的二十大精神热潮涌遍整个祁连山下。

继中国石油首个单体装机规模最大的集中式光伏并网发电项目——玉门油田200兆瓦光伏电站建成投运后，玉门油田进一步拓展新能源种类渠道，今年已先后建成甘肃省首座氢气加注站、首条中长距离输氢管道。如今，玉门石油人正在全力以赴攻坚，确保年内建成一座300兆瓦光伏电站和一座80兆瓦储能电站，油田多能互补、绿色发展的新局面正在加速形成。

在距离玉门矿区1000千米外的陇东区块，环庆采油厂党委书记谭修中说："我们邀请公司首席专家、全国劳模、技术专家深入队站进行宣讲，把党的二十大精神和实际工作相结合，让员工们更好地践行党的二十大精神。"

如今，环庆新区已经建成年产40万吨产能规模的油田，年均新增原油产量10万吨；宁庆新区天然气在2022年年底将达到1亿立方米生产能力，到2025年力争达到8亿立方米。新区增储上产助力玉门油田勘探开发进入第五个增储上产高峰期。

玉门油田深刻领会党的二十大精神，围绕核心业务领域"高、精、尖、缺"引才需求，坚持把加强人才队伍建设作为科技兴企、人才强企的战略措施来抓，不断引进培养科技领军人才。

老君庙采油厂积极探索"项目+人才"管理模式，采取配备技术导师和技能导师的"双师制"培养方式，50多对师徒承担了60%的技术创新任务。炼化总厂充分用好现有高技能人才队伍资源，由高技能人才牵头成立攻关小组，深化开展岗位创新、难题攻关、技师大讲堂等活动，有力提升了高技能人才自主解决问题的能力，以点带面带动团队其他员工突破自我、快速成长成才。

（2022年11月3日《中国石油报》第二版）

实践中锻炼 项目中磨砺
玉门油田琢玉成器支撑油田清洁转型

（记者 周蕊 贺捷）11月30日，在玉门油田200兆瓦光伏项目的运维过程中，水电厂新能源项目部的张军发现发电单元存在低效发电的现象。经过技术人员多次数据采集、远程诊断、运营分析后，合理调整发电单元，最终使得光伏发电效率始终维持在94%以上。这是玉门油田在生产一线培育"三新"复合人才的有力举措。

当前，新能源业务作为玉门油田的四大支柱产业之一，已进入规模化发展的攻坚期，人才培养迫在眉睫。玉门油田坚持"选育管用"，推进员工能力培养与常态工作互融互推、项目建设和人才建设有机结合，形成了横向合作、纵向联动、培养与使用并举的新时代新能源人才工作格局。

玉门油田加大领军人才、高级技能人才及专业毕业生的引进力度，及时补充材料、装备制造、电气、新能源等相关专业的毕业生。在完善人才引进体制机制的基础上，玉门油田重在盘活内部人力资源，以此支撑油田推进清洁转型，确保新能源规模再扩大。与此同时，玉门油田大力推进内部员工流动转岗，通过专业化、系统化的实战培训，培养40余名精通新能源规划建设、运营管理的专业人才，优化了新能源人才队伍结构，满足了做大做优产业化规模、加快油田绿色低碳发展的需要。

在"摸清家底"的基础上，新能源业务吸收各部门、各岗位技术专家，组建专家组，为新能源项目前期可行性研究编制、设计等工作严格把关，提升项目前期的质量。围绕新能源发展瓶颈，玉门油田以"揭榜挂帅""项目+课题"等形式组建团队，先后选拔项目领军人才开展了14项公司级以上科研课题攻关。

玉门油田还以"着眼建设人才高地，打造全能型复合型人才"为思路，采取内训与外派、培训与实践相结合的方式，开设"新能源大讲堂"，搭建新能源实训室；协同规划总院，开展新能源专业提升培训班、碳资产管理员班、节能低碳班等。今年8月，玉门油田成功举办了集团公司首届新能源方向技能竞赛，以赛促学，以赛促训，培养了一批新能源后备人才。

此外，玉门油田坚持"请进来、走出去"，积极与国家电投、隆基股份、阳光电源等新能源制造研发企业开展学术交流，在人才培养、技术交流、成果转化等方面保持密切沟通与合作，实现资源共享、优势互补。

（2022年12月2日《中国石油报》第四版）

玉门油田首个碳汇林即将落户老君庙

（记者周蕊　通讯员陈雯）12月6日，记者从玉门油田质量安全环保处了解到，《中国石油"我为碳中和种棵树"石油摇篮林项目实施方案》已经通过油田公司安委会审核，于明年春季完成造林绿化。该项目的实施将充分发挥碳汇林固持二氧化碳的作用，助力企业碳达峰碳中和目标的实现。

作为绿色企业创建重点工作之一，该项目以259.4亩"石油摇篮林"建设为重点，广泛开展植树造林活动。建设地点共划2个林班，位于老君庙作业区7024岗区域和解放门影视基地，造林面积分别为47.4亩和212亩。

项目建设优先选择具有水土保持功能和固碳功能兼具的树种，在造林方式上选择具有水土保持工程措施功能的整地方式，辅以节水保墒措施，绿色低碳造林。为达到最佳固碳效果，相关专业人员实地考察生态、土质后，优选常绿乔木云杉作为主要树种，落叶乔木沙枣、白榆、白蜡、新疆杨作为伴生树种"落户"项目区。

玉门油田科学统筹决战全年目标

（记者周蕊　通讯员陈雯）深冬的宁夏盐池，滴水成冰。12月6日9时，李3井场压裂工作即将进入尾声。这是玉门油田 2022 年在盐池区块一口重点预探井的压裂工作，必须全力保证高标准、高效率完成施工任务。

"受疫情防控影响，第四季度压裂任务有所推迟。我们要努力把时间抢回来，确保一口压裂井不少、措施增油一吨不减、施工标准'不缩水'。"玉门油田作业公司压裂作业经理部副队长赵世龙说。玉门油田坚持把学习贯彻党的二十大精神和当前工作实际紧密结合在一起，科学统筹年底各项工作。

在老君庙采油厂，员工们已连续坚守岗位两个月。他们利用线上交流方式，确保决策性工作正常开展。隆 119 井区新钻开发井青 3-2 投产前后，相关部门负责人、采油专家及技术骨干对录井资料及测井数据进行研究探讨，确定以酸化求产，先夺取产量，再实施压裂改造的方式投产，不让研究有断档、不让钻机等井位、不让试油有间歇，体现出团结协作的战斗能力。

炼化总厂加强顶层设计，健全责任落实机制、考核激励机制，着力抓好优化增效、开源增效、管理增效、降费增效、改革增效、对标增效，制定了涵盖 7 大类 93 条提质增效措施，堵住成本管控"出血点"，增扩降本增效"造血点"，激发全员活力，深挖全业务链条潜力，提升生产经营效益水平。截至 11 月底，降本控费 1123 万元，增收增效 1943 万元。

新能源项目建设加快进行，油田各参建单位共同发力，抓住设备到货、人员到位、疫情防控三个关键点，以天倒计时，以小时为卡点，事情不拖延，问题不过夜，保证项目建设按预定计划正点运行，力争再现"玉门效率"，确保 300 兆瓦光伏并网发电项目、200 兆瓦光伏发电配套储能项目如期建成，助力玉门油田形成"油气电氢"综合能源发展新格局。

（2022 年 12 月 12 日《中国石油报》第二版）

玉门油田酒东 5 兆瓦分布式光伏发电项目开工

（记者周蕊　通讯员高璐玲）12 月 13 日，玉门油田酒东 5 兆瓦分布式光伏发电项目正式开工建设。这标志着已经有 83 年历史的老君庙采油厂正式踏上能源替代转型之路。

玉门油田酒东 5 兆瓦分布式光伏发电项目采用"3+2"模式建设，其中 3 兆瓦为酒东作业区长 205 井以北空地，其余 2 兆瓦为屋顶分布式光伏。其利用酒东作业区现场建筑物屋顶建设，面积为 8517.58 平方米，预计建设工期 30 天，建成后年均发电量可达 875.5 万千瓦时。

该项目坚持"自发自用、余电上网"的原则，利用太阳能采取分布式光伏发电方式，所产生电量除酒东作业区自用外，将余电集中起来经国家电网狼窝泉变电站整体输出并网销售。该项目年均可节约标准煤 5340 吨，并可创造效益。

玉门油田抢抓"双碳"重大机遇，按照集团公司"清洁替代、战略接替、绿色转型"三步走总体部署，新能源建设喜讯频传：酒东 20 兆瓦分布式光伏发电项目"中石油最大领先推进光伏项目基金"获得批复，进入前期阶段，可行性研究初步设计、招标建设方案论证等工作顺利推进；VOCs 治理项目招标服务已经完成，压缩空气、压缩二氧化碳储能项目正在可行性研究中。

未来，老君庙采油厂将坚持新老能源并重，打造既采油又发电、既贡献黑色石油又输出绿色能源的新型现代化采油厂，为推动玉门油田能源结构转型、降低化石能源占比、加大清洁能源供给力度做出贡献。

（2022 年 12 月 15 日《中国石油报》第二版）

重 要 会 议

【玉门油田公司2021年度主营业务工作会】 2022年1月6日，玉门油田公司以视频会方式召开2021年度主营业务工作会，总结2021年油气勘探、油田开发、炼化销售、新能源、工程技术攻关工作，分析各专业领域面临的形势，部署2022年重点工作，为全年主营业务发展定好基调、明好方向、做好安排。公司执行董事、党委书记刘战君主持会议，并就坚定不移发展好主营业务提出明确要求。

刘战君强调，要坚定不移发展好主营业务。主营业务是油田价值创造中心和利润贡献中心，是扭亏脱困、建设基业长青百年油田的核心支撑，要按照既定的工作部署，增强方向感、找准发力点，乘势而为、接续奋斗，苦干实干、再创佳绩。

刘战君首先肯定玉门油田主营业务取得的成绩。他强调，油田主营业务聚焦扭亏脱困和高质量发展要求，积极主动唱主角、当主力，进一步夯实主营业务发展的基础，为公司实现"十四五"良好开局做出重要贡献。

主营业务取得的这些鲜亮的成绩，靠的是党的全面领导、靠的是科技创新的有力支撑、靠的是改革的不断深化、靠的是干部员工的拼搏奉献，充分彰显"石油摇篮"蕴藏的巨大潜力和干部员工战胜困难的决心、意志和办法。正是得益于主业的成绩，玉门油田才创造了近年来最好的生产经营业绩，交出一份合格的答卷。

刘战君客观分析玉门油田主营业务面临的形势和挑战。刘战君指出，当前油田发展的总体形势呈现稳中向好、进中提质的态势。特别是2022年油田实现的经营利润创2007年以来最好业绩，站在了"扭亏脱困"的新高点。但也要清醒地看到有利形势下还存在稳中有变、变中有忧的情况，特别是2022年在克服新区折旧增加、炼化检修等影响因素的前提下如何实现持续减亏。就下一步主营业务如何发展，刘战君强调，要落实好部署要求，明确主营业务的主攻方向。明确工作主题，明确工作目标，明确工作重点。刘战君强调，要注重补短板，打造适应主业发展的技术利器。科技创新工作要瞄准油田急需技术，围绕"新区油气当量160万吨高效勘探开发""老区40万吨效益稳产""工程技术服务转型升级""炼油化工转型升级""新能源新材料及绿色低碳发展""数字化智能化油田建设"等六大科技工程，加强定向攻关，补齐短板弱项，打造适应扭亏脱困需要、富有玉门特色的技术利器，为主业发展提供强有力的技术支撑。

公司首席技术专家、助理级领导干部、公司部门负责人，各单位领导班子成员、副总师、部门科室长、基层队站长在主、分会场参加会议。

【玉门油田公司召开2021年度派驻纪委书记履职述职评议会暨党史学习教育专题民主生活会征求意见座谈会】 2022年1月7日，玉门油田公司召开2021年度派驻纪委书记履职述职评议会暨党史学习教育专题民主生活会征求意见座谈会，检验派驻纪检监督工作成效，系统谋划2022年纪检监督工作思路和举措。

公司纪委书记王盛鹏领学习近平总书记在北京考察2022年冬奥会、冬残奥会筹办备赛时的讲话精神、习近平总书记对石油行业11次重要指示批示精神、习近平总书记对纪检监察机关和纪检干部的要求。

就做好下一步工作，王盛鹏提出三点要求：派驻纪委书记要把准定位，着力体现"派"的权威和"驻"的优势。要提高监督能力，在坚持原则，敢于监督，勇于亮剑、动真碰硬上履职尽责。准确把握集团公司对纪检工作的新部署、新要求，准确把握油田纪检工作面临的新形势、新任务。

现场还征集党史学习教育专题生活会意见建议。

【玉门油田公司召开2022年工作会议暨八届二次职工代表大会】 2022年1月18日，玉门油田公司2022年工作会议暨八届二次职工代表大会召开。公司领导刘战君、来进和、苗国政、胡灵芝、梁宁、王盛鹏以及大会执行主席在主席台就座。公司总经理、党委副书记来进和主持会议。大会号召，面临新年新指标、新任务、新挑战，玉门油田公司各级组织和全体干部员工要以新气象、新担当、新作为，苦干实干、勇毅笃行，虎行生风，虎虎生威，确保实现公司2022年各项工作平稳起步、良好开局，在扭亏脱困和建设基业长青百年油田的征程中，创造出无愧于历史、无愧于时代的新业绩，以推进高质量发展优异成绩迎接党的二十大胜利召开。

【玉门油田公司工会召开十四届五次全委（扩大）会议】 2022年3月16日，玉门油田公司工会召开十四届五次全委（扩大）会议，总结2021年工会工作，全面部署2022年重点工作。会议强调，要把握工会组织新使命、新任务、新目标，深化改革创新，激发基层活力，践行初心使命，竭诚服务职工，奋力开创新时代工会工作新局面。会议的主要任务是以习近平新时代中国特色社会主义思想为指导，深入贯彻落实党的十九大和十九届历次全会精神，总结2021年公司工会工作，安排部署2022年工作任务，动员号召全体工会干部和广大员工埋头苦干、勇毅前行，以优异成绩迎接党的二十大胜利召开。

公司副总经理、工会主席苗国政就推进下一步工会工作强调：要突出政治建设，把牢工会工作正确政治方向；要围绕中心、服务大局，团结动员广大职工在推动实现公司扭亏脱困征程中建功立业；要强化维权服务，推动构建和谐劳动关系。

【玉门油田召开2022年炼化装置、水电设备大检修启动会】 2022年4月2日，玉门油田公司召开2022年炼化装置、水电设备大检修启动会，就炼化装置、水电设备检修策划、修理费用的管控、检修项目梳理、设计委托检修相关内容进行部署，并要求各单位高度重视、精心组织，全力做好今年炼化装置、水电设备大检修的各项准备工作。

经公司党委研究决定，自2022年4月1日开始，公司油气生产大会战活动全面启动。

【玉门油田公司召开2022年一季度生产经营分析会暨提质增效价值创造部署会】 2022年4月8日，玉门油田公司以视频会议形式召开一季度生产经营分析会暨提质增效价值创造部署会，对照年初确定的重点工作和整体思路，对标对表，全面盘点一季度疫情防控和生产经营工作，精准施策，安排部署二季度重点工作。公司执行董事、党委书记刘战君强调，油田上下要坚持"一盘棋"的思想，集中一切优势力量，争取油田生产经营的全局主动。

公司纪委书记王盛鹏主持会议，并就贯彻落实会议精神提出要求，各单位各部门要立即行动起来，采取多种形式学习，完善方案、厘清思路、细化措施，把干部员工的思想行动统一到会议的部署上来。各单位要对照公司党委、公司要求，狠抓落实，要正确看待一季度的工作成果。从讲政治、顾大局的高度，深刻认识二季度生产经营工作的重要性，紧抓黄金季节，以实际行动确保上半年目标实现。要统筹推进各项重点工作。坚决落实公司既定的工作部署，结合党史学习教育常态化、长效化和"转观念、勇担当、强管理、创一流"主题教育活动，鼓足干劲，开足马力，坚决完成进度目标，为全年的业绩目标实现奠定基础。

公司总地质师唐海忠，首席技术专家、助理级领导和机关各部门负责人在主会场参会；各单位领导班子成员、高级技术专家、副总师等相关部门负责人在分会场参加会议。

【中国共产党玉门油田分公司召开第三次代表大会】 2022年6月8日，中国共产党玉门油田分公司第三次代表大会开幕。刘战君代表中国共产党玉门油田分公司第二届委员会向大会作题为《决胜整体扭亏脱困，开创高质量发展新局面，锚定建成基业长青百年油田的美好愿景勇毅前行》的报告。

大会主题是：锚定目标，牢记使命，坚持以习近平新时代中国特色社会主义思想为指导，决胜整体扭亏脱困，开创高质量发展新局面，为建成基业长青百年油田不懈奋斗。

大会由来进和主持。苗国政宣读集团公司党组贺信。刘战君向大会作报告。报告共分三个部分：在习近平新时代中国特色社会主义思想指引下石油摇篮改革发展稳定取得历史性成就；全面准确把握油田发展的阶段性特征，奋力开创打赢扭亏脱困攻坚仗推进高质量发展的新局面；坚定不移以习近平新时代中国特色社会主义思想为指引，夺取基业长青百年油田建设新胜利。王盛鹏代表公司纪律检查委员会作题为《聚焦扭亏脱困，忠诚履职尽责，踔厉奋发服务保障基业长青百年油田建设》的报告。梁宁代表中国共产党玉门油田分公司第二届委员会作关于党费收缴使用管理及党组织工作经费使用管理情况报告。

中共酒泉市委、玉门市委、肃州区委、环县县委，西北销售公司党委、青海油田公司党委、兰州石化公司党委、甘肃销售公司党委、国家管网西部管道公司党委、西部钻探工程有限公司党委等地方党组织、中国石油及央企兄弟单位派代表到会祝贺；新华社甘肃分社、甘肃日报、中国石油报、酒泉日报、酒泉电视台等媒体参加报道此次大会。

【玉门油田公司召开上半年生产经营分析会】2022年7月8日，玉门油田公司召开上半年生产经营分析会，系统总结上半年工作运行情况，深入分析生产经营和安全面临的形势、存在的问题，部署三季度工作。公司执行董事、党委书记刘战君强调，始终保持赶考的清醒和坚定，在"变化"中"优化"工作举措，在"抓紧"中"抓好"工作落实，以"赶早"的心态、"争先"的姿态、"赶超"的状态，全力做好下半年各项工作，以实际行动为党的二十大献礼。

公司企管法规处结合当前形势，着重讲解了"反围猎"和招标选商法律责任相关规定。公司总法律顾问通报玉门油田上半年生产指标完成情况，总结生产经营和提质增效取得的成效，提出三季度重点工作要求。公司副总经理、安全总监胡灵芝总结玉门油田上半年生产运行工作及QHSE工作，对三季度生产指标、安全重点工作和下半年QHSE工作做出具体安排。

刘战君强调指出，上半年油田各单位均全面完成预算指标，实现"满堂红"。与一季度相比进步是显著的，特别是上半年提质增效方面亮点突出：油田深化改革初见成效，经营主体单位的地位在逐步显现；在降本增效上，上半年油田的伴生气回收创效明显；炼化总厂在今年市场相对较好的状况下，通过扩销增效，创效有所提升；油田外部创收同比增加；油田税收筹划节约资金近亿元；新能源成本下降四分之一，取得了开创性成绩。重点要在4个方面有清醒认识，要清醒认识上半年公司账面盈利，既有大家的辛苦付出、也有市场的有力助推，但总体上距离本质扭亏的目标仍有差距；要清醒认识上半年发展大局虽保持平稳，但风险隐患仍未完全消除，总体上距离本质安全的要求仍有差距；要清醒认识上半年稳增长形势在不断趋好，但稳健增长的动力不够强劲，总体上距离全年既定的目标任务仍有差距；要清醒认识上半年党的建设不断改进加强，但仍有薄弱环节和不足之处，总体上距离提高党建质量的部署仍有差距。

刘战君强调，一切工作要聚焦，以实际行动为党的二十大献礼。要以稳增长的有力行动为平稳健康的经济环境贡献力量。要以保平安的有力行动为国泰民安的社会环境贡献力量。要以强党建的有力行动为风清气正的政治环境贡献力量。

公司纪委书记王盛鹏主持会议，公司首席技术专家、副总师，公司部门负责人在主会场参加会议，油田各单位在分会场参加会议。

【玉门油田公司召开党委（扩大）会】 2022年8月20日，玉门油田公司召开党委会（扩大），学习贯彻8月17日戴厚良董事长听取玉门油田工作汇报时的工作要求。公司党委书记、执行董事刘战君主持会议。

8月17日，刘战君代表玉门油田向集团公司党组书记、董事长戴厚良汇报工作情况。戴厚良听取汇报后对玉门油田近两年生产经营等各方面工作取得的成绩表示肯定和祝贺。戴厚良指出，在严峻复杂的经济形势下，玉门油田作为一个开发80多年的老油田，2022年上半年扭亏脱困取得来之不易的新成绩，特别是干部队伍、员工精神面貌有根本性的改变。这得益于玉门油田领导班子坚强有力、团结一致、抓工作一丝不苟，得益于全体干部员工的艰苦奋斗和齐心协力。玉门油田以改革为动力，继承发扬优良传统，在"双碳"目标下，不断增强抢抓机遇的能力和意识，扎实推动各项工作稳步发展，取得很好的业绩。特别是新能源发展方面，走在集团公司前列，做出表率。

【玉门油田公司召开三季度生产经营分析会】 2022年10月9日，玉门油田公司以视频方式召开三季度生产经营分析会，传达集团公司依法合规治企精神，总结油田前三季度的生产运行、经营状况和安全环保工作，安排部署四季度重点工作。公司执行董事、党委书记刘战君对做好下一阶段重点工作提出明确要求。

【公司召开党委（扩大）会】 2022年10月17日上午，公司党委在中国共产党第二十次全国代表大会开幕后，第一时间组织召开公司党委会（扩大），学习贯彻中国共产党第二十次全国代表大会精神。公司党委书记、执行董事刘战君主持会议并提出要求：站在政治高度，坚持更高标准和更严要求，把学习党的二十大精神作为当前的第一要务，学以致用，以实际行动推动党的二十大精神贯彻落实。公司党委领导班子成员来进和、胡灵芝、王盛鹏、茹士涛参加学习。

会议学习习近平总书记在中国共产党第二十次全国代表大会上作的报告；习近平总书记在中共中央召开党外人士座谈会征求对中共二十大报告的意见时的重要讲话。结合学习内容以及实际工作，与会人员分享学习心得，畅谈学习认识与体会，并就加快推进公司扭亏脱困、建设数字化油田、依法合规治企、全面从严治党、加快推进新能源业务发展、人才兴企战略、传承石油摇篮文化、加大油气勘探开发力度、加强维护海外员工利益、践行绿色发展理念、民生等具体问题深入探讨，制定落实措施。

就深入学习贯彻落实习近平总书记在中国共产党第二十次全国代表大会上作的报告精神，刘战君强调，要全面开展深入学习党的二十大精神的活动。要通过学习不断深化对党的二十大报告精神的内涵和核心要义的掌握。要学以致用，以实际行动推动党的二十大精神贯彻落实。

【玉门油田公司召开2022年度勘探专题研讨会】 2022年12月17日，玉门油田公司召开2022年度勘探专题研讨会，全面总结过去一年取得的油气勘探成果和经验做法，深入剖析油气勘探业务遇到的困难挑战和技术瓶颈，研讨解决对策，科学部署2023年勘探工作，充分发挥油气资源在油田"油气并举、多能驱动"总体战略中的"压舱石"作用。公司执行董事、党委书记刘战君对做好下一步勘探工作提出具体要求。

【玉门油田公司召开炼化业务 2022 年度技术研讨会】 2022 年 12 月 19 日，玉门油田公司召开炼化业务 2022 年度技术研讨会，全面梳理展示油田炼化业务 2022 年度工作成效，部署 2023 年目标任务。公司总经理、党委副书记来进和强调，炼化转型升级要与新能源业务深度融合，不断推动高质量可持续发展。总会计师茹士涛参加会议。与会人员深度剖析炼化行业发展趋势与技术革新走向，针对发展"瓶颈"打破惯性思维，另辟蹊径，畅谈很多建设性的思路和方法，为炼厂 2023 年完成原油加工任务提出了意见和建议。

来进和对 2023 年炼化工作提出具体要求：要推动炼化业务高质量发展再上新台阶，坚持效益为先理念，完成 220 万吨/年加工量；建设安全无事故工厂，创造安全、整洁、规范的生产环境；转型升级要取得实质性重大进展。项目要落地，要见到效益；企业形象要有新提升。质量安全环保的底线要守住，要履行好政治责任、经济责任、社会责任。要持续提升盈利能力，加快推进转型升级，着力抓好 5 项工作：着力提升创效水平；着力守住质量安全环保底线；着力强化守法合规；着力强化作风建设；着力强化党的建设。炼化转型升级要与新能源业务深度融合发展。这是实现油田可持续发展的必由之路，是推动高质量发展的重要途径。要做到统筹谋划，全力推进重点项目实施，加快数字化转型步伐，注重科技创新人才培养。公司机关部门负责人、炼化业务系统技术人员等参加了研讨。

【玉门油田公司党委召开 2022 年度党委书记抓基层党建工作现场述职评议会】 2022 年 12 月 20 日，玉门油田公司党委召开 2022 年度党委书记抓基层党建工作现场述职评议会。会议强调，要全面贯彻习近平新时代中国特色社会主义思想，坚决贯彻落实党的二十大精神以及集团公司党组、油田公司党委决策部署，进一步增强抓好党建工作的责任感、使命感和紧迫感，把近期和长远结合起来、把开局和全局衔接起来，坚持问题导向，增强系统思维，铆足干劲，守正创新，全力打好年底"收官战"，用良好的业绩贯彻落实党的二十大精神，为公司再创佳绩提供强有力的政治保障和组织保障。公司党委书记、执行董事刘战君，党委副书记、总经理来进和，副总经理、安全总监胡灵芝，纪委书记王盛鹏，总地质师唐海忠，总会计师茹士涛参加会议。

【玉门油田公司召开油田海外业务开发二十周年表彰大会暨 2022 年度市场开发工作会】 2022 年 12 月 20 日，玉门油田公司召开海外业务开发 20 周年表彰大会暨 2022 年度市场开发工作会，全面总结玉门油田 20 年来海外业务发展取得的成绩和经验；总结 2022 年公司市场开发工作，部署 2023 年及今后几年的整体工作。公司执行董事、党委书记刘战君要求，学习海外业务发展成功经验，直面市场发展挑战，全面开创工程技术服务业务效益发展新局面。

（詹文亮）

重 大 活 动

【玉门油田公司领导看望慰问值班值守一线干部员工】 2022 年 2 月 1 日，玉门油田公司执行董事、党委书记刘战君一大早就来到玉门矿区，慰问在新春佳节仍然坚守在生产一线的干部员工。刘战君先后来到矿区老君庙采油厂、油田作业公司、生产服务保障中心、炼化总厂、水电厂、综合服务处、应急与综治中心慰问坚守岗位辛勤工作的干部员工，检查干部值班值守工作，了解生产经营、安全生产和服务保障等情况，向节日期间坚守岗位的干部员工表示亲切慰问。

【甘肃省领导现场调研油田新能源项目】 2022年3月4日，甘肃省委常委、省政府党组副书记、常务副省长程晓波一行到玉门油田玉门东200兆瓦光伏发电示范项目现场调研。程晓波听取玉门油田基本概况、项目投资建设、绿氢综合利用及氢储运方案、电站近期运行情况，以及正在规划的"十四五"期间新项目等方面的内容汇报，对玉门油田能够顺应低碳经济、绿色能源的发展趋势，率先建成中国石油单体装机规模最大的集中式光伏并网发电站表示肯定，对油田以43天完成项目前期、60天完成主体工程的"玉门速度"给予高度评价，并叮嘱地方政府要大力支持玉门油田新能源产业的发展，切实帮助解决实际困难，也鼓励玉门油田为甘肃新能源发展做出更大贡献。

【甘肃省首条中长距离纯氢管道玉门油田输氢管道工程开工】 2022年4月22日，玉门油田输氢管道工程开工仪式在炼化总厂加氢站举行，标志着甘肃省第一条中长距离纯氢管道正式开工。酒泉市委书记王立奇下达开工令，玉门油田公司执行董事、党委书记刘战君主持开工仪式。

玉门油田作为甘肃省氢能源产业链链主企业，做好氢的储输设施建设对加快氢产业链的打造和氢能综合利用至关重要。此次开工的输氢管道工程，是继2021年玉门东200兆瓦光伏发电示范项目成功投运后，又一个重大新能源项目的重要配套工程，是贯彻落实省市氢能源发展部署的具体行动。公司总经理、党委副书记来进和介绍输氢管道工程项目情况。

酒泉市委副书记、市长唐培宏出席开工仪式并讲话，指出，玉门油田开工建设的输氢管道工程，是玉门油田发挥全省氢能源产业链链主企业优势，加快油田能源结构转型、助力地方经济社会发展的具体行动，也是酒泉市加强地企合作，共同推进氢能产业发展，全力打造全国新能源产业示范区的重要举措，标志着酒泉市氢能全产业链发展迈出了坚实步伐。输氢管道工程的建设将对酒泉市乃至甘肃省氢能产业发展起到重要示范作用，将为酒泉市争取全省氢能产业发展试点示范城市提供有力支撑。希望玉门油田、项目建设单位集中优势资源，调动精干力量，紧盯时间节点，加快工程进度，力争早日建成，打造全市新能源产业发展的新样板。

刘战君就油田做好下一步工作，抓好贯彻落实，强调：提高站位，坚决贯彻部署要求。再接再厉，加快项目建设运行。以点带面，更好支撑地方发展。中国石油北京项目管理公司天津设计院副院长姜为民代表输氢管道工程项目建设单位作表态发言。仪式结束后，出席仪式的领导参观输氢管道工程项目施工现场。

公司领导班子成员，酒泉市主要领导，酒泉市相关单位主要负责同志，玉门市主要领导，公司助理级领导、部门和基层单位的代表，工程建设单位代表参加仪式。新华社甘肃分社、甘肃日报社、《中国石油报社》《酒泉日报社》、酒泉电视台等媒体对开工仪式进行报道。

【玉门油田公司召开庆祝建团100周年"五四"表彰大会暨"青马工程"启动会】 2022年4月25日，玉门油田公司召开庆祝建团100周年"五四"表彰大会暨"青马工程"启动会。公司党委书记、执行董事刘战君为团员青年代表讲授《厚植成长沃土，激发青年活力，凝聚起建设基业长青百年油田的青春力量》专题团课，为团员青年谋划人生理想，指明前进方向，寄予殷切期望。

他强调，首先要突出政治引领，点亮青年理想信念之光。要充分发挥党建带团建优势，引领青年赓续红色血脉，引领青年传承创业精神，引领青年坚定发展信心，将个人的素养提升和能力提档融入油田发展的新形势、融入岗位工作的新需求，确保油田广大团员青年的思想和行动始终与公司发展形势任务相融合；其次，要强化实干担当，凝聚青年建功发展之力。要激励青年立足岗位挑重担，激励青年创新创效当先锋，激励青年紧跟发展强作为，引导青年敢于有梦、勇于追梦、勤于圆梦，助力培养一支堪当百年油田建设的摇篮青年铁军；要聚焦"生聚理用"，打通青年成长成才之道。要培养潜于科研的青年，培养精于技能的青年，培养善于管理的青年。实施"青马工程"培养计划，分层推进"青年马克思主义者培养工程"，采取"理论学习、红色教育、实践锻炼"等形式，将"青马工程"与中青年人才、技能人才、海外项目储备人才培训等相结合，实现培养、选拔、储备"三个一批"的工作目标，着力培养一批信仰坚定、能力突出、素质优良、作风过硬的青年政治骨干，为公司人才强企工程实施做出积极贡献。

公司党委委员、副总经理、安全总监胡灵芝主持会议，并就贯彻落实此次会议精神提出明确要求：公司团委要把这次团课作为引领青年加强政治建设的"必修课"，带领油田广大团员青年把思想和行动进一步统一到公司各项决策部署上来。油田各级组织要充分调动广大团员青年的积极性，成立针对性的青年突击队，为大会战多做贡献。广大团员青年要充分发挥青年思维活跃、接受力强、善于创新的优势，为油田高质量发展和人才强企工程发挥青年作用。

【国家能源计量中心（电力）授权玉门油田成立酒泉新能源分中心】 2022年6月20日，国家能源计量中心（电力）以国能计电函〔2022〕3号正式函告，同意依托玉门油田公司成立"国家能源计量中心（电力）酒泉新能源分中心"。中心的主要任务是：按照国家能源计量中心（电力）的统一安排和部署，配合做好有关重点任务的建设和实施，形成资源互补和服务协同；发挥高比例新能源区域发展优势，开展新能源数据采集监测、碳核算、碳计量等技术攻关、标准制定和应用落地；加强数字技术与新型电力系统的融合研究，深入挖掘新能源计量数据价值，为政府、企业和用户提供权威准确的新能源数据统计、分析、应用、咨询等全方位服务；依托区位特点和新能源资源优势，开展新能源计量相关平台系统建设、试验测试验证、典型示范应用，形成原创性成果和产业链整体解决方案，打造示范引领工程和新能源全链条综合示范演示中心。

玉门油田将围绕分中心的任务目标，充分利用区域新能源资源优势和油田自身条件，深入开展各业务体系竞争力分析，依托各方力量做好分中心建设和任务落实，发挥能源计量在节能减排和新能源中的基础支撑作用，不断提升油田新能源业务发展质量，助力酒泉地区实现"双碳"目标和以新能源为主体的新型电力系统建设，更好服务国家能源安全战略，带动西北地区绿色低碳发展。

【玉门油田公司党委召开庆"七一"座谈会】 2022年6月29日，玉门油田公司党委召开"贯彻落实党代会精神、纪念建党101周年、喜迎党的二十大"庆"七一"座谈会。座谈会以贯彻落实党代会精神为主题，以"公开一项主题承诺，开展一项主题交流，组织一次主题例会，讲授一堂主题党课"的"四个一"活动为主要内容。公司党委书记、执行董事刘战君讲授专题党课，党委副书记、总经理来进和主持会议，领导班子成员苗国政、胡灵芝、梁宁、王盛鹏、唐海忠参加座谈会。公司新一届党委领导班子成员、公司副总师、机关部门负责人、基层单位党委书记、优秀党员代表来到市政广场，开展"弘扬铁人精神，喜迎党的二十大，贯彻落实党代会精神"专题学习活动。

【环庆采油厂虎洞接转注站投运成功】 2022年8月10日，玉门油田公司环庆采油厂虎洞接转站原油处理系统一次性投产成功，项目组5名先锋骨干发挥中坚力量，常驻环县奋战77天，投运工艺设备28台套、电气设备24台套，检测调试自控219回路。工程技术研究院担当技术顾问，除参与系统调试组态、流程优化外，还负责现场监理严格质量把关。

【玉门油田公司领导中秋视频连线 慰问乍得员工及家属】 2022年9月9日，玉门油田公司执行董事、党委书记刘战君中秋视频连线慰问乍得员工及家属。公司领导刘战君、苗国政、胡灵芝通过视频连线，为乍得上下游、土库曼斯坦项目员工送去中秋"云祝福"，表达节日的诚挚问候。公司副总经理、工会主席苗国政主持连线。公司副总经理、安全总监胡灵芝代表公司党委宣读慰问信。

【玉门油田完成首笔绿电交易】 2022年9月15日，玉门油田完成首笔绿电交易，成为中国石油第一家完成绿电交易的企业。

【环庆采油厂原油日产突破1000吨】 2022年10月15日，环庆采油厂原油日产突破1000吨，天然气日产踏上18万立方米，油气当量达到1140吨/日，环庆作业区迈进鄂尔多斯盆地原油日产1000吨的大型作业区行列。

（詹文亮）

索　引

使 用 说 明

一、本索引采用内容分析索引法编制。除大事记外，年鉴中有实质检索意义的内容均予以标引，以便检索使用。

二、本索引基本上按汉语拼音音序排列。具体排列方法如下：以数字开头的，排在最前面；以汉字标目按首字的音序、音调依次排列，首字相同时，则以第二个字排序，并依此类推。

三、索引标目后的数字，标示检索内容所在的年鉴正文页码；数字后面的英文字母a、b，表示年鉴正文中的栏别，合在一起即指该页码及左、右两个版面区域。年鉴中用表图反映的内容，则在索引标目后面用括号注明（表）或（图）字，以区别于文字标目。

四、为反映索引款目间的隶属关系，对于二级标目，采取在上一级标目下缩二格的形式编排，之下再按汉语拼音音序、音调排列。

0～9

2022年炼化总厂主要技术经济指标汇总表（表）　68
2022年炼化总厂主要产品产量汇总表（表）　68
2022年炼化总厂生产装置一览表（表）　73
2022年炼化总厂提质增效技改技措项目汇总表（表）　74
2022年配置产品销售同期对比表（表）　77
2022年主要自销产品销售同期对比表（表）　78
2022年玉门油田公司承担和开展的科技项目情况表（表）　81
2022年度玉门油田公司科技成果奖励一览表　84
2022年玉门油田公司行业标准、企业标准发布目录一览表　85
2022年玉门油田建设工程项目统计表（表）　99
2022年玉门油田工会系统省部级表彰奖励一览表（集体）（表）　139
2022年玉门油田工会系统省部级表彰奖励一览表（个人）（表）　139
2022年大事纪要　256

A–Z

HSE体系建设　98a

A

安全环保　95
　　质量监察　95b
　　安全监察　96a
　　环保监察　97b
　　特种设备监察　98a
　　重要成果　98b
安全工作　175a，181a，191a，197a，203b，210a，219b，231a，234b，244a，249b

B

部级奖励　281a
标准化工作　85a

报刊文摘　362

C

财务资产　113
　　预算管理　113a
　　价税管理　114a
　　会计核算　114b
　　资产管理　115a
　　资金管理与稽核　86a
　　资本运营与信息管理　116a
采矿权管理　63b
测井工程　55a
储运销售　76
　　原油外进　76a
　　储运设施　76a
　　计量管理　76b
　　质量管理　77a
　　油品销售　77b
　　重要成果　78a

D

党组织建设　128
　　党建制度　128a
　　党员教育　129b
　　发展党员　130a
　　党组织建设工作　130a
　　重要成果　130b
党委领导机构　128
中国共产党玉门油田分公司委员会　128a
玉门油田分公司党委工作机构　128b
对外合作　89
　　外事工作　89a
　　国际业务社会安全管理　89b
　　对外市场开拓　89b

F

法律事务与合同管理　108a
反腐倡廉教育　131b
范铭涛　158b

G

工会工作　136
　　组织建设　136b
　　劳模管理　137a
　　劳动竞赛　137b
　　民主管理　138a
　　扶贫助困　138a
　　文体活动　138a
　　女工工作　138b
　　工会奖励　138b
共青团工作　144
　　组织建设　144a
　　思想教育　144a
　　特色活动　144a
　　荣誉　144b
工程技术研究院
　　组织机构图　152
　　科技创新　191a
　　安全工作　191a
　　钻井工程　192a
　　采油气工程　192b
　　地面工程　193a
　　数字化建设　193b
　　新能源建设　194a
　　特种油品研究　194b
共享中心
　　组织机构图　156
　　经营工作　247b
　　队伍建设　249a

  合规管理　249a
  安全工作　249b
  意识形态　250a
公司领导分工　161a
公司领导分工再调整　163a
规章制度　284
规划计划　109
  规划计划管理　110a
  项目管理　110b
  工程造价　111a
  计划统计　111b
  炼化管理　112a
  新能源业务　112b

H

合规管理　171a，174b，179b，196b，205b，213b，219a，224a，234a，243b，249a
环庆采油厂（环庆分公司）　154
  组织机构图　152
  安全工作　175a
  勘探油气　174a
  工程建设　175b
  合规管理　174b
  油田开发　174a
胡灵芝　159b

J

基建设备　99
  工程管理　101a
  设备管理　102b
  完整性管理　104a
  重要成果　105a
纪检监察　100
  党风廉政建设　131a
  反腐倡廉教育　131b
  执纪审查　132a
  监督检查　132a
  队伍建设　133a
  政治巡察　132b
机械厂
  组织机构图　154
  经营工作　223b
  合规管理　224a
  安全环保　224b
  科技创新　225b
  设备管理　226a
监督中心
  组织机构图　155
  合规管理　234a
  监督业务　235b

K

开发部署　60a
勘探成果　56b
勘探开发研究院
  组织机构图　152
  科研工作　183b
  科技成果　184a
  科技创新　187a
  新区石油　184a
  新区天然气　185a
  玉门本部　186a
  海外项目研究　186b
  信息化建设　186b
  提质增效　187b
科技信息　80
科技管理　80a
  科技项目　81a
  知识产权　83a
  石油学会　85a
  标准化工作　85a

索　引

信息管理　87a
信息系统　87b
网络安全　88b
科技成果　58a

L

来进和　158a
老君庙采油厂　51
　　科技创新　170b
　　组织机构图　151
　　经营管理　169a
　　合规管理　171a
　　安全管控　169b
　　油田开发　168a
梁宁　160a
录井工程　55a
炼油化工　68
　　生产经营　68a
　　主要装置　70a
　　技术改造　74a
　　工程建设　74a
炼油化工总厂
　　组织机构图　133
　　经营工作　196a
　　合规管理　196b
　　科技创新　197b
　　安全工作　197a
　　工程建设　198a
　　设备管理　199a
领导简介及分工　157
领导名单　164
　　玉门油田公司领导　164a
　　玉门石油管理局有限公司领导　164a
　　玉门油田公司副总师、安全副总监、总法律顾问　164a

玉门油田公司机关部门领导　164a
玉门油田公司所属单位领导　165a
领导分工调整　162b
离退休人员管理中心
　　组织机构图　157
　　为老服务　252a
　　老年大学　252b
　　基础管理　253a
　　疫情防控　254b
刘战君　157a

M

苗国政　159a
民主管理　138a

N

内控与风险管理　107a
女工工作　138b

P

培训工作　206a
企管法规　105
　　改革与企业管理　106a
　　规章制度与合规管理　106b
　　内控与风险管理　107a
　　法律事务与合同管理　108a
　　招标与物资管理　109a
企业文化　133
　　政治理论学习　133a
　　意识形态工作　134a
　　主题教育活动　134b
　　思想政治工作　134b
　　企业文化建设　135b
　　新闻宣传（中国石油报玉门记者站）　135a

R

人力资源　122
 领导班子建设　122a
 劳动用工管理　123b
 组织结构优化　123a
 劳动用工管理　123b
 人才选拔培养　124a
 薪酬成本管控　124b
 员工素质提升　124b
 业绩考核管理　125a
 人事基础工作　125b
 重要荣誉成果　125b
荣誉奖励　280
 专利奖项　280a
 甘肃省奖项　280a
 部级奖励　281b
茹士涛　161a

S

审计监督　117
 经济责任审计　117a
 建设工程审计　117a
 专项审计　117b
 管理效益审计　117b
生产服务保障中心
（玉门油田工程建设有限责任公司）
 组织机构图　154
 经营工作　218a
 合规管理　219a
 安全工作　219b
 科技创新　220b
 工程建设　220b
 设备管理　221b
生产运行　92
 运行协调　92a

工程技术　94a
井控与应急　94b
炼化管理　95b
石油学会　85a
水电厂
 组织机构图　153
 设备状况　208a
 新能源业务　212b
 生产经营　210a
 安全工作　210a
 工程建设　211b
 设备管理　212a

T

特色活动　144a
唐海忠　160b

W

王盛鹏　160a
物资采购管理中心（物资供应处）
 组织机构图　156
 对外创收　245a
 经营工作　242a
 合规管理　243b
 安全工作　244a
 设备管理　245b
物探工程　54a

X

项目管理　110b
信息管理　87a
信息系统　87b
新闻宣传（中国石油报玉门记者站）　135a
新能源业务
 绿电业务　64a

索 引

氢能业务　65a

Y

原油外进　51b
油气勘探　54
　　油气勘探工作　54a
　　物探工程　54a
　　测井工程　55a
　　录井工程　55a
　　试油工程　55b
　　技术应用情况　56a
　　勘探成果　56b
油田开发　56
　　开发部署　60a
　　油气产量　60a
　　油藏工程　60b
　　钻采工艺　62a
　　采矿权管理　63b
应急与综治中心（消防支队、武装部）
　　组织机构图　155
　　保卫工作　238a
　　武装工作　239a
　　消防工作　239b
　　设备管理　239b
　　防火安全监督　240a
　　合规管理　240b
　　费用控制与创收　240b
油藏工程　60b
玉门油田作业公司
　　组织机构图　153
　　经营工作　202b
　　合规管理　205b
　　外拓市场　203a
　　安全工作　203b
　　科技创新　204b
　　设备管理　205a

玉门油田乍得有限责任公司　179
　　合规管理　179b
　　经营工作　180b
　　安全工作　181a
　　组织机构图　154

Z

在玉门油田公司2022年工作会议暨八届一次职工
　　代表大会上的讲话　43
钻采工艺　62a
综合办公　120
　　综合管理　120a
　　政研工作　120b
　　文书运行　1211b
　　保密管理　121b
　　维稳信访　121b
　　荣誉奖励　122a
综合服务处
　　组织机构图　155
　　主要业务　230a
　　经营工作　230b
　　服务配合　230b
　　提质增效　231a
　　设备管理　231b
中国石油天然气股份有限公司玉门油田分公司
　　2022年工作情况概述　2
重要成果　63b,65b,78a,98b,105a,118a,130b,136a,
　　200b,222b,237a
组织结构　146
　　公司组织机构　146b
　　直属机构组织机构图　150a
　　二级单位组织机构图　151a
重要会议　386
重大活动　390
组织建设　136b，144a
专项审计　117b

编 后 记

《中国石油玉门油田公司年鉴2023》是玉门油田公司正式出版的第10本年鉴，内容涵盖玉门油田公司2022年政治、经济、文化、改革、发展等各个领域。在编辑过程中，重点追踪玉门油田公司2022年发生的重大事件，体现年度历史进展特色，反映玉门油田公司年度工作特点。在保持整体篇目框架结构的基础上，本卷年鉴力求资料翔实、图片丰富、对比鲜明，转载玉门油田公司重要会议、重大活动、报道、制度等，扩充信息量，使年鉴更具工具性和实用性特点，同时尽量使版式设计规范严整，力求文字叙述平实、流畅。

《中国石油玉门油田公司年鉴2023》的编辑出版工作，始终得到玉门油田公司党委、玉门油田公司领导和各单位、部门领导的高度重视，玉门油田公司执行董事、党委书记刘战君为本卷年鉴作序；玉门油田公司机关各部门、各单位领导为本卷年鉴出版提供各种形式的支持和帮助；新闻中心摄影记者、各单位摄影爱好者提供重要照片资料；各部门、各单位负责年鉴工作的联系人和撰稿人为本卷年鉴编辑出版付出辛勤劳动；玉门油田公司（党委）办公室主任闫正云为年鉴的出版做了大量的协调工作，玉门油田公司共享中心党委书记朱克忠、副经理万瑞玲直接参与年鉴内容的审订、编写、统稿和组织协调工作。此外，石油工业出版社为本卷年鉴出版提供鼎力协助，指导年鉴编辑和出版工作，在此致以诚挚的谢意。

尽管在《中国石油玉门油田公司年鉴2023》的编纂过程中，我们百倍努力，历经艰辛，但限于工作经验、能力、水平等因素，书中难免存在疏漏和不足，恳请提出批评、建议和意见，便于我们把这项工作做得更好。

《中国石油玉门油田公司年鉴》编辑部

2023年12月

玉門油田賦

霍松林題

浩浩西北，茫茫戈壁，嘉峪關外，石油搖籃。依祁連之余脈，接油河之近濱。采天地之靈氣，汲河山之芳芬。書民族工業之史記，譜中華油田之華章。

玉門石油，肇端久遠。后漢郡國志，言之鑿鑿。西晉博物志，鈎沉切切。物華天寶，古已為用。先民睿智，照明醫用，潤軸御敵，典籍所及，不一而足。

唯塞外遠遙，交通阻隔，黄沙直上，春風難度。藏富礦而乏問津，蘊黑金而未開發。身懷寶而苦匱乏，用洋油而國受辱。直引志士空自扼腕，發喟長嘆！

抗戰烽火，民族危亡，拳拳愛國壯士，荒漠誓縛油龍。弓形山下，篳路藍縷；石油河畔，焚膏繼晷；老君廟前，油流奔涌。抗日油氣之生命綫自此

[illegible]

人民解放，油礦新生。建設基地，似火如荼，石油體系，描成輪廓。襟懷大局，擔“三大四出”重任；放眼華夏，歌振興石油之風。

勘探開發，濫觴玉門；技術工藝，開啓先河。煉化產品，填補空白；油業星火，噴薄燎原。開拓奮進，踵武相繼；煥彩流輝，崛起可期。

車轔轔，會戰大慶邁步征程；馬蕭蕭，奔赴隴東千里馳騁；意深深，火焰山下揮灑豪情。

九州大地，華夏沃土，凡有石油處，皆有玉門人。石油搖籃，油業先導；俊彥燦繁，鐵人揚名。

慷慨無私，支援別人；艱辛歷盡，發展自己。玉門精神，彰顯當代工人風骨；“人拉肩扛”，創造中華石油壯舉。

噫吁兮！雄關漫步，撫今追昔：幾千年歷史轉瞬飛逝；七十載創業春華秋實。曄曄油城兮曙光又現，科學發展兮生生不息，油業繁榮兮繼往開來。納百川洪流，匯萬世豪氣，成中華石油偉業，展玉門油人豐姿。吾輩玉門后人，前程任重道遠，取法乎上，致新求高；勘探開發，勇創佳績；煉油化工，續譜新篇；以人為本，構建和諧；盛世搖籃，鵬舉龍驤！